GABLER KOMPAKT-LEXIKON MARKETING

GABLER KOMPAKT-LEXIKON MARKETING

4.670 Begriffe

nachschlagen, verstehen, anwenden

von
Ludwig G. Poth
Gudrun S. Poth
Marcus Pradel

GABLER

Bibliografische Information Der Deutschen Nationalbibliothek
Die Deutsche Nationalbibliothek verzeichnet diese Publikation in der Deutschen Nationalbibliografie; detaillierte bibliografische Daten sind im Internet über <http://dnb.d-nb.de> abrufbar.

Professor Dr. Ludwig G. Poth und **Dipl. Betr.wirt Gudrun S. Poth** sind freie Marketingberater und -publizisten.

Professor Dr. Marcus Pradel ist Geschäftsführer der Europa Fachhochschule Fresenius – Hochschule für Wirtschaft und Medien am Standort Köln und Vizepräsident für Hochschulentwicklung der gesamten Hochschulgruppe mit Stammsitz in Idstein. Als Professor lehrt er in Köln und ist zudem Unternehmensberater und Fachbuchautor mit den Themenschwerpunkten Management, Marketing und Kommunikation.

1. Auflage 1999
2. Auflage 2003
3. Auflage 2008

Lektorat: Katrin Alisch

Der Gabler Verlag ist ein Unternehmen von Springer Schience+Business Media.
www.gabler.de

Umschlaggestaltung: Nina Faber de.sign, Wiesbaden
Druck und buchbinderische Verarbeitung:
Wilhelm & Adam, Heusenstamm
Gedruckt auf säurefreiem und chlorfrei gebleichtem Papier
Printed in Germany

ISBN 978-3-409-0141-5

Vorwort zur 3. Auflage

Die dritte Auflage des Kompakt-Lexikons Marketing umfasst nunmehr 4.670 Stichworte und 69 Abbildungen. Bei der Neuauflage des Lexikons wurden nicht nur die Stichworte vollständig überarbeitet und um neue Begriffe ergänzt, sondern das Werk wurde zugleich mit einer neuen Verweisstruktur versehen und dem veränderten Layout der Gabler Kompakt-Lexikon Reihe angepasst.

Die Autoren möchten Svetlana Andjelkovic, Anna Soßdorf, Barbara Lier, Yvonne Speck, Marcus Bergs und Fabian Burger, als Mitarbeitern der Europa Fachhochschule Fresenius am Standort Köln für die formale Neugestaltung des Lexikons und die organisatorische Abwicklung danken, wie auch der Lektorin Katrin Alisch für die verlegerische Betreuung.

Neuss und Köln, im Januar 2008

Ludwig G. Poth
Gudrun S. Poth
Marcus Pradel

A

A-B-C-Analyse, Klassifikation von → Produkten, → Produktgruppen, → Kunden, Kundengruppen, regionalen Verkaufsgebieten, → Märkten bzw. Marktsegmenten nach ihrem relativen Beitrag zum Gesamtabsatz, -umsatz, -gewinn oder Deckungsbeitrag. Der Zusammenhang wird durch die → Lorenzkurve dargestellt. – Vgl. Abbildung „A-B-C-Analyse".

abgestimmtes Verhalten, gleichförmiges Verhalten von → Wettbewerbern, die sich vorher abgestimmt haben. Das a.V. verzerrt den Wettbewerb und ist wettbewerbsrechtlich untersagt. Davon abzugrenzen ist das zulässige → Parallelverhalten, das nicht einer vorhergehenden Abstimmung folgt. – Vgl. auch → Gesetz gegen Wettbewerbsbeschränkungen (GWB).

abhängige Variable, in der empirischen Sozial- und Wirtschaftsforschung und Datenanalyse diejenige Größe, die von

A-B-C-Analyse

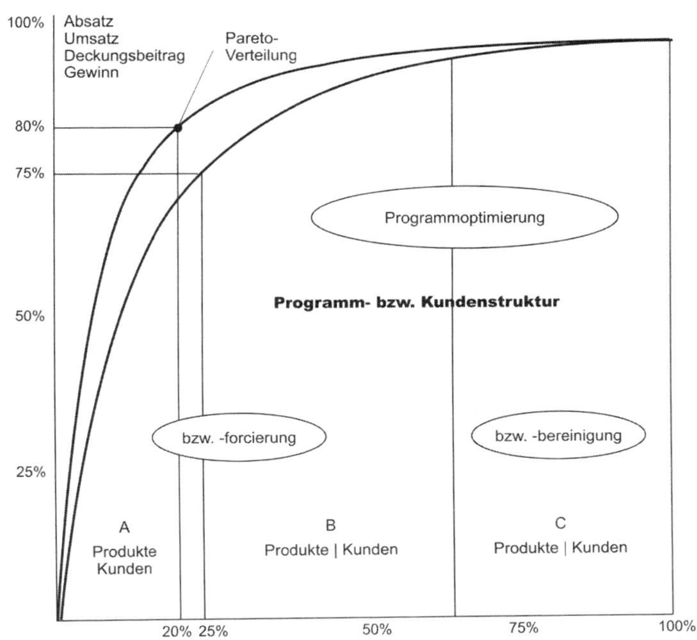

einer oder mehreren anderen Größen (→ unabhängige Variable) abhängt.

Abholgroßhandel, → Betriebsform des → Großhandels, deren wesentliche Merkmale die Selbstbedienung, das Zusammenstellen der Waren durch den Kunden, der Abtransport und die Barzahlung sind. Der A. unterscheidet sich von Selbstbedienungsformen des großflächigen Einzelhandels dadurch, dass dem berechtigten Kundenkreis nur Weiterverwender und keine Endverbraucher angehören.

Ablaufdiagramm, → Flussdiagramm.

Ablauforganisation, Strukturierung von Ablaufprozessen. Im Wesentlichen geht es um die Gestaltung und Regelung von Ablaufbeziehungen in der → Organisation. Hierbei stehen die zeitlichen, räumlichen und mengenmäßigen Aspekte im Vordergrund. Zu unterscheiden ist die A. von der → Aufbauorganisation (Strukturorganisation), wenngleich A. und Aufbauorganisation kompatibel miteinander verbunden sein müssen, um Koordinationshemmnisse zu vermeiden.

Ablaufplanung, innerhalb einer komplexen → Planung sind in jeder Phase → Entscheidungen zu treffen, die den Ausgangspunkt für die jeweils nachfolgende Phase bilden. Um die damit verbundenen komplexen Aufgaben zu strukturieren, werden vielfach Ablaufplanungsmodelle eingesetzt, wie z.B. die Critical Path Method (CPM) oder die Program Evaluation and Review Technique (PERT). Sie sind die wichtigsten Formen der Netzplantechnik und werden z.B. im Marketing bei der Einführung neuer Produkte eingesetzt.

ablenkende Kommunikation, die werbliche Ablenkung des → Kommunikanten, um seinen möglichen Widerstand (→ Reaktanz) zu umgehen. Die a.K. soll die kognitive Kontrolle des → Werbeempfängers stören bzw. unterbinden. Durch eine starke Ablenkung kann jedoch auch die Informationsaufnahme erheblich gemindert bzw. verzerrt werden (→ Vampireffekt).

Ablenkungsfrage, *Pufferfrage,* Frage in der → Marktforschung, die dazu dient, einen unerwünschten, ergebnisverzerrenden → Halo-Effekt (→ Ausstrahlungseffekt) auf nachfolgende Fragestellungen zu vermeiden.

Abmahnung, Aufforderung, ein bestimmtes wettbewerbswidriges Verhalten zu unterlassen. Die A. erfolgt durch die → Wettbewerber oder dazu befugten Vereine (sog. Gebühren- oder Abmahnvereine), die in der Vergangenheit die gesetzliche Abmahnregelung und die Gebührenpflicht der Rechtsverletzer vielfach missbräuchlich als Gebührenbeschaffungsvereine genutzt haben.

Abnehmer, Kunde oder → Nachfrager eines Produktes oder einer Dienstleistung. Der → Absatzmarkt besteht aus einzelnen Gruppierungen von A., die sich hinsichtlich nachfragerelevanter Merkmale (z.B. finanzieller Mittel) unterscheiden. Beispiele für Abnehmergruppen sind: private Haushalte, private Unternehmen, öffentliche Verwaltungen, Großhandel, Einzelhandel, Endabnehmer etc. Die Marketingaktivitäten können auf sie segmentspezifisch ausgerichtet werden. Bei vielen Unternehmen steht das Bearbeiten bestimmter Abnehmergruppen im Vordergrund. – Vgl. auch → Abnehmerselektion.

Abnehmerbindung, im Rahmen der → vertikalen Kooperation von Herstellern und Handelsunternehmen handelt es sich hierbei um diverse Formen von vertraglichen Vereinbarungen bez. der zu verfolgenden → Absatzwegepolitik und vielfach auch des Einsatzes der → Marketinginstrumente insb. der → Vertriebsbindung.

Abnehmerselektion, Auswahl einer ganz bestimmten Abnehmergruppe. Die Durchführung einer A. ist eine wichtige Fragestellung im Bereich der → Distribution. Man unterscheidet zwischen → Intensivvertrieb, → Selektivvertrieb und

→ Exklusivvertrieb. Es können Konflikte auftreten zwischen der Vertragsfreiheit einerseits und einer sachlich nicht gerechtfertigten Diskriminierung von Abnehmern andererseits. Rechtsgrundlage ist das → Gesetz gegen Wettbewerbsbeschränkungen (GWB).

Abnutzungseffekt, Ermüdungseffekt, der eine negative Wirkung bei mehreren Kommunikationsanstößen unterstellt. Das bedeutet, dass häufige Wiederholungen der gleichen → Werbebotschaft zu einer Abschwächung und sogar absoluten Abnahme der → Werbewirkung beim Werbeempfänger führen. Dieser Negativzusammenhang konnte generell aber durch empirische Untersuchungen nicht bestätigt werden. Bei → Laborexperimenten wurden jedoch Abnutzungseffekte nachgewiesen, die z.B. die → Aufmerksamkeit und → Aktivierung verringern und die Bedeutung der Werbebotschaft für den Empfänger verändern. Entsprechend ihrer Wirkungsebene lassen sich die A. unterscheiden in den → Wear-out-Effekt, die → Habituation und die → semantische Sättigung.

Abonnement, Vertrag zwischen → Anbieter und → Nachfrager, bei dem sich der Nachfrager verpflichtet, für einen bestimmten Zeitraum oder eine bestimmte Menge ein Produkt oder eine Dienstleistung zu beziehen. A. sind vor allem üblich bei Zeitungen, Zeitschriften, Büchern und Theaterangeboten.

Above the line-Kommunikation, → Werbeformen der → klassischen Werbung, die sich der → Kommunikationsmedien (z.B. Zeitungen, Zeitschriften, TV, Hörfunk, Kino) als → Werbeträger bedienen und als Hauptpfeiler der → Kommunikationspolitik gelten. Zur Werbung Above the line zählen auch die → Imagewerbung und → Public Relations (PR). – *Anders:* → Below the line-Kommunikation.

Absatz, Gesamtmenge der von einem → Anbieter in einer bestimmten Periode gegen Entgelt veräußerten Produkte bzw. Dienstleistungen. Der A. ist eine Mengen- und keine Wertgröße und daher auch strikt vom → Umsatz zu trennen, auch wenn die Leistungen einen → Preis haben. Die Trennung ist wichtig, um die → Absatzanalyse der → Umsatzanalyse gegenüberzustellen und die → Absatzplanung der → Umsatzplanung. Die Unterscheidung in mengenmäßige und wertmäßige Betrachtung ist auch deshalb wichtig, um die → Produktionsplanung in den Planungsprozess sinnvoll einzuordnen. Die begriffliche Vermischung mit der Gesamtheit der auf den → Verkauf von Leistungen zielenden Tätigkeiten ist eher verwirrend als klärend. Hier sollten besser die Begriffe → Absatzpolitik und → Vertriebsorganisation herangezogen werden. Gleiches gilt für die Definition des A. als Schlussphase nach der → Beschaffung und → Produktion. Hier kommt der geschlossene Marketingansatz zu kurz. Geht man von der betrieblichen Hauptfunktion des A. aus, die alle Tätigkeiten umfasst, die dazu bestimmt sind, die Abgabe der vom → Unternehmen geschaffenen Leistungen in den → Absatzmärkten zu bewirken, so ist zu unterscheiden zwischen dem → Direktabsatz und dem → indirekten Absatz.

Absatzanalyse, Untersuchung der bestehenden und künftigen Gegebenheiten auf dem → Absatzmarkt. – Vgl. auch → Marktanalyse, → Absatzforschung, → Marktforschung.

Absatzbehinderung, wettbewerbswidrige Behinderung von Mitbewerbern bez. ihres Marktauftritts bzw. der Vermarktung von Leistungsangeboten [→ Gesetz gegen den unlauteren Wettbewerb (UWG)]. Dadurch wird der → Leistungswettbewerb beeinträchtigt.

Absatzbezirk, → Absatzgebiet.

Absatzbindung, auf den → Absatz bezogene vertragliche Verpflichtung, die selbstständige Unternehmen untereinander eingehen. Unterschieden werden horizontale und vertikale A. (→ Vertriebsbindung). Horizontale Bindungen erfolgen auf der gleichen Distributionsstufe (Hersteller einer Branche), haben kartellähnlichen Charakter und unterliegen dem Kartellgesetz. Vertikale Bindungen sind eine Form der → vertikalen Kooperation von Unternehmen verschiedener Distributionsstufen (Hersteller und Handel) und konzeptioneller Bestandteil der → Absatzwegepolitik. Die wichtigsten Formen sind die → Vertragshändlersysteme und das → Franchising. – Vgl. auch → Umsatzbindung.

Absatzelastizität, Verhältnis der relativen Veränderung der abgesetzten Gütermenge zu der sie verursachenden relativen Änderung des Preises (→ Preiselastizität). – Vgl. auch → Nachfrageelastizität, → Absatzwertelastizität.

Absatzfinanzierung, Form der → Absatzförderung durch → Konditionen, → Kredit und/oder Kreditsubstitute (→ Leasing und → Factoring). Eine Sonderform der Absatzförderung mit Finanzierungsaspekten stellt das → Franchising dar, bei dem der Franchisegeber z.B. die Lagerkosten übernimmt.

Absatzförderung, Maßnahmen zur Förderung des Absatzes von Produkten bzw. Dienstleistungen an den → Handel. Damit ist auch das Ziel verbunden, den Herausverkauf aus dem Handel zu unterstützen. – Vgl. auch → Verkaufsförderung.

Absatzform, Wahl der → Verkaufsorgane innerhalb der → Absatzmethode. Zu unterscheiden sind der unternehmenseigene → Außendienst und die unternehmensfremden Verkaufsorgane (z.B. → Handelsvertreter).

Absatzforschung, Beschaffung und Auswertung von Informationen aus sowohl internen als auch externen Quellen. Die A. beschränkt ihren Untersuchungsbereich auf den → Absatz bzw. den → Absatzmarkt. – Vgl. auch → Marktforschung, → Marketingforschung.

Absatzgebiet, *Vertriebsgebiet,* geografischer Raum, in dem das Leistungsangebot eines → Anbieters abgesetzt wird. Das gebietsspezifische → Absatzpotential, die → Marktkapazität und das → Marktpotential in Verbindung mit der Intensität des → Wettbewerbs sind neben den internen unternehmensbedingten Gegebenheiten (z.B. → Verkaufsorganisation, → Logistik, → Distributionssystem) die wichtigsten Entscheidungskriterien für die Auswahl des bzw. der A.

Absatzhelfer, Funktionsträger, die zwar selbst nicht direkt in die → Absatzkette eingegliedert sind, aber an der Anbahnung von Kontakten zwischen den einzelnen Gliedern und am reibungslosen Durchfluss der Ware durch die → Distributionskanäle beteiligt sind. A. sind z.B. Werbeagenturen, Spediteure, Kreditinstitute, aber auch → Handelsvertreter, → Makler, → Kommissionäre und Ex- bzw. Importeure, die in den Distributionsprozess als rechtlich selbstständige Unternehmen direkt eingebunden sind. Es besteht ein eindeutiger Trend zur weiteren Spezialisierung, wobei die Aufgaben selbst immer differenzierter und komplexer werden. Insofern erweist sich der Begriff A. im Vergleich zu dem des Marketing-Dienstleisters zunehmend als veraltet und sollte durch diesen abgelöst werden.

Absatzinstrument, → absatzpolitisches Instrumentarium nach E.Gutenberg (1962), das sich zusammensetzt aus den → Absatzmethoden, der → Preispolitik, → Produktgestaltung und der → Werbung. Ein zentrales Problem ist die optimale Kombination des absatzpolitischen Instrumentariums. – Vgl. auch → Marketing-Mix.

Absatzkanal, Ketten aus → Verkaufsorganen des Herstellers und rechtlich und wirtschaftlich selbstständigen Organen, den → Absatzmittlern, die im Distributionsprozess → absatzpolitische Instrumente einsetzen. Die Wahl des A. beeinflusst z.B. über die Erhältlichkeit des Leistungsangebots, seinen Preis, seine werbliche

Ansprache und seine Platzierung den mengenmäßigen → Absatz.

Absatzkanalpolitik, strategische und operative Strukturierung eines bedeutenden Teils der → Distributionspolitik. Im Wesentlichen geht es dabei um die Bestimmung der Distributionspartner in der → Absatzkette und den kanalspezifischen Einsatz des → Marketinginstrumentariums.

Absatzkennziffer, Verhältniszahl, die Auskunft über betriebswirtschaftliche Zusammenhänge und Entwicklungen in Bezug auf bestimmte → Absatzmärkte gibt. Beispiele sind der → Marktanteil, die → numerische Distribution oder → gewichtete Distribution.

Absatzkette, Weg, den ein → Gut von der Herstellung bis zum → Konsum zurücklegt, aus der Betrachtung der dabei durchlaufenden Institutionen. – Vgl. auch → Distributionskette und → Handelskette.

Absatzkontrolle,
→ Vertriebscontrolling.

Absatzkonzeption, die unternehmerische Leitidee besteht häufig in einer spezifischen A., etwa in Form einer unverwechselbaren Angebotskonzeption. Beispiele hierfür sind ungewöhnliche Verkaufsmethoden, das Anbieten von ausschließlich preiswerten → Gütern oder das Anbieten von Serviceleistungen zusätzlich zu den reinen → Produkten etc. – Vgl. auch → Marketingkonzeption.

Absatzkooperation,
→ Vertriebskooperation.

Absatzkreditpolitik, → Kreditpolitik.

Absatzlogistik, → Distributionslogistik.

Absatzmarketing, Gesamtheit aller auf die → Absatzmärkte gerichteten Aktivitäten mit dem Ziel ihrer Beeinflussung durch den Einsatz des → Marketinginstrumentariums. Mit dem Marketingbegriff wird primär die nachfragerzentrierte Absatzorientierung verbunden. – Vgl. auch → Beschaffungsmarketing.

Absatzmarkt, Summe der effektiven und potentiellen → Nachfrager nach einem bestimmten Leistungsangebot. – Vgl. auch → Beschaffungsmarkt.

Absatzmarktforschung, Teilbereich der → Marktforschung. Es handelt sich hierbei um die Beschaffung und Auswertung von relevanten → Informationen über die Absatzmärkte eines Unternehmens. – Vgl. auch → Absatzforschung und → Beschaffungsmarktforschung.

Absatzmenge, Gesamtmenge der abgesetzten Leistungsangebote pro Planperiode.

Absatzmethode, System- und Wirkverbund von → Vertriebssystemen, → Absatzformen und → Absatzwegen. Dieses absatzmethodische Dreieck ist gekennzeichnet durch eine relativ hohe Stabilität und eine Interdependenz seiner Elemente. – Vgl. Abbildung „Absatzmethoden".

Absatzmittler, wirtschaftlich und rechtlich selbstständige → Verkaufsorgane im → Absatzkanal, die im eigenen Namen und auf eigene Rechnung Produkte bzw. Dienstleistungen kaufen und weiterverkaufen. Die wichtigsten A. sind der Groß- und Einzelhandel. Sie übernehmen durch ihr strategisches und operatives → Handelsmarketing die → Distribution der Angebotsleistungen vom Lieferanten zum Verbraucher bzw. Verwender. Die A. erfüllen dabei → Handels- bzw. → Distributionsfunktionen. Diese sind immer stärker ein Streitpunkt im → vertikalen Marketing. – Vgl. auch → Absatzhelfer.

Absatzorgan, Personen und/oder Institutionen, die als → Verkaufsorgan zwischen Herstellern und → Verbrauchern bzw. → Verwendern agieren. Nach der herrschenden Lehre werden unternehmenseigene (Reisender, Verkaufsleitung, Verkaufsniederlassung) und unternehmensfremde A. (Handelsvertreter, Kommissionäre, Makler) unterschieden. Weitergehende Definitionen beziehen alle Akteure in den Absatzkanälen ein.

Absatzplanung, operationale Bestimmung des in Zukunft zu erzielenden → Absatzes. Die A. erfolgt auf der Grundlage von → Absatzprognosen für die künftigen Planperioden und bestimmt die → Absatzpolitik. Die Planungssicherheit hängt im Wesentlichen von der Genauigkeit der Einschätzung der Entwicklung der → Absatzmärkte ab.

Absatzpolitik, alle strategischen und operativen → Entscheidungen eines Unternehmens, welche die Gestaltung der Beziehungen der → Unternehmung mit dem → Absatzmarkt zum Gegenstand haben. Im Mittelpunkt steht die zielgerichtete Marktbeeinflussung. Sie erfolgt durch den integrierten und optimalen Einsatz des → absatzpolitischen Instrumentariums. – Vgl. auch → Marketing-Mix.

absatzpolitisches Instrumentarium, nach E. Gutenberg (1962) die Zusammenfassung der vier Instrumente:

- Absatzmethode,
- Produktgestaltung,
- Werbung und
- Preispolitik.

Ziel ist die optimale Kombination der absatzpolitischen Instrumente. – Vgl. auch → Absatzinstrument, → Marketing-Mix.

Absatzpotential, Anteil am → Marktpotential, den das → Unternehmen maximal zu erreichen glaubt. Die Bestimmung von Marktpotentialen und A. ist Gegenstand von → Absatzprognosen.

Absatzprognose, eine auf Empirie gestützte Vorhersage des künftigen → Absatzes von bestimmten Produkten oder Leistungen in einem bestimmten Zeitabschnitt. Man unterscheidet in A. auf Basis realer Kaufdaten oder auf Basis simulierter Kaufdaten. Weiter wird unterschieden in quantitative und qualitative Verfahren. – Vgl. auch → Prognosemodell.

Absatzquote, Quotient aus dem im → Markt bestehenden → Absatzpotential und der Produktionskapazität des Unternehmens.

Absatzsegment, absatzpolitischer Einzelbereich, wie z.B. Abnehmer bzw.

Absatzmethoden

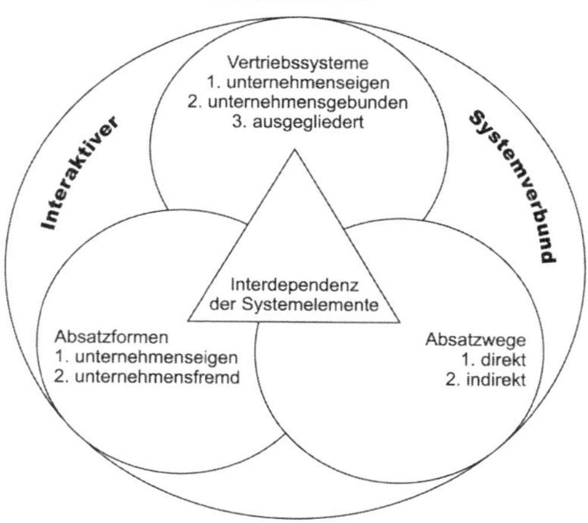

Abnehmergruppe, Absatzgebiet, Produkt etc. – Vgl. auch → Marktsegmentierung.

Absatzsegmentierung, → Marktsegmentierung, → selektive Absatzpolitik.

Absatzsegmentrechnung, differenzierte Marketing- bzw. Vertriebskostenrechnung mit einer Kosten- und Erlösaufspaltung nach Marktsegmenten (Kunden-/ Produktsegment bzw. → Zielgruppe). Die typische Form der Produktsegmentrechnung ist die → Deckungsbeitragsrechnung. – Vgl. auch → Kundenerfolgsrechnung.

Absatzstrategie, langfristige → Absatzplanung auf der Grundlage von Absatz- und → Marketingzielen unter besonderer Berücksichtigung von markt- und unternehmensbedingten Restriktionen. – Vgl. auch → Marketingstrategie.

Absatzvolumen, von einem Unternehmen in einem Bezugszeitraum realisierte → Absatzmenge.

Absatzvorbereitung, Vorbereitung der betrieblichen Leistungsverwertung durch den Einsatz des → absatzpolitischen Instrumentariums. – Vgl. auch → Marketinginstrumentarium.

Absatzweg, Entscheidung über die differenzierte Stufung der → Distribution. Im Wesentlichen unterscheidet man zwischen

- dem Direktvertrieb (Übernahme von handelsspezifischen Distributionsfunktionen durch den Hersteller) und
- dem indirekten Vertrieb (Einschaltung des selbstständigen Handels in das Distributionssystem des Herstellers).

Der A. definiert die verschiedenen Organisationen, die Produkte oder Dienstleistungen vom Hersteller bis zum Endverbraucher durchlaufen. – Vgl. auch → Absatzmittler und → Absatzorgane.

Absatzwegepolitik, grundlegende Entscheidung für den → Direktvertrieb oder den → indirekten Vertrieb. Zudem umfasst die A. die Auswahl der → Absatzmittler. Hier ist zu unterscheiden zwischen dem intensiven, selektiven und exklusiven → Vertrieb. Das dritte Entscheidungsfeld betrifft die Wahl der → Absatzform. Hier ist strategisch zu definieren, ob eigene Verkaufsorgane (→ Reisende) oder fremde Verkaufsorgane (→ Handelsvertreter) eingesetzt werden sollen. – Vgl. Abbildung „Absatzwegepolitik".

Absatzwertelastizität, Verhältnis der relativen Mengenänderung eines Gutes zur relativen Aufwandsänderung für den Einsatz der Marketinginstrumente. Die A. ist eine aufwandsbezogene Marketing-

Absatzwegepolitik

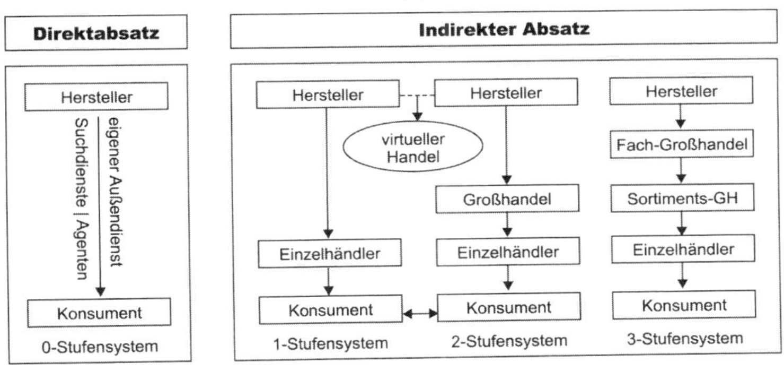

Mix-Elastizität, die in die einzelnen Mixelemente aufgelöst werden kann (Preis- und Werbeelastizität). Die aufwandsbezogene Elastizitätsbestimmung folgt der Gesetzmäßigkeit des abnehmenden Ertragszuwachses und der → Marginalanalyse. Ab einer bestimmten Grenze steht der → Aufwand in keinem vertretbaren Verhältnis mehr zum → Ertrag. Die A. hat dann ihren Maximalwert überschritten. Sie wird starr und folgend unelastisch. Das bedeutet, dass die Nachfrage auf zunehmende Marketingaktivitäten nur noch unterproportional reagiert. Nach dem Nachfragescheitelpunkt wird die Elastizität sogar negativ elastisch. – Vgl. auch → Marketing-Elastizität.

Absatzwirtschaft, im engeren Sinne handelt es sich um betriebliche Organe (z.B. → Reisender) und externe Institutionen (z.B. → Absatzmittler), die damit befasst sind, Produktion und Leistungsverwertung optimal miteinander zu verknüpfen (→ Absatzpolitik). Aus makroökonomischer Sicht umfasst die A. die Bündelung und Institutionalisierung der Absatz- und Beschaffungsaktivitäten der verschiedenen → Marktpartner.

Absatzziel, aus den → Unternehmenszielen und → Marketingzielen abgeleitetes Mengenziel. Es handelt sich um Vermarktungsziele in Bezug auf die → Absatzmenge. Im direkten Zusammenhang mit den A. steht die → Absatzplanung als Mengenplanung, die die → Produktionsplanung steuert.

Abschlagsspanne, relative → Handelsspanne, die sich aus dem Quotienten der absoluten Handelsspanne multipliziert mit 100 und dem (Netto-)Verkaufspreis ergibt. *Gegensatz:* → Aufschlagsspanne.

Abschlusstechnik, → Verkaufsabschluss, → Verkaufstechnik.

Abschlussvertreter, → Handelsvertreter, der berechtigt ist, als → Einfirmenvertreter oder → Mehrfirmenvertreter Geschäfte selbst abzuschließen. – *Gegensatz:* → Vermittlungsvertreter.

Abschneideverfahren, *Konzentrationsprinzip.* Das → Auswahlverfahren zur Bildung von → Stichproben aus der → Grundgesamtheit ist eine Form der → bewussten Auswahl. Die als weniger relevant angesehenen Teile der Grundgesamtheit werden abgeschnitten. Ist die ausgegrenzte Gruppe in ihrer Größe und Struktur bekannt, so kann der mit dem Verfahren verbundene → Stichprobenfehler kalkuliert werden. In diesem Falle weist die Methode eine Ähnlichkeit mit dem → geschichteten Auswahlverfahren auf.

Abschöpfungsstrategie, zeitliche → Preisdifferenzierung, die auch als → Skimming-Politik oder Absahnpolitik bezeichnet wird. Bei der Einführung neuer Produkte wird der Preis zunächst hoch angesetzt und mit zunehmender Erschließung des Marktes nach unten korrigiert. Dadurch werden zwar anfangs geringere Absatzmengen mit relativ hohem → Stück-Deckungsbeitrag erzielt, jedoch kann bei den → Innovatoren, die bereit sind, für Neuheiten auch hohe Preise zu zahlen, die → Konsumentenrente abgeschöpft werden. Die mit der → Produktinnovation verbundenen hohen Investitionen können in relativ kurzer Zeit amortisiert werden (→ Pay-off-Periode). Die A. ist mit der Gefahr verbunden, dass aufgrund des hohen Preises und Stückgewinns die Konkurrenz angelockt wird. Die Gefahr ist umso höher einzuschätzen, je geringer der Innovationsvorsprung bzw. die → Markteintrittsbarriere ist. – *Gegensatz:* → Penetrationsstrategie.

Abschrift, → Preisabschrift.

Abstimmungskollegialität, Form des → Kollegialprinzips, bei der die gleichberechtigten Entscheidungsträger nach dem Mehrheitsprinzip → Entscheidungen treffen. – *Anders:* → Primatkollegialität, → Kassationskollegialität.

Abwehrvergleich, Form der → vergleichenden Werbung, die wettbewerbsrechtlich [→ Gesetz gegen den unlauteren Wettbewerb (UWG)] zulässig ist, wenn sie sich auf die Verteidigung im Falle rechtswidriger Angriffe durch Mitbewerber beschränkt.

Abweichung, Differenz zwischen Ist- und Planwerten. Die Ermittlung der A. dient der Kontrolle von → Entscheidungen. In der methodischen Statistik sind A. die → Streuung der Größen um den → Mittelwert. Der Durchschnitt der Quadrate der A. wird als → Varianz bezeichnet.

Abweichungsanalyse, Bewertung von Abweichungen und Erklärung auf der Basis von Kausalitätsanalysen (→ Kausalität). In erster Linie bezieht sich die A. auf die Zielgrößen → Absatz, → Umsatz und → Gewinn in Verbindung mit den → Kosten. Ziel der A. ist es, die Differenzen zwischen Ist- und Planwerten möglichst frühzeitig zu erkennen, um geeignete Anpassungsmaßnahmen einleiten zu können.

Acceptable Quality Level (AQL), bestimmt den maximalen Prozentsatz fehlerhafter Einheiten, der für die Stichprobenprüfung als befriedigende durchschnittliche → Qualität angesehen werden kann. Das Stichprobensystem dient der → Qualitätskontrolle.

Account, *User Account, Benutzerkonto,* Zugangs- oder Zugriffsberechtigung auf Dienste eines IT-Systems, z.B. eines → Servers. In der Regel muss man sich beim Log-in durch einen Benutzernamen und ein Passwort authentifizieren.

Account-Management, an den → Kunden orientierte → Marketingorganisation. – Vgl. auch → Key-Account-Management.

Acoustic Identity, formal und inhaltlich umrissene Klangwelt für die → Marke. Sie soll eine eindeutige Zuordnung von → Markenidentität bzw. → Markenimage und akustischer Klanganmutung in der audiovisuellen → Produktwerbung herstellen. – Vgl. auch → Jingle.

Activity Accounting, → Prozesskostenrechnung.

Ad, Abk. für → Advertising.

Adaptation, → Adaption.

Adaptations-Niveau-Theorie, *Adaptation-Level-Theory,* Theorie, die besagt, dass ein mittleres Preisempfinden auf der Grundlage bisheriger Preiserfahrungen besteht. Nach diesem sog. → Referenzpreis wird ein Preis als hoch, niedrig oder normal beurteilt bzw. eingestuft.

Adaption, Anpassung von Individuen/Unternehmen an ihre soziale Umwelt/Konkurrenz. Für das Individuum bedeutet A. die Bewältigung einer Situation durch Anpassung seines → Verhaltens (z.B. durch → Konformität). Marketingstrategisch ist die A. eine Annäherung an das Konkurrenzverhalten und ähnelt vielfach einer Imitation. – Vgl. auch → Nachahmung, → Imitationsstrategie.

ADC, Abk. für → Art Directors Club für Deutschland e.V.

Ad-Click, Begriff aus der Leistungsmessung des → Online-Marketings. A.-C. zählt die Anzahl der Clicks auf ein Werbebanner (→ Bannerwerbung) oder einen Hyperlink, der zum Angebot des Werbung Treibenden führt. – Vgl. auch → Ad-Clickrate.

Ad-Clickrate, Instrument zur Messung der Effizienz von → Bannerwerbung. Mit der A.-C. wird die Anzahl der → Ad-Clicks im Verhältnis zu der Anzahl von Internetseiten-Aufrufen (→ Page-Impressions) ermittelt.

Add-a-card-Anzeige, → Anzeige, der eine Rückantwort- oder Bestellkarte beigefügt bzw. in die eine Postkarte eingeklebt ist.

Added Value, → Zusatznutzen oder Mehrwert eines Produktes bzw. einer Dienstleistung im z.B. psychologischen oder Convenience-Bereich (→ Convenience Goods), der über den → Grundnutzen hinausgeht und bei sonst gleichen → Produkteigenschaften die Möglichkeit zur zielgruppenbezogenen Differenzierung schafft.

Adequacy-Importance-Modell, Verfahren zur → Einstellungsmessung, das die Merkmalsbeurteilung mit ihren jeweiligen Wichtigkeiten multipliziert und die daraus resultierenden Eindruckswerte aufsummiert. – Vgl. auch → Adequacy-Value-Modell.

Adequacy-Value-Modell, Verfahren zur → Einstellungsmessung, das den Eindruck von Merkmalen und ihren Eigenschaften misst, diesen aber nicht wie das → Adequacy-Importance-Modell mit der subjektiven Bedeutung gewichtet.

Ad-hoc-Forschung, einmalige Erhebung von → Daten in Form von → Beobachtungen und/oder → Befragungen im Gegensatz zu regelmäßig stattfindenden Erhebungen, wie z.B. das → Panel.

Ad-Impression, *Ad-View,* Gesamtanzahl der Besucher einer Website, die Werbeeinblendungen (→ Banner) wahrnehmen. – *Anders:* → Ad-Click.

ADM, Abk. für → Arbeitskreis Deutscher Markt- und Sozialforschungsinstitute e.V.

ADM-Master-Sample, → mehrstufiges Auswahlverfahren des Arbeitskreises Deutscher Markt- und Sozialforschungsinstitute e.V. (ADM). Zunächst werden die → Stichproben aus jeweils ca. 1.000 Einwohner repräsentierenden Stimmbezirken nach dem Prinzip der Zufallsauswahl (→ Randomauswahl) gezogen. Daraus erfolgt im nächsten Schritt, wiederum nach dem Zufallsprinzip, die Auswahl von Haushalten bzw. Zielpersonen.

Adopter, Übernehmer, die aufgrund ihrer Innovationsfreudigkeit bzw. Risikobereitschaft neue Produkte annehmen und damit ihre Verbreitung (→ Diffusion) im Markt bewirken. Es bestehen unterschiedliche → Adoptergruppen, die durch bestimmte Eigenschaften charakterisiert sind.

Adoptergruppe, die → Adopter teilen sich in Gruppen bzw. Klassen auf. Unterschieden werden (Angaben in Prozent der Bevölkerung):
- Innovatoren = 2,5%,
- Frühadopter = 13,5%,
- frühe Mehrheit = 34%,
- späte Mehrheit = 34%,
- Nachzügler = 16%.

Die verschiedenen A. weisen bestimmte Eigenschaften auf, die sie voneinander unterscheiden. Die Eigenschaftenklassifikation ist in ihrer Gültigkeit in Theorie und Praxis umstritten.

Adoption, mehrstufiger, individualpsychologischer Prozess von der → Wahrnehmung einer → Innovation bis zu ihrer Annahme. Aus der Summe der A. ergibt sich die Verbreitung im Sinne einer Verteilung (→ Diffusion) der Innovation im Markt.

Adoptionsmodell, → Stufenmodell der Werbewirkung. Im einfachen Modell wird folgende hierarchische Abfolge der → Werbewirkung angenommen: Die Bewusstheit führt zum Interesse und dieses zur Bewertung. Der Bewertung folgt der Versuch. Ist dieser erfolgreich, kommt es zur nachhaltigen → Adoption. Die Grundannahmen für den Modellansatz sind aus der → AIDA-Formel abgeleitet, deren Ursprung in der systematischen Gestaltung von → Verkaufsgesprächen liegt. Die wichtigste Weiterentwicklung des A. ist der Ansatz von T. S. Robertson (1971). Er schließt an E. M. Rogers an und definiert folgende hierarchische Wirkungsebenen der Werbung:
- Awareness (Bewusstheit),
- Comprehension (Einsicht),
- Attitude (Einstellung),

- Legitimation (Legitimierung),
- Trial (Ausprobieren),
- Adoption (Annahme).

Adoptionsprozess, Modell aus der soziologischen → Diffusionsforschung von E. M. Rogers. → Innovationen durchlaufen einen Übernahme- bzw. Annahmeprozess. Der Verlauf des differenzierten A. ist abhängig von personen-, umwelt- und produktbedingten Einflussgrößen. Der A. ist nach dem Modellansatz im Wesentlichen personenbezogen. Die Innovationsfreudigkeit bzw. Risikobereitschaft der → Adopter gilt als wichtigste personenbedingte Einflussgröße. Die Akzeptanz einer Neuerung wird außerdem begünstigt durch ihren relativen Vorteil gegenüber vorhandenen Produkten, der Kompatibilität mit bestehenden Werthaltungen der Adopter, der Möglichkeit der Teilbarkeit und Prüfbarkeit und einer geringen Komplexität. Der Grad der Innovationsfreudigkeit ist im Hinblick auf die verschiedenen → Adoptergruppen sehr unterschiedlich ausgeprägt. Die Summe der A. führt zur → Diffusion der Innovation im Markt. A. und in der Folge → Diffusion vollziehen sich im zeitlichen Ablauf von der Einführung der Innovation bis zu ihrer vollständigen Marktakzeptanz.

Adoptionsverhalten, die Übernahme von → Innovationen durch potentielle → Käufer wird von zahlreichen Faktoren beeinflusst, die damit maßgeblich für die Dauer des → Adoptionsprozesses sind. Untersucht wird das A. im Rahmen der → Diffusionsforschung.

Adoptionszeit, zeitliche Verzögerung, mit der ein Individuum im Vergleich zum ersten → Adopter eine → Innovation übernimmt. In Erweiterung umfasst die A. die Zeitdistanz von der Einführung der Innovation bis zu ihrer vollständigen Marktakzeptanz. – Vgl. auch → Adoptionsprozess.

Adressant, → Kommunikator.

Adressat, → Kommunikant, → Werbeempfänger.

Ad-Server, *Werbeserver,* Webserver, welcher der Optimierung von Webseiten dient. Dazu gehört die Verwaltung aller Daten von Werbung Treibenden und deren Werbemotiven und die Steuerung der Werbeeinblendungen auf den Webseiten. Zudem sammelt und bereitet der A.-S. Daten zu → Ad-Clicks, → Ad-Clickraten und → Ad-Impressions auf.

Advertainment, unterhaltende → Werbung, die auffällt und in der klassischen Form primär den Humor und Witz als Stilmittel einsetzt, um bei den → Kommunikanten aktive → Wahrnehmung und → Aufmerksamkeit zu generieren. Neuere Beispiele aus der Kommunikationspraxis zeigen jedoch, dass Humor nicht das einzige Stilmittel ist, um Aufmerksamkeit um jeden Preis zu erzeugen (z.B. Horroranzeigen). Entertainment und damit auch A. haben zunehmend weniger mit Entspannung als vielmehr mit Spannung zu tun. – Vgl. auch → Infotainment.

Advertising, *Ad,* andere Bezeichnung für → Werbung und → Anzeige.

Advertorial, Verbindung von → Advertising und Editorial. Die → Anzeigen werden so gestaltet, dass der flüchtige Leser sie als solche nicht erkennt und ihnen die Glaubwürdigkeit eines redaktionellen Beitrags beimisst. Dies setzt jedoch voraus, dass die Anzeigen für jeden → Werbeträger differenziert und passgenau bez. Stil und Redaktionskonzept entwickelt werden müssen.

Ad-View, → Ad-Impression.

Advocacy Advertising, Form der → Public Relations (PR), um Angriffen von Anspruchsgruppen (→ Stakeholder) zu begegnen oder um zu öffentlich diskutierten Themen Stellung zu nehmen (→ Public Marketing). Das geschieht unter Einsatz der Mediawerbung (→ klassische Werbung).

Affekt, spontane, intensive Gefühlsäußerung der Akzeptanz oder Ablehnung, die eher kurzfristig ist und kognitiv wenig kontrolliert wird. Ein A. ist zielungerichtet, da intuitiv, aber handlungsorientiert. Als Beispiel für Affekthandlungen gelten → Impulskäufe. – *Gegensatz:* → Emotion.

Affektion, gefühlsmäßige und affektbezogene Einschätzung eines Meinungsgegenstandes. – Vgl. auch → affektive Komponente, → Image. – *Anders:* → Kognition und → Konation.

affektive Komponente, mit → Einstellungen verbundene gefühlsmäßige Einschätzung von Meinungsgegenständen, die sich in emotionalen Zu- oder Abneigungen äußert. – Vgl. auch → Image. – *Anders:* → Kognition und → Konation.

affektiv-kognitive Konsistenz, → Konsistenztheorie von M. J. Rosenberg (1956), nach der die Individuen danach streben, in Fällen von Dissonanzen (→ Dissonanztheorie) eine affektiv-kognitive Konsistenz herzustellen. Das geschieht in der Weise, dass entweder die affektive Bewertung eines Einstellungsobjektes oder die kognitiven Überzeugungen über seine Beschaffenheit geändert werden.

Affektkauf, → Impulskauf.

Affiliate-Marketing, Vertriebskonzept, bei dem der Partner (Affiliate) Produkte oder Dienstleistungen anderer Unternehmen auf seiner oder einer ganz bestimmten → Website bewirbt. Der Affiliate erhält für jede Transaktion oder jeden Verkauf, der durch seine Werbemaßnahmen generiert wird, eine → Provision. Die Provisionshöhe ist Verhandlungssache zwischen den Vertragspartnern. Üblich sind Provisionen per Klick (Pay-per-Click), pro Interessent, Abonnent, Adresse, Download (Pay-per-Lead) oder in Form eines Prozentsatzes vom Verkauf (Pay-per-Sale). Auch Mischformen sind üblich.

Affinität, Verhältnis der → Reichweite eines → Kommunikationsmediums in der → Zielgruppe zu seiner Reichweite in der Bevölkerung. Die A. ist neben den quantitativen Kriterien (Kontaktzahl, Reichweite, Tausenderpreis, Kontaktgewichtung, Kontaktwahrscheinlichkeit, Kontakthäufigkeit) ein weiteres Beurteilungskriterium für die → Kontaktqualität eines → Werbeträgers und damit eine wichtige Entscheidungshilfe für die → Mediaplanung und → Mediaselektion.

Affinity-Marketing, Ansprache und Bearbeitung sozialer → Bezugsgruppen (Affinity Groups) mit dem Ziel, durch die Betonung des Zugehörigkeitsgefühls die Wahrnehmungs- und Akzeptanzbarrieren abzubauen. – Vgl. auch → Zielgruppen-Marketing, → Marktsegmentierung.

After-Sales-Marketing, → Nachkaufmarketing.

After-Sales-Service, → Dienstleistung, die als gezieltes → Nachkaufmarketing eingesetzt wird, um durch eine möglichst hohe → Kundenzufriedenheit eine langfristige → Kundenbindung zu erreichen. Durch ein umfassendes → Servicemarketing werden After-Sales- und → Pre-Sales-Service integrativ miteinander verbunden.

AGB-Gesetz, Gesetz zur Regelung des Rechts der → allgemeinen Geschäftsbedingungen.

Agency Fee, → Agenturvergütung.

Agenda Setting, Bestimmung der Tagesordnung für eine publikumswirksame Themenauswahl, -bearbeitung und -rangfolge durch die → Massenmedien. Ihnen kommt einerseits die Funktion von → Gatekeepern zu im Hinblick auf die Thematisierung der → öffentlichen Meinung; andererseits werden Themen bevorzugt, die von der Öffentlichkeit favorisiert werden.

Agentur, → Werbeagentur.

Agentursystem, → Kommissionssystem.

Agenturvergütung, Vergütung der Leistungen, die eine → Werbeagentur für einen → Werbung Treibenden erbringt. Die wichtigsten Formen: 1. Mittlerprovision: 15% vom Netto-Einschaltvolumen als → Provisionssystem. – 2. Service-Fee-System: einheitlicher Vergütungssatz, bei dem alle der Agentur zufließenden Rabatte und Provisionen durch die → Werbeträger an den Kunden abgetreten werden. – 3. Pauschalvergütung: wird üblicherweise jährlich mit dem Auftraggeber vereinbart. – 4. Einzelleistung-Vergütung: beschränkt sich auf definierte Aufgaben (meist projektbezogen). – Daneben bestehen in der Praxis noch diverse Mischformen und Sonderregelungen, da es sich grundsätzlich um eine freie Vereinbarung zwischen den Vertragspartnern handelt. Eine der Sonderformen ist das Basishonorar plus Bonus für den Umsatzzuwachs. Hierbei handelt es sich um eine erfolgsbezogene A., wobei der Erfolg auch an der Erhöhung der → Markenbekanntheit oder an der Verbesserung des → Markenimages gemessen werden kann.

Agglomeration, Konzentration von Betriebsstätten, die vor allem im → Einzelhandel zunimmt. Es wird unterschieden zwischen:

- branchengleicher A. (konkurrierende Einzelhandelsunternehmen an einem Ort) und
- branchenungleicher A. (z.B. Einkaufs-Center).

Insb. die letztere Form entspricht dem Nachfragetrend zum → Verbundkauf in Verbindung mit dem → Erlebniskauf. Durch die Kombination verschiedenartiger Produkt- und Dienstleistungsangebote bietet die branchenungleiche Agglomeration für den → Erlebnishandel die besten Voraussetzungen.

AGLA, Abk. für → Arbeitsgemeinschaft Leseranalyse.

AG.MA, Abk. für → Arbeitsgemeinschaft Media-Analyse e.V.

Agostini-Formel, nach dem französischen Medienforscher J.-M.Agostini benannte Formel zur Berechnung der → Netto-Reichweite einer Kombination gleichzeitig belegter → Werbeträger. Danach ist die Nettoreichweite gleich der quadrierten Summe der Bruttoreichweiten dividiert durch 1,125 x Summe der Doppelleser + Summe der Bruttoreichweiten.

Agrargesellschaft, → primärer Wirtschaftsbereich, → Wirtschaftsbereich, → Industrialisierung.

Ähnlichkeitsinterferenz, Teil der → Interferenztheorie, der vor allem für die → Marketingkommunikation von Bedeutung ist. Durch Informationsüberlagerungen kann eine Verwechslungsgefahr der → Werbebotschaften des gleichen oder auch verschiedener → Kommunikatoren auftreten.

Ähnlichkeitsmaß, Maß zur Quantifizierung von Ähnlichkeiten zwischen beobachteten Objekten (→ Clusteranalyse). Zu unterscheiden sind Maße für metrisch skalierte Daten (Darstellung mithilfe von → Distanzmaßen) und für nicht-metrisch skalierte Daten (Darstellung mithilfe von → Skalenmaßen).

AIDA-Formel, Formel der Werbewirkungsforschung. Demnach durchläuft eine erfolgreiche Werbung folgende Stufen:

- A = Attraction (Aufmerksamkeit),
- I = Interest (Interesse),
- D = Desire (Kaufwunsch, -absicht),
- A= Action (Kaufhandlung).

Die Kritik an der A. bezieht sich vor allem auf die Hypothese, dass eine strenge Hierarchie der Stufung (→ Stufenmodelle der Werbewirkung) besteht. Überdies muss nicht unbedingt eine Beziehung zwischen der psychologischen und der ökonomischen Werbewirkung bestehen. – Vgl. auch → AIDCA- Formel und → AIDCAS-Formel.

AIDCA-Formel, Weiterentwicklung der → AIDA-Formel zur Bestimmung der → Werbewirkung. Der Phase des Kaufwunsches (Desire) folgt die Vertrauensgewinnung (Confidence), der sich erst dann die Kaufhandlung (Action) anschließt. – Vgl. auch → AIDCAS-Formel.

AIDCAS-Formel, Weiterentwicklung der → AIDA-Formel zur Bestimmung der → Werbewirkung. Der Phase des Kaufwunsches (Desire) folgt die Überzeugung (Conviction) bez. des Produktvorteils gegenüber anderen und vergleichbaren Angeboten. Das Modell geht weiter davon aus, dass nach der Kaufhandlung (Action) eine → Kundenzufriedenheit (Satisfaction) hergestellt werden muss im Sinne einer Kaufbestätigung. – Vgl. auch → Nachkaufmarketing.

AIO-Ansatz, die AIO-Komponenten erfassen die drei wesentlichen Faktoren menschlicher Verhaltensmuster:

- beobachtbare Aktivitäten,
- emotional bedingte Interessen und
- kognitive Orientierungen.

Vgl. auch → Lebensstil und → Konsumentenverhalten.

Akkreditiv, Finanzierungsform, bei der (in der einfachen Form) der Exporteur bei Vorlage der Akkreditivdokumente und nach Lieferung der Ware die monetäre Gegenleistung in Höhe der vereinbarten Akkreditivsumme erhält.

Akkumulationsstrategie, → Sprinkler-Strategie.

Akquisition, Gewinnung neuer → Kunden bzw. Pflege bestehender Kundenbeziehungen. Die A. erfolgt durch den → Außendienst in der persönlichen A. (→ akquisitorische Distribution). Gegenüber der Kundenakquisition ist die Firmenakquisition abzugrenzen, die auf den Kauf von Firmen gerichtet ist. – Vgl. auch → Mergers & Acquisitions.

akquisitorische Distribution, Bestandteil der → Distributionspolitik. Sie ist der modernere Begriff für die → Absatzmethode und unterscheidet sich von dieser nur durch den Einbezug des → vertikalen Marketings. Diese weniger instrumentale Einfügung wurde notwendig durch die veränderten Hersteller-Handels-Beziehungen. In der Distributionspolitik wird die a.D. ergänzt durch die → physische Distribution.

akquisitorisches Potential, unelastischer Teil der → Preisabsatzfunktion in einem → Polypol auf → unvollkommenem Markt. Die sog. → preispolitische Autonomiezone wird begrenzt durch einen Ober- und Unterpreis (→ Cournot`scher Punkt). Das a.P. markiert auch den → Unique Selling Proposition (USP) und wird in seinem Niveau bestimmt durch die besondere Anziehungs- und Ausstrahlungskraft des Unternehmens auf Lieferanten, Kunden und die sonstige Umwelt (→ Öffentlichkeit). Die potentialbildenden Faktoren sind z.B. die Qualität des Leistungsangebots, der Service, das Image. Das Niveau des a.P. ist ein ganz entscheidender Wettbewerbsfaktor, der u.a. die → Wettbewerbsfähigkeit bestimmt.

Aktienkommunikation, → Aktienmarketing.

Aktienmarketing, Einsatz des Marketinginstrumentariums zur Finanzmittelbeschaffung über Aktien. Das A. ist damit ein Teil des umfassenderen → Finanzmarketing (→ Investor Relations). Eine der wichtigsten Phasen im A. ist die Börseneinführung.

Aktionsangebot, → Sonderangebotspolitik, → Sonderangebot.

Aktionsplatzierung, Form der → Zweitplatzierung, die mit Aktionen (z.B. Preisaktionen) im → Einzelhandel verbunden wird.

Aktionspreis, Form der zeitlich begrenzten → Preisvariation im Rahmen der → Sonderangebotspolitik. Ziel ist in der Regel der schnelle Herausverkauf von bestimmten Produkten und darüber hinaus die Darstellung der besonderen Preis-/Leistungsfähigkeit des → Handels. Die Gefahr häufiger Aktionspreissetzungen ist der damit evtl. verbundene Preisverfall durch ein verändertes → Preisbewusstsein der → Verbraucher in Verbindung mit einem ruinösen → Preiswettbewerb. Überdies können wiederholte A. zu Imageschädigungen von Prestigeprodukten (→ Prestigekonsum) führen.

Aktionsrabatt, → Rabatt, der im Rahmen der → Verkaufsförderung vom Lieferanten dem → Handel (→ institutioneller Handel) zwecks Steigerung des → Absatzes bestimmter Leistungsangebote gewährt wird.

Aktionswerbung, → Werbung, deren Ziel es ist, die Umworbenen zur sofortigen Kaufhandlung zu veranlassen. Die A. stellt eine Zwischen- bzw. Verbindungsform dar zwischen der klassischen → Produktwerbung und der → Verkaufsförderung.

aktiver Bekanntheitsgrad,
→ Bekanntheitsgrad.

aktivierender Prozess, Vorgang, der mit inneren Erregungen und Spannungen verbunden ist. Es handelt sich um die menschlichen Antriebskräfte → Emotionen, → Motivationen und → Einstellungen in Verbindung mit → Erwartungen. Sie zeichnen sich durch eine zunehmende → Komplexität aus, die auf die wachsende Beteiligung von kognitiven Vorgängen zurückgeht. Insofern ist eine strenge Trennung von aktivierenden und kognitiven Prozessen nicht möglich. – Vgl. auch → konativer Prozess und → kognitiver Prozess.

Aktivierung, Maß für die Leistungsfähigkeit und Reaktionsbereitschaft eines Organismus (→ intervenierende Variable). Der spezifischen A., die ein bestimmtes → Verhalten fördert oder auslöst, kommt in der → Werbewirkungsforschung besondere Bedeutung zu. Die unspezifische A. führt nur zu einem allgemeinen, zielungerichteten Erregungszustand. Das Aktivierungsniveau unterliegt Schwankungen, die die Reaktion des Individuums auf Reizsituationen ausdrücken und seine Aufnahme- und Verarbeitungsfähigkeit bestimmen. Die Aktivierungsstärke umfasst eine Schwankungsbreite von minimaler A. (Tiefschlaf) bis zur Überaktivierung (Panik). Mit zunehmender A. nehmen die Leistungen des Individuums zu, und zwar sowohl physisch (Reaktionsgeschwindigkeit, Kraft) als auch psychisch (→ Wahrnehmung, Lernleistung). Nach Erreichung des Optimums sinkt mit steigender A. die Leistung (→ Lambda-Hypothese). Bei starker Erregung kommt es zu einem deutlichen Leistungsabfall. → Aktivierungsmessungen zeigen die unterschiedlichen Wirkungen aktivierender Reize bei verschiedenen → Zielgruppen.

Aktivierungsmessung, Messung der durch → Reize bewirkten → Aktivierung. Auf der physiologischen Ebene werden körperliche Reaktionen der Testpersonen, wie z.B. Hautwiderstand (→ Hautwiderstandsmessung), durch die psychogalvanische Reaktion oder → elektrodermale Reaktion gemessen. Auf der motorischen Ebene beobachtet man Mimik, Gestik und Körperbewegungen und registriert die Blickbewegungen (→ Augenkamera). Befragungen mithilfe einer → Ratingskala untersuchen die subjektive Erlebnisebene und ergänzen die zuvor festgestellte Aktivierungsstärke mit der noch fehlenden Emotionsqualität.

Aktivierungstheorie,
→ Lambda-Hypothese.

Aktualgenese, Entstehungsprozess der → Wahrnehmung. – Vgl. auch → Elementarpsychologie, → Ganzheitspsychologie, → Gestaltpsychologie.

Akzeptanz, positive Aufnahme von in erster Linie → Innovationen im umfassenden Sinne durch → Konsumenten. In der → Werbung versteht man unter A. vor allem die Zustimmung der Umworbenen zur → Werbemittelgestaltung. Die Werbemittelakzeptanz ist ein wesentlicher Bestimmungsfaktor für die → Werbewirkung und den → Werbeerfolg.

Akzeptanztest, Erfassung der → Akzeptanz von z.B. Testprodukten durch Versuchspersonen. Der Test erfolgt auf experimenteller Basis und misst z.B. die → Anmutung von Produktqualität, die → Produkteigenschaft und das → Preis-Leistungs-Verhältnis hinsichtlich der → Kaufabsicht durch die → Probanden.

akzidentelle Werbung, → Werbung, die eher punktuell und gelegentlich betrieben wird und im Rahmen der gesamten → Marketingkommunikation eine nur untergeordnete Bedeutung hat. – Vgl. auch → dominante Werbung.

akziografische Kriterien, diese → Segmentationskriterien leiten sich aus dem Begriff Aktion ab, beziehen sich auf bestimmte Handlungsausprägungen (z.B. auf Kaufhandlungen, Nutzung von Medien) und werden verbunden mit den → soziodemografischen und → psychografischen Kriterien.

aleatorische Werbung, Sammelbezeichnung im → Werberecht für Gewinnspiele, Verlosungen, → Preisausschreiben, Preisrätsel etc., die wettbewerbsrechtlich grundsätzlich zulässig sind, soweit die Adressaten keinem → psychologischen Kaufzwang ausgesetzt werden.

allegatorische Werbung, zitierende Werbung, die argumentativ Ergebnisse aus wissenschaftlichen Untersuchungen, → Warentests etc. verwendet. Diese Form der Werbung ist wettbewerbsrechtlich unbedenklich, soweit sie nicht zur Fallgruppe der unzulässigen → vergleichenden Werbung zählt.

Alleinstellungswerbung, → Produktwerbung mithilfe von Formulierungen, die die Einzigartigkeit des Leistungsangebots hervorheben. Die A. ist grundsätzlich zulässig, wenn sie wahr ist, wobei die Beweislast beim → Werbung Treibenden liegt.

Alleinvertrieb, vertragliche Vereinbarung zwischen Hersteller und Händler, in der dem Händler das Recht eingeräumt wird, das Leistungsangebot exklusiv (→ Exklusivvertrieb) in einem definierten → Verkaufsbezirk zu vermarkten. – Vgl. auch → Gebietsschutz.

Allensbacher Werbeträger-Analyse (AWA), eine jährlich veröffentlichte Berichterstattung der → Mediaforschung des Instituts für Demoskopie Allensbach. Die Dokumentation enthält vor allem Informationen zu den → Reichweiten von → Werbeträgern (Zeitschriften, Zeitungen, Hörfunk-, Fernseh-, Kino- und Außenwerbung). Daneben erhebt die AWA die demografische Struktur der Nutzer, Markt- und Zielgruppendaten und zielgruppenspezifische Informationen zum → Kaufverhalten. Hierbei werden die → Zielgruppen psychologisch definiert.

allgemeine Geschäftsbedingungen (AGB), Bedingungen, die bei Verträgen (vor allem bei → Kaufverträgen) z.B. die Sachmängelhaftung, den Eigentumsvorbehalt, Erfüllungsort und den Gerichtsstand festlegen (→ Liefer- und → Zahlungsbedingungen). Bedingungen, die den Geschäftspartner knebeln, sind nichtig. Unzulässig ist auch die Ausnutzung einer wirtschaftlichen Machtstellung. – Vgl. auch → Gesetz gegen Wettbewerbsbeschränkungen (GWB) und → Gesetz gegen den unlauteren Wettbewerb (UWG).

Allianz, → strategische Allianz.

Alltagsästhetik, ästhetisches Grundbedürfnis, das in den täglichen Lebensgewohnheiten, im Lebens- und Konsumstil zum Ausdruck kommt. Die A. umfasst und prägt somit die gesamte Lebens- und Arbeitswelt wie auch das Kommunikationsverhalten. Sie ist ein entscheidender Faktor für die soziale Orientierung und Differenzierung, d.h. Zuordnung zu bzw. Ablehnung von anderen sozialen →

Gruppen. Die ästhetischen Grundmotive bilden in Verbindung mit der Wertorientierung und dem sozialen → Status eines Menschen die Basis für die Segmentierung nach Lebenswelten.

All-you-can-afford-Methode, Werbebudgetierung nach den verfügbaren finanziellen Mitteln. – Vgl. auch → Werbebudgetierung.

Alter, Lebensphasen eines Individuums, mit denen entsprechend den jeweiligen Wertvorstellungen einer → Gesellschaft bestimmte → soziale Rollen und Verhaltensweisen verbunden sind bzw. erwartet werden. A. ist kein fester sozialer → Status, sondern ein komplexer Prozess, der biologische, soziale und psychische Komponenten umfasst. Dem biologischen steht das psychologische A. geprägt durch → Persönlichkeit, → Lebensstil etc. entgegen, d.h. die eigenen → Einstellungen und → Erwartungen, die über das Ausmaß von Aktivitäten in jedem Lebensabschnitt entscheiden. Die soziale Einschätzung der Gesellschaft sowie technologisch-wirtschaftliche Gegebenheiten der Konsumtionsverhältnisse bestimmen zusammen mit der individuellen ökonomischen Situation die Veränderungen in jeder Altersphase. – Vgl. auch → soziodemografische und → psychografische Kriterien.

Alternativhypothese, Gegenhypothese zur → Nullhypothese als komplementäre Hypothese. Sie gilt dann, wenn die Nullhypothese verworfen wird.

AMA, Abk. für → American Marketing Association.

Ambiguität, Mehrdeutigkeit, die sich z.B. aus verschiedenen Wertvorstellungen, Normensystemen und unterschiedlichen Verhaltenserwartungen der → Gesellschaft an das Individuum ergeben kann und zu der absehbar keine Lösung existiert. – Vgl. auch → Ambiguitätstoleranz.

Ambiguitätstoleranz, Fähigkeit, in einem Spannungszustand verschiedener Konflikte zu leben und intensiv an einer effizienten Lösung zu arbeiten. Die A. gilt als Variable der Persönlichkeitsstärke. – Vgl. auch → Kreativität.

Ambivalenz, *Doppelwertigkeit*, gleichzeitiges Auftreten von gegensätzlichen Gefühlen (Motiven, Einstellungen etc.), wie z.B. Zuneigung und Abneigung in Bezug auf denselben Gegenstand. – Vgl. auch → Ambivalenzkonflikt.

Ambivalenzkonflikt, Begriff von K. Lewin (1939) für einen Annäherungs-Vermeidungs-Konflikt (→ Appetenz-Aversions-Konflikt). Ein angestrebtes Ziel, z.B. der Kauf eines Luxusgutes, löst widersprüchliche Verhaltenstendenzen aus. Die → Motivation nach Besitz bei gleichzeitigen Schuldgefühlen angesichts z.B. des → Preises, → Umweltbewusstseins etc. lähmen das Individuum in seiner Aktionsfähigkeit, solange die Konfliktsituation andauert.

ambulanter Handel, → Betriebsform des → Einzelhandels, die standortungebunden ist. Die wichtigsten Formen sind der → Hausierhandel und der → Wochenmarkt. – Vgl. auch → Direktvertrieb. – *Gegensatz:* → stationärer Einzelhandel.

American Marketing Association (AMA), gegründet 1937, mit über 45.000 Mitgliedern die weltweit größte Vereinigung von Marketingexperten aus Wissenschaft und Praxis. Ziel der AMA ist es, das Marketing auf dem Gebiet der Forschung, Hochschulaus- und Weiterbildung zu fördern und eine Plattform für den Erfahrungsaustausch von Marketingexperten zu liefern. – *Weitere Informationen unter* www.marketingpower.com.

Ambush Marketing, *Parasite Marketing, Schmarotzermarketing,* Trittbrettfahrer-Aktivitäten von werbetreibenden Unternehmen bei (Sport-) Events, ohne durch Zahlung von Sponsorengeldern, die

Veranstaltung zu unterstützen. Ziel ist es, vom Beworbenen als vermeintlicher Sponsor wahrgenommen zu werden, um durch erhöhte mediale Aufmerksamkeit oder positiven Imagetransfer, davon zu profitieren.

Amoroso-Robinson-Relation, Darstellung des Zusammenhangs zwischen Grenzausgabe und → Preiselastizität (nach L. Amoroso und J. V. Robinson). Nimmt die nachgefragte Menge um einen bestimmten Prozentsatz zu und der → Preis entsprechend ab, so erhöht sich die Ausgabe der → Abnehmer um den Prozentsatz der Erhöhung der Nachfragemenge und vermindert sich um den Prozentsatz der Preissenkung.

Amortisation, Rückflusszeit des eingesetzten Kapitals (→ Aufwendung) durch die → Erträge des Investitionsobjekts.

Analyse, zielorientierte Beschreibung und Erklärung der vergangenen und/oder gegenwärtigen Situation bzw. Lage inklusive des situativen Umfelds (z.B. Konkurrenz). → Diagnose, → Prognose und → Planung stehen mit der A. in einem engen Beziehungszusammenhang, sind aber begrifflich streng davon zu trennen.

Anbieter, Zahl der Marktteilnehmer, die auf einem → Markt Leistungen zum → Verkauf anbieten. – Vgl. auch → Angebot und → Nachfrager.

Angebot, Summe der Leistungen, die auf einem → Markt zum → Verkauf angeboten werden. Das A. wird repräsentiert durch die Zahl der → Anbieter. Das Pendant zum A. ist die → Nachfrage.

Angebotselastizität, → Preiselastizität.

Angebotsform, → Marktform.

Angebotsfunktion, Zusammenhang zwischen dem → Angebot von Leistungen und der das Angebot bestimmenden Faktoren, die marktbedingt sind (z.B. Marktpreis, Qualität, Konditionen). Im Wesentlichen bestimmt die → Nachfragefunktion die A. – Vgl. auch → Spinnwebtheorem.

Angebotsmacht, Machtpotential eines im → Markt überlegenen Anbieters, seine Interessen gegenüber einem abhängigen Nachfrager durchzusetzen. Die Ausnutzung von Machtpotentialen erweist sich als wettbewerbsschädlich im Sinne eines marktwirtschaftlichen → Leistungswettbewerbs. Anbieterbezogene Machtungleichgewichte (→ asymmetrische Machtverteilungen) werden vor allem von Staatsmonopolen ausgenutzt. Die Schaffung von A. ist auch einer der wesentlichen Beweggründe für die zunehmende Unternehmenskonzentration (→ Konzentration). Gleiches gilt für den gegenteiligen Fall der Schaffung von → Nachfragemacht (→ Handelskonzentration) mit der Folge der Bildung von oligopoloiden Machtgruppierungen auf der Anbieter- und der Nachfragerseite.

Angebotspolitik, Zusammenfassung der → Produkt- und → Preispolitik als Marketing-Submix. Von der damit verbundenen Dreiteilung der → Marketinginstrumente ist die → Marketingtheorie inzwischen wieder abgerückt, da die Bedeutung der Preispolitik als eigenständiges Marketinginstrument einen bedeutenden Stellenwert im → Marketing-Mix hat.

Angst, unspezifische Empfindung einer allgemeinen Bedrohung. A. führt zu einer übersteigerten → Aktivierung mit der Folge einer Verringerung der Wahrnehmungs- und Gedächtnisleistung. Dieser empirisch gesicherte Zusammenhang hat einen entscheidenden Einfluss auf die → Werbemittelgestaltung, da überdies Angstappelle beim → Kommunikanten eher zu einem Vermeidungsverhalten als zur → Akzeptanz führen. – *Anders:* → Furcht.

Ankerpreis, Preisempfinden (→ Preisbeurteilung) auf der Grundlage bisheriger Preiserfahrungen (→ Referenzpreis). Der Nachfrager vergleicht die Preisforderung des Anbieters hinsichtlich seiner → Preisakzeptanz, die im Wesentlichen vom subjektiv empfundenen → Preis-Leistungs-Verhältnis abhängt.

Anlagengeschäft, Form des → Investitionsgütermarketings, bei dem komplette Anlagen bzw. Anlagentechniken vermarktet werden. Es handelt sich um ein → Systemgeschäft, das kundenindividuell, in der Regel einmalig, hochwertig, langfristig und komplex ist.

anlehnende Werbung, schmarotzende Werbung durch Nutzung des guten Rufs von Konkurrenzprodukten für das eigene Leistungsangebot. A.W. ist wettbewerbsrechtlich [→ Gesetz gegen den unlauteren Wettbewerb (UWG)] unzulässig.

Anlocken, Sammelbezeichnung für verschiedene Formen des unlauteren Wettbewerbs [→ Gesetz gegen den unlauteren Wettbewerb (UWG)], wie z.B. → Anreißen, → marktschreierische Werbung etc. Vielfach ist das übertriebene A. von Kunden mit einem → psychologischen Kaufzwang und/oder irreführenden Angaben verbunden.

Anmutung, erste Stufe der → Wahrnehmung, die sehr wichtig ist für die Beurteilung der → Werbewirkung. Der → Werbeerfolg hängt entscheidend von der ersten A. ab. Die Anmutungsqualität wird gemessen durch einen Vergleich der erreichten A. mit der für das → Werbeziel gewünschten A. Dieser Vergleich liefert Erkenntnisse zur erfolgten bzw. nicht erfolgten psychischen → Aktivierung.

Annuitätenrechnung, Vergleich der durchschnittlichen periodengemäßen → Einnahmen bzw. → Erlöse mit den entsprechenden → Ausgaben bzw. → Kosten. – Vgl. auch → Investitionsrechnung.

Anreißen, → Anlocken von → Kunden durch aufdringliche → Produktwerbung. Die anreißerische Werbung ist eine besondere Erscheinungsform des → Kundenfangs und verstößt gegen das → Gesetz gegen den unlauteren Wettbewerb (UWG).

Anreiz-Beitrags-Theorie, die von H. A. Simon und J. G. March (1958) entwickelte Theorie besagt, dass ein Anreiz-Beitrags-Gleichgewicht dann zustande kommt, wenn die subjektiv empfundenen Anreize und Beiträge der Teilnehmer an einer → Transaktion im Gleichgewicht sind. Die Theorie geht von einer subjektiv-formalen Rationalität des → Konsumentenverhaltens aus. Beispiel: Für die Mehrheit der Bevölkerung ist der Anreiz, Auto zu fahren immer noch größer als der Beitrag durch die permanent steigenden Benzinpreise. Damit existiert noch ein Anreiz-Beitrags-Gleichgewicht. – *Anders:* → Appetenz-Aversions-Konflikt.

Anreiz, äußerer → Reiz, der eine → Aktivierung und Verstärkung des → Verhaltens bewirkt. A. gelten als vorweggenommene Belohnung. Ihnen kommt eine motivierende Funktion zu, gewünschte Verhaltensweisen nicht nur zu verstärken, sondern auch auszulösen (→ Leistungsmotivation, → Incentives). Der A. gilt in den → Lerntheorien als motivationaler Effekt, der von der Erwartung künftiger Ereignisse ausgeht. Neben dem inneren Antrieb stellt der A. das wesentliche Element der Motivation dar. – Vgl. auch → extrinsische Motivation und → intrinsische Motivation.

Anreizmodell, → Incentives.

Anspruchsanpassungs-Theorie, Theorie, nach der das Individuum sein → Anspruchsniveau an seine subjektiv wahrgenommenen positiven und negativen Erfahrungen anpasst. Mit steigendem Anspruchsniveau sinkt die Wahrscheinlichkeit der subjektiv empfundenen, zufriedenstellenden Anspruchserfüllung.

Anspruchsniveau, Bezugsrahmen der Bewertung einer Leistung. Das A. bestimmt die Ziele, die ein Konsument oder Kunde als zufriedenstellend betrachtet. Es unterliegt Veränderungen aufgrund der sich ändernden Konsumgewohnheiten (→ Konsumentenverhalten). A. und tatsächliches Niveau der Leistungen dürfen nicht zu stark voneinander abweichen, um auf Dauer eine → Kundenzufriedenheit sicherzustellen.

Antizipation, gedankliche Vorwegnahme oder → Erwartung zukünftiger Ereignisse. Die A. beruht auf früheren Erfahrungen oder erkannten Gesetzmäßigkeiten. Sie beeinflusst → Ziele und → Planung.

antizyklische Werbung, Form des → Werbetiming, die der konjunkturellen Entwicklung entgegengerichtet ist. Das betrifft insb. die Festlegung der Höhe der Werbeausgaben (→ Werbebudgetierung). Diese Vorgehensweise kann sich auch auf die Entwicklung z.B. der unternehmensbezogenen → Umsätze und auf den Ausgleich von Saisonschwankungen beziehen. – *Gegensatz:* → prozyklische Werbung.

Antriebskraft, aktivierende Verhaltensbedingung und -tendenz, die das menschliche → Verhalten bestimmt. Im Wesentlichen werden die Antriebe bestimmt durch → Emotionen, → Motivationen, → Einstellungen und → Erwartungen. Hierbei gilt die → Aktivierung als Basis aller A. – Vgl. auch → Anreiz.

Antwortquote, → Rücklaufquote.

Anzapfen, Forderung nach zusätzlichen Leistungen des Lieferanten, denen keine sachlich entsprechende Gegenleistung gegenübersteht. Beispiele sind Eintrittsgelder (bei der → Produkteinführung oder Erschließung neuer → Absatzkanäle), Listungsgebühren, Einrichtungszuschüsse, Regalmieten, Zuwendungen zu Jubiläen, überhöhte → Werbekostenzuschüsse etc. Diese Form des unlauteren Wettbewerbs ist vor allem auf die zunehmende Nachfragemacht des → Handels zurückzuführen (→ asymmetrische Machtverteilung). Das rechtsunverbindliche → Sündenregister sollte hier Abhilfe schaffen, wobei seine Wirksamkeit in Anbetracht des immer stärkeren → Wettbewerbs und der gängigen Praxis in Zweifel gezogen werden muss.

Anzeige, → Kommunikationsmittel, das für die → Printmedien die wichtigste Erlösquelle darstellt. Trotz des Wachstums der elektronischen Medien sind die A. nach wie vor das führende Kommunikationsmittel. Durch die → Direktwerbung in Verbindung mit → Coupon-Anzeigen nimmt die Bedeutung der A. als Kommunikationsmittel sogar zu.

Anzeigenblatt, zeitungsähnliche Druckschrift mit einem hohen Anzeigenanteil. A. haben den Charakter von Stadtzeitungen und werden meist wöchentlich in einem bestimmten Gebiet allen Haushalten kostenlos zugestellt. Der Erfolg der A. hat sie zu einem ernsthaften Konkurrenten der Regionalzeitungen gemacht. Sie werden insb. von Dienstleistungs- und Handelsunternehmen als → Kommunikationsmedium genutzt. Vorteile sind ihre hohe Haushaltsabdeckung und der gezielte lokale Werbeeinsatz. Ähnliche Entwicklungen zeichnen sich im Stadt-Rundfunk und dem Stadt-TV ab.

Anzeigengestaltung, → Werbemittelgestaltung.

Anzeigenkompass, Verfahren zur Messung der Anzeigenbeachtung in → Publikumszeitschriften. – Vgl. auch → Starch-Test, → Copytest, → Impact-Test.

Anzeigenwerbung, Nutzung der → Printmedien als → Werbeträger. Von den Printmedien haben die → Zeitungen und → Zeitschriften die größte Bedeutung.

apparatives Verfahren, Verfahren zur Messung physiologischer Reaktionen. Erfasst wird die Intensität emotionaler Erregungen, die als Maß für die Wirksamkeit von Impulsen definiert ist. Die Indikatoren für die emotionalen Erregungen sind Veränderungen der Lidschlagfrequenz, des elektrischen Hautwiderstandes, der Atmung, Pulsfrequenz, des Blutdrucks, der Hirnströme, Pupillenweite oder der Stimmfrequenz. Die Verfahren werden auch unter dem Begriff Psychobiologische Messungen subsumiert. Der in der Forschung am meisten benutzte Indikator ist die → elektrodermale Reaktion (EDR). Weitere Verfahren sind die Hirnstrommessung [→ Elektroenzephalogramm (EEG)] und die Messung von Muskeltonusveränderungen [→ Elektromyographie (EMG)]. Die Verfahrensanwender unterstellen eine positive → Korrelation zwischen → Aktivierung, Verarbeitung und Speicherung der → Reize und damit eine gezielte Beeinflussungsmöglichkeit des → Konsumentenverhaltens. Diese Annahme ist umstritten, so dass auch die → Validität der apparativen Verfahren in Frage gestellt werden kann. – Vgl. auch → Blickregistrierung, → Tachistoskop, → Programmanalysator.

Apperzeption, Aufnahme und Verarbeitung von → Wahrnehmungen. Die Apperzeptionswirkung hängt ursächlich von der Wahrnehmung und der → Informationsverarbeitung ab.

Appetenz, zielorientierte Verhaltenstendenz, die abhängig ist von der Anziehungskraft (individualbestimmte Motivation) wahrgenommener → Stimuli. – *Anders:* → Aversion.

Appetenz-Appetenz-Konflikt, gleichzeitig positive Verhaltenstendenz zu mehreren Zielen (z.B. Produktalternativen). Die Widersprüchlichkeit der Präferenzenbildung ergibt sich aus unterschiedlichen → Motivationen. Präferenzkonflikte führen zu einer Verlängerung der Informations- und Entscheidungsprozesse. Hierbei setzt sich die stärkere Verhaltenstendenz durch. – Vgl. auch → Buridanus-Esel.

Appetenz-Aversions-Konflikt, → Ambivalenzkonflikt, der durch das gleichzeitige Auftreten widersprüchlicher Verhaltenstendenzen entsteht. Das gleiche Ziel (z.B. Kauf eines Pelzmantels) löst positive (Prestige) und negative → Motivationen (Artenvernichtung) aus. Sind die divergierenden Verhaltenstendenzen gleich stark, bleibt die Konfliktsituation stabil, d.h. es findet keine Entscheidung statt. Mit der Bedeutung der → Kaufentscheidung nimmt die Konfliktstärke zu. – *Anders:* → Anreiz-Beitrags-Theorie.

Application Service Provider (ASP), Unternehmen, die für ihre → Kunden über Datenleitungen verbunden bestimmte DV-Leistungen (z.B. Verwaltung von → Kundendateien) übernehmen.

AQL, Abk. für → Acceptable Quality Level.

Äquivalenzziffernrechnung, mithilfe von Schlüsseln (Kostengewichten) wird eine Verteilung der Kosten auf die einzelnen → Kostenträger vorgenommen. – Vgl. auch → Vollkostenrechnung.

Arbeitsgemeinschaft Leseranalyse e.V. (AGLA), gegründet 1954 zur Erforschung der Lesegewohnheiten der Deutschen, ist sie die Vorläuferorganisation der → Arbeitsgemeinschaft Media-Analyse e.V. (AG.MA). Aus der AGLA ist auch die → Allensbacher Werbeträger-Analyse (AWA) hervorgegangen.

Arbeitsgemeinschaft Media-Analyse e.V. (AG.MA), ein Zusammenschluss von → Werbeträgern, → Werbeagenturen, → Werbemittlern und → Werbung Treibenden zu einer Arbeitsgemeinschaft, die vor allem in der → Mediaforschung tätig ist. Die Forschungsergebnisse werden jährlich in der → Media-Analyse (MA) veröffentlicht. – *Weitere Informationen unter* www.agma-mmc.de.

Arbeitskreis Deutscher Markt- und Sozialforschungsinstitute e.V. (AMD), Interessenvertretung der privatwirtschaftlich organisierten Markt- und Sozialforschungsinstitute in Deutschland. Er wurde im Jahr 1955 gegründet. Zu seinen Aufgaben gehören u.a. die Wahrung des Ansehens und die Förderung der

Wissenschaftlichkeit der Markt- und Sozialforschung, die Durchsetzung der Berufsgrundsätze und Standesregeln, die Gewährleistung des Datenschutzes sowie die Bekämpfung unlauteren Wettbewerbs. *Weitere Informationen unter* www.adm-ev.de.

Arbeitsspeicher, → Kurzzeitspeicher, → Mehrspeichermodell.

Archetyp, Urbild, das nach C. G. Jung (1875-1961) biologisch und gesellschaftsgenetisch vorprogrammiert ist und das menschliche Vorstellungsvermögen prägt. A., wie z.B. Heldenfiguren, Engel, Feen, die sich in Märchen, Mythen und Religionen finden, resultieren aus den Erfahrungen vorangegangener Generationen und sprechen erlebniswirksame → Motive an. Sie sind daher ein probates und insb. subtiles Instrument der → Werbung, da sie im Gegensatz zu den erlernten → inneren Bildern gleich einem biologischen → Schlüsselreiz wirken. Sie wecken beim → Kommunikanten vorbestimmte → Assoziationen und Gefühlswelten.

arithmetisches Mittel, *Durchschnittswert,* in der → Markt- und → Sozialforschung am häufigsten verwendeter → Mittelwert. Das a.M. ist der Quotient aus der Summe aller Einzelwerte und der Anzahl der Einzelwerte.

Art-Director, Berufsbezeichnung für einen leitenden Grafiker oder künstlerischen Leiter.

Art Directors Club für Deutschland e.V. (ADC), gegründet 1964 nach US-amerikanischem Vorbild in Düsseldorf, hat heute seinen Sitz in Berlin. Zusammengeschlossen haben sich führende Kreative aus den Bereichen Werbung, Wort, Bild, Design, Editorial, Fotografie, Illustration, Funk, Film, interaktive Medien und räumliche Inszenierung mit dem Ziel, die kreative Leistung in Deutschland zu verbessern. – *Weitere Informationen unter* www.adc.de.

Artikel, Gruppe von → Sorten (z.B. nach Größe, Form, Farbe, Qualität) einer Artikelgruppe im → Sortiment bzw. → Produktprogramm mit einheitlichem Warencharakter. Danach bilden Sorten, als kleinste, nicht mehr weiter teilbare Einheiten, die A. In der Praxis wird hingegen keine Differenzierung in A. und Sorte vorgenommen. Der A. ist das einzelne → Produkt in seiner durch den → EAN-Code detaillierten Spezifikation, die alle wichtigen Sortendifferenzierungen umfasst.

Artikelerfolgsrechnung, → direkte Produktrentabilität in Verbindung mit → direkten Produktkosten.

Artikelnummerierung, numerische Ordnungssysteme zur Identifikation und Klassifikation von → Artikeln. Sie sind Grundvoraussetzung für das → Scanning im → Einzelhandel. Das bekannteste überbetriebliche Nummerierungssystem ist der → EAN-Code. Die europäische Artikelnummer markiert den Artikel durch 13 Stellen in Form von maschinenlesbaren Strichcodes. Die A. bildet die Basis für den Aufbau von integrierten → Warenwirtschaftssystemen.

Artikelrotation, Anteil der Zahl der → Artikel, die im Laufe eines Jahres gegen andere ausgewechselt werden, an der Gesamtzahl der Artikel im → Sortiment. Die A. ist damit Ausdruck der permanenten → Sortimentsoptimierung. – Vgl. auch → Sortimentsbereinigung.

Artwork, kreativer, bildhafter Teil einer → Werbebotschaft. – Vgl. auch → Werbemittelgestaltung.

Assessment-Center, Methode zur Optimierung von Auswahl- und Bewerbungsprozessen. Die Methode beruht auf einem Ansatz, der für die Bewertung des Bewerbers mehrere Bewerter vorsieht (im Allgemeinen fünf Beurteiler, davon z.B. zwei Psychologen und drei Führungskräfte). Die Bewerbergruppen bestehen in der Regel aus zehn bis 15 Kandidaten. Die Prinzipien der Prüfmethode sind

Verhaltensorientierung, Methodenvielfalt, Mehrfachbeurteilung und Anforderungsbezogenheit. Die methodischen Vorteile liegen in der Praxisnähe und in der Messung des konkret gezeigten Verhaltens der Bewerber. – Vgl. auch → Career Counselling Workshop.

Assimilation, Form des → sozialen Einflusses, die darauf beruht, dass ein ausgeprägtes Harmoniebedürfnis besteht, das zu einer hohen Anpassungsbereitschaft mit der Konsequenz einer Verhaltensangleichung führt.

Assimilations-Kontrast-Theorie, von M. Sherif und C. I. Hovland (1961) entwickelte Theorie, nach der der gleiche Sachverhalt je nach der vorangegangenen Erfahrung mit einem Reizgegenstand unterschiedlich beurteilt wird. Assimilation liegt vor, wenn ein dargebotener → Reiz in Bezug auf einen Standard- oder Ankerreiz als ähnlicher als durch objektive Messung feststellbar empfunden wird. Kontrast liegt vor, wenn der dargebotene Reiz als unähnlicher empfunden wird. Vereinfacht kann die Assimilation als Bereich der Akzeptierung und der Kontrast als Ablehnungsbereich definiert werden. Dies bedeutet z.B. für die → Preispolitik, dass Preisveränderungen über oder unter dem → Ankerpreis unterschiedlich wahrgenommen werden, je nachdem, wie weit sie von ihm entfernt sind. Geringfügige Abweichungen vom Ankerpreis werden kaum oder nicht wahrgenommen und daher assimiliert, starke Abweichungen nach unten oder oben führen zum Kontrast (Vermutung einer minderen Qualität bzw. Überteuerung).

Assimilationsprozess, Trend zur Angleichung, der insb. durch die zunehmende → Standardisierung gefördert wird. Er betrifft vor allem die Leistungsangebote (Produkte und Dienstleistungen), aber auch die verschiedenen → Betriebstypen im Handel. Dies führt zur totalen Vergleichbarkeit und → Homogenität mit der Folge einer Abnahme bzw. eines Verlustes des → akquisitorischen Potentials.

Assoziation, funktionelle Verknüpfung von Vorstellungen und Wahrnehmungen, wonach das Auftreten eines psychischen Inhalts das Auftreten eines oder mehrerer anderer begünstigt. Voraussetzung für die Bildung einer A. ist die räumliche und zeitliche Nähe (→ Kontiguitätsprinzip) von → Stimuli. Insb. für die → Werbung haben assoziative Verknüpfungen beim → Kommunikanten eine erhebliche Bedeutung. Überprüft werden die bestehenden A. mithilfe der → Assoziationstests.

Assoziationstest, Verfahren um Assoziationen, Anmutungen und Imagevorstellungen zu überprüfen. Die am häufigsten angewendete Methode ist das → projektive Verfahren.

asymmetrische Machtverteilung, durch Konzentration bedingtes Machtungleichgewicht zwischen den → Marktpartnern. Das Ungleichgewicht führt vielfach zu einer erheblichen Einschränkung des → Leistungswettbewerbs. – *Gegensatz:* → symmetrische Machtverteilung.

atomistische Konkurrenz, Vielzahl von → Anbietern und → Nachfragern, deren → Marktanteile so gering sind, dass sie auf den → Preis keinen Einfluss nehmen können. Es gilt ein → Marktpreis. – Vgl. Abbildung „Atomistische Konkurrenz". – Vgl. auch → vollkommene Konkurrenz.

Attachment, Anhang, der als Datei (z.B. Text oder Grafik) an → E-Mails angehängt wird.

Attitüde, → Einstellung.

Attributdominanz, Ausstrahlungseffekt, der die Wahrnehmung einer Produkteigenschaft (z.B. Geruch) auf das gesamte Produkt überträgt. – *Anders:* → Irradiation.

Attribute Listing, → Kreativitätstechnik, die zu den analytisch-systematischen Verfahren gehört und eine große Ähnlichkeit mit dem → morphologischen Kasten aufweist. Zunächst werden alle wichtigen Eigenschaften z.B. eines Produktes oder einer Idee aufgelistet. Im nächsten Schritt werden zu jeder Eigenschaft alle Varianten gesucht und ebenfalls gelistet. Dazu kann als weitere Kreativitätstechnik das intuitive → Brainstorming eingesetzt werden. Die Auswahl der Varianten wird erst dann vorgenommen, wenn alle Möglichkeiten gefunden sind. Die einfache Methode geht von der Erfahrung aus, dass sich alle Produkte bzw. Dienstleistungen oder Ideen dadurch verbessern lassen, dass die Einzeleigenschaften variiert werden. Insofern hat sich diese Kreativitätstechnik besonders bewährt bei der Verbesserung bzw. Weiterentwicklung von Produkten und Verfahren.

Attribution, Zuschreibung von Ursachen zu eingetretenen Ereignissen zur Erklärung eigenen und fremden → Verhaltens. Die A. ist der Versuch, alle wahrgenommenen Situationen und sozialen → Interaktionen auf zugrunde liegende Ursachen zurückzuführen. Der Begriff stammt aus der → Sozialpsychologie und wird verwendet zur Erklärung, Kontrolle und Antizipation sozialen Verhaltens. Hinsichtlich des → Konsumentenverhaltens folgt daraus, dass Individuen ihr Verhalten durch nachträgliche subjektive Attribuierung rationalisieren. Die emotionale Handlung wird als rationaler Akt erklärt und verteidigt. – Vgl. auch → kognitive Konsonanz, → kognitive Dissonanz, → Dissonanztheorie.

Attributionstheorie, Theorie der kognitiven Umweltbewältigung und Erklärung des eigenen Selbst, die davon ausgeht, dass Menschen motiviert sind, die Ursachen wahrgenommener Ereignisse zu ergründen. Die Ursachenzuschreibung für eigene und fremde Handlungen, Erfolg oder Misserfolg dient der Einschätzung künftiger Situationen und eigener Fähigkeiten. Die → Motivation eines Menschen ist weniger von objektiven Gegebenheiten abhängig, als vielmehr von seiner Interpretation der Realität. Das künftige → Verhalten eines Menschen wird beeinflusst durch seine Erwartungshaltung. Seine Leistungsmotivation steht unter der Kontrolle seines Denkens, ob das Ergebnis seines Handelns allein von ihm oder von äußeren Umständen abhängt. – Vgl. auch → soziale Lerntheorie, → Motivationstheorie.

Audience-Effekt, Einfluss der Empfän-

Atomistische Konkurrenz

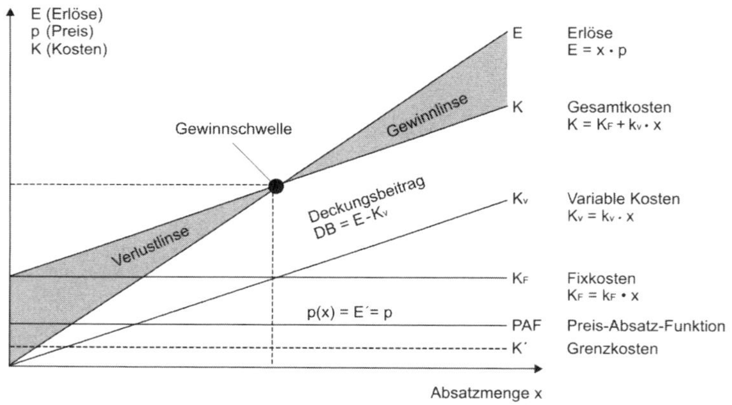

gereinstellung auf die Wirkung von Botschaften (z.B. → Werbebotschaften). Konsonante Botschaften bez. der Empfängereinstellung werden als glaubwürdiger empfunden als Informationen, die zur Inkongruenz bzw. auch zu → kognitiven Dissonanzen führen. – Vgl. auch → Source-Effekt, → Message-Effekt.

Audimeter, Methode zur Erfassung der Rundfunk- und Fernsehbeteiligung. Die Messung erfolgt durch installierte Geräte in ausgewählten Haushalten. Weitere Verfahren sind → GfK-Meter, → Tammeter, → Teleskomat und → Teleskopie.

audiovisuelle Medien, *AV-Medien,* Gesamtheit der elektronischen Geräte, mit denen gleichzeitig optische wie auch akustische Signale ausgesendet werden können. Dazu gehören Fernsehgeräte, Videorecorder, Tonbild- und Tonfilmgeräte und auch Personalcomputer (→ Multimedia). Zudem wird vielfach unterschieden in AV-Hardware und AV-Software (CD-ROM, Onlinedienst etc.).

Auditing, Vorgang externer Prüfung der → Qualität. Das Audit besteht in der Regel aus vier verschiedenen Teilen:

- Fragenliste zur Selbstbeurteilung als Vorbereitung,
- Prüfung des Qualitätsmanagement-Manuals auf Konformität,
- Durchführung des eigentlichen Audits im Unternehmen,
- Zertifikatserteilung bzw. Korrekturmaßnahmen.

Vgl. auch → Qualitätsaudit.

auditiver Reiz, akustischer → Reiz, wie z.B. Hintergrundmusik oder auch akustische Informationen zu Sonderangeboten im Einzelhandel, der dem Käufer einen zusätzlichen Kaufanreiz geben soll. – Vgl. auch → Sinnesorgan.

Aufbauorganisation, *Strukturorganisation,* Gestaltung von Aufbaubeziehungen in der → Organisation, die für eine längere Zeit Gültigkeit haben. Dazu gehören die Stellenbildung, die Gestaltung des → Informationssystems, der Einsatz von Sachmitteln, die Festlegung des → Kommunikationssystems, die Einrichtung des Beziehungsnetzes sowie die Gestaltung des → Führungssystems. Zu unterscheiden ist die → Ablauforganisation, wenngleich Veränderungen in der A. auch immer mit Konsequenzen in der Ablauforganisation verbunden sind.

Aufforderungscharakter, Eigenschaft von Objekten und Zielen, die durch ihre Attraktivität → Bedürfnisse aktivieren und ein → Verhalten in Gang setzen. Die Anreizqualität (→ Valenz) von Objekten, Produkten, Marken, Dienstleitungen kann z.B. neugierig machen und einen → Markenwechsel auslösen (→ Variety Seeking Behavior). Die Valenz sollte, um Handlungen auszulösen, den Werten der → Zielgruppe entsprechen, d.h. wünschenswert und erreichbar sein.

Auflage, Anzahl der Exemplare einer Druckschrift (z.B. Zeitung, Zeitschrift). Zu unterscheiden sind:

- Druckauflage,
- Abonnementauflage,
- Einzelverkaufsauflage,
- Verkaufsauflage
- durch die Informationsgemeinschaft zur Feststellung der Verbreitung von Werbeträgern (IVW) kontrollierte A.

Aufmachung, durch Gestaltungsmittel (z.B. Material, Form, Farbe) geprägtes äußeres Erscheinungsbild von Leistungsangeboten. Im Vergleich zur → Ausstattung ist der Begriff enger gefasst, sodass die A. nicht den Schutz des → Warenzeichengesetzes (WZG) in Anspruch nehmen kann.

Aufmerksamkeit, Form der → Aktivierung, die zur Sensibilisierung gegenüber bestimmten → Reizen führt. Mit der A. ist auch eine bestimmte Reizauswahl verbunden. – Vgl. auch → AIDA-Formel.

Aufschlagsspanne, die relative → Handelsspanne, die sich aus dem Quotienten der absoluten Handelsspanne multipliziert mit 100 und dem (Netto-) Einstandspreis bzw. Einkaufspreis ergibt. – Vgl. auch → Abschlagsspanne.

Auftragsabwicklung, wesentlicher Teilbereich der → Marketing-Logistik, der die Aufträge vom Eingang beim Lieferanten bis zum Rechnungseingang beim → Kunden bearbeitet. Die einzelnen Phasen sind:

- Auftragserteilung und Auftragsübermittlung durch den Kunden bzw. Auftragserstellung beim Kunden,
- Auftragsprüfung und evtl. Auftragsergänzung,
- Konditionen- und Bonitätsprüfung,
- Auftragsbestätigung,
- Erstellung der Unterlagen für Entlagerung,
- Kommissionierung und Versand,
- Fertigstellung der Versandpapiere,
- Fakturierung des Auftrags (nach oder vor Versanddisposition).

Die A. erfolgt entweder manuell, maschinell oder automatisch, wobei sich aufgrund der modernen DV-Technik immer mehr automatische und integrierte Verfahren in der Praxis durchsetzen. Die A. beeinflusst ganz wesentlich die Qualität des → Lieferservices.

Auftragsfertigung, kundenindividuelle Einzelfertigung.

Aufwendung, die in einer Abrechnungsperiode verbrauchten → Güter und → Dienstleistungen. – *Gegensatz:* → Ertrag.

Augenkamera, Blickbewegungskamera, die in der → Werbeforschung als → apparatives Verfahren zur → Blickregistrierung eingesetzt wird. Erfasst werden Betrachtungsdauer, die Beobachtung der Aufnahme bestimmter → Stimuli (z.B. Anzeigenelemente) und der Blickverlauf. Hierbei wird unterstellt, dass der Blick zunächst auf das Element mit der stärksten Aufmerksamkeitswirkung fällt und zuletzt auf das Element mit der geringsten Aufmerksamkeitswirkung. Aus der Folge von → Fixationen (Verweildauer auf Bild- bzw. Textelementen) und → Saccaden (Blicksprüngen) werden Schlussfolgerungen bez. der → Werbewirkung gezogen. Hierbei wird den Fixationen hinsichtlich der Informationsaufnahme und insb. der → Informationsverarbeitung eine besondere Bedeutung beigemessen. Abzugrenzen von diesem Verfahren ist das → Tachistoskop, mit dessen Hilfe die unbewusste bzw. bewusste → Wahrnehmung festgestellt wird.

Auktion, öffentlich angekündigte → Marktveranstaltung, bei der nicht fungible (d.h. nicht vertretbare) → Waren in einem Bietverfahren an denjenigen verkauft werden, der den höchsten → Preis für das → Angebot bezahlt. Dabei wird unterschieden in Auf- und Absteigerung. Bei der Aufsteigerung wird der Auktionspreis solange erhöht, bis kein höheres Angebot mehr vorliegt (umgekehrt bei der Absteigerung auf der Basis eines vorgegebenen Höchstpreises, → Veiling).

AUMA, Abk. für → Ausstellungs- und Messeausschuss der deutschen Wirtschaft e.V.

Ausbeutung, unlauteres Nachahmen fremder Leistung und Verletzung gewerblicher → Schutzrechte.

Ausfallquote, Anteil der Personen einer → Stichprobe, der in einer → Befragung nicht herangezogen werden kann. Zu unterscheiden sind stichprobenneutrale Ausfälle, die einen zufälligen Charakter haben (z.B. verzogen, verstorben) und lediglich die Fallzahl vermindern und stichprobenverzerrende Ausfälle (z.B. nicht erreichbar, Auskunftsverweigerung), die zu einem Problem der → Repräsentanz bezogen auf die → Grundgesamtheit der Stichprobe führen. – Vgl. auch → Stichprobenausfall, → Ausschöpfungsquote.

Ausgaben, Ausdruck der Geldvermögensebene. Abnahme des Bestandes liquider Mittel zuzüglich Forderungen abzüglich Verbindlichkeiten. – *Gegensatz:* → Einnahmen.

Ausgabenstruktur, Gliederung des → privaten Verbrauchs nach Ausgabenkategorien. Die amtliche Statistik nimmt eine Klassifizierung vor nach Nahrungs- und Genussmitteln, Kleidung, Schuhen, Wohnungsmieten, Elektrizität, Gas u.ä., übriger Haushaltsführung, Verkehr und Nachrichten, Körper- und Gesundheitspflege, Bildung und Unterhaltung sowie persönlicher Ausstattung. Ungeachtet der Sinnhaftigkeit der amtlichen Gliederung sind die A. und ihre Veränderung im Zeitablauf eine wichtige Informationsbasis für die Erklärung des → Einkaufsverhaltens, aus dem weitere Erkenntnisse bez. des → Kauf-, bzw. → Käufer- und → Konsumentenverhaltens gewonnen werden können.

Ausgleichskalkulation, → Mischkalkulation und → Preiskalkulation.

Auskunftsvergleich, Form der → vergleichenden Werbung, die wettbewerbsrechtlich zulässig ist, wenn Kunden ausdrücklich Auskunft verlangen bez. des eigenen Leistungsangebots im Vergleich zu Konkurrenzangeboten. Die Informationen inklusive auch einer zulässigen Bewertung müssen jedoch sachlich gehalten sein und dürfen die Konkurrenz nicht herabsetzen.

Auslandsmarktforschung, Informationsgewinnung im → internationalen Marketing in Bezug auf konkrete Auslandsmärkte und ihre Strukturen. Hinsichtlich der sehr unterschiedlichen Marktgegebenheiten empfiehlt sich zunächst eine länderspezifische Grobanalyse (→ Länderselektion) mithilfe der → Sekundärforschung, die im Bedarfsfalle durch eine Feinanalyse mithilfe der → Primärforschung ergänzt werden kann.

Ausschließlichkeitsvertrag, Vertrag zwischen Unternehmen (→ Konkurrenzklausel), der einen Partner meist bez. des Warenbezugs bindet (z.B. Bierlieferungsverträge, Tankstellenpachtverträge). Es handelt sich in der Regel um eine Form der → vertikalen Kooperation im Rahmen der → Absatzwegepolitik, die wettbewerbsrechtlich grundsätzlich zulässig ist, soweit dadurch nicht der → Wettbewerb behindert wird.

Ausschöpfungsquote, Anteil der auswertbaren Fragebögen, bezogen auf die → Stichprobe abzüglich der stichprobenneutralen → Ausfallquote. Die Höhe der A. ist ein wesentliches Indiz für die Zuverlässigkeit (→ Reliabilität) der Untersuchungsergebnisse.

Ausschreibung, *Submission,* Aufforderung an → Anbieter, schriftliche Angebote für eine nachgefragte Leistung einzureichen. Eine öffentliche A. erfolgt vor allem bei der öffentlichen Auftragsvergabe (→ öffentliches Vergabeverfahren).

Außendesign, Zusammenwirken von → Marketingdesign und → Kommunikationsdesign.

Außendienst, wichtigste Form der unternehmenseigenen → Verkaufsorgane. Man bezeichnet die unternehmenseigenen Verkaufsorgane auch als → Reisende. Diese Bezeichnung ist jedoch im Hinblick auf die Bedeutung des A. überholt. Man sollte präziser von Firmenrepräsentanten sprechen, da sie in den → Absatzmärkten die personifizierte Identität des Gesamtunternehmens darstellen. – *Gegensatz:* → Innendienst.

Außendienstberichtssystem, wesentlicher Teil des → Marketing-Informationssystems, bei dem der → Außendienst in der Regel schriftlich an die Unternehmenszentrale Bericht erstattet bez. Kundenbesuche, Verkaufsabschlüsse, → Lieferservice, → Kundenzufriedenheit, → Reklamation, Konkurrenzverhalten etc. Das A. ist ein wichtiges Instrument zur → Außendienststeuerung.

Außendienstentlohnung,
→ Vergütungssystem.

Außendienstorganisation,
→ Verkaufsorganisation.

Außendienststeuerung, System zur Gewinnung, Erfassung, Aufbereitung, Analyse und Bewertung von Markt- und Kundeninformationen, deren Verdichtung (Transformation) und Weiterleitung an den → Außendienst (Transfer) der Außendienstunterstützung und dem → Vertriebscontrolling dienen. Voraussetzung dazu ist ein voll standardisiertes → Berichtssystem. – Vgl. auch → Marketing- und Vertriebs-Informationssystem.

außengeleiteter Mensch, *Outer-directed Person,* eine auf D. Riesman (1958) zurückgehende Personenkategorie, die weniger aktiv, sondern eher reaktiv auftritt. Ein a.M. nimmt → Stimuli von außen gern auf und verhält sich sozial konform. Er ist daher auch leicht durch → Werbung zu beeinflussen, wenn diese vor allem auf das → Sozialprestige abhebt. – *Gegensatz:* → innengeleiteter Mensch. – *Anders:* → integrierter und → traditionsgeleiteter Mensch.

Außengroßhandel, → Betriebstyp des → Großhandels, der sich primär auf den grenzüberschreitenden Warenverkehr konzentriert. Unterschieden werden Import- und Exportgroßhandel. – *Gegensatz:* → Binnengroßhandel.

Außenhandel, Gesamtheit der Warenexporte und -importe. – *Gegensatz:* → Binnenhandel.

Außenlager, Regionallager, das der möglichst dichten Nahversorgung der → Kunden dient (→ Lieferservice). Daran sind vielfach → Verkaufsniederlassungen angeschlossen. – Vgl. auch → Lager.

Außenwerbung, Sammelbegriff für alle → Werbeträger, die außen eingesetzt werden. Die wichtigsten Formen sind die → Plakatwerbung, → Verkehrsmittelwerbung, die → Lichtwerbung und → Luftwerbung.

Ausstattung, Form oder → Aufmachung eines → Produkts. Die Produktausstattung genießt nach dem → Gesetz gegen unlauteren Wettbewerb Rechtsschutz, soweit sie → Verkehrsgeltung besitzt. Als Maßstab für die Verkehrsgeltung gilt der → Bekanntheitsgrad. Eine weitere Form der A. ist die sog. Geschäftsausstattung im → Einzelhandel, die der Differenzierung gegenüber Wettbewerbern dient und nicht geschützt werden kann, soweit keine → Schutzrechte angesprochen sind.

Ausstellung, zeitlich begrenzte → Marktveranstaltung, auf der Aussteller ihr → Angebot präsentieren und vertreiben oder über dieses Angebot zum Zweck der → Absatzförderung informieren. Unterschieden werden Fachausstellungen und A., die sich an die Allgemeinheit wenden. Von den → Messen unterscheiden sich die A. nur graduell. Die A. haben mehr Informations- und die Messen mehr Verkaufscharakter.

Ausstellungs- und Messeausschuss der deutschen Wirtschaft e.V. (AUMA), 1906 durch die Spitzenverbände der Wirtschaft gegründete Interessengemeinschaft der deutschen Wirtschaft mit dem Ziel, die deutschen Messen im In- und Ausland zu stärken. – *Weitere Informationen unter* www.auma-messen.de.

Ausstrahlungseffekt, Wirkung von Marketingmaßnahmen, die auf angrenzende Wirkungsbereiche positiv oder auch negativ abstrahlen. Zu den A. gehören u.a. die → Attributdominanz, der → Carry-over-Effekt, der → Halo-Effekt, die → Irradiation, der → Spill-over-Effekt, der → Decay-Effekt, der → Cross-Selling-Effekt und der → Imagetransfer.

Ausverkauf, → Sonderveranstaltung des vor allem → Einzelhandels, die nach dem → Gesetz gegen den unlauteren Wettbewerb (UWG) zulässig ist, wenn der gesamte Geschäftsbetrieb, ein Zweiggeschäft oder ein → Teilsortiment aufgegeben werden. Es handelt sich um eine abschließende und keine Veränderungsmaßnahme. – *Anders:* → Räumungsverkauf.

Auswahl aufs Geratewohl, → willkürliche Auswahl.

Auswahlverfahren, zu unterscheiden sind grundsätzlich die → Vollerhebung aller Elemente und die → Teilerhebung als Stichprobe aus der Grundgesamtheit. Die A. beziehen sich auf die → bewusste Auswahl (nicht zufällige Auswahl) und auf die → Randomauswahl (zufällige Auswahl). – Vgl. auch → Stichprobenauswahlverfahren.

Auszahlungen, Zahlungsmittelbeträge, die von einem Wirtschaftssubjekt (z.B. Kunde) zu einem anderen (z.B. Lieferant) fließen. Von den A. abzugrenzen sind die → Ausgaben, → Aufwendungen und → Kosten. – *Gegensatz:* → Einzahlungen.

Authentifizierung, Nachweis der Identität gegenüber einem Kommunikationspartner im DV-Bereich (vor allem im → Internet), der in der Regel durch die Abfrage des Benutzernamens und eines Passworts erfolgt.

Autokorrelation, gegenseitige Abhängigkeit von aufeinander folgenden Beobachtungen in statistischen → Zeitreihen und bei der → Regression. A. liegt vor, wenn die zufälligen Komponenten von Zielvariablen für verschiedene Werte der erklärenden Variablen korreliert sind.

Automatenverkauf, → Vending.

autonome Arbeitsgruppe, → Gruppe, die im Vergleich zu → Qualitätszirkeln nicht nur Empfehlungen gibt, sondern in Form des → Management-by-Delegation (MbD) auch Entscheidungsrechte erhält (→ Empowerment). A.A. sind fest in die bestehende Organisationsstruktur integriert. Eine gewisse Verwandtschaft mit dem → Projekt-Management ist erkennbar.

autonome Marketingstrategie, → Marketingstrategie, bei der die Konkurrenzstrategien wohl berücksichtigt werden, aber nicht von möglichen Konkurrenzreaktionen ausgegangen wird. – *Anders:* → konjekturale Marketingstrategie.

autoregressives Verfahren, Prognoseverfahren, das den künftigen Wert einer → Zeitreihe aus den Vergangenheitswerten derselben Zeitreihe ableitet (→ Trendextrapolation). Der Einfluss anderer Größen für die künftige Entwicklung wird ausgeschlossen.

autoritärer Führungsstil, singuläre Willensbildung und Entscheidung durch eine Führungskraft. Dem Führungsstil entspricht das → Direktorialprinzip. – *Gegensatz:* → kooperativer Führungsstil. – *Anders:* → autoritativer Führungsstil.

autoritativer Führungsstil, → Führungsstil nach D. Goleman (1999), der davon ausgeht, dass der autoritäre Führer ein Visionär ist und ein hohes Maß an → emotionaler Intelligenz und → emotionaler Kompetenz besitzt, um seine Ideen kommunikativ den Mitarbeitern zu vermitteln, ihr Selbstbewusstsein zur Zielrealisation zu stärken und um damit ein Katalysator für notwendige Veränderungen zu sein. Der autoritative Führer gibt ein → Ziel vor, lässt aber den Mitarbeitern einen weiten Spielraum in der Mittelwahl zur Zielrealisation. Insofern zeigt sich eine systemische Verbindung zwischen dem autoritären und → kooperativen Führungsstil, der den Mitarbeitern in Entscheidungsprozessen einen großen Entscheidungsspielraum einräumt. – *Anders:* → autoritärer Führungsstil.

Autostereotyp, Selbstbild, das ein Individuum von sich oder der eigenen → Bezugsgruppe hat. A. sind relativ starr und zumeist positiv. – Vgl. auch → Stereotyp und → Eigenimage.

Avatar, virtuelle, menschliche Figur (Gottheit aus dem Hinduismus in Tier- oder Menschengestalt) auf → Websites im → Internet und in der → Fernsehwerbung.

Aversion, Verhaltenstendenz der Abwendung von einem Beurteilungsobjekt. Die A. führt vielfach zur Vermeidung einer Auseinandersetzung mit dem Beurteilungsgegenstand z.B. in Form einer Kaufverweigerung. – Vgl. auch → Appetenz.

AV-Medien, Abk. für → audiovisuelle Medien.

AWA, Abk. für → Allensbacher Werbeträger-Analyse.

Award, Auszeichnung, die im Rahmen eines Wettbewerbs von einer Jury vergeben wird.

Awareness Set, Selektionsstufe innerhalb des → Relevant Set, die alle dem Konsumenten bekannten Produkte bzw. Marken enthält. Der A.S. umfasst die akzeptierten (Accepted Set) und die zurückgewiesenen (Rejected Set) Kaufalternativen. – Vgl. auch → Evoked Set. – *Gegensatz:* → Unawareness Set.

Axiom, Basissatz, der sich selbst erklärt und keines Beweises bedarf. Das A. bildet die Grundlage für die Ableitung weiterer Sätze (Theoreme).

Ayer-Modell, → Stufenmodell der Werbewirkung, das die drei Stufen:

- Produktkenntnis,
- Erstkauf und
- Wiederholungskauf

umfasst. Auch bei diesem Modell gilt die Kritik an der Hierarchisierung der Wirkungsstufen, die als voneinander abhängig angesehen werden.

B

Badwill, negative → Assoziationen, die Konsumenten oder auch die Öffentlichkeit mit einem Unternehmen verbinden. Im Wesentlichen handelt es sich um ein negatives → Firmenimage. – *Gegensatz:* → Goodwill.

Balanced Marketing, → Marktbearbeitung, die mehreren → Marktpartnern mit z.T. konträren Zielvorstellungen gerecht werden muss. Diese Notwendigkeit ergibt sich z.B. im → Social Marketing und im → Handelsmarketing.

Balanced Scorecard, ausgewogener Berichtsbogen, entwickelt von R. Kaplan und D. Norton, der der strategischen Planung und Steuerung eines Unternehmens oder von Geschäftsbereichen dient. Es besteht eine Verwandtschaft mit dem → Performance Measurement. Grundkonzept ist, dass mehrere, zusammenhängende Messgrößen, z.B. Kosten, Qualität, Kundenzufriedenheit zur Beurteilung der Effektivität und Effizienz der Leistung und Leistungspotentiale unterschiedlichster Objekte im Unternehmen herangezogen werden. Dabei steht vor allem die Abschätzung der jeweiligen Wachstumsmöglichkeiten im Vordergrund und weniger die Bewertung der zurückliegenden Entwicklung. Die Perspektiven werden fokussiert auf Finanzkennzahlen, Kunden, Managementprozesse, Innovationsprozesse und Lernprozesse. Die Leistung des Gesamtunternehmens wird als ein Gleichgewicht (Balance) zwischen den Perspektiven auf einer übersichtlichen Anzeigetafel, der sog. Scorecard dargestellt. – Vgl. auch → Führungs-Scorecard.

Balancetheorie, → Konsistenztheorie von F.Heider, nach der die interpersonellen Beziehungen von Individuen auf die Herstellung eines Gleichgewichtszustandes hin orientiert sind.

Ballontest, → projektives Verfahren, bei dem durch Sprechblasen ein Dialog aufgebaut wird. Die Probanden nehmen Stellung zu den Äußerungen in den Sprechblasen oder ergänzen fehlende Aussagen. – Vgl. auch → Picture-Frustration-Test.

Ballyhoo, → marktschreierische Werbung, mit dem Ziel den Preis eines Produktes auf dem Markt in die Höhe zu treiben.

Bandenwerbung, Form der → Außenwerbung vor allem auf Sportplätzen. – Vgl. auch → Sport-Sponsoring und → Product Placement.

Bandwagon-Effekt, Mitläufereffekt, der sich in der Weise bemerkbar macht, dass ein Wirtschaftssubjekt ein → Gut zu einem gegebenen → Preis deshalb mehr oder weniger nachfragt, weil sich andere Wirtschaftssubjekte so verhalten. Es besteht eine enge Beziehung zu dem → Veblen-Effekt. – *Gegensatz:* → Snob-Effekt.

Bankmarketing, Marketingaktivitäten von Banken, Sparkassen und Kreditinstituten. Sie umfassen das Leistungsprogramm (→ Produktpolitik), die → Werbung und die → Preispolitik. Die angebotenen Leistungsprogramme sind entweder universal oder speziell ausgerichtet, die → Marketingkommunikation ist meist eine

Kombination von Vertrauens- bzw. Imagewerbung und Produktwerbung in Verbindung mit einer Point-of-Sale-Werbung, die Preispolitik ist differenziert nach Aktiv-, Passiv- und Dienstleistungsgeschäft.

Banner, Werbefläche, die als Grafik- oder Flash-Datei auf Internetseiten eingebunden wird. B. sind mit einem Hyperlink versehen und führen direkt zum Leistungsangebot des Werbung Treibenden. – Vgl. auch → Bannerwerbung.

Bannertausch, günstige Form der gegenseitigen Werbung im Internet. Dabei können Werbungtreibende ihre → Banner mit der jeweils anderen Internetseite verknüpfen. Der B. kann direkt mit einem Partner abgewickelt werden (→ Affiliate-Marketing), z.B. auf Basis einer vereinbarten Anzahl von → Page-Impressions.

Bannerwerbung, Werbung, insb. → Produktwerbung und → Imagewerbung von → Werbung Treibenden im Internet mithilfe von → Bannern. Die B. dient dazu, ein Internetangebot bekannt und einer größeren Nachfragergruppe zugänglich zu machen.

barometrische Preisführerschaft, → Preisführerschaft.

Bartering, → Kompensations- bzw. → Gegengeschäfte, bei denen die → Marktpartner wechselseitig Güter bzw. Dienstleistungen ohne zusätzliche Zahlungen austauschen. Das B. hat insb. eine Bedeutung im internationalen → Anlagengeschäft, und zwar bei Geschäftspartnern in Ländern mit hohen Zahlungsbilanzdefiziten oder Devisenbewirtschaftung. Mittlerweile tritt das B. auch als Form des → Product Placement in der Marketingkommunikation auf. Vorgefertigte Beiträge z.B. für TV-Sendungen werden gegen Werbezeit getauscht.

Baseline, Schlusszeile bei → Anzeigen. – *Gegensatz:* → Headline.

Basement, Verkaufsbereich im Untergeschoss von → Waren- und → Kaufhäusern.

Basisstrategie, grundlegende → Marketingstrategie, die einen instrumentalübergreifenden Charakter hat und damit hierarchisch über der → Instrumentalstrategie steht. Beispiele für B. sind die langfristige → Innovationspolitik und die → Segmentationsstrategie.

Bass-Modell, nach F.M.Bass benanntes Diffusionsmodell zur → Prognose von Erstkäufen.

Baunutzungsverordnung, Bauordnungsrecht, das in seiner verschärften Fassung die weitere Disurbanisierung durch großflächige Betriebsformen des → Einzelhandels, z.B. Verbrauchermärkte, SB-Warenhäuser, Einkauf-Center, in den Innenstädten verhindern will und den großflächigen Einzelhandelsbetrieben → Sondergebiete zuweist. Als Vermutungsgrenze gelten 1.200 qm Verkaufsfläche. Die Regelung wird zunehmend durch filialisierte → Discounter und → Fachmärkte unterlaufen. In der Praxis erweist sich die B. als ein Wettbewerbsschutz für den → Fachhandel.

BDVT, Abk. für → Berufsverband der Verkaufsförderer und Trainer e.V.

Bedarf, Konkretisierung der verschiedenen → Bedürfnisse. Die Konkretisierung bezieht sich auf das Ziel der → Bedürfnisbefriedigung und auf die vorhandene → Kaufkraft. Erst auf Basis des B. erfolgt die → Nachfrage.

Bedarfsdichte, Stärke des → Bedarfs, die sich aus der → Bedarfshäufigkeit und der Bedarfsmenge bez. eines Leistungsangebots in einem bestimmten Gebiet ergibt. – Vgl. auch → Distributionsdichte.

Bedarfshäufigkeit, zeitlich unterschiedliches Auftreten des → Bedarfs. Es wird unterschieden in den laufenden, d.h. täglichen sowie den periodisch und aperiodisch auftretenden Bedarf.

Bedarfsintensität, Bedarfsquantität pro bestimmter Zeiteinheit, die entscheidend durch die Konsumgewohnheiten bzw. das Konsumentenverhalten bestimmt wird.

Bedarfsprognose, Vorhersage des → Bedarfs an bestimmten → Konsumtivgütern oder → Produktivgütern auf der Basis vergangener Verbrauchsentwicklungen. Die B. erfolgt meist kurz- bis mittelfristig, und zwar in Form der → exponentiellen Glättung.

Bedarfsträger, → Nachfrager, die → Bedarf an einem → Angebot haben, also alle privaten wie auch institutionellen → Verbraucher bzw. → Verwender.

Bedienungsform,
→ Bedienungssystem.

Bedienungsgroßhandel, traditionelle Form des → Großhandels, bei der die → Kunden durch Verkaufspersonal bedient werden. – *Gegensatz:* → Selbstbedienungsgroßhandel.

Bedienungssystem, bezieht sich auf → Einzelhandel und → Großhandel. Im Wesentlichen werden unterschieden:
- Bedienung: permanenter und intensiver Verkäufer-Kunden-Kontakt,
- Selbstbedienung: keinerlei verkäuferische Leistung,
- Selbstauswahl: Mischform zwischen Bedienung und Selbstbedienung.

Die Wahl der Bedienungsform ist abhängig von der Erklärungsbedürftigkeit des → Angebots.

bedingter Reiz, → neutraler Reiz.

Bedürfnis, Mangellage, die zum Wunsch oder Verlangen führt, sie zu beheben. Vielfach auch synonym verwendet mit → Motiv oder → Motivation. B. tragen zur → Aktivierung und Zielorientierung des menschlichen Verhaltens bei. Das B. ist ein vorökonomischer Tatbestand und zu unterscheiden vom konkretisierten → Bedarf. – Das weitaus bekannteste Bedürfnismodell ist die → Maslow`sche Bedürfnispyramide.

Bedürfnisausgleichsgesetz, zweites → Gossen`sches Gesetz.

Bedürfnisbefriedigung, zufriedenstellende Beseitigung einer objektiven oder auch subjektiv empfundenen Mangellage. Bedürfnisse können nur nach Umwandlung in → Bedarfe befriedigt werden.

Bedürfnishierarchie,
→ Maslow`sche Bedürfnispyramide.

Bedürfnispyramide,
→ Maslow`sche Bedürfnispyramide.

Bedürfnissättigungsgesetz, erstes → Gossen`sches Gesetz.

Beeinflussung, Veränderung von Meinungen, Einstellungen und Verhaltensweisen. Die B. ist das Ergebnis wechselseitiger → Kommunikation, wobei die → persönliche Kommunikation als soziale → Interaktion die höchsten Überzeugungswirkungen erreicht (→ Meinungsführer). B. in der → Massenkommunikation ist möglich durch den Einsatz von → Sozialtechniken, wie z.B. die emotionale Konditionierung oder Manipulation. – Massenmedien entfalten neben ihrer Informationsfunktion hauptsächlich Verstärkungswirkungen und bestimmen weitgehend, mit welchen Themen sich das Publikum beschäftigt. – Vgl. auch → öffentliche Meinung, → Agenda Setting.

Befragung, wichtigste Methode der → Marktforschung, insb. der → Primärforschung. Die Formen der B. sind: die mündliche B. (persönlich oder telefonisch), die schriftliche B. und die computerisierte B. (Online-B.). Bei der persönlichen B. ist weiter zu unterscheiden zwischen dem standardisierten bzw. vollstrukturierten Interview (feste Fragenvorgabe), dem teilstandardisierten bzw. teilstrukturierten Interview (Fragengerüst mit Variationsmöglichkeiten) und dem nichtstandardisierten, unstrukturierten, freien oder auch Tiefeninterview.

Behaviorismus, → Verhaltenstheorie, die von J. B. Watson (1913) begründet wurde und das gesamte → Verhalten eines Organismus als Reaktion auf vorangegangene Umweltreize (→ Stimuli) erklärt. → Lernen wird als Erwerb von gesetzmäßigen S-R-Verknüpfungen (→ S-R-Modell) angesehen, die entweder erinnert oder neu ausprobiert werden. Die beobachtbaren Verhaltensänderungen gelten als die Folge einer gleichfalls beobachtbaren Reizkonstellation. Der B. beschränkt sich auf das objektiv beobachtbare und messbare Verhalten. Nicht-beobachtbare psychische Prozesse im Organismus bleiben unberücksichtigt. Der Organismus wird als sog. Black Box behandelt, sodass komplexe Vorgänge nicht erklärt werden können. – Die → S-O-R-Modelle des → Neobehaviorismus versuchen, durch Berücksichtigung der → aktivierenden und → kognitiven Prozesse diesen Mangel zu heilen.

Behaviour Scan, elektronisches Messverfahren zur Erkennung der → Wahrnehmung von Werbeinformationen mittels der → Scannertechnologie in TV-Kabelnetzen (→ Single Source-Datenerhebung). Im Vergleich mit Kontrollgruppen dient das Verfahren der Messung der → Werbewirkung.

Beherbergungsbetrieb, Fremdenverkehrsbetrieb, dessen Hauptleistung das Angebot von Beherbergung und Verpflegung ist. – Vgl. auch → Verpflegungsbetrieb.

Behinderungswettbewerb, Behinderung von Mitbewerbern, ihre Leistung zu vermarkten. In diese Fallgruppe des → Gesetzes gegen den unlauteren Wettbewerb (UWG) fallen insb. die Absatzbehinderung, der Boykott, die Diskriminierung und bestimmte Formen der vergleichenden Werbung. Durch die Aufnahme von Boykott und Diskriminierung in das → Gesetz gegen Wettbewerbsbeschränkungen (GWB) ergeben sich Verknüpfungen mit dem UWG.

Behördenhandel, → Belegschaftshandel.

Beihefter, → Prospekt, der in → Printmedien fest eingeheftet oder eingeklebt ist. – *Gegensatz:* → Beilage.

Beilage, → Prospekt, der → Printmedien lose beigefügt wird. Nach Postzeitungsordnung wird unterschieden nach Zeitungsbestandteilen, den Verlagsbeilagen (Supplements) und Fremdbeilagen (Werbedrucksachen, Prospekte, Beihefter).

Bekanntheitsgrad, Anteil von Personen, die eine → Marke, ein → Produkt, eine → Werbebotschaft, ein → Werbemittel oder einen → Werbeträger kennen. Unterschieden wird nach dem passiven und aktiven B. Der passive B. wird ermittelt durch Vorlage von Gedächtnisstützen, wie Abbildungen, Fotos etc. Die Messung des aktiven B. erfolgt ohne Hilfen. Der ungestützte B. ist der statistisch härtere Wert.

Belastungsbilanz, Gegenüberstellung der durch das → Unternehmen vermiedenen Umweltbelastungen und der unmittelbaren Umweltbelastungen, die das Unternehmen verursacht. – Vgl. auch → Öko-Bilanz.

Belegschaftshandel, → Handel, der von Betriebsangehörigen mit nicht eigenbetrieblichen → Produkten und/oder → Dienstleistungen betrieben wird. Die → Güter werden unter den üblichen Einzelhandelsverkaufspreisen beschafft und zum → Einstandspreis bzw. mit einem geringen Gewinnaufschlag an die Belegschaftsmitglieder weiter veräußert. Die Belegschaftshändler können auch die Betriebe selbst sein. Der B. ist z.B. weit verbreitet in → öffentlichen Betrieben (Behördenhandel). Der Betriebs- und B. wird oftmals auch in Form des → Kaufscheinhandels betrieben (→ Beziehungshandel), bei dem ohne direkten Verkauf nur Einkaufsberechtigungsscheine ausgestellt werden. Hier ist jedoch anzumerken, dass der Kaufscheinhandel grundsätzlich nach dem → Gesetz gegen den unlauteren Wettbewerb (UWG) unzulässig und lediglich als hinreichend kontrolliertes Legitimationspapier zwischen zwei Marktteilnehmern zum einmaligen Einkauf erlaubt ist. – Vgl. auch → Factory Outlet und → Personalkauf.

Below-the-line-Kommunikation, alle kommunikativen Aktivitäten, die außerhalb der klassischen → Werbung stattfinden. Im Wesentlichen handelt es sich um die → Verkaufsförderung. Dazu gehören auch die neueren → Kommunikationsformen, wie z.B. Sponsoring und Event Marketing. Trend ist die integrative Vernetzung der B. mit der klassischen Werbung, der Verkaufsförderung und mit den Kommunikationskonzepten des Handels.

Benchmarking, Beschaffung, Analyse und Umsetzung von → Benchmarks, die Ziel- und Orientierungsgrößen darstellen. Die Richtwerte werden mit Kundenanforderungen und → Wettbewerbern verglichen bzw. abgeglichen, um daraus zu lernen bzw. Konsequenzen zu ziehen. B. ist damit ein Analyseinstrument, das strategische und operative Optionen offenlegt. Durch die Bestimmung des Leistungsniveaus der eigenen Leistungen mit den jeweils besten externen → Anbietern ergibt sich der Zusammenhang mit dem → Outsourcing und → Lean Management. Es werden drei Formen unterschieden, und zwar das interne, branchenbezogene und branchenübergreifende B.

Benchmarks, Messlatten, die als Vergleichsmaßstab zugrunde gelegt werden. Der Begriff stammt aus der Topografie und bezeichnet die Festpunkte bei Höhenvergleichen in der Landvermessung. – Vgl. auch → Benchmarking.

Benefit, *Consumer Benefit,* sachlicher oder psychologischer → Nutzen, den ein Angebot dem Kunden bietet. In der → Marketingkommunikation wird der Begriff vielfach generalisierend als Synonym für zielgruppenspezifische Nutzenaussagen verwendet.

Benefit-Segmentation, die Nutzen-Segmentierung geht davon aus, dass die Nutzen-Erwartungen das → Kauf- und → Konsumverhalten prägen. – Vgl. auch → psychografische Kriterien.

Beobachtereinfluss, systematische Verzerrung der Ergebnisse von → Beobachtungen durch die Beobachter, die analog dem → Interviewer-Bias ist. Die Einflussnahme bezieht sich auf die Steuerung des zu beobachtenden Sachverhalts, die selektive Datenerfassung und die Auswertung der Beobachtungsergebnisse. Dadurch ist die → Reliabilität der Untersuchung erheblich eingeschränkt. Aufgrund der meist bewussten Einflussnahme auf die Untersuchung ist die Verzerrung gravierender als bei dem → Beobachtungseffekt, der nicht durchgängig auftritt und damit eher Zufallscharakter hat.

Beobachtung, neben der → Befragung eine wichtige Erhebungsmethode in der → Marktforschung. Methodisch zu unterscheiden sind die
- persönliche B.,
- apparative B.,
- teilnehmende B.,
- nichtteilnehmende B.,
- offene B. und
- verdeckte B.

Beobachtungseffekt, besondere Form des → Testeffekts als Ergebnisverzerrung von → Beobachtungen. Der Effekt tritt dadurch auf, dass der Beobachtete unter dem psychologischen Einfluss der für ihn erkennbaren Beobachtung, die offene Beobachtung, sein → Verhalten ändert. Die Verhaltensänderung kann erfolgen im Sinne einer Rationalisierung oder Anpassung bez. des vermuteten Untersuchungszwecks. Im Vergleich zum → Beobachtereinfluss hat der B. eher Zufallscharakter und kann dadurch vermieden werden, dass die Beobachteten nicht erkennen, dass sie beobachtet werden.

Beobachtungslernen, Form des → sozialen Lernens. Hierbei werden die Verhaltensweisen anderer (→ Leitbilder) nachgeahmt, ohne dass eine eigene Erfahrung besteht. → Sozialisatoren nehmen entscheidenden Einfluss auf das Beobachtungslernen. – Vgl. auch → Imitationslernen.

Berichtssystem, → Außendienstberichtssystem, → Marketing-Informationssystem (MAIS).

BERI-Index, *Business Environment Risk Intelligence-Index*, Ergebnis einer → Expertenbefragung zur Einschätzung der politischen und wirtschaftlichen → Risiken von zz. 90 Ländern. Die Ergebnisse werden in drei Subindices ausgedrückt: 1. Political Risk Index (PRI). – 2. Operation Risk Index (ORI) und – 3. Remittance and Reparation Factor (R-Factor). – Die Summe der Indexpunkte ergibt den Gesamtindex Profit Opportunity Recommendation (POR), der die einzelnen Länderrisiken einstuft. Der Index ist eine bedeutende Entscheidungshilfe im → internationalen Marketing.

Berliner Format, → Zeitungsformat in den Maßen 315 x 470mm.

Berufsverband der Verkaufsförderer und Trainer e.V. (BDVT), gegründet 1964, ist ein Verband für alle, die sich mit Personalentwicklung, Weiterbildung, Training und Verkauf beschäftigen. Dies sind insb. Trainer, Coaches, Berater, Fach- und Führungskräfte in Vertrieb, Marketing und Personalentwicklung sowie Dienstleister und Ausstatter in diesem Umfeld. – *Weitere Informationen unter* www.bdvt.de.

Berufsverband Deutscher Markt- und Sozialforscher e.V. (BVM), Interessenvertretung aller betrieblichen, akademischen und Instituts-Marktforscher, selbstständigen Berater, Feldinstitute und Dienstleister in Deutschland, Österreich und der Schweiz. – *Weitere Informationen unter* www.bvm.org.

Beschaffung, sichere und kostengünstige Versorgung eines Unternehmens mit → Roh-, → Hilfs- und → Betriebsstoffen. Daraus ergibt sich eine enge Beziehung mit dem gestaltenden → Einkauf. Im Vergleich zum Einkauf hat die B. mehr strategischen Charakter. Im erweiterten Sinne umfasst die B. auch die Bereitstellung von Arbeitskräften und Kapital. Hierdurch werden die komplementären Beziehungen zwischen der reinen Versorgungs- und Finanzierungsfunktion deutlich.

Beschaffungskooperation, Zusammenarbeit von Unternehmen mit dem Ziel, ihre → Beschaffung vor allem im Hinblick auf die Lieferantenkonditionen zu optimieren. Zu unterscheiden sind → vertikale und → horizontale Kooperationen. B. haben insb. im → Handel eine erhebliche Bedeutung erlangt.

Beschaffungskosten, alle → Kosten, die dem Unternehmen im Zusammenhang mit dem Güter- oder Dienstleistungsbezug von Lieferanten entstehen.

Beschaffungslogistik, Teil der → Logistik, der den Güterfluss von den Lieferanten bis zur Bereitstellung bei den gewerblichen → Abnehmern umfasst. Hierbei handelt es sich vor allem um die Bereitstellung von Roh-, Hilfs- und Betriebsstoffen, aber auch von Handelswaren, Investitionsgütern, Ersatzteilen und Gebrauchs- bzw. Verbrauchsgütern. Hinsichtlich der Notwendigkeit von integrierten Logistikkonzepten empfiehlt sich die Verknüpfung von Beschaffungs-, Produktions- und Distributionslogistik, um so die → Wertkette zu optimieren.

Beschaffungsmarketing, *Reverse Marketing,* Gesamtheit aller auf die → Beschaffungsmärkte gerichteten Aktivitäten mit dem Ziel ihrer Beeinflussung. Grundsätzlich können alle Instrumente des → Absatzmarketings eingesetzt werden. Eine der Hauptfunktionen des B. sind die Beschaffungsmarktanalysen, auf deren Basis die → Beschaffungsstrategie geplant und realisiert wird. – Vgl. auch → Beschaffungsmarktforschung.

Beschaffungsmarkt, der dem Unternehmen vorgelagerte → Markt, von dem die jeweils notwendigen → Produktionsfaktoren bezogen werden. Der B. ist das Spiegelbild des → Absatzmarktes. Der B. des → Nachfragers ist der Absatzmarkt des → Anbieters.

Beschaffungsmarktforschung, Verfahren zur Sammlung, Analyse und Bewertung von relevanten → Informationen, die dazu dienen, die Transparenz der → Beschaffungsmärkte zu erhöhen bzw. zu erhalten. Dazu gehört auch die Beschaffungsmarkt-Prognose. Die wichtigsten Untersuchungsobjekte der B. sind die Produktangebote und ihre Preise, die Marktstruktur, die Lieferantenspezifika und die Marktentwicklungen.

Beschaffungsmittler, wirtschaftlich und rechtlich selbstständige Unternehmen, deren Funktionen analog denen der → Absatzmittler in der → Absatzkette sind.

Beschaffungsstrategie, langfristig orientiertes → Beschaffungsmarketing, das einen unternehmensstrategischen Stellenwert hat. Insofern unterscheidet sich die B. von der herkömmlichen → Beschaffung, die in der Praxis einen immer noch vorwiegend operativen Charakter hat.

Beschaffungsweg, *Supply Chain,* Lieferkette vom Lieferanten bis zum Abnehmer. Zu unterscheiden sind der:

- direkte B.: Lieferung der Güter direkt vom Hersteller an den Abnehmer und
- indirekte B.: Güterbezug über zwischengeschaltete Beschaffungsmittler.

Vgl. auch → Supply Chain Management.

Beschaffungswegepolitik, die grundlegende Entscheidung zur Wahl und Gestaltung der → Beschaffungswege und Entwicklung der Beziehungen zu den Lieferanten bzw. Transaktionspartnern.

Beschaffungswerbung, kommunikative Einwirkung auf Personen, um von ihnen → Informationen über die von ihnen gelieferten Einsatzgüter, zu erhalten. – Vgl. auch → Absatzwerbung.

Beschaffungswirtschaft, Bündelung und Institutionalisierung der → Absatz- und → Beschaffungsaktivitäten der Marktteilnehmer zum Zwecke des Güteraustauschs. – Vgl. auch → Absatzwirtschaft.

Beschaffungsziel, → Optimierung der Materialversorgung für die → Produktion und damit die Sicherstellung der Leistungsbereitschaft des Unternehmens. Mit diesem zentralen Ziel ist die Stärkung des → Wertschöpfungsrings, als enge vertikale Verknüpfung der → Wertketten des Unternehmens mit seinen Lieferanten und → Distributionskanälen, verbunden.

beschreibende Statistik,
→ deskriptive Statistik.

Beschreibungsmodell, → Modell, das mithilfe von primär quantitativen Verfahren, wie z.B. Zeitreihenanalyse, Querschnitts-, Längsschnittanalyse, Analyse von Produkt-Lebenszyklen, Vergangenheits- und Ist-Zustände beschreibt. Die Abgrenzung zu → Erklärungs-, → Entscheidungs- und → Prognosemodellen ist schwierig, da exakte Beschreibungen und Erklärungen von Ist-Zuständen in aller Regel in Entscheidungsmodelle eingehen und gleichzeitig die Basis für die Vorhersage künftiger Entwicklungen bilden. Insofern sind konkrete B. das Herzstück von realistischen Prognosemodellen.

Beschwerdemanagement, systematische und vor allem kundenorientierte Behandlung von Kundenbeschwerden. Die → Reklamationsbehandlung ist ein Sonderfall, da damit vertragsrechtliche

Ansprüche verbunden sind. Die Beschwerdepolitik ist ein wesentliches Instrument des → Servicemarketings und im Weiteren des → Nachkaufmarketings. Sie beeinflusst ganz entscheidend die dauerhafte → Kundenzufriedenheit inklusive → Kundenbindung und über die → Mundwerbung das → Unternehmensimage.

Bestandsmanagement, Planung und Organisation der Verfügbarkeit von Waren bzw. Leistungen zu bestimmten Lieferterminen. Die Effizienz des B. wird gemessen am realisierten → Lieferservice (z.B. Lieferzeit, Lieferbereitschaft, Lieferzuverlässigkeit). Damit ist das B. auch ein Maßstab für die Qualität der → Logistik.

Bestellhäufigkeit, → Bestellpunktverfahren, → Bestellrhythmusverfahren.

Bestellmenge,
→ optimale Bestellmenge.

Bestellpunkt, notwendiger Mindestbestand, der den kumulierten Bedarf während der Beschaffungszeit und den → Sicherheitsbestand, die eiserne Reserve, umfasst. Der B. kann auch als die Menge des verfügbaren Lagerbestandes bezeichnet werden, bei der eine Bestellung ausgelöst wird, deshalb auch Meldebestand genannt.

Bestellpunktverfahren, Methode der verbrauchsbedingten Materialbestandsergänzung. Die Bestandsergänzung wird ausgelöst, wenn der → Bestellpunkt als diejenige Menge erreicht ist, die zur Abdeckung des Bedarfs erforderlich ist, der zwischen der Auslösung der Bestellung und der Bereitstellung der ergänzenden Lieferung im Lager verbraucht wird. Dabei soll nicht auf den → Sicherheitsbestand zurückgegriffen werden. – Vgl. auch → Bestellrhythmusverfahren.

Bestellrhythmusverfahren, Methode der verbrauchsbedingten Materialbestandsergänzung, die im Vergleich zum → Bestellpunktverfahren Materialgruppen als Bestellung zusammenfasst. Der Vorteil dieser Sammelbestellung liegt in der geringeren Bestellhäufigkeit und den damit verbundenen niedrigeren Folgekosten wie administrativer Aufwand, Kosten der Einlagerung etc. Nachteil ist, dass der Verbrauch zwischen den Dispositionsterminen, der Verbrauch während des Überprüfungszeitraums, zusätzlich berücksichtigt werden muss und sich dadurch der → Lagerbestand erhöht.

Bestellsortiment, diejenigen → Artikel, die im Einzelhandel nicht verfügbar sind und beim Hersteller bzw. Großhandel bestellt werden müssen. Die Bestellungen erfolgen vielfach anhand von → Katalogen oder → Prospekten. – *Gegensatz:* → Lagersortiment.

Bestimmtheitsmaß, Maß für die Stärke des linearen Zusammenhangs von Variablen in der → Korrelations- und → Regressionsanalyse. Das B. gibt an, welcher Anteil der → Varianz einer Variablen durch die Veränderung einer anderen Variablen erklärt wird. Das B. ist das Quadrat des Pearson`schen Korrelationskoeffizienten und hat einen Wertebereich zwischen 0 und 1. Je näher der Wert an 1 liegt, desto besser wird die Varianz der abhängigen Variablen durch die Regressionsbeziehung erklärt.

Best Practice, jeweils beste Vorgehensweise bei einem bestimmten Teil eines Prozesses bzw. einer → Wertkette.

Besuchsbericht,
→ Außendienstberichtssystem.

Besuchshäufigkeit,
→ Besuchsplanung.

Besuchsplanung, Festlegung der Besuchshäufigkeit von → Kunden im Rahmen der → Außendienststeuerung. Die Kriterien für die B. sind in der Praxis sehr vielfältig. Die wichtigsten → Planungshilfen sind die → Kundenanalyse und die Struktur der → Verkaufsbezirke. Darüber hinaus kann eine Differenzierung nach

Alt- und Neukunden erfolgen. Weiter kann sich eine Besuchszeiten-Allokation hinsichtlich der unterschiedlichen Leistungsangebote (z.B. Markteinführung von neuen Produkten) als sinnvoll erweisen. Generell sollte sich die B. an den → Verkaufszielen orientieren.

beteiligter Verkehrskreis, wettbewerbsrechtlich diejenigen Personen oder Personenkreise, die → Anbieter oder → Abnehmer sind bzw. früher einmal Abnehmer waren. Der b.V. wird u.a. bei Verwechselungsgefahr von → Warenzeichen oder bei → irreführender Werbung herangezogen.

Betrieb, → Wirtschaftseinheit, in der → Produktionsfaktoren eingesetzt und miteinander kombiniert werden zur Erstellung und zum Vertrieb von Gütern. Aufgabe des B. ist damit die Leistungserstellung und Leistungsverwertung. Begrifflich wird der B. vielfach mit dem Ort der Fertigung gleichgesetzt. – Vgl. auch → Unternehmen.

betriebliches Umweltinfosystem (BUIS), Erfassung, Aufbereitung, Speicherung und Verarbeitung betrieblicher Umweltdaten als Entscheidungshilfe für die Entscheidungsträger. Die Anforderungen an die BUIS sind Vollständigkeit, Universalität, Bestimmtheit und Aktualität, ferner sind sie integrativ verbunden mit den umweltorientierten betrieblichen Informationssystemen (UBIS). BUIS lassen sich funktional unterscheiden in:

- Überwachungs- und Dokumentationssysteme (z.B. Umweltdatenbanken),
- Aggregations- und Analysesysteme (z.B. Kennzahlensysteme),
- Planungs- und Entscheidungs-Unterstützungssysteme (Informationen zur Umweltverträglichkeit von Produktion, Logistik und Produkten).

Durch das BUIS findet die → Ökologie in der → Unternehmenspolitik und in der → Marketingstrategie eine stärkere Berücksichtigung. – Vgl. auch → Umwelt-Audit.

betriebliches Vorschlagswesen (BVW), eine Form der betrieblichen Leistungsverbesserung durch Verbesserungsvorschläge von Mitarbeitern. Damit verbunden sind Belohnungssysteme wie → Incentives, welche die → Motivation der Mitarbeiter erhöhen sollen. – Vgl. auch → kontinuierlicher Verbesserungsprozess, → Kaizen.

Betriebsergebnis, Ergebnis des betrieblichen Leistungsprozesses. Das B. wird ermittelt durch die Gegenüberstellung der → Betriebserträge und der → Kosten.

Betriebsertrag, → Ertrag, der in Erfüllung des eigentlichen Betriebszwecks entsteht. – *Gegensatz:* → Kosten.

Betriebsform, Klassifikation von Großhandels- und Einzelhandelsbetrieben, die in ihren Merkmalen soweit übereinstimmen, dass sie von den Nachfragern als im Wesentlichen gleichartig angesehen werden. Die → Handelsbetriebsformen können sich z.B. unterscheiden nach → Sortiment, → Preislagen, → Bedienungssystemen. Typische Betriebsformen des → Großhandels sind: Sortimentsgroßhandel, Cash & Carry, Zustellgroßhandel, Fachgroßhandel und Spezialgroßhandel. Typische B. des → Einzelhandels sind: City-Warenhaus, SB-Warenhaus, Kaufhaus, Verbrauchermarkt, Supermarkt, Discounter, Fachgeschäft, Fachmarkt, Shoppingcenter, Versandhandel. – Zu unterscheiden von der B. ist die juristische → Handelsform.

Betriebsformendynamik, Veränderung der → Betriebsformen im → Handel aufgrund der → Wettbewerbs- und → Marktdynamik. Als Beispiele für die B. gelten die neuen Einzelhandelstypen: Supermarkt, Verbrauchermarkt, Discounter, Fachmarkt, Einkauf-Center, Factory Outlet etc.

Betriebshandel, → Belegschaftshandel.

Betriebsmittel, betriebswirtschaftlicher Ausdruck für Produktionsmittel, die zur → Produktion erforderlich sind, z.B. Maschinen, Werkzeuge etc.

Betriebsstoff, Stoff, der beim Fertigungsprozess benötigt wird und kein → Roh- oder → Hilfsstoff ist, z.B. Strom, Reparaturmaterial etc.

Betriebstyp, besondere Ausprägung eines oder mehrerer Merkmale einer → Betriebsform. Es handelt sich um Varianten einer Betriebsform, die je nach → Branche sehr unterschiedlich sein können. Beispielhaft seien die Merkmalsunterschiede zwischen verschiedenen → Kaufhäusern und → Fachgeschäften in der gleichen Branche genannt, die bei gleicher Betriebsform etwa im → Sortimentsniveau deutlich kontrastieren.

Betriebstypeninnovation, Entwicklung neuer → Betriebstypen im → Handel, die vergleichbar mit der Produktinnovation ist. Die Innovationsmerkmale können sich auf eine Vielzahl von Handelsausprägungen beziehen, z.B. Branche, Preisstrategie, Sortiment, Dienstleistungen, Ladengestaltung, Kommunikationspolitik etc. Durch die sprunghafte Entwicklung der → audiovisuellen Medien hat die B. an Dynamik gewonnen. – Vgl. auch → Teleshopping, → Onlineshopping.

Betriebstypenprofilierung, Heterogenisierung der → Handelsbetriebe durch eine besondere Herausstellung der spezifischen Merkmale. Damit soll der Assimilation der Handelsbetriebe begegnet werden und damit auch der → Store Erosion. Ziel der B. ist es, für einen Einzelhandelsbetrieb oder auch für → Filialsysteme bzw. für die Verbundsysteme ein eigenständiges und unverwechselbares → Erscheinungsbild zu schaffen.

Betriebsvergleich, Gegenüberstellung von Daten und Kennziffern verschiedener → Unternehmen aus der gleichen → Branche, um Hinweise zu erhalten über die Leistungsfähigkeit der Unternehmen. Die am B. teilnehmenden Unternehmen haben so die Möglichkeit, ihre eigene Entwicklung kontinuierlich, in aller Regel jährlich, im Vergleich zu den Mitbewerbern zu überprüfen.

Bewertungsverfahren, → Produktbewertung, → Scoring-Modell.

bewusste Auswahl, Bezeichnung für alle → Auswahlverfahren, wo bewusst entschieden wird, wer in die Auswahl der zu Befragenden eingeschlossen werden soll. Die → Stichprobe wird also bewusst aus der → Grundgesamtheit gezogen und nicht dem statistischen Zufallsprinzip überlassen. Die wichtigsten Verfahren der b.A. sind das → Quotenverfahren, das → Konzentrationsverfahren und die → typische Auswahl. – *Anders:* → willkürliche Auswahl.

Beziehungshandel, *Beziehungskauf,* Form des → grauen Marktes, der grundsätzlich wettbewerbsrechtlich nicht unzulässig ist. Es handelt sich um einen → Direktvertrieb von Großhändlern oder Herstellern an Endverbraucher zu Vorzugsbedingungen. B. und Gegengeschäfte nehmen besonders in konjunkturell stagnativen Phasen zu. – Vgl. auch → Kaufscheinhandel.

Beziehungsmanagement, in Erweiterung des → Beziehungsmarketing handelt es sich um eine umfassendere Pflege von Geschäftsbeziehungen, die nicht nur auf die → Kunden fokussiert sind. Hierbei sind die Geschäftsbeziehungen definiert als → Interaktionsprozesse zwischen den beteiligten Wertschöpfungspartnern auf den unterschiedlichen Wirtschaftsstufen.

Beziehungsmarketing, alle Anbieteranstrengungen, die auf langfristige → Kundenzufriedenheit ausgerichtet sind und Kundennähe, Kundenpflege, Database-Marketing und Serviceaktivitäten einschließen. Das B. stellt erhöhte Ansprüche an die Qualität der → Kundenanalyse und wird zunehmend zu einem entscheidenden Wettbewerbsfaktor. – Vgl. auch → Kontraktmarketing. – *Anders:* → Relationship Marketing.

Beziehungspromotor, Person, die interorganisationale Austauschprozesse initiiert, gestaltet und vorantreibt, und zwar auf der Grundlage ihrer → Sozialkompetenz und ihres Netzwerkwissens. Für das → Beziehungsmanagement und → Beziehungsmarketing haben B. eine große Bedeutung. Sie sammeln, filtern und speichern Informationen zur Planung, Durchführung und Kontrolle kundenbezogener Aktivitäten und geben dieses Wissen an interne und externe Interaktionspartner weiter. Die B. finden sich vor allem im Top- und Middle-Management.

bezugnehmende Werbung, Form des wettbewerbsrechtlich unzulässigen → Behinderungswettbewerbs. Als wichtigste Ausprägungen gelten:

- anlehnende Werbung: Ausnutzung fremder Leistungen,
- persönlich b.W.: Herabsetzung des Wettbewerbers,
- vergleichende Werbung: Fallgruppe der unzulässigen Vergleiche.

Grund für die strenge Regelung im deutschen Wettbewerbsrecht, im Vergleich zur internationalen Rechtsprechung, ist die Intention, dass nur mit der eigenen Leistung geworben und nicht Anleihen bei den Wettbewerbern gemacht werden sollen.

Bezugsbindung, → Vertriebsbindung, die den → Abnehmer bez. des Bezugs von → Produkten oder → Dienstleistungen an einen bestimmten Lieferanten bindet. Die B. ist ein wesentlicher Bestandteil von → vertikalen Kooperationen zwischen Herstellern und Handelsunternehmen.

Bezugsgruppe, *Referenzgruppe,* → Gruppe, mit der sich ein Individuum identifiziert. Die Identifikation bezieht sich auf → Normen, → Werte und → Ziele und beeinflusst das → Verhalten. Die Orientierung an einer B. ist nicht zwingend mit einer existenten Mitgliedschaft verbunden. Es ist sehr wohl möglich, dass man sich in seinem Verhalten an einer Gruppe orientiert, weil man ihr angehören möchte. Daraus resultiert z.B. der Wunsch nach Statussymbolen, die für eine andere Gesellschaftsgruppe typisch sind. Der Drang, in eine höhere Gesellschaftsgruppe aufzusteigen, hat erhebliche Auswirkungen auf das → Konsumverhalten.

Bezugsperson, → Bezugsgruppe.

BGA, Abk. für → Bundesverband des Deutschen Groß- und Außenhandels e.V.

Bias, Ausdruck in der → Marktforschung für → systematische Fehler, die zu Verzerrungen der Untersuchungs- bzw. Befragungsergebnisse führen. Die Hauptfehler treten bei der Stichprobenauswahl, den Interviews, dem Interviewer-B. und bei der Auswertung der Erhebungsdaten auf. – Vgl. auch → Zufallsfehler.

Bidding-Modell, → Modell, das dazu dient, bei → Ausschreibungen den wahrscheinlich günstigsten Angebotspreis zu ermitteln. Die Schwäche der prognostischen Verfahren liegt in der Annahme von subjektiven → Wahrscheinlichkeiten bez. der Nachfragerreaktion, die z.T, gerade im Hinblick auf die → Preisakzeptanz der Nachfrager, höchst unsicher ist. Diese Grundproblematik wird auch nicht durch die Aufnahme von Nachfragererwartungen bzw. -anforderungen und eines angenommenen Wettbewerberverhaltens in den Modellansatz überwunden.

Bildkommunikation, Form der → nonverbalen Kommunikation, bei der Bilder neben dem Text eine dominante, gleiche oder untergeordnete Rolle spielen. Hierbei nimmt insb. durch das Fernsehen als → Kommunikationsmedium die Bedeutung von Bildern als → Kommunikationsmittel ständig zu. Bilder werden schnell und unreflektiert verarbeitet und besser erinnert als Worte. Aufgrund ihrer Verknüpfung mit „inneren Bildern“ (→ Imagery-Forschung) erzeugen die bildlichen Darstellungen stärkere emotionale Wirkungen als Texte. Dabei prägen sie Überzeugungen und Meinungen und beeinflussen damit entscheidend das → Verhalten, sowohl das → Konsumentenverhalten als auch das → Kaufverhalten. Die Verhaltenswirkungen von Bildern werden daher auch als Imagerywirkungen bezeichnet (W.Kroeber-Riel). Der Verhaltenseffekt wird dadurch verstärkt, dass Bilder als Realität und objektive → Informationen empfunden werden. Man begegnet ihnen daher sehr viel unkritischer als verbalen Informationen. Auch der → Einzelhandel setzt mittlerweile diese Erkenntnis durch das → Visual Merchandising im → Handelsmarketing um.

Bildplatte, Datenspeichermedium zum Einsatz in der → Telekommunikation.

Bildzeichen, → Warenzeichen, → Markenzeichen.

Billboard, große Plakatwand, die zu Werbezwecken genutzt wird. – Vgl. auch → Plakatwerbung.

Billings, Umsätze von → Werbeagenturen, die sich aus Honoraren und → Provisionen zusammensetzen. Das → Gross Income ist der Netto-Umsatz, die B. sind die Brutto-Umsätze. Um die unterschiedlich zusammengesetzten Umsätze vergleichbar zu machen, hat sich das Berechnungssystem der Equivalent B. in der Praxis durchgesetzt. Hierbei wird das Gross Income mit dem Faktor 6,67 multipliziert.

Binnengroßhandel, → Betriebstyp des → Großhandels, der sich primär auf den Binnenmarkt konzentriert. Der → Einzelhandel ist in erster Linie ein → Binnenhandel, wenngleich sich die Tendenzen zur Expansion auf ausländischen Märkten, z.B. Lebensmitteleinzelhandel und Textilkaufhäuser, verstärken. – *Gegensatz:* → Außengroßhandel.

Binnenhandel, → Handel, der sich innerhalb der nationalen Grenzen vollzieht. – Vgl. auch → Außenhandel.

Binnenmarkt, → Markt in einem länderspezifischen oder auch länderübergreifenden Wirtschaftsraum, z.B. europäischer B., der auf der Grundlage des → Freihandels und einer gemeinsamen Währung umgangssprachlich auch als Euro-Land bezeichnet wird.

Bioladen, → Betriebstyp des → Einzelhandels, der die Umweltorientierung der Verbraucher aufgreift und ein nach ökologischen Kriterien ausgewähltes → Sortiment führt. Ursprünglich haben sich die B. auf Nahrungsmittel und Frischwaren konzentriert. Mittlerweile hat das → Ökologie-Marketing aber auch andere Handelsbereiche wie z.B. Drogerien, Parfümerien, Textilien, Möbel, Spielwaren erfasst. Der nach wie vor ungebrochene Nachfragetrend nach möglichst naturbelassenen, gesunden Nahrungsmitteln hat auch zu einer Anpassung des klassischen Lebensmitteleinzelhandels geführt wie Bio-Theken, Bio-Regale bis hin zum → Shop-in-the-shop. Die Großbetriebsformen des Einzelhandels übernehmen sogar vielfach bereits die Funktion des → Öko-Controlling und listen gesundheitsschädliche Produkte aus ihrem Sortiment aus. – Vgl. auch → Reformhaus.

Bio-Marketing, Teilbereich des umfassenderen → Öko-Marketing. Das B.-M. konzentriert sich auf die gesundheitlichen, vor allem ernährungsspezifschen → Problemlösungen für den Verbraucher. Weitere Produktfelder sind Körperpflege, Bekleidung, Haushaltsreinigung, Farben, Lacke etc. Im Vergleich zum ganzheitlichen Öko-Marketing ist das B.-M. vor allem auf den unmittelbaren gesundheitlichen Aspekt der Produktangebote gerichtet. Wichtigstes → Marketinginstrument ist die → Marketingkommunikation.

Bionik, zusammengesetzter Begriff aus Biologie und Technik. Die B. ist das Lernen von der Natur. Es handelt sich um eine wissenschaftliche Disziplin, die nicht zu den klassischen → Kreativitätstechniken zählt, sich aber z.B. bei der → Produktinnovation sehr bewährt hat. Es wird analysiert, wie die Natur ihre Probleme löst, um daraus Ideen für → Problemlösungen zu entwickeln. Angestrebt werden die Feedbackplanung mit der Umwelt, Vereinbarkeit und Resonanz mit biologischen Strukturen, insb. auch derjenigen des Menschen.

biotischer Test, → Test in der → Marktforschung, bei dem die Testpersonen nicht erkennen, dass sie an einem Test teilnehmen und ihnen daher auch nicht die Ziele bekannt sind, die mit dem Test verbunden sind. Die Herstellung einer biotischen Situation, die dem natürlichen Umfeld entspricht, ist vor allem bei der → Beobachtung wichtig, um verhaltensverzerrende → Beobachtungseffekte zu vermeiden.

bivariates Analyseverfahren, Analyse von zwei Variablen und deren Ausprägungen, vor allem in Bezug auf deren Abhängigkeiten (→ Korrelationen). Beispiele für die Verfahrensgruppe sind u.a. die Kreuztabellierung, Korrelationsanalyse, die einfache Regressionsanalyse und die Varianzanalyse. – Vgl. auch → univariates und → multivariates Analyseverfahren.

Black-Box-Modell, → S-R-Modell, → Behaviorismus.

Blauer Engel, → Umweltzeichen als → Warenkennzeichnung von → Produkten, die die → Umwelt weniger stark belasten als vergleichbare Produkte. Die Kritik an dem Umweltzeichen bezieht sich auf seine Vergabe nach den Kriterien einer realisierten Problemverminderung und nicht nach einer gesamt-ökologisch orientierten Problemvermeidung. Das Umweltzeichen greift überdies nur jeweils einen begrenzten Umweltaspekt auf.

Blickfangwerbung, → Werbung, die das Ziel verfolgt, die → Wahrnehmung und → Aufmerksamkeit der → Kommunikanten auf bestimmte Teile der → Werbebotschaft zu lenken, z.B. auf den Preis. Rechtlich unzulässig ist die B. dann, wenn der Blickfang als werbliches Gestaltungsmittel irreführend ist, d.h. einen falschen Gesamteindruck vermittelt. Beispiel ist die Hervorhebung eines besonders günstigen Preises, der den Eindruck vermittelt, dass er für das gezeigte Angebot gilt, sich tatsächlich aber nur auf einen Teil des Angebots bezieht.

Blickregistrierung, Aufzeichnung des Blickverlaufs durch den Einsatz → apparativer Verfahren. Erfasst werden Betrachtungsdauer, die Beobachtung der Aufnahme bestimmter → Stimuli und der Blickverlauf. Hieraus werden Schlussfolgerungen in Bezug auf die → Werbewirkung abgeleitet.

Blindtest, → Produkttest, bei dem das Testobjekt den Versuchspersonen in neutraler Aufmachung präsentiert wird, um eine vorurteilsfreie Bewertung sicherzustellen. Diese ist nicht unbedingt gegeben, wenn → Markenname und → Packung bekannt sind. Beim identifizierten Test können verhaltensverzerrende → Testeffekte auftreten, die nie ganz ausgeschlossen werden können, da bei → Tests kaum eine vollbiotische Situation realisiert werden kann.

Blindtext, *Fülltext*, sinnlose Folge von Wörtern, die als Platzhalter in Publikationen dienen, solange bis der druckreife Text eingefügt werden kann. Mithilfe des B. können vorab → Layout, → Typografie und → Satzspiegel bearbeitet werden.

Blisterpackung, → Packungen aus einer festen und ebenen Pappunterlage und einem die Ware umhüllenden transparenten Kunststoff, die raumsparend an Lochwänden im Outlet befestigt werden. B. sind vor allem für die → Selbstbedienung von Kleinteilen geeignet und ist u.a. ein Mittel zur Diebstahlminderung. Überdies wird durch die Verwendung von B. als Mehrstückpackungen die Nachfragemenge erhöht und es entsteht vielfach auch der rechtlich irrelevante „irreführende“ Eindruck eines besonders preisgünstigen Angebots.

Body Copy, Textteil bei → Anzeigen.

Bonus, Preisnachlass, der den → Abnehmern gewährt wird. Zu unterscheiden sind im Wesentlichen der Mengen- bzw. Umsatzbonus. – *Anders:* → Skonto, → Rabatt.

Booklet, Heftbeilage in CD- und DVD-Verpackungen, die zusätzliche Informationen beinhaltet. Bei einer Audio-CD befinden sich im B. Angaben zu Musikern und Produzenten, Liedertexte oder Fotos. Das B. einer CD-ROM enthält Lizenzdokumente und das Handbuch.

Books on Demand (BoD), Form des individualisierten Drucks und Vertriebs von Buchpublikationen auf der Grundlage einer digitalen Drucktechnik, die es erlaubt, Bücher in kleinen Auflagen herzustellen oder vergriffene Publikationen nachzudrucken. Kommunikation und Vertrieb erfolgen über das → Internet oder auch durch mit dem → Grossisten verbundene Buchhandlungen. Der wesentliche Kostenvorteil für Grossisten liegt wegen der Digitalisierung der Bestände im Wegfall der kostenintensiven Vorratshaltung. Der Autor wird zum Verleger und besitzt volle Entscheidungsfreiheit bez. Auflagenhöhe und Preisgestaltung seiner Publikation. Die Druckkosten sind abhängig von der Auflagenhöhe.

Börse, besondere Form einer → Marktveranstaltung, die regelmäßig und dauerhaft an einem bestimmten Ort stattfindet und auf der vertretbare → Güter gehandelt werden. An der B. setzen Makler während definierter Handelszeiten Preise fest, die sich aus den bei ihnen vorliegenden Kauf- und Verkaufsaufträgen ergeben. Durch Angebot und Nachfrage kommt es zu einem Handel. B. sind besonders verbreitet im Devisen- und Wertpapierhandel sowie bei Rohstoffen und landwirtschaftlichen Produkten. Als Börsenarten werden die Devisen-, → Waren-, Effekten- und Dienstleistungsbörsen unterschieden.

Börsenmarketing, Maßnahmen zur erfolgreichen Positionierung einer Aktie. Die Positionierung wird, nach H.Simon, in der sog. Pre-B.-Phase entwickelt, und zwar auf der Basis einer → Equity-Story. Darunter ist die kommunikative Transformation der → Unternehmensstrategie in die Sprache der Investoren, Analysten, Kunden, Geschäftspartner, Mitarbeiter und Medien zu verstehen. Darüber hinaus geht es aber auch um das systematische Herausarbeiten von künftigen Marktchancen und existenten Wettbewerbsvorteilen. – Vgl. auch → Investor Relations, → Financial Relations.

Boston-Effekt,
→ Erfahrungskurveneffekt.

Botschaft, → Werbebotschaft.

Bottom-up-Budgetierung, → Budgetierung, die von, der Top-Managementebene nachgelagerten, Organisationsebenen bzw. -einheiten ausgeht und die Einzelbudgets zu einem Gesamtbudget zusammenführt. Die Budgetierungsform ist eine Konsequenz der → Bottom-up-Planung, die sich im Gegensatz zur → Top-down-Planung aufgrund zunehmend instabil werdender Umfeldentwicklungen als immer wichtiger erweist, soweit damit die grundlegenden → Unternehmensziele nicht aus der Sicht geraten. Mit der Budgetierungsform stellt sich insb. die Frage nach mehr Dezentralisation oder Zentralisation der gesamten Unternehmungsorganisation. – *Gegensatz:* → Top-down-Budgetierung

Bottom-up-Planung, Planungsprinzip vor allem im → internationalen Marketing. Die jeweiligen Länderniederlassungen entwickeln ihre verbindliche → Planung eigenständig. Die Zentrale fasst lediglich alle Planungen zusammen. – Vgl. auch → Top-down-Planung und → Gegenstromverfahren.

Boutique, besonderer → Betriebstyp vor allem des stationären Textilfacheinzelhandels. Es handelt sich in der Regel um

Klein- und Mittelbetriebe, deren → Sortimente stark modisch orientiert sind. Sortiment und → Ladengestaltung sind vielfach auf bestimmte Zielgruppen fokussiert. B. finden sich vielfach auch als → Shops-in-the-Shop in → Waren- und → Kaufhäusern und werden entweder in Eigenregie oder von selbstständigen Betreibern geführt.

Box-Jenkins-Modell, Technik der → Trendextrapolation, die insb. bei der Erstellung von → Prognosen zur Anwendung kommt und zu den → autoregressiven Verfahren gehört. Die Struktur einer → Zeitreihe wird in einen autoregressiven und in einen gleitenden Durchschnittsteil zerlegt. Dadurch wird der stochastische Charakter der Zeitreihe deutlich, wobei nur die tatsächlichen Vergangenheitswerte zur Vorhersage herangezogen werden.

Boykott, → Behinderungswettbewerb.

Brain Map, Darstellung einer Gehirn-Landkarte. Sie basiert auf der klassischen → Hirnforschung, die auf der Grundlage der → Hemisphären-Theorie aus Denkstilen Handlungsstile ableitet. Die B.M. kommt zu vier Denkorientierungen, die in einer Vierfelder-Matrix polar abgebildet werden:

- zukunftsorientiertes vs. bewahrendes Denken und
- rational-analytisches vs. emotional-intuitives Denken.

Der B.M.-Ansatz verfolgt das Ziel, durch Meinungsvielfalt in Teams innovatives Denken zu fördern und aus widersprüchlichen Denkansätzen kreative → Problemlösungen zu entwickeln. Von essentieller Bedeutung ist in diesem Zusammenhang die Moderatorenfunktion. Neuere Ergebnisse der Hirnforschung falsifizieren jedoch die Aussagekraft der Hemisphären-Theorie und sie belegen, dass die einzelnen Hirnbereiche nicht mechanistisch isoliert betrachtet werden dürfen. Denn sie wirken interaktiv zusammen und bestimmen insgesamt das → Verhalten, wobei einzelne Dominanzen der Hirnbereiche nicht ausgeschlossen werden.

Brainstorming, → Kreativitätstechnik, die von A. F. Osborn (1957) entwickelt wurde. Das B. erfolgt in Gruppensitzungen, deren Ablauf auf vier Grundregeln beruht:

1. Kritik jeder Art ist strengstens untersagt.
2. Die Teilnehmer sollen ihrer Phantasie freien Lauf lassen und sich von ihren eingeübten Denkroutinen befreien.
3. Ideen anderer Teilnehmer können und sollen aufgegriffen und weiterentwickelt werden.
4. Quantität steht vor Qualität. Dadurch erhöht sich die Wahrscheinlichkeit, brauchbare Ideen zu entwickeln.

Die Gruppe setzt sich aus fünf bis sieben Teilnehmern zusammen, die einzelne Gruppendiskussion dauert 20 bis 40 Minuten. Zu Beginn des B. wird das Problem eindeutig definiert. Ein Moderator überwacht stringent die Einhaltung der Grundregeln. Die Lösungsvorschläge werden protokolliert und nach der Sitzung bewertet, wobei die Teilnehmer die Möglichkeit haben, weitere Ideen nachzureichen, da das B. „nachschwingt". – Das B. kann erweitert werden durch den Einsatz der EDV (Electronic B.). Bei dieser Methode geben die Teilnehmer ihre Ideen in PCs ein, sodass sich Entwicklung und Mitteilung von Ideen persönlich unbefangener vollziehen. Der Nachteil der Methode liegt aber im Verlust der persönlichen Kommunikation. Das elektronische B. lässt sich mit → Expertensystemen verbinden.

Brainwriting, → Methode 635.

Branche, Bezeichnung für einen bestimmten Wirtschaftsbereich, wobei die Klassifikation der amtlichen Statistik gilt. Der Begriff hat sich vor allem im → Handel durchgesetzt und bezeichnet die Sortimentsverwandtschaft, die entweder materialbezogen, wie Lederwaren, Glas- und Porzellanwaren, Textilien etc. oder bedarfsbezogen ist, wie Nahrungs- und Genussmittel, Oberbekleidung, Heimwerkerbedarf etc. Die → Sortimentspolitik einiger Einzelhandelsunternehmen, wie

Warenhäuser, SB-Warenhäuser, Einkaufs-Center etc., ist bewusst branchen- d.h. sortimentsübergreifend orientiert.

Branchenanalyse, Untersuchung der branchenbezogenen Risiko- und Chancenpotentiale mithilfe der Methoden der → Umweltanalyse. Die B. geht über die → Konkurrenzanalyse hinaus. Durch ihren umfassenderen Ansatz hat sie eine große Bedeutung bei der Entwicklung von → Wettbewerbsstrategien.

Branchenattraktivität, Kennzeichnung der Zukunftsträchtigkeit von → Branchen in der → Portfolioanalyse. Die wichtigsten Parameter sind Marktvolumen, Marktwachstum, Wettbewerber, Ertragserwartungen etc.

Branchenstrukturanalyse, → Branchenanalyse nach M. E. Porter (1983), gegliedert nach den fünf Wettbewerbskräften: Verhandlungsstärke der Abnehmer, Verhandlungsstärke der Lieferanten, Markteintritt neuer Wettbewerber, Gefahr durch Substitutionsprodukte, Grad der Wettbewerbsintensität. Dieser Branchenvergleich kann erweitert werden durch eine brancheninterne Strukturanalyse, indem → strategische Gruppen, wie Unternehmen derselben → Branche, gebildet werden. Die Wettbewerbsstärke im Sinne der Rentabilitätskraft von Unternehmen ergibt sich also aus der allgemeinen Branchenstruktur, der Stellung der strategischen Gruppe im Branchenvergleich und aus der Position des Unternehmens in seiner strategischen Gruppe.

Brand, → Marke.

Brandalism, Wortschöpfung aus „Brand" und „Vandalismus", die die zunehmende Kommerzialisierung von öffentlichen Räumen, insb. Schulen, Universitäten und öffentlichen Gebäuden bezeichnet.

Brand Awareness, → Markenbekanntheit.

Brand Building, → Markenaufbau.

Brand Choice, → Markenwahl.

Brand Controlling, → Marken-Controlling.

Brand Equity, → Markenwert.

Brand Essential, → Markenbestandteil.

Brand Execution, → Markenausführung.

Brand Extension, Ausdehnung einer → Marke als → Dachmarke in andere und auch neue Produktbereiche. – Vgl. auch → Markentransfer.

Brandholder Value, Wert einer → Marke, der sich in dem → Grundnutzen plus überdurchschnittlichem → Zusatznutzen für den → Kunden ausdrückt. Der B.V. ist, gemessen am Anteil des Markenwerts am Gesamt-Unternehmenswert, eine wichtige Bestimmungsgröße für den → Shareholder Value und damit auch ein Indikator für den Grad der Interessenwahrung der → Stakeholder. Das erfolgreiche Management des Markenkapitals hängt entscheidend davon ab, dass der Anbieter über profilstarke → Markenidentitäten verfügt, die einen überragenden → Customer Value und eine hohe Preisstabilität aufweisen.

Brand Identity, → Markenidentität.

Brand Image, → Markenimage.

Branding, → Markierung.

Brand Leverage, Markenausweitung als eine Form des → Markentransfers, bei der ein bekannter → Markenname genutzt wird, um eine → Produktinnovation in einem für das Unternehmen völlig neuen → Absatzmarkt einzuführen. – Vgl. auch → Line Enlargement.

Brand Licensing, Kauf von Markenlizenzen (→ Lizenz) mit dem Ziel, den →

Markennamen des Lizenzgebers für die eigenen Produkte zu verwenden. Gegen eine Lizenzgebühr und z.T. auch eine Umsatzbeteiligung nutzt der Lizenznehmer das → Markenimage des Lizenzgebers. Wichtig für eine erfolgreiche Markenlizenzierung sind die Übereinstimmung des übernommenen Markenimages mit dem eigenen Image und die kontinuierliche Markenpflege und -entwicklung für die üblicherweise neue → Produktlinie. Insofern empfiehlt sich, dass der Lizenzgeber die möglichen Lizenznehmer stringent im Hinblick auf die eigene → Markenpolitik auswählt und mit der Lizenzvergabe strenge Auflagen verbindet. Die Lizenznehmer sollten ihrerseits das Image des Lizenzgebers überprüfen, um einen negativen Imagetransfer für die eigenen Leistungsangebote zu vermeiden.

Brand Loyalty, → Markentreue.

Brand Manager,
→ Marken-Management.

Brand Perception,
→ Markenwahrnehmung.

Brand Set, → Markenrahmen.

Brand Share, Marktanteil einer → Marke.

Brand Strategy, → Markenstrategie.

Brand Switching-Modell,
→ Markenwechselmodell.

Break-even-Analyse, *Gewinnpunktrechnung,* Ermittlung der → Gewinnschwelle und der dem Punkt entsprechenden → Absatzmenge. Die Formel lautet: Fixkosten (p) dividiert durch → Stück-Deckungsbeitrag (kv). – Die Analyse kann verfeinert werden durch die weitere Berücksichtigung der → Marketing-Mix-Kosten.

Break-even-Punkt,
→ Break-even-Analyse.

Breitbandnetz, leistungsstarkes multimediafähiges Computernetz mit großer Bandbreite. Verschiedene Datenströme können zur gleichen Zeit übertragen werden. B. bestehen meist aus Glasfaserkabeln und werden für den digitalen Datentransfer im Kommunikatios- und Unterhaltungssektor eingesetzt.

Briefing, operationale Definition der → Werbeziele, der → Werbestrategie und der sich daraus ergebenden operativen Planung und Durchsetzung. Zu unterscheiden sind das Kundenbriefing (vom Kunden erstellt) und das Agenturbriefing (Aufgabenstellungen für die verschiedenen Agenturabteilungen). Kernstück ist das Kundenbriefing, das ergänzt werden kann durch ein Gegenbriefing von der Agentur. Die wesentlichen Inhalte des B. sind:

- Aufgabenstellung,
- Situationsbeschreibung,
- Zielsetzung,
- Strategie,
- Zeit- und Kostenplanung,
- Wirkungs- und Erfolgskontrolle.

Es können weitere Aufgaben in das B. eingebunden werden wie etwa Marktanalysen, Pretests und Posttests. Vielfach wird jede Beschreibung einer Aufgabenstellung als B. bezeichnet.

Broker, Dienstleistungsunternehmen, die für Handelsunternehmen ein bestimmtes Einkaufsvolumen von der Disposition bis zur Regalpflege in eigener Regie übernehmen. Im Wesentlichen werden B. unterschieden in Eigenhändler, die selbst einkaufen und gegenüber den Lieferanten als Handelspartner auftreten und reine Distributeure, die lediglich das vom Handelspartner gelistete → Sortiment vermarkten und die mit der → Distribution verbundenen Aufgaben, wie z.B. Verkauf, Merchandising und Teile der Logistik übernehmen.

Browser, *Webbrowser,* Benutzerschnittstelle zur Darstellung und Navigation im → Internet. Die bekanntesten Systeme sind der Microsoft Internet Explorer, der

Netscape Navigator, der Mozilla Firefox, der Apple Safari sowie der Opera.

Bruttoinlandsprodukt (BIP), Wert aller von einer Volkswirtschaft im Inland und innerhalb eines bestimmten Zeitraums, meist ein Jahr, erstellten → Güter und → Dienstleistungen nach Abzug der als Vorleistungen verbrauchten Güter.

Brutto-Kontakte, Gesamtheit der von einem → Werbeträger erzielten Kontakte mit den Zielpersonen. In der Bruttokontaktsumme sind auch die Mehrfachkontakte mit den gleichen Zielpersonen enthalten.

Bruttonationaleinkommen, *Bruttosozialprodukt,* → Bruttoinlandsprodukt plus Erwerbs- und Vermögenseinkommen aus der übrigen Welt minus Erwerbs- und Vermögenseinkommen an die übrige Welt. Es handelt sich um einen Wert zu Marktpreisen.

Bruttonutzenziffer, Bruttorentabilität, die anzeigt, wie die Rentabilität eines Handelsunternehmens durch die ertragsbildenden Faktoren → Handelsspanne und → Warenumschlag beeinflusst wird. Die B. geht von → Einstandspreisen aus und ist der Quotient aus Handelsspanne und durchschnittlichem Warenbestand oder → Aufschlagsspanne multipliziert mit dem Warenumschlag. Die Kennziffer zeigt damit die Rentabilität des in das Warenlager investierten Kapitals.

Brutto-Reichweite, Summe der einzelnen → Reichweiten mehrerer → Werbeträger. Die B.-R. enthält auch die aufgrund von Überschneidungen mehrfach erfassten Personen, die in der → Netto-Reichweite eliminiert sind.

B-to-B-Marketing,
→ Business-to-Business-Marketing.

Budget, organisatorischer Prozess zur Zielorientierung und Koordination der operativen → Planung. B. sind geplante monetäre Sollgrößen für bestimmte Organisationseinheiten. Die Budgetierung bildet eine wesentliche Informationsbasis für die Steuerung und Kontrolle. Das B. ist ein kurzfristiger Plan, der für das Gesamtunternehmen und die einzelnen Geschäftsbereiche verbindlich festgelegt wird.

Budgetierungsmethode, Form der Budgetaufstellung bzw. -aufteilung auf die einzelnen Organisationseinheiten. Sie kann entsprechend den Hierarchieebenen von oben nach unten (→ Top-down-Budgetierung) oder von unten nach oben, (→ Bottom-up-Budgetierung) erfolgen. Die beiden Verfahren werden vielfach in der Praxis auch kombiniert als → Gegenstromverfahren eingesetzt. Das zentrale Budgetierungsproblem ist die optimale Budgetallokation auf die verschiedenen Teilfunktionen und Teilbereiche des Unternehmens. – Vgl. auch → Kommunikationsbudget, → Werbebudget. – *Gegensatz:* → Zero Base Budgeting.

Budgetkontrolle, laufende Überwachung des → Budgets hinsichtlich der budgetierten und realisierten Größen.

Built-to-Order-System, nach den unterschiedlichen Kundenwünschen maßgeschneiderte Leistungsangebote, wie z.B. → Customized Marketing, → Prosumer, → Postponement. Ziel ist die Herstellung eines permanenten Dialogs mit den → Kunden, der sich nicht nur auf die Verkaufsabwicklung beschränkt, sondern das gesamte Beziehungssystem zwischen Kunden und Lieferanten umfasst.

Bumerang-Effekt, Kommunikationswirkung, die dem angestrebten Ziel diametral entgegengesetzt ist. Die Gründe für dieses Phänomen sind vielfältig. So ist z.B. möglicherweise die → Aktivierung nicht zielgerichtet, oder die Werbeaussage wird als unglaubwürdig empfunden. Ein weiterer Grund kann sein, dass der Beeinflussungsdruck zur → Reaktanz der Werbeempfänger führt.

Bundesdatenschutzgesetz (BDSG), gesetzliche Regelung des Umgangs mit personenbezogenen → Daten. Dies betrifft die Erhebung, Verarbeitung und Nutzung persönlicher Daten. Die Notwendigkeit zur Einhaltung des → Datenschutzes ergibt sich vor allem aus der stürmischen Entwicklung der → Informationstechnologien in Verbindung mit den modernen Kommunikationstechnologien, die insb. darauf angelegt sind, den Individualwünschen der Nachfrager immer präziser zu entsprechen. – Vgl. auch → Direktmarketing, → One-to-One-Marketing, → Mikro-Marketing.

Bundesverband des Deutschen Groß- und Außenhandels e.V. (BGA), Interessenvertretung des Groß- und Außenhandels, die das Ziel hat, die berufsständischen sowie wirtschafts- und sozialpolitischen Interessen ihrer Mitglieder und deren Mitgliedsunternehmen zu vertreten und zu fördern. – *Weitere Informationen unter* www.bga.de.

Bundesverband Digitale Wirtschaft e.V. (BVDW), Interessenvertretung aller am digitalen Wertschöpfungsprozess beteiligten Unternehmen. – *Weitere Informationen unter* www.bvdw.org.

Bundling, Bündelung von Leistungsangeboten zu Paketen, die zu einem Gesamtpreis angeboten werden. Das B. kann auch in der Weise erfolgen, dass sowohl die Einzelleistungen als auch Pakete angeboten werden. Dadurch können verschiedene Zielgruppen mit differenzierten → Bedürfnissen angesprochen werden. Überdies ist dadurch auch eine → Preisdifferenzierung möglich, die das → Preisimage der Einzelleistungen nicht berührt. – Vgl. auch → Nachfragerbündelung und → Verbundeffekt.

Buridanus-Esel, Gleichnis von J. Buridan (um 1350), nach dem ein Esel verhungert, weil er sich zwischen zwei gleich wohlriechenden Heubündeln nicht entscheiden kann. Dieser → Appetenz-Appetenz-Konflikt führt auch oftmals im → Käuferverhalten, bei z.B. gleich bewerteten Produktalternativen, zu einem Entscheidungskonflikt im Sinne eines Präferenzkonflikts. Dieser wird in der Regel durch eine Verlängerung der Informations- und Entscheidungsprozesse überwunden. Dadurch werden jedoch die → Kaufentscheidungen labiler und kaum noch aus Anbietersicht prognostizierbar. – Eine wesentliche Aufgabe der → Marketingkommunikation ist es deshalb, diese aus Anbietersicht nicht gewünschte Konfliktsituation durch eine emotionale Überlagerung der Werbeaussagen im sog. Interesse der Nachfrager zu verdrängen.

Business Environment Risk Index, → BERI-Index.

Business Marketing, → kommerzielles Marketing. – *Gegensatz:* → Non-Profit-Marketing.

Business Process Management, Dienstleistungsunternehmen, die für andere → Unternehmen komplette Geschäftsprozesse übernehmen und betreiben. Beispiele für solche Dienstleistungen sind der Betrieb von → Call Centern, Verrechnungs- und Inkassostellen, → Management-Supportsystemen etc. Im Wesentlichen handelt es sich um eine Form des → Outsourcing.

Business Reengineering, → Reengineering.

Business Television, Nutzung der Fernsehtechnik für Zwecke der → Kommunikation innerhalb von Unternehmen bzw. Organisationen. Die Kommunikation erfolgt meist durch die satellitengestützte Verteilung digitalisierter und audiovisuell vermittelter Informationen. Im Unterschied zum klassischen Fernsehen sind die Informationen nicht für die breite → Öffentlichkeit bestimmt, sondern ausschließlich für ganz bestimmte Adressaten, d.h. für autorisierte geschlossene Empfängergruppen. B.T. wird vor allem von Unternehmen praktiziert, deren Betriebsstätten bzw. Filialen geografisch breit gestreut sind. Die Anwendungsschwerpunkte liegen im → Vertrieb, in der internen Aus- und Weiterbildung und in der Vermittlung von unternehmensinternen Informationen. Daraus ergibt sich auch der Adressatenkreis, der sich auf die Mitarbeiter konzentriert. Der Empfängerkreis kann jedoch auch ausgedehnt werden auf Kunden oder Lieferanten. Für die Anwendung ist insb. die Möglichkeit zur → Interaktion zwischen den Kommunikationsteilnehmern wichtig.

Business-to-Business-Marketing, *B2B-Marketing*, Gesamtheit der Marketingaktivitäten für → Produkte und → Dienstleistungen, deren → Nachfrager andere Unternehmen bzw. Institutionen sind. Die Anbieter-Nachfrager-Beziehungen sind in der Regel durch einen Direktkontakt gekennzeichnet. – Vgl. auch → Business-to-Consumer-Marketing.

Business-to-Business-Werbung, *Industriewerbung*, → Werbung von Industrieunternehmen für Industriegüter. Im Vergleich zur klassischen → Konsumgüterwerbung richtet sich die Industriewerbung an einen überschaubaren Käuferkreis, der vor allem an sachlichen und fachlichen → Informationen interessiert ist. Die Einkaufsentscheidungen werden in der Regel im → Buying Center getroffen. Daraus ergibt sich auch die Wahl der → Kommunikationsformen und → Medien, die nicht massenorientiert sind, sondern den Zielkunden direkt ansprechen, wie z.B. das Direktmarketing oder die Direktwerbung. Die der Direktansprache dienenden kommunikativen Formen und Mittel sind vor allem Anzeigen und Beilagen in Fachzeitschriften, Kataloge, Ausstellungen bzw. Messen.

Business-to-Consumer-Marketing, *B2C-Marketing*, klassischer Marketingansatz, bei dem die Marketingaktivitäten der → Anbieter auf die → Konsumenten fokussiert sind. – *Anders:* → Business-to-Business-Marketing,

Business TV, → Business Television.

Business Unit, → strategische Geschäftseinheit, → strategisches Geschäftsfeld.

Buygrid-Modell, Modell des organisationalen → Kaufverhaltens bei der Beschaffung von → Investitionsgütern durch → Buying Center. Das Modell unterscheidet

- die Phasen der Kaufentscheidung: zunehmende Konkretisierung und
- die Typen der Kaufentscheidung: erstmalig, wiederholt, routinemäßig.

Buying Center, alle am Einkaufsprozess beteiligten Personen. Fast alle industriellen Einkaufsentscheidungen werden in einem solchen Kollegium getroffen. Ziel ist es, durch eine differenzierte Bewertung der Angebote in der Gruppe eine nach den Zielkriterien optimale Einkaufsentscheidung zu treffen. Zu unterscheiden sind fünf verschiedene Funktionsträger: Verwender, Beeinflusser, Einkäufer, Entscheider, Informationsselektierer. Die verschiedenen Funktionsträger können auch definitorisch differenziert werden in Fachpromotoren, Machtpromotoren und Prozesspromotoren bzw. Fach- und Machtopponenten. Die Fachpromotoren bringen ihr Wissen in den Entscheidungsprozess ein, die Macht- und Prozesspromotoren ihre hierarchische Entscheidungsbefugnis bzw. Position. – Vgl. auch → Selling Center. – *Anders:* → Einkaufscenter.

Buy-Response-Funktion, Funktion der Kaufwahrscheinlichkeit, → Akzeptanz in Prozent der potentiellen → Käufer, in Abhängigkeit vom → Preis. Durch Vertauschen der Koordinaten erhält man eine Funktion, die der → Preisabsatzfunktion ähnelt, wobei die Abszisse statt der Absatzmenge die Akzeptanz darstellt.

BVDW, Abk. für → Bundesverband Digitale Wirtschaft e.V.

BVM, Abk. für → Berufsverband Deutscher Markt- und Sozialforscher e.V.

BVW, Abk. für → betriebliches Vorschlagswesen.

B2B-Marketing, Kurzform für → Business-to-Business-Marketing.

B2C-Marketing, Kurzform für → Business-to-Consumer-Marketing.

C

CAAS, Abk. für → Computer Aided Advertising System.

CAC, Abk. für → Computer Aided Communication.

CAD, Abk. für → Computer Aided Design.

Call-Center, *Communication Center,* Kommunikationszentrum, in dem mithilfe moderner → Kommunikationstechnologien, Dienstleistungen für bestehende und potentielle Kunden angeboten werden. Je nach Aufgabe unterscheidet man zwischen:

- Inbound C., die eingehende Kundenanfragen bearbeiten (z.B. Auftrags- und Bestellannahme, Beschwerdemanagement, Notfall-Service etc.) und
- Outbound C., die aktiv mit möglichen Kunden in Kontakt treten (z.B. Marktforschung, Direktmarketing).

C. sind in der Regel ausgegliederte Organisationseinheiten oder selbstständige Unternehmen. Ihre Mitarbeiter werden Agents oder Operatoren genannt.

Callplan, ein von L. M. Lodish (1971) entwickeltes Besuchsplanungsmodell für den Einsatz des → Außendienstes, das auf dem → Decision-Calculus-Ansatz beruht. Das Modell dient der Entscheidung über die Anzahl von Besuchen bei existenten und potentiellen → Kunden. Hierbei wird ein Wirkungszusammenhang angenommen zwischen der Anzahl von Kundenbesuchen und dem realisierbaren → Umsatz.

CAM, Abk. für → Computer Aided Manufacturing.

CAPI, Abk. für → Computer Assisted Personal Interview.

CAQ, Abk. für Computer Aided Quality Assurance, → computergestützte Befragung.

Career Counselling Workshop, Form des → Assessment-Centers (AC), die sich aber in der Zielsetzung deutlich vom AC unterscheidet. Bei den C.C.W. stehen vor allem die persönliche Entwicklung und die Karriereplanung der Mitarbeiter im Vordergrund. Der Schwerpunkt der Bewertungen liegt primär auf charakterologischen, kognitiven und unternehmerischen Leistungsfaktoren.

Carry-over-Effekt, Übertragungseffekt von Marketingmaßnahmen auf spätere Perioden. Die Effekte treten insb. bei der → Werbung auf. Im Hinblick auf das → Konsumentenverhalten handelt es sich um Wahrnehmungseffekte, wonach künftige Verhaltensweisen durch aktuelle und vergangene Erfahrungen beeinflusst werden.

CAS, Abk. für → Computer Aided Selling.

Case Management, jeder Auftrag wird als ein Geschäftsvorfall behandelt, der in seiner Ganzheit von einer Person abgewickelt wird. Der Case Manager ist das Bindeglied zwischen dem Kunden und der Binnenorganisation des Unternehmens. Voraussetzung für die Funktionsfähigkeit des C.M. ist der Zugang zu allen relevanten → Informationen durch die Case Manager. Das C.M. als Organisationsform eignet sich für alle Unternehmen, deren Produkte bzw. Dienstleistungen eine komplexe → Marktbearbeitung erforderlich machen und durch enge, kontinuierliche → Interaktionen mit den Kunden gekennzeichnet sind. – Vgl. auch → Prozessmanagement.

Case Study-Methode, → Fallmethode, → Kasuistik.

Cashcows, → Cash-Kühe.

Cash-Flow, *Liquiditätszufluss,* betriebswirtschaftliche Kennzahl zur Beurteilung der Ertrags- und Finanzkraft eines Unternehmens. Der C.-F. ist der Nettozugang an liquiden Mitteln, d.h. die Differenz zwischen → Einnahmen und → Ausgaben innerhalb einer Abrechnungsperiode und lässt sich ableiten aus den Daten des Jahresabschlusses, insb. der Gewinn- und Verlustrechnung (GuV). – Vgl. auch → Discounted Cash-Flow.

Cash-Kühe, *Cashcows,* Bezeichnung einer Produktkategorie in der → Portfolioanalyse. Charakteristikum der C.-K. ist, dass sie bei geringem → Marktwachstum und hohem → Marktanteil Finanzmittelüberschüsse (→ Cash-Flow) erwirtschaften, die sie selbst zum Erhalt ihres Marktanteils nicht in voller Höhe benötigen und die daher zum wesentlichen Teil den Produktkategorien in den Wachstumsfeldern zur Verfügung gestellt werden können. – Vgl. auch → Fragezeichenprodukt, → Starprodukt, → Problemprodukt.

Cash & Carry, *Selbstbedienungsgroßhandel,* → Betriebsform des → Großhandels, bei der keine Serviceleistungen angeboten werden. Das wesentliche Marketinginstrument ist die vor allem werblich herausgestellte Preisaggressivität. Das Sortiment Food und Nonfood ist breit und in der Regel flach. Aufgrund der Großhandelsfunktion sind die Kunden auf Gewerbetreibende und damit eigentlich auch auf den diesbezüglichen Warenbedarf beschränkt. C.&C.-Betriebe nehmen zunehmend mehr den Charakter von SB-Warenhäusern an. Damit treten sie auch in den Wettbewerb mit z.B. Fachmärkten, Warehouse Clubs, Discountern etc. bzw. betreiben eine Diversifikation in diese Betriebsform.

Catalog Showroom, → Showroom.

Category-Management, ein im Vergleich zur klassischen Einkaufs- und Verkaufsgliederung neues Managementkonzept im → Einzelhandel. Das gesamte Warenangebot wird in einzelne Warenbereiche gesplittet. Kategorienspezifisch werden die verschiedenen Funktionen, wie z.B. Einkauf, Verkauf, Logistik als ganzheitlicher Prozess gemanagt mit der entsprechenden Kosten- und Gewinnverantwortung. Die Kategorien sind → strategische Geschäftseinheiten. Sie werden gebildet als → Produktfamilien, die jeweils einen in sich geschlossenen Verbund darstellen. Die wesentlichen Gründe für die Bildung von C.-M. sind die komple-

Category - Management

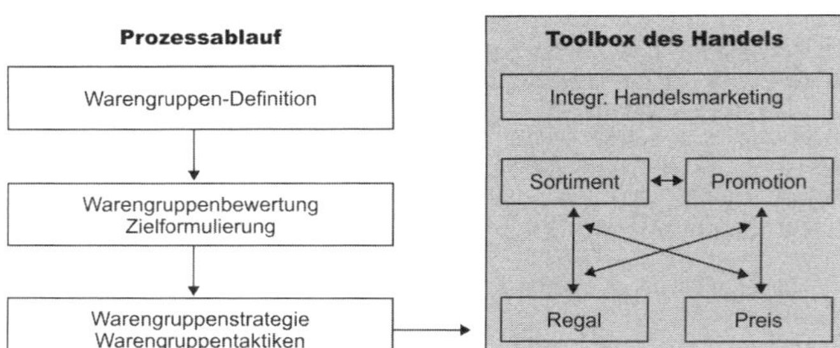

xen Absatz- und Beschaffungsmarkt-Beziehungen, der zunehmende Konkurrenz- und insb. Kostendruck und das sich dynamisch verändernde Konsumentenverhalten. Das C.-M. kann überdies zur Optimierung der → Wertschöpfungsketten zwischen Herstellern und Handelsunternehmen dienen und berührt damit bestimmte Organisationsformen des Marketings, wie z.B. das Produkt-Management, Produktgruppen-Management, Key-Account-Management, Profit-Center. – Vgl. Abbildung „Category-Management“.

Catering, professionelle Versorgung von Betrieben oder Veranstaltungen mit verzehrfertigen vor- und zubereiteten Speisen und Getränken (z.B. für Kantinen, Luftverkehrsgesellschaften, Events etc.) sowie die Bereitstellung des Personals und der Infrastruktur.

CATI, Abk. für → Computer Assisted Telephone Interview.

CCG, Abk. für → Centrale für Coorganisation.

C-Commerce, Abk. für → Collaborative Commerce.

CC-Zeitschrift, von → Fachzeitschriften praktizierte Form des → Vertriebs, bei der bestimmte → Zielgruppen kostenlos den → Werbeträger erhalten. Da der Empfängerkreis definiert und damit kontrolliert ist, spricht man auch von einer kontrollierten Verbreitung. Die CC-Publikationen werden ausschließlich durch die Anzeigenwerbung finanziert. – Vgl. auch → Wechselversand, → Kennzifferzeitschrift.

CD, → CD-ROM.

CD-ROM, *Compact Disc-Read Only Memory, CD,* Ton- oder Datenträger der Informationen mithilfe eines Lesegerätes wiedergibt. Die Technologie wird in der → Marketingkommunikation, vor allem bei Buchpublikationen als Ergänzung oder auch Printersatz eingesetzt. – Vgl. auch → DVD.

CEM, Abk. für → Customer Experience Management.

Center-Management, → Management von Einkaufszentren. Die wichtigsten Aufgaben des C.-M. sind die Auswahl von Einzelhandels- und Dienstleistungsbetrieben für das Zentrum, die interne Standortoptimierung, das gesamte Standort-Marketing, die Planung und Koordination der Durchführung von Gemeinschaftsaufgaben, z.B. die Bewachung, Reinigung, Pflege der gesamten Anlage und die Schaffung kundenorientierter Logistiklösungen, z.B. Parkleitsysteme, Parkplätze und Ruhezonen.

Centrale für Coorganisation (CCG), mit der Durchsetzung des → EAN-Codes und der Entwicklung von Datenaustauschsystemen befasste Organisation. 2005 wurde sie im Rahmen des Zusammenschlusses der Standardisierungsorganisationen EAN International und Uniform Code Council (UCC) in Global Standards 1 (GS1 Germany) umbenannt. – *Weitere Informationen unter:* www.gs1-germany.de

Centrale Marketing-Gesellschaft der deutschen Agrarwirtschaft mbH (CMA), führt das → Gemeinschaftsmarketing für die deutsche Agrarwirtschaft durch, ohne ein eigenes erwerbswirtschaftliches Warengeschäft zu betreiben. – *Weitere Informationen unter* www.cma.de.

Ceteris-paribus-Regel, Modellannahme, die in der mikroökonomischen Wirkungsforschung häufig benutzt wird. Es wird eine → Variable verändert und die Wirkung der Änderung gemessen, wobei die übrigen Variablen als konstant behandelt werden. So wird z.B. die Veränderung des → Kaufverhaltens durch eine Preisänderung festgestellt bei angenommener Konstanz der übrigen Präferenzen. Diese Methode stand lange Zeit im Mittelpunkt der Erforschung der Wirkung von → Marketinginstrumenten und galt als Basis für die Bestimmung des → Marketing-Mix.

Chancen- und Risiko-Analyse, → Strength-Weakness-Opportunities-Threats-Analyse.

Change Agents, Personen, die → Kaufentscheidungen und damit den → Kaufentscheidungsprozess von anderen Wirtschaftssubjekten durch Empfehlungen in eine bestimmte Richtung lenken können und daraus einen ökonomischen Vorteil ziehen, wie z.B. Verkäufer. – Vgl. auch → Meinungsführer.

Change-Management, Veränderungs-Management, das darauf abzielt, auf allen Hierarchieebenen der → lernenden Organisation Veränderungsprozesse in Gang zu setzen. Durch den systematischen und auch permanenten organisatorischen Wandel sollen starre Strukturen aufgebrochen werden. – Vgl. auch → Organisationsentwicklung.

Channel-Management, Funktion der → Distributionspolitik, deren Aufgabe es ist, alle Aktivitäten in den → Distributionskanälen zu planen, zu koordinieren, zu bewerten und zu kontrollieren. Hinsichtlich der zunehmenden Komplexität der Distributionspolitik und der asymmetrischen Machtverteilung zwischen den Marktpartnern erweist sich das C.-M. insb. für diejenigen Industrieunternehmen als eine sinnvolle Organisationseinheit, die eine große → Verkaufsorganisation besitzen und in starkem Maße vom → Handel abhängig sind.

Channel-Marketing, Entwicklung von Distributionskonzepten, die auf die unterschiedlichen → Distributionskanäle ausgerichtet sind. Die Notwendigkeit des C.-M. ergibt sich aus den differenzierten → Betriebsformen bzw. Betriebstypen des Handels und den entsprechenden unterschiedlichen Kundenanforderungen. So erwartet der Käufer z.B. von einem Discounter primär eine attraktive Preispolitik, vom Fachgeschäft hingegen Beratung und Service.

Channel Policy, → Distributionspolitik.

Chaos-Management, Managementtheorie, die auf der → Chaos-Theorie beruht. Grundidee ist, sich von entwicklungshemmenden, deterministischen Ordnungen und Strukturen zu lösen, um Innovationskräfte freizusetzen. Die Theorie hat sich bislang in der Praxis noch nicht als operational erwiesen. Insofern hat sie eher die Qualität einer allgemeinen → Management-Philosophie, die sich für die → Organisationsentwicklung als nützlich erweisen kann.

Chaos-Theorie, Analyse von nichtlinearen und dynamischen Effekten, die scheinbar keine Gesetzmäßigkeit aufweisen. Typische Chaos-Phänomene sind abrupte Veränderungen im Systemverhalten und aperiodische Unregelmäßigkeiten (z.B. Klima, Wirtschaftsentwicklung etc.), die in der klassischen Analyse auf stochastische Einflüsse zurückgeführt wurden. Die C.-T. versucht, diese nichtlinearen Entwicklungen in deterministischen Ordnungssystemen abzubilden.

chaotische Lagerhaltung, → Lagerhaltung, bei der die eingehenden → Paletten unsystematisch eingelagert werden. Mithilfe der EDV, die jeden Palettenplatz und jede Palette individuell verwaltet, ist der einzelne Lagerstandort identifizierbar. Die Paletten sind mit einer sog. Nummerierung der Verpackungseinheit (NVE), ähnlich dem → EAN-Code, gekennzeichnet.

Chat, → Online Chat.

Checklisteneffekt, Beeinflussungseffekt bei → Panelerhebungen, der dadurch auftritt, dass in den Berichtsbögen → Produkte aufgeführt werden, um das Ausfüllen zu erleichtern. Diese Vorgaben können dazu führen, dass bestimmte Produkte erst durch die Panelerhebung in das Bewusstsein der Auskunftspersonen gelangen und dadurch ihr künftiges → Kaufverhalten beeinflusst wird. – Vgl. auch → Paneleffekt.

Checklistenverfahren, Methode zur Systematisierung von → Entscheidungsprozessen. Es werden alle relevanten Faktoren, die für eine → Entscheidung notwendig sind, systematisch und vielfach auch in der zeitlichen Reihenfolge aufgelistet. Ziel solcher Prüf- oder Checklisten ist es, Entscheidungsprozesse zu objektivieren und zu kontrollieren, wenngleich die Subjektivität durch die Auswahl der Kriterien nicht ausgeschlossen werden kann. Durch Gewichtung der Faktoren können die C. verfeinert werden.

Chief Executive Officer (CEO), Funktion eines Generaldirektors bzw. Vorstandsvorsitzenden nach deutschem Recht.

Chi-Quadrat-Test, statistisches Testverfahren zur Überprüfung einer → Hypothese über die Verteilung eines Merkmals und/oder über den (Nicht-) Zusammenhang zweier Merkmale.

Churn Rate, Abwanderungsrate der Kunden zur → Konkurrenz. Als vorbeugende Maßnahmen empfehlen sich der Einsatz des → Recovery-Managements und die Erhöhung der → Kundenzufriedenheit durch ein effizientes → Customer Relationship Management.

CI, Abk. für → Corporate Identity.

CIM, Abk. für → Computer Integrated Manufacturing.

Circular-Organisation, auf Basis einer hierarchischen Grundstruktur eine intensive Abstimmung der einzelnen Abteilungen und Ebenen im Unternehmen. Die organisationalen Einheiten sind durch Komitees miteinander verbunden, die horizontal und vertikal vernetzt sind. Die C.-O. eignet sich vornehmlich für kleine und mittlere Unternehmen. Der mit der → Organisation verbundene relativ hohe Zeitaufwand verursacht Probleme in größeren Unternehmen. – Vgl. auch → Projekt-Management.

City-Management, Entwicklung und operative Umsetzung eines ganzheitlichen strategischen Konzepts für eine Innenstadt oder eine Stadt, an deren Gestaltung der öffentliche und der private Sektor partnerschaftlich zusammenwirken. Das C.-M. ist ein wesentlicher Bestandteil des → Stadtmarketing.

City-Marketing, → Stadtmarketing.

Claim, Hauptanspruch einer → Werbebotschaft, der den Kern der Werbeaussage auf ein Argument verkürzt und sich in allen Kommunikationsmaßnahmen wiederfindet.

Clearinggeschäft, Ausprägung von → Kompensationsgeschäften, die in Form von Finanzkompensationen durchgeführt werden. Clearingabkommen werden vor allem zwischen Regierungen von Ländern mit Devisenmangel und -bewirtschaftung abgeschlossen.

Clipping, *Presse-Clipping,* Form der → Wirkungskontrolle von Maßnahmen der → Public Relations (PR). Die Wirkung wird gemessen an der Anzahl von veröffentlichten Pressebeiträgen bzw. Meldungen des Unternehmens in den Medien. Diese Art von Wirkungskontrolle hat hinsichtlich der eigentlichen Wirkung von PR-Maßnahmen keine Aussagekraft, wenn sie nicht mit → Inhaltsanalysen verbunden wird.

Clusteranalyse, Bildung voneinander unabhängiger Objektgruppen, die Ähnlichkeiten in Bezug auf bestimmte Merkmalsausprägungen aufweisen. Bei hierarchischen C. werden die Gruppen gebildet durch die Zusammenfassung von Kleingruppen zu Großgruppen bzw. durch Auflösung von Großgruppen in Kleingruppen. Die einzelnen Gruppen sollen in sich möglichst homogen und zueinander möglichst heterogen sein. Die C. erfolgt zunächst durch die Messung der Ähnlichkeiten zwischen den Objekten anhand der Merkmalsausprägungen. Dann erfolgt im zweiten Schritt die Zusammenfassung der Objekte in Gruppen. Die C. wird z.B. bei der → Marktsegmentation eingesetzt zur Bestimmung von Persönlichkeitstypen.

Clusterorganisation, Weiterentwicklung der → Teamorganisation. Die Cluster sind multidisziplinär zusammengesetzt, bestehen aus 30 bis 50 Mitgliedern, die je nach Aufgabenstellung wechseln können und Projekte verantwortlich bis zum Abschluss bearbeiten. – Vgl. auch → Projekt-Management.

CMA, Abk. für → Centrale Marketing-Gesellschaft der deutschen Agrarwirtschaft mbH.

CMS, Abk. für → Content-Management-System.

Coaching, Begleitungs- und Trainingskonzept zur Qualifizierung von Mitarbeitern. Einzel- und Gruppencoachings erweisen sich insb. als erfolgreich zur Steigerung der Effizienz von → Verkaufsorganisationen. – Vgl. auch → Verkaufstraining.

Co-Branding, → Co-Marketing.

Cobweb-Theorem,
→ Spinnwebtheorem.

Cocooning, Verhaltenstrend zum Rückzug von der komplexen, bedrohlichen und unkontrollierbaren → Umwelt in die eigenen vier Wände. Daraus resultiert die Problematik, den → Konsumenten in seiner Zurückgezogenheit zu kontaktieren und seine → Bedürfnisse zu ermitteln. – Vgl. auch → Electronic Marketing.

Codeplan, Verschlüsselungsplan für die → Codierung von Fragen in Befragungen und die Bildung von Antwortkategorien. Die Kategorisierung der Antworten erweist sich vielfach bei offenen Fragen als problematisch. So werden z.T. sehr unterschiedliche konkrete Antworten der Befragten in Auswertungskategorien gezwängt und gehen damit als z.T. prägnante Einzelaussagen verloren.

Codierung, Bildung von Antwortkategorien und die Zuweisung von Symbolen zu den Antwortkategorien, die für die Auswertung von Befragungsergebnissen unerlässlich sind. Die C. erfolgt durch einen → Codeplan und erweist sich insb. erforderlich, aber vielfach auch als problematisch, bei → offenen Fragen, deren Antworten in Kategorien eingeteilt werden. Dadurch können → systematische Fehler auftreten.

Co-Distribution, → Co-Marketing.

Cognitive Maps, *kognitive Landkarten,* gedankliche Landkarten, die der räumlichen Orientierung des → Konsumenten dienen. Die C.M. bilden sich im → Gedächtnis aufgrund erworbener Erfahrungen und dienen als innere Schemata der Entlastung für einen schnellen und bequemen → Einkauf.

Collaborative Commerce, internetbasierte, vernetzte Zusammenarbeit aller an Herstellung, logistischer Verteilung und Verkauf eines Leistungsangebots beteiligten Unternehmen. Der C.C. ist eine Weiterentwicklung des → Electronic Commerce, konzentriert sich aber auf den Absatzbereich und umfasst die gesamte → Wertkette vom Rohstofflieferanten bis zum Verbraucher. Die Erweiterungsmöglichkeiten der Netzwerke sind sehr vielfältig. So ist es möglich, die internetbasierten Interaktionsprozesse z.B. auf die Produktentwicklung auszudehnen, indem Lieferanten und Kunden möglichst frühzeitig in den Produktentwicklungsprozess einbezogen werden. – Vgl. auch → Collaborative Planning, Forecasting and Replenishment (CPFR), → Wertschöpfungsnetz.

Collaborative Planning, Forecasting and Replenishment (CPFR), Weiterentwicklung der → Efficient Consumer

Response (ECR). Handels- und Industrieunternehmen bündeln ihr gesammeltes Know-how zu → Marken, → Märkten und → Kunden in einer gemeinsamen → Datenbank, auf die die Partner jederzeit Zugriff haben. Auf dieser Informationsbasis werden dann kooperative Marketingaktivitäten entwickelt. – Vgl. auch → Collaborative Commerce.

Colleague-Modell, in Erweiterung der → Stab-Linien-Organisation Zusammenfassung der Mitglieder von → Stabsstellen und der entsprechenden Linienverantwortlichen in einem Team. Dadurch können die mit einer Stab-Linien-Organisation verbundenen Konflikte bei Bildung von Stabshierarchien z.T. vermieden werden. Das C.-M. weist durch seine Teamstruktur eine große Ähnlichkeit mit dem „System überlappender Gruppen" von R. Likert (1963) auf.

Co-Marketing, kooperatives → Verbundmarketing von Unternehmen aus verschiedenen → Branchen, das auch vertikal orientiert sein kann. Ziel ist der Verbund von unterschiedlichen → Produkten zu in sich geschlossenen Konsum-Erlebnisfeldern. Das Konzept geht weit über die klassische Verbundwerbung hinaus und umfasst gleicherweise Co-Promotion, das Co-Branding und die Co-Distribution (Vertriebskooperation). Insofern besteht eine enge Verwandtschaft des C.-M. mit Kooperationen, Joint Ventures und Unternehmensallianzen.

Combipack, Verbundpackung, in der mehrere → Artikel im Hinblick auf einen Bedarfsverbund zusammen verpackt angeboten werden. Dadurch können vor allem im → Einzelhandel → Verbundeffekte beim → Konsumenten realisiert werden.

Commercial, → Werbespot, → Fernsehspot.

Commitment, Bindung bzw. Verpflichtung, die Mitarbeiter gegenüber ihrem Unternehmen und dessen → Zielsystem eingehen. Die Stärkung von C. in Unternehmen bzw. Institutionen ist ein wesentliches Element des → internen Marketing. C. wird begünstigt durch intensive unternehmensinterne Interaktionsbeziehungen und vor allem durch die Einbindung der Mitarbeiter in → Entscheidungsprozesse. Die Bedeutung von C. ergibt sich aus empirischen Befunden, dass Mitarbeiterzufriedenheit und Mitarbeiterbindung hoch korreliert sind mit → Kundenzufriedenheit und → Kundenbindung. – Vgl. auch → Empowerment, → Management-by-Delegation (MbD).

Commodities, → Produkte, die in gleicher Art von verschiedenen Herstellern angeboten werden. Die Konkurrenz erfolgt ausschließlich über den → Preis. Die C.-Strategie setzt → Marktwachstum voraus, das in vielen → Branchen nicht mehr gegeben ist. – Vgl. auch → Me too-Produkt.

Communication Center, → Call-Center.

Communication Design, → Kommunikationsdesign.

Community, Gruppierung von Usern mit gleichen Interessen im → Internet. Die Gesprächsplattform dient als Basis, auf der alle möglichen Themen diskutiert werden können. C. werden auch als Informationspools genutzt, in denen Fachleute ihr Wissen weiterverbreiten.

Community Marketing, Bindung im Sinne der Gemeinschaftspflege von → Kunden an → Anbieter über die Vermittlung aktueller Themen, von Kontakten zu kompetenten Gesprächspartnern und Hinweisen zu neuen → Kommunikationsformen. – Vgl. auch → Virtual Community, → Online Chat.

Community Relations, Teil der → Öffentlichkeitsarbeit, der auf die Pflege der Beziehungen zur örtlichen Gemeinde gerichtet ist. Die C.R. erweisen sich insb. nützlich für die Mitgestaltung des →

kommunalen Marketing durch die ortsansässigen Wirtschaftsunternehmen.

Competitive Intelligence, analytischer Prozess, in dem bruchstückhafte → Informationen in anwendbares → Wissen transformiert werden. Der Prozess läuft in der Weise ab, dass → Daten über bestimmte Sektoren des Unternehmensumfeldes gesammelt, aufbereitet, analysiert und die Ergebnisse an die Entscheidungsträger weitergegeben werden. Die C.I. als produziertes Wissen hilft dem Management bei seinen strategischen Entscheidungen. – Vgl. auch → Monitoring.

Competitive-Parity-Methode, → Wettbewerbs-Paritäts-Methode.

Complaint Ownership, Form des → Empowerments, die sich auf die Organisation des → Beschwerdemanagements bezieht. Danach „erwirbt" im Rahmen eines dezentralen Beschwerdemanagements derjenige Mitarbeiter, den der Beschwerdeführer zuerst anspricht, das „Eigentum" an der Beschwerde. Er ist verantwortlich für die Problemlösung. Ziele dieser Vorgehensweise sind die Erhöhung der → Kundenzufriedenheit und Stärkung der → Kundenbindung.

Compulsive Buying, → Kaufsucht.

Computer Aided Advertising System (CAAS), wissensbasiertes → Expertensystem zur Formulierung und Umsetzung von → Werbestrategien. Das von W. Kroeber-Riel (1996) entwickelte System besteht aus den modularen Subsystemen:

- Kreativsystem (Unterstützung der Kreation von Werbemitteln),
- Gestaltungssystem (Beratung zur Gestaltung von Werbemitteln),
- Umsetzungssystem (visuelle Umsetzung der Werbung),
- Kontrollsystem (Überprüfung der Werbemittelwirkung).

Die Subsysteme können interaktiv benutzt werden.

Computer Aided Communication (CAC), EDV-basierte → Marketingkommunikation auf der Basis von → Offline- und/oder → Online-Systemen. Ein Anwendungsgebiet mit zunehmender Bedeutung ist die Multimedia-Kommunikation.

Computer Aided Design (CAD), computergestütztes Entwerfen von Einzelteilen, Baugruppen und Fertigerzeugnissen. CAD wird eingesetzt bei der Entwicklung und Konstruktion.

Computer Aided Manufacturing (CAM), computergestütztes Steuerungs- und Überwachungssystem in → Produktion und → Logistik.

Computer Aided Quality Assurancy (CAQ), computergestütztes Qualitätssicherungssystem.

Computer Aided Selling (CAS), Einsatz mobiler Computer (Handheld-Computer) zur Unterstützung der Verkaufsmitarbeiter im Außendienst. CAS-Systeme dienen im Wesentlichen als Kunden-Informationssysteme für den Außendienst und zur Optimierung der Besuchsplanung, Verkaufsvorbereitung, Verkaufsdurchführung und des Berichtswesens inklusive der damit verbundenen Kontrollen und der vielfach notwendigen Verkaufsnachbereitung.

Computeranimation, synthetische Erzeugung und Darstellung von farbigen Bewegbildern. Eine Kombination von C. und Realaufnahmen ist möglich. Neben dem Einsatz in der → Marketingkommunikation dient die C. auch zur Darstellung von komplexen technischen Konstruktionen und ihrer Funktionsweise. Sie eignet sich daher auch für die Schulung in technischen Bereichen.

Computer Assisted Personal Interview (CAPI), → computergestützte Befragung.

Computer Assisted Telephone Interview (CATI), → computergestützte Befragung in Form einer → telefonischen Befragung, bei der der → Interviewer die Fragen vom Bildschirm abliest und die Antworten auf einer Tastatur eingibt. Dadurch werden die Eingabefehler verringert und die Schnelligkeit der Auswertung erhöht.

computergestützte Befragung, Computereinsatz bei der Datenerfassung von → Befragungen. Die bereits klassische Form der DV-Unterstützung ist der Einsatz von Direktbeleglesern, die die markierten Antworten fehlerfrei in den Computer einlesen. Bei den neueren DV-Unterstützungen wird der → Fragebogen ersetzt durch den Bildschirm, auf dem die Fragen erscheinen. Die Auskunftspersonen geben die Antworten selbst über die Tastatur ein bzw. tippen auf dem Bildschirm die Antwortkategorien an. Die Vorteile der c.B. sind die Senkung der Interviewerkosten, die Vermeidung von Interviewereinflüssen, die Verringerung der Eingabefehler und vor allem für die Auftraggeber wichtig die schnellere Auswertung der Befragungsergebnisse.

computergestützte Marketingplanung, DV-Unterstützungen bei der → Marketingplanung, die in drei Systemen unterschieden werden. 1. Informationsorientierte Systeme: Marketing-Informationssysteme und ihre Erweiterung zu Executive Information Systemen (Vertriebs-Informationssysteme). – 2. Modellorientierte Systeme: Modellbanken, die in Verbindung mit Methodenbanken zu Decision Support Systems führen. – 3. Wissensorientierte Systeme: Expertensysteme. – Weiterentwicklungen verbinden die informations-, modell- und wissensorientierten Systeme zu integrierten entscheidungsunterstützenden Systemen und bieten damit einen geschlossenen Support von der → Information bis zur → Entscheidung.

computergestützte Telefonbefragung, Sonderform der → telefonischen Befragung, bei der der → Interviewer die Fragen von einem PC-Bildschirm abliest und die Antworten in den Computer eingibt. Das Computerprogramm übernimmt die Steuerung des weiteren Befragungsablaufs durch z.B. eine automatische Berücksichtigung von Verzweigungen im Fragenablauf in Abhängigkeit von den Antworten.

Computer Integrated Communication (CIC), → Call-Center.

Computer Integrated Manufacturing (CIM), Verknüpfung der Produktionsplanungs- und Produktionssteuerungs-Systeme mit den konstruktions- und fertigungstechnischen Systemen. Im Gegensatz zu Insellösungen handelt es sich um die Integration der relevanten EDV-Systeme zu einer organisatorischen und strategischen Einheit. CIM ist nicht nur ein technologieorientiertes, computergestütztes integriertes Produktionssystem, sondern vor allem ein betriebswirtschaftliches Gesamtkonzept, das die gesamten Wertschöpfungsaktivitäten des Unternehmens umfasst.

Computersimulation, Simulation mithilfe eines Computerprogramms. Mit der C. wird vor allem versucht, die Wirkungen des Marketing-Mitteleinsatzes, → Marketing-Mix, näher zu bestimmen und eine Optimierung zu erreichen.

Conjoint-Analyse, Verbundmessung, bei der die für den → Nachfrager wichtigen Teilnutzenwerte eines → Angebots aus dem empirisch erhobenen Gesamtnutzenwert ermittelt werden. Eine für die Marketingpraxis sehr nützliche Anwendungsform und zwar hinsichtlich der → Preisbildung. Hierbei wird eine Conjoint-Preis-Analyse vorgenommen, bei der eine Verbundanalyse zwischen den Kundenanforderungen, dem Produktnutzen und der Preisbereitschaft der Kunden durchgeführt wird. Entscheidend ist die kombinatorische Verknüpfung der Parameter. Es geht im Wesentlichen um die Kombination von Produkteigenschaften und Preisen, die einen möglichst hohen Kundennutzen realisieren bei geringstmöglichen Kosten des Anbieters. Mithilfe des Verfahrens lässt sich der Beitrag ermitteln, den z.B. Qualität, Lieferservice etc. für den Kundennutzen leisten und wie viel diese dem Kunden wert sind in Bezug auf den damit verbundenen Preis. – Empirischen Untersuchungen zufolge bilden aber C.-A. das Preis-Reaktionsverhalten der Nachfrager in vielen Fällen nur sehr ungenau ab. Es treten Widersprüche auf zwischen den hypothetisch erhobenen Zahlungsbereitschaften und den realen Kaufentscheidungen.

Conspicuous Consumption, geltungssüchtiger Konsumstil der Oberklasse, die nach T. B. Veblen (1857-1929) Reichtum und Macht durch → Luxusgüter dokumentieren will. Diese Form des → Konsumentenverhaltens ist jedoch mittlerweile durch Sozialisationsprozesse keineswegs mehr auf die Oberschicht beschränkt.

Constraint-Management, kontinuierlicher Abgleich von aktueller → Nachfrage mit den Produktions- und Logistikkapazitäten, wobei auch wichtige direkte Zulieferer und Partner im Zuliefernetzwerk mit einbezogen werden.

Consumer Benefit, *Benefit,* Kundennutzen, der überdies auch die Bedeutung eines kommunikativen Nutzenversprechens hat. Der C.B. ist insofern für die → Anbieter von großer Bedeutung, weil die → Kunden keine Leistungsangebote nachfragen, sondern → Nutzen im Sinne einer größtmöglichen Befriedigung von → Bedürfnissen bei einem gegebenen Mitteleinsatz.

Consumerism, → Konsumerismus.

Consumer Promotion, → Verbraucher-Promotion.

Consumer Relations, Teil der → Öffentlichkeitsarbeit, der auf die Pflege der Beziehungen zu den → Verbrauchern gerichtet ist. Die C.R. sind eng verbunden mit dem → internen Marketing und den Beziehungen zu den diversen Gruppen von → Stakeholdern und → Meinungsführern, die in starkem Maße die Funktion von → Multiplikatoren ausüben.

Consumer-to-Consumer-Business, *C-to-C-Business, C2C-Business,* Geschäftsbeziehung zwischen Privatpersonen, als klar abgegrenzte Kategorie zu jenen Beziehungen zu Unternehmen oder Behörden. Die Kontakte erfolgen in der Regel über Auktions-Websites, die als Basis des Verkaufsvorgangs dienen.

Content-Analyse, → Inhaltsanalyse.

Content-Management, elektronische Verarbeitung, Verwaltung, Veröffentlichung und Wiederverwendung von multimedialen Inhalten.

Content-Management-System (CMS), *Inhaltsverwaltungssystem,* komplexes Redaktionssystem, das sowohl die Abläufe eines kooperativen, webbasierten Arbeitsprozesses koordiniert, als auch bei der Online-Erstellung von Inhalten wie Texten, Bildern, Bannern etc. hilft. CMS wird bei Internetseiten mit hohen Informations- und Aktualitätsgrad wie Online-Zeitungen, Portalen, Intranet verwendet.

Continuous Replenishment, kontinuierliche Warenversorgung des → Handels auf Basis von permanent erhobenen Abverkaufsdaten.

Controlled Circulation (CC), → CC-Zeitschrift.

Controlling, Instrument zur Optimierung der Managementaufgaben: Zielbildung, Planung, Steuerung, Kontrolle, Koordination und Information. Je nach Schwerpunkt der Controllingaktivität kann zwischen rechnungswesen-, informations- und managementorientierten Controllingansätzen unterschieden werden. In seiner managementorientierten Koordinationsfunktion ist das C. ein wesentlicher Bestandteil der → Unternehmensführung.

Convenience Goods, im → Konsumentenmarkt → Güter des täglichen → Bedarfs, die vom → Verbraucher als problemlos eingestuft werden und daher üblicherweise auch den Charakter von → Low-Interest-Produkten haben. Im Vergleich zu den gehobenen → Shopping Goods und insb. → Specialty Goods ist das Kaufverhalten durch einen geringen Informationsbedarf gekennzeichnet. Da C.G. in sehr kurzen Zeitabständen nachgefragt werden und ihr Einkauf stark habitualisiert ist, findet in der Regel mit Ausnahme der Prüfung des → Preis-Leistungs-Verhältnisses auch keine intensive → Informationsverarbeitung statt.

Convenience Store, *Convenience Shop, Nachbarschaftsladen,* → Betriebstyp des → Einzelhandels. Er hat seinen Standort in Wohnungsnähe des → Konsumenten, eine durchschnittliche Verkaufsfläche von 100 bis 300 qm, ein begrenztes → Sortiment von Nahrungs- und Genussmitteln und einen kleinen Anteil von Non-Food-Artikeln. Typische Formen von C.S. sind Tankstellen, Kioske, Trinkhallen etc. Daher ist im Vergleich zu anderen Betriebstypen des Einzelhandels das Preisniveau der C.S. eher gehobener.

Cookies, Text, der von einem Webserver im → Internet an den Zielrechner übermittelt wird. Damit können Benutzer eindeutig identifiziert und bei einem neuen Besuch durch Lesen der C.-Datei wiedererkannt werden. Überdies ist mit dem Verfahren messbar, wie oft Benutzer bestimmte Web-Sites aufrufen. C. werden von Internet-Nutzern überwiegend sehr kritisch bewertet, da dadurch ihre vielfach gewünschte Anonymität empfindlich berührt wird. Die meisten → Browser bieten die Möglichkeit, C. selektiv für bestimmte Domains zu erlauben bzw. zu sperren oder automatisch beim Schließen des Browsers zu löschen.

Coopetition, → Kooperation von → Wettbewerbern im Sinne der Bildung von → strategischen Allianzen, z.B. Kooperation von großen Fluggesellschaften mit kleinen Charterunternehmen in bestimmten Marktfeldern, um durch die Bildung von → Wertschöpfungsnetzen Erträge zu stabilisieren bzw. zu optimieren. C. verhindert einen ruinösen → Preiswettbewerb und führt damit zu → Wettbewerbsvorteilen für beide → Anbieter (→ Win-Win-Strategie), die sich andernfalls weiter als Wettbewerber gegenüberstünden.

Co-op-Werbung, → Gemeinschaftswerbung.

Co-Promotion, → Cross Promotion.

Copystrategie, schriftliche Fixierung der → Werbestrategie in verdichteter Form, die meist auf eine konkrete → Werbekampagne bezogen ist. Herzstück der C. sind die in der Copyplattform entwickelten einzigartigen Werbe- und Verkaufsansprüche des Leistungsangebots [→ Unique Selling Proposition (USP)], die als → Customer Value den definierten → Werbesubjekten kommunikativ vermittelt werden sollen.

Copytest, Sammelbezeichnung für verschiedene Testverfahren zur Messung des → Mediennutzungsverhaltens. Bei den C. handelt es sich um → Pretests oder → Posttests, die vor allem als → Werbemitteltests eingesetzt werden. – Vgl. auch → Starch-Test, → Impact-Test.

Corporate Architecture, *Firmenarchitektur,* architektonische und gestalterische Konzepte für Unternehmen und Marken. C.A. übernimmt die Aufgabe, Informationen zu Produkten und Dienstleistungen sowie Werten und Visionen eines Unternehmens räumlich zusammenzufassen und zu kommunizieren.

Corporate Behavior, einheitliches, widerspruchfreies → Verhalten aller Unternehmensmitglieder. Vor allem entscheidend ist die Widerspruchsfreiheit des Verhaltens aller Interaktionspartner im Innen- und Außenverhältnis. Das Unternehmensverhalten prägt dominant die → Corporate Identity.

Corporate Citizenship, soziales Engagement der Unternehmen in ihrem Umfeld mit dem Ziel, Vertrauen in der Bevölkerung zu schaffen. – Vgl. auch → Public Affairs, → Public Marketing, → Public Private Partnership, → Stakeholder.

Corporate Communications, strategisches Dach von → Absatzwerbung und → Beschaffungswerbung sowie → Öffentlichkeitsarbeit. Die C.C. gehen aber weit über die klassischen → Public Relations hinaus. Sie sollen allumfassend einen positiven Beitrag zum → Firmenimage leisten sowie die → Unternehmenskultur nach außen kommunizieren. Damit ist auch die Vermittlung der → Corporate Identity nach innen wie nach außen verbunden, also die ganzheitliche → Unternehmenskommunikation. Die C.C. umfassen den strategischen und operativen Einsatz aller Kommunikationsformen und dienen dazu, ein gewünschtes Corporate Image zu realisieren. – Vgl. Abbildung „Corporate Communications".

Corporate Culture,
→ Unternehmenskultur.

Corporate Design, visuelles → Erscheinungsbild eines → Unternehmens. Das C.D. übersetzt die → Corporate Identity in eine visuelle Identität. Dazu gehören der Produkt- und Firmenname, das Signet einschließlich der Typografie und der Unternehmensfarben. Die → Design-Richtlinien werden festgeschrieben in einem → Design-Manual. Das C.D. ist abzugrenzen vom → Produkt-Design. C.D. ist Identitätsvermittlung und kommunikative Gestaltung einer Unternehmenspersönlichkeit mithilfe aller visuellen Elemente der Unternehmenserscheinung, wie z.B. Firmenzeichen, Corporate Architecture und Produkt-Design. Das C.D. ist ein wichtiges Instrument der → Corporate Communications.

Corporate Governance, Unternehmensordnung, die alle langfristigen Regelungen zur Erreichung der → Unternehmensziele umfasst.

Corporate Identity, → Unternehmensidentität, die auf einem in sich geschlossenen Verhalten nach innen wie nach außen beruht. Ziel ist es, ein angestrebtes → Corporate Image zu erreichen. Dies geschieht durch den Einsatz der → Corporate Communications. Die Basis der C.I. ist die → Unternehmenskultur. Wichtig für die Gestaltung der C.I. sind die Unternehmensphilosophie, die langfristige Unternehmenszielsetzung und ein klar definiertes Soll-Image.

Corporate Identity-Mix, optimale

Corporate Communications

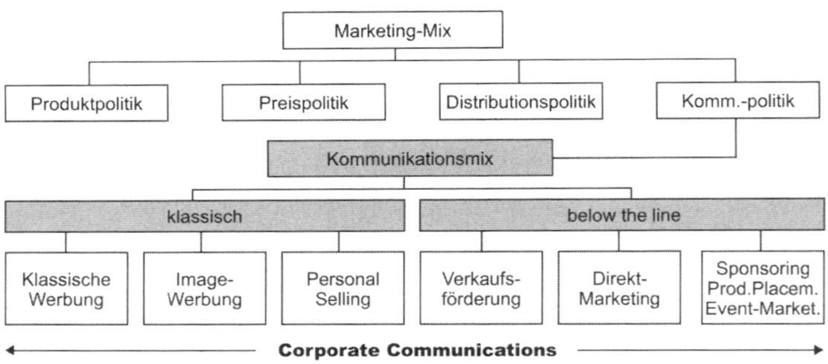

Kombination von → Corporate Communications, → Corporate Design und → Corporate Behavior.

Corporate Identity-Ziel, operationale Formulierung der meist längerfristigen Durchsetzungsmöglichkeiten und -notwendigkeiten der → Corporate Identity. Im Wesentlichen geht es um die optimale Selbstdarstellung und Verhaltensweise des → Unternehmens nach innen wie nach außen.

Corporate Image, in sich konsistentes → Unternehmensimage. Es handelt sich um das gesamthafte Vorstellungsbild eines → Unternehmens oder einer Institution in der → Öffentlichkeit.

Corporate Language, einheitliche organisationsspezifische und unverwechselbare Sprache als wesentlicher Bestandteil des → Corporate Behavior. Die C.L. ist geprägt durch die → Unternehmenskultur und übt einen erheblichen Einfluss auf die → Corporate Identity nach innen wie nach außen und damit auf das → Corporate Image aus.

Corporate Network, unternehmensweites → Kommunikationsnetz, mit dem auch räumlich getrennte Standorte, wie Produktionsstätten, Niederlassungen, Filialen etc. sowie Geschäftspartner verbunden werden können.

Corporate Philanthropy, → Unternehmensstrategie, die den Beitrag des → Unternehmens zum Gemeinwohl und die Verfolgung ethischer Grundsätze in der Geschäftspolitik in den Mittelpunkt stellt. Dadurch soll vor allem die soziale Verantwortlichkeit des Unternehmens nach außen wie nach innen demonstriert werden. – Vgl. auch → Corporate Behavior, → New Charity.

Corporate Philosophy,
→ Unternehmensphilosophie.

Corporate Publishing, unternehmenseigene Kommunikation in Form von Kundenmagazinen, Intranet und Business Television, die einen intensiven Dialog mit Kunden, Mitarbeitern und Anteilseignern herstellt zur verstärkten Kundenpflege und Kundenbindung sowie Mitarbeiterkommunikation.

Corporate Relations, Gesamtheit der Beziehungen des → Unternehmens zu seiner sozialen → Umwelt.

Corporate Social Responsibility (CRS), Konzept gesellschaftlicher Verantwortung von Unternehmen. Es dient dem Unternehmen als Grundlage, nachhaltige soziale und ökologische Belange in Ihre Tätigkeit zu integrieren. Das Engagement der Unternehmen beruht dabei auf Eigeninitiative und Eigenverantwortung.

Cost-Benchmarking, Verfahren des Leistungsvergleichs von Produkten, Prozessen und Funktionen mit dem Ziel des Auf- und Ausbaus von → Wettbewerbsvorteilen.

Cost-Benefit-Analyse,
→ Kosten-Nutzen-Analyse.

Cost-per-unit-Methode, → Werbebudgetierung nach Verkaufseinheiten.

Countervailing Power, von J.K.Galbraith (1954) formuliertes Gegenmachtprinzip im → Wettbewerb, nach dem Gegenkräfte im → Markt stets zum Machtausgleich führen. Das Prinzip gilt sowohl für die Anbieter- als auch die Nachfragermacht. Beispiele für solche Machtgegenkräfte sind Genossenschaften, freiwillige Ketten, aber auch Verbraucherorganisationen. Durch die zunehmende → Konzentration und → Oligopolisierung der Märkte wird es jedoch immer schwieriger, Machtgleichgewichte herzustellen, sodass es häufig zu → asymmetrischen Machtverteilungen kommt.

Coupon-Anzeige, → Kommunikationsmittel, das in der klassischen → Anzeigenwerbung eingesetzt wird. Es handelt sich um eine spezielle Form der → Direktwerbung. Die Anzeige ist um einen Abschnitt erweitert, mit dem weitere Informationen oder Preisnachlässe zu erhalten sind. Die Rückantworten werden systematisch ausgewertet und legitimieren die individuelle und direkte Ansprache der Interessenten. Um den Coupon-Rücklauf zu erhöhen, werden mit dieser Form der Anzeigenwerbung auch vielfach → Gewinnspiele verbunden.

Couponing, Einsatz von Preisnachlass-Coupons als Promotion-Instrument. In Deutschland waren bis 2001 im Vergleich zu den USA die Grenzen für diese Art von → Verkaufsförderung sehr eng gesteckt durch das bis zu diesem Zeitpunkt gültige → Rabattgesetz und die → Zugabeverordnung.

Coupontest, Messung der → Werbewirkung am Rücklauf der Coupons am → Werbemittel. Durch die Absenderangaben, wie Alter, Wohnort etc. lassen sich gewisse Rückschlüsse auf die → Zielgruppen ziehen. – Vgl. auch → Direktwerbung.

**Cournot`scher Punkt,** nach dem Ökonometriker A. A. Cournot (1801-1877) benannter Punkt auf der → Preisabsatzfunktion eines → Monopolisten, bei dem die gewinnmaximale Preis-Mengen-Kombination erreicht ist. Die diesem Punkt entsprechende Absatzmenge ist die Cournot`sche Menge, der entsprechende Preis der Cournot`sche Preis. Im C.P. sind die → Grenzkosten gleich dem → Grenzerlös. Die Bestimmung des → Gewinnmaximums erfolgt auf der Grundlage der → Marginalanalyse.

Cover, I. Titelseite oder Titelbild von Zeitschriften. – II. LP- oder CD-Hülle. – III. Schutzumschlag.

Coverage, → Marktabdeckung.

CPFR, Abk. für → Collaborative Planning, Forecasting and Replenishment.

CPM, Abk. für → Critical-Path-Methode.

Crawl, TV-Sonderinformationen. Es handelt sich um ein gestaltetes Laufband im unteren Drittel des Bildschirms, das in der Regel Textinformationen enthält.

Critical-Incident-Methode, Verfahren zur Messung der → Kundenzufriedenheit. Mittels → offener Fragen werden die → Kunden nach kritischen Erlebnissen mit → Anbietern befragt. Die Befragungsergebnisse sind eine nützliche Hilfe für das systematische → Beschwerdemanagement und das → Servicemarketing. – Vgl. → Nachkaufmarketing.

Critical-Path-Methode (CPM), deterministisches Terminplanungsmodell, z.B. zur Entwicklung und/oder Einführung neuer Produkte, Zeitplanung für Werbekampagnen in Verbindung mit Verkaufsförderungsaktionen etc. – Vgl. auch → Netzplantechnik.

CRM, Abk. für → Customer Relationship Management.

Cross Buying, → Verbundkauf.

Cross Cultural Research, Teil der → Konsumentenforschung und → Auslandsmarktforschung, der die Unterschiede im → Konsumentenverhalten verschiedener kultureller → Gruppen analysiert, die für das → internationale Marketing eine erhebliche Bedeutung haben. Hierbei erweist sich die Vergleichbarkeit der kulturellen Gruppen im Hinblick auf die Informationserhebung und -auswertung bzw. Ergebnisinterpretation als ein inhaltliches wie auch methodisches Problem. Denn bei sehr unterschiedlichen kulturellen Gruppen kann das → Marktforschungsdesign nicht einheitlich gestaltet werden. → Kulturelle Diffusion und → Migration führen jedoch zunehmend zu einer Verminderung des Problems der interkulturellen konsumrelevanten und methodischen Vergleichbarkeit. – Vgl. auch → Cross Cultural Target Groups.

Cross Cultural Target Groups, → Zielgruppen aus unterschiedlichen →

Kulturen, die aufgrund psychologischer Merkmale und Wertorientierung Gemeinsamkeiten im konsumrelevanten Verhalten aufweisen und Marktsegmente bilden. Damit ist die Grundlage geschaffen für ein → Global Marketing.

Cross Docking, direkte Übermittlung filialspezifischer Bestellungen des → Handels an den Hersteller. Der Lieferant kommissioniert für das einzelne → Filialunternehmen und liefert zu einem zentralen Umschlagpunkt des Handels, dem Distributionszentrum. Dort werden die herstellerspezifischen Lieferungen zu filialspezifischen Lieferungen zusammengestellt und ohne eine weitere Lagerstufe direkt an das jeweilige Filialunternehmen distribuiert. Es wird unterschieden nach:

- Full Pallet C.D., homogene Paletten ohne Kommissionierung und
- Mixed Pallet C.D., gemischte Paletten mit Vorkommissionierung nach Bestellung.

Vgl. auch → Replenishment.

Cross Functional Team, Sonderform der → autonomen Arbeitsgruppen. Die Teams werden gebildet aus Mitarbeitern unterschiedlicher Unternehmensbereiche bzw. Abteilungen, die in etwa der gleichen hierarchischen Ebene angehören. Die Teams arbeiten kurz- oder längerfristig zusammen, um eine klar definierte Aufgabe zu erfüllen. – Vgl. auch → Projekt-Management.

Cross-Impact-Analyse, Methode zur → Prognose von Umweltentwicklungen. In Verflechtungsmatrizen werden jeweils einzelne → Trends den unternehmensbezogenen Zielen, Strategien, Taktiken, Operationen und den Stärken bzw. Schwächen gegenübergestellt. Ziel ist das Erkennen von Chancen bzw. Risiken, die mit möglichen Umweltentwicklungen für das Unternehmen verbunden sind. – Vgl. auch → Frühwarnsystem, → Monitoring.

Cross Marketing, → Co-Marketing.

Cross-Media-Marketing, synergetische Nutzung verschiedener → Kommunikationsmedien, z.B. Printmedien und → elektronische Medien, um Werbebotschaften vor allem zu unterschiedlichen Zielgruppen zu transportieren. So nutzen heute schon viele → Anbieter die Kombination von → klassischen Medien und → Online-Medien. Das C.-M.-M. ist ein Teilbereich des → Multi-Channel-Marketings.

Cross Promotion, *Co-op-Werbung*, Form der → Gemeinschaftswerbung. Die Partner gehören verschiedenen, aber komplementären → Branchen an. Ziel ist der Verbund von unterschiedlichen Leistungsangeboten zu in sich geschlossenen Konsum-Erlebnisfeldern für gleiche → Zielgruppen. – Vgl. auch → Co-Marketing.

Cross-Selling-Effekt, Übertragung der → Nachfrage nach einem bestimmten Produkt auf andere → Angebote. Der C.-S.-E. hängt in seiner Wirkung stark davon ab, inwieweit es gelingt, das positive → Image eines nachgefragten Produktes auf andere Angebote zu übertragen und die sog. → One-Stop-Shopping-Synergie für den Kunden vorteilhaft zu nutzen.

CRS, Abk. für → Corporate Social Responsibility.

C-to-C-Business, Abk. für → Consumer-to-Consumer-Business.

Culture Pattern, kulturelle Verhaltensmuster ethnischer Gruppen, die im → internationalen Marketing von besonderer Bedeutung sein können, da sie eine Prädisposition des → Konsumentenverhaltens darstellen.

Culture Scan, Kultur-Meter, mit dem die Stärken und Schwächen bez. der → Corporate Culture in der → Unternehmungsorganisation festgestellt und Potentiale aufgezeigt werden, die einen Strukturwandel erleichtern. Die Unternehmenskultur wird in vier Phasen analysiert:

- Befragung der Führungskräfte zu den internen und externen Problemen,
- Kultur-Potentialanalyse,
- Entwicklung von Maßnahmenalternativen,
- Maßnahmendurchsetzung.

Die eigentlichen Kernfragen beziehen sich auf das → Betriebsklima, die → Unternehmensphilosophie, das → Führungssystem und die interne → Kommunikation.

Customer Care, Maßnahmen, die zur Erhaltung oder Verbesserung der → Kundenzufriedenheit durchgeführt werden.

Customer Costing, kundenbezogene → Kostenanalyse.

Customer Equity, → Kundenwert im Sinne des Ertragswerts der Kundenbeziehung. Hierbei kann sich der Ertragswert auf eine Periode oder auf den gesamten Lebenszyklus der Kundenbeziehung beziehen. – Vgl. auch → Lifetime Customer Value.

Customer-Experience-Management (CEM), strategischer Marketingansatz, der den → Kunden in den Mittelpunkt stellt. Basis ist die Analyse des Kundenerlebnisses. Aus den Analyseergebnissen werden dann eine kundenzentrierte Strategie und Maßnahmen entwickelt. Die Grundidee von CEM beruht auf der Inszenierung der → Marke als kundenorientierte Erlebniswelt.

Customer Lifetime Value, → Lifetime Customer Value.

Customer Loyalty, → Kundentreue.

Customer Recovery, systematische Rückgewinnung von verlorenen → Kunden. C.R.-Programme erweisen sich in vielen Fällen als eine sehr sinnvolle Maßnahme, da es ungleich kostengünstiger ist, einen ehemaligen Kunden zurückzugewinnen, als einen neuen zu akquirieren. Zur C.R. gehören die Identifizierung der verlorenen Kunden, die Ermittlung der Ursachen für die Abwanderung, die Problembehebung und nach erfolgreicher Rückgewinnung die Stärkung der langfristigen → Kundenbindung. – Vgl. auch → Recovery-Management.

Customer Relationship Management (CRM), Gestaltung von Kundenbeziehungen mit dem Ziel einer langfristigen → Kundenbindung und → Kundenzufriedenheit. Entscheidend sind hierbei die ganzheitliche und individuelle Kundenansprache und kundenzentrierte Geschäftsprozesse, d.h. Integration von Vertrieb, Marketing, Kundendienst und Service, die auf die individuellen Kundenbedürfnisse abgestimmt sind. Ziel von CRM ist die Schaffung von Mehrwerten auf Kunden- und Lieferantenseite im Rahmen von Geschäftsbeziehungen. Eine der grundlegenden Voraussetzungen für CRM ist die Existenz einer funktionsfähigen Database und eines Call-Centers. – Vgl. auch → Beziehungsmarketing, → Relationship Marketing.

Customer-Satisfaction-Index, → Kundenzufriedenheit.

Customer Value, individueller → Nutzen, den ein → Käufer einem → Angebot beimisst. Der Wert entsteht durch die → Bedürfnisbefriedigung bzw. durch das Bedürfnisbefriedigungspotential. Bei jedem Kauf erfolgt eine Abwägung von Kosten und Nutzen. – Vgl. auch → Kosten-Nutzen-Analyse.

Customized Marketing, kundenindividuelles Marketing durch kundenspezifische Lösungen bei Nutzung der Kostenvorteile durch eine prozessorientierte Massenfertigung. Voraussetzung sind eine kundenorientierte Informationsbasis, eine interaktive Kommunikation mit den Kunden und eine Fertigungstechnologie, die eine Individualisierung der Basisprodukte zulässt. Dadurch wird die Massenfertigung den individuellen Bedürfnissen der Kunden angepasst, wofür sich der Begriff → Mass Customization herausgebildet hat. – Vgl. auch → Prosumer, → Postponement.

Cyberspace, aus „kybernetischer Raum" abgeleitetes Kunstwort. Die Welt wird als ein Datenraum gesehen, in dem die Menschen miteinander kommunizieren. Es handelt sich um die totale Vernetzung von Informationsgebern und -nehmern in einer → virtuellen Realität. Durch Computerbilder wird eine synthetische, dreidimensionale und interaktive Welt geschaffen zum Fühlen, Hören und Sehen. Die Übertragung erfolgt per Computer und mithilfe einer Home Reality Engine, die eine simulierte Wirklichkeit erzeugt. Durch Handschuhe werden Daten empfangen und übermittelt, eine Brille hat die Funktion eines Augenhörers.

C2C-Business, Abk. für → Consumer-to-Consumer-Business

D

Dachmarke, *Umbrella-Marke,* → Markenpolitik unter einem Firmendach. Ziel der Dachmarkenstrategie ist der positive → Imagetransfer des Firmennamens auf das gesamte Leistungsangebot. Umgekehrt liegt die Gefahr der Dachmarkenstrategie im möglichen negativen Imagetransfer von einzelnen → Produkten auf das gesamte → Produktprogramm.

DAGMAR-Formel, *Defining Advertising Goals for Measured Advertising Results,* von R. H. Colley (1961) entwickelte Werbewirkungs-Formel, die sehr stark der → AIDA-Formel ähnelt und die → Werbewirkung in vier Stufen gliedert:

- Awareness (Bewusstsein),
- Comprehension (Einsicht),
- Conviction (Überzeugung),
- Action (Kaufhandlung).

Kritisiert wird die strenge Hierarchie der Stufung (→ Stufenmodell der Werbewirkung).

DAR-Test, Abk. für → Day-After-Recall-Test.

Database, → Datenbank, die spezifische → Informationen bzw. Daten zu Personen- bzw. Firmengruppen, Zielgruppen, Zielkunden und Stammkunden enthält. Notwendig ist die permanente Aktualisierung der Adressdaten, Profildaten (zur spezifischen Kennzeichnung und Klassifikation), Aktions- und Reaktionsdaten zur → Erfolgskontrolle.

Database-Marketing, zielgruppenorientierte → Marktbearbeitung auf Basis einer → Database. Die → Kunden-Datenbank enthält Stammdaten, aber auch Transaktionsdaten z.B. Bestell-, Verkaufsdaten etc. –Vgl. auch → Direktmarketing.

Data Mining, Suche nach bislang unbekannten Zusammenhängen in Unternehmensdaten. Diese bezieht sich vor allem auf die gezielte Analyse der Daten von Neukunden oder auch Ergebnisdaten von neuen Leistungsangeboten, mit denen das Unternehmen noch wenig Erfahrung hat. Bei der → Datenanalyse werden zunächst → Stichproben aus dem Datenbestand gezogen, die dann mithilfe statistischer Verfahren ausgewertet werden. Auf Basis der gewonnenen Erkenntnisse wird im nächsten Schritt eine Modellbildung vorgenommen. Erweist sich das Modell als → Erklärungsmodell nicht zufriedenstellend, erfolgt erneut ein D.M. auf der Grundlage einer veränderten Datenauswahl. – Vgl. auch → Data Warehouse.

Data Warehouse, zentrale → Datenbank, auf deren Inhalte die Nutzer schnell, leicht und systematisch zugreifen können. Hierbei können alle verfügbaren internen und externen Datenquellen, d.h. die relevanten → Informationen abgerufen werden. Mit dem D.W.-Konzept wird angestrebt, eine unternehmensweite Integration von Daten in einem einheitlich gestalteten System herzustellen.

Daten, unbearbeitete Tatsachenabbildungen. Werden D. zweckgerichtet bearbeitet, so ergeben sich daraus → Informationen.

Datenanalyse, Ermittlung statistischer Messgrößen aus empirisch oder sekundärstatistisch gewonnenen Daten. Die Verfahren lassen sich klassifizieren nach:

- univariaten D. (Mittelwertberechnungen und die Ermittlung von Varianzen),
- bivariaten D. (Regressionsanalyse, einfache Korrelationsanalyse und die Kontingenzanalyse),
- multivariaten D. (multiple Korrelations- und Regressionsanalyse, die kanonische Analyse, Faktoranalyse, Clusteranalyse und die Diskriminanzanalyse).

Datenbank, Softwaresystem, das die Aufgabe hat, → Daten so zu verwalten, dass die Benutzer einen möglichst leichten und systematischen Zugriff auf sie haben. Man unterscheidet interne und externe Datenbanken, wobei letztere eine besondere Bedeutung für die → Marktforschung haben.

Datenerfassungssystem, Gerät zur Erfassung von Artikelbewegungen am Wareneingang und Warenausgang z.B. Datenkasse, Scanner, Lesestift, sonstige Geräte der → mobilen Datenerfassung. Die elektronischen D. sind eine der wesentlichen Grundvoraussetzungen für den Aufbau von → Warenwirtschaftssystemen im → Handel und für die Durchführung von → Artikelerfolgsrechnungen. In Verbindung mit Kundenkarten lassen sich Artikel- und Kundenstammdaten miteinander verknüpfen.

Datenschutz, Schutz der persönlichen Sphäre, der im → Bundesdatenschutzgesetz (BDSG) in der Novellierung von 1991 geregelt ist. Das Gesetz umfasst die Erhebung, Verarbeitung und Nutzung personenbezogener Daten.

Datenträgeraustausch, Kommunikation durch Weitergabe von Datenträgern (z.B. CD-Rom, DVD). Der D. kann sowohl unternehmensintern als auch zwischen verschiedenen Unternehmen erfolgen. Ein praktisches Beispiel für den unternehmensinternen D. bietet der filialisierte Einzelhandel. Die in den Filialen erfassten artikelbezogenen Abverkaufsdaten werden in die Zentrale übermittelt und dort weiter verarbeitet, z.B. zu Artikelerfolgsrechnungen. Andererseits können Änderungen der Artikelstammdaten von der Zentrale in die einzelnen Filialen übermittelt werden. Der physische Datenträgertransport wird in Datenverbundsystemen ersetzt durch eine elektronische Datenübertragung.

Datenverbundsystem, → Datenträgeraustausch, der elektronisch erfolgt. Beispiele für solche Verbundsysteme zwischen Industrie und Handel sind → Electric Data Interchange (EDI), → Standardregelungen für ein einheitliches Datenträgeraustausch-System (SEDAS), → Sedas-Daten-Service (SDS) und → SINFOS.

Dauerwerbesendung, TV-Werbesendung, die in das laufende Programm auch thematisch eingebunden ist. Die Werbesendungen sind mindestens 90 Sek. lang und müssen rechtlich als Werbesendungen kenntlich gemacht werden.

Day-After-Recall-Test, Form eines → Werbetests, bei dem die Untersuchungspersonen einen Tag nach der Ausstrahlung des → Fernsehspots zu diesem befragt werden (→ Recall-Verfahren). In gleicher Weise wird der → Print-Day-After-Recall-Test bei → Printmedien durchgeführt.

DDV, Abk. für → Deutscher Direktmarketing Verband e.V.

Decay-Effekt, Abnutzungseffekt, der bei den → Kommunikanten bei wiederholender → Werbung auftreten kann und zu einer Verminderung der → Werbewirkung führt. Empirisch konnte bislang nicht der Nachweis für die Existenz des Effekts erbracht werden, hingegen das Auftreten von → Reaktanz bei massiver Wiederholung von nicht-akzeptierter Werbung. – Vgl. auch → Spill-over-Effekt.

Decision Calculus, Grundsätze für die Bildung von → Entscheidungsmodellen nach J.D.C.Little (1970), denen ein → Modell genügen muss, um die Effizienz des unternehmerischen → Planungsprozesses und des → Entscheidungsprozesses in erster Linie bei der → Marketingplanung zu erhöhen. Der D.C. umfasst folgende Modellanforderungen: Einfachheit, Benutzungssicherheit, Prüfbarkeit, Anpassungsfähigkeit, Vollständigkeit und Kommunikationsfähigkeit.

Decision Support System (DSS), computergestütztes System zur Unterstützung der Entscheidungsträger bei der Lösung von Entscheidungsproblemen. Das Unterstützungssystem setzt sich zusammen aus → Datenbank, → Methoden- und → Modellbank und der entsprechenden → Kommunikations- und → Informationstechnologie. – Vgl. auch → Entscheidungsunterstützungssystem.

Deckungsbeitrag, Differenz aus den → Erlösen und den nach dem → Verursachungsprinzip zurechenbaren → Kosten (→ variable Kosten). Der D. ist der Beitrag zur Deckung der → fixen Kosten. In der relativen Einzelkostenrechnung nach P. Riebel (1979) ist der D. die Differenz zwischen den relativen Einzelerlösen und den relativen → Einzelkosten eines → Kostenträgers.

Deckungsbeitragsrechnung, nach → Produkten differenzierte → Erlöse werden um die entsprechenden → variablen Kosten verringert. Der → Gewinn ergibt sich aus der Summe der einzelnen → Deckungsbeiträge, vermindert um die nach → Kostenstellen oder → Kostenträgern differenzierten → fixen Kosten. Die D. wird üblicherweise mehrstufig durchgeführt, d.h. die Fixkosten werden stufenweise den Produkten, Produktgruppen, Geschäftsbereichen bzw. dem gesamten Unternehmen zugeordnet. – Vgl. auch → direkte Produktrentabilität. – Vgl. Abbildung „Deckungsbeitrag“.

Deckungsumsatz, derjenige Umsatz (→ Erlös), bei dem alle → Kosten gedeckt sind. – Vgl. auch → Break-even-Analyse.

Deckungszeitpunkt, Zeitpunkt, an dem die kumulierten → Deckungsbeiträ-

Deckungsbeitrag

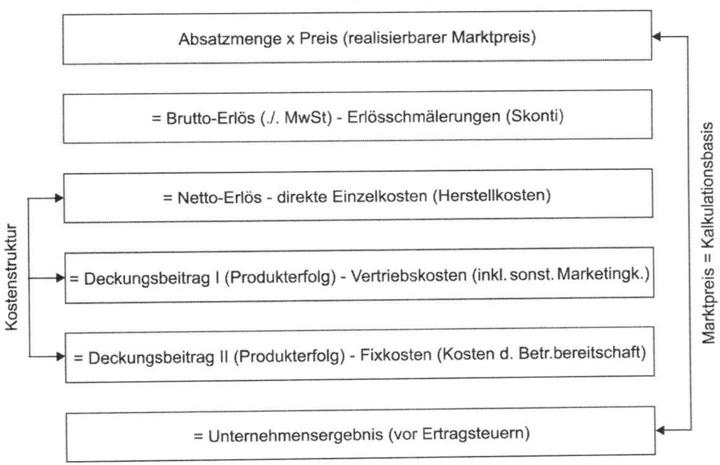

ge gleich sind mit den kumulierten → fixen Kosten. – Vgl. auch → Break-even-Analyse.

Decodierung, Entschlüsselung von Signalen, die vom Empfänger erkannt werden müssen, um zu → Informationen zu werden. Die D. spielt für die → Werbewirkung eine erhebliche Rolle, da der → Stimulus (z.B. Anzeige, Spot) beim → Kommunikanten nur dann die beabsichtigte Wirkung haben kann, wenn er von diesem verstanden wird. Hierbei bezieht sich das Verständnis vor allem auf die vom → Kommunikator gewollte Interpretation der → Werbebotschaft durch die Empfänger. – Vgl. auch → Encodierung.

Degenerationsphase, fünfte Phase im → Produkt-Lebenszyklus, die als Schrumpfungsphase durch absinkende Umsätze, negative Grenzerlöse und in der Regel durch zunehmende Verluste gekennzeichnet ist. In dieser Phase stellt sich die Frage nach einer notwendigen → Produktelimination. → Revival-Maßnahmen machen nur dann Sinn, wenn dadurch die noch vorhandene Umsatzbasis plafondiert werden kann (→ Versteinerungsphase) bei einigermaßen zufriedenstellenden Deckungsbeiträgen. In diesem Fall sollte das produktbezogene Marketingbudget deutlich abgesenkt werden.

Degustation, → Verkostung.

Delegation, Übertragung von Aufgaben und Kompetenzen an nachgeordnete Stellen. Im Rahmen der → Führungsorganisation ist D. konzentriert auf die Übertragung von Entscheidungs- und Durchsetzungsaufgaben inklusive der entsprechenden Kompetenzen auf hierarchisch nachgelagerte Stellen. – Vgl. auch → Management by Delegation.

Delegationsprinzip, → Delegation.

Delkredere, Gewährleistung für den Eingang einer Forderung (z.B. durch den Großhandel im Streckengeschäft oder durch das Einkaufskontor) gegenüber dem Lieferanten. Das D. ist rechtlich eine Ausfallbürgschaft, die durch eine → Provision, der Delkrederevergütung, vergütet wird.

Delphi-Methode, → Expertenbefragung, deren Ergebnisse für → Prognosen genutzt werden. Die Experten werden in mehreren Wellen befragt, wie sie bestimmte Zukunftsentwicklungen einschätzen. Nach jeder Befragung werden die Ergebnisse analysiert. Daraus ergibt sich für die nächste Befragungsrunde eine differenziertere Fragestellung. Diese Form der Rückkoppelung ist das eigentliche Spezifikum der D.-M. Die Befragungen werden solange durchgeführt, bis die Experten keine Revision ihrer Prognosen mehr vornehmen. Die Methode wird vornehmlich in den Bereichen eingesetzt, wo objektive Erfahrungsdaten fehlen und die subjektiven Erfahrungseinschätzungen von Experten die einzige Möglichkeit bieten, eine tragfähige Prognosebasis aufzubauen. Aus diesem Grunde wird die Methode auch zu den analytisch-systematischen → Kreativitätstechniken gezählt.

Delphinstrategie, evolutiv-adaptive → Strategie, die lediglich die Leitkonzeption festlegt und die Wege und Ziele flexibel den Marktbedingungen anpasst. Die D. strebt Gewinner-/Gewinner-Lösungen (→ Win-Win-Strategie) an und ist nicht fokussiert auf einseitige Siege, die sehr kostenintensiv sind und darüber hinaus keine späteren Konkurrenzreaktionen verhindern können. – Vgl. auch → Spieltheorie. – *Anders:* konventionelle → Planung.

Demarketing, *Reduktionsmarketing,* eine Sonderform des → Social Marketing, die darauf abzielt, die → Nachfrage nach bestimmten → Produkten zu verringern. Beispiele sind Marketingaktivitäten, um den Konsum umwelt- und/oder gesundheitsschädlicher Produkte zu vermindern. Preispolitisch kann die Fiskalpolitik eingesetzt werden (z.B. Tabakwaren), distributionspolitisch die staatliche Lizensierung von Vertriebsstellen. Die effektive Wirksamkeit dieser Maßnahmen, die vielfach in eine regulative Verbotsgesetzgebung münden, ist umstritten. Notwendig erscheint, die gewünschte Verhaltensänderung durch geeignete Informationen affektiv zu unterstützen. – Vgl. auch → Konsumentenverhalten.

Demografie, Wissenschaft von der Bevölkerung, insb. der Bevölkerungsstruktur und der Bevölkerungsentwicklung.

demografische Kriterien, Teilfaktoren der → soziodemografischen Kriterien (wie Geschlecht, Alter, Familienstand, Haushaltsgröße), die bei der → Marktsegmentierung in aller Regel mit den sozioökonomischen Merkmalen verbunden werden und dann die Grundlage für die → soziodemografische Marktsegmentierung bilden.

Demon-Modell, *Decision Mapping Via Optimum Go-No Go Networks Model,* Es handelt sich um ein stark formalisiertes → Entscheidungsmodell, das der → Neuproduktplanung dient. In jeder Phase des Entscheidungsprozesses wird geprüft, ob die Produktidee weiterverfolgt (Go), zurückgestellt (On) oder aufgegeben (No Go) werden soll. Sukzessiv werden alle relevanten Faktoren in den Entscheidungsprozess einbezogen. – Vgl. auch → Sprinter-Modell, → Scoring-Modell, → Screening.

Demonstrativkonsum, → Konsum, der darauf gerichtet ist, von anderen bemerkt zu werden und den sozialen → Status des → Nachfragers in der → Öffentlichkeit dokumentieren soll. Der auch als → Prestigekonsum bezeichnete Ver- bzw. Gebrauch von geltungsbezogenen Gütern wurde insb. von T. B. Veblen (1857-1929) beschrieben, der den → Preis als ein Qualitätsmerkmal für Prestigeprodukte ansieht. – Vgl. auch → Veblen-Effekt, → Prestige-Konsum.

Demoskopie, ehemals Dachbegriff für die Methoden der → Umfrageforschung und → Meinungsforschung. Mittlerweile wird der Begriff synonym verwendet für die Umfrage- und Meinungsforschung. – Vgl. auch → Marktforschung. – *Anders:* → Ökoskopie.

Denotation, unmittelbar mit Aussagen verbundene Merkmale (wie z.B. Farbe, Geruch). Im Vordergrund steht die Sachbedeutung der Begriffe. Die → Konnotation verbindet hingegen mit den Aussagen zusätzliche Vorstellungen. – Vgl. auch → Assoziation.

Dependenzanalyse, Oberbegriff für statistische Analyseverfahren (→ multivariate Analyseverfahren), mit denen die Beziehungen zwischen → abhängigen und → unabhängigen Variablen untersucht werden. Die wichtigsten Verfahren der D. sind die Korrelationsanalyse, Regressionsanalyse, kanonische Analyse, Diskriminanzanalyse, Varianzanalyse und die Kontingenzanalyse. – *Gegensatz:* → Interdependenzanalyse.

Depot, → Umschlagslager.

Depotsystem, Form der → selektiven Vertriebspolitik (z.B. Kosmetik). Es handelt sich um eine Vertriebsbeschränkung auf bestimmte → Handelskanäle.

Deprivation, relative Benachteiligung, die ein Individuum durch den Vergleich mit anderen Personen und deren Verhalten empfindet. Die relative D. ist ein wichtiger Stimulus für das → Konsumentenverhalten und kann dementsprechend vom Marketing genutzt werden. So kann z.B. die Unzufriedenheit von → Konsumenten (bzw. der Wunsch, diese zu beseitigen) in entsprechende Werbeaussagen umgesetzt werden.

Design, ursprünglich definiert als eine Produkt-Gestaltungsarbeit mit starken ästhetischen Bezügen (→ Produktdesign). Zunehmend wird D. aber als ein Signum gesehen, das über den Produktansatz weit hinausgeht und das gesamte Unternehmen erfasst. Unstreitig bei dieser definitorischen Weiterentwicklung ist, dass das Produktdesign weiterhin ein zentraler Designfaktor bleibt. Funktional umfasst das D. das klassische Industrial D. (im Wesentlichen Produktdesign), das Communication D. (visuelle und mediale Kommunikation) inklusive Emotional D. und das Environment D. (Außen- und Innengestaltung), die synergistisch im Corporate D. zusammenwirken. – Vgl. Abbildung „Design – Verknüpfung von Nutzwertfunktionen".

Design-Ablaufplan, Funktionsplan mit folgenden Stufen: Zielvorgabe, Planung, Konzeption, Entwurf, Ausarbeitung, Fertigung. Der Ablauf dient der zielorientierten Arbeit des → Designs.

Design-Management, Führungs- und Koordinationsaufgabe, die auf die gestalterische Komponente des Angebots und Erscheinungsbildes einer Organisation gerichtet ist. D.M. ist ein ganzheitlicher Ansatz zur Planung, Organisation und Kontrolle der Designentwicklung, der -einführung und -betreuung und umfasst einen wesentlichen Teil der → Innovation. – Vgl. auch → Produktinnovation.

Design-Manual, Handbuch, das die → Design-Richtlinien enthält.

Design-Nutzwert, Verbund aus Unternehmens-Nutzwerten (Beschaffung, Fertigungstechnik), volkswirtschaftlichen Nutzwerten (Innovation, Wachstum) und den Verbraucher-Nutzwerten. Der entscheidende Ansatzpunkt für ein erfolgreiches → Design ist der Verbraucher- bzw. Anwender-Nutzwert.

Design-Richtlinie, verbindliche Festlegung der visuellen Gestaltung der → Corporate Identity. Dazu gehören Signet, Hausfarben, Typografie etc.

Desk Research,
→ Sekundärforschung.

deskriptive Forschung, Beschreibung von Merkmalen bestimmter → Grundgesamtheiten (z.B. Märkte, Zielgruppen). Die wichtigsten Methoden zur Informationsbeschaffung sind die Befragung, Beobachtung, Sekundärforschung, Querschnittsanalyse, Längsschnittanalyse und die Auswertung von Panels. – Vgl. auch → explorative Forschung.

Design – Verknüpfung von Nutzwertfunktionen

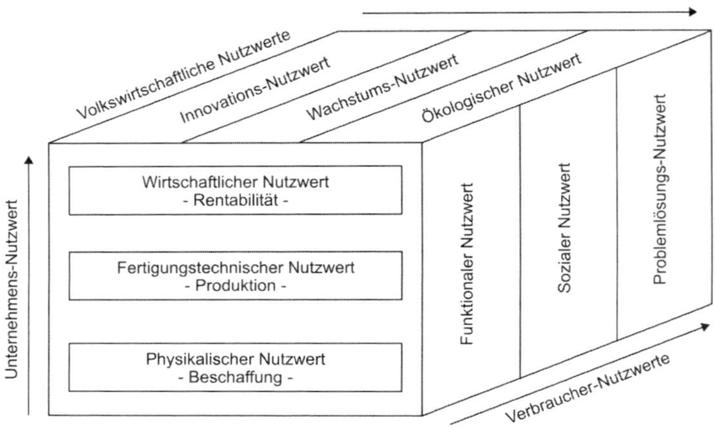

deskriptive Statistik, beschreibende Statistik in Form der → Datenanalyse zur Aufbereitung und Auswertung von erhobenen Datenmengen. Neben dem Einsatz von → univariaten, → bivariaten und → multivariaten Analyseverfahren geht es bei der d.S. auch darum, eine Komplexitätsreduktion in Form von grafischen Darstellungen vorzunehmen. – *Gegensatz:* → induktive Statistik.

Desktop Publishing (DTP), per Computer erstellte → Werbeträger (vor allem Printmedien). Der Vorteil liegt neben der Gestaltungsvielfalt insb. im Kosten- und Zeitgewinn.

Deutsche Public Relations Gesellschaft (DPRG), Berufsverband für PR-Fachleute mit dem Ziel, Mitglieder in berufsständischen Fragen zu unterstützen. – *Weitere Informationen unter* www.dprg.de.

Deutscher Direktmarketing Verband (DDV), Interessenvertretung von Dienstleistern und werbetreibenden Unternehmen der gesamten Direktmarketing-Branche. Der DDV bündelt Fragen aus der Praxis, fördert den Erfahrungsaustausch untereinander und sorgt für einen Interessenausgleich zwischen Wirtschaft und Verbrauchern des → Direktmarketing. – *Weitere Informationen unter* www.ddv.de.

Deutscher Marketing Verband (DMV), nationale Dachorganisation der örtlichen → Marketing-Clubs in Deutschland, die als eingetragene Vereine autonom arbeiten. Der DMV mit Sitz in Düsseldorf und die örtlichen Clubs sind ein Berufsverband. – *Weitere Informationen unter* www.marketingverband.de.

Deutscher Multimedia Verband (DMMV), wurde 2004 in → Bundesverband Digitale Wirtschaft e.V. (BVDW) umbenannt.

Deutscher Werberat, Selbstkontrollinstitution der → Werbewirtschaft im → Zentralausschuss der deutschen Werbewirtschaft. Durch Selbstkontrolle (→ selbstbeschränkende Werbung) soll werblichen Fehlentwicklungen entgegengewirkt werden.

Deutsches Handelsinstitut (DHI), Zusammenschluss der früheren Handelsinstitute ISB (Institut für Selbstbedienung und Warenwirtschaft) und RGH (Rationalisierungs-Gemeinschaft des Handels). 1993 erfolgte die Umbenennung in EuroHandelsinstitut, 2006 in → EHI Retail Institute e.V.

Deutsches Institut für Normung e.V. (DIN), ist laut Vertrag mit der Bundesrepublik Deutschland die zuständige deutsche Normungsorganisation für die europäischen und internationalen Normungsaktivitäten mit Geschäftssitz in Berlin. – *Weitere Informationen unter* www.din.de.

Deutsche Werbewissenschaftliche Gesellschaft e.V. (DWG), Interessensverband der Werbewirtschaft und Werbeforschung mit dem Ziel, den Austausch zwischen Wissenschaft und Praxis und den Zugriff auf Erkenntnisse, Erfahrungen und Ressourcen zu fördern. – *Weitere Informationen unter* www.dwg-online.de.

DHI, Abk. für → Deutsches Handelsinstitut.

Diagnose, zielorientierte Bewertung der vergangenen und/oder gegenwärtigen Situation bzw. Lage inklusive des situativen Umfelds (z.B. der Konkurrenz). Die D. hat einen engen Beziehungszusammenhang mit der → Analyse, → Prognose und → Planung, ist aber von diesen Begriffen streng zu trennen.

Dialogfrage, Fragetechnik, bei der die Auskunftspersonen zu einem Kurzdialog zweier fiktiver Personen mit unterschiedlicher (meist gegensätzlicher) Meinung Stellung nehmen und sich einer der Ansichten anschließen müssen. Die

Fragetechnik ist sinnvoll bei komplexen Themen, die das Artikulationsvermögen der Befragten bei einer direkten Fragestellung überfordern bzw. aufgrund von Unsicherheit zu ausweichenden Antworten führen. – Vgl. auch → projektive Frage, → projektives Verfahren.

Dialogmarketing. Die → Anbieter treten mit ihren → Kunden bzw. → Zielgruppen in einen Dialog ein, und zwar nicht nur durch die → Marketingkommunikation. So kann die Aktivierung von Kundenanregungen auch positiv die → Produktpolitik (z.B. die Produktinnovation) beeinflussen.

Dienstleistung, immaterielle → Wirtschaftsgüter, die persönlich (z.B. Beratung, Schulung, Unterhaltung) oder sachlich (z.B. Handel, Handwerk, Banken, Versicherungen, Transport) ausgerichtet sind. Entscheidend für D. ist der Direktkontakt mit dem → Nachfrager. D. sind vielfach auch mit dem Verkauf von → Produkten verbunden (z.B. Installation, Änderungsdienst). Vor allem durch den verstärkten EDV-Einsatz werden die D. zunehmend versachlicht (z.B. Bargeldautomaten, Computer- Informationsdienste). Dadurch nimmt die persönliche Kontaktqualität der D. ab. Ein weiterer definitorischer Ansatz ist die Typologienbildung, um die Abgrenzungsprobleme zwischen Dienst- und Sachleistungen deutlich zu machen. In der Leistungstypologie wird zwischen dem Immaterialitätsgrad (Leistungsergebnis) und dem Integrationsgrad (komplexer Leistungsprozess) unterschieden.

Dienstleistungsgesellschaft, postindustrielle Gesellschaft, in der das → Wirtschaftswachstum vorwiegend durch den → Konsum und die Produktion von → Dienstleistungen erzeugt wird. In den modernen → Industriegesellschaften kommt es mit steigenden → Einkommen zu Verschiebungen der → Nachfrage von materiellen zu immateriellen → Gütern. Die Sättigung von → Primärbedürfnissen führt zu einem steigenden → Bedarf nach individualisierten Gütern und Leistungen (→ Maslow'sche Bedürfnispyramide). Die hochentwickelten Technologien und der verstärkte Kapitaleinsatz bewirken eine Abkehr von der Produktionsorientierung zu Beratungs-/Serviceleistungen innerhalb der Unternehmen und die Weiterentwicklung zur → Informations- und → Kommunikationsgesellschaft. Damit verbunden ist auch ein Wandel der Anforderungen an den → Produktionsfaktor Arbeit von der reinen Produktion zu Serviceleistungen.

Dienstleistungsmarketing, alle Marketingaktivitäten zur Optimierung des absatzpolitischen Direktkontakts mit dem Kunden. In der → Produktpolitik geht es um das Angebot von Dienstleistungspotentialen. → Preis- und → Konditionenpolitik sind gekennzeichnet durch eine nur bedingt realisierbare Standardisierung, die → Distributionspolitik setzt den persönlichen (evtl. EDV-gestützten) Kundenkontakt voraus, und die → Kommunikationspolitik muss die Komplexität der Angebotsleistung in den Vordergrund stellen. – Vgl. auch → Direktmarketing, → Face-to-Face-Kommunikation.

Dienstleistungsprobe, unentgeltliche Bereitstellung von → Dienstleistungen in kleinen Einheiten zur Erprobung der Originaldienstleistung. Es gelten sinngemäß die rechtlichen Bestimmungen zur → Warenprobe.

Dienstleistungsqualität, besondere → Qualität, die sich auf → Dienstleistungen bezieht. Die wesentlichen Qualitätsdimensionen sind:

- Annehmlichkeit des Umfelds, in dem der Nachfrager die Dienstleistung erlebt,
- Präzision und Zuverlässigkeit der Leistungserfüllung,
- Schnelligkeit der Durchführung,
- Leistungskompetenz des Anbieters, absolute Kundenorientierung.

Hierbei bestehen zwischen den einzelnen Dimensionen Interdependenzen, die umso bedeutender sind, je stärker die

Leistungsverflechtungen des Anbieters ausgeprägt sind. Dadurch entsteht ein Qualitätsverbund.

differenzierte Marktsegmentation, die Bearbeitung mehrerer → Marktsegmente (bis hin zu einer Vielzahl). Diese → Segmentationsstrategie kann zum Problem einer Marktfragmentierung (→ Fraktalisierung) führen mit der Folge nicht mehr ausreichender Marktpotentiale. – *Gegensatz:* → konzentrierte Marktsegmentation.

Differenzierung, erkennbare Unterscheidung von den → Wettbewerbern. Diese Unterscheidung bezieht sich auf von Abnehmern hoch bewertete Dimensionen des → Angebots. Ein Unternehmen muss sich zumindest in einem Punkt eindeutig und unverwechselbar vom Wettbewerb abheben, um für das Angebot z.B. höhere Preise durchsetzen zu können. Die D. ist eine wesentliche Grundform der → Wettbewerbsstrategien. Sie begünstigt im Vergleich zur Kostenführerschaft individuelle Spielräume bei der Strategienentwicklung.

Differenzierungsstrategie, Form der → Wettbewerbsstrategie mit dem Ziel, sich von den Konkurrenten abzuheben. Dies geschieht durch ein differenziertes Leistungsangebot. Eine zweite Möglichkeit ist die Markt- bzw. Kundendifferenzierung. Insofern ist die D. auch eine der wichtigsten Formen der → Segmentationsstrategie. – *Anders:* → Konzentrationsstrategie.

Diffusion, Verbreitung bzw. Ausbreitung von → Innovationen im Sinne von Produkten, Dienstleistungen, Ideen, Methoden, Einstellungen etc. innerhalb eines sozialen Systems. Die D. ist die Summe von Einzel-Übernahmeprozessen im Zeitablauf (→ Adoptionsprozess). Der Diffusionsprozess wird bestimmt durch die Innovation selbst, die Art der Kommunikation, die psychologischen und sozialen Merkmale der Rezipienten und den Zeitraum, in dem die Neuerung diffundiert. – Vgl. Abbildung „Diffusionsprozess".

Diffusionsforschung, Erforschung der Faktoren, die das → Adoptionsverhalten bestimmen. Kern der Forschung ist die signifikante Definition der Charakteristika der verschiedenen → Adoptergruppen. Sie werden bestimmt durch die personellen Eigenschaftsmerkmale der → Adopter, ihre Innovationsbereitschaft und durch ihre Kommunikationskraft, → Innovationen zu verbreiten.

Diffusionsprozess

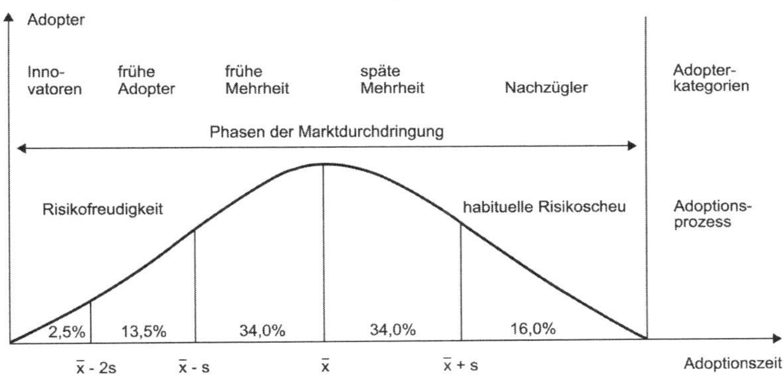

Diffusionstheorie, die → Diffusion von → Innovationen unterschiedlicher Art wird als → Kommunikationsprozess verstanden. Entscheidend bei der Einführung von Innovationen ist, dass die Innovatoren erreicht werden, die den Diffusionsprozess in Gang setzen. – Vgl. auch → Zwei-Stufen-Fluss.

Digital Customer Care, umfassendes Konzept der Kundenbetreuung über Netzwerke (Internet und/oder kommerzielle Online-Dienste), das sich nicht nur auf die elektronische Geschäftstransaktion des → Electronic Commerce beschränkt, sondern einen sehr umfangreichen digitalen → Kundenservice bereitstellt.

digitales Fernsehen, *Digitalfernsehen,* digitale Übertragung von Fernseh- oder multimedialen Mehrwertangeboten über eine digitale Plattform. Dabei werden die herkömmlichen analogen Bild- und Tonsignale von Analog-Digital-Wandlern in digitale Datenströme umgewandelt.

digitales Marketing, Planung, Durchführung und Kontrolle der Marketingaktivitäten unter Einsatz von digitalen, d.h. computerbasierten Systemen oder Hilfsmitteln. – Vgl. auch → Electronic Marketing, → Electronic Business, → Online-Marketing, → Data Mining, → Data Warehouse, → Electronic Commerce und weitere verwandte Begriffe aus dem Bereich computerbasierter Systeme zur Unterstützung des Einsatzes spezifischer → Marketinginstrumente.

Digital Versatile Disc (DVD), vielseitiges digitales Speichermedium, das eine Weiterentwicklung der → CD-ROM darstellt. Die drei Formen (DVD-ROM, DVD-Audio und DVD-Video) können zur Wiedergabe der gespeicherten Daten genutzt werden.

DIN, Abk. für → Deutsches Institut für Normung.

DIN ISO 9000, → ISO 9000.

Direct Costing, → Deckungsbeitragsrechnung.

Direct Mailing, Form des → Direktmarketing, bei dem eine bestimmte Zielgruppe von Kunden auf dem postalischen oder elektronischen Weg durch Werbemittel, z.B. Werbebriefe, Prospekte, Broschüren oder Kataloge, angesprochen wird. – Vgl. auch → Direktwerbung.

Direct Marketing, → Direktmarketing.

Direct-Response-TV, Form der → Fernsehwerbung, bei der die Zuschauer Produkte oder Dienstleistungen über eine eingeblendete Telefonnummer, Adresse oder auch E-Mail-Anschrift direkt bestellen können. Es existieren auch reine → Home-Shopping-Sender. – Vgl. auch → Infomercial, → Teleshopping.

Direct-Response-Werbung, Werbekontakt mit den Zielpersonen in mehreren und aufeinander folgenden Stufen (Bildung einer Kontaktkette). Durch verschiedene Medien (z.B. Brief, Telefon, Katalog) werden in regelmäßigen Abständen immer wieder Kontakte mit z.B. Kunden hergestellt. Damit wird das Ziel verfolgt, eine dauerhafte Kundenbindung sicherzustellen. Diese Form der Werbung ist besonders geeignet für das → Direktmarketing. Über → Massenmedien wird der Erstkontakt hergestellt, der zum Response führen soll. Die Folgekontakte erfolgen dann durch individuellere Ansprechformen. Die D.-R.-W. kann verbunden werden mit dem → Database-Marketing. Voraussetzung für die Effizienz des → Kommunikationsinstruments ist eine aktuelle → Kunden-Datenbank.

Direktabsatz, → Direktvertrieb.

direkte Frage, unmittelbar auf den Untersuchungsgegenstand bezogene

Frage. D. F. sind zur Ermittlung sensibler Sachverhalte nicht geeignet, da Hemmungen der Befragten und damit verbundene unwahre Antworten zu Verzerrungen der Untersuchungs- bzw. Befragungsergebnisse führen (→ Bias). – *Gegensatz:* → indirekte Frage.

direkte Kosten, → Einzelkosten.

direkte Produktkosten (DPK), Kosten, die dem einzelnen → Artikel im Einzelhandelssortiment verursachungsgerecht direkt zugeordnet werden können (→ direkte Produktrentabilität).

direkte Produktrentabilität (DPR), *Direct Product Profitability,* artikelgenauer → Deckungsbeitrag in vornehmlich Einzelhandelsbetrieben. Das DPR-Konzept versucht, artikelspezifisch den direkten Produkt-Profit zu ermitteln (Netto- Verkaufspreis – Netto-Einkaufspreis = Brutto-Spanne + Preisnachlässe (u.a. Rabatte, Werbekostenzuschüsse) – Handling-Kosten (i.w.S. alle artikelspezifischen Betriebskosten) = direkter Produkt-Profit). Der Vorteil des Verfahrens liegt darin, dass eine artikelgenaue Kostenzurechnung erfolgt und nicht mehr wie in der üblichen Handelsspannen-Kalkulation die durchschnittlichen Handlungskosten auf die Artikel verteilt werden. Problematisch hingegen ist immer noch, trotz integrierter Warenwirtschaftssysteme, die artikelbezogene Kostenerfassung bzw. -zurechnung. So sind z.B. die Werbekostenzuschüsse und die Jahresboni auf den einzelnen Artikel nicht zurechenbar. Der damit verbundene Erfassungsaufwand ist sehr hoch, zumal sich im Einzelhandel die Sortimente, Verkaufsflächen, Regalflächen und die entsprechenden Systeme permanent ändern. Bei einem Fixkostenanteil von über 80% im Einzelhandel ist zweifelhaft, ob der Aufwand für die Kostenerfassung gerechtfertigt ist.

direkter Export, die im Inland hergestellten → Produkte werden direkt an Abnehmer im Ausland geliefert und durch diese in eigener Regie im Auslandsmarkt vertrieben. Im Gastland können Vertriebspartner, Handelsvertreter oder eigene Verkaufsorgane die Distributeure sein. – *Gegensatz:* → indirekter Export.

direkter Import, im Ausland hergestellte Produkte werden direkt an Abnehmer im Inland geliefert und durch diese in eigener Regie im Inlandsmarkt vertrieben. Im Importland können Vertriebspartner (Großhandelsunternehmen, Einkaufszentrale), Handelsvertreter oder eigene Verkaufsorgane die Distributeure sein. – *Gegensatz:* → direkter Export.

Direktmarketing, Direktansprache der Zielkunden mit dem Vorteil eines geringen → Streuverlustes. Die traditionellen Instrumente des D. sind die Direktwerbung bzw. das Direct Mailing, Coupon-Anzeigen, der Katalog und der persönliche Verkauf bzw. das Personal Selling. Neuere Instrumente sind das Telefonmarketing, Video, der private Rundfunk und das private Fernsehen. Entscheidend für die Effizienz des D. ist die Solidität der → Database. D. ist eine wichtige Grundlage des → Customer Relationship Managements (CRM), das auf das Management der partnerschaftlichen Beziehungen abstellt.

Direktorialprinzip, Prinzip der hierarchischen Willens- und Entscheidungsbildung, nach dem die die → Organisation als Ganzes betreffenden Entscheidungen von einer Singulärinstanz an der Spitze der jeweiligen Organisationseinheit getroffen werden. – *Gegensatz:* → Kollegialprinzip.

Direktvertrieb, Direktabsatz an die → Bedarfsträger ohne die Einschaltung selbstständiger → Absatzmittler. Der D. ist die distributive Ausprägung des → Direktmarketings und hat eine besondere Bedeutung im → Investitionsgütermarketing. Bei → Konsumgütern spricht man auch dann vielfach bereits vom D., wenn der → Großhandel ausgeschaltet und die Großbetriebsformen des → Einzelhandels aufgrund ihrer Marktbedeutung direkt vom Hersteller beliefert werden. – *Gegensatz:* → indirekter Absatz, → indirekter Vertrieb.

Direktwerbung, → Werbung, die sich in Form geschriebener, vervielfältigter oder gedruckter → Werbemittel direkt an ausgewählte Empfänger (→ Zielgruppen) richtet und per Post oder durch Verteilerorganisationen gestreut wird.

Discounted Cash-Flow (DCF), Diskontierung der Einnahmenüberschüsse auf den gegenwärtigen Zeitpunkt. – Vgl. auch → Kapitalwertrechnung, → Investitionsrechnung, → Cash-Flow.

Discounter, → Einzelhandelstyp, der auf Serviceleistungen weitestgehend verzichtet und charakterisiert ist durch einen hohen → Warenumschlag und niedrig kalkulierte Preise. Das wesentliche Profilierungsmerkmal ist eine permanente Niedrigpreisstrategie bei guter Qualität der Warenangebote und begrenztem Sortiment von ca. 600 bis 1.000 Artikeln.

Discount-Konzept, primär preisorientierte → Angebotspolitik des → Einzelhandels. Das Konzept basiert in der Regel auf einem flachen und engen → Sortiment, das einen hohen → Warenumschlag aufweist. Es verzichtet auf ausgeprägte Kundendienstleistungen. Bei qualifizierter Sortimentsspezialisierung spricht man auch vom Fachdiscounter. Discounting ist aber nicht auf den Einzelhandel beschränkt, sondern umfasst jedes Unternehmen ungeachtet der Branche oder Marktstufe, welches das D.-K. und seine Prinzipien: begrenztes Angebot, dauerhafte Preisvorteile für die Kunden und straffes Kostenmanagement anwendet.

disjunktive Auswahlheuristik, bei der → Kaufentscheidung der → Nachfrager dasjenige → Angebot, bei dem ein beliebiges Merkmal besonders seinen → Erwartungen entspricht bzw. die definierten Mindestanforderungen erfüllt. – Vgl. auch → konjunktive Auswahlheuristik. – *Gegensatz:* → lexikografische Auswahlheuristik.

Diskontinuität, unvorhersehbare und damit kaum kalkulierbare Strukturkrise, Trendveränderungen, politische Entscheidungen, weltwirtschaftliche Eruptionen, Wechselkursänderungen etc., die insb. die → Marketingplanung vor erhebliche Probleme stellen. Die D. werden vor allem verstärkt durch die Sättigung der → Absatzmärkte, einen damit verbundenen ruinösen → Wettbewerb, eine Verkürzung der → Produkt-Lebenszyklen und das labiler werdende → Konsumentenverhalten.

Diskriminanzanalyse, Trennung mehrerer → abhängiger Variablen und ihre Erklärung durch → unabhängige Variablen. Die Analyse dient zur Bestimmung von signifikanten Unterschieden von → Gruppen und deren Erklärung. Darüber hinaus kann die Trennschärfe von verschiedenen Gruppen überprüft werden, die durch die → Clusteranalyse ermittelt wurden.

Diskriminierung, sachlich nicht gerechtfertigte unterschiedliche Behandlung im geschäftlichen Verkehr, die wettbewerbsrechtlich untersagt ist. Das Diskriminierungsverbot richtet sich grundsätzlich nur an marktbeherrschende und marktstarke Unternehmen. Typische Beispiele für D. sind die z.T. wettbewerbswidrigen Rabatt- bzw. Konditionenspreizung.

Diskussionsforum, *Newsgroup,* themenbezogene öffentliche Diskussionsrunde, die im Internet zeitversetzt stattfindet. – *Anders:* → Online-Chat.

Display, im Rahmen der → Verkaufsförderung eingesetzte Verkaufshilfe, wie z.B. Verkaufsständer, Regalstopper, Gondeln, Vitrinen, Dekorationsmaterial etc. Beim offenen D. hat der Kunde einen unmittelbaren Zugriff zur Ware, beim geschlossenen D. hat nur der Verkäufer den direkten Zugriff zur Ware, um sie dem Kunden anzubieten (z.B. hochwertiger Schmuck, Depot- Kosmetik).

dispositiver Faktor, unternehmerische Tätigkeit, die darauf gerichtet ist, die Elementarfaktoren (Arbeitsleistung, Arbeits- und Betriebsmittel sowie Werkstoff) zu kombinieren.

disproportionale Schichtung, beim → geschichteten Auswahlverfahren eine stärkere oder auch schwächere Berücksichtigung einzelner Schichten in der → Stichprobe im Vergleich zu ihrem Anteil an der → Grundgesamtheit. Die d.S. wird dann gewählt, wenn entsprechend dem Untersuchungsgegenstand bestimmten Schichten in ihren Aussagen eine größere bzw. geringere Bedeutung beigemessen wird. – *Gegensatz:* → proportionale Schichtung.

Dissatisfier, → Hygienefaktor.

Dissimulation, absichtliche Verschleierung von Angaben (z.B. Meinungen und Verhaltensweisen) durch Befragte bei → Interviews. Damit sind Verzerrungen der Untersuchungs- bzw. Befragungsergebnisse verbunden (→ Bias), die durch eine indirekte Fragestellung vermieden bzw. vermindert werden können.

Dissonanz, → kognitive Dissonanz.

Dissonanztheorie. Nach L.Festinger (1957) treten Dissonanzen auf, wenn im kognitiven System des Menschen Beziehungen zwischen → Kognitionen entstehen, die nicht harmonieren. Man spricht dann auch von → kognitiver Dissonanz. Der Mensch versucht, diese Inkonsistenz zu beseitigen und eine → kognitive Konsonanz herzustellen. Dies kann durch das bewusste Nichtwahrnehmen bzw. die Leugnung von Informationen, Verhaltensänderung oder durch die Rationalisierung des die Dissonanz bewirkenden Verhaltens erfolgen. Insb. die letzte Form bietet Ansatzpunkte für das sog. Nachkauf-Marketing (z.B. durch Kaufbestätigung). Mit zunehmender Dissonanz werden nämlich Informationen gesucht, die Konsonanz herbeiführen. Hingegen werden Informationen vermieden, die eine bereits existente Dissonanz potentiell verstärken.

Distanz, → psychische Distanz, → räumliche Distanz, → soziale Distanz.

Distanzhandel, → Einzelhandelsunternehmen, die über zwischengeschaltete → Medien (z.B. Kataloge, neue Medien) mit Kunden in Kontakt treten. Die typische Form des D. ist der Versandhandel. – *Gegensatz:* → Residenzhandel.

Distanzmaß, Abstand der Ähnlichkeiten bzw. Unähnlichkeiten zwischen verschiedenen Objekten. D. zwischen Messobjekten werden bestimmt bei der → Clusteranalyse und der → mehrdimensionalen Skalierung. Die Bestimmung von D. setzt intervallskalierte Ausgangsdaten voraus (→ Intervallskala). Bei nicht-metrisch skalierten Daten werden Ähnlichkeitsmaße durch → Skalenmaße gebildet.

Distribution, Zusammenhang und Zusammenwirken von → akquisitorischer und → physischer Distribution im Spannungsfeld des → vertikalen Marketing. Makroökonomisch ist die D. der Prozess der physischen Weiterleitung von Gütern zwischen Wirtschaftspartnern (Marktpartnern). Im engeren Sinne wird D. mit → Absatz gleichgesetzt.

Distributionsanalyse, permanente Kontrolle der Präsenz der → Produkte durch den Hersteller im → Handel. Wichtige Kennziffern sind diesbezüglich die → Distributionsdichte, der → Distributionsgrad und die → numerische und

→ gewichtete Distribution. Zur Informationsgewinnung erweist sich u.a. das Handelspanel als ein geeignetes Instrument. Entsprechende Analysen werden auch in der Mediaforschung durchgeführt bez. der Verbreitung von Printmedien.

Distributionsdichte, Verhältnis der Zahl der → Verkaufsstellen des Einzelhandels, die in einem definierten Verkaufsgebiet ein bestimmtes → Produkt führen, zur Gesamtfläche des Verkaufsgebiets bzw. zu seiner Bevölkerung. – Vgl. auch → Distributionsgrad, → numerische und gewichtete Distribution, → Bedarfsdichte.

Distributionsdifferenzierung, bestimmte Form der Instrumentaldifferenzierung bei der → Marktsegmentierung. Es handelt sich um eine angebotsspezifische Differenzierung der → Distributionskanäle nach verschiedenen → Zielgruppen. Mit der D. ist das Ziel verbunden, das → Markenimage zu pflegen. Dies ist nur möglich, wenn Produkt-, Preis-, Distributions- und Kommunikationsdifferenzierung zielgruppenadäquat und strategisch miteinander verbunden werden. – Vgl. auch → selektive Absatzpolitik, → selektive Vertriebspolitik.

Distributionsfunktion, Aktivitäten der → Distributionsorgane, die sich nach E. Schäfer (1950) in drei Stufen gliedern lassen. Die erste Stufe sind die Aktivitäten vor dem Verkauf bzw. Kauf (Absatzvorbereitung, Absatzanbahnung, Vorratshaltung), die zweite Stufe umfasst die Aktivitäten in der Verkaufs- bzw. Kaufphase (Absatzdurchführung), und die dritte Stufe sind die Aktivitäten in der Nachkaufphase (Erhaltung der Absatzbeziehungen). Allgemein lässt sich die D. definieren als eine Überbrückung der räumlichen, zeitlichen, quantitativen und qualitativen Distanzen zwischen Produktion und Ver- bzw. Gebrauch von materiellen und/oder immateriellen Gütern. Die D. sind weitgehend identisch mit den → Handelsfunktionen, soweit es sich nicht um den Direktvertrieb handelt.

Distributionsgrad, Präsenz eines → Produktes in den einzelnen → Betriebsformen und → Betriebstypen des → Einzelhandels. Der D. ist der Quotient aus der Anzahl der relevanten Einkaufsstätten, die das Produkt führen und der Gesamtheit aller Einkaufsstätten der Branche.

Distributionshelfer, → Absatzhelfer.

Distributionskanal, Subsystem des → Distributionssystems. Hierbei umfassen die gewählten D. alle ineinandergreifenden Organisationen, die notwendig sind, um ein bestimmtes → Produkt oder eine → Dienstleistung beim → Verbraucher oder Gebraucher verfügbar zu machen. Dabei ist die Wahl eines D. für den Hersteller eine distributionspolitische Grundsatzentscheidung mit langfristiger Wirkung. – Vgl. auch → Absatzkanal, → Handelskanal.

Distributionskette, → Absatzkette, → Handelskette.

Distributionskosten, → Vertriebskosten, die insgesamt bei der → Distribution der Leistungsangebote auf allen Distributionsstufen anfallen. Die D. setzen sich zusammen aus den Kosten für die → akquisitorische Distribution und → physische Distribution und sind ein wesentlicher Teil der → Marketingkosten. Ermittlung und verursachungsgerechte Zurechnung der D. auf die Kostenträger werden erschwert durch ihren hohen Anteil an den Gemeinkosten.

Distributionslogistik, Teil der → Logistik, der den Warenfluss vom Hersteller bis zur Bereitstellung bei den Bedarfsträgern umfasst. Hierbei handelt es sich um Fertig- und/oder Halbfertigprodukte. Hinsichtlich der Notwendigkeit von integrierten Logistikkonzepten empfiehlt sich die (auch organisatorische) Verknüpfung von D., Beschaffungs- und Produktionslogistik.

Distributions-Management, Übertragung des organisatorischen Konzepts des → Marketing-Managements auf die → Distribution. Das D.-M. kann bei jedem → Distributionsorgan auf allen Wirtschaftsstufen implementiert werden. Die wichtigsten Managementfunktionen sind die Analyse und Bewertung der jeweiligen Distributionssituation inklusive einer entsprechenden Stärken- und Schwächen-Analyse, Festlegung der Distributionsziele, Organisation des Distributionssystems, Planung, Koordination und Kontrolle aller Distributionsaktivitäten incl. der Steuerung und Motivation der Distributionsorgane. Die Wahl der Absatzkanäle obliegt in der Regel nicht dem D.-M., sondern ist Bestandteil der Marketingstrategie.

Distributions-Mix, optimale Kombination der Submixbereiche → Absatzmethode und → Marketing-Logistik in Verbindung mit dem → Handelsmarketing. – Vgl. auch → vertikales Marketing.

Distributionsorgan, Person bzw. Institution, die in den Prozess der → Distribution von → Produkten oder → Dienstleistungen eingeschaltet sind. Zu unterscheiden sind:

- unternehmenseigene D. (Verkaufsabteilungen, Reisende und eigene Verkaufsfilialen),
- und unternehmensfremde D. (selbstständige Handelsunternehmen, die je nach Wirtschaftsstufe in Groß- und Einzelhandel unterschieden werden inklusive ihrer verschiedenen Ausprägungen und Betriebstypen).

Vgl. auch → Handelsvertreter.

Distributionspolitik, *Channel Policy,* Teilbereich des → Marketing-Mix, der alle Entscheidungen und Maßnahmen umfasst, welche die → Distribution eines → Produktes oder einer → Dienstleistung vom → Anbieter bis zum → Bedarfsträger betreffen. Die D. setzt sich aus den Submixbereichen Absatzmethode und Marketing-Logistik zusammen. Aufgrund der zunehmenden Bedeutung der Absatzmittler ist mittlerweile das Handelsmarketing ein wichtiger Bestandteil der D. Die ökologische Problematik erweitert die klassische Betrachtung um den Entscheidungsbereich Redistributi-

Distributionspolitik

Instrumentalstruktur

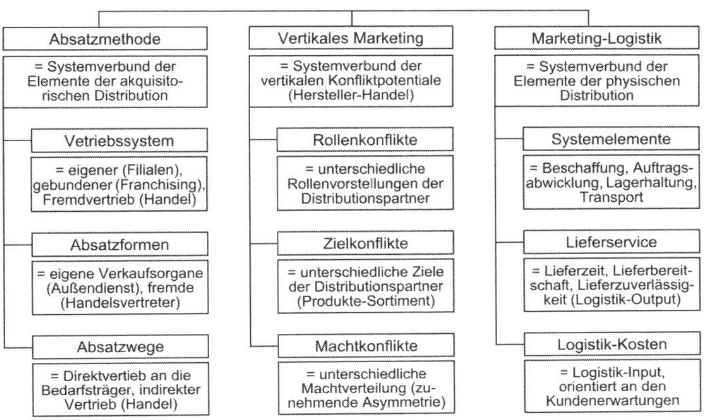

on. – Vgl. auch → Verpackungsverordnung. – Vgl. Abbildung „Distributionspolitik“.

Distributionsquote,
→ Distributionsgrad.

Distributionsstrategie, langfristige und vor allem gesamthafte Planung der → Distributionspolitik, die eingebunden ist in die → Marketingstrategie.

Distributionssystem, Verbindung sämtlicher Organisationen, die an der Abwicklung von Distributionsaufgaben beteiligt sind. Das Gesamtsystem ist wiederum unterteilt in einzelne Subsysteme, die die verschiedenen → Distributionskanäle darstellen. Das einfachste D. ohne Einschaltung von selbstständigen Absatzmittlern ist der Direktvertrieb. Bei einer Mehrstufigkeit des D. spricht man von einem indirekten Absatz.

Distributionsziel, operationale Definition des Beitrags, den die → Distribution zur Erreichung der → Marketingziele leisten soll. Als wichtige D. gelten die numerische und gewichtete Distribution. – Vgl. auch → Distributionsdichte, → Distributionsgrad.

Diversifikation, nach H. I. Ansoff (1957) Erschließung neuer Produkt- und Marktmöglichkeiten. In Erweiterung dieser sehr engen Betrachtung ist die D. aber auch zu verstehen als Programmerweiterung durch neue Produkte oder als Erschließung neuer Märkte für die vorhandenen Produkte. Hinzu können neue Technologien treten, die zu neuen Produkten oder zu neuen Verwendungen führen. Aus dem Marktansatz resultiert die Gliederung in die

- horizontale D.: Markterschließung durch systematische Programmerweiterung,
- vertikale D.: Tätigkeit auf vor- und/oder nachgelagerten Märkten; Rückwärts- bzw. Vorwärtsintegration,
- laterale D.: Tätigkeit auf den verschiedensten Märkten durch Bildung von Konglomeraten, Zukauf von Unternehmen oder durch Kooperationen.

Vgl. Abbildung „Diversifikation – Die Strategie-Matrix.“

Diversifikationsstrategie, Geschäftsfelderweiterung durch Akquisitionen, Joint Ventures oder Neugründungen. Die wesentlichen Erfolgsdeterminanten sind: Marktattraktivität (Wachstum), Eintrittskosten und Synergieeffekte. Die wichtigste Erfolgsvoraussetzung ist die Einbindung in die Konzernstrategie. An diesem strategischen Mangel scheitern die meisten D. – Vgl. auch → Marktfeldstrategie.

Diversity-Management, → Führungssystem, das im Kontext mit der → Unternehmensführung darauf abzielt, die

Diversifikation – Die Strategie-Matrix

Märkte \ Produkte	**gegenwärtig**	**neu**
gegenwärtig	Marktdurchdringung (Marktausschöpfung)	Produktentwicklung (Innovationsstrategie)
neu	Marktentwicklung (Marktarealstrategie)	DIVERSIFIKATION Marktfeldstrategie durch Produkt-| Marktentwicklung

Eigenheiten von Individuen und Gruppen zu nutzen. Die Vielzahl der Erfahrungen, Fähigkeiten und Einstellungen von Gruppenmitgliedern ist z.B. bei der Lösung komplexer Probleme von großem Nutzen. Dazu müssen aber in etablierten Organisationen in vielen Fällen alte Denk- und Handlungsstrukturen aufgebrochen und überwunden werden.

Division, Organisationseinheit in der → Spartenorganisation.

Divisionalisierung, organisatorische Aufgliederung des → Unternehmens in Sparten- bzw. Geschäftsbereiche (Divisions), die in den operativen Funktionen autonom sind. Die D. leitet ihre Herkunft vom → Produkt-Management ab und ist vielfach die Vorläuferin zur Bildung von → strategischen Geschäftseinheiten und in Folge zur Profit-Center-Organisation.

Divisionskalkulation, summarische Gesamtkostenrechnung ohne Differenzierung der → Kosten nach den einzelnen → Kostenträgern. – Vgl. auch → Vollkostenrechnung.

DMMV, Abk. für → Deutscher Multimedia Verband.

DMV, Abk. für → Deutscher Marketing Verband.

Domestic Marketing, auf das Heimatland ausgerichete → Internationalisierungsstrategie. Das D.M. ist weitestgehend identisch mit dem → ethnozentrischen Marketing.

dominante Werbung, → Werbung, die im Rahmen der gesamten → Marketingkommunikation eine übergeordnete Bedeutung hat. – Vgl. auch → akzidentelle Werbung.

Dominanzregel. Bei der → Kaufentscheidung wählt der → Nachfrager dasjenige → Angebot, bei dem im Vergleich zu anderen Angeboten mindestens ein Merkmal (z.B. Produktmerkmal) besser, aber keines schlechter ist.

dominierende Preisführerschaft, → Preisführerschaft.

Dorfman-Steiner-Theorem, von R. Dorfman und P. O. Steiner (1954) entwickelter marginalanalytischer Ansatz zur Bestimmung des → Marketing-Mix. Das Modell gibt den Punkt an, bei dem durch den Einsatz der → Marketinginstrumente Preis, Qualität und Werbung das → Gewinnmaximum erreicht ist. Die Modellannahmen (ein Produkt, Begrenzung der Marketinginstrumente, isolierte Instrumentalwirkung, vollständige Informationen) sind in der Praxis in der Regel nicht gegeben.

Download, *Herunterladen,* Übertragung beliebiger Daten von einem Server auf den eigenen Computer. Durch die D.-Möglichkeit von z.B. Prospekten oder Broschüren auf Homepages können Porto- und Versandkosten sowie Druckkosten eingespart werden.

DPK, Abk. für → direkte Produktkosten.

DPR, Abk. für → direkte Produktrentabilität.

DPRG, Abk. für → Deutsche Public Relations Gesellschaft e.V.

Drei-Komponenten-Theorie, Theorie, die besagt, dass sich → Einstellungen aus drei Komponenten zusammensetzen. Es handelt sich um die affektive (emotionale, motivationale), die kognitive (wahrnehmungsbezogene) und die konative (verhaltensbezogene) Komponente. Die Theorie geht von einer Konsistenz von Einstellung und Verhalten aus. Diese Hypothese ist umstritten. So kann z.B. auch ohne eine positive Einstellung eine hohe Kaufwahrscheinlichkeit bestehen, da weitere Einflussfaktoren (z.B. soziale Einflüsse) das Kaufverhalten bestimmen. – *Gegensatz:* → Ein-Komponenten-Theorie.

Drei-Sektoren-Hypothese, Erklärung des wirtschaftlichen Strukturwandels auf der Grundlage der Dreiteilung der Wirtschaftsentwicklung (→ Wirtschaftsbereiche) in den

- Primärsektor (Land- und Forstwirtschaft),
- Sekundärsektor (Industrie) und
- Tertiärsektor (Dienstleistungen).

Aus dem Tertiärsektor entwickelt sich in ausgereiften Volkswirtschaften zunehmend der sog. Quartiärsektor (Bildung von Wissenskapital), sodass sich ein kontinuierlicher Wandel zur → Dienstleistungs- und Wissensgesellschaft, d.h. auch → Kommunikations- und → Informationsgesellschaft vollzieht.

Drei-Speicher-Modell, Theorie, die von einer stufenweisen Entwicklung der → Wahrnehmung ausgeht (→ Mehrspeichermodell). Das Modell unterscheidet den sensorischen Speicher, Kurzspeicher und den Langzeitspeicher. – Vgl. auch → Elementarpsychologie, → Ganzheitspsychologie, → Gedächtnistheorie.

Drittpersonentechnik, Form der → projektiven Verfahren, bei der → Dialogfragen gestellt werden. Die Auskunftspersonen nehmen Stellung zu fingierten Dialogen bzw. zu Aussagen von Figuren (→ Ballontest, Picture-Frustrations-Test). Das Verfahren wird eingesetzt bei komplexen Themenstellungen bzw. bei Fragen, bei denen zu erwarten ist, dass die Befragten in der Ich-Form nicht offen Auskunft geben.

Drive-In-Prinzip, Form eines → Betriebstyps im Einzelhandel (vor allem Dienstleistungsunternehmen), bei der die → Angebote von den → Kunden nachgefragt und bezahlt werden können, ohne dass sie das Auto verlassen müssen (z.B. Fastfood-Restaurants, Freilichtkinos).

Drop-Out-Rate, anderer Ausdruck für → Panelsterblichkeit als Ausfallrate von Panelteilnehmern.

Drugstore, → Einzelhandelsbetrieb, der außer Drogeriewaren auch noch andere Warengruppen führt, z.B. Süßwaren, Bücher, Zeitschriften, Papier- und Schreibwaren, Fotoartikel. Die neueren Formen der Drogerien gehen eindeutig in die Richtung von D.

DSD, Abk. für → Duales System Deutschland.

DSS, Abk. für → Decision Support System.

DTP, Abk. für → Desktop Publishing.

Dualdistribution, Wahl von zwei oder auch mehr → Absatzwegen zur → Distribution des Leistungsangebots durch den Hersteller. Die wichtigsten Formen der D. sind die Kombination des → Direktvertriebs mit dem → indirekten Vertrieb und die gleichzeitige Belieferung von Groß- und Einzelhandel. Die D. wirft vielfältige Probleme mit den Distributionspartnern auf, wenngleich nicht zu verkennen ist, dass die duale Distribution durch die → Handelskonzentration (vor allem im Einzelhandel) gefördert wird.

duale Abfallwirtschaft, Hersteller und Handel können sich nach der Freistellungsklausel (→ Verpackungsverordnung) von der Rücknahme- und Pfanderhebungspflicht befreien, wenn sie ein flächendeckendes und haushaltsnahes Erfassungssystem für gebrauchte Verpackungen aufbauen. Nur für den Restmüll besteht eine Entsorgungsverpflichtung bei den Kommunen. – Vgl. auch → Duales System Deutschland (DSD).

duale Codierung, interaktive Verarbeitung und Speicherung von Bild und Sprache. Nach A. Paivio (1971) hängt das Erinnerungsvermögen von → Informationen von ihrer Konkretheit, d.h. Bildhaftigkeit ab. Sowohl Worte als auch Bilder werden besser behalten, wenn sie konkret-bildhaft formuliert werden, da sie in diesem Fall verbal und bildlich codiert werden. Die → Gedächtniswirkung steigt mit der Bildhaftigkeit der empfangenen → Reize. Die Bildüberlegenheitswirkung beruht auf dem Prinzip der doppelten Codierung, da Bilder leichter als Worte, sowohl bildlich als auch verbal, gespeichert werden können. – Vgl. auch → Imagery, → Imageryforschung.

duale Organisation, → Organisationsform, die als Sekundärorganisation eine primäre Organisationsstruktur überlagert, ohne dass dadurch die Gesamtorganisation ausgebaut wird. Die Organisationsmitglieder übernehmen Doppel- und auch Mehrfachfunktionen in verschiedenen Aufgabenbereichen. Beispiele für duale Organisationsformen sind das Projekt-Management, organisational nicht ausgegliederte strategische Geschäftseinheiten, die Matrix-Organisation und Qualitätszirkel. Duale Organisationsformen setzen zwingend einen kooperativen Führungsstil voraus.

Duales System Deutschland (DSD), Gesellschaft, welche die Aufgabe hat, ein flächendeckendes und haushaltsnahes Erfassungssystem für gebrauchte → Verpackungen in Deutschland aufzubauen. Grundlage des Systems ist die Spaltung der Haushaltsabfallentsorgung in eine von der Wirtschaft getragene Erfassung der gebrauchten Verpackungen und die Entsorgung des Abfalls durch die dafür zuständigen Körperschaften. Die Systemdurchsetzung hängt ursächlich von der Verbraucherakzeptanz ab, die Abfalltrennung vorzunehmen. – Vgl. auch → Grüner Punkt.

Due Diligence-Analyse, *angemessene Sorgfalt Analyse,* umfassende Analyse eines zu bewertenden Unternehmens. D.D.-A. sind ganzheitlich und umfassen eine Vielzahl von Untersuchungsfeldern, u.a. Unternehmens- und Marktdaten, finanzwirtschaftliche Situation, produktionstechnischer Stand, umweltbezogene und rechtliche Risiken, Personal- und Organisationsstruktur und nicht zuletzt die strategischen Stärken und Schwächen des Unternehmens. D.D.-A. sind vor allem unerlässlich bei der Bewertung von Akquisitionsobjekten. – Vgl. auch → Mergers & Acquisitions, → Kooperationen.

Dumping, Verkauf von Waren oder Leistungen unter den → Selbstkosten, mit dem Ziel, Wettbewerber aus dem Markt zu verdrängen. D. verstößt gegen das → Gesetz gegen Wettbewerbsbeschränkungen (GWB). Man unterscheidet drei D.-Arten:

- Preis- oder Warendumping: Angebote unter den eigenen Inlandspreisen,
- Valutadumping: Abwertung der Währung,
- Frachtendumping: Frachten unter den Selbstkosten.

Der Preis eines Dumpingsanbieters wird D.- oder Penetrationspreis genannt. – Der Nachweis von D. gestaltet sich vielfach sehr schwierig, da die Auslandsmärkte z.B. erhebliche Kostenunterschiede aufweisen. D.-Argumente werden von der inländischen Konkurrenz oft missbräuchlich benutzt, um die → Wettbewerbsvorteile ausländischer Anbieter durch staatlich verhängte Importrestriktionen zu unterlaufen.

DuPont-Schema, *DuPont System of Financial Ratios,* Schema, das auf dem Ansatz des → Return on Investment (RoI) beruht und die klassische Rentabilitätsformel (→ Kapitalrentabilität) in ihre Komponenten → Umsatzrentabilität (UR) und → Kapitalumschlag (KU) auflöst. Der RoI ergibt sich aus der multiplikativen Verknüpfung von UR und KU. Durch die weitere Differenzierung der Entstehungsgrößen von UR (Umsatz x 100) und KU (Umsatz : investiertes Kapital) inklusive der Kostenaufteilung in fixe Kosten und variable Kosten und der Kapitaldifferenzierung in Anlage- und Umlaufvermögen werden in dem Schema die Mittel-Zweck-Beziehungen deutlich. Die damit gewonnenen → Kennzahlen qualifizieren das

Schema zu einem operativen wie auch strategischen Planungsinstrument.

Durchlaufzeit, Zeitspanne zwischen Beginn und Ende eines → Prozesses. Die D. lässt sich in ihren Bestimmungsgrößen gut am Beispiel der → Auftragsabwicklung darstellen. Hier setzt sich die gesamte Zeitspanne zusammen aus: Auftragsannahme, -bearbeitung, -weiterleitung und Fakturierung. Der Hauptgrund für die oftmals zu langen D. sind vor allem die zu langen Liege- und Transferzeiten innerhalb des Prozessablaufs und weniger die reinen Bearbeitungszeiten.

Durchschnittserlös, *Stückerlös,* Quotient aus Gesamterlös und Absatzmenge.

Durchschnittsertrag, Quotient aus Gesamtertrag und Faktoreinsatzmenge.

Durchschnittskontakt, durchschnittliche Anzahl der Kontakte (→ Kontaktzahl) aller erreichten Personen mit einem → Werbeträger. Durch die auftretenden → Streuverluste hat der D. für die → Mediaplanung nur einen begrenzten Aussagewert.

Durchschnittskosten, *Stückkosten,* Summe von stückfixen und stückvariablen Kosten. – Vgl. auch → fixe Kosten, → variable Kosten.

Durchschnittswert,
→ arithmetisches Mittel.

Dustbin-Check, *Mülleimer-Check,* Form der → Beobachtung, bei der Haushaltsmüll bez. der Verwendung bestimmter Produkte bzw. Marken untersucht wird. Der D.-C. kann auch im Haushaltspanel durchgeführt werden. Die Methode ist besonders geeignet bei Untersuchungssubjekten, die sich einer Befragung entziehen bzw. einer solchen nicht gewachsen sind.

Dutyfreeshop, Einzelhandelsbetrieb auf Flughäfen und Schiffen, in dem ein schmales und z.T. sehr tiefes → Sortiment von vor allem Parfümerie- und Genusswaren, durch die Freistellung von Zöllen und sonstigen Einfuhrabgaben preiswerter als im üblichen Einzelhandel, angeboten wird. Seit Juli 1999 darf innerhalb der EU nicht mehr steuerfrei eingekauft werden. Stattdessen werden Waren (außer Tabakwaren) in Travel Value Shops zum gleichen Preis wie in D. verkauft, die Steuern übernimmt allerdings der Händler.

DVD, Abk. für → Digital Versatile Disc.

DWG, Abk. für → Deutsche Werbewissenschaftliche Gesellschaft e.V.

Dynamik der Betriebsformen,
→ Betriebsformendynamik.

dynamische Investitionsrechnung,
→ Investitionsrechnung.

Dyopol, → Oligopol, bei dem sich zwei Anbieter (bzw. Nachfrager) den → Markt aufteilen. Realistischer sind Oligopole höherer Ordnung (drei bis fünf Anbieter bzw. Nachfrager).

E

EAN-Code, Codiersystem zur Identifikation und/oder Klassifikation von Artikeln. In Verbindung mit dem → Scanning ist die Codierung die Basis für die artikelspezifische Verkaufsdatenerfassung im Einzelhandel. Der Strichcode besteht aus 13 Stellen, die den Artikel identifizieren. Die ersten beiden Stellen enthalten die Länderkennziffer, die weiteren fünf Stellen die individuelle Artikelnummer des Herstellers und die letzte Stelle eine Prüfziffer. Für kleinvolumige Artikel kann eine Kurznummer gewählt werden, die aus acht Stellen besteht. – Das amerikanisch-kanadische Universal Product Code-System (UPC-System) wird ebenfalls in zwei Versionen benutzt, und zwar in einer Normalversion mit zwölf Stellen und in einer Kurzversion mit sieben Stellen.

Early Bird, im → Direktmarketing Bezeichnung eines besonderen Anreizes zur schnellen Antwort oder Bestellung. Für Rücksendungen innerhalb einer bestimmten Frist werden z.B. Geschenke, Sonderpreise oder die Teilnahme an Gewinnspielen ausgelobt.

EBPP, Abk. für → Electronic Bill Presentment and Payment.

E-Business, Abk. für → Electronic Business.

Eckartikel, Artikel, über den der Verbraucher gut informiert ist und der deshalb besonders in der → Preisoptik steht. Der E. wird daher vom → Einzelhandel bevorzugt in der → Sonderangebotspolitik als → Lockvogelangebot eingesetzt.

Eckpreis, spezieller, festgelegter Preis. Im → Einzelhandel werden meist E. verwendet, die unter einer runden Zahl liegen (z.B. 0,99 Euro oder 49 Euro). Im → Großhandel dagegen werden glatte Preise bevorzugt.

E-Commerce, Abk. für → Electronic Commerce.

E-Community, Abk. für Electronic → Community.

Eco-Management and Audit Scheme (EMAS), EU-Verordnung von 1993 über die freiwillige Beteiligung gewerblicher Unternehmen an einem Gemeinschaftssystem für das → Umwelt-Management und die Umweltbetriebsprüfung. – *Weitere Informationen unter* www.emas.de.

Economies of Scale, *Größenkostenersparnisse, Skalenerträge,* wirtschaftstheoretische Bezeichnung für Kostenersparnisse, die bei steigender Produktionsmenge entstehen. Langfristig sinken dadurch die durchschnittlichen Gesamtkosten je Stück. Kostenvorteile können z.B. durch bessere Kapazitätsauslastung oder kostengünstigere Beschaffung von Produktionsmaterialien erzielt werden. – Durch eine hohe Ausbringungsmenge kann ein höherer Marktanteil oder eine → Kostenführerschaft erreicht werden. Damit steigen die → Markteintrittbarrieren für neue Wettbewerber. – *Anders:* → Economies of Scope.

Economies of Scope, *Verbundvorteile,* Kostenvorteile, die bei gleichzeitiger Produktion mehrerer Leistungen entstehen, wenn die Summe der Kosten für die jeweiligen Einzelproduktionen höher ist als die Gesamtkosten bei gemeinsamer Produktion. Unternehmen können in bestimmten Unternehmensbereichen (z.B. Forschung und Entwicklung) → Synergien nutzen, um Kosten zu sparen. – *Anders:* → Economies of Scale.

ECR, Abk. für → Efficient Consumer Response.

EDI, Abk. für → Electric Data Interchange.

EDIFACT, *Electronic Data Interchange for Administration, Commerce and Transport,* internationales DV-Informations- und Kommunikationsnetz. Mithilfe des Informationsnetzwerks haben alle Wirtschaftsbereiche die Möglichkeit, Geschäftsnachrichten jeder Art branchenunabhängig und weltweit nach einem einheitlichen Standard elektronisch auszutauschen.

EDLP, Abk. für → Every Day Low Pricing.

EDR, Abk. für → elektrodermale Reaktion.

Educentive, zusammengesetzter Begriff aus Education und Incentive. Es handelt sich um Motivationsprogramme mit Eventcharakter, die eine Verknüpfung von Bildung und Wissen mit Spaß und Unterhaltung zum Ziel haben und sowohl für Mitarbeiter als auch für Kunden eingesetzt werden können. – Vgl. auch → Edutainment Center.

Edutainment, multimediale unterhaltsame Informationsvermittlung mit hohem Lernwert (Aus-, Fort- und Weiterbildung) für die Rezipienten. – *Gegensatz:* → Infotainment.

Edutainment Center, innovative Form der → Unternehmenskommunikation, die die Kernkompetenzen des → Unternehmens in nichtkommerzieller Atmosphäre sowohl wissens- als auch erlebnisorientiert präsentiert. Thematische Erlebniswelten (vom aufgewerteten Firmen-Museum und Design-Center bis zu neu geschaffenen Attraktionen) bilden die Basis für eine spielerische und interaktive Wissensvermittlung bei gleichzeitig kreativer Markeninszenierung. – Vgl. auch → Interaktion.

E-Economy, Abk. für → Electronic Economy.

EEG, Abk. für → Elektroenzephalogramm.

Effektgesetz, *Gesetz des Lernens am Erfolg,* das von E. L. Thorndike (1913) entwickelte Gesetz bildet die Grundlage der → instrumentellen bzw. → operanten Konditionierung nach dem → Verstärkerprinzip. Danach gilt generell, dass belohnte Aktivitäten tendenziell verstärkt werden, dagegen bestrafte Aktivitäten nur eine geringe oder keine Verhaltensänderung bewirken. – Vgl. auch → Lerntheorie.

Effektivgeschäft, Form des Börsenhandels und insb. bei → Warenbörsen, bei der die sofortige Erfüllung des Liefergeschäfts Vertragsinhalt ist und nicht die künftige → Beschaffung von vor allem → Rohstoffen zu aktuellen → Preisen. – *Gegensatz:* → Termingeschäft.

Effektivität, Maßstab für Zielbestimmungsaktivitäten. Die E. misst, inwieweit strategische → Ziele möglichst schnell und wirkungsvoll erreicht wurden, ohne dass explizit auf eine ökonomische und optimierte Verwendung von Mitteln zu achten ist. – Vgl. auch → Effizienz.

Efficient Consumer Response (ECR), Konzept, das eine stärkere Ausrichtung auf den → Konsumenten vorsieht. Damit verbunden sind auch eine intensivere Partnerschaft des Handels mit den Lieferanten, Verbesserung der Produktivität der Sortimente und die intensivere Nutzung der Möglichkeiten der Informationstechnologie. Entscheidend bei dem Konzept ist die stringente Kundenorientierung in Kombination mit den vertikalen Beziehungen zwischen Industrie und Handel. Hierbei geht es im Wesentlichen um die gemeinsame Optimierung der → Wertschöpfungskette, die ganz wesentlich geprägt wird durch die Logistik und damit im Verbund von der Sortimentsoptimierung. ECR setzt einen totalen Informationsaustausch zwischen den vertikalen Distributionspartnern voraus, um das Ziel einer absoluten Kundenorientierung zu erreichen. Im Vergleich zum → Supply Chain Management fokussiert ECR die Informationsströme vom Endverbraucher bis zum Produzenten, wohingegen sich Supply Chain Management mit der Optimierung der logistischen bzw. physischen Ablaufkette vom Produzenten bis zum Endverbraucher beschäftigt.

Efficient Replenishment, → Replenishment.

Efficient Store Assortment, optimale Nutzung der → Verkaufsfläche am → Point of Purchase im → stationären Einzelhandel. Hierbei geht es um die kundengerechte Gestaltung der Regalfläche durch eine → Regalflächenoptimierung und die optimale Positionierung der Angebote im Verkaufsregal. – Vgl. auch → Space-Management.

EFFIE, ein vom → Gesamtverband Kommunikationsagenturen (GWA) ausgeschriebener Werbewettbewerb. Bei dem Wettbewerb steht nicht die werbliche Kreativität im Vordergrund, sondern primär die ökonomische Effizienz einer → Werbekampagne. Der Werbewettbewerb umfasst alle → Kommunikationsmedien. *Weitere Informationen unter* www.gwa.de.

Effizienz, Maßstab für die Zielerreichungsaktivitäten. Die E. misst, inwieweit gesetzte → Ziele mit möglichst geringem Mittelaufwand erreicht wurden. – Vgl. auch → Wirtschaftlichkeit.

Ego-Bedürfnis, → Selbstverwirklichungsbedürfnis, → Maslow`sche Bedürfnispyramide.

Ego-Drive, innere → Antriebskraft, die einen zielorientierten Leistungsdrang darstellt. Insofern ergibt sich eine Verbindung zur → intrinsischen Motivation, bei der die Bewältigung einer Aufgabe durch die Sache selbst erfolgt und nicht an Belohnungen gebunden ist. Andererseits beruht E.-D. aber z.T. auch auf einer → extrinsischen Motivation, da der Eigenantrieb stark durch Anerkennung und Erfolg beeinflusst wird. Ideal ist die Balance von E.-D. und Empathie als Fähigkeit zum Erkennen von Kundenbedürfnissen auf der Grundlage einer ausgeprägten emotionalen Intelligenz und Sozialkompetenz.

Egonomics, → Trend, der auf die Individualisierung durch differenzierten Konsum abzielt. Aus dem Trend resultiert eine → Fraktalisierung der Zielgruppen und Bedürfnisse mit der Chance für Anbieter zur Marktsegmentierung und zum Nischen-Marketing. Hierbei kann ein wichtiges Strategieelement die Personifizierung des Angebots durch interaktive Produktgestaltung sein. – Vgl. auch → Prosumer.

EHI Retail Institute e.V., wissenschaftliches Institut des Handels, das seit 1993 die Nachfolgegesellschaft des Deutschen Handelsinstituts (DHI) ist. Bis Mai 2006 hieß es EuroHandelsinstitut (EHI). – *Weitere Informationen unter* www.ehi.org.

Eigengeschäft, Geschäftsabschluss von Unternehmen des → Groß- und → Einzelhandels im eigenen Namen und auf eigene Rechnung. Beim E. werden das → Lagergeschäft und das → Streckengeschäft unterschieden. – *Gegensatz:* → Fremdgeschäft.

Eigenimage, → Einstellung bzw. Vorstellung, die ein Unternehmen von sich selbst und seinem Leistungsangebot hat, und zwar üblicherweise im Vergleich zum angenommenen Konkurrenzimage. Das ausgeprägte E. ist außerordentlich gefährlich, weil es vom Konkurrenzimage ablenkt und den Blick verstellt für Abweichungen zum Fremdimage, angestrebten Sollimage und zur Wahrnehmung des Idealimages aus Kunden- bzw. Zielgruppensicht.

Eigenkapitalrendite, *Return on Equity,* ist die (Eigen-) Kapitalrentabilität eines Unternehmens und gibt an, wie viel Prozent Gewinn auf das eingesetzte Eigenkapital anfällt.

Eigenmarke, im Vergleich zur → Handelsmarke eine sortimentsübergreifende Firmenmarke als handelsspezifische → Dachmarke. Die E. ähnelt der Markenartikel-Firmenmarke, die ganz oder in wesentlichen Teilen das Leistungsangebot unter einem gemeinsamen Dach vereinigt. Damit ist das Ziel verbunden, einen positiven → Imagetransfer zu realisieren. In der Literatur werden E. und Handelsmarke vielfach gleichgesetzt.

Einfirmenvertreter, → Handelsvertreter, der exklusiv für nur eine Firma tätig ist und dessen Status im Außenverhältnis damit sehr stark dem eines → Reisenden gleichkommt. – *Gegensatz:* → Mehrfirmenvertreter.

Einführungsphase, erste Phase im → Produkt-Lebenszyklus, die mit der → Produkteinführung beginnt und mit der Erreichung der → Gewinnschwelle endet. Das Modell geht in dieser Phase von wachsenden Umsätzen und negativen Deckungsbeiträgen aus. Es muss ein hohes → Marketingbudget in Ansatz gebracht werden, um das Produkt im Markt durchzusetzen.

Einführungspreis, → Preisbildung bei der Einführung neuer Produkte. Preisstrategisch werden hierbei → Abschöpfungsstrategie, → Skimming-Strategie und → Penetration-Strategie unterschieden.

Einführungsrabatt, besondere Form des → Rabatts, den der Hersteller dem Handel bei der Einführung neuer Produkte gewährt. Üblich ist die Gewährung eines sog. Naturalrabatts durch Lieferung zusätzlicher Mengen des neu eingeführten Produkts oder auch durch Barrabatte. Die zunehmende Ausuferung der E. hat im Wesentlichen drei Ursachen. Erstens nimmt der Wettbewerbsdruck ständig zu. Damit verbunden ist zweitens eine Handelskonzentration, die in Folge und drittens zu immer größeren Ansprüchen des Handels gegenüber den Lieferanten führt. Die wettbewerbsrechtlich missbräuchliche Forderung von Listungsrabatten ist dafür ein Beleg.

Einführungswerbung, wesentliche Funktion der → Produktwerbung in der → Einführungsphase von → Produktinnovationen. Ziel ist die Bekanntmachung der Produktinnovation im Markt bzw. bei den Nachfragern, Kunden, aber vor allem auch in Bezug auf die Markterschließung die Ansprache neuer Zielgruppen. Dazu bedarf es des umfassenden Einsatzes aller kommunikationspolitischen Instrumente. Entscheidend für den Erfolg der E. ist das Erreichen der definierten Zielgruppe bzw. der Meinungsführer bei einer Produktinnovation.

Einheitspreisgeschäft,
→ Kleinpreisgeschäft.

Einkauf, operative Tätigkeiten des Versorgungsvorganges. Zu unterscheiden ist der rein verwaltende E. vom modernen, gestaltenden E. Letzterer hat das Ziel einer Optimierung des → Preis-Leistungsverhältnisses und ist nicht nur am → Preis orientiert.

Einkaufscenter, räumliche Konzentration von unterschiedlichen Einzelhandels- und anderen Dienstleistungsunternehmen verschiedener Art und Größe. Diese Center sind entweder gewachsen (Geschäftszentren) oder geplant (Shopping Center). Die geplanten Center sind citybezogen oder auch außerhalb des Innenstadtbereichs angesiedelt. Sie werden zunehmend durch ein zentrales → Center-Management geführt, um ein einheitliches Konzept und ein geschlossenes äußeres Erscheinungsbild sicherzustellen. In gewachsenen Zentren übernimmt diese Aufgaben das → City-Management. – Vgl. auch → Buying Center.

Einkaufsgemeinschaft, Zusammenschluss von → Einzelhandelsunternehmen zum gemeinsamen → Einkauf. Im Vergleich zu freiwilligen Ketten ist die E. eine horizontale Kooperation. E. entwickeln sich mehr und mehr zu geschlossenen Marketing- und Management-Kooperationssystemen und befreien sich von den engen Grenzen der Genossenschaften. Durch Franchising können sich die Kooperationen in ihrem Marktauftritt zu Quasi-Filialsystemen entwickeln.

Einkaufsgenossenschaft, Zusammenschluss von → Einzelhandelsunternehmen zum gemeinsamen → Einkauf. Ziel ist, durch Großeinkäufe beim Lieferanten günstigere → Konditionen zu erzielen.

Einkaufsgremium, → Buying Center.

Einkaufshäufigkeit, Häufigkeit, mit der bestimmte → Artikel von einem Käufer in einer bestimmten Zeitspanne gekauft werden. Die E. bezieht sich auf Produkte und Produktgruppen, aber auch auf die frequentierten stationären und nicht-stationären Betriebsformen und Betriebstypen des Groß-, Einzel- und Versandhandels inklusive ihrer Sonderformen. Dabei hängt die E. in starkem Maße von der → Einkaufsmenge und den für sie geltenden Einflussgrößen ab.

Einkaufskontor, Form der → Einkaufsgemeinschaft und → Einkaufsgenossenschaft. Das E. als Einkaufskooperation ist entweder eine horizontale oder vertikale Verbindung von Handelsunternehmen. Die E. übernehmen das → Delkredere und die → Zentralregulierung gegenüber dem Lieferanten.

Einkaufskooperation, → Einkaufsgemeinschaft.

Einkaufsmenge, Menge von einzelnen → Artikeln, die von einem Käufer in einer bestimmten Zeitspanne oder pro Einkaufsakt gekauft wird. Empirische Untersuchungen zeigen, dass auch hier die → Pareto-Regel gilt, d.h., dass 20% der Käufer eines bestimmten Produktes oder einer Produktgruppe 80% der insgesamt verkauften → Absatzmenge erwerben. Diese Käufer werden als → Intensivkäufer bezeichnet. Dabei hängt die Einkaufsmenge wesentlich von der → Einkaufshäufigkeit und der Haushaltsgröße ab.

Einkaufspassage, räumliche Konzentration von unterschiedlichen Einzelhandels- und Dienstleistungsunternehmen verschiedener Branchenzugehörigkeit in Geschäftszentren von Groß- und Mittelstädten. E. weisen damit eine sehr enge Verwandtschaft mit → Einkaufscentern auf. Der wesentliche Unterschied ist, dass die auch architektonisch anspruchsvollen E. vor allem der Revitalisierung der innerstädtischen Geschäftszentren dienen sollen. Die sehr straff geplanten Einkaufscenter sind hingegen vielfach auf der „grünen Wiese“ angesiedelt und stehen damit im Wettbewerb mit den Einkaufspassagen, die allein schon aus Kostengründen eine gehobene Genrepolitik betreiben müssen.

Einkaufspreis, *Einkaufsrechnungspreis,* vom Lieferanten für → Produkte und/oder → Dienstleistungen in Rechnung gestellter → Preis. Der E. als artikelbezogener → Einstandspreis lässt sich aufgrund von Zurechnungsproblemen im Handel kaum ermitteln. Insofern ist eine exakte Abgrenzung zwischen dem rechnerischen E. und dem leistungsbezogenen Einstandspreis nicht möglich.

Einkaufsring, → Einkaufsgemeinschaft von Handelsunternehmen als → horizontale Kooperation. Der → Einkauf ist in der Weise organisiert, dass ein Ringmitglied für die übrigen Mitglieder zentral einkauft. Das einkaufende Unternehmen tritt entweder im eigenen Namen und für eigene Rechnung auf oder im Namen und für Rechnung der Ringunternehmen.

Einkaufsstättentreue, → Ladentreue.

Einkaufsstättenwahlverhalten, Einkaufsverhalten, das sich auf die Präferenz bestimmter Einkaufsstätten durch die → Verbraucher bezieht und z.T. eng verbunden ist mit der Einkaufsstättentreue. Die Einkaufsstättenwahl hat für die Verbraucher sowohl einen geografischen (Wohnort- bzw. Arbeitsstättennähe) als auch einen geschäftstypologischen Aspekt.

Einkaufsverbund, → Einkaufsgemeinschaft.

Einkaufsvereinigung, → Einkaufsgemeinschaft.

Einkaufsverhalten, wesentliches Element des Käufer- bzw. Kaufverhaltens, das auch prägend auf das → Konsumentenverhalten wirkt. Das E. ist für die Interpretation zu differenzieren nach Privatkauf der Haushalte und gewerblichem Einkauf. Der übliche Gebrauch des Begriffs bezieht sich jedoch überwiegend auf den Einkauf von Endverbrauchern. Hierbei ist nach mehreren Dimensionen zu unterscheiden. Diese betreffen zunächst die Ausgabenstruktur und die Präferenzen, die z.B. die Markenwahl und insgesamt die Kaufentscheidungen erheblich beeinflussen. Eine weitere Dimension betrifft das komplexe Einkaufstättenwahlverhalten. Hinzu treten personelle und zeitliche Kriterien des E.

Einkaufszentrale, → Einkaufsgemeinschaft, die für ihre Mitglieder zentral den → Einkauf übernimmt. Damit ist auch die → Zentralregulierung und die Übernahme des → Delkredere verbunden.

Einkaufszentrum, → Einkaufscenter.

Einkommen, die einem Wirtschaftssubjekt in einer Zeiteinheit zufließende Geldmenge. Das E. ist Arbeitseinkommen und/oder Besitzeinkommen.

Einkommenselastizität, relative Veränderung der Nachfragemenge nach bestimmten Gütern bei einer relativen Einkommensveränderung der Nachfrager. Zu differenzieren ist nach den verschiedenen Ausgabenkategorien. Die Änderungen sind gleichgerichtet bei Gütern des gehobenen und Dienstleistungsbedarfs und entgegengerichtet bei → inferioren Gütern. Daraus ergibt sich auch das Elastizitätsmaß.

- Bei Primärbedürfnissen ist die E. eher < 1,
- bei Sekundärbedürfnissen eher > 1.

Gegensatz: → Giffen-Effekt.

Ein-Komponenten-Theorie, die Theorie besagt, dass sich → Einstellungen eindimensional aus der affektiven Komponente ergeben. – *Gegensatz:* → Drei-Komponenten-Theorie.

Einliniensystem, → Linienorganisation.

Einmarkenstrategie, Strategie, bei der jedes Produkt eines Anbieters eine Marke erhält. Die Gefahr der E. liegt im möglichen negativen → Imagetransfer, der von einzelnen Produkten auf das gesamte Produktprogramm ausstrahlt. Diese Gefahr wächst mit der Unterschiedlichkeit der Produktansprüche. – *Gegensatz:* → Mehrmarkenstrategie. – *Anders:* → Einzelmarke.

Einnahmen, Geldwert aller verkauften Güter und Dienstleistungen eines Unternehmens. Hierzu gehören → Einzahlungen sowie Forderungen aus Lieferungen und Leistungen abzüglich der Verbindlichkeiten. – *Gegensatz:* → Ausgaben.

Einschaltquote, Anteil der zu einem Zeitpunkt oder Zeitraum auf einen bestimmten Sender eingeschalteten Radio- bzw. Fernsehgeräte an der Gesamtzahl der im Empfangsgebiet vorhandenen Radio- bzw. Fernsehgeräte. Gemessen werden die E. per → GfK-Meter oder per → Teleskopie in ausgewählten Haushalten. – Vgl. auch → Panel.

Einschreibung, Form der → Auktion, bei der die → Nachfrager nicht persönlich auf der → Marktveranstaltung anwesend sind, sondern ihr Angebot schriftlich abgeben. Dadurch werden Absprachen der Nachfrager verhindert bzw. erschwert.

Einstandspreis, → Einkaufspreis als Nettopreis (ohne Mehrwertsteuer) zuzüglich der vom Abnehmer zu tragenden Beschaffungskosten und abzüglich der dem Kauf direkt zurechenbaren → Rabatte, → Skonti und → Boni. Der artikelbezogene E. ist im Handel kaum zu ermitteln, da die verschiedenen Preisnachlässe und Sonderzuwendungen durch die Lieferanten den einzelnen Kostenträgern nicht verursachungsgerecht zugeordnet werden können. Insofern gestaltet sich auch der Nachweis einer als wettbewerbswidrig angesehenen Untereinstandspreispolitik als außerordentlich problematisch.

Einstellung, persönliche Bezüge zu bestimmten Objekten (Personen, Organisationen und/oder Sachverhalten). E. lassen auf subjektive Werthaltungen schließen und gelten als relativ stabile Verhaltensdispositionen. Nach der → Drei-Komponenten-Theorie bestehen E.

- aus affektiven (emotionalen) Komponenten,
- kognitiven (wahrnehmungsbezogenen) Komponenten und
- konativen (verhaltensbezogenen) Komponenten.

Aus der Konsistenz dieser drei Komponenten folgt, dass über eine Veränderung der E. und/oder Wahrnehmungsmuster auch Verhaltensweisen beeinflussbar sind.

Einstellungsmessung, im Hinblick auf die Dimensionen wird unterschieden nach eindimensionalen und mehrdimensionalen Messungen. – Vgl. auch → semantisches Differential, → Polaritätenprofil.

einstufige Kommunikation, *Ein-Stufen-Fluss,* direkte Kontaktnahme des → Kommunikators mit dem → Kommunikanten. Sie kann persönlich oder auch massenmedial erfolgen. In den Kommunikationsablauf sind auch die Rezipienten als aktives Rückkoppelungselement einbezogen. – Vgl. auch → zweistufige Kommunikation, → mehrstufige Kommunikation.

einstufiger Vertrieb, Lieferung des Herstellers/ Dienstleisters an den → Einzelhandel, ohne den Zwischenhandel einzuschalten.

Einthemenbefragung, Spezialbefragung im Unterschied zu einer Mehrthemenbefragung. – Vgl. auch → Omnibus-Befragung.

Eintrittsbarriere, Erschwerung des Markteintritts von → Wettbewerbern. Typische Barrieren sind u.a. patentrechtlich abgesicherte Innovationen, hohe Markteintrittsinvestitionen oder rechtliche Bindungen der Absatzmittler.

Eintrittsgeld, Entgelt, das vom Handel von den Lieferanten verlangt wird, um mit neuen Produkten im → Ordersatz gelistet zu werden. Im Vergleich zum → Listungsrabatt werden vom → Markenverband E. als Verstoß gegen die Grundsätze eines Leistungswettbewerbs angesehen. – Vgl. auch → Sündenregister.

Einwegkommunikation, übliche Form der → Massenkommunikation, bei der keine Rückkoppelung zwischen dem Sender und dem Empfänger erfolgt. Die neuen Formen einer zunehmend personalisierten Kommunikation versuchen, dieses kommunikative Defizit abzuschwächen und interaktive Elemente in den → Kommunikationsprozess einzufügen. – Vgl. auch → Direktwerbung, → Direktmarketing. – *Gegensatz:* → Zweiwegkommunikation.

Einwegverpackung, → Verpackung, die nach Gebrauch nicht mehr dem gleichen

Verwendungszweck zugeführt werden kann. E. werden nur einmalig genutzt und danach zu Abfall oder dem → Recycling zugeführt. – *Gegensatz:* → Mehrwegverpackung, → Mehrwegsystem.

Einzahlung, Zahlungsmittelbetrag, der einem Wirtschaftssubjekt (z.B. Lieferant) von einem anderen Wirtschaftssubjekt (z.B. Kunde) zufließt. Von den E. abzugrenzen sind → Einnahmen, → Ertrag und der → Betriebsertrag. – *Gegensatz:* → Auszahlung.

Einzelhandel. I. Im funktionellen Sinne: die wirtschaftliche Tätigkeit des Absatzes von → Waren und → Dienstleistungen an Endverbraucher. – II. Im institutionellen Sinne: Betriebe, die ausschließlich oder überwiegend E. im funktionellen Sinne betreiben. – *Gegensatz:* → Großhandel. – Vgl. Abbildung „Einzelhandel – Typologisierung der Betriebsformen".

Einzelhandelskette,
→ freiwillige Handelskette.

Einzelhandelsmarketing,
→ Handelsmarketing.

Einzelhandelspanel, → Handelspanel.

Einzelhandelstyp, besondere Ausprägung verschiedener → Betriebstypen im → Einzelhandel. Die typologischen Unterschiede beziehen sich entweder auf die Merkmalverschiedenheiten des gleichen Betriebstyps oder auf die Unterschiede zwischen verschiedenen Einzelhandelsformen (z.B. Discounter im Vergleich zum Fachgeschäft).

Einzelhandelszentralität, Bestimmung von Marktgrenzen und Erfassung von Kaufkraftströmen, die für die → Standortanalyse des → Einzelhandels eine große Bedeutung haben, wenn keine räumlich differenzierten Umsatzwerte vorliegen. Die E. ergibt sich aus dem Verhältnis der Beschäftigten je 1.000 Einwohner im Teilgebiet zu den Beschäftigten je 1.000 Einwohner im Gesamtgebiet.

Einzelkosten, direkte → Kosten, die dem → Kostenträger (Produkt) verursachungsgemäß unmittelbar zugerechnet werden können. – *Gegensatz:* → Gemeinkosten.

Einzelmarke, *Monomarke,* einzelne, unterschiedliche → Marken für einzelne → Produkte. Die Herkunft der E. wird kommunikativ nicht deutlich gemacht. Die Einzelmarkenstrategie vermeidet einen möglichen negativen → Imagetransfer, ist jedoch mit einem hohen, insb. kommunikativen, Aufwand verbunden. Die → Markenpolitik bestimmt die jeweilige strategische → Markenführung. – *Gegensatz:*→ Mehrmarkenstrategie.

Einzelhandel – Typologisierung der Betriebsformen

Sortiment \ Zielgruppen	exklusiv	**selektiv**	extensiv
exklusiv	Boutique Spezialfachhandel	Fachhandel Fachmarkt	Shopping Center
selektiv	Homeshopping	**Online-shopping Discounter**	Kaufhaus (Textilhaus)
extensiv	Versandhandel	SB-Warenhaus Verbrauchermarkt	klassisches Warenhaus

Wachstumsfelder | Stagnationsfelder

Einzelziel, Teilziel, das auf allen Zielebenen im hierarchischen → Zielsystem (Oberziel, Bereichsziel, Aktionsziel) gebildet wird. Beispiele für ranggeordnete E. im vertikalen Zielsystem sind die → Gesamtkapitalrentabilität des Unternehmens, der Marktanteil der Produktgruppen in einem Geschäftsbereich und die Erhöhung des Bekanntheitsgrades eines Produktes durch eine Werbekampagne.

Einzugsgebiet, geografischer Raum, aus dem ein Einzelhandelsgeschäft bzw. eine Agglomeration von Einzelhandelsgeschäften → Kunden zieht. Wesentliche Bestimmungsfaktoren für das E. sind die Bevölkerungs-, Einkommens-, Konsumstruktur etc. des relevanten geografischen Raums. – Vgl. auch → Gravitationsmodell.

Eisbrecherfrage, Einleitungsfragen zu Beginn einer vor allem → mündlichen Befragung, die gestellt werden, um den Befragten ihre Befangenheit zu nehmen und die z.T. von den → Probanden als künstlich empfundene Atmosphäre aufzulockern. E. dienen daher auch nicht dem primären Untersuchungszweck, sondern dazu, das Interesse der Befragten zu wecken, ohne dadurch eine Ausstrahlung der Vorfragen auf die Beantwortung der nachfolgenden Fragen zu erzeugen. – Vgl. auch → Halo-Effekt, → Spill-over-Effekt.

eiserne Reserve, → Sicherheitsbestand.

Elastizität, Verhältnis der relativen Änderung einer Größe zu der sie verursachenden relativen Änderung einer anderen Größe. Im Marketing haben die → Nachfrageelastizitäten eine besondere Bedeutung.

Electronic Banking, alle Bankleistungen, die mithilfe von EDV-Systemen dem Bankkunden zur Verfügung gestellt werden. Zum E.B. zählen u.a. die Geldausgabeautomaten und vor allem das Onlinebanking, das sich als Marktbegriff immer mehr durchsetzt.

Electronic Bill Presentment and Payment (EBPP), bezeichnet die elektronische Rechnungsstellung und elektronische Bezahlung von Rechnungen. Hierbei besteht der Gesamtvorgang aus zwei Teilprozessen:

- das Präsentieren und Versenden von Rechnungen und
- das Zahlen.

Beide Schritte werden elektronisch über das → Internet abgewickelt. Durch die Einschaltung eines Mittlers können die Interaktionen gebündelt und damit ihre Anzahl sowohl für den Rechnungssteller als auch für den Rechnungsempfänger reduziert werden.

Electronic Business, *E-Business,* Optimierung aller Geschäftsprozesse eines Unternehmens entlang der gesamten Wertschöpfungskette unter Einsatz digitaler Technologien und des → Internets. – *Anders:* → Electronic Commerce.

Electronic Cash, → POS-Banking.

Electronic Commerce, *elektronischer Handel,* Abwicklung von Vorgängen im Absatzbereich mithilfe elektronischer Kommunikationsmedien, vor allem der verschiedenen → Internet-Dienste. E.C. umfasst die Vorkaufphase, Verkaufstransaktion, Zahlungsabwicklung und die Nachkaufphase. – Abzugrenzen vom E.C. als reine Geschäftstransaktion ist die umfassende Kundenbetreuung über das Internet. – Vgl. auch → Electronic Business.

Electronic Data Interchange (EDI), elektronischer Austausch von → Nachrichten und → Informationen zwischen Geschäftspartnern oder Behörden sowohl horizontal und vertikal als auch national und international. Die Federführung für den Aufbau des Informations- und → Kommunikationsnetzes liegt bei der Europäischen Kommission.

Electronic Economy, *E-Economy, Internet-Ökonomie,* Sammelbegriff für die Nutzung aller elektronischen Möglichkeiten zu geschäftlichen → Transaktionen. Ziel ist es, Wertschöpfungsketten von Unternehmen zu optimieren.

Electronic Mail, *E-Mail,* elektronische Briefpost, die über → Internet oder andere Netzwerke verschickt wird. Hierbei erfolgt der Datenaustausch zwischen Benutzern mit beliebigem Inhalt (Ton, Bild, Text). – Vgl. auch → Mailbox.

Electronic Marketing, Sammelbegriff für alle marketingrelevanten Bereiche, in denen elektronische Komponenten und Systeme der Informations- und Kommunikationstechnik zur Gestaltung von komplexen Interaktions- und Transaktionsprozessen eingesetzt werden.

Electronic Procurement, Abwicklung von Vorgängen im Beschaffungsbereich mithilfe elektronischer → Kommunikationsmedien vor allem der verschiedenen Internet-Dienste. – Vgl. auch → Electronic Commerce, → Electronic Business.

Electronic Shopping, Form des → Angebots und der → Nachfrage von Produkten und Dienstleistungen inklusive Informationen über elektronische Netze durch Unternehmen, Institutionen und Kunden. Voraussetzung für das E.S. ist die Existenz eines elektronischen Marktplatzes, auf dem die Markt- und Transaktionsprozesse stattfinden. – Vgl. auch → Onlineshopping, → Electronic Commerce, → Teleshopping und → Homeshopping.

elektrodermale Reaktion (EDR), *hautgalvanische Reaktion (HGR), psychogalvanische Reaktion (PGR),* Hautwiderstandsmessung, die die psychische → Aktivierung erfasst. Gemessen wird die Reaktion der Schweißdrüsen auf → Reize (z.B. Werbemittel), die zu einer Veränderung des Hautwiderstandes führt. – Vgl. auch → apparatives Verfahren und → Elektroenzephalogramm (EEG).

Elektroenzephalogramm (EEG), Messverfahren zur Erfassung der veränderten Hirnströme aufgrund von unterschiedlichen → Stimuli. Es handelt sich um ein → apparatives Verfahren, das zur Messung der → Werbewirkung eingesetzt wird. Hierbei wird grundsätzlich eine positive → Korrelation zwischen Aktivierung, Verarbeitung und Speicherung von Reizen unterstellt, die das → Konsumentenverhalten beeinflusst.

Elektromyographie (EMG), Messung von Muskeltonusveränderungen im Sinne von nicht-kognitiven Reaktionen. Das Verfahren gehört zur Gruppe der → apparativen Verfahren.

elektronische Medien, Sammelbegriff für Kommunikationsmittel, die elektronisch übertragen werden. Dazu gehören u.a. Hörfunk, Fernsehen, Internet, Telefon.

elektronischer Marktplatz, → virtueller Markt im Rahmen eines Datennetzes. Auf dem e.M. werden virtuelle Geschäftstransaktionen durchgeführt. Die e.M. entwickeln sich immer schneller zu einer attraktiven Handelsplattform vor allem im → Business-to-Business-Marketing.

elektronische Warensicherung, Systeme zur Sicherung von Waren im → Einzelhandel, um dem zunehmenden → Ladendiebstahl zu begegnen. Als die wesentlichen Systemtypen werden die verschiedenen

- Raumüberwachungssysteme (Fernsehkameras),
- Direktsicherungssysteme (Magnetetiketten oder entsprechende Anhänger) und
- elektronischen Sicherungssysteme (Signalgeber am Produkt, die an der Kasse entfernt bzw. entwertet werden) unterschieden.

Die letzteren Systeme erfüllen bei hochwertigen Produkten (z.B. Textil) am besten die Anforderungen des Handels an eine selbstbedienungsentsprechende Produktsicherung und kundenfreundliche Handhabung.

Elementarpsychologie, *Elementenpsychologie,* Theorie, nach der sich die → Wahrnehmung summenhaft aus Reizen zusammensetzt. Weiterhin wird eine proportionale Beziehung zwischen Reizstärke und Empfindung unterstellt. – *Gegensatz:* → Ganzheitspsychologie und → Gestaltpsychologie.

E-Mail, Abk. für → Electronic Mail.

EMC, *European Marketing Council,* Zusammenschluss der einzelnen europäischen, nationalen Marketingvereinigungen zu einem Verband.

E-Mercial, Werbespot, der bewegte Animationen, Sound, Film und Text im → Internet verbindet. Die Laufzeit beträgt etwa je sieben Sekunden und wird als Fullscreen-Spot angezeigt. Im Unterschied zum → Interstitial sind E. nicht klickbar.

EMG, Abk. für → Elektromyographie.

Emotion, innerer Erregungszustand, der als angenehm oder unangenehm empfunden und mehr oder weniger bewusst erlebt wird. Die Dimensionen sind die Intensität (Stärke der Aktivierung), die Richtung (positiv oder negativ) und die Qualität der E. (subjektives Erleben der eigenen emotionalen Erregung nach Eindrücken, wie z.B. Glück, Geborgenheit, Wärme). – *Gegensatz:* → Affekt.

Emotional Design, emotionale Gestaltung aller Aktivitäten der → Marketingkommunikation. Das E.D. ist in der komplexen Medienwelt das Resultat inszenierter Informationen [D. Bosshart, (1997)] und Ausdruck eines zerebralen → Konsums. Dieser hat nicht mehr die Funktionalität des Angebots zum Inhalt, sondern den Kult (→ Kult-Marketing), der mit dem Produkt bzw. der Dienstleistung verbunden ist. Der Konsum beruht auf Gefühlsmustern der Nachfrager, die ihrerseits wiederum durch die Angebote und Marketingkommunikation geprägt werden. – *Anders:* → Kommunikationsdesign.

emotionale Intelligenz, Fähigkeit, die eigenen Gefühle und die anderer Personen zu erkennen und zu steuern. Die e.I. ist nach D. Goleman (2000) Voraussetzung für das Erlernen persönlicher und → sozialer Kompetenzen. Die e.I. erweitert die kognitiven Fähigkeiten und ist die Basis für den effizienten Gebrauch der rationalen Intelligenz. – Vgl. auch → Intelligenzquotient.

emotionale Kaufentscheidung, → Kaufentscheidung.

emotionale Kommunikation, → emotionale Werbung.

emotionale Kompetenz, Persönlichkeitsmerkmal als Maß der Persönlichkeitsstärke, die durch die Fähigkeit bestimmt wird, die eigenen Gefühle zu erkennen und zu steuern. Die e.K. umfasst die Selbstwahrnehmung und -einschätzung als Stärken- und Schwächenprofil, die Selbststeuerung inklusive Anpassungsfähigkeit und Belastbarkeit und daraus folgend die Selbstmotivation. Nach D. Goleman (2000) ist die → emotionale Intelligenz die Voraussetzung für das Erlernen emotionaler und sozialer Fähigkeiten (→ Sozialkompetenz) und zugleich eine wichtige Ergänzung der kognitiven Fähigkeiten. – Vgl. auch → Intelligenzquotient, → Fachkompetenz, → Methodenkompetenz, → Lernkompetenz.

emotionale Konditionierung, → Sozialtechnik, die sich besonders für passive → Konsumenten eignet und auf dem Prinzip der klassischen → Konditionierung beruht. Die Verknüpfung eines neutralen Wortes mit Bildern oder Musik, die bereits konditioniert sind, hat zur Folge, dass bei wiederholter Darbietung auch das neutrale Wort die gleiche Reaktion hervorruft.

emotionale Produktdifferenzierung, Erweiterung des → Produktprogramms um Produkte, die über die funktional-sachlichen Unterschiede zum eigenen und Konkurrenzangebot eine emotional-psychologische Differenzierung im Sinne eines → Zusatznutzens aufweisen. Dies entspricht einer → Marktsegmentierung nach Erlebniswelten und erweitert die Möglichkeiten zur gezielten → Markterschließung. Die Emotionalisierung speziell von Konsumgütern erlaubt bei funktional fast gleichen Produkten (z.B. Schokolade, Kaffee, Getränke) durch Differenzierung zu Light- und vitaminisierten Produkten vermehrte Verwendungsmöglichkeiten zu unterschiedlichen Anlässen. Instrumental hat hierbei die Werbung eine besondere Bedeutung. Sie muss den emotionalen Mehrwert des Produktes überzeugend kommunizieren.

emotionale Werbung, Vermittlung emotionaler Erlebnisse mithilfe der → Werbung. Die e.W. ist Teil des → Erlebnismarketings. Nach W. Kroeber-Riel (1990) lassen sich drei Erlebnisbereiche unterscheiden:

- biologisch vorprogrammierte Erlebnisse,
- kulturell geprägte Erlebnisse und
- zielgruppenspezifische Erlebnisse.

Die Erlebnisvermittlung erfolgt durch die → emotionale Konditionierung der Rezipienten. – In hoch entwickelten Industriegesellschaften verdrängt die e.W. immer mehr die → informative Werbung. Dies ist auf die zunehmende Austauschbarkeit der Leistungsangebote zurückzuführen, die kaum noch sachliche Unterschiede aufweisen. – Vgl. auch → Me too-Produkt.

Emotional Selling Proposition (ESP), Alleinstellungsmerkmal einer Marke oder eines Produktes aufgrund einer nicht-funktionellen Produkteigenschaft, die beim Verbraucher eine besondere Assoziation hervorruft (z.B. Glück oder Freiheit). Die Notwendigkeit Emotionen zu vermitteln, besteht vor allem in gesättigten Märkten (→ Marktsättigung).

Empathie, Fähigkeit zur Wahrnehmung der Gefühle und Bedürfnisse anderer Personen. Aus der → emotionalen Kompetenz der Selbstwahrnehmung und Selbststeuerung folgt das Erlernen → sozialer Kompetenzen, die Erfassung und Vorwegnahme von Bedürfnissen, ihre Befriedigung und die Fähigkeit zur Entwicklung von Beziehungen zu anderen Menschen. – Vgl. auch → Ego-Drive, → Sozialisation, → soziales Lernen.

Empfehlung, unverbindliche Erklärung zu einem wünschenswerten Verhalten von Marktpartnern. Das Wettbewerbsrecht [→ Gesetz gegen Wettbewerbsbeschränkungen (GWB)] behandelt E. sehr restriktiv, um ein Umgehen von gesetzlichen Regelungen zu verhindern. Zulässig sind lediglich:

- Mittelstandsempfehlungen: Stärkung der Wettbewerbsfähigkeit von kleinen und mittleren Unternehmen gegenüber Großunternehmen,
- Normen- und Typenempfehlungen: einheitliche Anwendung von Normen und Typen,
- vertikale und unverbindliche E.: Preisempfehlungen für Markenwaren der Hersteller an Handelsunternehmen und
- Konditionenempfehlungen.

Vgl. auch → allgemeine Geschäftsbedingungen.

empfohlener Richtpreis,
→ Preisempfehlung.

empirische Sozialforschung, Gewinnung von Erkenntnissen über gesellschaftliche Tatbestände bzw. Gesetzmäßigkeiten. Die → Absatzmarktforschung und die → Beschaffungsmarktforschung sind wesentliche Bestandteile der e.S.

empirische Wirtschaftsforschung, Gewinnung von Erkenntnissen über ökonomische Tatbestände bzw. Gesetzmäßigkeiten. Zu unterscheiden ist die mikro- und makroökonomische Forschung. Die → Konsumforschung gehört z.B. zur mikroökonomischen Forschung, die → Konjunkturforschung zur makroökonomischen Forschung.

Empowerment, Form des → Management-by-Delegation (MbD), bei der Entscheidungsrechte auf Mitarbeiter unterer Hierarchieebenen übertragen werden unter Einräumung autonomer Ermessensspielräume. Vor allem geht es hierbei um die Stärkung der Stellung der Mitarbeiter, die in permanentem Kontakt mit den → Kunden stehen. Dadurch werden Kundenprobleme unmittelbar und unkompliziert gelöst. – Vgl. auch → Total Quality Management (TQM).

Encodierung, Verschlüsselung von → Werbebotschaften in Form von Worten, Bildern, Zeichen. Die E. muss so erfolgen, dass die Nachrichten des → Kommunikators von den → Kommunikanten in der beabsichtigten Form verstanden, d.h. in Informationen umgesetzt und zielentsprechend interpretiert werden. Um Fehlinterpretationen zu vermeiden bzw. einzuschränken, empfehlen sich → Pretests und die Berücksichtigung der Erkenntnisse der → Semiotik sowie ihrer Dimensionen Syntaktik, Semantik und Pragmatik.

Endorsement, gesteigerte Form des verbalen → Product Placements. Neben der akustischen Nennung des Placement-Objektes wird dieses zudem wertend hervorgehoben.

Engel-Blackwell-Kollat-Modell, ein von J. F. Engel, R. D. Blackwell und D. T. Kollat (1968) entwickeltes Phasenschema zur Erklärung von → Kaufentscheidungsprozessen. Die Entscheidungsphasen sind:

- Problemwahrnehmung,
- Suche nach Lösungsalternativen,
- Alternativenbewertung,
- Entscheidung und
- Konsequenzen der Entschlussrealisation.

Vgl. auch → Howard-Sheth-Modell und → Nicosia-Modell.

Engel-Schwabe`sches Gesetz, ein nach E. Engel (1821-1896) und H. Schwabe (1830-1874) benanntes Gesetz, das einen Zusammenhang zwischen der Höhe des Einkommens und der Höhe der Nahrungsmittel- bzw. Wohnungsausgaben herstellt. Das Gesetz besagt, dass bei steigendem Einkommen die Ausgaben für die beiden Nachfragekategorien relativ abnehmen (→ Einkommenselastizität). Während die Beziehung zwischen Einkommenserhöhung und Nachfrage nach Nahrungsmitteln als signifikant gelten kann, ist der Zusammenhang mit Wohnungsausgaben nicht nachgewiesen. Es ist vielmehr anzunehmen, dass in voll entwickelten → Industriegesellschaften eine positive Beziehung besteht zwischen Einkommenszuwachs und steigenden Wohnungsausgaben. Dieser positive Zusammenhang kann als empirisch belegt gelten.

Entlohnungssystem, → Vergütungssystem.

Entrepreneur, nach J. A. Schumpeter (1950) ein Pionierunternehmer, der sich durch Innovationskraft und Risikoübernahme auszeichnet. Leistungsmotivation und Wagemut sind seine wichtigsten Persönlichkeitsmerkmale. Im Vergleich zum → Intrapreneur übernimmt er auch persönlich das unternehmerische Risiko.

Entropie, Gesetz der Thermodynamik. In geschlossenen Systemen wird die E. immer größer, d.h. die Menge der nutzbaren Energie nimmt überproportional ab, die der verbrauchten Energie nimmt exponentiell zu. Aus betriebswirtschaftlicher Sicht verschlechtert sich das Verhältnis zwischen Faktoreinsatzmenge und Faktor-Ertrag. – Beispiel: Der Aufwand für die Wiedergewinnung der verbrauchten Ressourcen ist höher als der Aufwand für die Produktion eines Produktes. Dieser Zusammenhang hat für die → Ökologie eine große Bedeutung.

Entscheidung, bewusste Auswahl zwischen mehreren Handlungsalternativen zur Erreichung von operationalen Zielen.

Entscheidungsbaumverfahren, Planungsverfahren anhand eines Baumdiagramms. Die Äste zeigen die Handlungsalternativen. Unterschieden werden Entscheidungsknoten (Kostenschätzung) und Erwartungsknoten (Eintrittswahrscheinlichkeiten). Die Baumspitze zeigt die zu erwartenden → Erträge für die verschiedenen Handlungsalternativen.

Entscheidungsmodell, Modell, das unter Einschluss von Zielen Alternativen für → Entscheidungen auf Istdaten-Basis aufzeigt. – *Anders:* → Beschreibungsmodell, → Erklärungsmodell und → Prognosemodell.

Entscheidungsprozess, Prozessstufen der → Entscheidung, die sich in aufeinander folgenden Phasen vollziehen: Analyse, Diagnose, Prognose, Zielplanung, Suche nach Lösungsalternativen, Alternativenbewertung, Entscheidung, Kontrolle und Anpassung. Der E. weist eine enge Beziehung mit dem → Planungsprozess auf.

Entscheidungstheorie, Ansatz der modernen → Marketingtheorie, der den Ablauf von → Entscheidungsprozessen in den Vordergrund stellt. Zu unterscheiden sind die:

- deskriptive E., die z.B. das konkrete Konsumentenverhalten beschreibt und
- präskriptive oder normative E., die hingegen vorschreibenden Charakter hat, z.B. die Gestaltung des Marketing-Mix oder die Bestimmung organisationaler Abläufe im Marketing-Management.

Entscheidungsunterstützungssystem (EUS), DV-System, das der Unterstützung von Marketingentscheidungen dient. Unterschieden werden datenbasierte Systeme und wissensbasierte Systeme (→ Expertensystem), die in erster Linie die Aufgabe der Akkumulation, Synthese und Verbreitung des Wissens haben. – Vgl. auch → Decision Support System (DSS).

Entsorgung, Sammlung, Lagerung und Rücktransport von Abfällen und Altstoffen.

Entsorgungslogistik, letzte Stufe der → Logistik. Sie umfasst in der logistischen Kette die Rückführung ge- und verbrauchter Produkte und Materialien z.B. Leergut und Verpackungen. – Vgl. auch → Redistribution.

Entstehungszyklus, → Produktentwicklungsprozess.

Environment Design, → Corporate Design.

E-Procurement, Abk. für → Electronic Procurement.

E-Publishing, Inhalte von Zeitschriften und Tageszeitungen, die dem Internet-Nutzer online gegen Gebühr oder dem Abonnenten kostenlos zur Verfügung gestellt werden. Der Informationsdienst kann angereichert werden durch gebührenpflichtige oder auch kostenlose zusätzliche Detailinformationen und Berichte oder Studien.

Equity-Story, kommunikative Transformation der → Unternehmensstrategie in die Sprache der Investoren, Analysten, Kunden, Geschäftspartner, Mitarbeiter und Medien. Darüber hinaus geht es aber auch um das systematische Herausarbeiten von künftigen Marktchancen und existenten Wettbewerbsvorteilen. – Vgl. auch → Börsenmarketing.

Equity-Theorie, Billigkeitstheorie, nach der Personen in sozialen Austauschsituationen nach dem Prinzip der Billigkeit solche → Transaktionen präferieren, bei denen sie eine äquivalente Gegenleistung zur eigenen Leistung erwarten. Dieses Verhalten spielt z.B. in den Hersteller-Handels-Beziehungen eine wichtige Rolle und erklärt auch bestimmte Erscheinungsformen des → Konsumentenverhaltens, wie z.B. die Reaktanz im Käuferverhalten und die Bildung von Präferenzen.

Equivalent Billings, → Billings.

Erfa-Gruppe, *Erfahrungsaustauschgruppe,* diese vom → Rationalisierungskuratorium der Deutschen Wirtschaft (RKW) begründete Form des Erfahrungsaustauschs von Führungskräften einer oder mehrerer Branchen, aber vor allem der Mitglieder von → horizontalen und → vertikalen Kooperationen, hat eine große Bedeutung gewonnen. Im Marketing gilt dies insb. für den Austausch von Marktinformationen und -erfahrungen auf lokaler, regionaler, überregionaler und auch internationaler Ebene.

Erfahrungskurveneffekt, Effekt, bei dem → Stückkosten um 20% bis 30% gesenkt werden können, wenn sich die in kumulierten Produktmengen ausgedrückte Produkterfahrung verdoppelt. Hierbei wird unterstellt, dass alle Kostensenkungsmöglichkeiten konsequent genutzt werden. Man bezeichnet die Erfahrungskurve auch als → Lernkurve. Auf der Erfahrungskurve aufbauende Strategien haben ihre höchste Wirksamkeit in den frühen Stadien des → Produkt-Lebenszyklus, weil der kumulierte Ausstoß in diesem Phasenabschnitt am schnellsten verdoppelt werden kann. Die Risiken der Nutzung des E. liegen in der Unsicherheit des technischen Fortschritts, der prognostischen Annahme des relevanten Marktwachstums, der Entwicklung der als langfristig elastisch angenommenen Preiselastizität und in der Reaktion des Wettbewerbs. – Vgl. auch → Half-Life-Konzept. – Vgl. Abbildung „Erfahrungskurve".

Erfolgsfaktor, Situation, Element, Struktur und/oder Leistungsfaktor, der erfolgswirksam ist.

Erfolgskontrolle, Kontrollprozesse, die unterschieden werden in Ergebniskontrollen und Verfahrenskontrollen. Verfahrenskontrollen messen die Effizienz von Abläufen (z.B. Kontrolle der Ablauforganisation), Ergebniskontrollen die Abweichungen zwischen Soll und Ist. Erfolg kann ökonomisch (z.B. Gewinn) definiert sein, aber auch außerökonomisch.

Erfolgsposition, Vergleichsposition zum Wettbewerb. Die strategischen → Erfolgspotentiale bilden die Basis, um → strategische E. gegenüber dem Wettbewerb zu besetzen.

Erfolgspotential, nach A. Gälweiler (1987) das gesamte Gefüge aller produkt- und marktspezifischen erfolgsrelevanten Voraussetzungen, die spätestens dann bestehen müssen, wenn es um die Realisierung geht. Die strategischen E. haben

Erfahrungskurve

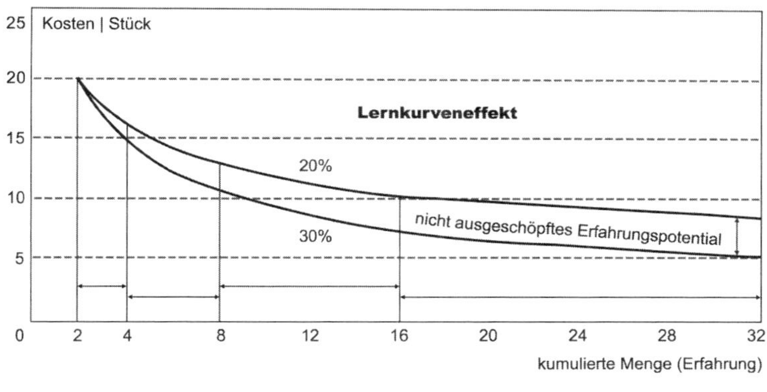

eine dominante Wettbewerbsrelevanz und bestimmen die → Erfolgsposition im Markt.

Erfolgsrechnung, Ermittlung des Unternehmenserfolgs innerhalb eines Zeitabschnittes. Unterschieden werden:

- Totalerfolgsrechnungen: bezogen auf die gesamte Lebensdauer eines Unternehmens und
- Periodenerfolgsrechnungen: bezogen auf zeitliche Abschnitte, wie z.B. Jahre und Quartale.

Die E. wird auf der Basis einer Gewinn- und Verlustrechnung erstellt. – Vgl. auch → Unternehmensergebnis.

Erhaltungswerbung, *Markterhaltungswerbung, Stabilisierungswerbung,* → Werbung, die zum Ziel hat, die erreichte Marktposition (z.B. Marktanteil) zu halten bzw. zu stabilisieren. Die E. weist eine enge Verwandtschaft mit der → Erinnerungswerbung auf, die aber nicht auf die ökonomische Markterhaltung abzielt, sondern auf die Erinnerung an das beworbene Leistungsangebot.

Erhebungsfehler, Zufalls- bzw. Auswahlfehler und systematische Fehler, die bei der → Primärforschung auftreten. Die Zufallsfehler beruhen auf → Stichprobenfehlern bei der → Teilerhebung und können nur eingeschränkt, aber nie gänzlich ausgeschlossen werden. Die systematischen Fehler sind thematisch, inhaltlich oder befragungstechnisch bedingt.

Erhebungsverfahren, Verfahren zur Gewinnung von Primärinformationen. Unterschieden werden verbale (Befragung) und nonverbale Methoden (Beobachtung, elektronisches Panel).

Erinnerung, Fähigkeit zum Abruf gelernter Inhalte. Neben der Speicherung (Behalten) ist die E. die zweite wichtige Funktion des Gedächtnisses. In der → Werbewirkungsforschung wird die E. abgegrenzt von der → Wiedererkennung, die lediglich eine passive (gestützte) Gedächtnisleistung darstellt. Die E. gilt als ein wichtiger Parameter für die → Werbewirkung.

Erinnerungsverfahren, → Recall-Verfahren, die wie die → Wiedererkennungsverfahren die Gedächtniswirkung der Werbung messen. Unterschieden werden ungestützte (ohne Informationshilfen) und gestützte (mit Vorlagen) E.

Erinnerungswerbung, → Werbung, die zum Ziel hat, die → Erinnerung an ein schon bekanntes Leistungsangebot aufrechtzuerhalten. Die E. weist eine enge Verwandtschaft mit der → Erhaltungswerbung auf, unterscheidet sich aber von dieser dadurch, dass die Erhaltungswerbung auf die ökonomische Markterhaltung abzielt und nicht auf die nur bedingt ökonomisch wirksame Erinnerung an ein Leistungsangebot.

Erklärungsmodell, → Modell, das vor allem in der → Marktforschung eingesetzt wird. Es geht insoweit über das → Beschreibungsmodell hinaus, als dass es empirische Befunde diagnostiziert, um daraus → Entscheidungs- und → Prognosemodelle zu entwickeln. Bei den E. wird unterschieden in

- Totalmodelle: Berücksichtigung aller relevanten Determinanten und
- Partialmodelle: Erfassung einzelner relevanter Determinanten.

Erlaubniskartell, → Kartell, das anmeldungs- und genehmigungspflichtig und nach dem → Gesetz gegen Wettbewerbsbeschränkungen (GWB) zulässig ist. E. sind Rationalisierungskartelle, wie z.B. Rabattkartelle, Strukturkrisenkartelle, Exportkartelle (mit Inlandswirkung) und Importkartelle (zur Abwehr monopolistischer Anbieter aus dem Ausland).

Erlebnis, Eindruck durch neue Situationen. E. sind subjektbestimmt (d.h. vom jeweiligen Individuum abhängig), verarbeitungsbestimmt (d.h. vom jeweiligen Individuum unterschiedlich interpretiert), situationsbestimmt (d.h. von der jeweiligen Situation des Individuums abhängig).

Die Auswahl von Erlebnisangeboten erfolgt bedürfnisadäquat. Durch den Aufbau von Erlebniswelten versuchen die Anbieter, die → Bedürfnisse der Konsumenten zu beeinflussen. Die Bewertung der Angebote durch den Konsumenten entscheidet über ihre Erlebnisrelevanz.

Erlebnisgesellschaft, Gesellschaft der Moderne, die nach G. Schulze (1996) vor allem durch eine Wertorientierung des „Erlebens" und „Genießens" gekennzeichnet ist. Die Erlebnisorientierung als zentrales Lebensziel umfasst alle Bereiche des Alltagslebens, die Gruppenbildung und die sozialen Kontakte. Die Erlebnisnachfrage reicht vom Bedürfnis nach Selbstverwirklichung und Selbsterfahrung bis zur fortwährenden Stimulierung durch einen Konsumgenuss und hat entscheidend zum Aufbau von multi-sensualen, interaktiven Erlebniswelten beigetragen.

Erlebnishandel, Verstärkung des funktionalen → Produktnutzens durch erlebnisbetonte Inszenierung der → Ladengestaltung und → Warenpräsentation. – Beispiel: themenspezifische Erlebniswelten, wie etwa Gesundheit, Ernährung, Wellness, die nicht nur präsentiert, sondern auch multisensual erlebt werden. Einkaufsstätten mit besonderer Erlebnis-Atmosphäre (z.B. Einkaufscenter, Bauernhöfe) verkaufen primär Prestige-, Frische- und Naturerlebnisse. – *Gegensatz:* → Versorgungshandel, der vielfach dem → Discount-Konzept folgt.

Erlebniskauf, → Kaufverhalten, das geprägt ist durch eine gesteigerte Genuss- und Erlebnisorientierung. Der materiellen Bedarfsdeckung von → Primärbedürfnissen steht eine zunehmend emotionale Befriedigung der → Sekundär- und → Tertiärbedürfnisse gegenüber. Nach dem Prinzip der Erlebnisrationalität werden Güter und Dienstleistungen entsprechend ihrem Beitrag (→ Added Value) für ein schönes, abwechslungsreiches Leben ausgewählt, wobei die Einkaufsatmosphäre und das Ambiente der Einkaufsstätte z.T. entscheidend sind. – Vgl. auch → Erlebnishandel.

Erlebnismarketing, → Präferenzstrategie, bei der → Erlebniswerte im Mittelpunkt stehen. Die Erlebnis- und Genussorientierung der Konsumenten bewirkt eine Emotionalisierung der Warenwelt. Entscheidendes Konsummotiv ist ein sinnliches Konsumerlebnis, d.h. das Erreichen eines optimalen Erregungsniveaus (→ Variety Seeking Behavior). Zur Vermittlung nachhaltiger Einkaufserlebnisse bedarf es erlebnisorientierter Strategien, die eng mit dem → Event-Marketing verbunden sind. Wichtig ist die optimale Verknüpfung von Primärnutzen (funktionaler Produktanspruch) und Sekundärnutzen (Erlebniswert), da die Emotionalisierung dem Zwecke dient, den eigentlichen Produktnutzen zu verstärken, indem sie neue Begehrlichkeiten für das Produkt weckt.

Erlös, berechnet sich aus dem Produkt von → Absatzmenge und → Preis. – Vgl. auch → Umsatz.

Erlösfunktion, ergibt sich aus den Preis-Mengen-Beziehungen. Die Preisabsatzfunktionen hängen in ihrem Verlauf entscheidend von der → Marktform ab.

Erlös-minus-Preis, → Marktpreis.

Erlösschmälerung, Minderung des Abgabepreises durch im Wesentlichen → Rabatte, → Boni und → Skonti. Die E. haben nicht den Charakter von → Kosten.

Erlösvergleichsrechnung, periodenbezogener Vergleich der → Erlöse. – Vgl. auch → Investitionsrechnung.

Erntestrategie, kontrolliertes Desinvestment, um den → Cash-Flow zu erhöhen. Am Ende der E. steht die → Produktelimination bzw. der Verkauf oder die Liquidierung des Geschäftsbereichs. – Vgl. auch → Portfoliomanagement.

ERP-System, *Enterprise Resource Planning-System,* Geschäftsprozess-Software, welche die informations- und kommunikationstechnischen Basisbedingungen für das Management von Versorgungsketten schafft.

Erscheinungsbild, → Design, → Corporate Design, → Image, → Corporate Image.

Erstkäufer, Nachfrager, die in der ersten Vermarktungsperiode eines neuen Produkts bzw. einer Dienstleistung das Leistungsangebot kaufen oder bei bereits bestehender Marktpräsenz erstmals kaufen.

Erstmarke, → Markenartikel, der zunächst vom Hersteller allein vertrieben und dann im Rahmen der → Produktdifferenzierung und vor allem → Marktsegmentierung durch eine → Zweitmarke, meist eine Billigmarke, ergänzt wird, um neue Käuferschichten zu erreichen.

Ertrag, der von einem Wirtschaftssubjekt (Unternehmen) in einer Periode erwirtschaftete Bruttowertzuwachs. – *Gegensatz:* → Aufwendung.

Ertragsfunktion,
→ Produktionsfunktion.

Ertragsgesetz, Gesetz vom abnehmenden Ertragszuwachs. Unterstellt wird eine substitutionale → Produktionsfunktion. Bei Veränderung des Einsatzes eines variablen → Produktionsfaktors nimmt der → Ertrag zunächst überproportional und im weiteren Verlauf nur noch unterproportional zu (→ Grenzertrag). Nach Überschreiten des Ertragsmaximums nimmt der Ertrag bei weiterem Faktoreinsatz ab. – Vgl. auch → Werbewirkung, → Werbeerfolg.

Ertragswert, Barwert zukünftiger Netto-Einzahlungen.

Erwartung, projektive → Einstellung, z.B. zu Produkten und deren Problemlösungsqualität. E. werden aus Informationen und Erfahrungen abgeleitet. Nicht bestätigte E. (z.B. nach dem Produktkauf) führen zu kognitiven Dissonanzen. Darüber hinaus sind E. aber auch soziale → Normen, denen das Individuum entsprechen muss und die sein → Verhalten beeinflussen.

Erwartungswert, → Wert, den ein Subjekt einem Leistungsobjekt beimisst (z.B. Qualität und/oder Preis) in Bezug auf die Erfüllung seiner → Erwartung. Die E.-Modelle der → Motivationspsychologie gehen davon aus, dass die Motivation zu einem Verhalten durch den Anreizwert des Zielobjektes und die Erfolgserwartung aus der Kaufhandlung bestimmt werden.

erwerbswirtschaftliches Prinzip, Maxime ist die Gewinnerzielung. Im Grundsatz wird eine → Gewinnmaximierung angestrebt.

Escalating Commitment, *eskalierendes Commitment,* finanzielles Engagement in ein bestimmtes Projekt (z.B. Entwicklung einer neuen Technologie- oder Produktinnovation), das durch weitere Investitionen erhöht wird, obwohl sich die bisherigen Investitionen in das Projekt als nicht erfolgreich erwiesen haben. Die Ursachen für ein E.C. sind verhaltenstheoretisch und/oder ökonomisch begründet. So wird das E.C. dann wesentlich gefördert, wenn die Entscheidungsträger zu dem Projekt eine sehr persönliche, positive Beziehung bzw. Bindung haben. Die ökonomische Perspektive bezieht sich auf die finanziellen Auswirkungen des E.C. Diese sind dann nicht als negativ zu bewerten, wenn mit ihnen zielführende strategische Überlegungen und → Entscheidungen verbunden sind.

Eskapismus, Flucht vor den Anforderungen der Realität in Scheinwelten (z.B. in die des Konsums). E. gilt als Abwehrmechanismus zur Konfliktbewältigung. – Vgl. auch → Konsumentenverhalten.

Eskin-Modell, nach G. J. Eskin (1973) benanntes Modell, das ähnlich dem → Parfitt-Collins-Modell ein Prognosemodell für neue Produkte ist. Die Gesamtabsatzmenge pro Periode wird in Erst- und Wiederkaufmenge aufgespalten. Die Wiederkaufmenge wird dabei nach der Häufigkeit des Wiederkaufs und den zwischen den Wiederkaufakten liegenden Intervallen differenziert.

ESOMAR, Abk. für → European Society for Opinion and Market Research.

ESP, Abk. für → Emotional Selling Proposition.

Etat, → Marketingbudget, → Kommunikationsbudget, → Werbebudget.

Ethno-Marketing, ein nach der kulturellen Herkunft der → Zielgruppen differenziertes Marketing. Dies betrifft vor allem die werbliche Ansprache. – *Gegensatz:* → ethnozentrisches Marketing.

ethnozentrisches Marketing, Form des → internationalen Marketings, bei der die Markt- und Bedürfnisstrukturen des Stammlandes im Mittelpunkt stehen. Es handelt sich um die erste Phase der Internationalisierung (→ Export). Bei dieser Strategie werden weder die länderspezifischen Gegebenheiten berücksichtigt, noch gelingt eine Globalisierung.

Eurocommerce, Dachverband der europäischen Einzelhandelsverbände mit Sitz in Brüssel. – *Weitere Informationen unter* www.eurocommerce.be.

European Society for Opinion and Market Research (ESOMAR), Interessensverband mit dem Ziel, weltweit die Markt- und Meinungsforschung zu fördern, um Entscheidungsfindungen in Unternehmen und Gesellschaft zu verbessern. – *Weitere Informationen unter* www.esomar.org.

EUS, Abk. für → Entscheidungsunterstützungssystem.

Event, (Groß-) Veranstaltung, die inszeniert wird, um einem Zielpublikum (Kunden oder Mitarbeitern) bestimmte Botschaften zu kommunizieren und um somit einen bleibenden Erlebniswert zu erreichen. Hierzu zählen Pressekonferenzen, Firmenjubiläen, Ausstellungen, Messen, Kongresse, Shows, Konzerte, öffentliche Führungen etc.

Event-Marketing, eine aus der → Verkaufsförderung entwickelte → Kommunikationsform, die eng verbunden ist mit den → Public Relations (PR). Anlässe sind Messen, Firmenjubiläen, Produkteinführungen etc. Entscheidend ist die zielgruppenorientierte Kombination von Anlass, Motto und Ausführung der Veranstaltung, um einen bleibenden Erlebnis- und Erinnerungswert zu erreichen. Das E.M. ist eine erlebnisaktivierende Inszenierung von Leistungsangeboten (→ Marketing Event). Es handelt sich um ein inszeniertes Markenumfeld für die Identifizierung und Individualisierung des → Konsumenten. – Vgl. auch → Szenen-Marketing.

Event-Pacing, Anpassungsstrategie im Hinblick auf Konkurrenzverhalten, Veränderungen der Umfeldbedingungen, Technologieentwicklung und Veränderung der Kundenbedürfnisse. Diese reaktive Strategie empfiehlt sich in stabilen Absatzmärkten, die keinen oder kaum Veränderungen unterliegen. Da aber alle Märkte zunehmend instabiler werden, erweist sich das → Time Pacing als die wesentlich erfolgreichere → Wettbewerbsstrategie, durch die geplante Rhythmusvorgabe von Produktinnovationen einen langfristigen Wettbewerbsvorsprung sicherzustellen.

Event-Sponsoring, Verbindung von → Event-Marketing und → Sponsoring, wobei alle Sponsoringarten in Frage kommen können. Ziel ist, Leistungsangebote und deren Anbieter in Erlebniswelten einzubinden, die erst durch Events geschaffen werden, um einen positiven → Imagetransfer herzustellen. E.S. dient damit sowohl der Firmenprofilierung als auch der Markenpositionierung in den verschiedenen Zielgruppenfeldern.

Every Day Low Pricing (EDLP), konstant günstige Preisangebote durch den Hersteller mit dem Ziel, beim Verbraucher die Markenloyalität zu erhöhen. Damit verbunden sind auch Handels-Budget-Kürzungen. Im Rahmen des → Handelsmarketings ist diese → Preisstrategie nicht unproblematisch, da sie versucht, die Preisautonomie vom Handel wieder auf den Hersteller umzuleiten. Überdies lockt diese → Preispolitik Wettbewerber an, mit der Folge wechselnder Verlust-Führerschaften. Fraglich ist auch die Zielerreichung. Eine dauerhafte Niedrigpreispolitik schädigt das → Image des Markenartikels.

Evoked Set, Anzahl (eins bis fünf) ausgewählter Produkte, die der → Konsument in einem → Kaufentscheidungsprozess berücksichtigt. Der E.S. leitet sich ab aus dem → Awareness Set aller dem Konsumenten bekannten Produkte. Dieser umfasst die akzeptierten (Accepted Set) und zurückgewiesenen Kaufalternativen (Rejected Set). Aus dem Accepted Set werden gegenwärtig nicht präferierte Produkte zurückgestellt (Hold Set), die kauffähigen Produkte bleiben präsent im E.S. Der E.S. begrenzt die Produktauswahl und steuert entsprechend die → Wahrnehmung.

exklusive Distribution, Beschränkung auf wenige Distributionspartner, die in keiner oder einer nur geringen Wettbewerbsposition zueinander stehen.

exklusiver Vertrieb, Form des → selektiven Vertriebs, bei dem ein Hersteller sein gesamtes oder nur einen Teil des → Produktprogramms in einem festgelegten Absatzgebiet nur über einen Vertragshändler oder ein Vertragshändlersystem absetzt.

Experiment, unterschieden werden Beobachtungs- und Befragungsexperimente sowie Feld- und Laborexperimente. Insb. Laborexperimente, die unter künstlichen Bedingungen stattfinden, haben in der → Marktforschung eine zunehmende Bedeutung gewonnen. Aufgrund der z.T. willkürlichen Auswahl der → Stichprobe können Laborexperimente nicht den Anspruch einer statistischen → Repräsentanz erheben. Andererseits bietet die Repräsentanz vielfach auch nicht die Sicherheit einer externen → Validität.

Expertenbefragung, Befragungsmethode, die darauf abzielt, sachverständige Urteile von Spezialisten einzuholen. Die Befragungsbereiche beziehen sich vor allem auf Gebiete, zu denen kein objektives Datenmaterial vorliegt und man daher auf sachlich fundierte, subjektive Einschätzungen von Experten angewiesen ist. Die → Delphi-Methode ist eines der bekanntesten Verfahren der Expertenbefragung.

Expertensystem, → Entscheidungsunterstützungssystem (EUS) auf der Basis von Expertenwissen, das in DV-Programmen gespeichert und verarbeitet wird. E. sind wissensbasierte Systeme (im Vergleich zu datenbasierten Systemen). Die wesentliche Aufgabe von E. ist die Akkumulation, Synthese und Verbreitung des Wissens.

Exploration, Untersuchung von Problemkreisen bzw. Ursache-Wirkungs-Zusammenhängen, die bez. des Untersuchungsgegenstands unklar und/oder noch nicht hinreichend spezifiziert werden können. Die explorative Forschung vermittelt Einblicke in die Grundstruktur eines Problems und bietet Ansätze zu weiterführenden Untersuchungen. Als wichtigste Verfahren gelten → Pilotstudien und → Expertenbefragungen.

exploratives Verfahren, qualitatives → Erhebungsverfahren, das einen Einblick in die grundlegenden Probleme relevanter Untersuchungsobjekte gibt, deren Ursachen unklar sind. Die e.V. der Motivforschung (projektives Verfahren und Tiefeninterview) dienen der Aufhellung und Strukturierung von Motiven, die unbewusst Kaufentscheidungen des Verbrauchers beeinflussen und durch Befragungen nicht ermittelt werden können.

Exponat, Ausstellungsgegenstand (Originalprodukt, Muster, Modell oder Attrappe) von Ausstellern auf → Messen und → Ausstellungen.

Exponentialfunktion,
→ Wachstumsfunktion.

exponentielle Glättung, *Exponential Smoothing*, quantitatives Prognoseverfahren, das von der Annahme ausgeht, dass die Beobachtungswerte einer → Zeitreihe mit zunehmendem Alter ihre Bedeutung für die Prognose verlieren. In der einfachsten Form ergibt sich die neue Prognose aus dem alten Prognosewert plus der mit einem sog. Glättungsparameter gewichteten Prognoseabweichung zur Vorperiode. Das Problem des (kurzfristigen) Prognoseverfahrens ist die Bestimmung des Glättungsparameters, dessen Größe die Sensibilität der Anpassung bestimmt. In der Praxis liegt der Glättungsfaktor in der Regel zwischen 0,1 und 0,3 und kann je nach realer Absatzentwicklung in der EDV autoadaptiv angepasst werden. Das Verfahren ist nur geeignet für die kurzfristige Bedarfsprognose (zwölf monatliche Prognosen pro Jahr).

Export, → direkter Export, → indirekter Export.

Exportmarketing, die erste Stufe des → internationalen Marketings. – Vgl. auch → Marktarealstrategie.

Extensible Hypertext Markup Language (XHTML), textbasierte Auszeichnungssprache (Seitenbeschreibungssprache) zur Darstellung von Texten, Bildern und Hyperlinks in World-Wide-Web-Dokumenten. HXTML basiert auf der → Extensible Markup Language (XML) und ist eine Weiterentwicklung der → Hypertext Markup Language (HTML).

Extensible Markup Language (XML), Meta-Auszeichnungssprache (Seitenbeschreibungssprache), mit deren Hilfe man Auszeichnungsprachen definieren kann, um damit Inhalte von deren Formatierung zu trennen. Während die → Hypertext Markup Language (HTML) hauptsächlich das Aussehen der übertragenen Inhalte festlegt, ist es mit XML möglich, je nach Benutzeranforderungen semantische Erweiterungen vorzunehmen. So werden z.B. Informationen im XML-Format abgelegt und automatisch in diversen Formaten dargestellt (z.B. Word, Excel). Zu den XML-Sprachen gehört beispielsweise die → Extensible Hypertext Markup Language (XHTML).

Extensible Stylesheet Language (XSL), Programmiersprache, mit der Dokumente in → Extensible Markup Language (XML) und Formatvorlagen (Stylesheets) zur Präsentation in anderen Medien (z.B. Webseite) erstellt bzw. transformiert werden können.

extensive Distribution, das Erreichen möglichst aller relevanten → Einzelhandelsbetriebe mit dem Leistungsangebot.

externe Public Relations, *externe PR*, Form der → Öffentlichkeitsarbeit, die sich an die → Zielgruppen in den unternehmensrelevanten → Märkten richtet. Darüber hinaus gewinnen die Beziehungen zu dem unternehmensbezogenen Umfeld (z.B. öffentlichen Verwaltungen, Verbänden, Bürgerinitiativen etc.) eine immer größere Bedeutung. – Vgl. auch → Stakeholder. – *Gegensatz:* → interne Public Relations.

externe Validität, Generalisierbarkeit der Ergebnisse einer → Marktuntersuchung auf die zugrundeliegende → Grundgesamtheit. – *Gegensatz:* → interne Validität.

Extranet, unternehmensübergreifendes Computer-Netzwerk zum Informationsaustausch kooperierender Unternehmen (→ Value Webs). Das Netzwerk basiert auf der Internet-Technologie. E. spielt u.a. vor allem in den Hersteller-Handels-Beziehungen eine zunehmend wichtigere Rolle im Hinblick auf den notwendigen schnellen Informationsaustausch zwischen den Akteuren in den Absatzkanälen. Hierbei geht der Trend in Richtung Branchenportale, die von den Anbietern finanziert werden und deren unternehmensbezogene Vertraulichkeit durch den Portalanbieter sichergestellt wird.

Extrapolation, → Trendextrapolation.

extrinsische Motivation, Beschäftigung mit einer Aufgabe, die vornehmlich in Erwartung von Belohnungen (Verhaltenskonsequenzen) übernommen wird (→ Verstärkerprinzip, → soziales Lernen). Das Verhalten dient als Instrument, um z.B. soziale Anerkennung, Geld, Vermeidung von Strafe zu erreichen. So beruht z.B. der Demonstrativkonsum auf der e.M. Anreize können zu Leistungssteigerungen führen, wenn sie als Belohnung und nicht als Kontrollmechanismus empfunden werden. – Vgl. auch → Incentives, → Leistungsmotivation. – *Gegensatz:* → intrinsische Motivation.

Eye-Catcher, *Blickfang,* ein Grafik- oder Textelement in visuellen Medien (z.B. Anzeige oder Spot), das die Aufmerksamkeit des Zuschauers auf eine bestimmte Werbebotschaft lenken soll.

F

Fabrikladen, → Factory Outlet.

Facelifting, Form des → Revival, um die Wachstumsphase oder auch Reifephase bzw. Rentabilitätsphase im → Produkt-Lebenszyklus eines Leistungsangebots zu dehnen bzw. zu stabilisieren. In den meisten Fällen wird ein F. erst in der Sättigungsphase oder Degenerationsphase vorgenommen (mit üblicherweise zweifelhaftem langfristigem Erfolg). Das F. beschränkt sich in aller Regel auf eine werbliche Umpositionierung des Produkts. Bei wiederholtem F. besteht die Gefahr, dass der inhaltliche Markenkern des Produkts immer mehr aufgeweicht wird und die Zielgruppen nicht erreicht werden bzw. verloren gehen. – *Anders:* → Relaunch.

Face-to-Face-Kommunikation, Form der → persönlichen Kommunikation, die in Abgrenzung zur → Massenkommunikation direkt von Person zu Person erfolgt. Eine besondere Bedeutung hat die F.-t.-F.-K. für die → Diffusion. – Vgl. auch → Meinungsführer.

Fachdiscounter, → Betriebsform bzw. → Betriebstyp des → Einzelhandels, der begrifflich als Synonym für → Discounter verwendet wird. Der überwiegend mittelflächige Einzelhandelsbetrieb führt ein schmales und flaches Sortiment in → Selbstbedienung ohne jeglichen Service. Das wesentliche Profilierungsmerkmal ist eine dauerhafte Niedrigpreisstrategie bei guter Qualität der Warenangebote. – Vgl. auch → Discount-Konzept.

Fachgeschäft, → Einzelhandelstyp, der sich auf eine → Branche spezialisiert, ein tiefes Sortiment aufweist, die Kunden bedient und vielfach ergänzende Dienstleistungen anbietet. Eine Sonderform ist das → Spezialgeschäft, das sich auf einen Teil des Sortiments eines F. beschränkt und diesen tiefer gliedert (z.B. Jeans-Spezialgeschäft).

Fachgroßhandel, → Betriebsform des → Großhandels, die dem → Fachgeschäft auf Einzelhandelsbasis entspricht. Das Sortiment besteht aus Waren einer bestimmten Branche oder Bedarfskategorie. → Sortimentsbreite und → Sortimentstiefe befinden sich im mittleren Feld. – Vgl. auch → Sortimentsgroßhandel und → Spezialgroßhandel.

Fachhandel, Dachbegriff für → Fachgeschäfte im → Einzelhandel, → Großhandel und → Versandhandel inklusive ihrer verschiedenen Ausprägungen. Gemeinsames Merkmal der Fachhandelstypen ist ihr nach spezifischen Warengruppen bzw. Branchen ausgerichtetes Sortiment, das sich eher durch eine Sortimentstiefe als durch eine Sortimentsbreite auszeichnet.

Fachkompetenz, fachliches Wissenspotential als Schlüsselkompetenz zum Erkennen und Verstehen sachlicher Zusammenhänge. Dazu gehört vor allem die Fähigkeit zur

- Problemanalyse,
- Problemdiagnose,
- Entwicklung zielorientierter Entscheidungsalternativen und
- Entscheidung.

Vgl. auch → Methodenkompetenz, → Sozialkompetenz, → Lernkompetenz und → emotionale Kompetenz.

Fachmarkt, → Fachgeschäft neueren Typs mit bedarfsorientiertem tiefen → Sortiment. Die → Bedienungsformen sind sowohl die Selbstauswahl, Bedienung als auch die Selbstbedienung. Die F. sind großflächig mit umfangreichen Parkmöglichkeiten. Die praktizierte Sonderangebotspolitik führt dazu, dass fälschlicherweise die F. oft mit Discountern gleichgesetzt werden. Beispiele für F. sind Baumärkte, Drogeriemärkte, Gartencenter, Möbelmärkte, Getränke-F. etc. Mittlerweile sind auch Mehrbranchenmärkte (z.B. Baumärkte mit angeschlossenen Gartenzentren) entstanden. – F. werden in den USA auch als Category Killer bezeichnet, da sie durch ihre Mischsysteme die Handelsformentypologie infrage stellen und insb. den klassischen → Fachhandel angreifen.

Fachpromotor, fachliche Einflussnehmer, die einen → Innovationsprozess aktiv fördern. Sie üben im Unternehmen eine Meinungsführerschaft (→ Meinungsführer) aus. – Vgl. auch → Promotor. – *Anders:* → Machtpromotor und → Prozesspromotor.

Fachsortiment, → Teilsortiment.

Fachversandhandel,
→ Spezialversandhandel.

Fachwerbung, → Werbung, die sich an die Fachöffentlichkeit richtet. Beim → mehrstufigen Vertrieb ist die F. auf gewerbliche Verwender oder auf die Distributionskanäle bzw. Handelskanäle fokussiert. Üblicherweise werden als Kommunikationsmedien → Fachzeitschriften eingesetzt, deren Auswahl zielgruppenspezifisch erfolgt. – *Gegensatz:* → Publikumswerbung.

Fachzeitschrift, Sonderform der → Spezialzeitschrift. Die F. sind themenbezogen und in Verbindung mit der thematischen Spezialisierung auch meist zielgruppenbezogen. Insofern ist auch eine exakte Trennschärfe zwischen Spezialzeitschriften und Zielgruppenzeitschriften nicht gegeben. So sind z.B. Berufssegmente nicht nur Special-Interest-Gruppen, sondern auch Bevölkerungssegmente.

Facility Management, Planung, Steuerung, Kontrolle und Koordination von Gebäuden und den mit ihnen verbundenen technischen Einrichtungen sowohl im produzierenden Gewerbe als auch im Dienstleistungsbereich. Die Managementfunktionen beziehen sich konkret auf die Projektierung, Beschaffung, Inbetriebnahme, den Betrieb, die Überwachung, Instandhaltung, Optimierung und Außerbetriebnahme der Gebäude und Anlagen. Vielfach wird das F.M. auch aus dem eigenen Unternehmen ausgegliedert (Outsourcing), wie z.B. bei den Einkaufszentren auf ein eigenständiges → Center-Management.

Facings, Anzahl der in der ersten Regalreihe in den einzelnen → Outlets im → stationären Einzelhandel sichtbar platzierten Artikel.

Factoring, Instrument der → Absatzfinanzierung, bei der ein Finanzierungsinstitut Kundenforderungen eines Unternehmens aus Lieferungen und Leistungen vor ihrer Fälligkeit ankauft und neben Debitorenbuchhaltung, Mahnwesen und Inkasso auch üblicherweise das Risiko des Forderungsausfalls (→ Delkredere-Risiko) übernimmt. – Vgl. auch → Forfaitierung.

Factory Outlet, *Fabrikladen,* endverbraucherorientierte Verkaufsstelle der Hersteller, aus der überschüssige Produktionsmengen oder auslaufende Waren zu meist tiefen Preisen abverkauft werden. Der Standort der Outlets liegt meist beim Hersteller. Dies ist aber nicht zwingend, wie Beispiele aus den USA zeigen. Dort werden vielfach die F.O. mehrerer Hersteller in großflächigen (100.000 qm und mehr) sog. F.O.Centern zusammengefasst, die außerhalb der Städte angesiedelt sind. Abzugrenzen von den Fabrikläden sind die Hersteller-Filialunternehmen (→ Werkshandelsunternehmen), die den Charakter von Fachgeschäften haben und ein Konzept der vertikalen Diversifikation von Herstellern sind, um dem → Handelsmarketing und insb. der → Handelskonzentration zu begegnen.

Fahrgastfernsehen, *Fahrgast-TV,* Werbeträger der Außenwerbung. Ein Mediendienst, der über Monitore vor allem in Bahnhöfen, Flughäfen oder in öffentlichen Verkehrsmitteln verfügbar ist und Fahrgastinformationen sowie → Infotainment verbindet. Das F. wird stets ohne Ton übertragen.

Fahrverkauf, Sonderform des → Vertriebs, die entweder vom Hersteller oder in den meisten Fällen von spezialisierten Dienstleistungsunternehmen durchgeführt wird. Der Fahrverkäufer liefert in Eigenregie die Waren aus, verkauft sie und nimmt das Inkasso vor. Der F. ist ein → Vertriebssystem vor allem für Lebens- und Genussmittel. – Vgl. auch → Heimdienst.

Fair-price-Theorie, Theorie zur Erklärung des → Preisbewusstseins bzw. der → Preisakzeptanz, nach der Konsumenten Preisdifferenzen um so stärker wahrnehmen, je näher sie an die obere akzeptierte Preisgrenze kommen. Daraus wird weiter gefolgert, dass Preiserhöhungen auf einem hohen Preisniveau zu einem verstärkten Preiswiderstand (Wechsel zu einem preiswerteren Angebot) führen im Vergleich zu Preisanhebungen auf einem mittleren oder niedrigen Preisniveau.

Faktoreinkommen, das den volkswirtschaftlichen → Produktionsfaktoren zufließende Entgelt. Dazu zählen Löhne und Gehälter, Zinsen, Mieten und Pachten sowie Gewinne.

Faktorenanalyse, statistisches Verfahren der → multivariaten Datenanalyse zur Datenreduktion bzw. Datenverdichtung. Die Vielzahl von empirischen Merkmalsvariablen wird reduziert auf die wichtigsten Merkmale, die z.B. beim Kauf eines bestimmten Produktes als wichtig angesehen werden. Dazu werden zunächst → Korrelationen der Merkmale berechnet, die sich zu den bestimmenden Faktoren extrahieren lassen. – Vgl. auch → Clusteranalyse.

Faktorkosten, derjenige Teil des → Sozialprodukts, der auf die volkswirtschaftlichen → Produktionsfaktoren verteilt wird. – Vgl. auch → Faktoreinkommen.

Fallmethode, didaktische Lehrmethode, die die Anwendung des theoretischen Wissens z.B. durch Erarbeitung von Problemlösungen für reale oder simulierte Fälle zum Ziel hat. Die Grundlage der F. ist die → Kasuistik. Weiterentwicklung der F. sind die → Planspiele.

Falsifikation, Widerlegung einer → Hypothese durch die empirische Überprüfung. – *Gegensatz:* → Verifikation.

Familienmarke, einheitliche Markenbezeichnung für eine → Produktgruppe. Die einzelnen → Markenfamilien bilden jeweils eigenständige Markendächer. – Vgl. auch → Markenpolitik, → Dachmarke, → Einzelmarke.

Familienzyklus, besondere Form des Lebenszyklus, die die verschiedenen Ablaufphasen einer Familie beschreibt und je nach Produktkategorie für die → Marktsegmentierung von großer Bedeutung ist. Die Phasen nach dem klassischen Modell sind:
- unverheiratet, jung,
- verheiratet, mit jungen Kindern,
- verheiratet, mit älteren Kindern,
- verheiratet, ohne Kinder (haben das Elternhaus verlassen).

Neuere Modelle berücksichtigen die deutliche Zunahme von Singlehaushalten und kinderlosen Partnerschaften.

FAQ, Abk. für → Frequently Asked Questions.

Fastfood, Ernährungstrend im → Konsumentenverhalten, der die schnelle

Essenszubereitung, -darbietung und -zufuhr in den Vordergrund stellt. Die nach wie vor dynamische F.- Entwicklung führt zu erheblichen Veränderungen der Außer-Haus- und In-Haus-Verpflegung. So haben die erfolgreichen → Verpflegungsbetriebe (Gastronomie, Hotellerie) den Ernährungstrend in neue Leistungsangebote (z.B. Brunch, Frühstückscafé, Straßenverkauf, Party-Service etc.) umgesetzt. Trendsetter war die, vielfach als Franchising betriebene, F.-Gastronomie inklusive ihrer Drive-in-Systeme. Die betriebliche Verpflegung in Kantinen, Schulen, Altersheimen etc. geht inzwischen den gleichen Weg. Systemanbieter (→ Catering) bieten dazu mittlerweile die entsprechenden Leistungsangebote. In der In-Haus-Verpflegung setzen sich immer mehr → Convenience Goods durch, die schnell und unproblematisch zu Speisen verarbeitet werden können.

Fast Moving Consumer Goods (FMCG), *Schnelldreher,* → Konsumgüter, die sich über eine hohe Kaufhäufigkeit auszeichnen. Dazu gehören vor allen Konsumgüter des täglichen Bedarfs wie z.B. Nahrungsmittel, Hygieneartikel, Reinigungsmittel. – Vgl. auch → Schnelldreher.

Feasibility-Studie, Durchführbarkeits- oder Machbarkeitsstudie, die vor Einführung bzw. Realisation komplexer Systeme (z.B. Anlagenprojekte) von → Nachfragern und/oder → Anbietern durchgeführt wird. Damit verbunden ist in der Regel auch die Entwicklung von Alternativlösungen unter Berücksichtigung von Nebenbedingungen wie z.B. Kosten oder Rentabilität.

Federation of European Direct and Interactive Marketing (FEDMA), europäischer Direkt-Marketing-Verband (gegründet 1973) als Forum der Direktmarketing-Branche. Der Verband bietet insb. eine Plattform für den internationalen Informations- und Erfahrungsaustausch. – *Weitere Informationen unter* www.fedma.org.

FEDMA, Abk. für → Federation of European Direct and Interactive Marketing.

Feedback, → Kybernetik, → Rückkoppelung, → Regelkreis.

Fehlmenge, *Bestandslücke, Mindermenge,* Differenz zwischen Bedarfsmenge und verfügbarer Menge eines Produkts. Insb. im → Handel haben F. überaus negative Auswirkungen auf den → Umsatz und auch auf die → Kundenzufriedenheit.

Fehlmengenkosten, Kosten durch Umsatzentgang, die auf → Fehlmengen zurückzuführen sind und zu Verlusten führen können. Das Fehlmengenrisiko wird durch den → Sicherheitsbestand eingeschränkt, wobei jedoch zu beachten ist, dass überhöhte Lagerbestände steigende Lagerkosten zur Folge haben. Ziel des → Bestandsmanagements ist es daher, ein Kostengleichgewicht herzustellen zwischen hoher Lieferbereitschaft (Servicegrad) und geringer Lagerhaltung bei Vermeidung von F. Hierbei hängt die mögliche Optimierung entscheidend von der Sicherheit der → Absatzprognosen ab.

Fehlstreuung, Zahl bzw. Anteil der Rezipienten, die einen → Werbemittelkontakt haben, aber nicht zur relevanten → Zielgruppe für das umworbene Leistungsangebot gehören. Die F. beruht vielfach auf Mängeln der → Mediaplanung. Die → Streuverluste können jedoch durch die Optimierung der Mediaplanung lediglich minimiert, nicht aber vollständig vermieden werden.

Feldanteil, Zahl der Personen, die ein bestimmtes → Produkt vom Unternehmen A kaufen im Verhältnis zur Zahl der Personen, die das gleiche Produkt von anderen Unternehmen kaufen. In Verbindung mit dem → Marktanteil gibt der F. Auskunft über die langfristige Entwicklung eines Produktes. – Vgl. auch → Parfitt-Collins-Modell.

Felderhebung, → Primärforschung.

Feldexperiment, sehr kostenintensives Experiment, das in der Realität, d.h. im Marktfeld durchgeführt wird. Aufgrund der größeren Realitätsnähe besitzt das F. eine höhere → externe Validität als das Laborexperiment. Es verstärkt sich aber das Problem der → internen Validität wegen der Vielzahl der nicht kontrollierbaren Einflussfaktoren und der unbekannten Interaktionen zwischen den → Variablen. – *Gegensatz:* → Laborexperiment.

Feldforschung, *Field Research,* Sammelbezeichnung für alle → Erhebungsverfahren der → Markt- und → Sozialforschung. Die Untersuchungen erfolgen in der Realität. – Vgl. auch → Primärforschung.

Feldorganisation, → Interviewer, die in der → Feldforschung zur Durchführung von → mündlichen Befragungen eingesetzt werden.

Feldtheorie, das individuelle → Verhalten wird nach K. Lewin (1951) als eine Funktion von Persönlichkeits- und Umweltvariablen verstanden. Die funktionalen Beziehungen werden grafisch in einem Feld dargestellt. Es kann sich auch um ein soziales Feld handeln, in dem man durch Gegensatzpaare eine Struktur der Meinungsverteilung erhält [B.Spiegel (1961)]. Die Individuen werden entsprechend ihrer Einstellung zum Meinungsgegenstand in das soziale Feld eingeordnet. Die F. findet vor allem Anwendung bei der Suche von → Marktnischen.

Fernsehpanel, Erhebung von → Einschaltquoten bei repräsentativ ausgewählten privaten Haushalten. Die Registrierung der Einschaltzeiten erfolgt weitgehend automatisch durch am Fernsehgerät montierte Geräte z.B. Audimeter, Tammeter, GfK-Meter, welche die Daten an die Panelzentrale zur Auswertung überspielen. – Vgl. auch → Panel und insb. → Haushaltspanel.

Fernsehspot, Werbespot im Fernsehen. Der F. als → Werbemittel hat insofern eine hohe → Werbewirkung, als dass er durch Text, Bild und Ton die wichtigsten Sinnesorgane anspricht. Die → Werbemittelgestaltung muss dem Unterhaltungscharakter des Fernsehens Rechnung tragen. Spannende Szenen z.B. in Form von Slice-of-Life-Werbung, Testimonials in Verbindung mit Musik bewirken beim Rezipienten eine höhere Aktivierung.

Fernsehwerbung, Nutzung des Fernsehers als → Werbeträger zur Aussendung von → Spots. Die F. der öffentlich-rechtlichen wie auch der privaten Anstalten unterliegt Beschränkungen, die 1961 im Rundfunkstaatsvertrag und nach der Vereinbarung der Ministerpräsidenten von 1982 definiert sind. Danach werden die zulässigen Werbezeiten und die Gesamtdauer der Werbesendungen reglementiert. Die F. zeichnet sich durch eine hohe → Werbewirkung und → Reichweite aus, sodass aus Praxissicht die langen Planungszeiträume und die hohen Herstellungs- und Belegungskosten als Nachteile in Kauf genommen werden. Durch die privaten Fernsehanstalten nimmt hingegen die Nutzerfluktuation zu und damit für die einzelne Werbesendung die gewünschte massenmediale Wirkung ab. – Vgl. auch → Zapping, → Zipping und → Flipping.

Fertigungsplanung, → Produktionsplanung.

Fertigungstiefe, Grad der im eigenen → Unternehmen erbrachten → Produktion. Trend ist die Senkung der F. durch Einschaltung von Zulieferern (z.B. in der Automobilindustrie). – *Anders:* → Programmtiefe. – Vgl. auch → Wertschöpfungstiefe.

Festpreis, staatlich oder per Vertrag festgelegter → Preis (→ Mindestpreis, → Höchstpreis), der weder unter- noch überschritten werden darf. Insb. bei hohen Inflationsraten, Kostensteigerungen und langfristigen Verträgen sind F. mit einem erheblichen preispolitischen Risiko verbunden. Das Risiko kann vermieden werden durch die Vereinbarung von → Preisgleitklauseln.

FFF-Werbung, Abk. für → Filmwerbung, Funkwerbung (→ Hörfunkwerbung) und → Fernsehwerbung.

Field Research, → Feldforschung, → Primärforschung.

Figur-Grund-Wahrnehmung, Erkenntnis der → Gestaltpsychologie, nach der sich die → Wahrnehmung in Figur und Grund gliedert. Der Betrachter unterscheidet das gesamte Wahrnehmungsfeld in einen abgehobenen Teil und in einen Hintergrundteil. Je nach Dominanz des Vorder- und Hintergrunds vermittelt das gesamte Wahrnehmungsfeld unterschiedliche Inhalte (→ Rubin`scher Becher). Diese Erkenntnis hat für die → Werbemittelgestaltung eine große Bedeutung, da sie zu dem Schluss führt, dass ein Werbemittel eine um so größere Wirkung hat, je höher sein → Gestaltwert ist im Hinblick auf die zu vermittelnden → Werbeinhalte.

File Transfer Protocol (FTP), System, das als verbindungsorientiertes Übertragungsprotokoll den Austausch von Dateien zwischen verschiedenen Rechnern im → Internet regelt.

Filialunternehmen, Einzelhandelsunternehmen, das mehrere räumlich getrennte Verkaufsstellen unter zentraler Leitung betreibt. Die systembildenden Faktoren sind die Eigentümeridentität, die räumliche Trennung der einzelnen Filialen, die zentrale Leitung, die weitgehende Einheitlichkeit der → Sortimente und die einheitliche → Ladengestaltung. Vielfach wird auch die gesamte Filialkette als F. und das einzelne → Outlet als Filiale bezeichnet.

Filmwerbung, → Kinowerbung.

Filterfrage, *Gabelungsfrage,* Frage, die der Steuerung des Befragungsablaufs bei → Befragungen dient. Je nach den Antworten auf bestimmte Fragen gabelt sich die weitere Befragung (z.B. in männlich/weiblich) oder es werden je nach Befragtengruppe bestimmte Fragenkomplexe übersprungen (z.B. Fragen zur Kundenzufriedenheit bei Nichtkunden).

Financial Cash-Flow, Abschreibungen und Rückstellungen werden dem Einnahmenüberschuss hinzugefügt. – Vgl. auch → Cash-Flow, → Operational Cash-Flow.

Financial Community, Gesamtheit der von finanzwirtschaftlichen Entscheidungen mittel- und unmittelbar betroffenen Personen und Institutionen sowie sonstiger Interessengruppen. Hierzu zählen insb. aktuelle und potentielle Aktionäre, Finanzanalysten und institutionelle Anleger. – Vgl. auch → Investor Relations.

Financial Relations, → Investor Relations.

Financial Services, kombiniertes Angebot von Finanzdienstleistungen, und zwar von Geldtransaktionen über Anlage- und Versicherungsberatung bis hin zur Immobilienberatung und Immobilienfinanzierung. Die wesentliche Grundidee ist, dem Kunden ein individuell zugeschnittenes Finanzdienstleistungspaket zu offerieren, das seine gesamten Finanztransaktionen abdeckt. – Vgl. auch → Finanzmarketing, → Bankmarketing, → Versicherungsmarketing.

Finanzmarketing, funktional handelt es sich um einen Teilbereich des → Beschaffungsmarketings. Institutionell wird F. bezogen auf das Marketing von Banken und sonstigen Kreditinstituten oder auf das Marketing der gesamten Kreditwirtschaft. Aus moderner Marketingsicht lässt sich F. auch definieren als Aktivität des Finanzmanagements, die darauf gerichtet ist, gegenwärtige und potentielle Kapitalgeber positiv zu beeinflussen, um dem Unternehmen Finanzmittel in Form von Fremd- und/oder Eigenkapital zur Verfügung zu stellen. – Vgl. auch → Investor Relations.

finanzmittelbezogene Budgetierungsmethode, an den vorhandenen Finanzmitteln orientierte → Werbebudgetierung. Bei dieser Budgetierungsmethode ist der Werbeetat meist eine finanzmittelbezogene Residual- oder Fortschreibungsgröße. Das Budgetierungsverfahren weist keine Beziehung zu einem Ziel auf, sondern geht vielmehr davon aus, dass Werbeaufwendungen vermeidbare Kosten darstellen, die akzeptiert werden, solange man sie sich finanziell erlauben kann. Der Beitrag der → Werbung zur Zielerreichung im Sinne einer Marktinvestition wird nicht gesehen.

Firmenimage, *Unternehmensimage,* das in der allgemeinen → Öffentlichkeit, bei Kunden und → Wettbewerbern vorherrschende Vorstellungsbild über ein Unternehmen bzw. eine Institution. Das F. ist abzugrenzen von dem → Produkt- und → Markenimage, wenngleich diese es entscheidend beeinflussen. Das gilt insb. dann, wenn eine Dachmarkenstrategie verfolgt wird. Dieser Zusammenhang kann aber auch zu einem Problem werden, wenn einzelne Leistungsangebote mit dem F. nicht harmonieren (→ Imagedesintegration), vom F. abgekoppelt werden (→ Imageisolation) oder die Deckungsgleichheit von Firmen- und Markenimage (→ Imageidentität) bei Produktversagern negative Ausstrahlungseffekte auf das gesamte Unternehmen hat. – Vgl. auch → Spill-over-Effekt, → Carry-over-Effekt.

Firmenkonjunktur, Firmenwachstum in stagnativen bzw. vor allem rezessiven Märkten. Die Erfolgsbasis sind klare, abgesicherte → Strategien, die durch Kreativität, Innovationskraft und konsequente Umsetzung entstehen. Voraussetzung sind gezielte Investitionen in die marktfähigen Stärken des Unternehmens.

Firmenmarke, → Dachmarke.

Firmenwerbung, → institutionelle Werbung, → Imagewerbung.

Firmenwert, *Goodwill, Geschäftswert,* Wert eines Wirtschaftsunternehmens, der den Substanzwert (Summe der Vermögenswerte abzüglich der Verbindlichkeiten) übersteigt. Die Differenz zwischen dem Gesamtwert und dem Substanzwert wird F. genannt, der ganz entscheidend durch das → Firmenimage bestimmt wird.

Firmenzeichen, → Signet, → Logo.

Fishbein-Modell, nach M.Fishbein benanntes Modell der → Einstellungsmessung. Es gehört zu den → Skalierungsverfahren. Das Modell geht von einer getrennten Erfassung der affektiven und kognitiven Einstellungskomponenten aus. Es wird unterstellt, dass die → Probanden bei einem Untersuchungsgegenstand nur wenige Eigenschaften registrieren, die ihre → Einstellung zu dem Gegenstand beeinflussen. Die subjektive Kenntnis dieser Eigenschaften, die kognitive Komponente, und deren subjektive Bewertung, die affektive Komponente, prägen die Einstellungen. Der Eindruckswert ergibt sich aus der Multiplikation der beiden Einstellungswerte je Statement und durch ihre Addition.

Fixation, Blickverweildauer auf Bild- bzw. Textelementen, die mithilfe der → Blickregistrierung gemessen wird. Der F. wird hinsichtlich der Informationsaufnahme und insb. der → Informationsverarbeitung eine besondere Bedeutung beigemessen. – *Gegensatz:* → Saccade.

fixe Kosten, *Fixkosten,* Kosten zur Aufrechterhaltung der Betriebsbereitschaft. Eine Sonderform sind die intervallfixen Kosten (Sprungkosten). Sie steigen sprunghaft an bei Überschreiten der Beschäftigungsgrenze bzw. Kapazitätsgrenze. – *Gegensatz:* → variable Kosten.

Flächenauswahl, → Stichprobenverfahren als Variante der → Klumpenauswahl. Das Gesamtgebiet wird in einzelne Flächen (z.B. Bundesländer, Landkreise) aufgeteilt. Durch → Zufallsauswahl werden dann einige Gebiete für die Untersuchung ausgewählt. Bei dem mehrstufigen Flächen-Stichprobenverfahren werden die ausgewählten Flächen weiter unterteilt. Problem ist das mögliche Auftreten von Klumpeneffekten wie bei der Klumpenauswahl.

Flächenproduktivität, → Kennzahl, die für den → Einzelhandel eine große Bedeutung hat. Die Kennzahl zeigt das Verhältnis von Umsatz pro Zeiteinheit zur Netto-Verkaufsfläche.

Flatrate, Telefonieren oder Surfen im → Internet zu einem durch den → Anbieter festgelegten und benutzerbezogenen Tarif. Der Nutzer hat die Möglichkeit, sich zu einem → Festpreis ohne zeitliche Begrenzung im Internet aufzuhalten.

Flop, Bezeichnung für die gescheiterte Einführung eines neuen → Produkts. Die insb. im Konsumgüterbereich hohe Floprate (Verhältnis der Misserfolge zu den gesamten Neueinführungen) wird im → Innovations-Management durch den Einsatz von → Scoringmodellen zu reduzieren versucht. Vor allem die Ausuferung der → Produktdifferenzierungen führt insgesamt zu einer permanenten Erhöhung der Floprate. – Vgl. auch → Line Extension.

Flow Chart, → Flussdiagramm.

Flussdiagramm, *Ablaufdiagramm, Flow Chart,* grafisches Hilfsmittel zur Darstellung eines Prozessablaufs bzw. von Prozesszusammenhängen. Durch Linien wird die Reihenfolge der Teilprozesse bestimmt. – Vgl. auch → Organigraph.

Flyer, Hand- bzw. Werbezettel, die als Sonderform von → Prospekten vor allem in der → Direktwerbung als → Werbemittel eingesetzt werden.

FMCG, Abk. für → Fast Moving Consumer Goods.

Folder, Mappe mit Anzeigen oder Verkaufsunterlagen. Verkaufsfolder unterstützen das → Verkaufsgespräch im → persönlichen Verkauf ganz entscheidend.

Foldertest, Form des Anzeigentests, bei dem eine Anzeigenmappe von dem → Probanden durchgeblättert wird und danach Fragen zu den Anzeigen und/oder umworbenen Produkten gestellt werden. Insb. eignet sich der F. für den → Pretest von Anzeigen.

Follow Up, Nachfassaktion, im Anschluss an ein → Direct Mailing, um den Kontakt zu den Kunden zu vertiefen.

Food Broker, Handelsvertreter, die im Auftrag der Hersteller von Nahrungs- und Genussmitteln einen umfassenden Merchandising-Service im → Einzelhandel erbringen. Dazu gehören in erster Linie:

- Regalpflege,
- Warendisposition,
- Manipulation der Waren von der Anlieferung bis zur Warenpräsentation,
- Preisausschreibung inklusive Preisänderungen,
- Kontrolle des Warenumschlags
- Durchführung aller Promotions.

Das F.B.-Konzept hat sich mittlerweile auch ausgedehnt auf andere Sortimentsbereiche, wie z.B. Metallwaren, Hausrat, Spielwaren, Schreibwaren.

forensische Marktforschung, Einsatz der → Marktforschung zur empirischen Stützung gerichtlicher Entscheidungen. Bei der empirischen Beweisführung dominieren demoskopische Gutachten, die auf den Ergebnissen von Repräsentativumfragen beruhen. Als Beispiel sei die Feststellung der Irreführung maßgeblicher Verkehrskreise auf dem Gebiet des Wettbewerbsrechts genannt.

Forfaitierung, besondere Form der Außenhandelsfinanzierung. Wechsel und Forderungen mit guter Sicherheit werden ohne Rückgriff auf den Exporteur durch Finanzierungsinstitute angekauft. Der Verkäufer haftet lediglich für die Rechtmäßigkeit der Forderung und befreit sich ansonsten von allen anderen Risiken, vor allem von dem Kreditrisiko. – Vgl. auch → Factoring.

Formalziel, konkreter, d.h. formalisierter Zielerreichungsgrad (z.B. die wünschenswerte Kapitalrentabiliät). Die F. definieren die operationale Umsetzung der → Sachziele. – Vgl. auch → Unternehmensziel, → Marketingziel, → Kennzahlensystem.

formelle Gruppe, soziale Gruppe, bei der die Beziehungen zwischen den Gruppenmitgliedern auf organisational festgelegten Regeln beruhen. Da die → Organisation aber (vor allem in größeren Unternehmen) nicht alle persönlichen Bedürfnisse der individuell sehr unterschiedlichen Gruppenmitglieder befriedigen kann, bilden sich oft → informelle Gruppen, die sich dann für die Organisationsstruktur als störend erweisen, wenn sie zur Cliquenbildung führen. Cliquen neigen zur Verletzung von Regeln.

Forschungsdesign, → Untersuchungsdesign.

Forschung und Entwicklung (F+E), *Research and Development (R+D),* betriebliche Forschung zur Neu- bzw. Weiterentwicklung von Produkten oder Verfahren. F+E haben insb. für die → Produktpolitik eine herausragende Bedeutung.

Fortschrittsvergleich, Form der → vergleichenden Werbung, die wettbewerbsrechtlich zulässig ist, wenn sie sich auf die Darstellung des → technischen Fortschritts beschränkt. Die werblichen Informationen müssen sachlich notwendig und wahr sein und es darf mit ihnen keine Herabsetzung der → Konkurrenz verbunden sein.

Fragebogen, Umsetzung eines zu untersuchenden Problems in Fragen, die einfach, verständlich, eindeutig, klar und genau sein sollten. Das übliche Fragebogenschema sieht wie folgt aus:

1. Kontaktfragen (Eisbrecherfragen),
2. Sachfragen (Ergebnisfragen),
3. Kontrollfragen (Absicherungsfragen),
4. Ergänzungsfragen (statistische Angaben).

Wichtig bei der Fragenreihenfolge ist vor allem, dass keine → Halo-Effekte auftreten. Der F. sollte vor der Felduntersuchung unter allen Umständen durch einen Versuchstest (Probebefragung) abgesichert werden.

Fragezeichenprodukt, *Question Mark,* Bezeichnung einer Produktkategorie in der → Portfolioanalyse. Charakteristikum ist, dass sie als Innovationen die künftigen Marktanteils- und Gewinnträger sind, in der gegenwärtigen Situation aber aufgrund ihres geringen Marktanteils und einer unbefriedigenden Ertragssituation noch als Problem-Children bezeichnet werden müssen. Sie erfordern daher erhebliche Investitionen, um das Marktwachstum auszuschöpfen. – *Gegensatz:* → Starprodukt, → Cash-Kühe, → Problemprodukt.

Fraktale, grundlegende Ordnungsmuster, die selbstähnlich, aber nie ganz gleich sind. Es handelt sich um Systemelemente, die inhaltlich ein Gesamtsystem bilden, aber eine den spezifischen Bedingungen angepasste Form aufweisen. Beispiele sind Organisationsformen wie das Team-, Projekt-Management oder die zirkuläre Organisation, die sich in ein Gesamtsystem einfügen und gleichzeitig nach dem Prinzip der Selbstorganisation arbeiten. – Vgl. auch → Chaos-Management, → Chaos-Theorie.

fraktale Organisation, organisatorische Gliederung des Unternehmens in → Fraktale, d.h. selbstständig agierende Organisationseinheiten. Die fraktalen Organisationseinheiten sind Unternehmen im Unternehmen und können situativen Veränderungen sehr schnell durch Strukturanpassungen begegnen. Die f.O. weist durch ihren konsequenten Abbau von

Linienhierarchien (→ Linienorganisation) Ähnlichkeiten mit der Lean Organization (→ Lean Management) und einer autonomen Teamorganisation auf.

Fraktalisierung, Prozess, bei dem die Absatzmärkte zunehmend atomisiert werden. Damit ist das Problem verbunden, dass eine klassische → Homogenität von verschiedenen Zielgruppen nicht mehr besteht, sondern nur noch eine temporär gültige Homogenisierung von Moden. Die F. stellt die → Markenpolitik vor erhebliche Probleme wie auch die → Marktsegmentierung, die von in sich homogenen und zueinander heterogenen, d.h. ökonomisch vertretbaren, Zielgruppen ausgeht. Die Marketingantwort auf die F. mit Begriffen wie Logos (Identität), Mythos (Sehnsucht) und Kairos (Identität) ist umstritten. Die Antwort auf das Problem lautet: Schaffung von auch international gültigen Markenvisionen durch Kompetenz, Konsequenz und Konzentration. Nicht zuletzt → Line Extension und → Produktdifferenzierung haben zu einer F. der Zielgruppen und Marken geführt, so dass das Problem nicht primär auf die Dachmarkenpolitik zurückzuführen ist.

Franchising, kooperatives Vertriebssystem in der vertikalen → Distributionskette als Absatzbindung in Form der → vertikalen Kooperation. F. ist ein vertikal-kooperativ organisiertes → Absatzsystem von rechtlich selbstständigen Unternehmen auf der Basis eines vertraglichen Dauerschuldverhältnisses. Das System tritt am Markt einheitlich auf und wird geprägt durch das arbeitsteilige Leistungsprogramm der Systempartner. Der Franchise-Nehmer ist im eigenen Namen und für eigene Rechnung tätig; er hat das Recht und die Pflicht, das Franchisepaket gegen Entgelt zu nutzen. Als Leistungsbeitrag liefert er Arbeit, Kapital und Informationen. Das System tritt einheitlich im Markt auf. Das Leistungsprogramm des Franchisegebers besteht aus dem Beschaffungs-, Absatz- und Organisationskonzept, dem Nutzungsrecht an Schutzrechten, der Ausbildung des Franchisenehmers und der Verpflichtung des Franchisegebers, den Franchisenehmer aktiv und laufend zu unterstützen und das Konzept ständig weiterzuentwickeln. Der Franchisenehmer hat sowohl Nutzungsrecht als auch Nutzungspflicht des Systems gegen Entgelt. Die Entgeltvereinbarungen sind unterschiedlich. Üblicherweise erhält der Geber vom Nehmer neben einer Einmalzahlung eine laufende Gebühr vom → Umsatz. – Vgl. Abbildung „Franchising – Systemelemente im Überblick".

Freelancer, *freier Mitarbeiter, Freischaffender,* Person, die freiberuflich und meist projektbezogen für diverse Unternehmen oder Agenturen arbeitet.

Freeware, Software, die kostenlos

Franchising – Systemelemente im Überblick

genutzt und von einer Homepage heruntergeladen werden kann (→ Download).

Freihandel, von einzelstaatlichen Einflüssen freier → Außenhandel. Der F. gilt für eine Freihandelszone, die durch die beteiligten Mitgliedsländer bestimmt ist.

freiwillige Kette, vertikale Kooperationsform von Groß- und Einzelhandelsunternehmen. F.K. sind primär absatz- und sekundär einkaufsorientiert. Durch Ausdehnung der Intensität der Kooperation können → Franchisesysteme entstehen. – *Gegensatz:* → Einkaufsgemeinschaft.

Freizeitmarketing, markt- und zielgruppenorientierte Gestaltung der Freizeitangebote in der Weise, dass den Bedürfnissen, Erwartungen und Zukunftswünschen der Freizeitkonsumenten entsprochen wird. Der Freizeitmarkt wird gebildet aus den Teilmärkten Tourismus, Kultur, Sport, Unterhaltung, Do-it-Yourself. Überlappungen ergeben sich durch den Freizeitkonsum, d.h. den Konsum in der Freizeit.

Fremdenverkehr, → Tourismus.

Fremdenverkehrsmarketing, → Tourismusmarketing.

Fremdgeschäft, Geschäftsabschlüsse von → Einkaufszentralen oder des Großhandels in fremdem Namen und für eigene oder fremde Rechnung. Die eigentlichen Käufer der Waren sind die Mitgliedsunternehmen bzw. der Einzelhandel. Beim F. werden das → Delkrederegeschäft, das reine Vermittlungsgeschäft und das Kommissionsgeschäft unterschieden. – *Gegensatz:* → Eigengeschäft.

Fremdimage, Einstellungen und Vorstellungen, die Kunden bzw. Zielgruppen zu einem Unternehmen (bzw. einer Institution) und seinem Leistungsangebot haben. F. und ihre kritische Bewertung sind eine bedeutende Hilfe zur Überprüfung des → Eigen- und → Sollimages. – Aus der Analyse des F. lässt sich auch ableiten, wie nahe man das → Idealimage erreicht hat oder erreichen kann. Hierbei ist zu betonen, dass das Idealimage auch durch das F. bestimmt wird.

Fremdkapitalrentabilität, Fremdkapitalzinsen als Ertrag des Fremdkapitals.

Frequently Asked Questions (FAQ), Zusammenfassung häufig gestellter Fragen und ihrer Antworten für bestimmte Sachgebiete auf → Homepages.

Frequent Shopper-Programm, Belohnungssystem bez. der → Loyalität der Kunden durch besondere Vorteile. – Vgl. auch → Couponing.

Frequenz, Begriff für die Häufigkeit. In der Statistik ist die F. die Zahl der Fälle, mit der ein bestimmtes Merkmal auftritt. In der → Mediaforschung und → Werbeforschung ist die F. die Zahl der Kontakte, die ein Leser, Hörer oder Zuschauer mit dem jeweiligen Kommunikationsmedium hat.

Frühadopter, *früher Übernehmer,* → Adoptergruppe, die ähnliche Eigenschaften aufweist wie die Gruppe der → Innovatoren. Der Unterschied besteht in ihrer geringeren Risikobereitschaft. F. sind stärker als die Innovatoren in ihr örtliches Sozialsystem eingebunden. Die Adoptergruppe macht nach dem Adoptionsmodell von E.M.Rogers 13,5% der Bevölkerung aus. – Vgl. auch → Adoptionsprozess.

frühe Mehrheit, → Adoptergruppe, die deutlich weniger risikobereit ist im Vergleich zu den → Innovatoren und → Frühadoptern. In Bezug auf ihre → soziodemografischen Kriterien (Einkommen, Sozialprestige, Ausbildungsgrad etc.) liegen sie etwas über dem Durchschnitt. Ihr Führungsverhalten ist wenig ausgeprägt. Die Adoptergruppe macht nach dem Adoptionsmodell von E. M. Rogers 34% der Bevölkerung aus. – Vgl. auch → Adoptionsprozess.

früher Übernehmer, → Frühadopter.

Frühwarnsystem, → Management- und → Marketing-Informationssystem, das mögliche künftige Gefahren antizipiert und meldet. Die F. gehören zu den Methoden der → strategischen Marktforschung.

FTP, Abk. für → File Transfer Protocol.

Führung, zielbezogene, interpersonelle Verhaltensbeeinflussung von Mitarbeitern durch → Kommunikationsprozesse. Darüber hinaus ist die F. auf die umfassende Gestaltung und Lenkung des gesamten Unternehmens gerichtet. – Vgl. auch → Unternehmensführung und → Management.

Führungsorganisation, Gesamtheit der Dauerregelungen in der Unternehmens- und Personalführung.

Führungs-Scorecard, Weiterentwicklung der → Balanced Scorecard als Führungsinstrument. Ziel ist es, ein ausgewogenes Verhältnis herzustellen zwischen den Dimensionen:

- Marktorientierung,
- Zielorientierung,
- Mitarbeiterorientierung,
- Verbesserungs- und Lernfähigkeit.

Dabei müssen die Messgrößen für die einzelnen Dimensionen möglichst operational auf die Mitarbeiterführung bezogen sein. Diese Bedingung erweist sich vielfach in der Praxis als ein Problem, da die auf die Mitarbeiter bezogenen Messgrößen in der Regel einen stark qualitativen Charakter haben und daher eine Festlegung konkreter Zielwerte mit Schwierigkeiten verbunden ist.

Führungsspanne, → Leitungsspanne.

Führungsstil, einheitliches Führungsverhalten. Grundsätzlich zu unterscheiden sind auf dem Führungskontinuum der autoritäre und der kooperative F., wobei dem kooperativen Führungsverhalten eindeutig Priorität einzuräumen ist. Der → autoritäre F. kommt durch die individuelle Art der singulären Willensbildung einer Führungskraft zum Ausdruck. Im Gegensatz dazu ist der kooperativer F. durch einen möglichst großen Entscheidungsspielraum der → Gruppe gekennzeichnet. Die Gruppe ist an der Entscheidungsbildung maßgeblich beteiligt. Insofern geht die Kooperation erheblich weiter als die Partizipation. – Vgl. auch Abbildung „Führungsstile – Polarisierung der Führungsstile".

Führungssystem, Gesamtheit aller Regelungen, die primär auf die Leistungsfähigkeit und -bereitschaft der Mitarbeiter bezogen sind. Führungsinstrumente sind vor allem Delegation, Partizipation,

Führungsstile – Polarisierung der Führungsstile

Kooperation, Information, Kommunikation, Kontrollen und Vorgaben. – Vgl. auch → Managementtechnik.

Führungstechnik, Instrumente und Methoden, die bei der Lenkung bzw. Steuerung der multipersonalen Problemlösung zum Einsatz kommen. – Vgl. auch → Kreativitätstechnik, Organisationstechnik und → Sozialtechnik.

Fuhrpark, Gesamtheit der unternehmenseigenen Transportmittel, die betriebsextern und/oder betriebsintern eingesetzt werden.

Fulfillment, die engere Definition beschränkt sich auf die Responsebearbeitung und den Versand bei → Mailingaktionen. Der weiter gefasste Begriff umfasst alle Leistungen rund um die Bestellung und die Ware. Dazu gehören:

- Bestell- bzw. Auftragsannahme,
- Fakturierung,
- Bonitätsprüfung,
- Inkasso,
- Berichtswesen,
- Controlling,
- Database-Marketing,
- Kundenservice,
- Beschwerdemanagement,
- alle Warenwirtschaftsfunktionen.

Die F.-Aufgaben können ganz oder auch teilweise auf spezialisierte Dienstleistungsunternehmen übertragen werden. Ein Outsourcing empfiehlt sich immer dann, wenn die Funktionen durch die eigene Organisation nicht wahrgenommen werden können oder die optimale Abwicklung von → Direktmarketing-Aktionen nicht gesichert ist.

Full Service-Agentur, → Kommunikationsagentur, die aufgrund ihrer personellen und organisatorischen Voraussetzungen in der Lage ist, die Aufgabenbereiche der → Marketingkommunikation für → Werbung Treibende zu übernehmen. Dazu gehören vor allem die Beratung, Mittlung, Planung, Gestaltung und Durchführung. Nach Definition des → Gesamtverbandes Kommunikationsagenturen e.V. (GWA) gehört zum Full Service-Angebot, „dass die Werbeagentur über Spezialisten und Spezialeinrichtungen verfügt, die erforderlich sind, um die werblichen Aufgaben ihres Auftraggebers ganzheitlich zu betreuen".

Fundraising, Ausdruck für die Beschaffung von monetären Mitteln. → Sozio-, → Umwelt- und → Kultur-Sponsoring sind Beispiele dafür, wie F. mit dem → kommerziellen Marketing verbunden werden kann. – Vgl. auch → Non-Profit-Marketing.

Fungibilität, gleichmäßige Beschaffenheit von → Waren. Die F. von → Gütern ist die Voraussetzung für ihre Börsenfähigkeit. Am eindeutigsten ist die F. bei Wertpapieren.

Funktion, in der Statistik die Abhängigkeit einer veränderlichen Größe von einer anderen Größe. Im Marketing beschreibt die F. Tätigkeiten, Aufgaben und Wirkungsweisen. – Vgl. auch → Marketingfunktion, → Werbewirkungsfunktion.

funktioneller Handel, Handelstätigkeit, die sich daraus ergibt, dass Marktteilnehmer → Güter beschaffen und ohne Be- und Verarbeitung an Dritte weiter veräußern. Üblicherweise ist der Begriff beschränkt auf die → Distribution von mobilen → Sachgütern. – Vgl. auch → institutioneller Handel.

Funktionsanalyse, Entwicklung von Problemlösungen auf der Basis der Analyse von Funktionsanforderungen der Kunden an ein bestehendes oder neues Produkt. Die F. wurde zunächst für → Investitionsgüter entwickelt, ist jedoch in ihrer Anwendung keineswegs auf diese beschränkt.

Funktionsgliederung, organisatorische Grundgliederung des Unternehmens nach dem Verrichtungsaspekt. Klassisches Beispiel ist die Abteilungsgliederung nach

- Beschaffung,
- Produktion,

- Absatz,
- Finanzen,
- Verwaltung inklusive Personal.

Vgl. auch → Objektgliederung, → Produkt-Management, → Spartenorganisation und → Key-Account-Management. – Vgl. Abbildung „Funktionsgliederung“.

Funktionsrabatt, klassischer → Rabatt, der sich auf die Funktionserfüllung des Handels bez. der → Distribution der Leistungsangebote der Lieferanten bezieht. Der F. ist das Entgelt für die Erfüllung der → Handelsfunktionen. Durch die → Handelskonzentration und die damit verbundene → asymmetrische Machtverteilung ist jedoch diese klassische Definition mittlerweile reduziert und demzufolge entwertet worden auf einen leistungsunabhängigen funktionalen Pauschalrabatt. Wesentliche und kostenintensive Handelsfunktionen werden auf die Lieferanten zurückdelegiert wie z.B. die Lagerhaltung, so dass sich für viele Hersteller inzwischen die Frage nach der Effizienz des → mehrstufigen Vertriebs stellt. Die Folge ist das Wachstum des → Direktvertriebs durch neue Formen des → Direktmarketing.

Funktionstest, Phase im → Innovationsprozess, die sich an die technische Produktentwicklung anschließt oder in diese integriert ist.

Funkwerbung, → Hörfunkwerbung.

Furcht, spezifische, bewusst wahrgenommene und lokalisierbare Gefahr im Unterschied zur → Angst als einer unspezifischen Empfindung einer allgemeinen Bedrohung.

Fusionskontrolle, hoheitliche Kontrolle von Unternehmenszusammenschlüssen zum Schutz des freien und ungehinderten → Wettbewerbs. Bei Unternehmenszusammenschlüssen besteht gegenüber dem Bundeskartellamt eine Anzeigepflicht, wenn die entsprechenden Zusammenschlusstatbestände nach dem → Gesetz gegen Wettbewerbsbeschränkungen (GWB) gegeben sind.

Futurologie, Zukunftsforschung, die sich mit langfristigen → Trends von Gesamtstrukturen beschäftigt. Hierbei haben aus Marketingsicht insb. der → Wertewandel und die → Wertedynamik eine besondere Bedeutung im Hinblick auf die langfristigen Veränderungen des → Konsumenten- und → Kaufverhaltens. Aufgrund der Komplexität der Entwicklungen erfolgt die futurologische Forschung meist interdisziplinär. – Vgl. auch → Prognosen und → Projektion.

Funktionsgliederung

G

Gain-and-Loss-Analyse, Analyse von Käuferwanderungen, die mithilfe von Paneluntersuchungen erhoben werden. Ermittelt werden die Kundenzuwanderungen und Kundenabwanderungen in Bezug auf einen → Markenwechsel. Daraus können Erkenntnisse bez. der Markenwahlentscheidungen der Käufer gewonnen werden. – Vgl. auch → Markoff-Kette.

Gameshow, Spielsendung (z.B. Ratespiel) im Fernsehen, in der die zu gewinnenden → Produkte präsentiert werden.

Ganzheitspsychologie, Theorie der ganzheitlichen → Wahrnehmung von Reizkonstellationen. Die G. untersucht insb. den Einfluss von Gefühlen auf die Wahrnehmung. Dieser Wirkzusammenhang spielt für das Marketing eine besondere Rolle, als dadurch Erkenntnisse der subjektiven Bedingtheit von Wahrnehmungen gewonnen werden können.

Gap-Analyse, *Lücken- bzw. Ziellückenanalyse*, ein Instrument der strategischen → Unternehmens- und → Marketingplanung. Die Zielgröße (z.B. Umsatz) wird mit der Istgröße verglichen. Der Vergleich wird für einen bestimmten Planungshorizont (z.B. fünf Jahre) vorgenommen. Die Distanz zwischen Ziel und Zielerreichung wird unterschieden nach der operativen und strategischen Lücke. – Vgl. Abbildung „Gap-Analyse".

Garantie, *Garantieleistung,* wird dem Käufer durch einen separaten Garantievertrag gewährt und umfasst z.B. die Nutzungsdauer. Umfang und Frist der G. werden von den → Anbietern unterschiedlich festgesetzt. Die G. geht über die gesetzlich vorgeschriebenen Gewährleistungsverpflichtungen von Hersteller- oder Handelsunternehmen hinaus und hat deutlich positive Auswirkungen auf das → akquisitorische Potential.

GAP-Analyse

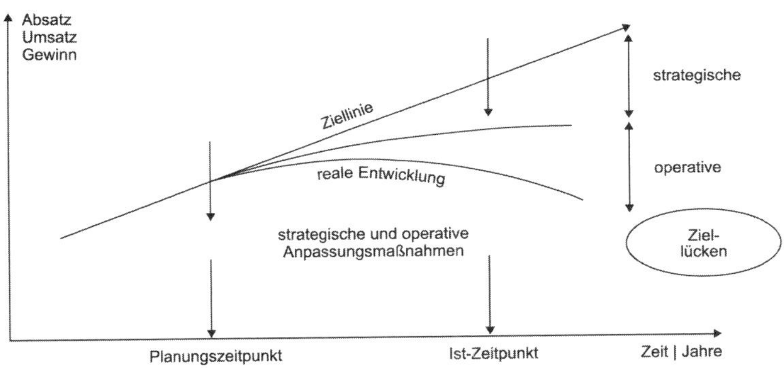

Gatekeeper, *Türhüter,* Informationsselektierer. Bestimmte → Informationen werden durch die relevanten Informationskanäle durchgelassen. Die G. (z.B. Journalisten in den Massenmedien) beeinflussen in erheblichem Umfang z.B. die Adoptionsprozesse und die Diffusion von Innovationen, aber auch Firmenimages. Die → Öffentlichkeitsarbeit hat schon vielfach die Konsequenz gezogen, eine direkte Kommunikation mit den G. aufzunehmen, um die Beeinflussung der Öffentlichkeit positiv zu gestalten. G. finden sich auch im Buying Center und üben dort eine Informations-Selektionsfunktion aus.

GATT, Abk. für → General Agreement on Tariffs and Trade.

Gattungsbezeichnung, Warenbezeichnung, die wettbewerbsrechtlich [→ Gesetz gegen den unlauteren Wettbewerb (UWG)] eine reine Beschaffenheitsangabe ist. G. werden durch → Gattungsmarken vor allem im filialisierten Lebensmitteleinzelhandel in der → Sortimentspolitik umgesetzt. – *Gegensatz:* → Herkunftsbezeichnung.

Gattungsmarke, eine reine Beschaffenheitsangabe als Warenbezeichnung. Synonym werden die Begriffe No Names, Weiße Produkte, Generics etc. verwendet. Die G. konzentrieren sich im Wesentlichen auf Produkte des täglichen Bedarfs. – *Anders:* → Herstellermarke, → Handelsmarke und → Eigenmarke.

Gauß`sche Glockenkurve,
→ Normalverteilung.

Gebietsschutz, Konkurrenzschutz, der den → Absatzmittlern durch den Lieferanten gewährt wird. Die wichtigsten Formen sind der → selektive Vertrieb, das → Depotsystem bzw. → Franchisesystem, der → Exklusivvertrieb oder → Alleinvertrieb. In aller Regel besitzt auch der Handelsvertreter einen G. für seinen Verkaufsbezirk. – Vgl. auch → Vertriebsbindung.

Gebietsverkaufstest, Testmarktverfahren, mit dessen Hilfe die Verkaufs- bzw. Umsatzwirkung eines Marketingmitteleinsatzes gemessen wird. Die Ergebnisse des → Testmarkts, bei Einsatz des zu untersuchenden → Marketinginstruments, werden mit den Ergebnissen in den Kontrollmärkten verglichen, in denen die Marketingmaßnahme nicht zum Einsatz kam. Durch dieses Verfahren wird die Wirkung des Marketinginstruments isoliert. Voraussetzung und gleichermaßen Problem ist, dass Testmarkt und Kontrollmärkte vollständig strukturgleich sein müssen. Diese Bedingung kann in der Realität kaum erfüllt werden. Ein weiteres Problem ist die Festlegung der Testperiode, da Marketingmaßnahmen vielfach in späteren Perioden nachwirken (→ Carry-over-Effekt).

Gebrauchsgüter, Güter, die zur mehrmaligen bzw. längerfristigen Verwendung bestimmt sind. G. werden ersetzt, wenn sie ihre Gebrauchsfähigkeit verlieren oder durch Neuerungen veralten. – *Anders:* → Konsumgüter.

Gebrauchsgüterpanel, → Panel, → Panelart.

Gebrauchsmuster, gewerbliches → Schutzrecht für technische Erfindungen, das neben dem → Patent zum Schutz kleinerer Erfindungen geschaffen wurde. Die Laufzeit beträgt drei Jahre und kann nach Verlängerungen auf höchstens zehn Jahre ausgedehnt werden. – *Anders:* → Geschmacksmuster.

Gebrauchsnutzen, → Nutzen, der aus der gebrauchstechnischen → Qualität von Produkten resultiert. Hierbei handelt es sich vor allem um die Funktionsqualität. Der G. weist eine enge Verwandtschaft mit dem → Grundnutzen auf. – *Gegensatz:* → Zusatznutzen, → Geltungsnutzen.

gebrochener Preis, psychologischer Preis, der den → Preisschwelleneffekt nutzt. – Vgl. auch → Odd Pricing.

Gebührenverein, → Abmahnung.

gebundener Preis, → Preisbindung.

Gedächtnis, Informationsspeicher eines Organismus, der die Funktion des Behaltens und Abrufs (→ Erinnerung) von gelernten Inhalten hat. Das G. besteht aus einem Kurzzeit- und Langzeitspeicher. Der dem Behalten und der Erinnerung von Informationen entgegengerichtete Prozess ist das → Vergessen. Insb. für die Beurteilung der → Werbewirkung spielt das G. und hierbei vor allem die Erinnerung eine wichtige Rolle. – Vgl. auch → Erinnerungsverfahren.

Gedächtnistheorie, die klassische Gedächtnisforschung untersucht Entstehung und Vergessen von Gedächtnisinhalten. Die neueren Forschungsansätze betrachten hingegen das → Gedächtnis als einen wichtigen Teil der → Informationsverarbeitung. Danach wird das Gedächtnis als Speicher (→ Mehrspeichermodell) definiert, bestehend aus Kurzzeit- und Langzeitspeicher (→ Kurzzeit- und → Langzeitgedächtnis). Besonders das Langzeitgedächtnis hat z.B. für die → Marketingkommunikation eine große Bedeutung. Eine wesentliche Ergänzung der Gedächtnisforschung stellt die → Hemisphärentheorie dar, die starken Einfluss auf die Entwicklung der → Imagery-Forschung genommen hat.

Gedächtniswirkung, Form der → Werbewirkung, die sich insb. auf die → Erinnerung bezieht. Die G. wird mithilfe der → Erinnerungsverfahren, dem → Wiedererkennungsverfahren, dem → Recognition-Verfahren sowie der → Assoziations- und → Identifikationstests gemessen. Bei unterstelltem Zusammenhang von G. und Werbewirkung stellt sich die Frage, wie die G. der Rezipienten erhöht werden kann. Eine Möglichkeit ist die mehrmalige Wiederholung von Werbebotschaften durch die Erhöhung der Kontaktzahl. Darüber hinaus hat die Werbemittelgestaltung (nicht zuletzt aufgrund des zunehmenden Information Overload) eine erhebliche Bedeutung für die G.

Gefallen, positive Aufnahme von z.B. Innovationen und vor allem Werbebotschaften durch die Rezipienten. Für die → Werbung spielt hierbei insb. die → Werbemittelgestaltung eine wichtige Rolle. – Vgl. auch → Akzeptanz.

gefühlsbetonte Werbung, → Suggestivwerbung.

Gegengeschäft, Form des → Kompensationsgeschäfts, bei der die Güterlieferungen nicht durch Gegenlieferungen, sondern durch Geldzahlungen ausgeglichen werden. Das Ziel von G. ist, mit einem Hauptgeschäft ein weiteres G. zu verbinden. Insofern besteht eine weitgehende Identität mit dem → Parallelgeschäft und es erfolgt vielfach auch im Rahmen eines Vertragspakets. G. haben wie die Kompensationsgeschäfte und das → Bartering vor allem im → Außenhandel mit Devisenbewirtschaftungsländern eine besondere Bedeutung.

gegengewichtige Marktmacht, → Countervailing Power.

Gegenstromverfahren, Planungsprinzip vor allem im → internationalen Marketing. Bei diesem Top-up-Ansatz gibt die Zentrale eine grobe länderspezifische Rahmenplanung vor, die in anschließenden Abstimmungsgesprächen mit den dezentralen Länderplanungen abgeglichen wird. Die endgültige Zielfestlegung erfolgt durch die Zentrale. Das G. kommt auch bei der → Budgetierung zum Einsatz. – Vgl. auch → Top-down-Planung und → Bottom-up-Planung.

Geltungsbedürfnis, → Bedürfnis, das zum einen auf die Selbstanerkennung und zum anderen auf die Anerkennung durch andere bezogen ist. Der Selbstwert ist abhängig von Leistung, Können,

Wissen, Selbstständigkeit und Selbstvertrauen. Die Anerkennung durch andere ist im Wesentlichen abhängig vom sozialen Status. Er bestimmt die soziale Anerkennung und die Aufmerksamkeit und verstärkt damit die soziale Kompetenz. – Vgl. auch → Maslow'sche Bedürfnispyramide.

Geltungskonsum, → Demonstrativkonsum, → Conspicuous Consumption.

Geltungsnutzen, sozialer → Nutzen, der der Befriedigung von → sozialen Bedürfnissen dient. Produkte bzw. Dienstleistungen, die diese Funktion erfüllen, haben den Charakter von → Statussymbolen. W. Vershofen (1878-1960), auf den die Nutzeneinteilung zurückgeht, fasst G. und Erbauungsnutzen im → Zusatznutzen zusammen. – *Gegensatz:* → Grundnutzen.

Gemeinkosten, → Kosten, die dem → Kostenträger nicht direkt zugerechnet werden können. Sie werden mithilfe der Gemeinkostenschlüsselung auf die Kostenstellen bzw. Kostenträger verteilt. – Vgl. auch → Einzelkosten.

Gemeinschaftsmarke, von mehreren selbstständigen Unternehmen gemeinsam vertriebene Marke als → Eigenmarke, → Markenartikel oder → Handelsmarke. Damit verbunden ist vielfach auch die Verwendung von → Gütezeichen.

Gemeinschaftsmarketing, → Kooperation im Marketing, die sowohl horizontal als auch vertikal erfolgen kann. Voraussetzung für das G. ist, dass die Leistungsangebote homogen sind und näherungsweise die Bedingungen des → vollkommenen Marktes gelten. – Vgl. auch → Verbundmarketing.

Gemeinschaftsunternehmen, → Joint Venture.

Gemeinschaftswarenhaus, Verbund von selbstständigen → Fach- und → Spezialgeschäften und auch anderen Dienstleistungsunternehmen unter einem Dach in innerstädtischen Zentren. Hinsichtlich des → Sortiments weisen die G. kaum einen Unterschied zu den klassischen Warenhäusern auf. Eine enge Verwandtschaft besteht mit → Einkaufscentern, → Einkaufspassagen und Formen des → Shop-in-the-Shop und → Store-in-the-Store.

Gemeinschaftswerbung, *Kollektivwerbung, Coop-Werbung,* vertikale oder horizontale kommunikative → Kooperation. Zu unterscheiden sind:

- Verbund-G.: komplementäre Angebote ohne Anbieternennung,
- eigentliche G.: gleiche Produkte bzw. Branche ohne Anbieternennung und
- Sammelwerbung: Anbieter werden genannt.

Bei der Sammelwerbung ist weiter zu unterscheiden in eine Gruppenwerbung (gleiche Branche) und in eine Verbundwerbung (komplementäre Branchen).

Gemischtwarengeschäft, → Einzelhandelstyp, der charakterisiert ist durch ein breites, aber flaches → Sortiment. Das Sortiment umfasst üblicherweise Nahrungs- und Genussmittel, Hausrat, Kleintextilien, Zeitungen und Zeitschriften, Schreibwaren, Eisenwaren und andere Artikel des täglichen Bedarfs. G. finden sich vor allem in ländlich und kleinstädtisch geprägten Regionen. Dieser Betriebstyp wird immer mehr verdrängt durch Discounter, Verbrauchermärkte, SB-Warenhäuser.

Gender, Bezeichnung für das „soziale" Geschlecht einer Person im Vergleich zum „biologischen" Geschlecht. Die G.-Forschung beschäftigt sich mit der männlichen und weiblichen Geschlechtsidentität und der Geschlechterordnung als ein Verhältnis sozialer Ungleichheit.

General Agreement on Tariffs and Trade (GATT), ein weltweites, allgemeines Zoll- und Handelsabkommen (in Kraft getreten am 01.01.1948), um den Welthandel zu liberalisieren. Das Abkommen wurde erweitert durch die → World Trade Organization (WTO) am 01.01.1995.

General Interest, Produkte oder Angebote von allgemeinem Interesse, die die Bedürfnisse einer Vielzahl von Konsumenten befriedigen. Es wird eine breite Masse angesprochen, jedoch ohne sich auf eine Zielgruppe oder ein bestimmtes Themengebiet zu fokussieren.

Generalunternehmer, Unternehmer, der die Gesamtverantwortung für ein Projekt übernimmt. Der G. vergibt in eigenem Namen Unteraufträge an weitere Lieferanten und Subagenten, die in keinem Vertragsverhältnis mit dem Kunden stehen. Die Form der Generalunternehmerschaft findet sich vor allem im Investitionsgüterbereich (z.B. Anlagenbau, Baubranche). – Vgl. auch → General Contractor, → Prime Contractor.

Generalvertreter, → Handelsvertreter, der in seinem → Verkaufsbezirk Subagenten einsetzt. Hierbei übernimmt der G. die Verantwortung für die Untervertreter. Damit verbunden sind Leitung, Organisation, Schulung und Kontrolle der Subagenten.

Generic Marketing, auf Ph. Kotler (1972) zurückgehende → Marketingkonzeption, die sich vom rein kommerziellen Ansatz löst und die Gesamtheit der → Transaktionen zwischen → Marktpartnern umfasst. Hierbei handelt es sich um die weiteste Interpretation des Marketings, die den Gedanken des Metamarketings und Social Marketings weiterführt.

Generics, *Generika*, → Gattungsmarke; Produkte, die lediglich unter der Produktbezeichnung angeboten werden (z.B. Mehl, Chips). Der Begriff ist entlehnt aus dem Pharmabereich, in dem Medikamente, die sich auf die Grundsubstanz beschränken, als G. bezeichnet werden. – *Gegensatz:* → Markenartikel.

Genossenschaft, Zusammenschluss von Unternehmen als Einkaufs-, Absatz-, Konsum-, Bau- und Kreditgenossenschaften. Die gewerblichen und ländlichen Genossenschaftsorganisationen gehen auf F. W. Raiffeisen (1818-1888) und auf H. Schulze-Delitzsch (1808-1883) zurück und entwickeln sich immer mehr zu geschlossenen Management-Verbundsystemen. – Vgl. auch → Franchising, → Einkaufsgemeinschaft, → freiwillige Kette.

geografische Kriterien, dazu zählen Länder (In- und Ausland), Nielsengebiete, Regionen, Distrikte, Bezirke, Gemeindegrößenklassen. Sie bilden die Grundlage für die → geografische Marktsegmentierung.

geografische Marktsegmentierung, Gliederung der Konsumenten bzw. Verwender nach → geografischen Kriterien.

Geo-Informationssystem, geografische Daten, die in Form von digitalen Karten in Verbindung mit Datenbank- bzw. Tabellendaten visualisiert werden, um auch ortsspezifische → Marktanalysen durchführen zu können. Dadurch wird auch eine → mikrogeografische Marktsegmentierung möglich (bis hin zu lokalen Wohngebieten). G.-I. eröffnen z.B. der Marktforschung und dem Direktmarkteing neue Wege im Hinblick auf eine noch präzisere zielgruppenspezifische Ausrichtung von Marketingaktivitäten.

Geo-Marketing, Nutzung geografischer und demografischer Informationen vor allem für die → Marktsegmentierung, den → Vertrieb und die → Marketingkommunikation. Insb. für das → Direktmarketing eröffnen sich dadurch neue Möglichkeiten der zielgruppenspezifischen Ausrichtung von Marketingaktivitäten. – Vgl. auch → Geo-Informationssystem, → geografische Marktsegmentierung, → mikrografische Marktsegmentierung.

geometrisches Mittel, in der → Markt- und → Sozialforschung verwendeter → Mittelwert, der sich als einfaches g.M. aus der Multiplikation der Einzelwerte mit den jeweils folgenden Werten und der Ziehung der n-ten Wurzel aus dem Produkt ergibt. Beim gewogenen g. M. wird jeder Einzelwert mit seinem Gewicht in der Datenreihe multipliziert.

geozentrisches Marketing, Form des → internationalen Marketings, bei der das Marketing zentral und einheitlich auf den Weltmarkt ausgerichtet ist. – Als Problem kann sich bei dieser Strategie erweisen, dass die örtlichen Marktgegebenheiten nicht hinreichend beachtet werden. – Vgl. auch → polyzentrisches Marketing und → ethnozentrisches Marketing.

geplante Obsoleszenz,
→ Obsoleszenz.

GERT, Abk. für → Graphical Evaluation and Review Technique.

Gesamtkapital, Summe von Eigenkapital und Fremdkapital.

Gesamtkapitalrentabilität, Quotient aus der mit 100 multiplizierten Summe von Gewinn und Fremdkapitalzinsen und dem Gesamtkapital. Die G. gibt an, welchen prozentualen Betrag (Rendite) das eingesetzte Gesamtkapital erwirtschaftet hat. Die Fremdkapitalzinsen sind dem Gewinn hinzuzurechnen, da sie in der gleichen Periode erwirtschaftet worden sind, aber als Aufwand den Gewinn schmälern. Die G. ist die gemeinsame Rendite der Eigen- und Fremdkapitalgeber. – *Anders:* → Return on Investment (RoI).

Gesamtkosten, Summe von → fixen Kosten und mengenabhängigen → variablen Kosten.

Gesamtumsatzrabatt, Sonderform des → Mengenrabatts, die vom gesamten (Jahres-)Umsatz ausgeht, den ein Handelsunternehmen mit einem Hersteller getätigt hat. Vielfach werden in der Praxis G. mit Mengenrabatten, → Treuerabatten und → Boni verknüpft und kommen im Voraus zur Auszahlung. In diesen Fällen handelt es sich in der Regel um eine Form des unzulässigen → Behinderungswettbewerbs.

Gesamtverband Kommunikationsagenturen (GWA) e.V., ein Zusammenschluss des ehemaligen Gesamtverbandes Werbeagenturen (GWA) und des Wirtschaftsverbands Deutscher Werbeagenturen (WDW). Mitglieder sind die großen und umsatzstarken Full Service-Agenturen, die sich zur Einhaltung bestimmter Grundsätze (u.a. Werbung nach den Grundsätzen der Klarheit und Wahrheit, Beachtung gesetzlicher Vorschriften) verpflichten. – *Weitere Informationen unter* www.gwa.de.

Gesamtziel, Oberziel des Unternehmens, das auf das Gesamtunternehmen bezogen ist. Im hierarchischen → Zielsystem werden die G. auf Teilziele heruntergebrochen, die der Bedingung der Kompatibilität, d.h. Zielverträglichkeit, genügen müssen.

gesättigter Markt, → Marktsättigung.

Geschäftsbedingungen, Abk. für → allgemeine Geschäftsbedigungen (AGB).

Geschäftsbereich,
→ strategische Geschäftseinheit.

Geschäftsfeld,
→ strategische Geschäftseinheit.

Geschäftsfeld-Markt-Matrix,
→ Produkt-Markt-Matrix.

Geschäftsfeld-Ressourcen-Portfolio, von H. Albach (1979) entwickelte Variante der → Portfolioanalyse. Die Portfolio-Matrix wird gebildet aus einer:
- Ressourcen-Matrix (Kostenentwicklung und Verfügbarkeit) sowie

- Produkt-Matrix (Marktattraktivität und Produktlebenszyklus).

Die beiden Matrizen werden in einem Gesamtportfolio zusammengefasst.

Geschäftsimage, → Firmenimage, das sich auf den → Handel bezieht und einen entscheidenden Einfluss auf das → Einkaufsstättenwahlverhalten der → Verbraucher hat. Hierbei ist das → Preisimage ein wesentlicher Faktor. Das subjektive Vorstellungsbild der Verbraucher kann sich auf ein einzelnes Geschäft oder bestimmte Abteilungen beziehen, auf das Gesamtunternehmen (bei Filialunternehmen) oder auf bestimmte Betriebsformen und Betriebstypen.

Geschäftsprozess, nach H. Wittlage (1998) Folge von logisch miteinander verknüpften, wertschöpfenden Tätigkeiten und Verrichtungen, die Inputs zu anforderungsgerechten Outputs für interne und externe Kunden transformieren.

Geschäftsprozessoptimierung, Führungs- und Managementkonzept, bei dem die kundenorientierte Leistung im Mittelpunkt steht und dementsprechend die Zusammenarbeit zwischen den einzelnen Organisationseinheiten übergreifend optimiert wird. Entscheidendes Kriterium für die G. ist die Unternehmens-Gesamtleistung gegenüber dem → Kunden. Die angestrebte Gesamtleistung muss als Ziel quantitativ definiert werden. – Vgl. auch → Prozesskettenorganisation und → Business Reengineering.

Geschäftsprozessorganisation, organisatorische Betrachtung des → Unternehmens als die Gesamtheit von Kernprozessen, die auf kundenorientierte Leistungen fokussiert sind. Dabei geht es um die organisationale Implementierung und Fundierung der → Geschäftsprozessoptimierung. An die Stelle des → Verrichtungsprinzips tritt die ganzheitliche und kundenorientierte Aufgabenerfüllung aus einer Hand. – Vgl. auch → Case Management, → Prozesskettenorganisation.

Geschäftstreue, → Ladentreue.

Geschäftstyp, → Betriebstyp.

Geschäftswert, → Firmenwert.

Geschäftszentrum, → Einkaufscenter.

geschichtetes Auswahlverfahren, → Auswahlverfahren, bei dem die → Zufallsstichprobe, welche für die Bildung von → Stichproben, die → Grundgesamtheit in mehrere Teilmengen/Schichten zerlegt. Dieses Verfahren erweist sich dann als sinnvoll, wenn die Grundgesamtheit heterogen ist, die Teilmengen hingegen homogen sind. Diesbezüglich weist das Auswahlverfahren eine Ähnlichkeit mit dem → Quotenverfahren auf, das zu der Methodengruppe der bewussten Auswahl gezählt wird. Durch das g.A. vermindert sich der → Stichprobenfehler. Eine proportionale Schichtung liegt vor, wenn jede Schicht in der Stichprobe ihrem Anteil an der Grundgesamtheit entspricht. Eine disproportionale Schichtung ist dann gegeben, wenn die einzelnen Schichten stärker oder schwächer in der Stichprobe vertreten sind, als es ihrem Anteil an der Grundgesamtheit entspricht. Die geschichtete Auswahl wird vielfach in Kombination mit der mehrstufigen Auswahl durchgeführt. – Vgl. auch → Stratified Sampling.

geschlossene Frage, Fragestellung bei → Befragungen mit vorgegebenen Antwortkategorien. Vorteil des Verfahrens ist, dass die Auswertung schnell und per EDV vorgenommen werden kann. Es treten hingegen Probleme auf, wenn in dem → Fragebogen relevante Antwortkategorien fehlen, Antwortvorgaben nicht verstanden werden oder auch der Wahlzwang als negativ empfunden wird. – *Gegensatz:* → offene Frage.

Geschmacksmuster, gewerbliches → Schutzrecht von Farb- und Formgestaltungen, die ästhetischen Wert haben.

Ästhetische Gestaltungen können durch die Eintragung ins Geschmacksmusterregister vor Nachahmung geschützt werden. Die rechtliche Grundlage dafür bildet das Geschmacksmustergesetz in seiner Novellierung von 2004.

Gesellschaft, Gesamtheit eines dauerhaft geordneten Zusammenlebens von Menschen innerhalb eines bestimmten räumlichen Bereichs. Das organisierte Zusammenwirken dient dem Erreichen gemeinsamer Ziele bzw. der Befriedigung von → Bedürfnissen. Die Mitglieder einer G. sind durch ein Netzwerk sozialer Beziehungen und eine gemeinschaftliche Wertorientierung (→ Werte und → Normen) miteinander verbunden. Das Verhältnis zwischen G. und Individuum beruht auf gegenseitiger Abhängigkeit und wird wesentlich bestimmt durch die Leistungskraft und Kooperationsfähigkeit seiner Mitglieder. – Die interaktive Verknüpfung zwischen Struktur und → Wirtschaftsordnung einer G. führte mit der Entstehung der modernen Industriegesellschaft zu einer Veränderung und teilweisen Auflösung sozialer Strukturen und Gemeinschaften. – Vgl. auch → Wertewandel, → Wertedynamik.

Gesellschaft Public Relations Agenturen e.V. (GPRA), Wirtschafts-Verband führender PR-Agenturen Deutschlands mit dem Ziel, das Leistungspotenzial professioneller → Public Relations (PR) darzustellen und die Leistungsfähigkeit und Qualität von PR stetig zu verbessern. – *Weitere Informationen unter* www.pr-guide.de.

Gesetz der großen Zahl, Gesetz, nach dem durch eine große Zahl von Einzelfällen typische Regelmäßigkeiten erkannt werden können. Durch eine größere → Stichprobe sinkt die Wahrscheinlichkeit für größere → Abweichungen. Diese Gesetzmäßigkeit spielt in der → Wahrscheinlichkeitstheorie und vor allem in der → empirischen Sozialforschung, → empirischen Wirtschaftsforschung und in der → Marktforschung eine wichtige Rolle.

Gesetz der Unterschiedslosigkeit, *Law of Indifference,* Prinzip der Preisunterschiedslosigkeit nach W. S. Jevons, (1835-1882). Das Gesetz besagt, dass sich auf einem → vollkommenen Markt nach dem → Rationalprinzip für ein Angebot nur ein Preis bilden kann. Die Unterschiedslosigkeit ergibt sich im Wesentlichen aus der Gleichartigkeit (→ Homogenität) der Angebote und der Nichtexistenz von → Präferenzen.

Gesetz gegen den unlauteren Wettbewerb (UWG), Gesetz, das den → Wettbewerb auf der Anbieter- und Nachfragerseite regelt. Ziel des UWG ist, den einzelnen Verbraucher und die Allgemeinheit gegen unlauteres Verhalten im Wettbewerb zu schützen. Zu unlauteren Wettbewerbshandlungen zählen u.a.:

- unsachliche Beeinflussung,
- Herabsetzung des Konkurrenten,
- irreführende Werbung,
- vergleichende Werbung,
- unzumutbare Werbung.

2004 wurde das UWG erneuert, dabei entfielen u.a. die Vorschriften zur Regelung von Jubiläums-, Sonder- und Räumungsverkäufen.

Gesetz gegen Wettbewerbsbeschränkungen (GWB), Kartellgesetz, das dem Schutz des → Wettbewerbs dient. Zu den Bestimmungen des GWB gehören u.a.:

- Verbot wettbewerbsbeschränkender Absprachen (Kartellverbot),
- Verbot des Missbrauchs einer marktbeherrschenden Stellung,
- Diskriminierungsverbot,
- Boykottverbot.

Gesetz vom abnehmenden Ertragszuwachs, → Ertragsgesetz.

Gesichtssprache, Form der → nonverbalen Kommunikation, die bei der → persönlichen Kommunikation eine große Rolle spielt. Die G. ergibt sich aus dem

Zusammenwirken von statischen (Physiognomie) und motorischen (Mimik) Ausdruckserscheinungen. – Vgl. auch → neurolinguistische Programmierung.

Gestalt, komplexe Wahrnehmungseinheit, die ganzheitlich ist und nicht auf die Summe ihrer Teile reduziert werden kann. – Vgl. auch → Gestaltpsychologie.

Gestaltfestigkeit, Widerstandskraft von → Gestalten (z.B. von Werbemitteln) gegenüber Deformationen, Verzerrungen und Zerfallsmanipulationen. Die G., die sich aus der → Gestaltpsychologie und → Ganzheitspsychologie ableitet, hat für die Werbemittelgestaltung eine erhebliche Bedeutung. Ihre Stärke hat einen positiven Einfluss auf die Erinnerung und auf die Gedächtniswirkung. Daraus kann auch geschlossen werden, dass gestaltfeste Werbemittel eine größere → Werbewirkung haben.

Gestaltgesetze, aus dem → Prägnanzprinzip abgeleitete gesetzmäßige Bedingungen für die Gestaltung. Die Vielzahl der in der Literatur genannten G. lässt sich bez. ihrer Bedeutung reduzieren auf:

- das Gesetz der Nähe (Elemente mit dem kleinsten Abstand werden als zusammengehörig angesehen),
- Gesetz der Geschlossenheit (fehlende Elemente werden ergänzt),
- Gesetz der Ähnlichkeit (ähnliche Elemente werden als zusammengehörig angesehen),
- Gesetz der Kontinuität (Elemente gleicher Form, die fortlaufend miteinander verbunden sind, werden als Einheit empfunden),
- Gesetz der Symmetrie (symmetrische Elemente werden als Einheit erlebt),
- Gesetz des Einschlusses (→ Figur-Grund-Beziehung) und
- Gesetz des Ganzen (das Ganze ist mehr als die Summe seiner Teile).

Gestaltpsychologie, Theorie der ganzheitlichen → Wahrnehmung von komplexen Reizkonstellationen. Die Erkenntnisse beziehen sich in erster Linie auf die Prägnanz wahrnehmbarer Figuren. – Vgl. auch → Ganzheitspsychologie. – *Gegensatz:* → Elementarpsychologie.

Gestaltwert, Qualität einer Ganzheit als eine komplexe und von ihrer Umgebung abgehobene Wahrnehmungseinheit (→ Gestalt), die mehr als die Summe ihrer Bestandteile ist und daher auch nicht auf ihre Komponenten reduziert werden kann. Der G. ist einer der Schlüsselbegriffe der → Gestaltpsychologie und hat eine erhebliche Bedeutung für die → Werbemittelgestaltung.

Gewerbe, selbstständige Tätigkeit nach Gewerbeordnung. Es gilt in Deutschland der Grundsatz der Gewerbefreiheit unter Berücksichtigung der gesetzlich festgelegten Bestimmungen. Die staatliche Aufsicht erfolgt durch die Gewerbeaufsicht.

gewerbliches Schutzrecht, → Schutzrecht.

gewichtete Distribution, Gewichtung nach dem Anteil, den ein → Produkt am → Umsatz der → Warengruppe oder am Gesamtumsatz des Einzelhandelsunternehmens hat. Die g.D. zeigt die Bedeutung der einzelnen Handelsbetriebe für den Hersteller durch den produktspezifischen Umsatzanteil bestimmter Handelsbetriebe am gesamten vergleichbaren Umsatz aller relevanten Geschäfte. – Vgl. auch → numerische Distribution.

Gewinn, Differenz zwischen → Einnahmen und → Ausgaben, → Ertrag und → Aufwendung, → Erlös und → Kosten.

gewinnbezogene Budgetierungsmethode, am → Gewinn orientierte → Werbebudgetierung. Die Budgetierungsmethode unterstellt einen funktionalen Zusammenhang zwischen Gewinn und Werbung, der nur insofern eine gewisse Plausibilität aufweist, als bei sinkenden Gewinnen eine Reduktion des Werbeaufwands unter sonst gleichbleibenden Bedingungen zu einer Stabilisierung des Betriebsergebnisses beitragen kann. Diese Annahme erweist sich aber dann als Fehlschluss, wenn durch den reduzierten Werbeaufwand die Umsätze überproportional absinken und die Kostenersparnis (negativ) mehr als ausgleichen.

Gewinnmaximierung, unter Berücksichtigung der → Absatzmenge, der → Kosten und des im → Markt erzielbaren → Preises ist es das unternehmerische Ziel, den → Gewinn zu maximieren (→ erwerbswirtschaftliches Prinzip). Damit verbunden ist auch die → Minimalkostenkombination.

Gewinnmaximum, maximale Differenz zwischen → Erlös und → Kosten. Eine Gewinnmaximierung kann erreicht werden durch Kostensenkung und/oder Erlössteigerung. Sie ist als → Unternehmensziel neben anderen Zielen kurz-, mittel- und langfristig zu bestimmen.

Gewinnpunktrechnung, → Break-even-Analyse.

Gewinnschwelle, → Absatzmenge, bei der die → Erlöse gleich den → Kosten sind. – Vgl. auch → Break-Even-Analyse.

Gewinnspanne, Differenz zwischen → Erlös und → Kosten einer Periode. Die G. wird in der Regel in Prozent vom → Erlös ausgedrückt.

Gewinnspiel, Instrument der → Verkaufsförderung, das sowohl von der Industrie (Verbraucher-Promotion, Händler-Promotion) als auch vom Handel (Handels-Promotion) eingesetzt wird, um ein bestimmtes Leistungsangebot im → Absatzmarkt bekanntzumachen bzw. zu aktualisieren. G. sind wettbewerbsrechtlich unbedenklich, wenn sie nicht an den Kauf des Leistungsangebots gekoppelt werden.

Gewinnvergleichsrechnung, periodenbezogener Vergleich der → Gewinne bzw. Einnahmenüberschüsse (→ Investitionsrechnung).

Gewohnheitskauf, → Gewohnheitsverhalten, → Routinekauf.

Gewohnheitsverhalten, verfestigtes → Verhalten. Mit dem G. ist eine relativ hohe → Markentreue und/oder eine hohe → Ladentreue verbunden.

GfK-Kaufkraftkennziffern, von der Nürnberger Hochschule 1937 entwickelte Kennzahlen zur → Kaufkraft, die seit Mitte der 1950er-Jahre durch die Gesellschaft für Konsumforschung (GfK), Nürnberg, weiterentwickelt werden. Die Ziffern basieren auf den Lohn- und Einkommensteueraufkommen der Teilgebiete (Landkreise und kreisfreie Städte), die ins Verhältnis gesetzt werden zu den entsprechenden Werten des Gesamtgebiets (Deutschland). Bei der Berechnung werden regional unterschiedliche Steuersätze, Steuervergünstigungen für die Landwirtschaft sowie Sozialfürsorge und Renteneinkommen mit in Ansatz gebracht. Durch Berücksichtigung der Wohnbevölkerung in den Gebieten kann die Kaufkraftkonzentration (Kaufkraft je Einwohner) ermittelt und in Kaufkraftlandkarten dargestellt werden. – Vgl. auch → Kaufkraftkennziffern. – *Weitere Informationen unter* www.gfk.de.

GfK-Meter, Verfahren der → Teleskopie der Gesellschaft für Konsumforschung (GfK), Nürnberg. – Vgl. auch → Zuschauerforschung. – *Weitere Informationen unter* www.gfk.de.

Giffen-Effekt, Sonderfall der → inversen Preiselastizität. Der nach R. Giffen (1837-1910) benannte Effekt tritt nur selten auf, und zwar bei → inferioren Gütern, für die normalerweise die Grundannahme der → Preiselastizität gilt. Erklärung für den Effekt ist, dass bei steigenden Preisen für inferiore Güter und bei unterstelltem gleichen oder sinkenden → Einkommen höherwertige Güter nicht mehr nachgefragt werden können und demzufolge die → Nachfrage nach inferioren Gütern trotz Preiserhöhung relativ steigt.

Gimmick, → Give-away.

Give-away, *Gimmick,* kleines → Werbegeschenk, das Interesse und Aufmerksamkeit an dem Absender bzw. dessen Leistungsangebot wecken soll. Zu G.-a. zählen z.B. Gegenstände auf Zeitschriften, Messegeschenke, Aufkleber in Verpackungen oder zusätzliche Funktionen bei Software-Programmen.

Glaubwürdigkeit, subjektiv vom → Kommunikanten wahrgenommene Eigenschaft einer → Information bzw. Informationsquelle. Die G. spielt insb. bei der → Marketingkommunikation eine wichtige Rolle. So hängt z.B. die → Werbewirkung entscheidend von der Glaubwürdigkeit des Kommunikators bzw. der Werbebotschaft ab, wie auch umgekehrt Unglaubwürdigkeit die positive Werbewirkung absenkt. Diese Negativwirkung unterliegt jedoch einem zeitlichen Verschleißprozess (→ Sleeper-Effekt), sodass bei kontinuierlicher kommunikativer Penetration die Wirkung der unglaubwürdigen Werbung positiv steigt.

Gleichgewichtspreis, → Preis, bei dem sich → Angebot und → Nachfrage ausgleichen. Im → vollkommenen Markt besteht automatisch ein G. Der Preis ist ein Marktdatum, und die Anbieter haben lediglich die Möglichkeit einer Mengenanpassung (atomistische Konkurrenz). Das → Spinnwebtheorem beschreibt die Bildung des Gleichgewichtszustands bei verzögerten Angebotsanpassungen.

gleitender Durchschnitt, arithmetisches Mittel einer → Zeitreihe, das periodisch gleitend aktualisiert wird durch Herausnahme des jeweiligen ersten Wertes aus der Mittelwertbildung und Hinzufügen des jeweils neuesten Wertes als letzten Wert. Der Mittelwert wird in dieser Weise immer wieder periodisch aktualisiert in Bezug auf die jüngste Entwicklung. Durch eine höhere Gewichtung der gegenwartsnäheren Daten kann der g.D. an jüngste Entwicklungen stärker angepasst werden, wobei die Wahl des Gewichtungskoeffizienten (Glättungsparameters) die Reaktion auf Veränderungen bestimmt. Die Bildung g.D. bildet die Basis für die kurzfristige Prognose mithilfe der → exponentiellen Glättung.

Gleitpreis, → Preisgleitklausel, auch als Gleitklausel bezeichnet, die der → Preissicherung dient.

Global Accounts, global operierende Schlüsselkunden, die sich dadurch von den national orientierten → Key-Accounts unterscheiden, dass sie an verschiedenen internationalen Standorten simultan Produkte oder Dienstleistungen nachfragen. Demzufolge haben G.A. einen guten internationalen Marktüberblick und können detaillierte Angebotsvergleiche durchführen. Aufgrund der großen Beschaffungsbudgets werden zudem die Einkäufe gebündelt. Aus dieser Konzentration ergeben sich für die Anbieter Gefahren bei Kundenverlust, denen durch den Einsatz spezieller → Key-Account-Manager für internationale Kunden und insb. durch ein Global Pricing begegnet werden kann.

Global Advertising, globale → Werbung für → Weltmarken im Rahmen des → geozentrischen Marketing. Voraussetzung für die Standardisierung der Werbung ist die Homogenität der Märkte, Zielgruppen und deren Bedürfnisse. Überdies müssen in den Zielländern in etwa die gleichen werberechtlichen und medialen Bedingungen gegeben sein und ein internationales Agenturnetz zur Verfügung stehen. Als besondere Vorteile des G.A. gelten vor allem die Nutzung von möglichen Kostendegressionen bei der Werbemittelgestaltung und auch der schnelle Aufbau eines weltweiten Markenimages. In der internationalen Marketingpraxis setzt sich zunehmend der Trend durch, die strategische Marken- und Kommunikationspolitik global auszurichten und die taktische Umsetzung auf die lokalen Ebenen zu verlagern.

Global Brands, → Megabrands.

globale Markenstrategie, Strategie, die auf eine → Globalisierung international distribuierter → Marken angelegt ist. Eine g.M. ist in der Regel mit einer → Standardisierung der Leistungsangebote und → Marketinginstrumente verbunden. Das betrifft insb. → Markenname und → Markenzeichen. – Vgl. auch → Megabrands.

globale Werbung,
→ Global Advertising.

Globalisierung, Tätigkeit auf internationalen Märkten mit einem weltweit standardisierten Leistungsprogramm. Die Vereinheitlichung der Marketingprozesse und -programme erhöht die internationale Wettbewerbsfähigkeit durch Kostensenkung (Kostenführerschaft) und ermöglicht eine ertragsorientierte Preispolitik. Kerngedanke der G. ist die Identifizierung interkultureller Gemeinsamkeiten zur Bildung transnationaler Zielgruppen (→ Cross Cultural Target Groups). Die weltweite Angleichung der Bedürfnisse und Bedarfsstrukturen, die Dynamik des Konsumentenverhaltens und die G. des Wettbewerbs begünstigen globale Strategien. Darüber hinaus bewirkt die G. eine verstärkte weltweite Vernetzung wirtschaftlicher, technologischer und sozialer Strukturen.

Global Marketing, Strategie des → internationalen Marketings, die anstelle einer differenzierten, länderspezifischen Marktbearbeitung standardisierte Marketingkonzepte vorsieht. Nach T. Levitt (1983) ermöglicht eine weltweite Homogenisierung der Wünsche die Vereinheitlichung von Marketingprozessen und -programmen. Im Mittelpunkt der Unternehmensaktivitäten stehen nicht länderspezifische Besonderheiten, sondern länderübergreifende Gemeinsamkeiten zur Bildung interkultureller Segmente. Die vielfach erforderliche Differenzierung erfolgt durch eine Individualisierung der Basisprodukte (→ Customized Marketing). Voraussetzung für die Durchsetzung einer → geozentrischen Marketingstrategie ist ein effizientes Informations- und Kommunikationssystem. Die Globalisierung von Märkten/ Leistungsangeboten führt aufgrund der Standardisierung zu einer weltweit homogenen Angebotsvielfalt.

Global Player, global agierendes Unternehmen, das sich dem weltweiten Wettbewerb stellt, auf den Weltmärkten tätig ist und konsequent ein → Global Marketing im Rahmen seines → internationalen Marketing betreibt. G.P. können langfristig ihre weltweite Marktstellung nur durch die Etablierung von Megabrands halten. – *Gegensatz:* → ethnozentrisches und → polyzentrisches Marketing.

Global Sourcing, Nutzung internationaler Beschaffungsquellen. – Vgl. auch → Single Sourcing und → Modular Sourcing.

Glocal Marketing, Kombination der → Globalisierung mit der Berücksichtigung lokaler Marktgegebenheiten, um diese nicht zu vernachlässigen. Die Herstellung einer solchen Balance ist notwendig, weil sich die lokalen Märkte vielfach schneller verändern als der Weltmarkt, bzw. die Veränderungen nicht gleichförmig und gleichgerichtet verlaufen.

Gompertzfunktion, Prognosefunktion für langfristige → Prognosen in Form einer → Sättigungsfunktion, die ähnlich wie → logistische Funktionen einen s-förmigen Verlauf aufweist. Im Vergleich mit logistischen Funktionen hat die G. jedoch einen relativ steilen Anstieg, dann ein langgezogenes fast lineares Wachstum und erreicht erst langsam das Sättigungsniveau. Die Sättigungsfunktion dient u.a. der formalen Beschreibung der Werbewirkung in Verbindung mit dem eingesetzten → Werbebudget. – Vgl. auch → Werbewirkungsfunktion.

Goodwill, → Firmenwert als Mehrwert zwischen dem Ertrags- bzw. Gesamtwert eines → Unternehmens und der Summe der Zeitwerte (Teilwerte), abzüglich der Schulden. Der G. wird wesentlich bestimmt durch das → Firmenimage und den → Imagetransfer.

Goodwill-Effekt, Kaufeffekt, der auf den → Goodwill eines Anbieters zurückzuführen ist. Hierbei handelt es sich um nachgeholte und vorgezogene Käufe. Der Nachweis eines Mehrkonsums durch den G.-E. ist generell nicht zu führen. Als wahrscheinlich kann aber angenommen werden, dass sich der Effekt positiv auf die Markentreue bzw. im Einzelhandel auf die Einkaufsstättentreue auswirkt und zu einer längerfristigen Kundenbindung führt.

Gossen`sche Gesetze, von H. H. Gossen (1854) formulierte Regeln, die aus dem Nutzenkonzept entwickelt wurden:

1. Gesetz der Bedürfnissättigung: Der → Grenznutzen eines Gutes nimmt mit wachsender verfügbarer Menge dieses Gutes ab.
2. Gesetz vom Ausgleich der Grenznutzen: Das Maximum an → Bedürfnisbefriedigung ist erreicht, wenn die Grenznutzen der zuletzt beschafften Teilmengen der Güter gleich sind. Voraussetzung ist die Teilbarkeit der Mittel.

Gourmet Food, Ausdruck eines → Konsumentenverhaltens, das sich in einer genussorientierten Essenszubereitung und vor allem -darbietung und -zufuhr in einem elitären Umfeld äußert. Die Nachfrager nach G.F. sind kaum typologisierbar. Vielmehr entspricht die Nachfrage nach G.F. einem zwitterhaften Konsumentenverhalten (Hybrid-Konsument), das sich nicht eindeutig auf bestimmte Zielgruppen projizieren lässt. – *Gegensatz:* → Fastfood.

GPRA, Abk. für → Gesellschaft Public Relations Agenturen e.V.

Graphentheorie, mathematische Disziplin, die in formalisierter Form Strukturen und Beziehungen durch Netzwerke aus Punkten (Knoten) und Verbindungen (Kanten) darstellt. Dadurch werden komplexe Strukturen übersichtlich gestaltet. Die Anwendungsbereiche im Marketing sind vor allem die Unternehmensforschung (→ Operations Research) und die → Netzplantechnik.

Graphical Evaluation and Review Technique (GERT), Methode der → Netzplantechnik, die eine Weiterentwicklung von PERT (→ Program Evaluation and Review Technique) darstellt. Strukturablauf wie auch Zeitbedarfe werden im Netzplan als Zufallsvariablen behandelt.

Gratifikationsprinzip, allgemeines Prinzip der Motivation, das auf der → Interaktionstheorie beruht, wonach sich die Interaktionspartner kostennutzenorientiert in der Transaktion verhalten. Anreize führen zu Nutzen (positive Gratifikation), Beiträge zu Kosten (negative Gratifikation). Entscheidend ist der Grad der → Bedürfnisbefriedigung auf der Grundlage der bestehenden Bedürfnisdisposition. Daraus folgt, dass das Konsumentenverhalten geprägt wird durch die erwarteten oder vorweggenommenen Belohnungen bzw. Bestrafungen, wobei durch das konkrete Verhalten versucht wird, letztere zu vermeiden. Das Prinzip hat für das Marketing eine fundamentale Bedeutung im Hinblick auf seine notwendige Ausrichtung an den Bedürfnissen, Erwartungen und Forderungen der Kunden. – Vgl. auch → Kundenzufriedenheit.

Gratisangebot, kostenlose Abgabe von → Waren, die nach dem → Gesetz gegen den unlauteren Wettbewerb (UWG) unzulässig ist. Gratisangebote gelten als → Anlocken von Kunden. Insofern dürfen auch → Zugaben nicht als Gratiszugaben bezeichnet werden.

Gratisprobe, → Warenprobe.

grauer Import, internationale Warenströme, die weder durch das eigene Unternehmen noch durch ausländische Tochtergesellschaften oder autorisierte → Absatzmittler initiiert werden, sondern durch herstellerunabhängige Importeure oder ausländische Großhandelsunternehmen. Die im Markenartikelbereich übliche Form ist der → Reimport.

grauer Markt, Form des → Direktvertriebs von Produkten und Dienstleistungen unter Umgehung des institutionellen Handels. Durch Wegfall der entsprechenden Handelsspannen kommt der Endverbraucher in den Genuss von Preisnachlässen. Die in der Praxis typischen Ausprägungen sind der Beziehungshandel, Belegschaftshandel und der Behördenhandel. Der g.M. ist nicht grundsätzlich unzulässig, sondern verstößt lediglich in der Regel gegen vertikale Kooperationsvereinbarungen. – Vgl. auch → vertikale Kooperation, → Vertriebsbindung und ihre Sonderformen. – *Gegensatz:* → Schwarzmarkt.

Gravitationsmodell, Modellansatz in der → Handelsforschung zur Bestimmung der Größe des Einzugsgebietes von Einzelhandelszentren, Geschäftsagglomerationen (Standortagglomeration) und auch Regionen. Die Anziehungskraft von Zentren ist ein wesentlicher Bestimmungsfaktor für die Standortwahl im Einzelhandel. Gemessen werden die Einzelhandelsumsätze in verschiedenen Handelsorten, bezogen auf die zwischen ihnen liegenden Verbrauchsorte, die Entfernungen zwischen den jeweiligen Handels- und Verbrauchsorten und die Einwohnerzahl der Handelsorte. Der rein quantitative Modellansatz wird in der Praxis in der Regel erweitert durch die Berücksichtigung weiterer Faktoren, die die Attraktivität eines Handelszentrums bestimmen (Infrastruktur).

Greifbühne, Kasten, in dem mehrere Produkte oder Packungen aufgestellt werden. Die ausgestellten Produkte werden für eine bestimmte Zeit sichtbar gemacht. Die Zeit wird so bemessen, dass es der Testperson gerade noch möglich ist, eines der ausgestellten Produkte aus dem Kasten zu nehmen, ohne dass ihr jedoch die Möglichkeit gegeben wird, länger nachzudenken oder in Ruhe auszuwählen. Der G.-Test ähnelt in seiner Versuchsanordnung dem → Tachistoskop. Es wird versucht, durch die Schnelligkeit der Wahlhandlung rationale Einflüsse auszuschließen.

Grenzanbieter, in der → Preistheorie ein → Anbieter, dessen → Grenzkosten gleich den → Durchschnittskosten und diese gleich dem Angebotspreis sind. Der G. kann nicht in einen → Preiswettbewerb eintreten, da ansonsten die Erlöse die Kosten unterschreiten. Unter ansonsten gleichbleibenden Bedingungen kann die Situation nur durch eine Veränderung der Kostenstruktur verbessert werden (→ Ceteris-paribus-Regel).

Grenzerlös, Zuwachs des Gesamterlöses, der sich durch die Veränderung einer Absatzmengen-Einheit ergibt. Die Entwicklung des G. hängt entscheidend von der → Preispolitik und der → Nachfragefunktion (→ Preis-Absatz-Funktion) ab. In diesem Zusammenhang ist auch die → Preiselastizität zu berücksichtigen (→ Nachfrageelastizität). Die funktionale Abhängigkeit zwischen Absatzmenge und G. wird in der Grenzerlösfunktion dargestellt.

Grenzertrag, Zuwachs zum Gesamtertrag, der sich durch Einsatz der jeweils letzten (unendlich kleinen) Mengeneinheit eines → Produktionsfaktors ergibt.

Grenzkosten, Zuwachs der → Gesamtkosten, der sich durch die Herstellung der jeweils letzten (kleinsten) Produktionseinheit ergibt.

Grenznutzen, Veränderung des Gesamtnutzens bei Erhöhung des → Konsums eines Gutes um eine infinitesimal kleine Einheit. – Vgl. auch → Gossen`sche Gesetze.

Grenzrate der Substitution, Austauschverhältnis zwischen Gütern. – Vgl. auch → Gossen`sche Gesetze.

Großhandel, zu unterscheiden sind der funktionelle und institutionelle G.: 1. Im funktionellen Sinne ist der G. die wirtschaftliche Tätigkeit des Absatzes von Waren und Dienstleistungen an Produzenten, Weiterverarbeiter, gewerbliche Verwender, Wiederverkäufer und Großverbraucher. – 2. Der G. im institutionellen Sinne wird differenziert nach:

- der regionalen Ausrichtung (Binnengroßhandel, Außengroßhandel),
- der Funktionserfüllung (Lagergroßhandel, Streckengroßhandel, Zustellgroßhandel, Abholgroßhandel),
- der jeweiligen Sortimentsdimension (Spezialgroßhandel, Sortimentsgroßhandel),
- der beschaffungs- oder absatzorientierten Markttätigkeit (kollektierender G., distribuierender G.) und
- den Kooperationsformen (vertikaler und horizontaler Verbundgroßhandel).

Daneben existieren noch Sonderformen wie der Versandgroßhandel. Deutlich abzugrenzen ist der G. vom → Einzelhandel, wenngleich sich in den letzten Jahren Zwischenformen entwickelt haben, die z.T. Großhandels- wie auch Einzelhandelsfunktion ausüben und sich zunehmend zu Category Killern entwickeln. – Vgl. auch → Fachmarkt.

Großhandelsgenossenschaft, → Einkaufsgemeinschaft auf Großhandelsebene. – Vgl. auch → Einkaufsring.

Großhandelsmarketing, → Handelsmarketing.

Großhandelspanel, → Handelspanel.

Großhandelszentrum, *Trade Mart,* ein horizontaler Verbund unterschiedlicher → Sortimentsgroßhandlungen. Ziel ist die Nutzung von Rationalisierungs- und Synergieeffekten, die durch die → Kooperation freigesetzt werden können (z.B. Lagerhaltung, Transport). Die einfachste Form von G. ist die Bildung von räumlichen Standortzentren, die aber keine wirtschaftlichen Verbundvorteile aufweisen.

Gross Income, (Werbe-) Agentureinnahmen aus Pauschalhonoraren, Einzelhonoraren, Eigenleistungen und → Provisionen.

Grossist, → Großhandel.

Großkunden-Management, → Key-Account-Management.

Großmarkt, ständige → Marktveranstaltung zur → Distribution von landwirtschaftlichen Produkten, vor allem Obst und Gemüse, tierischen Produkte etc. Die Anbieter sind Erzeuger, Großhändler und Importeure. Die Abnehmer sind der Einzelhandel in seinen verschiedenen Ausprägungen, Großverbraucher und Gewerbetreibende. Der Begriff wird z.T. auch missverständlich benutzt für die Kennzeichnung von großflächigen Betrieben des Groß- und Einzelhandels.

Grosso, → Großhandel für den Vertrieb von → Zeitungen und → Zeitschriften.

Gross Rating Point (GRP), Maß für die → Bruttoreichweite eines → Mediums. GRP ist die Summe aller Kontakte (ohne Überschneidungen) in Prozent.

Großverbrauchergeschäft, Versorgung von z.B. Hotels, Gaststätten, Krankenhäusern, Altenheimen, Kantinen mit → Konsumgütern.

Groupshift-Syndrom, Phänomen, dass in Gruppendiskussionen die einzelnen

Mitglieder in Bezug auf ihre ursprüngliche Meinung eine noch extremere Position in der gleichen Richtung einnehmen. Die Gründe dafür können sein, dass in den Diskussionen neue Argumente die eigene, bereits vorgefasste, Meinung festigen oder auch eine persönliche Profilierung in der → Gruppe durch Übertreibung bzw. Verstärkung angestrebt wird. – *Gegensatz:* → Groupthink-Syndrom.

Groupthink-Syndrom, gruppenspezifische Vorgänge, die zu Fehlentscheidungen führen. Das von I. L. Janis (1972) erkannte und beschriebene Gruppenphänomen, beruht primär auf einer Gruppen-Kohäsion, die zu den Symptomen einer Selbstüberschätzung der → Gruppe, einer Engstirnigkeit und/oder zu einem Druck zur Einstimmigkeit führt. Daraus resultieren Fehlentscheidungen aufgrund von Entscheidungsdefekt-Symptomen, wie z.B. unzureichende Informationssuche und Informationsverarbeitung, unvollkommene Zielüberprüfung, unvollständige Alternativensuche und Alternativenprüfung etc. – Das G.-S. gilt nicht als Kritik an der Gruppenbildung und an der → Gruppendynamik, sondern als Warnsignal für eine kollektive Pathologie. Nach Janis kann sie z.B. durch Kritikfähigkeit der Gruppenmitglieder, Vermeidung von Präferenzenvorgaben durch die Unternehmensleitung, Bildung von Untergruppen zur besseren Evaluierung der gefundenen Lösungen, Bildung mehrerer und unabhängig voneinander arbeitenden Problemlösungs-Gruppen, Einbeziehung externer Experten etc. vermieden werden.

GRP, Abk. für → Gross Rating Point.

Grundbedarf, → Bedarf, der zur Deckung existentieller Lebensnotwendigkeiten (→ Grundbedürfnis) dient. Der absolut notwendige G. wird ergänzt durch den → Zusatzbedarf, der zusätzlichen Charakter hat. – *Gegensatz:* → Grundnutzen und → Zusatznutzen.

Grundbedürfnis, → Primärbedürfnis.

Grundgesamtheit, *Population,* Gesamtmenge der empirischen Elemente, die hinsichtlich ihrer Merkmale den Untersuchungsgegenstand repräsentieren. Die präzise Bestimmung der G. ist vor allem wichtig für die Ziehung der → Stichprobe, die die G. repräsentativ abbilden soll. Die exakte Definition der G. ist überdies unerlässlich für die Bestimmung des → Auswahlverfahrens. Fehler bei der Bestimmung der G. gefährden die → Repräsentanz der Stichprobe und damit möglicherweise die Aufgabenstellung der → demoskopischen Untersuchung.

Grundnutzen, technisch-funktionaler → Nutzen von → Produkten bzw. → Dienstleistungen. – Vgl. auch → Zusatznutzen.

grüner Punkt, Kennzeichnung von → Verpackungen, die dem → Dualen System Deutschland (DSD) zuzuführen sind. Entscheidend für die Vergabe des g.P. sind die Abnahme- und Verwertungsgarantien, die die beteiligten Industrien übernehmen. Die Kennzeichnung ist kein Signet für besonders umweltverträgliche Produkte (→ Umweltzeichen).

Gruppe, eine Mehrzahl von Personen, die eine soziale Einheit bilden und zwischen denen über einen längeren Zeitraum wechselseitige Beziehungen bestehen. Unterschieden werden:

- Primärgruppen (z.B. Familie),
- Sekundärgruppen (z.B. Verbände, Parteien) und
- Bezugsgruppen.

An Letzteren orientieren sich vielfach Individuen in ihrem → Verhalten. Die sozialen G. bilden → Normen, die von den Gruppenmitgliedern als für sich verpflichtend akzeptiert werden.

Gruppendenke,
→ Groupthink-Syndrom.

Gruppendiskussion, qualitative Befragungstechnik, bei der mehrere Personen gleichzeitig zu einem Untersuchungsgegenstand befragt werden. Hierbei ist eine Kommunikation unter den Gruppenmitgliedern zugelassen bzw. ausdrücklich erwünscht. Ziel ist vor allem die Erforschung von → Motiven und → Einstellungen. Die Gruppengröße liegt zwischen sechs und zehn Teilnehmern. Die Dauer der G. beträgt ca. ein bis zwei Stunden. Der Diskussionsleiter hat die Funktion eines Moderators und Katalysators. Der Gesprächsverlauf wird per Video aufgezeichnet und ausgewertet. Das Gruppengespräch gehört zur Methodengruppe der → psychologischen Marktforschung. Die Ergebnisse sind statistisch nicht repräsentativ und haben die Qualität von Pilotstudien. Trotz dieser Einschränkungen haben sich G. in der Marktforschung durchgesetzt. Sie sind auch geeignet, gruppendynamische Prozesse freizusetzen. – Vgl. auch → Gruppendynamik.

Gruppendynamik, Prozesse der wechselseitigen Steuerung von Meinungsbildung und Verhaltensbeeinflussung innerhalb sozialer → Gruppen. Nach K. Lewin (1939) umschreibt der Begriff die durch → Interaktionen in einer Gruppe erzielbaren psychischen Veränderungen. Gruppendynamische Prozesse können aufgrund verstärkter emotionaler und intellektueller Anregung zu Leistungssteigerungen und Innovationen führen, jedoch durch Annäherung und Angleichung auch zur Beseitigung sozialer Hemmnisse. Wesentlich hierbei sind u.a.:

- Gruppenbildungen (Ursache und Art des Zusammenschlusses),
- Rollenverteilungen,
- Führungsrollen und Führungsstile,
- Gruppenstrukturen.

Als Technik wird die G. im Marketing u.a. in Teamorganisationen, Verkaufstrainings bei Erfa-Gruppen und in Assessment-Centern eingesetzt.

Gruppenentscheidung,
→ kollektive Kaufentscheidung.

Gruppenfreistellung, Regelung des europäischen → Wettbewerbsrechts, nach der bestimmte wettbewerbsbeschränkende Vereinbarungen von → Branchen oder Unternehmensgruppen vom grundsätzlichen Kartellverbot (→ Kartellgesetz) ausgenommen werden. Beispiele hierfür sind bestimmte Formen des Alleinvertriebs und selektiven Vertriebs.

Gruppenmarketing, Marketing horizontaler oder vertikaler Kooperationssysteme, wie z.B. von → Einkaufsgenossenschaften, → freiwilligen Ketten und → Franchisesystemen.

Gruppenwerbung,
→ Gemeinschaftswerbung.

GS1 Germany, vormals Centrale für Coorganisation GmbH (CCG), Dienstleistungs- und Kompetenzzentrum für unternehmensübergreifende Geschäftsabläufe in der deutschen Konsumgüterwirtschaft und ihren angrenzenden Wirtschaftsbereichen. Kernaufgabe der Gesellschaft ist es, internationale Standards, wie z.B. das EAN-Artikelnummernsystem, zu entwickeln, zu fördern und zu verbreiten (→ EAN-Code). – *Weitere Informationen unter* www.gs1-germany.de.

Guerilla Marketing, unkonventionelle Marketingaktivitäten mit dem Ziel sich von den Wettbewerbern abzugrenzen und durch Andersartigkeit, Innovation, Originalität größtmögliche Aufmerksamkeit beim von Werbung übersättigten Konsumenten zu erregen. Dabei soll durch geringen Mitteleinsatz eine möglichst große Wirkung erreicht werden. Ursprünglich als Mittel kleiner und mittlerer Unternehmen (KMU) gegen die großen Unternehmen gedacht, hat es sich heute zu einer marketingmixübergreifenden Basisstrategie auch für → Global Player entwickelt.

gustatorischer Reiz, → Reiz, der vor allem im Einzelhandel durch → Verkostungen den Geschmackssinn des Käufers ansprechen und einen zusätzlichen Kaufanreiz ausüben sollen.

Güter, materielle und immaterielle Mittel, die der → Bedürfnisbefriedigung von → Nachfragern dienen. G. lassen sich differenzieren in freie G. (z.B. Luft), deren Nutzung mit keiner Gegenleistung verbunden ist und wirtschaftliche G., die käuflich bzw. gegen Gebühr erworben werden. Gegenstand der Wirtschaftswissenschaft sind die wirtschaftlichen G. Sie werden unterschieden nach materiellen (Sachgüter) und immateriellen G. (Dienstleistung, Recht und Information). Weitere Einteilungen sind die Trennung in mobile und immobile G. sowie Konsumtiv- und Produktivgüter, die wiederum in Untergruppen gegliedert werden können.

Gütertypologie, → Typologisierung von Wirtschaftsgütern in weitgehend homogene Gruppen. In der vorherrschenden G. sind die Gliederungskriterien die Art der Nutzung der Güter und die zeitliche Inanspruchnahme. Danach erfolgt die erste Unterscheidung nach

- Konsumtivgütern: Konsumgüter (Verbrauchs- und Gebrauchsgüter) und
- Produktivgütern: Produktionsgüter (gewerbliche Verbrauchs- und Investitionsgüter).

Gütezeichen, ein Gütesiegel, das eine Qualitätsaussage darstellt. G. werden nach Produktprüfung von Wirtschaftsverbänden vergeben (z.B. vom RAL Institut für Gütesicherung und Kennzeichnung beim Deutschen Normen-Ausschuss, VDE Verband Deutscher Elektrotechniker, TÜV Technischer Überwachungsverein). Sie sind nicht herstellerbezogen, sondern nach Qualitätsnormen produktbezogen. – *Gegensatz:* → Prüfzeichen, → staatliches Qualitätszeichen. – *Anders:* → Warenzeichen.

Guttman-Skala, das nach L.Guttman benannte → Skalierungsverfahren stuft gleichzeitig die Antwortkategorie und die Befragungsperson ein. Die → Einstellung der → Probanden wird gemessen, indem diese ihre Zustimmung oder Ablehnung zu bestimmten Statements geben. Die Statements sind dabei so geordnet, dass die Aussage zu einem Statement die gleiche Aussage der rangniedrigeren Statements mit einschließt. Die → Items müssen also so geordnet sein, dass das extremste Item an erster Stelle der Rangordnung steht. Der Einstellungswert des Probanden wird an dem ranghöchsten Statement gemessen, dem der Befragte zustimmt.

GWA, Abk. → für Gesamtverband Kommunikationsagenturen e.V.

GWB, Abk. für → Gesetz gegen Wettbewerbsbeschränkungen.

H

Habitualisierung, Gewohnheitsverhalten, das durch die soziale → Gruppe geprägt wird. – Vgl. auch → Lern-Theorie, → Adaption.

Habituation, Gewöhnungsvorgang, der die Abnahme physiologischer Reaktionen als Anpassung an einen sich nicht verändernden Reiz beschreibt. Die H. gehört neben dem → Wear-out-Effekt und der → semantischen Sättigung zu den → Abnutzungseffekten, die etwa bei wiederholten Präsentationen von Werbebotschaften auftreten. Sie kann durch die Darbietung eines überraschenden neuen Reizes (Dishabituation) durchbrochen oder durch Ermittlung der optimalen Anzahl der wirksamen Werbewiederholungen vermieden werden. – *Anders:* → Habitualisierung.

habituelles Kaufverhalten, gewohnheitsmäßiges Kaufverhalten auf der Basis verfestigter Verhaltensmuster, die wiederum auf in der Vergangenheit bewährten Entscheidungen beruhen. Mit den habitualisierten → Kaufentscheidungen sind in der Regel eine hohe → Markentreue und/oder → Ladentreue verbunden.

Habitus, persönlicher Verhaltensstil, der sich im Aussehen und in der Haltung eines Individuums niederschlägt. Vom H. kann auf → Einstellungen und soziale Prägungen (→ Normen) geschlossen werden. – Vgl. auch → Status, → soziale Rolle.

Half-Life-Konzept, Theorie, die davon ausgeht, dass Lernfortschritte als abhängige Variable der Zeit bei gleichzeitiger Unabhängigkeit von der kumulierten Produktionsmenge anzusehen sind. Die Erfahrungskurve geht hingegen von Lernfortschritten in Abhängigkeit vom kumulierten Produktionsvolumen bei gleichzeitiger Unabhängigkeit von der hierzu benötigten Zeit aus. Beide Konzepte können miteinander verbunden werden.

Halo-Effekt, unbeabsichtigter → Ausstrahlungseffekt von Marketingmaßnahmen bzw. von Vorfragen auf die Beantwortung nachfolgender Fragen in der → Marktforschung. In Bezug auf die Produktanmutung durch den Nachfrager der Gesamteindruck des Produkts bzw. der Dienstleistung, der auf einzelne Leistungsmerkmale des Angebots abstrahlt. – *Gegensatz:* → Attributdominanz.

Handel, Austausch von Waren und Dienstleistungen zwischen Wirtschaftspartnern ohne Be- oder Verarbeitung der gehandelten Güter. Diese funktionelle Definition (→ funktioneller Handel) wird ergänzt durch die Handelsinstitutionen (→ institutioneller Handel), die grob zu differenzieren sind in Großhandel, Einzelhandel und nach der räumlichen Betätigung in Binnenhandel und Außenhandel. Eng verknüpft mit der funktionellen Definition sind die Handelsfunktionen.

Handelsbetriebsform,
→ Betriebsform.

Handelsbetriebstyp, → Betriebstyp.

Handelscontrolling, Instrument zur Optimierung der Handelsmanagementaufgaben: Zielbildung, Planung, Steuerung, Kontrolle, Koordination und Information. Das Spezifikum des H. ergibt sich nicht aus der Grunddefinition des → Controlling, sondern aus den im Vergleich zum Industriecontrolling unterschiedlichen Planungs- und Orientierungsgrößen. Die wichtigsten Controllinginstrumente im Handel sind u.a. die Limitrechnung, der Betriebsvergleich, die Handelskalkulation, die permanente Überprüfung der direkten Produktkosten und der direkten Produktrentabilität inklusive der Handelsspannen, das auf den Handel zugeschnittene → DuPont-Schema und diverse → Kennzahlen. Durch → Scanning und insb. die Entwicklung geschlossener → Warenwirtschaftssysteme ist das H. stark gefördert worden.

Handelserosion, → Handels-Lebenszyklus, → Store Erosion.

Handelsform, nach dem Kriterium der Eigentumsübertragung ist juristisch zu unterscheiden zwischen dem Eigenhandel, Kommissionshandel, Agenturhandel und dem Maklerhandel. In Bezug auf den → Handel sind insb. die verschiedenen Handelsbetriebsformen angesprochen, die durch diverse → Betriebstypen differenziert werden. Hierbei ist jeweils generell zu unterscheiden nach Groß- und Einzelhandel.

Handelsforschung, Forschung über und für den → Handel. Forschungsobjekte sind Betriebe, Betriebs- und Verbundgruppen und alle Managementbereiche im Handel.

Handelsfunktion, im engeren Sinne handelt es sich um alle Funktionen, die der → Handel in der makro- und mikroökonomischen → Distribution als Bindeglied zwischen Produktion und Verwendung erfüllt (→ Distributionsfunktion). Die funktionalen Grundkategorien sind nach K. Oberparleiter (1955):

- Überbrückung des Raumes (z.B. Transport),
- Zeitüberbrückung (z.B. Lagerhaltung),
- Quantität (z.B. Auftragszusammenfassung),
- Qualität (z.B. Sortimentierung),
- finanzielle Überbrückung (z.B. Kreditierung) und
- Werbung (z.B. Information und Beratung).

R. Seyffert (1972) gliedert in Überbrückungsfunktionen, Warenfunktionen und Maklerfunktionen. H. Buddeberg (1959) wählt eine Funktionendifferenzierung nach betrieblichen Leistungen und distributionswirtschaftlichen Aufgaben. Praxeologisch umfassen die Handelsfunktionen im Wesentlichen die Verteilung der Waren bzw. Dienstleistungen, die Bevorratung und die Sortimentierung.

Handelskalkulation, Kostenträgerrechnung im → Handel, die im Vergleich zur Kalkulation von Industrieunternehmen einige Besonderheiten aufweist. So ist die Handelsleistung keine Sachleistung, sondern eine Dienstleistung. Als problematisch erweist sich in erster Linie die verursachungsgerechte Verrechnung der → Kosten auf die → Kostenträger. Das betrifft vor allem die Verrechnung der Handlungskosten (z.B. Personal, Miete, Lager), die weitgehend Fixkostencharakter haben. Mithilfe der Ermittlung der direkten Produktkosten versucht man mittlerweile, die sog. direkte Produktrentabilität im Sinne einer Produktprofitabilität zu ermitteln.

Handelskanal, selbstständige → Absatzmittler, die als → Distributionskanal die → Distributionsfunktionen bzw. → Handelsfunktionen übernehmen.

Handelskette, nach R. Seyffert (1972) distributiver Weg, den Produkte bzw. Dienstleistungen vom Hersteller bis zum Verwender nehmen. Zwischen Produktion und Verwendung übernehmen verschiedene Zwischenhandelsglieder die notwendigen → Distributionsfunktionen.

Die H. wird gebildet aus Hersteller, → Großhandel, → Einzelhandel und → Verwender. Beim → Außenhandel sind noch Außenhandelsglieder zwischengeschaltet. Es ist nicht zwingend, dass in einer H. alle Handelsglieder vertreten sind. Es können Glieder zusammengefasst oder auch ausgeschaltet werden. Es können auch bestimmte Glieder mehrfach eingeschaltet sein (etwa auf der Großhandels- und Einzelhandelsstufe).

Handelsklasse, Qualitätsnorm für landwirtschaftliche und Fischereierzeugnisse, die im Handelsklassengesetz erfasst ist. Die Merkmale sind Qualität, Herkunft, Angebotszustand, Reinheit, Zusammensetzung, Sortierung, Beständigkeit, Art und Weise sowie Zeitpunkt der Erzeugung, Gewinnung, Herstellung oder Behandlung. Bei Obst und Gemüse heben die H. vor allem auf die äußeren Merkmale Größe und Farbe ab. Die Qualitätsnormen fördern die → Markttransparenz der → Verbraucher und erleichtern den Qualitäts- bzw. objektiven Preisvergleich.

Handelsklausel, Regelung von bestimmten Vertragsbestandteilen in → Kaufverträgen. Die wichtigste Form sind die → allgemeinen Geschäftsbedingungen (AGB) und im Außenhandel die → Incoterms, die bei internationalen Geschäften insb. die Liefer-, Abnahme- und Zahlungsbedingungen, die Kostenzurechnung sowie den Gefahrenübergang vom Verkäufer auf den Käufer regeln.

Handelskonzentration, Form der → Konzentration, die zur Ausübung von → Nachfragemacht des → Einzelhandels gegenüber den Herstellern führt. Die damit verbundene → asymmetrische Machtverteilung erweist sich wettbewerbsrechtlich als zunehmend bedenklich. Sie bewirkt eine Verminderung des marktwirtschaftlichen → Leistungswettbewerbs. Die H. ist auf Flächen- und Umsatzexpansionen der Großbetriebsformen des Einzelhandels zurückzuführen, die in den letzten Jahren durch Unternehmenszusammenschlüsse erheblich verstärkt wurden. Dies wiederum hat einen weiteren Rückgang des ungebundenen Einzelhandels zur Folge. Durch → horizontale und → vertikale Kooperationen versucht der mittelständische Handel, die für ihn mit der H. primär verbundenen Beschaffungsnachteile (vor allem bei den Einkaufskonditionen) zu vermeiden.

Handels-Lebenszyklus, *Retail-Life-Cycle, Handelserosion,* Alterungsprozess von → Betriebsformen bzw. → Betriebstypen im Groß- und Einzelhandel, der dem Verlauf nach dem → Produkt-Lebenszyklus (PLZ) entspricht. Der H. ist nachweisbar durch die Entwicklung der z.B. kleinflächigen Fachgeschäfte und Warenhäuser. Der Unterschied zum PLZ ergibt sich daraus, dass die „veralteten Produkte“ als Betriebstypen wohl verschwinden, nicht hingegen die mehr generellen Betriebsformen. Dem Alterungsprozess wird begegnet durch eine permanente Marktanpassung der betriebsformenspezifischen Aktionsparameter. Das Ergebnis dieser sich kontinuierlich wie auch diskontinuierlich vollziehenden Marktanpassung ist die sog. → Betriebsformendynamik.

Handelslogistik, → Logistik des → Handels, die sich aus den handelsinternen Modulen Beschaffungs-, Distributions- und Entsorgungslogistik zusammensetzt. Vielfach übernehmen die Hersteller im Rahmen des Merchandisings wichtige Teile der Distributionslogistik im stationären Einzelhandel (wie z.B. die Regalbeschickung, Preisauszeichnung), oder sie werden insb. von den Handelskonzernen an den diesbezüglichen Kosten beteiligt.

Handelsmakler, selbstständiger Gewerbetreibender, der gegen → Provision für Dritte Handelsgeschäfte vermittelt, aber im Gegensatz zum → Handelsvertreter nicht in einem dauerhaften, festen Vertragsverhältnis zu einem bestimmten Auftraggeber steht. Als Absatz- bzw.

Verkaufsorgane spielen H. nur im internationalen Geschäft eine Rolle.

Handelsmarke, *Private Label,* → Markenartikel des Handels, für die die gleichen Merkmale gelten wie für die → Herstellermarken. Der wesentliche Unterschied besteht in der auf die Handelsgruppe konzentrierten Distribution. Zu unterscheiden sind:

- Firmen- oder Sortimentsmarken,
- Warengruppen- oder Segmentmarken,
- Individual- oder Solitärmarken.

Anders: → Gattungsmarke und → Eigenmarke.

Handelsmarketing, marktorientierte Unternehmenspolitik von Handelsunternehmen. Das H. hat einen strategischen und operativen Charakter. Es ist darauf angelegt, eigenständige und unverwechselbare Konzeptionen zu entwickeln, die z.T. auch im Widerspruch zum → Herstellermarketing stehen. Das H. hat seine deutlichsten Ausprägungen in der Handelskonzentration, in der Kooperation, Diversifikation, im Controlling und in Profilierungsstrategien. – Vgl. Abbildung „Handelsmarketing – Die strategischen Ebenen".

Handelsmarketing – Die strategischen Ebenen

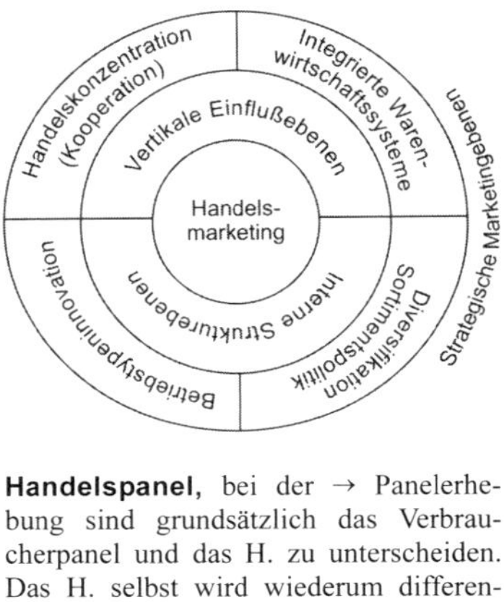

Handelspanel, bei der → Panelerhebung sind grundsätzlich das Verbraucherpanel und das H. zu unterscheiden. Das H. selbst wird wiederum differenziert in das Großhandels- und Einzelhandelspanel. Erhoben werden → Absatz und → Umsatz, der → Lagerbestand, die → Umschlagsgeschwindigkeit und die Artikelpräsenz in den Regalen. Die Datenerfassung erfolgt entweder durch Inventur oder Scanning. Im Vergleich zum Verbraucherpanel liefert das H. keine Informationen zu den Käufern und zur Verbrauchsintensität. Da sich wichtige Einzelhandelsunternehmen an der Panelforschung nicht beteiligen, sind die H.-Ergebnisse nicht repräsentativ. Vorteilhaft ist jedoch, dass der → Paneleffekt und die → Panelsterblichkeit nicht auftreten. Voraussetzung für das Großhandelspanel ist, dass die Handelsbetriebe einem Marktforschungsinstitut die entsprechenden Daten zur Auswertung zur Verfügung stellen.

Handelsportal, → Portal.

Handelspromotion, Maßnahmen zur → Verkaufsförderung, die der Handel aus seiner Interessenlage eigenständig plant und durchführt. Sie sind Bestandteil des → Handelsmarketing und oftmals divergent zu den Vermarktungskonzepten der Hersteller, da sie in erster Linie die Handelsprofilierung (Ladentreue) zum Ziel haben. – *Gegensatz:* → Händlerpromotion und → Verbraucherpromotion.

Handelsspanne, Differenz zwischen dem (Netto-)Verkaufspreis und dem (Netto-) Einkaufspreis von Produkten bzw. Dienstleistungen, die von Handelsunternehmen umgesetzt werden. Die H. ist das Entgelt für die Handelsleistung und wird als Prozentwert vom Verkaufs- oder Einkaufspreis ausgewiesen. Sie muss die → Handlungskosten decken und einen zufriedenstellenden Gewinn sicherstellen. Die H. kann bezogen werden auf:

- einzelne Artikel (Artikelspanne),
- die Warengruppe (Warengruppenspanne) oder
- den gesamten Betrieb (Betriebshandelsspanne).

Handelsstrategie, langfristige und grundlegende → Planung zur Realisierung von Handelszielen. H. sind vergleichbar mit den → Marketingstrategien der Hersteller, haben jedoch eine andere Ausprägung. Hinsichtlich der Zielmärkte ist zu unterscheiden zwischen einer Totalmarktstrategie (Abdeckung aller relevanten Märkte und der entsprechenden Zielgruppen) und einer Segmentationsstrategie (Auswahl von Teilmärkten). Marktinginstrumental beziehen sich die strategischen Grundorientierungen auf das → Sortiment, die → Preislagenpolitik und die damit verbundene Wahl der → Betriebsform und des → Betriebstyps. Daraus ergeben sich wiederum zielentsprechende Strategien bez. sinnvoller → Betriebstypeninnovationen, → Kooperationen und → Diversifikationen, die insgesamt auf eine Profilierung abzielen.

Handelsstufe, verschiedene Stufen, die ein Leistungsangebot von der Herstellung bis zum Endverbraucher bzw. Endverwender durchläuft. Nach der Zahl der eingeschalteten H. ist grundsätzlich zu unterscheiden in → Direktvertrieb und → indirekten Vertrieb.

Handelstyp, → Betriebstyp.

Handelsunternehmen, institutionalisierte Form des Handels. – Vgl. auch → Handelsform, → Betriebsform.

Handelsvermittler, Funktionsträger, deren Aufgabe es ist, Geschäftsverbindungen zwischen Handelspartnern anzubahnen, zu pflegen und weiterzuentwickeln. Die H. weisen eine enge Verwandtschaft mit den → Absatzmittlern auf, beziehen sich jedoch nicht auf den institutionellen Handel, sondern auf die unternehmensfremden Absatz- bzw. Verkaufsorgane. Die wichtigsten H. sind die → Handelsvertreter und → Handelsmakler.

Handelsvertreter, selbstständiger Gewerbetreibender als betriebsfremdes Verkaufs- bzw. Absatzorgan. Bei der Handelsvertretung ist weiter zu differenzieren in einen → Mehrfirmenvertreter und einen → Einfirmenvertreter. Der H. arbeitet in aller Regel auf Provisionsbasis, wobei sich die → Provision am → Umsatz orientiert, und zwar üblicherweise unabhängig davon, ob er den Umsatz in seinem → Verkaufsbezirk selbst getätigt bzw. vermittelt hat. – *Gegensatz:* → Reisender.

Handelsware, → Ware, die vom Hersteller nicht selbst produziert, sondern von anderen Herstellern (u.a. auch Wettbewerbern) zugekauft und mit den eigenen Leistungsangeboten distribuiert wird. Ziel der Aufnahme von H. in das Angebot ist, das Leistungsprogramm kundenorientiert zu komplettieren. Die H. ist deutlich zu unterscheiden von der Handelsmarke, die als Markenartikel des Handels gilt und für die die gleichen Merkmale gelten wie für Herstellermarken.

Handelswerbung, Profilierung von Betriebsstätten des Einzelhandels mithilfe einer spezifischen → Marketingkommunikation, dem → Handelsmarketing. Im Vergleich zur Herstellerwerbung werden die Handelsleistungen (Handelsfunktion) und vor allem das Sortiment in den kommunikativen Mittelpunkt gerückt. Als Mittler kommen alle → Kommunikationsmedien zum Einsatz. In diesem Zusammenhang gewinnt die Instore-Werbung immer mehr an Bedeutung, soweit sie die Handelsinteressen unterstützt oder direkt von den Handelsunternehmen (mit z.T. finanzieller Beteiligung der Hersteller durch z.B. Werbekostenzuschüsse) durchgeführt wird.

Händlerhilfe, → Werbehilfe.

Händlerpromotion, von den Herstellern oder Lieferanten ergriffene Initiativen der → Verkaufsförderung, um den Herausverkauf der Produkte aus dem Handel zu unterstützen. H.-P. sind ein Instrument im → vertikalen Marketing und oftmals divergent zu den Vermarktungskonzepten der Handelsunternehmen, da sie in erster Linie die Herstellerprofilierung zum Ziel haben. – *Gegensatz:* → Handelspromotion.

Händlerwettbewerb, → Händlerpromotion, die von den Herstellern als → Verkaufswettbewerbe im Handel durchgeführt wird. Die → Prämien sind meist an Umsatzvorgaben gebunden.

Handlungskosten, → Kosten, die mit dem Handeln von Produkten und Dienstleistungen verbunden sind. Die wichtigsten H. sind u.a.:

- Personalkosten,
- Raumkosten,
- Energiekosten,
- Marketingkosten,
- Logistikkosten,
- Verwaltungskosten,
- Zinsen und Abschreibungen.

Sie haben überwiegend den Charakter von → fixen Kosten bzw. → Gemeinkosten und können nicht exakt den → Kostenträgern verursachungsgerecht zugeordnet werden. Das Verfahren der direkten Produktrentabilität versucht, diese Problematik zu lösen, wenngleich dies bislang noch nicht zufriedenstellend möglich ist. Die Wareneinstandskosten zählen nicht zu den H.

Handwerkshandel, Handelstätigkeit von Handwerksbetrieben (als Dienstleistungshandwerk oder produzierendes Handwerk). Die Handelstätigkeit bezieht sich auf den → Verkauf von Erzeugnissen, die nicht mit der handwerklichen Leistung verbunden sind und/oder von → Handelswaren, die mit dem Handwerksumsatz in einem direkten Zusammenhang stehen (z.B. Fliesen beim Fliesenleger, Tapeten beim Maler).

Handywerbung, → Mobile Marketing.

Handzettel, → Flyer.

haptischer Reiz, taktiler → Reiz, der vor allem im Einzelhandel (z.B. bei Textilien) den Tastsinn des → Käufers anspricht und bei ihm zur Bildung von → Präferenzen führen sollen.

Hard Selling, Form des → persönlichen Verkaufs, die darauf gerichtet ist, potentielle Käufer rasch zu überzeugen und zum Kauf zu bringen. Wenn überhaupt, so empfiehlt sich diese → Verkaufstechnik nur unter der Voraussetzung, dass auf die langfristige Kundenbeziehung bzw. Kundenbindung kein Wert gelegt wird (Laufkundschaft). – *Gegensatz:* → Soft-Selling.

Hardware, Gesamtheit der technischen Elemente eines Computers oder eines Informationsnetzes. Die H. wird gesteuert und kontrolliert durch die Programme (→ Software). Im Marketing umfasst die H. das reine Sachleistungsangebot. Es wird ergänzt durch Software-Leistungen, wie z.B. Dienstleistungen, Pre-Sales- und After-Sales-Services und ein umfassendes Servicemarketing.

Harzburger Modell, von der Akademie für Führungskräfte der Wirtschaft Bad Harzburg entwickelte → Managementtechnik. Das Modell geht von der Führung im Mitarbeiterverhältnis aus. Auch wenn noch viele Unternehmen (z.B. weitgehend die klassischen Warenhäuser) nach dem Modell strukturiert sind, gilt es mittlerweile in seiner reinen Form als überholt. Neue Organisationsformen der Aufbauorganisation haben die mit dem Modell verbundene Stab-Linien-Organisation abgelöst. – Vgl. auch → Marketingorganisation, → Leitungssystem und → Empowerment.

Häufigkeit, Zahl der Fälle in der Statistik, in denen ein bestimmtes Merkmal auftritt oder eine bestimmte Beobachtung gemacht wird. Es wird unterschieden zwischen der absoluten und relativen Häufigkeit.

Häufigkeitsverteilung, Zusammenfassung und Darstellung des Datenmaterials aus empirischen Erhebungen der →

Markt- und → Sozialforschung nach absoluten und relativen → Häufigkeiten. Die H. zeigt, in welcher Häufigkeit die unterschiedlichen Ausprägungen einer oder mehrerer → Variablen bei verschiedenen Untersuchungsobjekten auftreten.

Haupteinzugsgebiet, geografisches Gebiet, aus dem ein Einzelhandelsunternehmen bzw. eine Agglomeration von Einzelhandelsgeschäften Kunden an sich zieht (Einzelhandelszentralität). Die H. werden im Wesentlichen bestimmt durch die Bevölkerungszahl und Bevölkerungsdichte, das Nachfragerpotential, die Konsumstruktur, die Kaufkraft, das Einkommen und durch die infrastrukturellen Bedingungen.

Hauptverband des Deutschen Einzelhandels (HDE), Zusammenschluss der Landesverbände und Bundesfachverbände des → Einzelhandels. Die Vereinigung nimmt die Einzelhandelsinteressen in der Öffentlichkeit und vor allem im wirtschaftspolitischen Bereich wahr und unterstützt ihre Mitglieder bei der Lösung von Betriebsführungsproblemen. – *Weitere Informationen unter* www.einzelhandel.de.

Haushalt, Personen, die in einer → Gruppe in einer Wohnung zusammenleben und eine → Wirtschaftseinheit bilden. Unterschieden werden in der Statistik Einpersonen-, Mehrpersonen- und Anstaltshaushalte.

Haushaltseinkommen, Summe der monatlichen Nettoeinkünfte aller Mitglieder eines → Haushalts aus Erwerbstätigkeit bzw. Renten oder Pensionen, Versicherungen, eigener Bewirtschaftung, Vermietung und Verpachtung – ohne Steuern und Pflichtbeiträge zur Sozialversicherung.

Haushaltspanel, → Panelart als wichtigste Form des → Verbraucherpanels, bei der → Haushalte die Befragungseinheiten sind. Erhoben werden Informationen über Haushaltseinkäufe (gegliedert nach Produkten und Warengruppen). Die Bedeutung der Panelart ergibt sich für die Markenartikelhersteller vor allem aus der Ermittlung des Markenwechsels und der Markentreue. Die Hauptprobleme beim H. sind die → Panelsterblichkeit, der → Paneleffekt und die dadurch notwendige → Panelrotation. – *Anders:* → Handelspanel.

Haushaltstheorie, mikroökonomischer Ansatz zur Erklärung des → Konsumentenverhaltens. Die Theorie geht von rationalen ökonomischen → Kaufentscheidungen des Konsumenten aus. Diese Annahme ist realitätsfremd, da sie verhaltenswissenschaftlich kaum begründet werden kann. – Vgl. auch → Behaviorismus.

Haushaltswerbung, Form der → Direktwerbung, bei der gedruckte → Werbeträger, üblicherweise Prospekte, und Kundenzeitschriften, an private → Haushalte durch Zustellerdienste verteilt werden. Die H. ermöglicht eine → mikrografische Marktsegmentierung auf der Grundlage mikrografischer Kriterien. Als die wesentlichen Probleme der H. erweisen sich die wirksame Kontrolle der Verteilungsorganisationen und die z.T. ausdrückliche Ablehnung der Haushalte (→ Robinsonliste). Die H. wird vor allem vom stationären Einzelhandel, aber auch von Direktanbietern als → Werbeform genutzt und ist mittlerweile ein bedeutender Wirtschaftsfaktor.

Hausierhandel, Form des → ambulanten Handels. Der inhaltliche Unterschied zum → Hausverkauf besteht darin, dass der H. ein selbstständiger Handel ist. Überschneidungen ergeben sich hingegen beim Haustürverkauf durch rechtlich selbstständige Handelsvertreter, die wie Außendienstmitarbeiter auftreten.

Hausmarke, → Eigenmarke.

Hausmesse, in der Regel eine Fachmesse, die durch einen Hersteller (und seltener durch ein Handelsunternehmen) veranstaltet wird. Vorteil der H. aus Ausstellersicht ist, dass die gewünschten Kundenzielgruppen spezifisch angesprochen werden können. Dieser Vorteil gilt insb. für das Investitionsgütermarketing. Aus Besuchersicht ist ein gravierender Nachteil, dass H. keine Übersicht über das gesamte Marktangebot geben. Sie haben daher nicht den eigentlichen Charakter von → Messen, sondern eher den einer Verkaufsförderungsaktion oder einer Imagewerbung des jeweiligen Veranstalters.

Hausverkauf, *Haustürverkauf,* → persönlicher Verkauf, der eine Form des → Direktvertriebs darstellt. Der H. weist Ähnlichkeiten auf mit dem ambulanten Handel und dem Hausierhandel. Daraus resultiert auch sein überwiegendes Negativimage.

Hauswurfsendung, unadressierte → Werbebriefe an Haushalte. – Vgl. auch → Direktwerbung, → Postwurfsendung.

Hawthorne-Effekt, nach E. Mayo (1880-1949) besagt der Effekt, dass das menschliche → Verhalten während der Arbeit vor allem von sozialen Faktoren beeinflusst wird. Diese Erkenntnis begründete die → Human Relations. – *Gegensatz:* → Taylorismus.

HDE, Abk. für → Hauptverband des Deutschen Einzelhandels.

Headline, Kopfzeile bei → Anzeigen. – *Gegensatz:* → Baseline.

Health-Care-Marketing, Übertragung der → Marketingkonzeption auf den Gesundheitsbereich. Ziel ist, das → kommerzielle Marketing (z.B. der Pharmaunternehmen) mit dem → Non-Profit-Marketing (z.B. der Krankenkassen) bei Vermeidung sozial unverträglicher Maßnahmen bzw. Folgen zu verbinden.

Hedonismus, Verhaltenstheorie, begründet durch J. Bentham (1779), nach der menschliches Handeln vor allem durch das Genuss- und Lustprinzip bestimmt und motiviert wird. Es gilt die Hypothese, dass Lustgewinn und individuelles Glück die Hauptziele des Lebens sind. Der H. kann als Gegenbewegung zu den asketischen Moralnormen der frühbürgerlichen Gesellschaft (Puritanismus) gesehen werden. Er wurde zum Leitprinzip der Motivationsforschung und zum zentralen Wert der → Konsumgesellschaft. Die Hedonisten sind die primäre → Zielgruppe für das → Erlebnismarketing.

Heimdienst, Form des → Direktvertriebs von zumeist Spezialsortimenten im Nahrungs- und Genußmittelbereich (z.B. Tiefkühlkost, Backwaren, Obst und Gemüse, Getränke) an private Haushalte. Das Wachstum der H. ist in erster Linie auf das Bequemlichkeitsbedürfnis derjenigen Verbraucher (zunehmend Single- und Zwei-Personen-Haushalte) zurückzuführen, die den Anlieferungsservice höher einschätzen als den Preisvorteil, den Lebensmittel-Discounter bei vergleichbarer Produktqualität bieten.

Hemisphärentheorie, Theorie, nach der die rechte Gehirnhälfte vor allem ganzheitliche Informationen (Bilder, räumliche Darstellungen, Musik, Kunst, Emotionen etc.) verarbeitet, während die linke Hemisphäre mehr der analytischen Informationsverarbeitung dient (Sprache, rationale Denkprozesse). Die Gehirnspezialisierung führt trotz der Interaktivität beider Gehirnhälften zu einer unterschiedlichen Ausprägung der rechts- bzw. linkshemisphärischen Denk- und Arbeitsweise (→ Hirnforschung), die durch Veranlagung und Lernprozesse verstärkt wird. Die Entwicklung vom Bedürfnis- zum Erlebniskonsum bewirkte eine Emotionalisierung der (gesättigten) Märkte und eine Dominanz rechtshemisphärischer Orientierungen. Daraus resultiert die zunehmende Bedeutung der → Bildkommunikation für die → Marketingkommunikation und hier speziell für die → Werbung. Anzumerken ist jedoch, dass neuere Ergebnisse der Hirnforschung die Aussagekraft der Hemisphären-Theorie stark in Frage stellen.

Herkunftsbezeichnung, Hinweis auf die geografische Herkunft einer → Ware. Nach dem → Gesetz gegen den unlauteren Wettbewerb (UWG) in Verbindung mit dem → Warenzeichengesetz (WZG) ist es wettbewerbsrechtlich unzulässig, bei einem nicht unbeachtlichen Teil der beteiligten Verkehrskreise falsche Vorstellungen über die Herkunft der Ware zu vermitteln. – *Anders:* → Gattungsbezeichnung.

Hermes-Deckung, Bezeichnung für die staatliche Exportkreditversicherung. Die Unternehmen werden geschützt vor dem Risiko des Forderungsausfalls bei → Exporten. Die Hermes-Kriterien beziehen sich auf die Einstufung des jeweiligen Länderrisikos. Der Name Hermes leitet sich ab von der Bearbeitung der Anträge durch die Hermes-Kreditversicherungs AG.

Herstellermarke, → Markenartikel, der seine Herstellerbezogenheit im gesamten Marktauftritt deutlich macht. Die in der Vergangenheit bestehende Dominanz der H. ist in einigen Branchen (z.B. Textil, Werkzeuge, Computer) in den letzten Jahren erheblich durch die → Handelsmarken abgebaut worden.

Herstellermarketing, klassische Form des → Marketing, die ihre deutliche Ausprägung Mitte der 1960er-Jahre in Deutschland durch das → Produkt-Management erhielt. Ende der 1970er- und Anfang der 1980er-Jahre trat als Konkurrent zum H. das → Handelsmarketing auf. Der permanente Konflikt zwischen H. und Handelsmarketing (→ vertikales Marketing) resultiert aus einer unterschiedlichen Grundorientierung. Der Hersteller denkt in → Marken, der Handel in → Sortimenten.

Herstellkosten, Summe aus Material- und Fertigungskosten, die die Basis für die → Zuschlagskalkulation bilden. Sie sind die Grundlage für die Verrechnung der Vertriebskosten und Verwaltungskosten und auch der Marketingkosten, soweit diese nicht direkt den → Kostenträgern nach dem → Verursachungsprinzip zugeordnet werden können.

Herstellungskosten,
→ Herstellkosten.

Heterogenität, Andersartigkeit von → Gütern. Es existieren → Präferenzen. Die Angebote sind nur in bestimmten Grenzen substituierbar. Die H. ist eine der wesentlichen Grundbedingungen für die Existenz eines → unvollkommenen Marktes. – *Gegensatz:* → Homogenität.

Heuristik, im Vergleich zu den analytischen Optimierungsmodellen handelt es sich um eine Methode zur Findung von Annäherungslösungen. Die Lösungen beruhen vielfach auf Erfahrungswerten (Faustregeln), die sich in der Praxis bewährt haben und demzufolge nicht optimal, aber zufriedenstellend sind (→ Muddling through-Strategie). Entscheidungsheuristiken werden insb. bei der → Marketingplanung, → Mediaplanung und → Werbebudgetierung eingesetzt.

Hierarchy-of-effects-Modell, → Stufenmodell der Werbewirkung von R. J. Lavidge und G. A. Steiner (1961), das von einer hierarchischen Abfolge von → Werbewirkungen ausgeht. Danach durchläuft eine Person im → Kommunikationsprozess folgende Stufen:

1. Awareness (Wissen von der Existenz des Produkts),
2. Knowledge (Kenntnis der Produkteigenschaften)
3. Liking (Wertschätzung des Produkts),
4. Preference (Bevorzugung des Produkts),
5. Conviction (Überzeugung),
6. Purchase (Kauf).

Das Stufenmodell weist eine sehr große Ähnlichkeit mit dem → Howard-Sheth-Modell und den verschiedenen → Adoptionsmodellen auf, die auch von einer hierarchischen Abfolge von Wirkungsstufen ausgehen.

High-Interest-Produkt, → Konsumgüter, die aufgrund ihrer Beschaffenheit und ihres Preises spezielle → Bedürfnisse erfüllen und ein → Kaufrisiko beinhalten. Die Bedeutung der Kaufentscheidung und die Gefahr einer → kognitiven Dissonanz führen zu einem komplexen → Kaufverhalten, das durch einen verstärkten Informationsbedarf (→ High Involvement) und eine intensive → Informationsverarbeitung gekennzeichnet ist. – *Gegensatz:* → Low-Interest-Produkt.

High Involvement, starkes Engagement, das auf Interesse bzw. Bedarf an bestimmten Informationen oder Produkten schließen lässt. Die erhöhte → Aufmerksamkeit aufgrund der → Aktivierung des Individuums sorgt für eine effiziente kognitive Verarbeitung und Speicherung der Informationen. Die Gedächtnisleistung ist beim involvierten Individuum aufgrund der großen Verarbeitungstiefe besser als beim → Low Involvement. Die Beeinflussungswirkung ist jedoch durch die kognitive Kontrolle geringer.

High-Tech-Marketing, insb. auf hoch technisierte Produkte gerichtete Marketingaktivitäten, die sich durch schnelle Entscheidungsfindung und Innovationsstärke auszeichnen, da der High-Tech-Markt sich rasch verändert und High-Tech-Produkte immer ähnlicher werden.

Hilfsstoff, Stoff, der bei der Fertigung in das Erzeugnis eingeht, ohne ein → Rohstoff zu sein.

Hirnforschung, Erforschung der Organisation des Gehirns. Hierbei geht die Theorie von einer Trennung des Gehirns in eine linke und rechte Hemisphäre aus (→ Hemisphären-Theorie). Die Hemisphären werden weiter unterteilt in linke und rechte zerebrale Hemisphären und linke und rechte limbische Systeme (N. Herrmann (1991)). Linkshemisphärisches Denken ist logisch-analytisch, rechtshemisphärisches Denken ist holistisch-emotional. Bei diesem mehr mechanistischen Ansatz wird die Interaktion zwischen den einzelnen Hirnbereichen zu wenig bis gar nicht berücksichtigt.

Histogramm, grafische Darstellung, die nach Klassen geordnete metrisch skalierte → Daten in Form eines Skalendiagramms abbildet. Der Flächeninhalt jeder Säule gibt hierbei jeweils die entsprechende Größe der Klasse an.

Hochpreisstrategie, → Präferenzstrategie, die sich aus dem aggressiven → Preiswettbewerb heraushält und sich an den → Markenkäufern orientiert. Im Zuge des sich weiter verschärfenden Preiswettbewerbs können jedoch H. bei einem unveränderten Leistungsangebot in der Regel von einem Anbieter kaum dauerhaft aufrecht erhalten werden. Voraussetzung dazu ist die permanente Schaffung eines → akquisitorischen Potentials. – *Gegensatz*: → Niedrigpreisstrategie.

Hochschulmarketing. I. Teilgebiet des → Personalmarketings von Unternehmen. Im Rahmen des H. stellen sich Unternehmen an Hochschulen oder auf Recruiting-Messen vor, um Kontakt zu Studenten und Absolventen herzustellen und diese zu rekrutieren. – II. Einsatz und Koordination aller Marketing-Aktivitäten einer Hochschule.

Höchstpreis, staatlich oder per Vertrag festgelegter → Preis, der unter-, aber nicht überschritten werden darf. Die H. werden meist durch staatliche Vorschriften festgelegt und führen in vielen Fällen zur Bildung von illegalen → Schwarzmärkten. – *Gegensatz:* → Mindestpreis, → Festpreis.

Homebanking, → Telebanking.

Homepage, Einstiegsseite einer → Internet-Anwendung. Die H. wird über einen Domainnamen angesprochen. Von dort aus erfolgt die Verzweigung innerhalb des Webangebots.

Homeshopping, *Home Selling,* verschiedene Formen des Einkaufs von zu Hause. Die klassischen Formen sind der → Direktvertrieb, → Versandhandel und der → Heimdienst. – Vgl. auch → Teleshopping.

Homogenität, Gleichartigkeit von Gütern. Es existieren keine → Präferenzen. Die Angebote sind völlig substituierbar. Die H. ist eine Grundbedingung für die Existenz eines → vollkommenen Marktes. – *Gegensatz:* → Heterogenität.

Hörerforschung, Teil der → Rezipientenforschung, dessen Untersuchungsgegenstand Größe und Struktur der Hörerschaft von Hörfunkprogrammen sind. Die wichtigsten Untersuchungsfelder sind die Ermittlung der Hörgewohnheiten und der Intensität der Nutzung einzelner Hörfunkprogramme. Entscheidend für die → Mediaplanung ist die → Reichweite der verschiedenen Hörfunkprogramme.

Hörfunkwerbung, Nutzung des Hörfunks als → Werbeträger zur Aussendung von Werbespots. Nicht zuletzt durch das Aufkommen lokaler und regionaler Sender hat das Radio als → Massenmedium wieder an Bedeutung gewonnen. Ihr entspricht aber bei weitem noch nicht die Bedeutung als Kommunikationsmedium im Vergleich zur Anzeigen- und Fernsehwerbung.

horizontale Diversifikation, Form der → Diversifikation, bei der eine systematische Programmerweiterung vorgenommen wird. Das angestammte Tätigkeitsfeld (Produkt- und Marktfeld) wird aber nicht verlassen. Dadurch verringert sich das Diversifikationsrisiko entscheidend. Nachahmer (→ Wettbewerber) werden jedoch angezogen, da eine Adaption mit wenig Aufwand verbunden ist. – Vgl. auch → vertikale und → laterale Diversifikation.

horizontale Kooperation, Zusammenarbeit von wirtschaftlich selbstständigen Unternehmen auf der gleichen Wirtschaftsstufe. H.K. sind vor allem im → Handel weit verbreitet. Nach den → Handelsstufen sind Kooperationen im Einzel- und Großhandel zu unterscheiden. Streng zu trennen von der h.K. sind horizontale Absprachen (→ Kartelle), die dem Ziel einer Marktbeeinflussung durch Beschränkung des Wettbewerbs dienen.

horizontale Produktdifferenzierung, geringfügige Veränderung der → Produkteigenschaften bei gleichbleibender stofflich-technischer Grundstruktur. – Vgl. auch → Produktdifferenzierung. – *Anders:* → vertikale Produktdifferenzierung.

Hotline, im → Telefonmarketing eine Telefonnummer eines → Anbieters, unter der → Kunden oder Interessenten anrufen können. Vielfach ist der Anruf kostenlos. Es handelt sich um eine spezifische Form des aktiven → Servicemarketings.

Howard-Sheth-Modell, ein von J. A. Howard und J. N. Sheth (1969) entwickeltes → Stufenmodell der Werbewirkung. Danach vollzieht sich die → Werbewirkung nach den folgenden Stufen:

- Attention/Brand (Aufmerksamkeit/Marke),
- Comprehension (Einsicht),
- Attitude (Einstellung),
- Intention (Kaufabsicht) und
- Purchase (Kaufhandlung).

Die Kritik an dem Modell bezieht sich vor allem auf seine hierarchischen Wirkungsstufen, die als voneinander abhängig angesehen werden. – Vgl. auch → Hierarchy-of-effects-Modell und → Sheth-Modell.

HTML, Abk. für → Hypertext Markup Language.

http, Abk. für → Hypertext Transfer Protocol.

Hubs, zentrale Umschlagplätze zur Bündelung und Verteilung von Warenströmen. Sie können sowohl reale als auch virtuelle Orte auf → elektronischen Marktplätzen sein.

Human Capital, → Humankapital.

Human Concept of Marketing, von L. M. Dawson (1969) formulierte → Marketingkonzeption, die aus der Kritik am klassischen und „eindimensionalen" → Marketing resultiert. Dabei geht es um die Neubestimmung der Zielinhalte des Marketings durch eine Überwindung bzw. Ergänzung der Gewinn- und Rentabilitätsdominanz zugunsten einer humaneren Leistungsgestaltung. In das Humankonzept eingeschlossen sind u.a. die → Marketingethik, das → Non-Profit-Marketing, → Social Marketing und → Öko-Marketing, aber auch die unternehmensinternen → Führungssysteme, → Managementtechniken und die → Unternehmungs- und → Marketingorganisation.

humanistische Psychologie, psychologische Theorie, die neben der → Psychoanalyse und dem → Behaviorismus als dritte Kraft innerhalb der → Psychologie gilt. Bekannteste Vertreter sind G. Allport, A. H. Maslow und C. Rogers. Die h.P. beschäftigt sich vor allem mit dem subjektiven Erleben einer Person, d.h. der Selbstwahrnehmung und Selbstbewertung (→ Selbstkonzept). Entscheidungsfähigkeit und Verhalten hängen von der Kreativität und Selbstverwirklichungstendenz eines Menschen ab. Die → Motivation des Individuums wird bestimmt durch den angeborenen Drang, ererbte Fähigkeiten und Talente zur vollen Entfaltung zu bringen.

Humankapital, jeder Mitarbeiter im → Unternehmen als Aktivposten, der wie andere Vermögensgüter bewertet wird. Das H. wird immer mehr zu einem entscheidenden Erfolgsfaktor.

Humanpotential, die Gesamtheit menschlicher Arbeitskraft, d.h. Mitarbeiter und Führungskräfte mit ihrem Wissen, Können, Verhalten und ihren Wertvorstellungen. Die Potentialentfaltung vollzieht sich nicht automatisch, sondern hängt von einer Vielzahl von Beeinflussungsfaktoren ab, als deren wichtigster die Interaktion angesehen werden muss.

Human Relations, → Öffentlichkeitsarbeit nach innen. Es geht um die Pflege der menschlichen Beziehungen und des Betriebsklimas im Unternehmen. Die H.R. stehen in einer engen Beziehung zur → Corporate Identity und zur → Corporate Culture.

Human Resource Management, Planung, Realisation und Kontrolle der Prozesse, die kurz-, mittel- und langfristig das notwendige → Humankapital im Unternehmen sicherstellen. Das H.R.M. setzt ein integratives ganzheitliches Personalkonzept (→ Personalmarketing, → internes Marketing) voraus, das in die Gesamtunternehmensstrategie eingebunden ist. In Bezug auf den marktorientierten Einsatz der Human Resources geht es vor allem darum, die Fachkompetenz der Mitarbeiter, ihr Verhalten, ihre Emotionalität, Motivation und auch ihre Erfahrungen in die Geschäftsprozesse einzubringen.

hybride Wettbewerbsstrategie, → Wettbewerbsstrategie, die zum Ziel hat, eine Synthese (im Sinne einer Simultaneität) von → Präferenz- und → Preis-Mengen-Strategie und damit von → Differenzierung und → Kostenführerschaft herzustellen.

Hybrid-Konsument, → Konsument, der z.B. sowohl preis- bzw. discountorientiert ist als auch erlebnisorientiert. Das hybride Verhalten erschwert die Konzeption und Durchsetzung zielgruppenadäquater → Betriebstypen im Einzelhandel. Dadurch gestalten sich auch für die Hersteller die notwendigen Produktpositionierungs- und Profilierungsstrategien immer schwieriger.

Hybridorganisation,
→ Tensororganisation.

Hygienefaktoren, nach F. Herzberg (1959) Erhaltungsfaktoren. Als H. nennt Herzberg die interpersonalen Beziehungen, Statussymbole, Entlohnung und Zusatzvergütungen, die Administration und Kontrolle, die Unternehmenspolitik und die Arbeitsplatzsicherheit. Diese werden auch in Abgrenzung zu den → Motivatoren (Satisfier) als Dissatisfier bezeichnet. – Vgl. auch → Motivationstheorien.

Hyperlink, anklickbare Textstelle in → HTML-Dokumenten, die einen Link auf eine andere HTML-Seite, einen anderen Bereich einer HTML-Seite herstellt oder auf andere Dateiformate verweist, die heruntergeladen werden können (→ Download).

Hypertext Markup Language (HTML), Seitenbeschreibungssprache für WWW-Dokumente (→ World Wide Web). Dadurch ist die Darstellung und Formatierung von Texten möglich, wie auch die Einbindung anderer Elemente (z.B. Grafiken).

Hypertext Transfer Protocol (http), Datenübertragungsprotokoll für → HTML-Dokumente.

Hypothese, Annahme über Entstehung, Ursache und/oder Wirkung eines Sachverhalts oder über die Zusammenhänge mit anderen Sachverhalten. Die H. unterstellt einen Beziehungszusammenhang zwischen → unabhängigen und → abhängigen Variablen. Die statistischen H. haben in der → Marktforschung eine besondere Bedeutung. Sie bilden Annahmen über die Wahrscheinlichkeitsverteilung von Variablen in Grundgesamtheiten. Im Wesentlichen geht es bei der statistischen Hypothesenbildung um die Überprüfung der Daten aus der Stichprobe. – Vgl. auch → Signifikanztest.

hypothetisches Konstrukt, nicht direkt beobachtbare Vorgänge im → Konsumentenverhalten. Es handelt sich um theoretische Konstrukte, die im → S-O-R-Modell auch als → intervenierende Variablen bezeichnet und zur Erklärung des Konsumentenverhaltens herangezogen werden.

I

IAA, Abk. für → International Association of Advertising.

Idealimage, Idealvorstellung, die eine Person oder eine Gruppe von einem → Meinungsgegenstand hat. – Vgl auch → Image und → Soll-Image.

Idealpunktmodell, Verfahren zur → Einstellungsmessung, das die Summe der merkmalbezogenen Differenzen zwischen den subjektiven Idealausprägungen und der tatsächlichen Leistung bildet. Im Unterschied zum → Servqual-Modell ist die Qualität umso höher, je dichter Erfahrungen und Erwartungen beieinander liegen. – Vgl. auch → Trommsdorf-Modell.

Ideenauswahl, Phase, die der → Ideengewinnung folgt. Die I. hat zum Ziel, das Misserfolgsrisiko abzusenken (Verminderung der Flop Rate). Dazu empfiehlt sich als erstes eine Grobauswahl (Screening), der sich im nächsten Schritt eine Feinauswahl (Einsatz von Scoringmodell und Wirtschaftlichkeitsanalyse) anschließt.

Ideenfindungsmethode, → Kreativitätstechnik.

Ideengewinnung, Entwicklung (Findung, Produktion) neuer Ideen. Ideen können aus externen Quellen z.B. Marktuntersuchungen, Kundengesprächen, Absatzmittler-Informationen, Expertengesprächen gewonnen werden. Zum anderen können auch intern → Kreativitätstechniken eingesetzt werden. Dabei ist der Einsatz von Kreativitätstechniken keineswegs nur auf eigene Mitarbeiter beschränkt. Es können sehr wohl auch Kunden, Absatzmittler, Lieferanten, Experten etc. in die kreative Ideenfindung einbezogen werden.

Ideenpiraterie, Nachahmung von Werbeideen, vor allem im kreativen Gestaltungsbereich z.B. Konzeptionspiraterie bei Anzeigen. Der Deutsche Kommunikationsverband versucht der I. zu begegnen durch eine Hinterlegungsstelle für Konzeptionen und Ideenkonzepte. In Streitfällen dient die Hinterlegung der Beweisführung. Sie wird aber erheblich erschwert durch die geringe Trennschärfe zwischen unzulässiger I. und zulässiger Ideeninspiration (→ Plagiat). Überdies ist es fast unmöglich, den Hinweis auf eine zufällige Duplizität der Kreativeinfälle zu widerlegen.

Identifikationstest, Verfahren der → Werbemittelforschung, das vor allem die Aufmerksamkeits- und Gedächtniswirkung von insb. Anzeigen in Printmedien überprüft. Dazu werden Bestandteile (z.B. der Firmenname, einzelne Wörter, Sätze, Bilder) aus dem → Werbemittel entfernt bzw. abgedeckt, um zu ermitteln, ob die Befragten aus dem Rest das Ganze wiedererkennen bzw. die notwendigen Ergänzungen vornehmen können.

Image, Vorstellungs- bzw. Einstellungsbild, das sich ein Individuum (oder eine Gruppe) von einem Objekt bzw. Meinungsgegenstand macht. Ein I. besteht aus objektiven und subjektiven Komponenten. Zu unterscheiden ist zwischen dem:

- Fremdimage,
- Eigenimage,
- Ist-Image und
- Soll-Image.

Hier können sich erhebliche Diskrepanzen ergeben, deren wiederholte und nicht nur einmalige Ermittlung durch die → Imageforschung für Marketingentscheidungen von erheblicher Bedeutung ist. I. bzw. Einstellungen setzen sich aus drei verschiedenen Teildimensionen oder Komponenten zusammen:

1. Affektion, d.h. die gefühlsmäßige Einschätzung eines Meinungsgegenstandes,
2. Kognition, d.h. das subjektive Wissen über ein Objekt,
3. Konation, d.h. die mit der Einstellung verbundene Handlungstendenz, die sich z.B. in der Kaufbereitschaft niederschlägt.

Vgl. auch → Stereotyp.

Imageanalyse, Ermittlung des → Ist-Images eines Unternehmens oder Produktes. Die wichtigsten Bestandteile der Analyse sind die Ursachenermittlung (→ Kausalanalyse), die Darstellung der Entstehungszusammenhänge und die Erklärung evtl. auftretender Divergenzen zwischen Eigenimage und Fremdimage, Unternehmensimage und Markenimage etc.

Imagedesign, das ganzheitliche Erscheinungs- und damit Vorstellungsbild des Unternehmens in der → Öffentlichkeit. – Vgl. auch → Corporate Design.

Imagedesintegration, negative → Imageintegration.

Imageforschung, Teilgebiet der → Marktpsychologie, das sich vor allem auf die → Imageanalyse konzentriert. Die Informationsgewinnung stützt sich weitgehend auf mündliche → Befragungen.

Imageidentität, Identität von → Firmen- und → Produktimage bzw. → Markenimage. Die Marke ist Ausdruck der Firma und umgekehrt [R. Bergler (1963)]. Die I. ist eines der konstitutiven Merkmale für die Entwicklung der Markenartikelindustrie und abzugrenzen von der Imageintegration, Imagedesintegration und Imageisolation. Durch die Bildung von Dachmarken bietet sie überdies die Möglichkeit, einen positiven Imagetransfer herzustellen.

Imageintegration, nach R. Bergler, (1963) positive und enge Verbindung zwischen → Firmen- und → Produktimage bzw. → Markenimage, wobei dieses Verhältnis nicht für die Gesamtheit der → Marken eines Unternehmens gilt. Eine positive Integration ist nur möglich, wenn Firma und Marke aus der Sicht der Nachfrager in einem positiven psychologischen Zusammenhang stehen. – *Gegensatz:* → Imagedesintegration.

Imageisolation, nach R. Bergler (1963) bewusste Abkopplung der → Produkt- bzw. → Markenimages vom → Firmenimage, um einen möglichen negativen → Imagetransfer zu vermeiden. Die Isolation kann so weit gehen, dass man grundsätzlich in der → Markenpolitik auf die Bildung von Dachmarken und auf den Aufbau eines Firmenimages bzw. auf seine Pflege verzichtet (→ Schirmmethode bzw. → Pilzmethode). Dadurch werden mögliche positive Imagetransfers vom Unternehmen auf die verschiedenen Leistungsangebote nicht genutzt, Imagedesintegration hingegen auch vermieden. Andererseits ist die damit verbundene Einzelmarken-Strategie mit einem hohen kommunikativen Aufwand verbunden. – Vgl. auch → Imageintegration und → Imageidentität.

Imagemessung, verbale und/oder nonverbale durchgeführte Messung des → Images. Das wichtigste verbale Messverfahren ist das → Polaritätenprofil. Bei nonverbalen Messungen werden visuelle Reize in ihrer Wirkung analysiert (→ Imagery-Differential). Ein methodisches Problem kann in der Bildauswahl liegen, sodass die (anders gearteten) Beeinflussungsgefahren der verbalen Messung nicht ausgeschlossen werden können.

Imagepolitik, strategischer Einsatz aller kommunikationspolitischen Instrumente, um Unternehmen, Produkten oder Marken ein bestimmtes → Image zu geben. – Vgl. auch → Imagepositionierung.

Imagepositionierung, eine Form der → Positionierung, die Objekte (z.B. Produkte) in einen mehrdimensionalen Wahrnehmungs- bzw. Anmutungsraum einordnet. Ziel der I. ist die Abhebung vom Konkurrenzumfeld.

Imageprofil, grafische Darstellung der durchschnittlichen Ratingwerte (→ Einstellungen) der Auskunftspersonen für alle Items (→ Polaritätenprofil). Durch den Vergleich des eigenen Profils mit den Profilen der Wettbewerber und im Abgleich mit dem Idealprofil werden die eigenen Stärken bzw. Schwächen (→ Stärken- und Schwächenanalyse) deutlich. Die Umsetzung der gewonnenen Erkenntnisse erfolgt durch die → Positionierung.

Imagery, → innere Bilder (Vorstellungs- bzw. Gedächtnisbilder), die in der rechten bildverarbeitenden Gehirnhälfte entstehen und die Verarbeitung und Speicherung → kognitiver Prozesse beeinflussen. Die Gedächtnisbilder sind bildhafte und/oder sprachliche assoziative Verknüpfungen, die auf → Anmutungen beruhen. Bilder von Gegenständen werden besser behalten und erinnert als ihre konkreten Bezeichnungen und als abstrakte Wörter. Je bildhafter der → Stimulus, desto höher ist die Gedächtnisleistung. Die Imagerystärke eines Bildmotivs, d.h. seine Fähigkeit zur Aktivierung und Verankerung im Gedächtnis, hängt davon ab, wie schnell und vielfältig sich Verknüpfungen zu anderen bildlichen Vorstellungen herstellen lassen. – Vgl. auch → Imagery-Forschung.

Imagery-Differential, nonverbales Messverfahren, mit dessen Hilfe die → inneren Bilder, d.h. die visuellen Vorstellungen eines Menschen, sichtbar gemacht werden sollen. I. messen anhand von Bilder- und Farbskalen bisher nicht erfasste, visuelle Gedächtnisinhalte.

Imagery-Forschung, Erforschung der internen Prozesse der nichtverbalen Entstehung, Verarbeitung und Speicherung von → inneren Bildern. Untersucht wird vor allem das „innere Verhalten", d.h. der Einfluss der → Bildkommunikation auf Verhaltensdispositionen, insb. auf Einstellungen. Erkenntnisse von A. Paivio (1971) und der Hemisphärentheorie belegen, dass Bilder und Sprachinformationen in jeweils eigenständigen, aber miteinander verbundenen Systemen im Gehirn auf unterschiedliche Weise verarbeitet und gespeichert werden. Die Beeinflussungskraft der Gedächtnisbilder auf das Verhalten hängt u.a. von ihrer schnellen Verfügbarkeit, ihrer Lebendigkeit, Anziehungskraft und Aktivierungsstärke ab.

Imagetransfer, Übertragung von Positivimages auf andere Angebotsleistungen. Ziel ist, eine Identität der → Images herzustellen. Der positive I. hat eine besondere Bedeutung bei → Dachmarken und → Markenfamilien. – Vgl. auch → Markenartikel und → Markenpolitik.

Imagewerbung, Gesamtheit der kommunikativen Maßnahmen, die darauf abzielen, das → Image eines Produkts, einer Produktgruppe etc. oder eines Unternehmens zu erhalten, zu stärken oder zu verändern. Im Zuge des zunehmenden Angebots von Me too-Produkten gewinnt die I. gegenüber der klassischen Produktwerbung eine immer größere Bedeutung. – Vgl. auch → akquisitorisches Potential und → Unique Selling Proposition (USP).

Imitation, → Nachahmung.

Imitationslernen, *Lernen am Modell bzw. Lernen am Vorbild*, Lernen durch Beobachtung. Das Verhalten anderer (→ Leitbilder) wird nachgeahmt, ohne dass eine eigene Erfahrung besteht. Der Imitator verbindet vielfach mit der Nachahmung eine soziale Belohnung (→ Verstärkerprinzip). → Sozialisatoren nehmen einen entscheidenden Einfluss auf das Imitationsverhalten.

Imitationsstrategie, → Wettbewerbsstrategie, die sich auf die Nachahmung von Konkurrenzprodukten (in der Regel von Innovationen) beschränkt. Man spricht in diesem Zusammenhang auch von → Me too-Produkten, die das Ziel verfolgen, am Erfolg der originären Wettbewerbsprodukte zu partizipieren bzw. im Vergleich zu ihnen einen noch größeren Gewinn zu erzielen durch die eingesparten Forschungs- und Entwicklungskosten. Soweit die Imitation nicht den rechtlichen Tatbestand der → Markenpiraterie oder des → Plagiats erfüllt, ist sie wettbewerbsrechtlich zulässig. Der langfristige Erfolg von I. wird hingegen in der Praxis vielfach weit überschätzt. Mit ihnen sind keine dauerhaften Wettbewerbsvorteile gegenüber innovationsorientierten Wettbewerbern zu realisieren.

Impact, Stärke und Intensität des Werbeeindrucks bei den Umworbenen (→ Werbeempfänger). Der Begriff wird vor allem im Zusammenhang mit der → Werbewirkung benutzt. Empirische Untersuchungen belegen, dass der I. von Spots umso höher ist, je unterhaltsamer diese sind im Sinne von humorvoll, lustig, originell und nicht langweilig.

Impact-Test, Test zur Messung der Stärke und Intensität des Werbeeindrucks bei den Umworbenen (→ Werbeempfänger). Der I. ist ein ungestützter → Recall-Test. – Vgl. auch → Starch-Test, → Anzeigenkompass.

Implementierung, Einführung bzw. Umsetzung von geplanten Maßnahmen. Die I. spielt vor allem bei der → Organisation eine entscheidende Rolle.

Import, → direkter Import, → indirekter Import.

Impulsartikel, → Produkte, die der Verbraucher impulsiv und spontan kauft (→ Impulskauf). Entscheidend für I. ist deren optische Präsentation (→ Visual Merchandising) am → Point of Purchase (PoP).

Impulskauf, affektgesteuerter → Kaufentscheidungsprozess als spontane Reaktion auf → Reize am Kaufort. Die I. sind überwiegend emotional und kaum kognitiv orientiert. Sie erfolgen meist bei kurzlebigen Konsumgütern und vor allem in individualbezogenen Konsumbereichen (z.B. Textil, Kosmetik etc.). Die valide Messung von I. ist kaum möglich, da in Befragungen die Probanden ihre Kaufentscheidungen rationalisieren. Überdies ist es möglich, dass durch neue Impulse am Point of Purchase (PoP) frühere, rational begründete Kaufabsichten reaktiviert und bestimmte Kaufentscheidungen in der jüngeren Vergangenheit im Nachhinein als impulsiv bewertet werden. – *Anders:* → Kaufsucht.

Incentives, *Leistungsanreize,* materielle Anreize, die zur Leistungssteigerung der Mitarbeiter vor allem im Außendienst führen sollen. Die klassische Form sind → Verkaufswettbewerbe. Die am häufigsten eingesetzten I.-Prämien sind Geld-, Sach- und Statusprämien und Reisen. Die dauerhaft motivationale Wirkung von I. ist umstritten, ebenso wie ihr vermuteter positiver Einfluss auf die → Corporate Identity nach innen.

Incoterms, *International Commercial Terms,* regeln die wichtigsten Käufer- und Verkäuferpflichten im internationalen Handel. Die gebräuchlichsten I. sind: EXW (Ex Work), FoB (Free on Board) und CIF (Cost, Insurance, Freight).

Index, Verhältnis von jeweils zwei Werten in Form eines Quotienten. Beispiele sind Preisindizes und der Lebenshaltungskostenindex.

Indifferenzgesetz, *Law of Indifference,* → Gesetz der Unterschiedslosigkeit.

Indifferenzkurve, Darstellung der Güterkombinationen, die für den → Konsumenten den gleichen → Nutzen haben; d.h. sie sind indifferent. – Vgl. auch → Gossen`sche Gesetze.

Indifferenz-Präferenz-Theorie, Weiterentwicklung der klassischen mikroökonomischen → Haushaltstheorie durch J. R. Hicks (1904-1989) und F. Y. Edgeworth (1845-1926), nach der die Haushalte verschiedene Mengenkombinationen von unterschiedlichen Gütern bez. des ökonomischen Nutzens als gleich bewerten (Indifferenz) oder vorziehen (Präferenz). Die Theorie geht davon aus, dass der Konsument bei gleichem Gesamtnutzen die Mengenkombination wählt, die seinem Einkommen entspricht.

Indikatoren, → Variablen, die Rückschlüsse auf den eigentlichen Untersuchungsgegenstand zulassen und im allgemeinen leichter zu erheben sind als der Untersuchungsgegenstand selbst. – Vgl. auch → Indikatormethode.

Indikatormethode, → Prognosemethode, die bestimmte wirtschaftliche → Daten in ihrem Wert als Indikatoren für zu erwartende Absatzentwicklungen analysiert, z.B. Konjunkturdaten als Indikatoren für Absatzentwicklungen. In diesem Zusammenhang haben Frühindikatoren eine besondere Bedeutung. Sie weisen einen vorauseilenden Verlauf auf gegenüber der Prognose einer bestimmten Entwicklung. In der Konsumentenverhaltensforschung (→ Konsumentenforschung) werden physiologische Reaktionen [z.B. elektrodermale Reaktionen (EDR)] als Indikatoren für eine → Aktivierung angesehen. Entscheidend für den Aussagewert sind die Validität und Reliabilität der Indikatoren.

indirekte Frage, eine Fragestellung (→ Befragung), deren Zusammenhang mit dem konkreten Untersuchungsthema den Befragten nicht deutlich wird. Der Befragte nimmt zur Frage ganz allgemein Stellung bzw. in Bezug auf reale oder fiktive dritte Personen (projektive Frage). Diese Frageform eignet sich besonders zur Erhebung sensibler Sachverhalte. – *Gegensatz:* → direkte Frage.

indirekter Absatz, *indirekter Vertrieb,* selbstständige → Absatzmittler werden in den Distributionsweg zum Verbraucher bzw. Verwender eingeschaltet. – *Gegensatz:* → Direktvertrieb.

indirekter Export, → Produkte werden über ein im Inland ansässiges Unternehmen im Ausland vertrieben. Dabei kann es sich um selbstständige Exporthäuser oder Niederlassungen ausländischer Firmen (z.B. ausländische Warenhäuser oder Importfirmen) handeln.

indirekter Import, im Ausland hergestellte Produkte werden durch unabhängige ausländische Drittunternehmen im Inland vertrieben. – *Gegensatz:* → indirekter Export.

indirekter Vertrieb,
→ indirekter Absatz.

Individualentscheidung, → Kaufentscheidung, die von einem Individuum allein getroffen wird. – *Gegensatz:* → kollektive Kaufentscheidung.

Individualgüter, Produkte bzw. Dienstleistungen, die nach Spezifikation für die individuelle Nachfrage hergestellt bzw. bereitgestellt werden. – *Gegensatz:* → Massengüter, → Kollektivgüter.

Individualkommunikation, direkte, → persönliche Kommunikation zwischen Einzelpersonen. – *Gegensatz:* → Massenkommunikation.

Individualmarketing,
→ Customized Marketing.

Individualpanel, Form des → Panels, bei der Einzelpersonen periodisch Informationen über ihre Einkäufe liefern.

Individualpsychologie, auf das Individuum ausgerichtete Verhaltenswissenschaft, die vom psychischen Verhalten des einzelnen Menschen ausgeht und nicht von sozialen Faktoren. – *Gegensatz:* → Sozialpsychologie.

induktive Statistik, als schließende Statistik die Ableitung von → Parametern aus → Stichproben auf die → Grundgesamtheit (sog. Repräsentationsschluss) im Rahmen von berechenbaren → Konfidenzintervallen. – *Gegensatz:* → deskriptive Statistik.

Induktor, Person, die gegenüber Neuerungen aufgeschlossen ist und einen wichtigen Einfluss auf die → Diffusion von → Innovationen nimmt. – Vgl. auch → Neophiler und → Innovator.

Industrial Design, → Design, → Produktdesign.

Industrialisierung, volkswirtschaftlicher Prozess der Ablösung einer vorwiegend landwirtschaftlich-handwerklichen Produktion (→ primärer Wirtschaftsbereich) durch Ausweitung der industriellen Fertigung (→ sekundärer Wirtschaftsbereich) und des Verkehrssystems. Nach C. Clark und J. Fourastié (1954) dominiert zunächst auf niedrigem Entwicklungsstand, gemessen am → Volkseinkommen, der primäre Sektor, während die Dominanz des sekundären Sektors im fortgeschrittenen Entwicklungsstadium der Volkswirtschaften vorherrscht. Die Anfangsphase des Industrialisierungsprozesses ist gekennzeichnet durch ein Wachstum der Konsumgüterindustrien zur Deckung des Massenbedarfs an lebensnotwendigen Gütern. Das gesamtwirtschaftliche Wachstum und zunehmender Wohlstand führen zu einer Differenzierung der Nachfrage und Produktionsstruktur. Die Weiterentwicklung von Technologien zur Steigerung der Produktivität und die Befriedigung differenzierter Bedürfnisse erfordern neben einer zunehmenden Qualifikation der Arbeitnehmer einen steigenden Kapitaleinsatz. In höher entwickelten Volkswirtschaften verlagert sich daher die Herstellung von Produkten auf das Angebot von Dienstleistungen (→ tertiärer Wirtschaftsbereich) und in der Folge durch die Entwicklung moderner Kommunikations- und Informationstechnologien auf den → quartiären Wirtschaftsbereich.

Industrial Marketing, → Industriegütermarketing.

Industrial Relations, Pflege und Gestaltung der Beziehungen eines Wirtschaftsunternehmens zu Verbänden, Gewerkschaften, Staat und Öffentlichkeit. – Vgl. auch → Public Affairs, → Public Marketing.

Industriegesellschaft, technisch-wirtschaftlich hochentwickelte → Gesellschaft, die in ihrem Aufbau, ihrer Entwicklung und Infrastruktur weitgehend durch die → Industrialisierung geprägt ist. → Wirtschaftswachstum, verstärktes Leistungsstreben bei wachsender Arbeitsqualifikation und Steigerung der → Produktivität begründeten den Wohlstand der modernen I. Zunehmender Lebensstandard und die Sättigung der Grundbedürfnisse führten zur Differenzierung der Nachfrage und des Konsums (Konsumgesellschaft). Das Entstehen neuer Berufe und die → Urbanisierung verändern Lebensstil und Lebenswelten und bewirken eine Auflösung traditioneller Bindungen und einen sozio-kulturellen Wandel.

Industriegüter, → Produktivgüter, → Kapitalgüter.

Industriegütermarketing, Gesamtheit der Marketingaktivitäten für Produkte und Dienstleistungen, deren Nachfrager andere Wirtschaftsunternehmen bzw. Institutionen sind (→ Business-to-Business-Marketing). Als grundlegendes Charakteristikum gilt, dass die Anbieter-Nachfrager-Beziehungen durch einen Direktkontakt (→ Direktmarketing) gekennzeichnet sind. – *Anders:* → Konsumgütermarketing und → Handelsmarketing.

Industriegüterwerbung, → Werbung für Industriegüter (Investitionsgüter, Produktionsgüter). Die Einkaufsentscheidungen für Industriegüter werden in der Regel in Einkaufsgremien (Buying Centern) der Nachfrager getroffen und sind eher rational als emotional begründet, wenngleich subjektive Eindrücke (z.B. Images der möglichen Lieferanten) vielfach ausschlaggebend für die endgültige Lieferantenauswahl sind. Insofern spielt neben der → Produktwerbung die → Imagewerbung als Kommunikationsform eine bedeutende Rolle. Fachzeitschriften, Messen und Ausstellungen sind wichtige Kommunikationsmittler für die I. Darüber hinaus haben die → persönliche Kommunikation und das → Direktmarketing einen hohen Stellenwert und in diesem Zusammenhang insb. Prospekte und Kataloge. – *Anders:* → Konsumgüterwerbung.

Inferenzstatistik,
→ induktive Statistik.

inferiore Güter, geringwertige Güter, deren → Nachfrage bei wachsendem → Einkommen sinkt (→ Einkommenselastizität). Bei steigendem Einkommen werden die i.G. durch superiore Güter ersetzt. Die Inferiorität eines Gutes ist nicht gleichzusetzen mit einer geringerwertigen Produktqualität, sondern resultiert aus dem → Wertewandel und der → Wertedynamik, die das → Konsumentenverhalten entscheidend prägen.

Influencer, Beeinflusser im Buying Center, die Einfluss auf die → Kaufentscheidungen und vor allem auf den → Kaufentscheidungsprozess nehmen. Die I. haben eine Promotorenfunktion. – Vgl. auch → Fach-, → Macht- und → Prozesspromotor.

Infomercial, vorproduzierte Teleshopping-Sendung vor allem für hochpreisige Produkte mit hohem Erklärungsbedarf. Vgl. auch → Direct-Response-TV, → Teleshopping.

Infomotion, dramaturgisch effektvolle Verknüpfung von → Informationen und → Emotionen. Die multimediale Präsentation von Produktinformationen, -botschaften und Visionen in phantasievollen Erlebniswelten bewirkt die → Aktivierung der Zuschauer für eine nachhaltige Auseinandersetzung mit den Kernwerten von Produkt und Unternehmen. I. als thematische Antwort auf vielschichtige Emotionen des Konsumenten ist wesentlicher Bestandteil eines emotional-informativen Marketing-Events (→ Event Marketing), der durch Kreativität und Faszination → Interaktion schafft und die Kaufbereitschaft anregt. – Vgl. auch → Emotional Design, → emotionale Konditionierung.

Information Chunks, → Schlüsselinformationen, die für den Konsumenten besonders wichtig sind und andere → Informationen ersetzen oder bündeln. Schlüsselinformationen sind z.B. Markenname oder Preis. Schlüsselinformationen gewinnen im Hinblick auf die Informationsüberlastung (→ Information Overload) eine zunehmende Bedeutung und haben damit Auswirkungen auf die Marketingkommunikation und vor allem auf die Produktwerbung.

Information, → Nachricht mit Lernwertcharakter. I. können auch als zweckorientiertes → Wissen bezeichnet werden [W. Wittmann (1959)] Informationstheoretisch sind I. → Daten, die zu Strukturen oder auch Mustern zusammengefasst werden. Zahlen z.B. sind Daten, eine Ergebnis-Zahlenreihe hingegen ist eine I. Vgl. auch Abbildung „Informationskomplexe – Marketing-Untersuchungsfelder und Methoden“.

Information Overload, Informationsüberlastung der Werbeempfänger mit der Folge einer Reizüberflutung und einer abnehmenden → Wahrnehmung. Bei dieser kritischen Interpretation muss man jedoch berücksichtigen, dass ein bestimmter Informationsdruck notwendig ist, um wahrgenommen zu werden. Um 10% bis 20% der → Informationen wahrnehmen zu können, müssen 100% ausgesendet werden. Der I.O. ist also nicht in der Weise kommunikationspolitisch misszuverstehen, dass bei einer reduzierten Wahrnehmung (aufgrund von Reizüberflutung) die kommunikativen Anstöße auf 10% bis 20% reduziert werden müssen, um noch wahrgenommen zu werden. Bislang konnte auch noch keine eindeutige Korrelation zwischen der Informationsüberlastung und der Intensität der Informationsaufnahme, -verarbeitung und -speicherung empirisch nachgewiesen werden.

Informations-Broking, auftragsbezogene Informationssuche in Online-Diensten. Zu den klassischen Dienstleistungen des I.B. zählen u.a. die Überprüfung von gewerblichen → Schutzrechten jeder Art sowie → Markt- und → Konkurrenzanalysen.

Informationsgemeinschaft zur Feststellung der Verbreitung von Werbeträgern (IVW), Gemeinschaft, die durch → den Zentralausschuss der deutschen Werbewirtschaft (ZAW) gegründet wurde. Die IVW kontrolliert die Auflagen der Printmedien, überwacht die Plakatanschlagstellen (Plakatwerbung) und ermittelt die Besucherzahlen von Kinos (Kinowerbung). – *Weitere Informationen unter* www.iwv.de.

Informationsgesellschaft, hochentwickelte → Industriegesellschaft im Übergangsstadium von der → Dienstleistungs- zur → Wissensgesellschaft. Das exponentielle Wachstum der Informations- und Kommunikationstechnologien und die wachsende Bedeutung des Wissenskapitals als Produktionsfaktor angesichts nationaler und globaler Vernetzung von → Daten prägen die I. Moderne Informationstechnologien verändern Strukturen im Dienstleistungsbereich (z.B. Telearbeit, Homeshopping) und beeinflussen über aktivierende und kognitive Prozesse die Kommunikation und das Konsumverhalten einer Gesellschaft.

Informationsgrad, Maß der Unvollkommenheit des Informationsstandes als

Informationskomplexe – Marketing-Untersuchungsfelder und Methoden

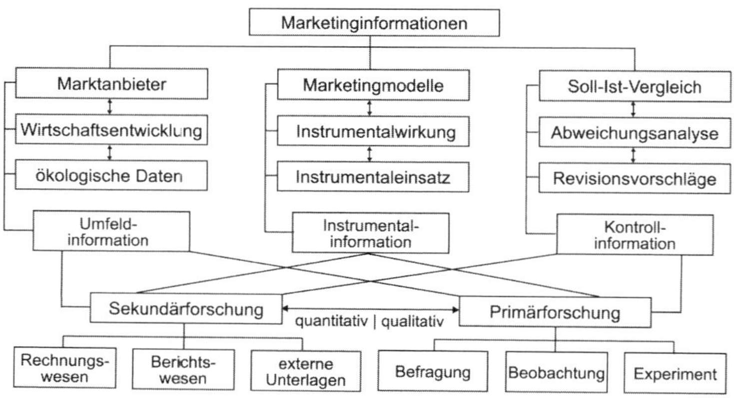

Verhältnis der vorhandenen zu den notwendigen → Informationen.

Informationsmanagement, Entwicklung und Pflege von → Informationssystemen und die Intensivierung ihrer Nutzung im Unternehmen, z.B. zur Formulierung und Durchsetzung von Unternehmensstrategien.

Informationssystem, → Management-Informationssystem, → Marketing-Informationssystem.

Informationstechnologie (IT), alle technologischen und elektronischen Verfahren und Methoden zur Erhebung, Verarbeitung, Speicherung, Übermittlung und Nutzung von → Daten und → Informationen und zur Entwicklung von → Informationssystemen. Die modernen I. sind eng mit den → Kommunikationstechnologien verbunden.

Informationsüberlastung, → Information Overload.

Informationsverarbeitung, → kognitive Prozesse, bei denen → Informationen aufgenommen, verarbeitet und gespeichert werden. Zu unterscheiden sind:

- sensorische Informationsspeicher (SIS),
- Kurzzeitspeicher (KZS) und
- Langzeitspeicher (LZS).

Der SIS hat eine große Aufnahmekapazität bei geringer Speicherdauer. Der KZS ist Arbeitsspeicher, aktives Gedächtnis und zugleich Schnittstelle zum LZS. Die im KZS verarbeiteten Informationen werden entweder in den LZS übernommen oder vergessen. Der LZS bildet das Gedächtnis des Menschen (→ Mehrspeichermodell). Die Verarbeitungstiefe, d.h. die Anzahl der kognitiven Prozesse bei der Verarbeitung, und Verknüpfung mit vorhandenen Informationen erhöhen die Wahrscheinlichkeit des Abrufs.

Informationsverhalten, alle Informationsaktivitäten vor, bei und nach der → Kaufentscheidung. Die Informationsaktivitäten bestehen aus Beschaffung, Aufnahme, Verarbeitung, Speicherung und Umsetzung/Nutzung der → Informationen. Die Informationsaufnahme kann zufällig oder gezielt erfolgen. So sind z.B. Meinungsführer typische aktive Informationssucher, während sich die folgenden Adoptergruppen eher reaktiv verhalten. Das I. wird auch entscheidend durch das → Involvement geprägt.

informative Werbung, → Werbung (vor allem → Produktwerbung), die ausschließlich oder vorwiegend auf die Vermittlung von sachlichen → Informationen abhebt. Auf einen Appell an die Emotionen der Umworbenen wird bewusst verzichtet. Die informative → Marketingkommunikation ist daher eher ein Instrument des Industriegütermarketings als des Konsumgütermarketings. Eine puristische Grenzziehung zwischen informativer und emotionaler Werbung ist aber insofern problematisch, als jede Art von Werbung in sicherlich unterschiedlicher Intensität auch emotional angelegt ist, um sich von den Konkurrenzprodukten abzuheben. Das gilt umso mehr, je größer der Wettbewerbsdruck ist und die Leistungsangebote austauschbar sind. – *Gegensatz:* → Suggestivwerbung.

informelle Gruppe, soziale → Gruppe, bei der die Beziehungen zwischen den Gruppenmitgliedern nicht auf definierten organisatorischen Strukturen und Regeln beruhen, sondern auf interpersonellen Gegebenheiten (Freundschaften, gemeinsame Interessen etc.). I.G. bilden sich meist in formellen → Organisationen größerer Unternehmen, sind kaum zu steuern und zu kontrollieren und verletzen durch Cliquenbildung vielfach die festgelegten organisatorischen Regeln. – *Gegensatz:* → formelle Gruppe.

informelle Organisation, Informations- und Kommunikationsbeziehungen zwischen Organisationsmitgliedern, die nicht in organisatorischen Strukturen und Regeln festgelegt sind. Basis der informellen Organisation, die sich insb. in größeren Unternehmen zur Organisation in der Organisation entwickeln kann, ist die Existenz → informeller Gruppen. Neuere → Organisationsformen (wie z.B. Teamorganisation, Matrixorganisation) fördern durch die mit der Organisationsform verbundenen notwendigen interdisziplinären und auch interhierarchischen Informations- und Kommunikationsbeziehungen die Bildung informeller Organisationsstrukturen. Dies ist insoweit für das Unternehmen positiv und unbedenklich, als dadurch nicht formal festgelegte Organisationsstrukturen und insb. Zielsysteme außer Kraft gesetzt werden.

InfoScan, → Scannerpanel, an dem Einzelhandelsgeschäfte (→ Handelspanel) beteiligt sind. In den Scanner-Geschäften werden die Einkäufe der Panelmitglieder (→ Haushalte) elektronisch per → Scanning erfasst. Durch die Identifikationskarte erfolgt eine artikelgenaue und kundenspezifische Datenerhebung. Das → Single Source-Verfahren hat den Vorteil der Datengenauigkeit, Aktualität und Detailliertheit der Einkaufsdaten. Überdies werden durch das Scannerpanel wesentliche verzerrende Einflüsse bei der Datenerhebung (z.B. Paneleffekt) ausgeschlossen.

Infotainment, multimediale Informationsvermittlung mit hohem Unterhaltungswert (z.B. Erlebnisfernsehen) für die Rezipienten. Darüber hinaus kann → Multimedia auch in der Aus-, Fort- und Weiterbildung eingesetzt werden (→ Edutainment).

Infotisement, Kunstwort aus → Information und Advertisement (→ Advertising), das Werbeformen beschreibt, die Werbeinhalte mit redaktionellen Inhalten verknüpfen, z.B. detaillierte Unternehmens- oder Produktbeschreibungen in einem Katalog.

Infrastruktur, Gesamtheit der in einer Volkswirtschaft vorhandenen wirtschaftlichen, soziokulturellen und politischen Strukturbedingungen. Die I. schafft als Unterbau durch zumeist öffentliche Einrichtungen die Grundvoraussetzungen für wirtschaftliche Aktivitäten. Zur I. gehören u.a.:

- das Verkehrs- und Nachrichtensystem,
- das Bildungs- und Gesundheitswesen,
- die Energieversorgung,
- die Sozialgesetzgebung,
- die Rechtsordnung,
- die Wirtschaftsordnung.

Die regionale Infrastrukturförderung hat zur Gründung von Technologie- und Innovationszentren in Deutschland geführt, die der Entwicklung neuer Informations- und Kommunikationstechnologien dienen.

Ingredient Branding, → Markenpolitik für eine Produktkomponente, die einerseits wesentlicher Bestandteil des Endproduktes ist, andererseits aber in das Produkt eingeht und damit nicht mehr erkennbar „untergeht" (z.B. Komponenten im Computer und in Automobilen, Verpackungen für Nahrungsmittel). Das I.B. richtet sich direkt an den Endverbraucher bzw. Verwender und versucht, ein → Markenimage für eine Produktkomponente aufzubauen. Problem ist die Gefahr eines Imageverlustes des Anbieters der Endprodukte bei ungenügender Qualitätssicherung und/oder des Komponentenlieferanten bei qualitäts- oder imagemäßig schwachen Endproduktmarken.

Inhaltsanalyse, *Content-Analyse,* Erhebungsmethode der → Marktforschung, die der objektiven, systematischen und quantitativen Beschreibung von Mitteilungsinhalten dient und von H. D. Lasswell und B. R. Berelson (1952) begründet wurde. Kern der I. ist ein einheitliches und verbindliches Kategoriensystem, das möglichst objektive Aussagen und Interpretationen zulässt. Die wichtigsten Einsatzgebiete des Verfahrens sind die Analysen von Anzeigen, Werbespots, Zeitungs- und Zeitschrifteninhalten und sonstigen Texten und Bildern.

Inkrementalismus, → Muddling through-Strategie.

Inlet, Zentrale von Handelsunternehmen, durch die der → Einkauf vorgenommen wird. – *Gegensatz:* → Outlet.

Innendesign, Humanbedingungen inklusive Personalentwicklung und Personalförderung, die auf die Implementierung der → Corporate Culture abzielen und auf die → Corporate Identity nach innen einen entscheidenden Einfluss nehmen.

Innendienst, Teil der Verkaufsabteilung (→ Verkaufsorganisation), der zuständig ist für die Auftragsannahme, -bearbeitung und -abwicklung. Aus dem Aufgabenfeld resultiert eine wichtige Schnittstellenfunktion zum Außendienst, zur Logistik und zur Produktion. In einigen Unternehmen bzw. Branchen zeichnet sich auch ein Trend ab, dass der I. zunehmend zentrale Verkaufsaufgaben übernimmt (z.B. Telefonmarketing). Eine Besonderheit stellt in diesem Zusammenhang das → Key-Account-Management dar, das sowohl zentral im Unternehmen als auch dezentral in den Absatzmärkten arbeitet.

innengeleiteter Mensch, *Inner-directed Person,* eine auf D. Riesman (1958) zurückgehende Personenkategorie, die sich und ihr Leben selbst bestimmt und weitgehend eigeninitiativ tätig ist. I.M. handeln nach ihren eigenen Wertvorstellungen. – *Gegensatz:* → außengeleiteter Mensch.

innere Bilder, visuelle Vorstellungen von Meinungsgegenständen (z.B. Produkten, Personen, Unternehmen), die im Gedächtnis gespeichert werden. Die Vorstellungen können sich auch auf innere Markenbilder beziehen, von denen angenommen wird, dass sie den Erfolg einer → Marke wesentlich beeinflussen. – Vgl. auch → Imagery.

innere Markenbilder, → innere Bilder, → Imagery, → Imagery-Forschung.

Innovation, völlig neue → Problemlösung, die keinen vergleichbaren Vorläufer im Markt hat. Die engere Definition geht davon aus, dass sich die Neuheit aus der Sicht des einführenden Unternehmens ergibt. Die Problemlösungen können sich auf Produkte (Produktinnovation) bzw. Dienstleistungen beziehen, aber auch auf Verfahren und Techniken (Prozessinnovation). Praxeologisch kann auch unterschieden werden in echte I. und Quasi-I. Im Produktbereich nähern sich Quasi-I. sehr schnell den sog. Me too-Produkten. Das ist die konventionelle, enge Produktsicht. Im erweiterten Sinne sind I. zu verstehen als grundsätzliche Erneuerungsprozesse, die alle Unternehmensbereiche und insb. auch die Organisation umfassen.

Innovationsdesign, Form des → Produktdesigns, wobei die innovative Gestaltung der Leistungsangebote im Vordergrund steht. Es besteht eine enge Beziehung zur → Produktinnovation. – *Gegensatz:* → Re-Design.

Innovationsforschung, Erforschung von Innovationsmöglichkeiten. Damit verbunden sind Analysen in Bezug auf Technik und Produktion, wie auch auf die Entwicklung neuer Verfahren zur → Ideengewinnung. – Vgl. auch → Kreativitätstechnik.

Innovationsmanagement, Durchsetzung von → Innovationsprozessen. Die wichtigsten Prozessstufen sind die Entwicklung, Einführung und Durchsetzung von → Innovationen. Hierbei hat die Durchsetzung eine besondere Bedeutung, und zwar nicht nur im Absatzmarkt, sondern auch im Unternehmen. Das betrifft sowohl → Produktinnovationen als auch → Prozessinnovationen. Insofern hat das I. unerlässlich eine wichtige Querschnittsfunktion mit starker Anbindung an die → Unternehmensführung. Nach T. J. Gerpott (1999) umfasst I. die „Planung, Organisation, Führung und Kontrolle derjenigen...Aktivitäten und Abläufe in Unternehmen, mit denen man die Bereitstellung von Technologie- und Sozialinnovationen sowie deren Einsatz in Produkten/Prozessen...so vorantreiben will, dass der Unternehmenserfolg langfristig gesichert wird.“

Innovationsmarketing, sämtliche Marketingaktivitäten eines Unternehmens im Rahmen der Beschaffung, Erstellung und Vermarktung von → Innovationen.

Innovationsorganisation, dem → Innovationsprozess entsprechende → Aufbau- und → Ablauforganisation. Als → Organisationsformen empfehlen sich das Projekt-Management oder die Bildung von Innovationsteams. Die Organisation von Innovationsprozessen gestaltet sich insofern schwierig, als die einzelnen Prozessstufen unterschiedliche Anforderungen an die organisatorische Gestaltung stellen. So verlangt z.B. die Ideengewinnung ein hohes Maß an Kreativität, die nicht kompatibel ist mit straffen organisatorischen Strukturen. Diese sind jedoch notwendig z.B. bei der Wirtschaftlichkeitsanalyse und vor allem bei der Durchsetzung von Innovationen und bei der Kontrolle. Insofern bevorzugen viele Unternehmen die Bildung von Innovationsteams, die sich je nach Prozessstufe aus Mitarbeitern verschiedener betrieblicher Funktionen und Hierarchieebenen zusammensetzen. Denkbar ist auch die Bildung von Venture Teams. Ungeachtet der konkreten Organisationsform ist für die Effizienz der I. aber ein kooperativer Führungsstil eine wesentliche Voraussetzung. Dadurch wird ein innovationsförderndes Betriebsklima geschaffen, das im engen Zusammenhang mit der Corporate Culture steht.

Innovationspolitik, Orientierung der Unternehmens-, Marketing- und Produktpolitik und den damit verbundenen relevanten Zielen an der Entwicklung von → Innovationen. Ein guter Maßstab für die Beurteilung des Innovationsgrades eines Unternehmens ist der Anteil der Produkte, die sich vor fünf Jahren noch nicht im → Produktprogramm befanden unter Berücksichtigung der Grunddefinition für Innovationen. Eine reine Politik der Produktdifferenzierung ist z.B. keine I.

Innovationsprozess, prozessuale Abfolge von Prüf- und Entscheidungsphasen bei der Entwicklung von → Produktinnovationen. So unterscheidet Ph. Kotler (1974) in der hierarchischen Gliederung:

- Ideengewinnung,
- differenzierte Grobauswahl (mithilfe von Bewertungsverfahren),
- Wirtschaftlichkeitsanalyse,
- technische Produktentwicklung (Herstellung von Prototypen),
- Produkt- und Markttest und
- Markteinführung (letzte Überprüfung aller Pläne).

Vgl. Abbildung „Innovationsprozess – Stufen des Prozessverlaufs“.

Innovationsrate, Häufigkeit von → Innovationen in einem Unternehmen, einer Branche oder auch in einer Volkswirtschaft. Die übliche Kennzahl ist der Umsatzanteil neuer Produkte am Gesamtumsatz, bezogen auf einen bestimmten Zeitraum (z.B. fünf Jahre).

Innovationsrisiko, dieses → Risiko ist primär mit → Produktinnovationen verbunden. Die wichtigsten und nur bedingt kalkulierbaren Risiken sind:

- technische Risiken (Realisationsprobleme und technischer Fortschritt),
- Planungsrisiken (Änderung der Marktkonstellation),
- ökonomische Risiken (Nichterreichen der angezielten → Rentabilität),
- ökologische Risiken (Umweltschutzauflagen),
- politische Risiken (Gesetzgebung) und
- allgemeine Marktrisiken (→ Konsumentenverhalten und Konkurrenzverhalten).

Produkt- und Markttests und Parallelstrategien in Bezug auf → Produktentwicklungen können die Risiken z.T. reduzieren.

Innovationstechnik,
→ Kreativitätstechnik.

Innovator, → Adoptergruppe, welche die → Diffusion von → Innovationen in Gang setzt. Sie hat damit eine Schlüsselrolle. Die I. besitzen eine hohe Risikobereitschaft, sind jung, haben ein relativ hohes Einkommen, ein hohes Sozialprestige und einen hohen Ausbildungsgrad. Ihr aktives Kommunikationsverhalten (z.B. Mediennutzung) ist sehr ausgeprägt. Aus den I. rekrutieren sich die wichtigsten Meinungsführer. Allerdings dürfen I. und Meinungsführer nicht gleichgesetzt werden. Die ausgeprägte Innovationsbereitschaft ist ein generelles Persönlichkeitsmerkmal, das das gesamte Kaufverhalten beeinflusst. Die Meinungsführerschaft bezieht sich hingegen meist nur auf einen bestimmten Konsumbereich. Überdies können Meinungsführer bei geringer Innovationsbereitschaft auch zu Innovationsbehinderern werden. Nach dem Adoptionsmodell von E.M.Rogers beträgt der Anteil der Innovatoren an der Gesamtbevölkerung 2,5%. – Vgl. auch → Adoptionsprozess.

Input-Output-Analyse, Untersuchung der wirtschaftlichen Leistungsströme zwischen den einzelnen Sektoren einer Volkswirtschaft bzw. Wirtschaftsbereichen. Durch I.-O.-A., die auf W. Leontief (1941) zurückgehen, ist es möglich, die Auswirkungen von Mengenänderungen eines Sektors auf die Mengen der übrigen Sektoren festzustellen. Sie können daher auch für → Absatzprognosen eingesetzt werden.

Inserts, Zwischeneinblendungen in → Werbeblöcken, die vielfach Unterhaltungscharakter haben. Gut gestaltete I. können in der → Fernsehwerbung zur Überlagerung von Werbespots führen (z.B. Mainzelmännchen). – Vgl. auch → ablenkende Kommunikation, → Kannibalisierungseffekt.

Insourcing, Reintegration von Leistungsumfängen, die sich im Wesentlichen an den Kernkompetenzen eines Unternehmens orientiert. Die Kernkompetenzen sind definiert als funktionale Wettbewerbsvorteile gegenüber der Konkurrenz. Die Wettbewerbsvorteile können auch kostenbedingt sein (Transaktionskostentheorie). Die unternehmensspezifischen Kernkompetenzen wie auch die Transaktionskosten bestimmen die opti-

Innovationsprozess – Stufen des Prozessverlaufs

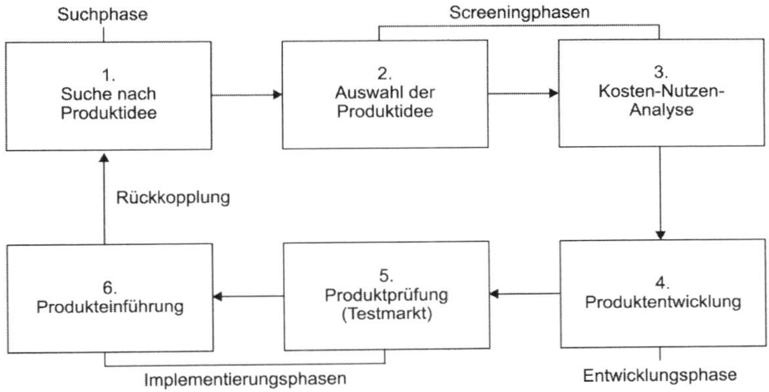

male → Fertigungstiefe. – *Gegensatz:* → Outsourcing.

Instant Gratification, konstitutives Element der Erlebnisgesellschaft, nämlich die Befriedigung von Wünschen und Bedürfnissen ohne Aufschub. – Vgl. auch → Erlebnismarketing.

institutioneller Handel, Handelsinstitutionen (Handelsunternehmen, Handelsbetriebe), deren Tätigkeit sich ausschließlich oder überwiegend auf den → funktionellen Handel bezieht. Der i.H. lässt sich grob gliedern in → Großhandel, → Einzelhandel (inklusive ihrer Spezialformen) und nach der räumlichen Betätigung in → Binnenhandel und → Außenhandel.

institutionelle Werbung, *Firmenwerbung,* organisationsbezogene → Werbung. Die i.W. zielt darauf ab, das → Image eines Unternehmens, einer Organisation oder Institution zu schaffen, erhalten, verbessern oder zu verändern. Die Grenzen zur → Imagewerbung sind fließend. – *Gegensatz:* → Produktwerbung.

Instore-Kommunikation, werbliche Aktivitäten (Verkaufsförderung), die in und um → Outlets im → stationären Einzelhandel durchgeführt werden.

Instore-Medien, → Kommunikationsmedien am → Point-of-Purchase (PoP). Neue Formen sind Instore-Radio und Instore-TV. Die Bedeutung der I.M. nimmt insb. bei den Einkäufen zu, die nur z.T. fest geplant sind (z.B. Lebensmitteleinkäufe) und demzufolge am PoP kommunikativ stark durch entsprechende Produktinformationen beeinflusst werden können.

Instore-Werbung, Werbemaßnahmen innerhalb der Betriebsstätten des → Handels. Die wichtigsten Formen der I.W. sind:

- Verkaufsförderung,
- Handels-Promotion,
- Händler-Promotion,
- Merchandising,
- Visual Merchandising,
- Schaufensterwerbung inklusive
- Schaufenstergestaltung.

Vgl. auch → Handelswerbung.

Instrumentalstrategie, auf das → Marketinginstrumentarium bezogene → Strategie, die gebildet wird aus dem Verbund von → Produkt-, → Preis-, → Distributions- und → Kommunikationsstrategie. Die I. werden hierarchisch aus den Basisstrategien abgeleitet.

instrumentelle Konditionierung, Verhaltenssteuerung durch Erfolg oder Misserfolg von ausgeführten Verhaltensweisen; d.h. das Verhalten des Individuums ist abhängig von den zu erwartenden Verhaltenskonsequenzen (→ Effektgesetz). Belohnungen (z.B. soziale Anerkennung) führen zu einer Verstärkung, Bestrafungen (z.B. Missbilligung) zu einer Schwächung des Verhaltens. Bestrafungen sind weniger wirksam als Belohnungen. Das Lernen erfolgt nach dem Verstärkerprinzip d.h. durch Versuch und Irrtum oder durch Erfolg. – Vgl. auch → operante Konditionierung.

In-Supplier, Bezeichnung von Vorlieferanten, die bereits in den → Beschaffungsprozess eines → Abnehmers integriert sind. – *Gegensatz:* → Out-Supplier.

Integralqualität, integrale Kombination von verschiedenen funktionalen Teilqualitäten von Produkten in ein Gesamtsystem. Die I. spielt im Anlagengeschäft eine besondere Rolle, ist jedoch nicht auf diese Branche bzw. auf das Systemgeschäft beschränkt. Sie lässt sich auch auf das gesamte Produktprogramm jedes Unternehmens ausdehnen, da die Qualität aller Angebotsleistungen eine akquisitorische Wirkung hat und damit das Image des Anbieters beeinflusst.

integrierte Kommunikation, Prozess der Planung und Organisation, der darauf ausgerichtet ist, aus den differenzierten Quellen der internen und externen → Kommunikation von Unternehmen eine Einheit herzustellen, um ein für die Zielgruppen der → Unternehmenskommunikation konsistentes Erscheinungsbild (→ Corporate Image) zum Unternehmen zu vermitteln [M. Bruhn (1992)].

integrierter Mensch, *Integrated Person,* eine auf D. Riesman (1958) zurückgehende Personenkategorie, die ein ausgereiftes psychisches Profil mit einem ausgewogenen Charakter zeigt. – *Anders:* → innen-, → außen- und → traditionsgeleiteter Mensch.

integriertes Marketing, Koordination aller marktbezogenen Funktionen und Aktivitäten im Unternehmen. Notwendig ist die auf das ganze Unternehmen bezogene → Funktionsvernetzung, um → Synergiewirkungen zu erreichen.

Intelligenz, individuell unterschiedlich ausgeprägte Fähigkeit zu kognitiven Leistungen, die z.T. angeboren ist oder auch durch Lernprozesse erworben wird und als wesentliches Merkmal der → Persönlichkeit gilt. L. L. Thurstone (1938) unterscheidet sieben primäre I.:

1. Sprachbeherrschung,
2. Wortflüssigkeit,
3. Rechenfähigkeit,
4. Raumvorstellung,
5. Gedächtnis,
6. Wahrnehmungsgeschwindigkeit und
7. logisches Denken.

Überdies ist auch die Bewältigung neuer Aufgaben und Lebensbedingungen ein Kriterium für I. Die zunehmende Bedeutung → emotionaler Kompetenzen und sozialer Fähigkeiten (→ Sozialkompetenz) führte zur Entdeckung der → emotionalen I. [D. Goleman (2000)]. Aus der Suche nach Sinn und Werteinnovation und dem Trend zum zukunftsorientierten visionären Denken leiten D. Zohar und I. Marshall (2000) die gleichfalls genetisch verankerte → spirituelle I. ab.

Intelligenzquotient (IQ), Maß für die allgemeine intellektuelle Leistungsfähigkeit eines Menschen, bezogen auf den durchschnittlichen Entwicklungsstand der Gleichaltrigen. Der IQ wird nach W. Stern (1912) gemessen als Verhältnis von Intelligenzalter und Lebensalter. – Vgl. auch → Intelligenztest.

Intelligenztest, psychologisches Prüfverfahren zur Bestimmung interindividueller Differenzen der → Intelligenz. Als Maßstab der Intelligenz wird üblicherweise der → Intelligenzquotient (IQ) verwendet. I. werden vor allem bei der Personalauswahl und Personalentwicklung und auch in Verbindung mit → Assessment-Centern und → Career Counselling Workshops eingesetzt.

intensive Distribution, Erreichung einer möglichst hohen → numerischen und → gewichteten Distribution ohne Berücksichtigung der Wettbewerbsbeziehungen zwischen den Distributionspartnern.

intensiver Vertrieb,
→ Intensivvertrieb.

Intensivinterview, → Tiefeninterview.

Intensivkäufer, *Heavy User,* → Verbraucher, der starker → Nachfrager nach bestimmten Leistungsangeboten ist. Die I. gehören zu den wichtigsten → Zielgruppen, um das → Markt- und Absatzpotential auszuschöpfen.

Intensivvertrieb, Vertrieb durch eine Vielzahl von Verkaufspunkten (z.B. → Absatzmittler). Es geht beim I. um die größtmögliche Verkaufsflächenabdeckung.

Interactive Shopping, Form des → Teleshoppings. Zuschauer können jederzeit Informationen über alle Produkte abrufen und über die Fernbedienung ordern. Das gilt auch für Produkte, die in Spielfilmen gezeigt werden (→ Product Placement).

Interaktion, Wechselbeziehung und Wechselwirkung in der → Kommunikation bzw. im → Verhalten von zwei oder mehreren Personen. – Vgl. auch → Interaktionstheorie, → soziale Interaktionstheorie.

Interaktionsanalyse, → Beobachtungsverfahren, das die Rollenbeziehungen in Kleingruppen erfasst. Die Verhaltensweisen werden unter Zuhilfenahme eines Kategoriensystems klassifiziert, woraus sich Interaktionsprofile der einzelnen Gruppenmitglieder ergeben. Ein Anwendungsgebiet der I. im Marketing ist die Beschreibung von Gruppenkaufentscheidungen (→ kollektive Kaufentscheidung).

Interaktionsmarketing, Anbieter und Nachfrager werden interaktiv miteinander verbunden durch → Vernetzung, → Kooperation und → Kommunikation. Es handelt sich um eine gewollte Verschmelzung der Marktteilnehmer (→ Prosumer). Ziel des I. ist es vor allem, die Kundenbeteiligung in allen Phasen der Zusammenarbeit optimal zu gestalten. Als hilfreiches und integratives Steuerungsinstrument empfiehlt sich das Projekt-Management.

Interaktionsprozess, formaler und informaler → Kommunikationsprozess zwischen beteiligten Personen, Gruppen und Organisationen auf der Nachfrager- und Anbieterseite. Multiorganisationale Ansätze sind am ehesten geeignet, I. zu analysieren.

Interaktionstheorie, Theorie, die davon ausgeht, dass sich die Interaktionspartner kosten-nutzenorientiert in der → Transaktion verhalten und sich wechselseitig beeinflussen. Die Interaktionsansätze lassen sich unterscheiden in personale Ansätze (z.B. Verkäufer-Käufer-Beziehungen) und organisationale Ansätze (multipersonale Beziehungen). Andere Erklärungen der → Interaktion gehen von den Theorien des sozialen Austauschs aus, und zwar insb. von der I. von G. C. Homans (1968). Danach wird der → Interaktionsprozess als ein Austausch von negativen und positiven Reizen (im Sinne von sozialen Bestrafungen und Belohnungen) erklärt. Jeder der Interaktionspartner strebt für sich eine möglichst hohe Nettobelohnung an. Bezogen auf die Verkäufer-Käufer-Beziehungen ist ein Verkäufer umso erfolgreicher, je mehr es ihm gelingt, durch sein Verhalten den Käufer zu belohnen [R. Schoch (1969)].

interaktive Führung, Führungskonzept, bei dem die Führung operative Entscheidungskompetenzen weitgehend an die Mitarbeiter überträgt (Management-by-Delegation, Empowerment) und für eine intensive Kommunikation und einen offenen Informationsaustausch in der Organisation sorgt.

Interdependenzanalyse, Oberbegriff für statistische Analyseverfahren, bei denen von einer ungeteilten Variablenmenge ausgegangen wird, um wechselseitige Zusammenhänge zwischen den Variablen oder Ähnlichkeiten zu erkennen. Die wichtigsten Verfahren der I. sind die:

- Faktorenanalyse,
- Korrespondenzanalyse,
- mehrdimensionale Skalierung,
- Clusteranalyse,
- Conjoint-Analyse.

Gegensatz: → Dependenzanalyse.

Interferenztheorie, Konstrukt der → Gedächtnistheorien. Die I. geht davon aus, dass einmal im → Langzeitgedächtnis abgespeicherte Informationen nicht vergessen werden. Es können jedoch Interferenzen (d.h. Überlagerungseffekte) auftreten, die den Zugriff zu anderen gespeicherten Informationen erschweren. Ähnlichkeitsinterferenzen (im Sinne von

Verwechslungen) spielen bei der → Werbewirkung eine wichtige Rolle. – *Gegensatz:* → Theorie des autonomen Verfalls.

intergeneratives Marketing, Form des → Massenmarketings, das nach Schnittstellen zwischen Jung und Alt sucht, um mit einer Strategie mehrere Generationen gleichzeitig anzusprechen. Ziel ist, die → Marken lebendig, d.h. zeitgemäß zu halten, um dadurch ihre Überlebensfähigkeit zu sichern. Es wird versucht, eine Verbindung zwischen Mythos und Dynamik herzustellen.

Interior Design, Farbgestaltung und Dekoration des Ladeninneren im → Einzelhandel. In das I.D. können auch Raumumfeldfaktoren einbezogen werden, wie z.B. Düfte und Musik. – Vgl. auch → Ladengestaltung und → Ladenlayout.

interkulturelle Segmentation, segmentspezifische Strategie des → Global Marketings zur Bildung transnationaler Zielgruppen (→ Cross Cultural Target Groups). Die i.S. versucht, unter Berücksichtigung kultureller Besonderheiten länderübergreifende Gemeinsamkeiten aufzuspüren. Verbindende interkulturelle Elemente in den Ess-, Genuss- und Lebensgewohnheiten führen zu einer Änderung bzw. Annäherung der Bedürfnisstrukturen und bewirken somit ein Zusammenwachsen der Märkte. Die Komplexität des strategischen Ansatzes ergibt sich aus der beabsichtigten Verknüpfung von einerseits globalen standardisierten Konsumbedürfnissen und andererseits differenzierten kulturellen Unterschieden. Ein weiteres Problem ist die Vergleichbarkeit der Datenerhebung und Dateninterpretation bei kulturell unterschiedlichen Zielgruppen (Cross Cultural Research).

Intermediavergleich, Vergleich, der sich an den → Kommunikationszielen orientiert und sich im Wesentlichen auf den ziel- (bzw. zielgruppen-) und kostenorientierten Abgleich der verschiedenen infrage kommenden → Medien bzw. → Werbeträger bezieht. Daraus resultiert die Wahl der geeigneten Medienkombination. Innerhalb der Medienkategorie (z.B. Zeitschriften) erfolgen dann im zweiten Schritt die → Mediaselektion und die → Mediaplanung. Entscheidende Kriterien für den I. sind die Zielgruppen, die Mediareichweite und die Kosten. – *Anders:* → Intramediavergleich.

Internalisierung, Verinnerlichung soziokultureller → Werte und → Normen. Die I. erfolgt durch die → Sozialisation, die wiederum entscheidend durch → Bezugsgruppen bestimmt wird.

International Association of Advertising (IAA), 1938 gegründeter internationaler Verband von Werbefachleuten. – *Weitere Informationen unter* www.iaagermany.de.

internationales Marketing. 1. Stufe: → ethnozentrisches Marketing (Exportmarketing). – 2. Stufe: → polyzentrisches Marketing (multinationale Orientierung durch Gründung von Tochtergesellschaften im Ausland). – 3. Stufe: → geozentrisches Marketing (Global Marketing). – Vgl. auch → Marktarealstrategie.

internationales Marketingmanagement, Übertragung von → Marketingkonzeptionen auf ausländische Märkte bzw. Kulturen. Damit ist eine Vielzahl von Analyse-, Planungs-, Umsetzungs- und Kontrollaufgaben verbunden, die sich umso komplexer gestalten, je differenzierter die bearbeiteten Auslandsmärkte sind. Insb. die Marktanalyse (Markt- und Rahmenbedingungen) und die Markt- und Absatzprognosen (hinsichtlich der Marktentwicklung und der Umfeldbedingungen) haben im → internationalen Marketing einen herausragenden Stellenwert. Sie bilden die Grundlage internationaler → Marketingstrategien und dienen der Formulierung von Strategiealternativen. So empfehlen sich für einige Auslandsmärkte differenzierte Strategien (→ Marktsegmentierung), für andere hingegen globale und standardisierte Konzepte (→ Global Marketing). Je nach präferierter Basisstrategie gestalten sich auch Planung, Realisation und Durchsetzung (Bestimmung des Marketing-Mix und seiner Submix-Elemente) inklusive der organisatorischen Strukturen unterschiedlich. Daraus ergeben sich wiederum sehr differenzierte Aufgaben für das i.M. und als Anforderungsprofil eine hohe Flexibilität.

Internationalisierungsstrategie, langfristige Planung der Aktivitäten im Ausland. Als Grundkonzept gelten die Stufen des → internationalen Marketings. Es werden die Stadien des ethnozentrischen, polyzentrischen und geozentrischen Marketings unterschieden. Die Gliederung gilt nicht als strikte Trennung. So werden z.B. in hochdiversifizierten Unternehmen (je nach Geschäftsbereichen) vielfach auch Mischstrategien verfolgt. Insgesamt sind I. in erster Linie Wachstumsstrategien. – Vgl. Abbildung „Internationalisierungsstrategien – Grundformen und Verbindungen".

International Public Relations Association (IPRA), internationaler Zusammenschluss nationaler Public Relations-Vereinigungen. – *Weitere Informationen unter* www.ipra.org.

interne Dienstleistungsqualität, → Dienstleistungsqualität, die sich auf die internen → Dienstleistungen bezieht. Für das Marketing typische interne Dienstleistungen sind die Bereitstellung von Sach-, Markt- und/oder Kundeninformationen z.B. für das Produkt-Management und den Außendienst sowie die verschiedensten Formen von internen Kommunikationsdiensten. Weitere interne und abteilungsübergreifende Dienste sind u.a. die Personal- und EDV-Abteilung sowie die vielfältigen Marketingdienste (z.B. die Human Relations).

interne Kommunikation, wesentlicher Bestandteil des → internen Marketings, bei dem die Mitarbeiter intensiv in die unternehmensbezogene → Kommunikation einbezogen werden. Das betrifft einmal die notwendigen aufgabenbezogenen → Kommunikationsprozesse und zum anderen denjenigen persönlichen Austausch von Informationen, der der permanenten Verbesserung des Betriebsklimas dient.

interne Public Relations, *interne PR,* Form der → Öffentlichkeitsarbeit [→ Public Relations (PR)], die intern im Unternehmen stattfindet. Hierbei richten sich die verschiedenen PR-Maßnahmen entweder an die Mitarbeiter (z.B. durch das Schwarze Brett, die Betriebsratsinformationen oder durch die Firmenzeit-

Internationalisierungsstrategien – Grundformen und Verbindungen

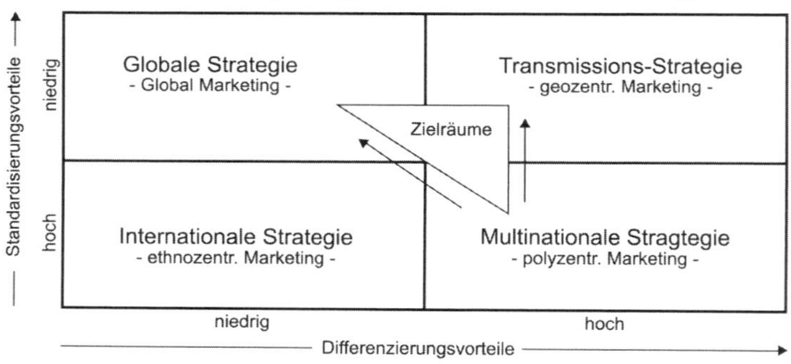

schrift) bzw. an die interessierte Öffentlichkeit (z.B. durch Tage der offenen Tür, Besichtigungen, Fachveranstaltungen, Tagungen etc.). – *Gegensatz:* → externe Public Relations.

internes Marketing, Gestaltung der unternehmensinternen Systemelemente, um die → Marketingziele zu realisieren. Das i.M. ist primär auf die Gewinnung, Entwicklung und Erhaltung motivierter und kundenorientierter Mitarbeiter gerichtet und hat insb. im → Dienstleistungsmarketing eine große Bedeutung. Entscheidend ist, dass nicht die Bedürfnisse der Mitarbeiter im Mittelpunkt stehen, sondern die der Kunden. Insofern muss das personalorientierte interne Marketing abgegrenzt werden vom Personalmarketing, das eine Grundvoraussetzung für das i.M. darstellt. Der personalorientierte Ansatz des i.M. wird ergänzt bzw. erweitert durch das Marketing interner Leistungen (kundenorientierte Gestaltung interner Prozesse und Dienstleistungen) und durch das kooperationsinterne bzw. subsystemorientierte Marketing (kundenbezogene Zusammenarbeit z.B. verschiedener Geschäftsbereiche).

Internet, weltweit verzweigtes Computer-Netzwerk zum Informationsaustausch. Im Unterschied zu den kommerziellen Online-Diensten, die die Internet-Dienste integrieren, ist das I. selbst nicht profitorientiert und seine Nutzung weder geografisch noch rechtlich beschränkt. – *Anders:* → Intranet, → Extranet.

Internetshopping,
→ Onlineshopping.

interne Überschneidung, mehrfacher → Werbemittelkontakt des → Kommunikanten durch die Mehrfachbelegung eines → Werbeträgers. Bei der externen Überschneidung hingegen handelt es sich um die Schaltung von → Werbemitteln in mehreren Medien. – Vgl. auch → Reichweite.

interne Validität, Eindeutigkeit der Messung im → Experiment durch Ausschaltung von Störeinflüssen. Die Veränderung der → abhängigen Variablen ist ausschließlich auf die Variation der → unabhängigen Variablen zurückzuführen. – *Gegensatz:* → externe Validität.

interne Zinsfußrechnung, die Effektivverzinsung, die sog. innere Rendite (→ Rentabilität) einer Investition. Der Kapitalwert (→ Kapitalwertrechnung) wird zum Kalkulationszeitpunkt gleich Null. Der Barwert der → Einzahlungen ist gleich dem Barwert der → Auszahlungen. – Vgl. auch → Investitionsrechnung.

Interstitial, *Pop-Up,* digitale → Unterbrecherwerbung im Internet. I. werden dann eingeblendet, wenn der Internet-User eine neue Seite aufruft. – Vgl. auch → E-Mercial.

Intervallskala, metrische → Skala, die der Klassifizierung von Merkmalen im Sinne einer objektiven oder subjektiven Rangstufung dient (→ Skalierung). Höhere Zahlenwerte bedeuten hierbei höhere Positionen auf dem Messkontinuum. Die Abstände zwischen den Merkmalsklassen sind gleich groß, so dass die Zahlenwertdifferenzen miteinander verglichen werden können. – *Anders:* → Ordinalskala, → Nominalskala und → Ratioskala.

intervenierende Variable, theoretische bzw. hypothetische Konstrukte , die im → S-O-R-Modell zur Erklärung des → Konsumentenverhaltens herangezogen werden. Sie setzen sich zusammen aus den → aktivierenden Prozessen (z.B. Emotion, Motivation) und den → kognitiven Prozessen (z.B. Wahrnehmung, Erkennen, Denken) und erklären die nicht-beobachtbaren Vorgänge im sog. Organismus. – Vgl. auch → Neobehaviorismus.

Interview, Form der → Befragung, bei der → Interviewer die Fragen an die → Probanden mündlich stellen. Die Befragung wird standardisiert, nicht-standardisiert oder teilstandardisiert durchgeführt. Der Vorteil des I. liegt in der höheren Antwortquote im Vergleich zu unpersönlichen schriftlichen Befragungen. Überdies kann die → Repräsentanz eher sichergestellt werden. Als nachteilig müssen die höheren Kosten und der sog. → Interviewer-Bias angesehen werden.

Interviewer, bei → mündlichen Befragungen eingesetzte Personen. Man spricht in diesem Zusammenhang auch von der sog. → Feldorganisation. Die Qualität der I. bestimmt im Wesentlichen das Auftreten von Interviewereinflüssen (→ Interviewer-Bias), die zu Verzerrungen der Untersuchungsergebnisse führen.

Interviewer-Bias, systematische Verzerrung von persönlich erhobenen Befragungsergebnissen. Die negativen Interviewereinflüsse sind vielfach unbewusst gegeben durch Alter, Geschlecht, Auftreten, Aussehen, Sprechweise etc. des → Interviewers. Eine bewusste Beeinflussung kann erfolgen durch die Auswahl der Befragten, die Art der Frageformulierung (z.B. suggestive Frage), die Einflüsse auf Beantwortung etc. Die Standardisierung des Fragebogens, die strenge Auswahl und intensive Schulung der Interviewer schränken den I.-B. ein.

Interviewerleitfaden, grobe Bestimmung der Themenbereiche und des Gesprächsablaufs für den → Interviewer. Fragenformulierung und die Reihenfolge der Fragen sind nicht streng determiniert. Die → Befragungen sind nicht-standardisiert (→ unstrukturiertes Interview).

Intramediavergleich, Vergleich von → Kommunikationsmedien, → Werbeträgern innerhalb einer Medienkategorie (z.B. Zeitschriften). Der Abgleich erfolgt ziel- bzw. zielgruppen- und kostenbezogen. Wichtige Kennzahlen für den I. sind u.a. → Tausenderpreis und → Reichweite. Entscheidendes Kriterium für die Medienwahl ist die Zielgruppen-Kontaktzahl. – *Anders:* → Intermediavergleich.

Intranet, unternehmensinternes Computer-Netzwerk zum Informationsaustausch von Mitarbeitern. Das I. basiert auf der Internet-Technologie und spielt u.a. bei der → Außendienststeuerung und für → Außendienst-Berichtssysteme eine zunehmend wichtigere Rolle im Hinblick auf die dynamischen Marktveränderungen und Konkurrenzaktivitäten, die eine möglichst schnelle Reaktion erfordern.

Intrapreneur, *interner Unternehmer,* angestellter Manager, der sich durch große Innovationskraft und hohe Flexibilität auszeichnet. Das Intrapreneuring umfasst alle Managementebenen. – *Gegensatz:* → Entrepreneur.

intrinsische Motivation, Bezeichnung in der → Lernpsychologie für die Art der Lernmotivation. Die i.M. bedeutet → Aktivierung für eine Aufgabe oder Tätigkeit, die um ihrer selbst willen ausgeführt wird. Das Interesse an der Arbeit ist entscheidend für die Durchführung und die Motivation erfolgt allein durch die Sache selbst. Es existieren weder Belohnungen noch Anreize von außen. Obwohl Belohnungen Leistungssteigerungen bewirken können, nimmt man an, dass die i.M. zu besseren Ergebnissen führt. – *Gegensatz:* → extrinsische Motivation.

Invention, Erfindung, die sich dadurch von der → Innovation unterscheidet, dass es sich hierbei noch nicht um eine marktreife Neuerung handelt, die in Produktion gehen kann.

Inventurdifferenz, Differenz zwischen dem Wert des buchmäßig errechneten und dem durch körperliche Aufnahme bei der Inventur tatsächlich ermittelten Warenbestand im → Handel. Die Ursachen von I. sind der Diebstahl durch Kunden (Ladendiebstahl), Personal oder Lieferanten, Fehler bei der Warenerfassung, Preisauszeichnung, beim Kassiervorgang, im Rechnungswesen bei der Bestandsaufnahme, Schwund, Verderb oder Bruch. Der → Hauptverband des Deutschen Einzelhandels (HDE) schätzt, dass 45% der I. auf den kundenbezogenen Ladendiebstahl, 40% auf Mitarbeiterdelikte und 15% auf die o.a. organisatorischen Schwachstellen zurückzuführen sind.

inverse Preiselastizität, Form der → Preiselastizität, die nicht ihrer normalen Gesetzmäßigkeit folgt. Preissenkungen sind mit einer Nachfragesenkung verbunden und Preiserhöhungen mit einer Nachfrageerhöhung. Die i.P. tritt in erster Linie bei sog. Prestigeprodukten auf, die → Geltungsbedürfnisse befriedigen. – Vgl. auch → Bandwagon-Effekt, → Snobeffekt, → Giffen-Effekt.

Investitionsgüter, gewerbliche → Gebrauchsgüter, die der Produktion dienen im Sinne der Erhaltung, Erweiterung oder Verbesserung der Produktionsausrüstung und die zusammen mit den → Produktionsgütern die Gruppe der → Produktivgüter bilden. Die Abgrenzung zu den privaten Gebrauchsgütern ist nicht immer einfach (z.B. Pkw mit z.T. gewerblicher Nutzung). Im Grundsatz gilt, dass I. der Leistungserstellung dienen und nicht dem kurz- oder längerlebigen → Konsum. – *Anders:* → Konsumgüter bzw. → Verbrauchsgüter.

Investitionsgütermarketing, Gesamtheit aller absatzpolitischen Maßnahmen, um die Verwender von → Investitionsgütern bez. ihrer → Kaufentscheidungen zugunsten des entsprechenden Anbieters zu beeinflussen. Der Vermarktungsprozess erfolgt in einer persönlichen Interaktion zwischen Anbietern und Nachfragern und nicht in einem mehr oder weniger anonymen Massenmarkt. Darüber hinaus sind die Marktbeziehungen zwischen den verschiedenen Marktpartnern üblicherweise langfristig und relativ stabil. Daraus resultiert auch eine größere Markttransparenz. – *Anders:* → Konsumgütermarketing.

Investitionsgütermarktforschung, → Primär- bzw. Sekundärforschung zur Gewinnung von Informationen für Marketingentscheidungen auf Investitionsgütermärkten. Dabei bezieht sich die Datenerhebung sowohl auf die → Absatz- als auch auf die → Beschaffungsmärkte. Aufgrund der Heterogenität der → Investitionsgüter werden in der I. modifizierte Methoden eingesetzt. Dazu zählen u.a. die Erforschung der Substitutionsbeziehungen, der derivativen Nachfrage und der Entscheidungsstrukturen in den Buying und Selling Centern der Nachfrager und Anbieter. Bez. der Erforschung der Nachfrageentwicklungen kommen vor allem die Verfahren der Sekundärforschung zum Einsatz. Bei der Primärforschung stehen mündliche (z.B. Expertenbefragungen) im Vordergrund. Als Prognoseverfahren kommen alle üblichen quantitativen und qualitativen Verfahren zum Einsatz.

Investitionsgüterwerbung, → Industriegüterwerbung.

Investitionsrechnung, Verfahren zur Bewertung von Investitionsalternativen. Zu unterscheiden sind im Wesentlichen die statischen und dynamischen Verfahren. Die wichtigsten statischen Verfahren sind die:
- Kostenvergleichsrechnung,
- Erlösvergleichsrechnung,
- Gewinnvergleichsrechnung und
- Return-on-Investment-Rechnung.

Zu den wichtigsten dynamischen Verfahren gehören die:
- Kapitalwertmethode
- interne Zinsfußrechnung und
- Annuitätenrechnung.

Investment-Intensität, Kennziffer, die etwas aussagt über die Nutzung der Investitionspotentiale, die als wesentliche → Erfolgsfaktoren gelten. Die Kennziffer ist der Quotient aus getätigten Investitionen und den realisierten Umsätzen. – Vgl. auch → PIMS-Datenbank.

Investor Relations, Sonderform der → Public Relations (PR), die die Gestaltung der Beziehungen zwischen einem Unternehmen und den existenten und auch potentiellen Investoren in den Mittelpunkt stellt. – Vgl. auch → Börsenmarketing, → Equity Story.

Involvement, inneres Engagement, mit dem sich jemand einem Gegenstand oder einer Aktivität zuwendet. Das I. wird entscheidend geprägt durch zeitabhängige Faktoren, personen- und produktspezifische Einflüsse und durch situationsspezifische Bedingungen. In die Theorie des → Konsumentenverhaltens wurde das Konstrukt eingeführt von H. E. Krugman (1965). Zu unterscheiden sind das → Low I. und das → High I. Aus der Stärke des I. resultieren auch die Bewertung der Produkte bzw. Dienstleistungen (als Low oder High Interest-Angebote) und die Aufnahme, Verarbeitung und Speicherung von Informationen. Involvierende Stimuli reizen mehr als allgemeine Aussagen. Entscheidend für das I. des Konsumenten ist die möglichst präzise Zielgruppenansprache, und zwar durch den in sich konsistenten Marketing-Mix.

IPRA, Abk. für → International Public Relations Association.

Irradiation, Begriff von B. Spiegel (1961) aus der → Gestaltpsychologie, der das Phänomen beschreibt, dass ein Wahrnehmungsbereich auf einen anderen ausstrahlt und diesen dominant beeinflusst (Schlüsselinformationen). So wird z.B. vom Geruch und von der Farbe eines Reinigungsmittels auf dessen Wirkung geschlossen. I. können positiv oder negativ sein. Diese Erkenntnis ist wichtig für die → Produktgestaltung. – *Anders:* → Attributdominanz.

irreführende Werbung, → Irreführung, die nach dem → Gesetz gegen den unlauteren Wettbewerb (UWG) wettbewerbswidrig und daher unzulässig ist. Für die → Werbung gilt, dass sie wahr sein muss, wobei die Maßstäbe für Wahrheit durch objektive Kriterien und vor allem durch die → Verkehrsauffassung gesetzt werden. Entscheidend ist aber nicht allein die Richtigkeit bzw. Unrichtigkeit der Werbeaussage selbst, sondern auch die Frage, wie sie von den angesprochenen Verkehrskreisen verstanden wird. Die wichtigsten Formen i.W. sind die Blickfangwerbung, Irreführung durch das Verschweigen, Werbung mit Selbstverständlichkeiten und die Alleinstellungswerbung.

Irreführung, rechtlicher Tatbestand, der hauptsächlich auf die → Produktwerbung bezogen, aber nicht auf sie beschränkt ist. Nach zwei unterschiedlichen Ansätzen wird I. einmal nur objektiv und zum anderen erweitert subjektiv definiert. Nach der ersten Definition liegt I. dann vor, wenn eine Information objektiv falsch ist. Die weiterführende und verhaltenswissenschaftlich begründete Definition besagt, dass I. bereits auch dann vorliegt, wenn der Informationsempfänger subjektiv getäuscht wird. Bei dieser Definition wird auf die Verhaltensrelevanz der Information abgestellt. Dadurch gerät der Begriff in die definitorische Nähe der sog. Manipulation. Danach ist eine I. dann gegeben, wenn der Beeinflusste die Einflussnahme nicht bewusst wahrnimmt. Rechtlich ist die I. im → Gesetz gegen unlauteren Wettbewerb (UWG) geregelt.

Irritation, Verunsicherung durch die Art der wahrgenommenen → Reize, die auf den → Kommunikanten überraschend wirken. Die durch die I. erzeugte → Aktivierung verstärkt zwar die → Informationsverarbeitung, jedoch ist der gewünschte Beeinflussungserfolg nicht sicher.

ISDN, *Integrated Services Digital Network,* ein diensteintegrierendes digitales Fernmeldenetz, das für Fernsprech-, Daten- und Textkommunikation gleichzeitig benutzt werden kann. An einen Telefonhauptanschluss können beliebig

Telefon, Telefax oder Computer angeschlossen werden. – Vgl. auch → UMTS.

ISO 9000, Normenreihe DIN EN ISO 9000 ff., die international gültige Mindestvoraussetzungen für die Qualitätsproduktion in Form von drei Qualitätsmodellen (9001, 9002, 9003) festlegt. ISO 9004 umfasst einen Leitfaden für die Anwendung der Normen auf Dienstleistungen.

Issue Management, Themen-Management, das sich mit Problemen auseinandersetzt, die für das Unternehmen (potentiell) von Bedeutung sind. Das I.M. besteht im Wesentlichen aus Vorhersage, Identifizierung, Selektion, Analyse und Bearbeitung von Problemen oder Fragestellungen. Die Relevanz der Ergebnisse wird verglichen mit der Unternehmensposition und den -zielen. Entscheidend für den Management Issue-Erfolg ist die rechtzeitige Bearbeitung der erkannten Probleme (Themen).

Issue Monitoring, regelmäßige Beobachtung, Analyse und Bewertung gesellschaftlicher Meinungsbildungsprozesse zu strategisch relevanten sozialen und ökologischen Themenstellungen. Mit dem I. M. ist das Ziel verbunden, Risikopotentiale, die durch eine Veränderung der Umfeldbedingungen entstehen und die zu Konflikten führen können, in einem möglichst frühzeitigen Stadium zu erkennen und diesbezüglich Abwehrstrategien zu entwickeln. Gleichzeitig werden dadurch auch Ansatzpunkte sichtbar, wie das Unternehmen aktiv die gesellschaftliche Meinungsbildung in der Öffentlichkeit für sich nutzen kann. Vgl. auch → Issue Management, → Public Relations (PR).

Ist-Image, tatsächliches → Erscheinungsbild, das ein Meinungsgegenstand (Unternehmen, Leistungsangebot etc.) bei bestimmten Personen oder Personengruppen bzw. in der Öffentlichkeit hat. Vgl. auch → Image.

Istkosten, in einer Abrechnungsperiode tatsächlich angefallene → Kosten. I. haben Vergangenheitscharakter. – Vgl. auch → Normalkosten. – *Gegensatz:* → Plankosten.

IT, Abk. für → Informationstechnologie.

Item, *Statement,* einzelne Fragen bzw. Feststellungen, die auch als Statements bezeichnet werden und zu denen die Befragten Stellung nehmen. Wichtig bei der Bestimmung der I. sind die Trennschärfe, die Validität und Reliabilität.

IVW, Abk. für → Informationsgemeinschaft zur Feststellung der Verbreitung von Werbeträgern.

J

Jahresgespräch, Abstimmung der Jahresplanungen zwischen Hersteller und Handel im Rahmen des → vertikalen Marketings. Dazu gehören vor allem die Vereinbarungen bez. Der Umsatzziele (Umsatzplanung), Konditionen und Maßnahmen zur Verkaufsförderung. Aufgrund der zunehmenden → Handelskonzentration haben sich aber mittlerweile die J. immer mehr zu reinen Konditionengesprächen entwickelt (Listungsrabatt, Werbekostenzuschuss).

Jahresumsatz-Bonus, → Bonus, → Prämie, → Incentives.

Jingle, charakteristische Werbemelodie bzw. gesungener → Werbeslogan, der durch permanente Wiederholung bei Werbesendungen im Rundfunk und/oder Fernseher die Erinnerung an ein bestimmtes Produkt oder einen bestimmten Anbieter herstellt.

Job-Description, → Stellenbeschreibung, die die mit einem Arbeitsplatz verbundenen Tätigkeiten inklusive der Über- und Unterstellungen und die Stellvertretung regelt. Die J.-D. dient auch der Arbeitsplatzbewertung und der Arbeitsbewertung des Stelleninhabers.

Job-Enlargement, Arbeitserweiterung, welche die Mitarbeiteraufgaben nur rein quantitativ ausdehnt. – *Anders:* → Job-Enrichment.

Job-Enrichment, Arbeitsbereicherung, die dem Mitarbeiter die Möglichkeit bietet, mehr Eigenverantwortung zu übernehmen. Nach F. Herzberg (1966) ist die Arbeitsbereicherung das Hauptelement für eine Gestaltung der Arbeit, die Mitarbeiter motiviert (→ Mitarbeitermotivation) und ihre Arbeitszufriedenheit (→ Mitarbeiterzufriedenheit) erhöht. – *Anders:* → Job-Enlargement.

Job-Matching, Methode der Personalauswahl durch Untersuchung des alltäglichen Arbeitsablaufs in einem Job, um daraus die personenbezogenen Eigenschaften zu bestimmen. Es folgt die diesbezügliche Bewertung der Bewerber. Im Wesentlichen handelt es sich um einen Vergleich der Jobanforderungen mit der Bewerberqualifikation. Durch diese Methode sollen u.a. die Auswahlfehler reduziert, die personenbezogene Leistungseffizienz erhöht und die kostenintensive Personalfluktuation vermindert werden.

Job-Rotation, Wechsel der Aufgabenübernahme. Es handelt sich um einen systematischen Arbeitsplatzwechsel, der der Erweiterung der Fachkenntnisse dient. Angezielt wird eine höhere Qualifikation der Mitarbeiter. – Vgl. auch → Job-Enrichment.

Job-Sharing, ein Arbeitszeitmodell (Form der Teilzeitarbeit), bei dem identische oder auch komplementäre Aufgaben zeitlich auf mehrere Mitarbeiter aufgeteilt werden. Entscheidend beim J.-S. ist die gleiche Qualifikation der Teammitglieder.

Joint Venture, Gemeinschaftsunternehmen im Sinne der Gründung von gemeinsam betriebenen Entwicklungsgesellschaften (z.B. für Produktentwicklungen), die u.a. im → internationalen Marketing eine gewisse Bedeutung erlangt haben. Die gesellschaftsrechtlichen

Formen lassen sich im Wesentlichen unterscheiden nach:

- Equity J.V. (gemeinsame Übernahme von Führung und Risiko des gegründeten Unternehmens) und
- Contractual J.V. (Kooperation ohne separate Unternehmensgründung);
- Domestic J.V. und
- International J.V.

Vgl. auch → strategische Allianz.

Jugendmarkt, Markt der 14- bis 19-Jährigen, der für das Marketing als bedeutsam eingestuft wird und auf den die → Massenkommunikation vielfach immer noch abhebt, auch wenn es sich um ein schrumpfendes Zielgruppensegment handelt. Die Wahl dieses → demografischen Kriteriums als → Segmentationskriterium für die → Marktsegmentierung erweist sich ähnlich problematisch wie die Definition bzw. Wahl des Seniorenmarkts. Das kalendarische Alter ist kein Kriterium für Lebensstil, Einstellungen, Erwartungen und Verhalten. Insofern empfiehlt sich der altersmäßig definierte Jugendmarkt auch nicht für die Bildung von → Typologien.

Junk-Mail, *Spam-Mail,* unerwünschte Werbe-E-Mail, die dem Empfänger ohne dessen Zustimmung zugeschickt wird. – *Anders:* → Permission Marketing.

Just-in-time, integriertes Konzept im produktionstechnischen Bereich, d.h. das richtige Material zum richtigen Zeitpunkt in richtiger Quantität und in richtiger Qualität am richtigen Ort zur Verfügung stellen. Bearbeitungsprozesse und die Bearbeitungsstufen rücken dicht zusammen. Die Materialien werden ohne zeitaufwendige Prüfungen und kostenintensive Lagerung direkt dem Fertigungsprozess zugeführt. J.i.t. bezieht sich aber auch stark auf die → Logistik und bezweckt die spätest mögliche, aber dennoch bedarfs- und zeitgerechte → Beschaffung von Material, Halbfertigerzeugnissen oder Endprodukten. Ziel ist die Absenkung der → Lagerbestände, ohne die Lieferbereitschaft zu gefährden. – Vgl. auch → Just-in-time-Logistik.

Just-in-time-Logistik, nachfragesynchrone Bedarfsdeckung, die sich sowohl auf die Beschaffungslogistik, die innerbetriebliche (Produktions-) Logistik als auch auf die Distributionslogistik bezieht. Ziel der J.-i.-t.-L. ist, die Effizienz vor allem des Bestandmanagements und gleichzeitig den Lieferservice zu erhöhen durch eine flexible Anpassung der Lieferfähigkeit an die Kundenerfordernisse und auch Kundenwünsche. Ein konsequent betriebener J.-i.-t.-L. deckt Schwächen im gesamten → Logistiksystem auf, die z.B. durch erhöhte → Lagerbestände verdeckt werden.

K

Kaizen, japanisches Management-Prinzip (Kai: Wandel, Änderung; Zen: das Gute). Es geht bei dem K. um die kundenorientierte ständige Verbesserung von Produkt- und Prozessqualität. Dieses Prinzip wird verwirklicht durch eine Strategie, die einen Systemverbund von Konzepten, Systemen und Werkzeugen herstellt. Im Mittelpunkt stehen die Kunden- und Mitarbeiterorientierung, aus denen das notwendige Führungsverhalten und die Managementanforderungen abgeleitet sind. K. integriert auch das → Total Quality Management, die → Wertanalyse und das → Lean Management. – Vgl. auch → kontinuierlicher Verbesserungsprozess.

Kalkulationsverfahren, Verfahren der → Preiskalkulation, die grob gegliedert werden in kostenorientierte Verfahren, wie → Vollkostenrechnung oder → Zuschlagskalkulation, in marktbezogene Verfahren, wie → Teilkostenrechnung oder → Deckungsbeitragsrechnung sowie in mehr theoretisch orientierte marginalanalytische Verfahren (→ Preistheorie).

kalkulatorische Kosten, setzen sich zusammen aus den kalkulatorischen Abschreibungen, kalkulatorischen Zinsen, kalkulatorischen Mieten und dem kalkulatorischen Unternehmerlohn.

kalkulatorischer Ausgleich, *Ausgleichskalkulation*, → Mischkalkulation, die als → Preiskalkulation vor allem im Handel angewendet wird. Hierbei erfolgt die → Preisbildung für einen oder mehrere Artikel nicht nach den verursachten Kosten, sondern nach dem im Markt durchsetzbaren Preis. Ziel ist die Realisation eines möglichst hohen Gesamtgewinns durch einen k.A. der unterschiedlichen → Handelsspannen innerhalb des Sortiments.

Kampagne, Kommunikationsaktivität, die bezogen ist auf die → Werbung, → Verkaufsförderung und → Imagewerbung inklusive → Public Relations (PR) und → Öffentlichkeitsarbeit. Die K. ist aktionsorientiert, muss jedoch eingebunden werden in die → Kommunikationsstrategie.

Kampagnenmanagement, Planung, Durchführung, Steuerung und Kontrolle mediengestützter Marketingaktivitäten, wie der → Kampagne.

Kanban, Karte, die an Materialbehälter oder Fertigerzeugnisse geheftet wird. Sie löst einen Produktions- bzw. Bestellvorgang aus. Im K.-Verfahren wird die terminorientierte durch eine bedarfsorientierte Bestellung ersetzt. Der nachgelagerte Arbeitsgang entnimmt dem vorgelagerten Arbeitsgang nur das benötigte Teil in der benötigten Menge und zum benötigten Zeitpunkt. Wenn ein → Mindestbestand unterschritten wird, erfolgt durch den Zulieferer automatisch die Nachlieferung. Ausgelöst wird der Auftrag durch den K. Die Karte liegt den Losen in den sog. K.-Behältern bei und meldet bei der Rückgabe dem Zulieferer, dass die benötigten Teile nachgeliefert werden müssen. Ziel des Verfahrens ist die Absenkung der → Lagerbestände.

Kannibalisierungseffekt, der Effekt hat vielfältige Ausprägungen. So können → Sonderangebote im Einzelhandel eine ablenkende Wirkung in der Form haben, dass normal kalkulierte Artikel nicht mehr oder weniger nachgefragt werden. Bei der → Produktdifferenzierung tritt der Effekt dann auf, wenn sich der Anbieter aufgrund einer ungenauen Marktabgrenzung selbst Konkurrenz macht. Es sei denn, der Effekt wird bewusst herbeigeführt, um die Markteintrittsbarrieren für neue oder bestehende Wettbewerber zu erhöhen. Und nicht zuletzt kann auch die → ablenkende Kommunikation zur Kannibalisierung führen, da sie die Informationsaufnahme des Kommunikanten durch Umlenkung erheblich mindert.

kanonische Analyse, → multivariates Analyseverfahren zur Untersuchung der Beziehungen zwischen komplexen Variablen. Eine Variablengruppe können z.B. mehrere Werbemittel sein, die in ihrer Wirkung untersucht werden. – Vgl. auch → Regressionsanalyse, → Varianzanalyse, → Diskriminanzanalyse und → Faktorenanalyse.

Kapitalbindung, geldmäßiger Ausdruck für die im → Unternehmen vorhandenen Anlagen, die gelagerten Vorräte an Halb- und Fertigfabrikaten, Handelswaren sowie Roh-, Hilfs- und Betriebsstoffen. Die Höhe der K. ist vor allem ein Maßstab für die Qualität der → Vorratspolitik und des → Bestandsmanagements.

Kapitalgüter, Oberbegriff für die gewerblichen → Verbrauchsgüter (→ Produktionsgüter) und die gewerblichen → Gebrauchsgüter (→ Investitionsgüter). Die Produktions- und Investitionsgüter werden in der → Gütertypologie auch unter dem Begriff → Produktivgüter zusammengefasst.

Kapitalrentabilität, → Gesamtkapitalrentabilität.

Kapitalumschlag, Verhältnis von → Umsatz zu dem in der Periode durchschnittlich eingesetzten → Gesamtkapital.

Kapitalwertrechnung, Diskontierung der → Einnahmen bzw. → Erlöse und der → Ausgaben bzw. → Kosten auf den gegenwärtigen Zeitpunkt und Errechnung der Gesamtwerte der Einnahmenüberschüsse bzw. der Unterdeckung. – Vgl. auch → Investitionsrechnung, → Discounted Cash-Flow.

Kardinalskala, metrische → Skala, bzw. → Skalenniveau, als Form einer → Intervallskala oder → Ratioskala.

Kartell, horizontale Absprache zwischen wirtschaftlich und rechtlich selbstständigen → Unternehmen mit dem Ziel einer Wettbewerbseinschränkung. Nach dem → Gesetz gegen Wettbewerbsbeschränkungen (GWB) sind Absprachen dieser Art grundsätzlich verboten. Die Ausnahmeregelungen sind sehr begrenzt, z.B. Konditionenkartell.

Kartellarten, zu den wichtigsten Kartellarten zählen Preis-, Rabatt-, Mengen-, Konditionen- und Produktionskartelle. Eine Unterscheidung kann auch vorgenommen werden nach dem Grad der Wettbewerbsbeschränkung. Es wird differenziert nach Kartellen niederer Ordnung, z.B. Konditionen-, Normen- und Typenkartellen und nach Kartellen höherer Ordnung, z.B. Preiskartellen. Grundsätzlich gilt nach dem → Gesetz gegen Wettbewerbsbeschränkungen (GWB) ein Kartellverbot.

Kartellgesetz, umgangssprachliche Bezeichnung für → Gesetz gegen Wettbewerbsbeschränkungen (GWB).

Karten-Zahlungssystem, bargeldloses Zahlungssystem mithilfe von → Kreditkarten oder → Kundenkarten.

Kassationskollegialität, besondere Form des → Kollegialprinzips, bei der die gleichberechtigten Entscheidungsträger die unternehmensrelevanten → Entscheidungen einstimmig treffen müssen. Jedes Mitglied im Entscheidungsgremium hat ein Vetorecht.

– *Gegensatz:* → Abstimmungskollegialität, → Primatkollegialität.

Kasuistik, *Lehre von den Fällen,* Bezeichnung für ein methodisches Verfahren, das aus einzelnen Fällen allgemeinverbindliche Aussagen abzuleiten versucht. Die K. findet vor allem Anwendung im Lehrbereich als → Fallmethode.

Katalog, gedruckte Übersicht über das Warenangebot eines Anbieters oder über einen Angebotsteil. Unterschieden werden Industrie- und Handelskataloge. Weiter kann differenziert werden in Universal- und Spezialkataloge. Insb. die Versandhandelskataloge haben als → Kommunikationsinstrument in den letzten Jahren an Bedeutung gewonnen. Dies ist auf den erheblichen Bedeutungszuwachs des → Versandhandels gegenüber dem stationären Handel zurückzuführen, der im Wesentlichen beeinflusst wird durch neue Formen der Bestellung durch die → neuen Medien.

Katalogwerbung, kommunikatives Instrument vor allem des → Versandhandels. Die K. dient dem direkten Verkauf, dem Versandhandel oder dem Vorverkauf, dem stationären → Handel.

Kauf, → Nachfrage nach einem Leistungsangebot, wie → Produkt oder → Dienstleistung.

Kaufabsicht, Intention zum → Kauf eines Produkts bzw. einer Dienstleistung. Die Messung der K. erfolgt über → Befragungen und dient der Verhaltensprognose von Käufern (→ Kaufeintrittsmodell). Die K. ist im Wesentlichen einstellungsgeprägt. – Vgl. auch → Kaufbereitschaft.

Kaufbereitschaft, Intention zum → Kauf eines Produkts bzw. einer Dienstleistung, die im Wesentlichen abhängig ist von der Bewertung des → Preis-Leistungs-Verhältnisses (→ Preistest).

Kaufeintrittsmodell, → Prognosemodell zur Bestimmung des Zeitpunkts oder auch Zeitraums der → Kaufentscheidung von → Konsumenten bzw. → Verbrauchern oder → Verwendern. Insb. bei neuen → Produkten erweisen sich Kaufeintrittsprognosen als unsicher, da keine Vergangenheitsdaten herangezogen werden können.

Kaufentscheidung, Auswahl aus Kaufalternativen, die geprägt ist durch Rationalität und/oder Emotionalität. Die rationale K. wird bewusst auf der Basis einer gegebenen Zielsetzung getroffen (→ Rationalprinzip), wohingegen die emotionale Kaufentscheidung durch → Emotionen bestimmt wird und sich z.B. im Impulskauf äußert.

Kaufentscheidungsprozess, prozessualer Ablauf der → Kaufentscheidung, der sich wie folgt darstellt: Problemdefinition, Informationsrecherche, Informationsverarbeitung, Alternativenbewertung, gezielte Präferenzenbildung, konkrete Kaufentscheidung, Kaufakt. Die für die Kaufentscheidung wichtigste Phase ist der Informationskomplex inklusive Alternativenbewertung und Präferenzenbildung. Der Nachkauf hängt im Wesentlichen davon ab, inwieweit Kauf- und Konsumakt mit positiven oder negativen Erlebnisinhalten verbunden wurden. – Vgl. auch → kognitive Dissonanz, → kognitive Konsonanz.

Käufer, Erwerber eines → Angebots, eines → Produkts oder einer → Dienstleistung. Der K. ist nicht gleichzusetzen mit dem → Konsumenten. Der Unterschied wird besonders deutlich bei Nahrungsmitteln.

Käuferkumulation, Gesamtzahl der → Erstkäufer, die innerhalb eines definierten Zeitraums ein Produkt bzw. eine Dienstleistung nachkaufen. – Vgl. auch → Wiederkaufrate.

Käufermarkt, die Marktposition der → Käufer bestimmt den → Absatzmarkt. In voll entwickelten → Industriegesellschaften haben sich die Absatzmärkte seit Anfang der 1970er-Jahre von einem Verkäufer- zu einem K. hin entwickelt. Auf dem K. besteht ein Angebotsüberhang und ein Nachfragedefizit. Dieser Trend hält unvermindert an und wird verstärkt durch die zunehmende internationale Verflechtung der Märkte und Anbieter mit der Folge einer globalen und totalen Konkurrenz. – *Anders:* → Verkäufermarkt.

Käuferreichweite, Prozentsatz der Firmenkunden an der Gesamtzahl aller potentiellen → Kunden. – Vgl. auch → Reichweite.

Käufertypologie, Gliederung der → Käufer nach Einstellungs- und Verhaltensmerkmalen. Typologische Kriterien sind soziale, demografische und psychografische Eigenschaften der Käufer. Die praktische Aussagekraft von K. muss jedoch mittlerweile erheblich infrage gestellt werden aufgrund der weiter zunehmenden Tendenz eines hybriden → Konsumentenverhaltens. Es ist daher notwendig, eine Vielzahl von Konsumentencharakteristika miteinander zu kombinieren, um eine realistische Typologienbildung vornehmen zu können, auf deren Basis dann → Marktsegmentierungen möglich sind.

Käuferverhalten, ist nach Privatkauf und industriellem Einkauf inklusive Einkauf des Handels zu differenzieren. Sowohl → Einstellungen als auch → Verhalten der o.a. Käufergruppen unterscheiden sich voneinander erheblich, selbst wenn die Personen identisch sind. Grund für die Unterschiede sind die differenzierten Einstellungen bei Konsum- und Beschaffungsentscheidungen.

Käuferwanderungs-Analyse,
→ Gain-and-Loss-Analyse.

Kauffrequenz, die in einer Periode getätigten Kaufakte eines bestimmten → Produkts, einer → Produktgruppe oder → Dienstleistung. Die K. hängt im Wesentlichen ab von der Verbrauchsintensität, aber auch von der Stärke der Ausprägung der Produkttreue und Markentreue.

Kaufhaus, → Betriebsform des → Einzelhandels, die bei einem engen → Sortiment stark in die → Sortimentstiefe geht. Im Allgemeinen dominieren die Bereiche Textilien, Bekleidung und Möbel. Die Betriebsform versteht sich eher als → Vollsortimenter in Abgrenzung zum → Teilsortimenter. Der wesentliche Unterschied zwischen K. und → Warenhaus ist einmal die Branchenhomogenität und zum anderen die Branchenheterogenität sowie das dessen Sortiment verschiedene Bereiche umfasst und mehr breit als tief strukturiert ist.

Kaufintensität, Kennzahl zur Erfassung der relativen Bedeutung der → Intensivkäufer am → Umsatz. Die K. ist definiert als Quotient aus durchschnittlicher Kaufmenge eines Angebots pro Käufer bzw. Haushalt pro Zeiteinheit und der diesbezüglichen Kaufmenge im Gesamtmarkt. Die dazu notwendigen Informationen werden aus dem → Haushaltspanel gewonnen.

Kaufkraft, Geldsumme, die einem Wirtschaftssubjekt je Zeiteinheit zur Verfügung steht. Vereinfacht ist die K. das Nettoeinkommen zuzüglich Kredite abzüglich Schuldentilgung. Die realisierte K. ist die um die Sparbeträge reduzierte verfügbare K. → Kaufkraftkennziffern dienen der Ermittlung regionaler Unterschiede.

Kaufkraftkarte, kartografische Darstellung der geografischen Unterschiede der → Kaufkraft nach Bezirken, Gebieten, Städten, Kreisen, Bundesländern. – Vgl. auch → Kaufkraftkennziffer, → GfK-Kaufkraftkennziffern.

Kaufkraftkennziffer, Beziehungszahl zur Messung der regionalen Unterschiede bzw. der regionalen Verteilung der → Kaufkraft. Dazu wird die Gesamtgebietssumme ins Verhältnis gesetzt zur Teilgebietssumme, z.B. Kaufkraft des Kreises. Die Kennziffern werden als Entscheidungshilfe genutzt bei der Standortplanung des Einzelhandels, beim Einsatz des Außendienstes etc. – Vgl. auch → GfK-Kaufkraftkennziffern.

Kaufkraftparität, intervalutarischer Wechselkurs, bei dem die → Kaufkraft in verschiedenen Ländern gleich ist. Die K. spielt für internationale Kaufkraftvergleiche eine wichtige Rolle und hat damit für das → internationale Marketing eine große Bedeutung.

Kaufkraftschwelle, durch die → Kaufkraft bzw. das → Einkommen bestimmte Schwelle, die Käufer und Nichtkäufer eines Leistungsangebots voneinander trennt.

Kaufmotiv, → Motiv, das beim → Verbraucher auf den Erwerb von Wirtschaftsgütern ausgerichtet ist. Zu unterscheiden sind die antriebsgebundenen Motive und die zielgebundenen Motive, die zu einem gezielten → Kauf führen, der im Wesentlichen vom konkreten → Bedarf und von den Eigenschaften des Leistungsangebots abhängt.

Kaufphasenmodell, Erklärungsansatz zum Ablauf der → Kaufentscheidung. Die einfachste Phaseneinteilung ist die Gliederung in Vorüberlegung, Informationsgewinnung und Entscheidung. Diese Phasengliederung wird durch eine Vielzahl weiterer Ansätze differenziert, wobei sich letztlich alle Modelle auf das Fünf-Phasen-Schema der → Entscheidungstheorie zurückführen lassen:
1. Problemerkennung,
2. Informationsgewinnung,
3. Suche nach alternativen Problemlösungen,
4. Alternativenauswahl und -bewertung und
5. Durchführung und Kontrolle.

Kaufrisiko, Ungewissheit bei → Kaufentscheidungen hinsichtlich möglicher, nicht vorhersehbarer negativer Folgen, die mit dem konkreten → Kaufverhalten verbunden sind. Das K. nimmt mit der Längerlebigkeit und Höherwertigkeit der nachgefragten Güter zu.

Kaufscheinhandel, Sonderform des → Beziehungshandels, bei der Hersteller oder Handelsunternehmen Endverbrauchern gegen Vorlage eines sog. Kaufscheins, dem Einkaufsberechtigungsschein, Sonderkonditionen einräumen. Der K. ist nach dem → Gesetz gegen den unlauteren Wettbewerb (UWG) grundsätzlich unzulässig. Ausgenommen von diesem Verbot sind lediglich Kaufscheine, die zu einem einmaligen Einkauf berechtigen und für jeden Einkauf einzeln ausgestellt und als Legitimationspapier kontrolliert werden.

Kaufsucht, zwanghafter → Kauf. Der → Käufer kann sich gegen den triebhaften Wunsch, ein bestimmtes → Produkt besitzen zu müssen, nicht wehren, auch wenn ihm z.B. die finanziellen Folgen bewusst sind und er sich vielfach nach dem Kauf schuldig fühlt. Psychologische Probleme sind die Ursache für das krankhafte → Kaufverhalten. – *Gegensatz:* affektgesteuerter → Impulskauf.

Kaufverbund, → Verbundeffekt, → Verbundkauf, → Verbundangebot, → Verbundpräsentation.

Kaufverhalten, Verhalten von → Käufern, das in der Literatur vielfach vereinfachend gleichgesetzt wird mit dem → Konsumentenverhalten. Auch wenn zwischen → Kauf und → Konsum ein enger Zusammenhang besteht, so existieren dennoch erhebliche inhaltliche Unterschiede zwischen den beiden Begriffen. Die Analyse des K. dient der Erkennung der Beeinflussungsmöglichkeiten von → Kaufentscheidungen, die sich aus mehreren und differenzierten Teilentscheidungen zusammensetzen. Die verschiedenen Forschungsmethoden basieren im Wesentlichen wie bei der Analyse und Interpretation des Konsumentenverhaltens auf dem → S-O-R-Modell des → Neobehaviorismus oder Weiterentwicklungen bei Beibehaltung der Grundannahmen. – Vgl. auch → habituelles Kaufverhalten, → Impulskauf.

Kaufvertrag, gegenseitige vertragliche Vereinbarung, durch die sich der → Verkäufer zur Übereinigung einer Sache oder eines Gegenstandes und der → Käufer zur Zahlung des vereinbarten Preises verpflichten.

Kaufwahrscheinlichkeit, → Wahrscheinlichkeit, mit der Verbraucher ein Leistungsangebot nachfragen werden. Die Ermittlung der K. erfolgt in der Regel durch → Befragungen zur → Kaufabsicht. Kaufabsichtserklärungen erweisen sich aber wegen ihrer geringen Verlässlichkeit als sehr unsicher und daher für Prognosezwecke bzw. Absatzprognosen vielfach als ungeeignet. Der Hauptgrund für diesen Mangel ist, dass → Einstellungen und → Verhalten der Konsumenten oftmals weit auseinanderklaffen.

Kaufzwang, wettbewerbsrechtlich nach dem → Gesetz gegen den unlauteren Wettbewerb (UWG) ist zu unterscheiden zwischen den physischen, psychischen, moralischen und rechtlichen K. als Druck auf die → Kaufentscheidung des → Verbrauchers. Alle Formen des K. verstoßen gegen die Generalklausel des → Gesetzes gegen den unlauteren Wettbewerb (UWG). Die bekannteste Form des K. ist die psychologische Einflussnahme auf den Verbraucher, der psychologische Kaufzwang, der mit dem mittelbar ausgeübten moralischen Druck eine gewisse Verwandtschaft aufweist.

Kausalanalyse, statistisch-analytische Methode zur Überprüfung von → Hypothesen. Es handelt sich um eine Form der → Dependenzanalyse. Typische Anwendungsbeispiele sind die Ermittlung von Erfolgsfaktoren auf der Grundlage von PIMS-Daten, die Analyse von Zeitreihen und Paneldaten etc.

Kausalität, ursächlicher Zusammenhang zwischen zwei oder mehreren → Variablen, wobei andere oder zusätzliche Kausalfaktoren ausgeschlossen und die Zusammenhänge in der Regel deterministisch interpretiert werden.

KEF, Abk. für → Kommission zur Ermittlung des Finanzbedarfs der Rundfunkanstalten.

K1-Wert, durchschnittliche Leserschaft einer → Zeitschrift. Der Wert errechnet sich aus den Angaben zur Lesehäufigkeit und dem weitesten Leserkreis und gibt die → Kontaktwahrscheinlichkeit einer durchschnittlichen Nummer einer Zeitschrift an. – Vgl. auch → Leser pro Ausgabe (LpA).

KEK, Abk. für → Kommission zur Ermittlung der Konzentration im Medienbereich.

Kennzahl, Verhältniszahl, die gebildet wird aus der Beziehungsverknüpfung von absoluten Zahlen. Durch die Verbindung von K. entstehen K.-Systeme. Eine der bekanntesten K. ist der → Return on Investment (RoI). K. und ihre systematische Verknüpfung werden vor allem eingesetzt bei der Zielplanung, Marketingplanung und beim Betriebsvergleich.

Kennzeichenschutz, alle geschäftlichen Kennzeichen, soweit sie rechtlich geschützt sind (gewerbliche Schutzrechte). Kennzeichen haben das Ziel, Anbieter und/oder ihre Leistungsangebote von ihren Wettbewerbern zu unterscheiden. Wichtige Kennzeichen sind z.B. Firmenzeichen, Warenzeichen, Ausstattung etc. Entscheidend für den K. ist die → Verwechselungsgefahr. Sie liegt vor, wenn nach herrschender Verkehrsauffassung der Gesamteindruck der Kennzeichnung so ähnlich ist, dass eine → Irreführung der → Verbraucher gegeben ist. Die Verwechselungsgefahr ist umso größer, je bekannter die Kennzeichnung und/oder je enger die Waren- und Branchennähe sind.

Kennziffernzeitschrift, → Fachzeitschrift, in der die Anzeigen und die damit in Verbindung stehenden redaktionellen Beiträge mit Kennziffern versehen sind. Die Leser haben die Möglichkeit, durch Angabe der entsprechenden Kennziffern weitere Informationen bei den Werbungtreibenden anzufordern. Die K. werden ausschließlich durch die → Anzeigenwerbung finanziert. Vorteil für die Werbungtreibenden ist der direkte Kontakt mit den an dem Leistungsangebot interessierten Lesern. – *Gegensatz:* → CC-Zeitschrift, → Wechselversand.

Kernkompetenz, einzigartige und marktrelevante Fähigkeiten eines → Unternehmens, die den eigentlichen Kern eines → Wettbewerbsvorteils auf den → Absatzmärkten darstellen. Die Weiterentwicklung von K. kann in drei Richtungen erfolgen:

- Deepening: Vertiefung der bereits im Unternehmen vorhandenen K.,
- Broadening: Übertragung von K. auf andere Geschäftsfelder sowie
- Shifting: Entwicklung neuer aus bestehenden K.

Kompetenzdefizite können z.B. durch die Bildung strategischer Allianzen überwunden werden.

Kernnutzen, technisch-funktionaler → Nutzen von → Produkten und → Dienstleistungen. Dieser Nutzen ist eng an die → Primärbedürfnisse gekoppelt. Im Bereich der → Sekundärbedürfnisse spielt hingegen der Ausdruckswert als expressiver Nutzen eine immer größere Rolle. – Vgl. auch → Design-Nutzwert.

Kernsortiment, Teil des → Sortiments eines Handelsunternehmens, das den Kern des Leistungsangebotes bildet. Der Sortimentsteil wird auch als Standardsortiment oder Grundsortiment bezeichnet, wobei diese Begriffe insofern missverständlich sind, als sie mit dem → Sortimentsniveau verwechselt werden können. – *Gegensatz:* → Zusatz- und → Randsortiment.

Key-Account, aus der Sicht und Interessenlage des Lieferanten ein Schlüsselkunde, dessen Umsatz- bzw. Ertragsbedeutung überdurchschnittlich ist (→ Kundenrentabilität). Die K.-A. werden betreut durch K.-A.-Manager. – Vgl. auch → Key-Account-Management.

Key-Account-Management, Orientierung der → Marketing- und insb. → Verkaufsorganisation an den Schlüsselkunden. Die Schlüsselkunden sind im Wesentlichen definiert durch den Umsatzanteil, den sie beim Lieferanten repräsentieren. Die Umsatzabhängigkeit kann durch die → Lorenz-Kurve dargestellt werden. Ziel des K.-A.-M. ist es, Umsätze und Erträge mit den Schlüsselkunden zu sichern und auszubauen und sich dem Handelsdruck nicht zu beugen.

Key-Account-Organisation

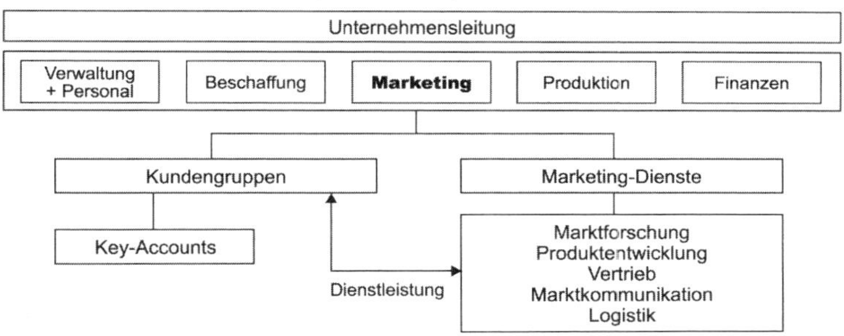

– Vgl. Abbildung „Key-Account-Organisation". – Vgl. auch → vertikales Marketing, → Handelsmarketing.

Key-Issue-Analyse, Gegenüberstellung von externen Faktoren (Chancen und Risiken) und internen Faktoren (Stärken und Schwächen).

Key Visual, → Schlüsselbild.

Kindchenschema, → Schlüsselreiz, der durch eine Kleinkind-Assoziation ausgelöst wird und zu einer erhöhten → Aktivierung führt. Das K. wird aufgrund seines hohen Sympathiewertes häufig in der → Massenkommunikation eingesetzt. Es besteht dabei jedoch die Gefahr einer Ablenkung von der → Werbebotschaft.

Kinesik, Ausdruck für Körpersprache als Erscheinungsform der → nonverbalen Kommunikation. Die K. hat insb. bei → Verkaufsgesprächen eine besondere Bedeutung. Die Körpersprache wird bestimmt durch Gestik, Körperhaltung, -orientierung und -bewegung.

Kinowerbung, Film- und Diapositivwerbung, die in stationären Filmtheatern durchgeführt wird. Das Kino als → Werbeträger hat den Vorteil, dass die → Werbung zielgruppenspezifisch je nach Kinotyp und Spielfilm ausgerichtet werden kann.

Kiosk, → Betriebstyp des → Einzelhandels, der fast zwei Prozent des gesamten Einzelhandelsumsatzes in Deutschland ausmacht. K. und Trinkhallen sind eine Form der → Convenience Stores mit einem ähnlichen → Sortiment. Das Erfolgsgeheimnis beruht auf der Vermeidung der → Ladenschlusszeiten. Diese Umgehung ist rechtlich zulässig, wenn der Betreiber eine Trinkhallenkonzession besitzt und damit der Gaststättenverordnung unterliegt. Zudem passen sich K. über das Grundsortiment (Tabak- und Süßwaren, Zeitschriften und Getränke) hinaus ortsspezifisch an die Bedürfnisse ihrer Kunden an, z.B. Fastfood, Spielzeug, Geschenkartikel, Reiseandenken, Postkarten etc.

Kiosk-System, interaktiv bedienbare Terminals in Geschäftsräumen oder auch an anderen Orten, z.B. auf Messen und Ausstellungen, mit deren Hilfe die Interessenten gezielt → Informationen abrufen oder auch mit dem → Anbieter in einen näheren Kontakt treten können.

KISS-Prinzip, Kurzform für Keep it simple and stupid. Regel für die optimale Gestaltung von Werbebriefen, die sich durch Einfachheit auszeichnet. Nach diesem Prinzip verfasste Briefe können vom Empfänger schnell gelesen werden. Dadurch wird der angebotene Nutzen rasch erfasst und die Wahrscheinlichkeit einer Reaktion gesteigert.

klassische Konditionierung, → Konditionierung.

klassische Medien, → Kommunikationsmedien, die sich auf die → Printmedien, wie Zeitungen und Zeitschriften, elektronische bzw. audiovisuelle Medien, wie Fernsehen oder Hörfunk und die Medien der Außenwerbung beschränken. – Vgl. auch → klassische Werbung.

klassische Werbung, *Mediawerbung,* → Kommunikationsform, die sich auf den Einsatz der → klassischen Medien bezieht. Der k.W. nicht zugerechnet werden z.B. die Direktwerbung, Verkaufsförderung, der persönliche Verkauf und die Mundwerbung. Die exakte Grenzziehung zwischen der k.W. und den neuen Kommunikationsformen, wie Sponsoring, Product Placement, Event-Marketing, die z.T. auch verkoppelt sind mit den neuen Medien, erweist sich zunehmend als schwierig für die Kommunikationspraxis. Nicht zuletzt aufgrund der Werbeträgerdynamik wachsen die sog. klassische und nicht-klassische Werbung immer mehr zusammen.

kleine und mittlere Unternehmen (KMU), die → Typologisierung von Unternehmen nach ihrer Größe ist in der Fachliteratur wie auch in der Praxis sehr unterschiedlich und je nach Betrachtungsweise insgesamt unbefriedigend. Meist werden die Anzahl der Beschäftigten und vielfach auch der Umsatz (evtl. auch die Bilanzsumme) zur Unterscheidung herangezogen. Vorrangig bei der Einteilung ist die Anzahl der Beschäftigten (kleinere Unternehmen bis 49; mittlere Unternehmen bis 500) und der Umsatz (kleinere Unternehmen bis fünf Mio. Euro Jahresumsatz; mittlere Unternehmen bis 50 Mio. Euro Jahresumsatz). Als problematisch erweist sich diese Klassifikation dann, wenn Beschäftigten- und Umsatzgrenzen erheblich voneinander abweichen (vor allem bei kapitalintensiven Betrieben mit relativ wenigen Beschäftigten). In diesen Fällen ist die nächst höhere Betriebsgröße anzunehmen. Die mehr qualitative Beschreibung der KMU bezieht sich auf:

- Unternehmensführung (Eigentümerunternehmen),
- Unternehmensorganisation (Funktionengliederung),
- Marktbearbeitung (Marktsegmentierung, Nischenstrategie),
- Produktion (Kleinserien- und/oder Auftragsfertigung),
- Forschung und Entwicklung (Beschränkung auf die anwendungstechnische Forschung),
- Finanzierung (Eigenkapitalfinanzierung) und
- Personal (Defizite im Personalmarketing und Managementpotential im Vergleich zu Großunternehmen).

Kleinpreisgeschäft, → Betriebstyp des → Einzelhandels, der überwiegend problemlose Waren, wie → inferiore Güter, des kurz- und mittelfristigen Massenbedarfs in den unteren Preisklassen führt. → Discounter sind die betriebstypologischen Nachfolger der nur noch historisch relevanten K. und Einheitspreisgeschäfte. Das gilt vor allem für den Lebensmitteleinzelhandel.

Kleinpreiswarenhaus, → Betriebstyp des → Einzelhandels, der ähnlich dem → Warenhaus ein relativ breites und flaches → Sortiment führt. Das Angebot besteht zumeist aus problemlosen Waren des kurzfristigen Bedarfs. Aus Verbrauchersicht steht das Preis-Leistungsverhältnis im Vordergrund. Das K. ähnelt sehr stark dem → Discounter, wobei lediglich die Verkaufsfläche in der Regel größer ist.

kleinste-Quadrate-Methode, Minimierung der Summe der quadrierten Abweichungen der Beobachtungswerte von ihrem Mittelwert. Die Methode findet vor allem Anwendung bei der → Regressionsanalyse und → Trendextrapolation.

Klischee, Druckstock zur Wiedergabe von Bildern oder Grafiken. Der zweite Bedeutungsinhalt bezieht sich auf das → Image. → Einstellungen verfestigen sich zu → Stereotypen und im Weiteren zu eingefahrenen Vorstellungen, die auch als manifeste → Vorurteile bezeichnet werden können.

Klumpenauswahlverfahren, ein → Stichprobenverfahren, bei dem die → Grundgesamtheit in homogene Gruppen, den Klumpen, aufgeteilt wird. Die Klumpen sind vielfach regional abgegrenzte Teilmassen, z.B. Wohnblöcke, Betriebe, Gebiete, aus denen nach dem Zufallsprinzip oder der → Zufallsstichprobe einzelne ausgewählt und dann insgesamt untersucht werden. Die → Flächenauswahl (Area Sampling) ist eine Variante des K. Ein Problem des Verfahrens ist der Klumpeneffekt, d.h. die zu große Homogenität der Gruppen im Vergleich zur Struktur der Grundgesamtheit.

KMU, Abk. für → kleinere und mittlere Unternehmen.

Knowledge Management, → Wissensmanagement.

Kognition, prozessuale Abfolge von Wahrnehmung, Erkennen, Denken, Lernen, Erinnern. K. sind zu unterscheiden von den → Emotionen und der → Konation, der zielgerichtete Handlungsabsicht. Im Hinblick auf das psychologisch nicht teilbare → Verhalten ist eine strenge Trennung zwischen K., Emotion und Konation nicht möglich.

kognitive Dissonanz, nach L. Festinger (1957) Dissonanzen, die zwischen → Kognitionen auftreten. K.D. treten auf nach → Kaufentscheidungen, nach Aufnahme und Verarbeitung neuer Informationen, nach Handlungen, die durch sozialen Druck erfolgten und nach nicht bestätigten → Erwartungen. Das Individuum ist bemüht, die Widersprüche durch die Herstellung einer → kognitiven Konsonanz zu beseitigen. – Vgl. auch → Dissonanztheorie.

kognitive Konsonanz, Beseitigung von kognitiven Widersprüchen. Die wichtigsten Reaktionsformen sind die bewusste Nichtwahrnehmung, die Rationalisierung des Verhaltens oder die nachhaltige Verhaltensänderung. – *Gegensatz:* → kognitive Dissonanz.

kognitiver Prozess, gedanklicher Vorgang, durch den das Individuum sich selbst und seine Umwelt erkennt. Es handelt sich um einen Informationsverarbeitungsprozess, der auf Wahrnehmung, Erkennen, Denken, Lernen, Erinnern beruht und der der Verhaltenssteuerung und -kontrolle dient. Von dem k.P. sind die → aktivierenden und → konativen Prozesse zu unterscheiden, obwohl aufgrund des Wirkverbundes eine strenge Trennung nicht möglich ist.

kognitives Programm, → Informations-Verarbeitungsprogramm des → Konsumenten zur Bewertung und Auswahl von Leistungsangeboten. Die Modelle sind oftmals einfacher Natur, wie z.B. Vorurteile und Aufnahme von Schlüsselinformationen. Komplexere Programme sind Schlussfolgerungen aus der Summe von Teilurteilen (→ Multiattributmodell).

Kohäsion, soziale Bindung der Mitglieder an ihre → Gruppe. Die Stärke der K. zeigt sich in ihrer Widerstandskraft gegenüber fremden Einflüssen. – Vgl. auch → Segregation.

Kohortenanalyse, eine → Gruppe von bestimmten Personen, einer Kohorte, wird wiederholt in ihrem → Verhalten untersucht. Hierbei kann es sich z.B. um eine Geburtskohorte handeln, deren Analyse zu Erkenntnissen führt in Bezug auf alters- oder auch generationenbedingte Veränderungen im Konsumentenverhalten.

Kollegialprinzip, Prinzip in Kollegialsystemen, nach dem die die → Organisation als Ganzes betreffenden → Entscheidungen von den Entscheidungsträgern gemeinsam getroffen werden. Das K. wird unterschieden nach der → Primatkollegialität, → Abstimmungskollegialität und → Kassationskollegialität.

kollektierender Großhandel, → Betriebstyp des → Großhandels, der insb. die Quantitätsfunktion übernimmt. Diese auch als Transformationsfunktion bezeichnete Aufgabe konzentriert sich auf die Zusammenfassung kleiner Erzeugnismengen in größere Verwendungsmengen in Bezug auf den Bedarf des differenzierten → Einzelhandels.

Kollektivbedürfnis, → Bedürfnis von Individuen in einer → Gesellschaft, das als Individualbedürfnis nicht über den Markt befriedigt werden kann und zu dessen Befriedigung entsprechend öffentliche Güter bzw. Kollektivgüter nachgefragt werden. Zu den K. zählen u.a. die Bedürfnisse nach Gesundheitsfürsorge, Sicherheit, Infrastruktur. Es besteht eine enge Verwandtschaft zwischen Kollektivgütern und → meritorischen Gütern, die auch zur Deckung von K. dienen und aufgrund ihrer gesellschaftlichen Bedeutung vom Staat bereitgestellt werden, z.B. Schulpflicht, Sozialversicherungspflicht, Impfzwang.

kollektive Kaufentscheidung, *Gruppenentscheidung,* → Kaufentscheidung, an der mehrere Personen, z.B. die Familienmitglieder, beteiligt sind. Der soziale Einfluss der einzelnen Mitglieder ist je nach Art der Kaufentscheidung sehr unterschiedlich und hängt von ihrer jeweiligen sozialen Rolle ab. – *Gegensatz:* → Individualentscheidung.

Kollektivgüter, → öffentliche Güter, die der → Öffentlichkeit zur Verfügung gestellt werden und von deren Inanspruchnahme kein Nachfrager ausgeschlossen werden kann. K. sind öffentliche → Massengüter und sie stehen in gewisser Verwandtschaft zu den → meritorischen Gütern. Das Entgelt für K. wird durch Gebühren, Abgaben und Steuern erhoben, die nicht oder nur sehr bedingt an den mit dem Güterangebot verbundenen Kosten orientiert sind. – *Gegensatz:* → Individualgüter.

Kollektivwerbung, → Gemeinschaftswerbung.

Kombinationspackung, Zusammenfassung komplementärer Waren, z.B. Schreibset, oder substitutiver Waren, z.B. verschiedene Weinsorten, durch eine Umverpackung zu einer Verkaufseinheit.

kombinierte Reichweite, Reichweite von mehreren Belegungen in verschiedenen → Werbeträgern. Die damit verbundenen Mehrfachkontakte werden insofern berücksichtigt, als die Überschneidungen externer und interner Art (→ Brutto- und Netto-Reichweite) bei der Ermittlung der k.R. eliminiert werden.

kombinierter Verkehr, Bildung von Transportketten in der → Logistik, um durch Kombination verschiedener Verkehrsträger ihre jeweiligen Kostenvorteile zu nutzen. Beispiele sind die Verbindungen:

- Straße und Schiene (sog. Huckepack-Verkehr),
- Oberflächenverkehr und Seeverkehr,
- Oberflächenverkehr und Luftverkehr, z.B. Roll-On/Roll-Off-Verkehr sowie
- Binnenschifffahrt und Seeschifffahrt.

kommerzielles Marketing, Einsatz von → Marketinginstrumenten zur Erreichung kommerzieller Ziele bei zentraler Bedeutung des Gewinns. – *Anders:* → Non-Profit-Marketing und → Social Marketing.

Kommissionär, selbstständiger Gewerbetreibender als betriebsfremdes → Verkaufsorgan bzw. → Absatzorgan, der sich vom Handelsvertreter dadurch unterscheidet, dass er im eigenen Namen und für fremde Rechnung handelt. – Vgl. auch → Kommissionshandel, → Kommissionssystem, → Kommissionsware.

Kommissionierung, auftragsbezogene Zusammenstellung von → Waren im → Lager und Bereitstellung zum → Versand. Durch den Einsatz der EDV ist heute schon in vielen Fällen eine beleglose K. möglich.

Kommissionshandel, geschäftliche Betätigung eines Kaufmanns im eigenen Namen und für fremde Rechnung. – Vgl. auch → Kommissionssystem, → Kommissionsware.

Kommissionssystem, vertragliches → Vertriebssystem mit „Quasi-Preisbindung“. Es besteht eine Rücknahmepflicht der Ware durch den Lieferanten. Damit liegt beim Lieferanten das volle Abverkaufsrisiko, das nur bedingt vermindert werden kann durch eine sog. „Bearbeitungsgebühr“. Diesbezüglich bestehen Ähnlichkeiten mit dem Depotsystem.

Kommissionsware, → Ware, die im eigenen Namen und für fremde Rechnung verkauft wird. Das Kommissionsgeschäft ist als Agentursystem auch ein → Vertriebssystem. – Vgl. auch → Depotsystem.

Kommission zur Ermittlung der Konzentration im Medienbereich (KEK), staatsfernes, standortunabhängiges Organ für die abschließende Beurteilung von Fragestellungen der Sicherung von Meinungsvielfalt im Zusammenhang mit der bundesweiten Veranstaltung von Fernsehprogrammen. Ihre Aufgabe ist die Einhaltungen der Bestimmungen zur Sicherung der Meinungsvielfalt zu überprüfen und die entsprechenden Entscheidungen zu treffen. – *Weitere Informationen unter* www.kek-online.de.

Kommission zur Ermittlung des Finanzbedarfs der Rundfunkanstalten (KEF), sie hat die Aufgabe, unter Beachtung der Programmautonomie der Rundfunkanstalten, deren Anmeldungen fachlich zu überprüfen und den Finanzbedarf festzustellen. Die Überprüfung bezieht sich u.a. darauf, ob sich die Programmentscheidungen im Rahmen des rechtlich umgrenzten Rundfunkauftrags halten. – *Weitere Informationen unter* www.kef-online.de

kommunales Marketing, Übertragung der → Marketingkonzeption auf Kommunen. In diesem Zusammenhang ist auch auf das → Stadt-Marketing hinzuweisen. Die mit dem k.M. verbundenen Ziele sind einmal intern und zum anderen extern. Intern geht es um die Erhöhung der Akzeptanz der kommunalen Leistungen durch die Bürger (Bürgernähe) und ihre Identifikation mit der Kommune. Extern gilt es, die Kommune zu profilieren und sie besonders attraktiv zu gestalten im Hinblick auf den Industrie-, Dienstleistungs- und Handelsstandort sowie Kultur, Sport und/oder Fremdenverkehr. Ein wesentliches kommunales Marketinginstrument ist das Angebot von möglichst konsumnahen Dienstleistungen.

Kommunikant, *Rezipient,* Empfänger von → Informationen bzw. → Nachrichten, der in der klassischen Werbetheorie auch als Werbeempfänger bezeichnet wird. – Vgl. auch → Kommunikation.

Kommunikation, Austausch von Informationen, der zwischen Personen, Maschinen und in Kombination zwischen Mensch und Maschine erfolgen kann. Nach H. D. Lasswell (1948) lässt sich der → Kommunikationsprozess in folgende Stufen gliedern:

- wer (Kommunikator),
- sagt was (Information),
- über welchen Kommunikationskanal (Medium),
- zu wem (Kommunikant/Rezipient),
- mit welchem Effekt (Kommunikationswirkung).

Zu unterscheiden sind die → verbale Kommunikation und nonverbale K., die persönliche K. und die Massenkommunikation sowie die ein-, zwei- und mehrstufige K. – Vgl. auch → Marketingkommunikation.

Kommunikationsbudget, Budgetierung des in einer Planperiode anzusetzenden Kommunikationsetats, bzw. → Werbebudgets. Die in der Praxis vorherrschenden Budgetierungsarten sind:

- die umsatzbezogene Budgetierung (percentage-of-sales-method),
- die gewinnbezogene Budgetierung (percentage-of-profit-method),
- die finanzmittelbezogene Budgetierung (all-you-can-afford-method),
- die Wettbewerbs-Paritäts-Budgetierung (competitive-parity-method),
- die Verkaufseinheits-Budgetierung (cost-per-unit-method) und
- die Ziel-Aufgaben-Budgetierung (objective-and-task-method).

Die Werbeanteil-Marktanteil-Budgetierung ist eine Variante der Wettbewerbs-Paritäts-Methode. Kommunikationstheoretisch ist nur die Ziel-Aufgaben-Methode akzeptabel, da die anderen Budgetierungsarten im Wesentlichen prozyklisch bzw. kaum oder nicht an operationalen Zielen (Marketing- und Kommunikationszielen) orientiert sind.

Kommunikationsdesign, einheitliches und integratives Zusammenspiel der → Kommunikationsformen. – Vgl. auch

→ Corporate Communications, → Emotional Design.

Kommunikationsdifferenzierung, differenzierter Einsatz der → Kommunikationsinstrumente nach → Zielgruppen und den ihnen primär entsprechenden → Medien. Die K. ist im Verbund mit der → Produktdifferenzierung, → Preisdifferenzierung und der → Distributionsdifferenzierung eine wesentliche Form der Instrumentaldifferenzierung im Rahmen der → Marktsegmentierung.

Kommunikationsform, dazu gehören → Produktwerbung, → Verkaufsförderung, → Imagewerbung und auch der → persönliche Verkauf. In ihrer optimalen Kombination bildet der Verbund den → Kommunikations-Mix. – Vgl. auch → Corporate Communications.

Kommunikationsforschung, Erforschung von → Kommunikationsprozessen, vor allem in der → Massenkommunikation. Die wesentlichen Forschungsbereiche sind die → Kommunikatorforschung, die → Inhaltsanalyse, → Mediaforschung, → Werbemittelforschung, die → Rezipientenforschung, die die → Hörer-, → Leserschafts- und → Zuschauerforschung beinhaltet und die → Werbewirkungsforschung. Wesentlicher Bestandteil der K. ist auf allen Kommunikationsebenen die → Wirkungsforschung.

Kommunikationsgesellschaft, auf → Interaktion ausgerichtete → Informationsgesellschaft, in der ein Wechsel der passiven zu den aktiven audiovisuellen Medien stattfindet. Die → Kommunikation durchdringt alle Lebenswelten des Konsumenten und vervielfältigt sein Wissenspotential (Wissensgesellschaft). Der schnelle und selektive Zugriff auf Netzwerke (Kommunikationsnetz) dient nicht nur der Aufnahme von Informationen, sondern auch von Beziehungen zwischen Konsument und Anbieter und damit wechselseitiger Einflussnahme. Gesprächsforen im Internet schaffen soziale Interaktion und bilden die Basis für ein Beziehungsmarketing. Eventorientierte Kommunikationsformen, z.B. Event-Marketing, Event-Sponsoring, Szenen-Marketing, Szenen-Sponsoring, sind Ausprägungen der kommerziellen Umsetzung der K.

Kommunikationsinstrument, Gesamtheit der Instrumente, die der → Kommunikation dienen. Im engeren Sinne zählen dazu die → Kommunikationsformen, die → Kommunikationsmedien und die → Kommunikationsmittel, die in der → Kommunikationspolitik synergetisch zusammengeschlossen sind. Im erweiterten Sinne leisten aber auch alle übrigen → Marketinginstrumente, wie die → Produkt-, → Preis- und → Distributionspolitik, einen entscheidenden kommunikativen Beitrag. Beispielhaft sei nur der persönliche Verkauf genannt. Neuere K. sind das → Product Placement, → Sponsoring und das → Event-Marketing, die die klassische Kommunikationsformeneinteilung mehr und mehr infrage stellen.

Kommunikationskanal, *Kommunikationsmedium,* Träger von → Informationen.

Kommunikationsmedien, → Werbeträger, deren Aufgabe es ist, → Werbebotschaften mittels → Werbemitteln an die → Kommunikanten heranzuführen. Zu unterscheiden sind:

- Printmedien,
- elektronische Medien,
- neue Medien,
- Medien der Außenwerbung und
- Medien der Direktwerbung.

Die neuen Informations- und insb. Kommunikationstechnologien führen zunehmend zu einer vehementen Werbeträgerdynamik und einer damit verbundenen verschärften Konkurrenz.

Kommunikationsmittel, ausgewählte → Kommunikationsinstrumente, deren

Einsatz zur Erfüllung der → Kommunikationsziele beitragen soll. Die K. sind zu unterscheiden von den Kommunikationsmedien. Das K. ist die Erscheinungsform der → Werbebotschaft. Die wichtigsten K. sind → Anzeigen, → Spots, → Prospekte, → Displays, → Kataloge, → Plakate, → Werbefilme, → Packungen etc.

Kommunikations-Mix, optimale Kombination der → Kommunikationsformen. Eine mehr praxeologische Definition geht von den verschiedenen → Kommunikationsinstrumenten aus.

Kommunikationsnetz, Gesamtheit der Kommunikationsendgeräte zur möglichst schnellen Übertragung von → Nachrichten und → Informationen.

Kommunikationspolitik, bewusste Gestaltung der auf den Absatzmarkt gerichteten Informationen von Unternehmen bzw. Organisationen. Die Informationsübermittlung hat zum Ziel, Wissen, Meinungen, Einstellungen, Verhaltensdispositionen und Verhalten der Nachfrager zu beeinflussen. Der Beeinflussungserfolg hängt von der Realisation der operational definierten kommunikativen Ziele ab. Die wichtigsten → Kommunikationsformen sind die → Werbung, → Verkaufsförderung, die → Public Relations (PR) in Verbindung mit der → Imagewerbung und der → persönliche Verkauf. Durch die in den letzten Jahren entwickelten neuen Kommunikationsformen, wie z.B. Sponsoring, Product Placement und Event-Marketing sowie die neuen Medien und Telekommunikationstechniken weitet sich der → Kommunikations-Mix ständig aus. – Vgl. Abbildung „Kommunikationspolitik".

Kommunikationsprozess, Ablauf der → Kommunikation, der sich nach H. D. Lasswell (1948) in folgender Formel zusammenfassen lässt: „Who says what in which channel to whom with what effect?" Demzufolge gliedert sich der K. als Kommunikationskette in: Kommunikator, Verschlüsselung, Aussage bzw. Werbebotschaft, Kommunikationskanal bzw. Werbeträger, Entschlüsselung, Kommunikant, Feedback und Kommunikationswirkung. Der komplexe Informationsaustausch erfolgt in aller Regel mehrstufig. – Vgl. auch → mehrstufige Kommunikation.

Kommunikationspsychologie, For-

Kommunikationspolitik

Instrumentalstruktur

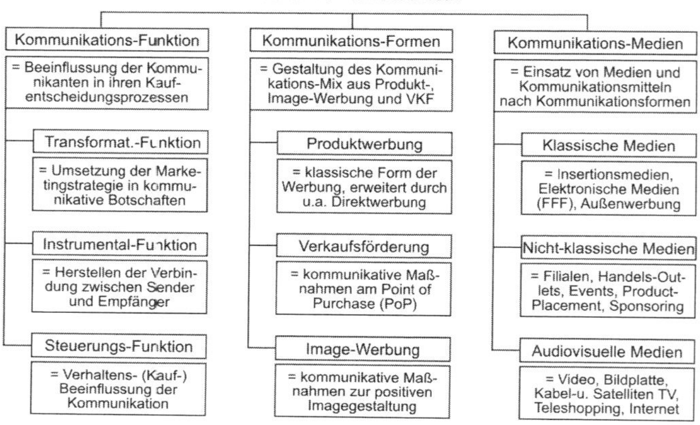

schungszweig, der sich mit den Voraussetzungen der Aufnahme von Kommunikationsangeboten durch den Kommunikanten auseinandersetzt. Die Wahrnehmung, Steuerung der Wahrnehmung durch den Motivationskomplex, die Informationsverarbeitung, die Lernprozesse, die Veränderung der erfassten Inhalte und die kognitiven Dissonanzen sind der Forschungsgegenstand. Die K. ist eine umfassendere Form der → Werbepsychologie, die vor allem die Wirkung der → Werbung auf das Verhalten der Empfänger untersucht. Unter Zuhilfenahme der psychologischen Lerntheorien, wie S-R-Modell oder S-O-R-Modell, gibt die K. Entscheidungshilfen für werbliche Maßnahmen zur Motivation und Beeinflussung der Rezipienten. Die an der → Kommunikationsforschung wichtigsten beteiligten Nachbardisziplinen sind die → Elementarpsychologie, → Ganzheitspsychologie, → Gestaltpsychologie und die → Soziologie.

Kommunikationsstrategie, langfristig orientierte → Kommunikationspolitik. Sie bezieht sich sowohl auf die kommerzielle → Marktkommunikation als auch auf die nicht-kommerzielle → Kommunikation. Die K. verbindet die → Kommunikationsformen in einem synergetischen Verbund. Eine der wichtigsten Teilstrategien ist hierbei die Werbestrategie.

Kommunikationssystem, Systematik des kommunikativen Ablaufs (→ Kommunikationsprozess). Der zweite definitorische Inhalt bezieht sich auf den Verbund von Kommunikationsendgeräten, wie Kommunikationsnetze oder Telekommunikationstechniken.

Kommunikationstechnologie, alle technologischen und vor allem elektronischen Verfahren und Methoden zum Austausch von → Informationen. Die modernen K., wie auch Telekommunikationstechniken, sind eng mit den → Informationstechnologien und mit der Entwicklung der neuen Medien verbunden.

Kommunikationswirkung, Beziehungszusammenhang zwischen Kommunikationsstimuli aller → Kommunikationsformen und der Reaktion der Kommunikanten. Die K. bezieht sich sowohl auf die ökonomische als auch außerökonomische Wirkung. Insofern ergibt sich ähnlich wie bei der Abgrenzung zwischen Werbeerfolg und Werbewirkung das Problem der Trennschärfe. Dieses wird zudem noch verstärkt durch die Komplexität der → Marketingkommunikation mit ihren verschiedenen Formen, die synergetisch zusammenwirken.

Kommunikationsziel, strategisch definiertes → Unternehmensziel, das mithilfe der → Marketingkommunikation erreicht werden soll. Als wichtigste Form der K. gelten die Werbeziele. Nach den Zielinhalten lassen sich außerökonomische, z.B. Bekanntheitsgrad, und ökonomische Ziele, z.B. Umsatz und Marktanteil, unterscheiden. Die Formulierung ökonomischer Zielkategorien erweist sich jedoch als problematisch, da sie nur schwer operational messbar sind. Die Stufenmodelle der Werbewirkung versuchen, diesen Mangel zu heilen, indem sie die einzelnen Wirkungsstufen untersuchen.

Kommunikator, Sender von → Informationen an den → Kommunikanten. Die Sender sind die → Werbungtreibenden. – Vgl. auch → Kommunikation.

Kommunikatorforschung, Untersuchungsgegenstände dieses Bereichs der → Kommunikationsforschung sind die → Kommunikatoren und vor allem ihre → Glaubwürdigkeit.

komparative Bezugsgruppe, → Bezugsgruppe.

Kompensationsgeschäft, Sonderform von Auslandsgeschäften. Es handelt sich um einen Realgüteraustausch. Die

K. können auch mit Geldüberweisungen verbunden werden. K. finden häufig im internationalen Anlagengeschäft statt. – Vgl. auch → Parallelgeschäft, → Bartering, → Gegengeschäft.

Kompensationskalkulation, → Mischkalkulation, → Preiskalkulation.

Kompetenz, Gesamtheit der bewussten und unbewussten Kenntnisse und Fähigkeiten, über die ein Individuum verfügt. Entscheidend für die Leistungsfähigkeit und Lernbereitschaft eines Individuums ist das Zusammenwirken von → Fach-, → Methoden-, → Sozial-, → Lern- und → emotionaler Kompetenz, die durch Interaktivität und wechselseitige Abhängigkeit gekennzeichnet sind.

Komplementärprodukt, → Produkte bzw. → Angebote, die in einer komplementären, d.h. ergänzenden Beziehung zueinander stehen. – *Gegensatz:* → Substitutionsprodukt.

Komplexität, geistige Erfassung und Beherrschung eines → Systems. Die K. beruht auf dem „Reichtum der Beziehungen zwischen den Elementen und seiner Umwelt und äußert sich bei dynamischen Systemen in einer sehr hohen Anzahl möglicher Zustände, die das System annehmen kann“ [H. Ulrich (1970)].

Komplexitätsoptimierung, Organisationsoptimierung, um → Strukturorganisationen zeit- und kosteneffizienter zu gestalten. Im Wesentlichen geht es um eine Komplexitätsreduktion im Sinne des Abbaus von Hyperstrukturen. Die z.T. notwendige hochgradige Arbeitsteilung erschwert die K.

Konation, die konative Komponente kennzeichnet die mit der → Einstellung verbundene Handlungstendenz, d.h. Handlungsabsicht, und stellt die Prädisposition, z.B. zur Produktwahl, Wahl eines bestimmten Handelns, dar.

konativer Prozess, Vorgang, der der zielgerichteten → Präferenzbildung dient. Der prozessuale Ablauf vollzieht sich durch die Präferenzdisposition, Handlungsintention und konkrete Handlungsabsicht. – *Anders:* → aktivierender und → kognitiver Prozess.

Kondition, zwischen → Anbieter und → Nachfrager vereinbarte Leistungen bzw. Gegenleistungen, die von Leistungsunterschieden abgesehen allgemeinverbindlich sind. Die damit verbundenen → Konditionenarten sind vielfältig und in praxi kaum noch überschaubar. – Vgl. auch → Konditionenpolitik und → Rabatte.

Konditionenart, Form der Gewährung von → Konditionen. Die wichtigsten Arten sind Garantieleistungen, Rabatte inklusive Boni, Kredite und die Lieferbedingungen.

Konditionenkartell, horizontale vertragliche Vereinbarung von Unternehmen bez. der einheitlichen Gestaltung von → Konditionen, wie der allgemeinen Geschäftsbedingungen (AGB) oder der Liefer- und Zahlungsbedingungen. K. sind wettbewerbsrechtlich nach dem → Gesetz gegen Wettbewerbsbeschränkungen (GWB) zulässig, wenn sie bei der Kartellbehörde angemeldet werden. K. sind in der Praxis meist branchenbezogene Einheitskonditionen.

Konditionenpolitik, systematische und z.T. kundenspezifische Gestaltung der → Konditionen und insb. der → Konditionenarten. Die K. ist ein wesentlicher Bestandteil der → Preispolitik, geht aber inhaltlich über diese hinaus durch den Einbezug von z.B. Garantieleistungen. Vielfach wird die K. mit der Kontrahierungspolitik gleichgesetzt. Im klassischen Sinne besteht die K. aus der Rabattpolitik inklusive Boni, der Kreditpolitik und aus den Lieferbedingungen. – Vgl. Abbildung „Konditionenpolitik“.

Konditionenspreizung, → Rabattspreizung als vorherrschende Form, die dadurch gekennzeichnet ist, dass der Anbieter im Rahmen seiner → Konditionenpolitik abnehmerspezifisch unterschiedliche → Konditionen gewährt. Der Hauptgrund liegt in der zunehmenden asymmetrischen Machtverteilung, d.h. im Machtungleichgewicht zwischen den Marktpartnern. Die K. ist als wettbewerbsrechtlich bedenklich einzustufen, da hierfür vielfach kein sachlich gerechtfertigter Grund vorliegt.

Konditionensystem, durch den Anbieter auf der Basis seiner → Konditionenpolitik festgelegte Voraussetzung, die die Bedingungen für die Gewährung unterschiedlicher → Konditionen an die Abnehmer konkret definiert. Hierbei sind die Prinzipien festzulegen u.a. nach Absatzmenge (Mengenrabatt), Artikeln bzw. Sortimenten, bestimmten Abnehmerleistungen (Handelsfunktionen) etc. Die Gestaltung von K. sollte prinzipienorientiert vorgenommen werden, um Diskriminierungen insb. von Marktpartnern zu vermeiden, die keine dominante Marktmacht besitzen.

Konditionierung, Lernprinzip nach den → Lerntheorien. Das von I. P. Pawlow (1927) empirisch ermittelte Grundprinzip ist, dass wiederholte neutrale künstliche → Stimuli die gleichen Reaktionen auslösen wie natürliche Reize (angeborene Reiz-Reaktions-Verknüpfungen). Damit werden Reize konditioniert. Entscheidende Voraussetzung für die K. ist die räumliche und zeitliche Nähe (Kontiguität) des neutralen und natürlichen Reizes. Berühmtes Beispiel für die klassische K. ist der → Pawlow`sche Hund. Die → Marketingkommunikation hat diesen empirischen Befund bei der Gestaltung von Werbemitteln aufgegriffen, um den Werbeempfänger emotional zu konditionieren. Die klassische K. ist zu unterscheiden von der instrumentellen und der operanten Konditionierung, deren theoretische Basis das Prinzip des Lernens nach dem Verstärkerprinzip von B. F. Skinner (1973) ist. Wiederholte Belohnungen nach der Reaktion führen zu stimulusbedingten Wiederholungshandlungen. – Vgl. auch → S-R-Modell.

Konfidenzintervall, im Rahmen der Inferenzstatistik (→ induktive Statistik) die Wahrscheinlichkeitsangabe, in wieviel Prozent aller → Stichproben einer → Grundgesamtheit erwartet werden kann, dass der unbekannte wahre Wert eines → Parameters der Grundgesamtheit in den Grenzen des Intervalls liegt. – Vgl. auch → Sicherheitsgrad.

Konflikt, Zwiespalt, der in mehreren marketingrelevanten Formen bei Kon-

Konditionenpolitik

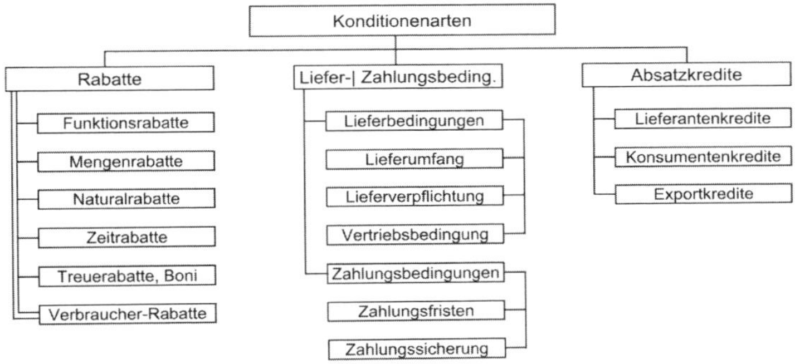

sumenten auftreten kann. Zu unterscheiden sind intrapersonelle und interpersonelle K. Insb. die intrapersonellen K. haben eine entscheidende Bedeutung für das → Konsumentenverhalten im Sinne einer z.B. Produkt-Präferenzenbildung. Interpersonelle K. treten vor allem bei kollektiven Kaufentscheidungen auf. Man kann auch unterscheiden in motivationale und kognitive K. Klassisches Beispiel für einen kognitiven K. ist die kognitive Dissonanz.

Konformismus, Grundeinstellung, die durch soziokulturelle → Normen, → Tradition oder → Werte vermittelt wird und auf Anpassung und Integrität ausgerichtet ist. – *Gegensatz:* → Nonkonformismus.

Konformität, Ausrichtung des → Verhaltens des Individuums an seiner sozialen Umwelt. Die K., d.h. Übernahme der bestehenden Wertesysteme und Anpassung an Verhaltensnormen, beruht auf Bedürfnissen nach Sicherheit und Akzeptanz. Die Stärke der K. wird bestimmt durch den Zusammenhalt der Gruppe. Das ausgeprägte Sicherheitsbedürfnis und die Anpassung an vorgelebte Gruppennormen kennzeichnen die Konformisten als → späte Mehrheit innerhalb des → Adoptionsprozesses.

Konglomerat, hoch diversifizierter Mischkonzern, der verschiedenste Branchen und Wirtschaftsstufen umfasst.

Kongruenzprinzip, → Organisationsprinzip, das die Übereinstimmung von Kompetenz und Verantwortung der Stelleninhaber in einer → Organisation fordert.

Kongruenztheorie, Theorie von E. Osgood und P. H. Tannenbaum (1955), die auf der → Konsistenztheorie beruht und davon ausgeht, dass Individuen grundsätzlich danach streben, Kongruenz zwischen ihren Einstellungen herzustellen, d.h. auch kognitive Dissonanzen zu beseitigen und eine kognitive Konsonanz herbeizuführen. Die Theorie unterstellt, dass zwei oder auch mehr Einstellungsobjekte, die durch Aussagen miteinander verbunden werden, von einem Individuum unterschiedlich bewertet werden und damit in der Tendenz zur Kongruenz führen. Dies geschieht durch eine Abwertung des positiver besetzten und eine Aufwertung des negativer besetzten Einstellungsobjekts. So werden z.B. negative Informationen über ein Produkt oder Unternehmen harmonisiert durch eine negative Einstellung zur Informationsquelle. Bei Inkongruenz nimmt die Einstellung zum positiven Element ab und die Einstellung zum negativen Element zu. In welchem Maße diese Konsonanz hergestellt wird, hängt im Wesentlichen von den Wahrnehmungseffekten ab. – Vgl. auch → Audience-Effekt, → Source-Effekt, → Message-Effekt.

konjekturale Marketingstrategie, → Marketingstrategie, bei der die als möglich angenommenen Konkurrenzreaktionen (→ Marktreaktionsfunktion) in das Entscheidungskalkül einbezogen werden. – *Gegensatz:* → autonome Marketingstrategie.

konjekturale Nachfragefunktion, → Preis-Absatzfunktion.

konjunktive Auswahlheuristik, bei der → Kaufentscheidung definiert der Nachfrager die Mindestanforderungen, die er bei allen Merkmalen an ein Angebot stellt. Die endgültige Wahl erfolgt danach, welches Angebot die Mindestanforderungen im Vergleich zu anderen Angeboten übertrifft. – Vgl. auch → disjunktive Auswahlheuristik, → Heuristik.

Konjunkturforschung, empirisch orientierte Konjunkturbetrachtung im Sinne der Analyse des Wirtschaftsgeschehens inklusive seiner Kausalitäten. Hierin eingeschlossen sind → Diagnosen und → Prognosen. Eine besondere Relevanz hat die K. sowohl für die branchen-

als auch unternehmensbezogenen Absatzprognosen bekommen.

Konjunkturtheorie, Teil der Volkswirtschaftstheorie, der die Untersuchung von Konjunkturen, Konjunkturzyklen und -schwankungen zum Inhalt hat. Die K. ist eng verbunden mit der → Wachstumstheorie.

Konkomitanz, Begleitung mit gegenseitiger Beeinflussung der Partner. Als Beispiel kann die Organisation von Innovationsprozessen gelten, in denen die drei aktiven Stränge zusammenarbeiten müssen: → Kreativität, → Produktion und → Distribution.

Konkurrenz, Gesamtheit der Mitbewerber und die damit verbundene Marktsituation, wie → Wettbewerb und → Marktform. Wettbewerbsrechtlich, nach dem → Gesetz gegen Wettbewerbsbeschränkungen (GWB), ist K. „jede Art wirtschaftlichen Handelns, die darauf gerichtet ist, sich im Wirtschaftskampf auf Kosten eines Wettbewerbers einen Vorteil zu verschaffen".

Konkurrenzanalyse, Informationsgewinnung zu den → Wettbewerbern in den → relevanten Märkten. Die Untersuchungsbereiche sind im Wesentlichen die Konkurrenzsituation, die Potentiale der Mitbewerber und das bisherige und zu erwartende Konkurrenzverhalten. – Vgl. auch → Konkurrenzforschung.

Konkurrenzausschluss, → Konkurrenzklausel.

konkurrenzbezogene Methode der Budgetierung, → Wettbewerbs-Paritäts-Methode.

Konkurrenzforschung, Teil der → Marktforschung, der die Konkurrenzbeziehungen zwischen Unternehmen untersucht. Die Untersuchungsbereiche sind primär die Branchenstruktur und das Wettbewerberverhalten inklusive der Wettbewerberpotentiale, die für die Gestaltung der → Wettbewerbsstrategie von zentraler Bedeutung sind. Wesentlich für die Aussagerelevanz der Informationen ist eine möglichst präzise → Marktabgrenzung. Ein weiterer Teilbereich der K. ist die Analyse der Konkurrenzbeziehungen zwischen den verschiedenen Leistungsangeboten. Auch hier stellt sich das Problem der Marktabgrenzung, da auch substitutionale Konkurrenzbeziehungen zwischen Produkten bestehen können, die unterschiedlichen Branchen angehören. Das hat zur Folge, dass die in der Marktformenlehre klassischen Substitutionselastizitäten kaum noch eine Aussagekraft haben.

Konkurrenzimage, Einstellungen und Vorstellungen, die Personen und Personengruppen bzw. Zielgruppen mit den Wettbewerbern verbinden. – Vgl. auch → Image, → Soll-Image und → Fremdimage.

Konkurrenzklausel, Vertrag zwischen Unternehmen, der mindestens einen Wirtschaftspartner verpflichtet, mit einem Konkurrenten des Vertragspartners keine gleichartigen Geschäfte zu betreiben. Der sich verpflichtende Partner erhält als Gegenleistung meist Exklusivrechte. K. sind üblich bei vertikalen Kooperationen im Rahmen der Absatzwegepolitik, aber auch im Kommunikationsbereich (Verpflichtung von Werbeagenturen gegenüber dem Werbetreibenden). K. sind wettbewerbsrechtlich, nach dem → Gesetz gegen Wettbewerbsbeschränkungen (GWB) grundsätzlich zulässig, unterliegen aber der Missbrauchsaufsicht durch das Kartellamt. – Vgl. auch → Ausschließlichkeitsvertrag.

konkurrenzorientierte Preisstrategie, → Preiskalkulation, die sich im Vergleich zur → kostenorientierten und → nachfrageorientierten Preiskalkulation an den → Wettbewerbern und ihren möglichen Preisreaktionen orientiert (→ Preisführerschaft). Die Notwendigkeit zur k.P. stellt sich vor allem bei einem drohenden Konkurrenzeintritt. Hier sind nach H. Simon (1991) drei Strategiealternativen denkbar: die vorgezogene (proaktive) Preissenkung, die nachziehende (reaktive) Preissenkung und die Beibehaltung des meist hohen Preises. In der Regel empfiehlt sich auf der Basis einer vorhergehenden Skimming-Strategie eine proaktive Preissenkung, die überdies auf evtl. weitere nachfolgende Wettbewerber abschreckend wirkt (Bildung einer preispolitischen Markteintrittsbarriere). Die reaktive Preissenkung beruht meist auf einer Fehleinschätzung bez. der Newcomer. Der Versuch, den Preis zu halten, endet in der Regel im Abmelken (Milking-Strategie) des Produktes.

Konnotation, mit Begriffen verbundene zusätzliche Vorstellung, wie z.B. „jung", „laut", „konservativ". K. haben eine große Bedeutung für die verbale → Imagemessung. – *Gegensatz:* → Denotation.

Konsignation, Form des → Kommissionshandels, bei dem die zu verkaufenden → Waren vom Konsignanten in das Konsignationslager des ausländischen Konsignators geliefert werden. Die Ware bleibt Eigentum des Konsignanten. Der Konsignator verkauft die Waren zu einem möglichst hohen Preis für Rechnung des Konsignanten und erhält dafür eine → Provision.

Konsistenzeffekt, Form des → Halo-Effekts als ein Ausstrahlungseffekt (→ Spill-over-Effekt) von Vorfragen auf die Beantwortung nachfolgender Fragen. Die Befragten sind bemüht, widerspruchsfreie Antworten zu geben bez. ihrer Beantwortung der Vorfragen.

Konsistenztheorie, Gruppe von Theorien der Einstellungsforschung, die von der grundlegenden Annahme ausgeht, dass Individuen grundsätzlich danach streben, ein kognitives Gleichgewicht mittels → kognitiver Konsonanz herzustellen. Zu den wichtigsten K. zählen die → Balancetheorie, → Dissonanztheorie, → Assimilations-Kontrast-Theorie, → Kongruenztheorie und die Theorie der → affektiv-kognitiven Konsistenz.

Konsonanz, → kognitive Konsonanz.

Konsortium, zeitlich befristete → Kooperation von selbstständigen → Unternehmen zur Abwicklung von z.B. Großaufträgen im Anlagengeschäft. Die Konsortialpartner haften im Außenverhältnis in der Regel als Gesamtschuldner.

Konsum, Teilmenge der → Nachfrage vor allem der privaten → Haushalte nach Waren und Dienstleistungen. Hierbei wird insb. auf → Konsum- und → Gebrauchsgüter abgestellt. Der K. ist eine makroökonomische Größe, die in → Konsumfunktionen abgebildet wird. Mikroökonomisch wird der K. in der Analyse des → Konsumentenverhaltens erfasst. Soziologisch umfasst der Begriff Verhaltensweisen, die unmittelbar der → Bedürfnisbefriedigung dienen, z.B. der Nahrungsaufnahme. Davon abzugrenzen sind Verhaltensweisen, die der Bedürfnisbefriedigung vorausgehen, z.B. die Nahrungszubereitung. In der → Konsumforschung werden der makro- und mikroökonomische Ansatz unter Berücksichtigung der psychologischen und soziologischen Erkenntnisse zusammengefasst.

Konsumdynamik, Bezeichnung für beschleunigte Veränderungen des konsumtiven Verhaltens, die sich parallel zur gesamtgesellschaftlichen Entwicklung vollziehen. Die modernen → Informationstechnologien in hochentwickelten → Industriegesellschaften verändern erheblich die Strukturen der Wirtschaftsbereiche. Die zunehmende Sättigung der Märkte in einer → Konsumgesellschaft führt zu einem Konsumhedonismus, d.h. einer fortwährenden Stimulierung durch Konsumgenuss (Erlebnisgesellschaft). Die kontinuierliche Bedürfnisweckung in einer → Überflussgesellschaft bewirkt eine Dynamik der Produktinnovationen. Migration und kulturelle Diffusion führen zu einer Änderung bzw. Angleichung von Bedürfnissen (Globalisierung).

Konsument, → Nachfrager und → Verbraucher bzw. Nutzer von → Konsum- und → Gebrauchsgütern. K. sind Letztverbraucher, deren Verhalten Gegenstand der → Konsumentenforschung ist.

Konsumentenforschung, Erforschung des → Konsumentenverhaltens in Bezug auf Gewohnheiten, Motive, Einstellungen und Erwartungen. Die Erkenntnisse aus der K. bieten bedeutende Entscheidungshilfen für die Entwicklung einer komplexen Marketingkonzeption und für die Revision bestehender Konzeptionen bzw. Marketingstrategien.

Konsumentenkredit, Form der → Absatzfinanzierung zur → Absatzförderung, die alle Möglichkeiten der Kreditaufnahme umfasst, die den Konsumenten in privaten Haushalten geboten wird. Neben den diesbezüglichen Bankkrediten spielt vor allem die Kreditgewährung durch den → Einzelhandel in Form von Teilzahlungskrediten eine wichtige Rolle. – *Anders:* → Lieferantenkredit.

Konsumentenmarkt, *K-Markt,* nach der → Markttypologie von P. Kotler (1974) Teil des Organisationenmarktes. Der K. ist der → Absatzmarkt, der auf die Endverbraucher gerichtet ist. Die auf dem K. nachgefragten Güter sind → Konsum- bzw. → Verbrauchsgüter, → Gebrauchsgüter und endverbraucherbezogene → Dienstleistungen. Diese Güter lassen sich weiter differenzieren in → Convenience Goods, → Shopping Goods und → Specialty Goods. – *Anders:* → Produzentenmarkt, → Wiederverkäufermarkt, → Markt der öffentlichen Betriebe.

Konsumentenmerkmal, Besitz- und Konsummerkmale, die das Kaufverhalten bzw. → Konsumentenverhalten von → Zielgruppen konkreter definieren als die Klassifikation nach → soziodemografischen Kriterien. So kann z.B. vom Besitz bestimmter Güter auf den Konsum anderer damit verbundener komplementärer Güter geschlossen werden. Als nachteilig muss angesehen werden, dass K. rein beschreibenden Charakter haben und das komplexe Kauf- bzw. Konsumentenverhalten nicht erklären können. K. sind das Ergebnis von → Kaufentscheidungsprozessen. Andererseits sind K. ähnlich den soziodemografischen bzw. sozioökonomischen Daten leichter und präziser zu erheben als die psychografischen Kriterien, die als wesentliche Bestimmungsfaktoren für das Konsumentenverhalten gelten. Durch die Ermittlung von zielgruppenspezifischen K. können z.B. Differenzierungen in Intensivkäufer, Normal-, Wenig- und Nichtkäufer, Markenkäufer, Preiskäufer etc. vorgenommen werden.

Konsumentenpanel, → Verbraucherpanel.

Konsumentenrabatt, *Verbraucherrabatt,* Preisnachlass, der den → Konsumenten bzw. → Verbrauchern, durch den → Einzelhandel gewährt wird. Die rechtlichen Grundlagen für die Rabattgewährung waren bis zum 25.07.2001 im → Rabattgesetz geregelt.

Konsumentenrente, nach A. Marshall (1842-1924) Differenz zwischen einem höheren Gleichgewichtspreis bzw. Marktpreis und einem niedrigeren Preis, den der Nachfrager zu zahlen hat. Die individuelle Preisbereitschaft liegt also höher als der Marktpreis. Das Theorem beruht auf der Annahme des → Polypols mit einem → monopolistischen Spielraum, der durch → Preisdifferenzierung vom → Anbieter ausgeschöpft werden kann. Dadurch wird die K. abgeschöpft. – Vgl. auch → Abschöpfungsstrategie und – *Gegensatz:* → Produzentenrente.

Konsumentensouveränität, Modellannahme der klassischen Wirtschaftstheorie, die davon ausgeht, dass der → Konsument mit seinem „monetären Stimmzettel täglich über das → Angebot abstimmt“ [W. Röpke (1979)]. Der Konsument ist ein Homo oeconomicus, dessen → Bedürfnisse existent sind und vom → Anbieter nicht geschaffen werden können. Höchstenfalls können latente Bedürfnisse aufgedeckt und befriedigt werden. Die Gültigkeit des Modells muss in Zweifel gezogen werden, auch wenn die → Konsumfreiheit als Verbraucherrecht besteht. – Vgl. auch → Konsumentenverhalten, → Konsumerismus, → Manipulation.

Konsumentensozialisation, soziale Einfügung des Individuums bzw. Konsumenten in die Konsumfunktion der → Gesellschaft. Die K. ist abhängig vom Erfolg des → sozialen Lernens und wird bestimmt durch → Sozialisatoren.

Konsumententypologie,
→ Käufertypologie.

Konsumentenverhalten, → Verhalten in Bezug auf die Art und Weise der Befriedigung konsumtiver Bedürfnisse. Verhaltenswissenschaftlich zu unterscheiden sind mehr kognitive und mehr emotionale Verhaltensweisen. Das K. wird geprägt durch psychische und soziale Faktoren. Die psychischen Determinanten setzen sich zusammen aus den aktivierenden und kognitiven Prozessen, die interaktiv miteinander verknüpft sind. Die sozialen Faktoren sind im weitesten alle Umwelteinflüsse im Sinne von Umfeldeinflüssen. Dazu zählen z.B. Gruppeneinflüsse (Bezugsgruppen), kulturelle und subkulturelle Faktoren und auch die Massenkommunikation, die eine gesellschaftsprägende Funktion ausübt. Die vielfältigen Modelle zur Erklärung des K. lassen sich klassifizieren in:

1. Partialmodelle: Untersuchung einzelner Determinanten des K. und
2. Totalmodelle: Erfassung aller relevanten Determinanten.

Zu den wichtigsten Partialmodellen zählen das S-R-Modell, S-O-R-Modell, die verschiedenen Formen der Konsistenztheorien, die Theorien der Wahrnehmungspsychologie, die Lerntheorien und die soziologischen Modelle. Zu den wichtigsten Totalmodellen gehören das Engel-Blackwell-Kollat-Modell, das Howard-Sheth-Modell und das Nicosia-Modell. – Vgl. Abbildung „Elemente des Konsumentenverhaltens – Interaktiver Variablenverbund“.

Elemente des Konsumentenverhaltens – Interaktiver Variablenverbund

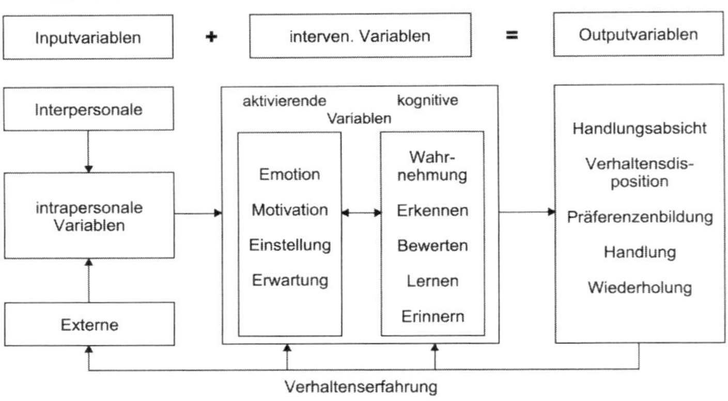

Konsumerismus, *Consumerism,* Verbraucherbewegung, um die Konsumenteninteressen in der Öffentlichkeit durchzusetzen. Der K. ist eng verbunden mit dem → Verbraucherschutz und der → Verbraucherpolitik und geht zurück auf die von J. F. Kennedy (1962) proklamierten Konsumentenrechte: Sicherheit, Information, Wahlfreiheit und Meinungsäußerung.

Konsumforschung, aggregierte Analyse des makroökonomischen → Konsums und des mikroökonomischen → Konsumentenverhaltens.

Konsumfreiheit, Verbraucherrecht, das autonome Konsumentenentscheidungen sichert (→ Konsumentensouveränität). Die K. bezieht sich einmal auf die Einkommensverwendungsfreiheit und hat damit einen marktwirtschaftlichen Ordnungscharakter. Der zweite Begriffsinhalt bezieht sich auf die faktische Einschränkung der K. durch die Anbieter (→ Manipulation) die durch die Verbraucherpolitik vermieden werden soll.

Konsumfunktion, Darstellung der Abhängigkeit des gesamtwirtschaftlichen → Konsums von anderen ökonomischen Größen.

Konsumgenossenschaft, im Genossenschaftsgesetz sind K. definiert als „Vereine zum gemeinwirtschaftlichen Einkauf von Lebensmitteln oder Wirtschaftsbedürfnissen im großen und Ablass im kleinen (Konsumvereine)“. Der historische Ausgangspunkt der K. war, als hilfswirtschaftliche Zusammenschlüsse von privaten Haushalten ihren Mitgliedern die Möglichkeit zu geben, zu möglichst günstigen Preisen und Konditionen, Konsumgüter zu erwerben. Nach Aufhebung des Identitätsprinzips (Identität von Mitgliedern und Kunden) und des Verbots der Gewinnerzielung (Zwang zur Rücklagenbildung) können die Kunden auch Nichtmitglieder sein. Mittlerweile sind die K. zu Trägern von Großhandelsbetrieben, Einkaufskontoren und Einzelhandelsbetrieben geworden.

Konsumgesellschaft, moderne, industriell hochentwickelte Wohlstandsgesellschaft, deren Werteorientierung und Anspruchsniveau vornehmlich durch den Konsumgenuss geprägt sind. Sozialer → Status und → Prestige hängen in einer K. weitgehend von der Konsumfähigkeit des Individuums ab und der Teilnahme am → Demonstrativkonsum. Der Statuswettbewerb der Konsumenten führt zu überhöhten → Geltungsbedürfnissen, die durch das Marketing antizipiert und dynamisiert werden. Die → Marktsättigung begünstigt einen Konsumhedonismus, der Bedürfnisse „produziert“, [J. K. Galbraith (1958)] statt sie zu befriedigen. Die Anziehungskraft der K. beschleunigt die internationale Migration und kulturelle Diffusion. Die K. wird in ihrem Wirtschaftswachstum begrenzt durch die sich zunehmend verstärkenden ökologischen Probleme.

Konsumgüter, Erzeugnisse, die dem Menschen als letztem → Verbraucher zur Befriedigung seiner → Bedürfnisse dienen. Die Charakterisierung des K. ergibt sich aus der Art seiner Verwendung. Erfolgt die Verwendung von K. in einmaliger Art, so spricht man von → Verbrauchsgütern. Ist eine mehrmalige Nutzung möglich, so spricht man von Gebrauchsgütern. Die K. können weiter differenziert werden in sog. → Convenience Goods, → Shopping Goods und → Specialty Goods. Vielfach wird auch eine Unterscheidung nach → Low-Interest-Produkten und → High-Interest-Produkten vorgenommen.

Konsumgütermarketing, die Vermarktung von → Konsumgütern auf mehr oder weniger anonymen Massenmärkten. Das K. als die kommunikative Beziehungskette zwischen Hersteller und Endverbraucher wird in der Öffentlichkeit fälschlicherweise oft gleichgesetzt mit Marketing oder noch enger mit Produktwerbung bzw. Reklame. Aus

Herstellersicht gewinnen die handelsorientierten Marketingaktivitäten aufgrund der Handelskonzentration immer mehr an Bedeutung. – Vgl. auch → Handelsmarketing, → Investitionsgütermarketing.

Konsumgütermarkt, bei einer Grobunterteilung des Gesamtmarktes nach der Art der Marktteilnehmer ist der K. ein → Konsumentenmarkt, der sich weiter gliedert in die Märkte für → Verbrauchsgüter, → Gebrauchsgüter und → Dienstleistungen.

Konsumgütermarktforschung, → Primär- bzw. → Sekundärforschung zur Gewinnung von Informationen für Marketingentscheidungen auf → Konsumgütermärkten. Hierbei bezieht sich die Datenerhebung sowohl auf die Absatz- als auch auf die Beschaffungsmärkte. Untersuchungsobjekte sind alle marketingrelevanten Problemfelder, die auf den Konsumenten oder Verwender fokussiert sind. Insofern stehen auch die → Konsumforschung und als Untersuchungsgegenstand vor allem das → Konsumentenverhalten im Mittelpunkt. Methodisch kommen alle üblichen Marktforschungs- und Prognoseverfahren zum Einsatz. – *Gegensatz:* → Investitionsgütermarktforschung.

Konsumgüterpanel, → Panel, → Panelarten.

Konsumgütertypologie, zu unterscheiden sind zwei verschiedene Differenzierungsansätze. Hierbei ist die klassische Differenzierung die in → Verbrauchsgüter und → Gebrauchsgüter. Eine aus dem Konsumentenverhalten abgeleitete Differenzierung gliedert nach verschiedenen Güterkategorien, die für den Konsumenten ein unterschiedliches Kaufrisiko aufweisen. Nach dieser Klassifikation wird zwischen → Convenience Goods, → Shopping Goods und → Specialty Goods unterschieden. Mit der Längerlebigkeit und Höherwertigkeit der Güter nehmen das Kaufrisiko und das Informationsbedürfnis zu.

Konsumgüterwerbung, → Werbung für → Konsumgüter, die sich an das breite Publikum der Konsumenten richtet und ein wesentliches Instrument des → Konsumgütermarketings ist. – *Gegensatz:* → Industriegüterwerbung.

Konsumismus, übersteigertes Konsumbedürfnis, das sich auf alle → Bedürfnisse bezieht.

Konsumklimaforschung, in regelmäßigen Abständen durchgeführte → Befragungen einer repräsentativen Bevölkerungsstichprobe zur Ermittlung der ökonomischen Einschätzungen und Erwartungen der Verbraucher. Hierbei wird differenziert in makroökonomische (z.B. Konjunktur, Arbeitsmarktentwicklung) und mikroökonomische Erwartungen (z.B. finanzielle Situation, Konsum- und Sparbereitschaft).

Konsumpionier, → Konsument, der sehr neuheitenorientiert ist. Er zählt zu den → Innovatoren bzw.→ Frühadoptern.

Konsumquote, Verhältnis des → Konsums zum → Volkseinkommen.

Konsumstandard, durchschnittliches Konsummuster, das als eine eher normierte Vorstellung des Konsumverhaltens gilt und insofern vom tatsächlichen Verhalten, dem → Konsumentenverhalten, abzugrenzen ist. Der K. besitzt jedoch Leitbildfunktion, da er für das Konsumverhalten als verbindlich angesehen werden kann und sich hieraus Präferenzen ableiten lassen. Ein statisch festgesetzter K. stellt angesichts der sich im Zeitablauf ändernden Bedürfnisse und Leistungsangebote ein Problem dar. – Vgl. auch → Konsumdynamik, → Wertedynamik, → Wertewandel.

Konsumtivgüter, Gruppe der → Verbrauchs- und → Gebrauchsgüter in der → Gütertypologie. – *Gegensatz:* → Produktivgüter.

Konsumtrend, aus den → Wertetrends abgeleitete Veränderungen des → Konsumentenverhaltens. Die hedonistische Grundeinstellung des Verbrauchers führt zu einer wechselseitigen Bevorzugung preiswerter und zeitsparender Convenience Goods und Fast Food einerseits sowie exklusiver Prestigeprodukte und Gourmet Food andererseits. Entscheidend für den Genuss des → Hybrid-Konsumenten sind einmal Bequemlichkeit und Zeitersparnis, zum anderen der Geltungsnutzen. Das Selbstverwirklichungsbedürfnis hat zu einer Individualisierung und Differenzierung durch den Konsum geführt, wie Mass Customization oder Kultmarken und z.T. zu einer interaktiven Produktgestaltung. Der Wellness- und Fitness-Trend ist Ausdruck eines neuen Körperbewusstseins und Ego-Kults. Die Erlebnisorientierung der Konsumenten hat reale und virtuelle Welten beeinflusst. Ein Gegentrend zum Genusskonsum wird durch das zunehmende Umweltbewusstsein initiiert.

Konsumverhalten,
→ Konsumentenverhalten.

Kontakt, Bindeglied zwischen dem → Werbungtreibenden und der → Werbeagentur. Die Funktionsträger sind die sog. Kontakter, die der Etatdirektion unterstellt sind. In der → Mediaplanung und → Mediaforschung wird der K. als Berührung des Werbeempfängers, dem Kommunikanten, mit einem Werbeträger und/oder Werbemittel bezeichnet. Die Gesamtkontakte ergeben sich aus der Summe der Erst- und Wiederholungskontakte oder auch Mehrfachkontakte.

Kontaktbewertungskurve, → Werbewirkungsfunktion, die sich aus dem Zusammenhang zwischen Kontaktanzahl und → Werbewirkung ergibt. Hierbei gilt die Prämisse, dass die Werbewirkung von der Anzahl der Kontakte mit der → Werbebotschaft abhängt. Dieser funktionale Zusammenhang spielt auch eine wichtige Rolle bei der Kontaktgewichtung. Die K. verläuft nach empirischen Untersuchungen entweder s-förmig oder degressiv.

Kontaktdichte, Anzahl der → Kontakte der Zielpersonen, bezogen auf alle eingesetzten → Werbeträger. Die K. ist rechnerisch die Division von Kontaktsumme durch die Zahl der belegten Werbeträger.

Kontaktdosierung, Anzahl und zeitliche Verteilung der → Werbeträgerkontakte bzw. → Werbemittelkontakte, die durch die → Mediaplanung festgelegt werden. Die K. bestimmt im Wesentlichen die Kontakthäufigkeit und die Kontaktintensität und unterstellt einen bestimmten Verlauf der Kontaktbewertungskurve.

Kontaktfrage, → Eisbrecherfrage.

Kontaktgewichtung, Bewertung alternativer → Werbeträger bzw. Werbeträgerkombinationen in der → Mediaplanung. In die Gewichtung gehen auch die → Kontaktzahl und der → Tausenderpreis ein. Entscheidend bei der Mediengewichtung sind die Personengewichtung, Zielgruppen und die Kontaktmengengewichtung. – Vgl. auch → Kontaktbewertungskurve, → Werbewirkungsfunktion.

Kontakthäufigkeit, durchschnittliche Anzahl der Kontakte der Zielperson oder auch → Zielgruppe mit dem → Werbeträger. Die K. ist begrifflich weitgehend identisch mit der → Kontaktzahl. Eine zentrale Frage in der Werbewirkungsforschung ist, inwieweit durch eine Erhöhung der K. die Werbewirkung eines Werbemittels verstärkt werden kann. Der positive Zusammenhang von Gedächtniswirkung und Werbewirkung lässt darauf schließen, dass durch mehrmalige Wiederholungen von Werbebotschaften die Werbewirkung gesteigert werden kann. Eine Generalisierung der Aussage ist aber nicht möglich, da die Werbewirkung von weiteren Kommunikationsbedingungen abhängt, z.B. Werbemittelgestaltung,

Aktivierung und Involvement der Kommunikanten.

Kontaktintensität, Maß der Stärke, mit der ein → Werbemittel oder eine → Werbebotschaft vom → Kommunikanten wahrgenommen wird. Die K. hängt entscheidend vom → Mediennutzungsverhalten ab.

Kontaktkette, Herstellung einer kontinuierlichen bzw. permanenten Kommunikationskette zwischen → Kommunikator und → Kommunikanten. Als → Kommunikationsinstrument eignet sich dazu besonders die Direct-Response-Werbung, die auf der Basis von jeweils aktuellen Kunden-Datenbanken verbunden werden kann mit dem Direktmarketing und Database-Marketing.

Kontaktmaßzahl, Kriterium, das zur Messung der → Werbewirkung von → Werbeträgern herangezogen wird. Wichtige K. sind u.a. die → Reichweite, → Kontakthäufigkeit und der → Tausenderpreis.

Kontaktmessung, Verfahren zur Messung der außerökonomischen → Werbewirkung. Hierbei ist verfahrenstechnisch zu unterscheiden nach den verschiedenen → Werbeträgern. Fernseh- und Rundfunkkontakte werden z.B. mithilfe von Audimeter, GfK-Meter, Teleskomat, Teleskopie erfasst, Printkontakte mittels fotografischer Aufzeichnungen.

Kontaktqualität, Eignung eines → Werbeträgers für an bestimmte → Zielgruppen gerichtete → Werbemittel bzw. → Werbebotschaften. Die K. wird ermittelt durch den Kontakt zwischen Nutzer und Werbemittel in dem Medium bzw. in verschiedenen Medien. Als Maßzahlen werden Leser pro Seite, Leser pro werbeführende Seite und Seitenmehrfachkontakt benutzt.

Kontaktstrecke, Länge der Verkaufsregale, die einer bestimmten Marke oder einem Artikel im Einzelhandelsgeschäft zur Verfügung steht. Im Rahmen der → Regalflächenoptimierung und insgesamt des → Merchandising gewinnt die K. zunehmend an Bedeutung.

Kontaktsumme, → Brutto-Kontakt.

Kontaktverteilung, Verteilung der → Kontakte bez. aller erreichten Personen. Die K. bzw. der → Streuplan ist umso idealer, je kleiner die → Streuung der → Kontakthäufigkeit um die Zahl der Durchschnittskontakte ist. Angestrebt wird die Konzentration der Anzahl der Kontakte auf die → Zielgruppe.

Kontaktwahrscheinlichkeit, Wahrscheinlichkeit, mit der angenommen wird, dass es zu einer bestimmten Anzahl von → Kontakten mit einem bestimmten → Werbeträger kommt.

Kontaktzahl, Anzahl der → Kontakte, die mit einem bestimmten → Werbeträger zustande gekommen ist. Die K. ist abhängig von der → Kontaktwahrscheinlichkeit und der → Kontakthäufigkeit (durchschnittliche Anzahl der Kontakte der Zielgruppe mit dem Werbeträger). Als ökonomische K. ist der Tausenderpreis in der Praxis weit verbreitet.

Kontextanalyse, Erhebungsmethode der → Marktforschung bzw. → empirischen Sozialforschung, bei der die Analyse individueller Merkmale, z.B. Wertorientierung oder Einstellungen, im Zusammenhang mit den verursachenden Umwelt-, Situations- bzw. Milieudaten erfolgt. Die K. untersucht den Ursache-Wirkungszusammenhang zwischen den Umweltdaten als unabhängige Variable und den persönlichen Merkmalen als abhängige Variable. Probleme sind in der Bestimmung bzw. Abgrenzung von Kontexten und Einflüssen auf die individuellen Merkmale zu sehen. – Vgl. auch → Kontingenzanalyse.

Kontiguitätsprinzip, räumliche und zeitliche Nähe von → Stimuli. Verschiedene Erlebnisinhalte werden miteinander verknüpft (→ Assoziation und → Attributionstheorie). Das K. spielt eine wichtige Rolle bei der → Konditionierung. – Vgl. auch → Lerntheorie.

Kontingenzanalyse, Untersuchung der Abhängigkeit oder Unabhängigkeit von zwei oder mehreren → Variablen. Eine klassische Fragestellung ist z.B., ob eine bestimmte Produktwahl bzw. Nicht-Wahl geschlechtsabhängig ist. Mithilfe der Nullhypothese wird festgestellt, ob eine Unabhängigkeit in Bezug auf das Geschlecht besteht. In einem weiteren Schritt wird eine Alternativhypothese gebildet.

kontinuierlicher Verbesserungsprozess (KVP), ständiges Bemühen, die Produkt- und Prozessqualität zu verbessern. Grundüberlegung ist, dass punktuelle, zyklische Innovationen nicht unbedingt zur Nutzung von Produktivitäts- und Prozessoptimierungs-Potentialen führen. – Vgl. auch → Kaizen.

Kontrahierungspolitik, übergeordneter Begriff für → Preispolitik und → Konditionenpolitik inklusive der → Lieferbedingungen und der → Kreditpolitik.

Kontrahierungszwang, Pflicht zur Annahme eines Vertragsangebots. Einem K. unterliegen in erster Linie die → öffentlichen Betriebe. Er ist aber auch wettbewerbsrechtlich nach dem → Gesetz gegen Wettbewerbsbeschränkungen (GWB) ableitbar aus dem Verbot der → Diskriminierung, das sich an marktbeherrschende und auch marktstarke Unternehmen richtet. Daraus resultiert in vielen Fällen z.B. der Belieferungszwang von Markenartikelherstellern an den Handel.

Kontraktgüter, komplexe und hochwertige → Dienstleistungen, wie z.B. Beratungsleistungen oder kundenindividuelle Investitionsgüter, die im Wesentlichen als Leistungsversprechen ohne vollständigen Vertrag verkauft werden, da zum Zeitpunkt des Vertragsabschlusses nicht alle Aspekte der angestrebten → Problemlösung konkret definiert werden können. K. werden in Kooperation von → Anbieter und → Nachfrager erstellt.

Kontraktmarketing, kooperatives Marketing zwischen Hersteller und Handel, das vertraglich gesichert ist (→ vertikale Kooperation). Ziel des Herstellers ist es, bei selektierten Handelsunternehmen distribuiert zu sein. Mit dem K. ist ein permanenter Dialog zwischen den vertikalen Partnern verbunden.

Kontrolle, Ermittlung von Abweichungen zwischen Plan- und Ist-Größen sowie die Analyse der Abweichungen. – Vgl. auch → Controlling.

Kontrollfrage, eine Fragestellung in einer → Befragungen, die der Überprüfung der Konsistenz der Antworten von Auskunftspersonen dient. Die Kontrolle erfolgt in der Weise, dass bereits gestellte Fragen an anderer Stelle der Befragung nochmals in variierter Form wiederholt oder auch plausible Zusammenhänge in verschiedenen Fragen hergestellt werden. Inkonsistente Abweichungen in den Antworten können dann in der Auswertung näher analysiert werden. K. werden vor allem bei → mündlichen Befragungen verwendet, sind aber auf diese nicht beschränkt. Sie können auch bei → schriftlichen Befragungen in den → Fragebogen aufgenommen werden.

Kontrollgruppe, Untersuchungseinheit, die keinen Einflüssen ausgesetzt wird und deren Veränderungen damit autonom erfolgen. Die Messergebnisse können dann verglichen werden mit den Ergebnissen von Untersuchungseinheiten, auf die ein Einfluss ausgeübt wurde, z.B. Vergleich von Verkäufern ohne und mit Schulung bez. ihrer Verkaufsergebnisse. Voraussetzung für einen signifikanten

Ergebnisvergleich sind eine vollkommene Strukturgleichheit von Experimentalgruppe und K. sowie der Ausschluss jeglicher Sondereinflüsse im Untersuchungszeitraum auf die K. Diese Bedingungen sind in der Realität kaum zu erfüllen.

Kontrollspannenprinzip, → Organisationsprinzip, das eine optimale → Leitungsspanne, d.h. Anzahl der einem Vorgesetzten unterstellten Mitarbeiter, fordert. Die optimale Leitungsspanne ist einzelfallabhängig und wird durchschnittlich mit zwischen drei und zehn Mitarbeitern angenommen.

Konzentration, nach der → Marktformentheorie eine Beschränkung des Wettbewerbs durch → Monopolisierung und → Oligopolisierung. Insb. die in den letzten Jahren fortschreitende → Handelskonzentration hat zu einem erheblichen Machtungleichgewicht (→ asymmetrische Machtverteilung, → Nachfragemacht) in den Hersteller-Handels-Beziehungen geführt mit der Folge einer Verminderung des → Leistungswettbewerbs.

Konzentrationskurve,
→ Lorenz-Kurve.

Konzentrationsprinzip,
→ Konzentrationsverfahren.

Konzentrationsstrategie, *Nischenstrategie,* Form der → Segmentationsstrategie. Der Anbieter konzentriert sich auf einen engen Teilmarkt (→ Marktsegmentierung). Mithilfe der K. können Wettbewerbsvorteile erzielt werden, z.B. durch Kostenführerschaft. – *Gegensatz:* → Differenzierungsstrategie.

Konzentrationsverfahren, → Auswahlverfahren zur Bildung von → Stichproben aus der → Grundgesamtheit. Es handelt sich um eine Sonderform der bewussten Auswahl, die neben der willkürlichen Auswahl zur Verfahrensgruppe der nicht auf der Wahrscheinlichkeitstheorie basierenden Auswahlverfahren zählt. Man konzentriert sich bei der Stichprobenbildung auf einen bestimmten Teil der Grundgesamtheit, sodass die Untersuchungsergebnisse nicht der Bedingung einer Repräsentanz entsprechen.

konzentrierte Marktsegmentation, eine Konzentration erfolgt auf wenige → Marktsegmente bis zur Reduktion auf ein Segment. Diese → Segmentationsstrategie kann zum Problem einer Monostrukturierung führen mit der Folge eines erhöhten Marktrisikos. – Vgl. auch → Konzentrationsstrategie. – *Gegensatz:* → differenzierte Marktsegmentation.

Konzept, im Allgemeinen ein Entwurf. Beispiele aus dem Marketing sind → Produkt- und Werbekonzepte. Das K. wird vielfach einem → Test unterzogen (→ Konzeptionstest), bevor es realisiert wird.

Konzeptionstest, Test im Sinne der Prüfung von → Konzepten, z.B. Produktideen, → Werbekonzepte, bevor sie realisiert werden. Als Testverfahren können grundsätzlich alle Methoden der → Primärforschung zur Anwendung kommen.

Konzept-Wertanalyse, *Value Engineering,* Erzeugnisse werden bereits in der Konzeptions- und Planungsphase wertanalytisch untersucht. – Vgl. auch → Produkt-Wertanalyse und → Wertanalyse.

Kooperation, vertraglich geregelte Zusammenarbeit rechtlich und wirtschaftlich selbstständiger → Unternehmen, die der Absicherung bzw. Stärkung der Wettbewerbsfähigkeit dient. Zu unterscheiden sind → horizontale und → vertikale K. K. können grundsätzlich in allen Funktionsbereichen des Unternehmens erfolgen. Im → Marketing haben die K. in der → Distributionspolitik die weitaus größte Bedeutung. Die wichtigsten Formen im Handel sind Einkaufsgenossenschaften, freiwillige Ketten,

Depotsysteme und Franchising. Weitere Kooperationsformen sind z.B. die Gemeinschaftswerbung, strategische Allianzen und Joint Ventures. Bei der Bildung von K. ist nach dem → Gesetz gegen Wettbewerbsbeschränkungen (GWB) immer die mögliche wettbewerbsrechtliche Relevanz zu beachten.

kooperativer Führungsstil, den Mitarbeitern wird ein möglichst großer Entscheidungsspielraum eingeräumt. Eines der wichtigsten Merkmale des → Führungsstils ist die → Delegation von Verantwortung, die durch eine maßgebliche Beteiligung der Gruppe an der Entscheidungsbildung aus Betroffenen Verantwortliche macht. Dem Führungsstil entspricht das → Kollegialprinzip. – *Gegensatz:* → autoritärer Führungsstil.

kooperative Werbung, → Gemeinschaftswerbung.

kooperative Wettbewerbsbeziehung, Form der → horizontalen und/oder → vertikalen Kooperation unter Einschluss von komplexen Mischformen. Lieferant und Abnehmer bilden eine → Kooperation und sind gleichzeitig → Wettbewerber. Hauptgrund für eine solche Kooperation ist überwiegend eine ein- oder zweiseitige Ressourcenabhängigkeit, z.B. im Automobilbau, in der Computerbranche. K.W. sind mit der Gefahr verbunden, dass der primär abhängige Partner nach Wissenserwerb die Kooperation verlässt und den ehemals Kooperationspartner als Wettbewerber in seiner → Kernkompetenz angreift.

Koordination, zielorientierte Abstimmung interdependenter Handlungen.

Koppelungsangebot, Angebotsform, wie z.B. → Vorspannangebot und → Lockvogelangebot, das wettbewerbsrechtlich nach dem → Gesetz gegen den unlauteren Wettbewerb (UWG) als bedenklich eingestuft werden muss, deren Wettbewerbswidrigkeit aber vielfach nicht nachzuweisen ist.

Koppelungsgeschäft, Sonderform der → Bezugsbindung, bei der der → Abnehmer von Produkten oder Dienstleistungen verpflichtet wird, zusätzlich eine weitere Ware oder Leistung abzunehmen. Hierbei wird in Haupt- und Zusatzware unterschieden. Weiter ist zu differenzieren nach offener Koppelung (Gesamtpreis und Einzelpreise der gekoppelten Waren werden ausgewiesen) und verdeckter Koppelung (nur Angabe des Gesamtpreises). Vielfach wird bei der Koppelung ein für den Käufer attraktives Angebot „vorgespannt" (→ Vorspannangebot). K. sind wettbewerbsrechtlich nach dem → Gesetz gegen Wettbewerbsbeschränkungen (GWB) und dem → Gesetz gegen den unlauteren Wettbewerb (UWG) grundsätzlich zulässig, soweit Wettbewerbsregeln nicht verletzt werden.

Körpersprache, → Kinesik.

Korrelation, Stärke des positiven oder negativen Zusammenhangs zwischen der → unabhängigen Variable und der → abhängigen Variable. Der Korrelationskoeffizient drückt die Stärke der Beziehung aus und liegt in den Grenzen zwischen 0 und +/- 1.

Korrelationsanalyse, Untersuchung der Strenge des Zusammenhangs zwischen zwei oder mehreren → Variablen. Je nach Anzahl der Variablen wird die einfache von der multiplen K. unterschieden. Der Korrelationskoeffizient ist das Maß für die Stärke des Beziehungszusammenhangs und liegt in den Grenzen 0 und +/- 1. Minuswerte zeigen die gegenläufigen Beziehungen. Die → Korrelation erklärt nicht die Kausalität von bestehenden Beziehungszusammenhängen (→ Scheinkorrelation) und erkennt auch nicht die mögliche Multikollinearität zwischen den unabhängigen Variablen.

Korrelationskoeffizient,
→ Korrelationsanalyse.

Korrespondenzanalyse, Methode zur visuellen Darstellung von Beziehungen, die durch die → Kontingenzanalyse festgestellt werden.

Kosten, bewerteter leistungsbezogener Güterverzehr nach E. Schmalenbach (1873-1955). Im Wesentlichen ist zu unterscheiden in → Einzel- und → Gemeinkosten und in → variable Kosten und → fixe Kosten.

Kostenanalyse,
→ Kosten-Nutzen-Analyse.

Kostenarten, → Kosten, die differenziert werden nach der Art des Verzehrs von → Gütern und → Dienstleistungen. Die fundamentalen Kostengüter sind die → Roh-, → Hilfs- und → Betriebsstoffe und die menschliche Arbeitsleistung.

Kostenartenrechnung, vollständige und periodengerechte Erfassung der → Kostenarten.

Kostenentwicklung, Form der Kostenverläufe. Die Verläufe sind entweder proportional, unterproportional, überproportional oder regressiv bei veränderter Beschäftigung. – Vgl. auch → variable Kosten.

Kostenführerschaft, Nutzung aller potentiellen Kostenvorteile, um sich dadurch → Wettbewerbsvorteile zu sichern. Die K. ist eine der Grundformen der → Wettbewerbsstrategie. Sie schränkt im Vergleich zur Differenzierung die individuellen strategischen Spielräume ein.

Kostenfunktion, Darstellung der → Kosten als Funktion (Abhängigkeit) der Produktionsmenge. Die K. sind daher abhängig von den angenommenen bzw. geltenden Produktionsfunktionen. Bei der Produktionsfunktion vom Typ A (→ Ertragsgesetz) verläuft die Gesamtkostenkurve s-förmig und die Grenzkostenkurve u-förmig. Bei der Produktionsfunktion vom Typ B (→ Verbrauchsfunktion) verläuft die Gesamtkostenkurve linear, und die Grenzkostenkurve ist eine Konstante. Die Durchschnittskosten bzw. Stückkosten nähern sich asymptotisch den Grenzkosten.

Kostenkontrolle, Vergleich von → Plankosten mit den angefallenen → Istkosten, der durch eine → Abweichungsanalyse ergänzt wird. Im Marketing gestaltet sich z.T. die Abgrenzung der → Kosten recht schwierig.

Kostenmanagement, im Vergleich zur klassischen → Kostenrechnung, die lediglich die bei der Leistungserstellung und -verwendung entstehenden → Kosten erfasst (→ Kostenartenrechnung), verteilt (→ Kostenstellenrechnung) und sie möglichst verursachungsgerecht den einzelnen → Kostenträgern zurechnet (→ Kostenträgerrechnung), geht es im K. im Wesentlichen um die Kosten- und/oder Nutzenoptimierung innerhalb eines gegebenen Kostenrahmens.

Kostenminimierung, Form der → Wettbewerbsstrategie, die darauf abzielt, durch deutliche Kostenvorteile einen → Wettbewerbsvorteil zu erreichen. Mit der K. wird eine → Kostenführerschaft angestrebt. Damit verbunden ist auch die Nutzung der → Economies of Scale und des → Erfahrungskurveneffekts. Als Extremumprinzip folgt die K. dem → ökonomischen Prinzip und ist nicht primär darauf angelegt, die erzielten Kostenvorteile gegenüber den Wettbewerbern in eine Niedrigpreisstrategie umzusetzen, um z.B. Marktanteile zu gewinnen.

Kosten-Nutzen-Analyse, *Cost Benefit Analysis,* analytisches Bewertungsverfahren zur Beurteilung eines bestehenden Leistungsprogramms oder auch von Investitionsalternativen inklusive der damit verbundenen Aufwendungen. Die künftigen, auf den gegenwärtigen Zeitpunkt abdiskontierten → Erlöse und die entsprechenden → Kosten werden gegenübergestellt. Die Analyse dient vor allem als eine Entscheidungshilfe bei der Auswahl aus Investitionsalternativen. – Vgl. auch → Investitionsrechnung, → Kapitalwertrechnung, → Discounted Cash-Flow-Analyse.

kostenorientierte Preiskalkulation, → Preiskalkulation, die von den → Kosten ausgeht und auf der traditionellen → Kostenträgerrechnung beruht. Die Kalkulation erfolgt mithilfe der → Vollkostenrechnung und üblicherweise durch die → Zuschlagskalkulation. – *Gegensatz:* → nachfrageorientierte Preiskalkulation.

Kostenpreis, *Kosten-plus-Preis,* → Preis, der kalkulatorisch gebildet wird aus den Durchschnittskosten und einem Gewinnzuschlag. Die Kalkulation erfolgt mithilfe der → Vollkostenrechnung und üblicherweise durch die → Zuschlagskalkulation. – *Gegensatz:* → Marktpreis.

Kostenrechnung, Erfassung, Verteilung und Zurechnung der → Kosten, die bei der betrieblichen Leistungserstellung und -verwendung entstehen. – Vgl. auch → Kostenrechnungssystem.

Kostenrechnungssystem, die Kostenrechnung setzt sich zusammen aus der → Kostenartenrechnung, der → Kostenstellenrechnung und der → Kostenträgerrechnung. Nach dem Zeitbezug ist zu unterscheiden in Ist-, Normal- und Plankostenrechnung. Nach der Kostenzuordnung wird unterschieden zwischen → Vollkostenrechnung und → Teilkostenrechnung. Für das Marketing ist die Kostenrechnung ein sehr wichtiges Planungs- und Kontrollinstrument. – Vgl. auch → Marketingplanung, → Marketing-Controlling, → Preispolitik.

Kostenstelle, rechnungsmäßiger Teilbereich des → Unternehmens, dessen → Kosten ermittelt werden können, um sie den → Kostenträgern zuzurechnen.

Kostenstellenrechnung, Bindeglied zwischen → Kostenartenrechnung und → Kostenträgerrechnung. – Vgl. auch → Kostenstelle.

Kostentheorie, Analyse der Beziehungen zwischen der Höhe der → Kosten und ihren Bestimmungsgrößen. Den Ausgangspunkt der K. bildet die → Produktionstheorie. Der mit Faktorpreisen bewertete Input wird dem mengenmäßigen Output gegenübergestellt und analysiert auf der Basis der bestehenden → Produktionsfunktion. Weiter wird diejenige Kombination von → Produktionsfaktoren gesucht, die bei vorgegebener Ausbringungsmenge nach dem → ökonomischen Prinzip zu möglichst geringen Kosten führt. Dazu sind die Wertansätze für die Faktorverbräuche zu ermitteln, die sich in erster Linie für die → Preiskalkulation als realistisch und für die Bewertung der knappen Ressourcen als sinnvoll erweisen.

Kostenträger, Leistungseinheiten, wie → Produkte oder → Dienstleistungen, denen die → Kosten nach dem → Verursachungsprinzip zugerechnet werden können.

Kostenträgerrechnung, verursachungsgerechte Zurechnung der in einer Periode angefallenen → Gesamtkosten auf die einzelnen → Kostenträger, wie Produkte oder Dienstleistungen. Basis der K. sind die → Kostenartenrechnung und die → Kostenstellenrechnung. – Vgl. auch → Kostenrechnungssystem.

Kostenvergleichsrechnung, periodenbezogener Vergleich der → Kosten. – Vgl. auch → Investitionsrechnung.

Kostenverursachungsprinzip, → Verursachungsprinzip.

Kosten-Wirksamkeits-Analyse, Kontrollverfahren, das die → Kosten als

Nachteile behandelt. Es wird untersucht, welche unterschiedlichen Nutzenwirkungen verschiedene Kostenhöhen haben. – Vgl. auch → Zero-Base-Budgeting und → Nutzwertanalyse.

Kreativität, Fähigkeit des Menschen, Ideen zu entwickeln, die im Wesentlichen neu sind und ihm vorher unbekannt waren. K. kann auch als Fähigkeit verstanden werden, bekannte Systemelemente zu einem neuen Ergebnis zusammenzuführen (→ laterales Denken). Eine der wichtigsten Fähigkeiten kreativer Menschen ist ihre → Ambiguitätstoleranz, d.h. die Fähigkeit, in einem Spannungszustand verschiedener Konflikte zu leben und intensiv an einer effizienten Lösung zu arbeiten. Zur Förderung der K. werden → Kreativitätstechniken bzw. → Ideenfindungsmethoden eingesetzt.

Kreativitätstechnik, Arbeitstechnik zur Förderung der → Kreativität, die mehrere und verschiedene Führungsebenen in den Problemlösungsprozess einbezieht. Trotz der Fülle der Methoden lassen sich die K. auf wenige wesentliche Basismethoden zurückführen. Unterschieden wird zunächst in die intuitiv-kreativen und analytisch-systematischen Methoden. Die intuitiv-kreativen Methoden erfordern die freie → Assoziation und eine ausgeprägte Spontaneität. Die Basismethoden sind das → Brainstorming, die → Methode 635, die → Synektik und die → Bionik. Die zweite Methodengruppe umfasst die verschiedenen analytisch-systematischen Techniken. Sie definieren, ordnen, komprimieren und variieren die Probleme und ihre möglichen Lösungen. Die Basismethoden sind der → morphologische Kasten, das → Attribute Listing, die → Delphi-Methode, das → Relevanzbaumverfahren und die → Szenario-Technik.

Kredit, leihweise, zeitlich begrenzte Überlassung von Zahlungsmitteln, Sachgütern oder Dienstleistungen. Im Rahmen der → Absatzförderung sind K. ein Instrument der → Absatzfinanzierung. Die wichtigsten Formen sind → Konsumentenkredite und → Lieferantenkredite.

Kreditkarte, Form des bargeldlosen Zahlungsverkehrs. Nach Kreditprüfung und gegen Zahlung von Jahresbeiträgen an die jeweilige Kreditkartenorganisation kann der Karteninhaber bei allen dem System angeschlossenen Unternehmen bargeldlos zahlen. Die Vertragspartner zahlen an die Kreditkartenorganisation eine Umsatzprovision, die je nach Organisation zwischen drei und acht Prozent liegt. Eine Sonderform der K. ist die Kundenkarte von Filialsystemen. Im Wesentlichen soll damit eine höhere → Kundenbindung erreicht werden. Überdies ist dadurch auch die Möglichkeit zum Ausbau von Database-Marketing gegeben. Das Problem ist, dem Kunden mit der Kundenkarte einen geldwerten Vorteil zu geben, der das geltende Recht des → Gesetzes gegen den unlauteren Wettbewerb (UWG) nicht verletzt. Diese Restriktion hat sich nach dem Wegfall des → Rabattgesetzes und der → Zugabeverordnung erheblich verringert.

Kreditpolitik, Instrument der finanziellen → Absatzförderung, das zur → Konditionenpolitik zählt. Die Absatzkreditpolitik umfasst eine Vielzahl von Finanzierungsangeboten, z.B. Teilzahlung oder Leasing, um den interessierten Nachfragern den Kauf eines Leistungsangebots zu erleichtern. Vielfach wird die K. auch der → Kontrahierungspolitik zugeordnet.

Kreislaufwirtschaft, ökologisch orientierte, geschlossene industrielle Stoffkreisläufe. Das Leitprinzip der K. geht davon aus, dass die Austauschbeziehungen zwischen dem Öko-System und dem ökonomischen System, wie Produktion, Konsum, Recycling, Redistribution, Retrodistribution, Abfall, miteinander in Einklang gebracht werden.

Kreuzpreiselastizität, Veränderung der → Absatzmenge eines → Gutes, induziert durch die Preisveränderung eines anderen Gutes. Voraussetzung ist, dass die betrachteten Güter in einer substitutionalen oder komplementären Beziehung zueinander stehen. – Vgl. auch → Triffin`scher Koeffizient.

Kreuztabellierung, Verfahren der → Datenanalyse, bei dem der Auftritt eines oder mehrerer Merkmale verglichen wird mit der → Häufigkeit der Nennung eines oder mehrerer anderer Merkmale. In der → Marktforschung werden vielfach → demografische und → soziodemografische Kriterien als Basis für die K. gewählt. Man gewinnt so Erkenntnisse bez. der Abhängigkeiten zwischen verschiedenen Merkmalsausprägungen (→ Kontingenzanalyse). Werden zu viele Variablen miteinander korreliert, wächst die Gefahr einer Fehl- bzw. Überinterpretation der Untersuchungsergebnisse.

Krisen-Marketing, Marketingaktivitäten zur Bewältigung von Unternehmenskrisen. Dieser reaktive Ansatz im Sinne von Krisen-Management wird erweitert durch die Berücksichtigung evtl. in Zukunft auftretender Krisen. Frühwarnsysteme, wie z.B. → Monitoring, → Management- und → Marketing-Informationssysteme, sind ein Instrument zur möglichst frühzeitigen Krisenerkennung. Diversifikationen haben u.a. zum Ziel, mögliche Risiken zu streuen.

Krisenmarkt, Stagnation auf einem abgegrenzten Produktmarkt. Ursachen können u.a. Rezession, Marktsättigung, Substitutionstechnologien und veränderte staatliche Rahmenbedingungen sein. Zentralursache ist in den meisten Fällen die Marktsättigung.

Krisen-PR, Teil des → Krisen-Marketings durch → Public Relations (PR). Auch hier ist der reaktive von dem perspektivischen Ansatz zu unterscheiden, wobei die vorbeugenden Konzepte die größere Bedeutung haben. Da diese aber weitgehend in der Praxis fehlen, sind die PR-Maßnahmen im konkreten Krisenfall in vielen Fällen problematisch und können sogar zur Verschärfung der Krise führen.

kritischer Weg, Engpassweg im Netzplan (→ Netzplantechnik), bei dem die Ereigniszeitpunkte der einzelnen Tätigkeiten eine Pufferzeit von Null haben. Eine Verlängerung des k.W. führt zur zeitlichen Planabweichung in Bezug auf die Abwicklung des Gesamtprojekts.

Kulanz, Form des → Kundendienstes, die sich in erster Linie auf den → After-Sales-Service bezieht. Der hierbei wichtigste Faktor ist die kundenorientierte Behandlung von → Reklamationen. Die K. ist eng verkoppelt mit der Implementierung des → Beschwerdemanagements und einem kompromisslosen → Servicemarketing.

Kultmarke, Markenprodukt bzw. Markenartikel mit symbolischem Mehrwert oder Zusatznutzen, dessen Kultstatus sich weniger aus physischen als aus psychischen → Produkteigenschaften herleitet. Dem Kultkonsum kommt eine höhere und längerwährende Wertigkeit zu. Kultprodukte, wie z.B. Getränke, Jeans, Sportschuhe, bieten Orientierung und Identifikationsmöglichkeiten für den Käufer bzw. Konsumenten aufgrund ihres Bekenntnisses zu Lebensstil und/ oder Werteorientierung. Die Übereinstimmung zwischen persönlicher Überzeugung und Firmenphilosophie schafft Gemeinsamkeiten nicht nur zwischen K. und Käufer, sondern auch der Konsumenten untereinander.

Kult-Marketing, Form des → kommerziellen Marketings, die den Aufbau und die Vermarktung von Kultprodukten bzw. Kultmarken zum Ziel hat. Erklärungshintergrund ist, dass die Veränderungen in den Beziehungen Mensch-Güter-Dienstleistungen nicht nur das Güterangebot prägen, sondern über den jeweiligen Vermarktungsprozess auch das

Konsumentenverhalten. Der Versorgungskonsum wird vom Bedürfniskonsum verdrängt. Daraus entsteht ein irrationaler Erlebnis- und Begehrenskonsum [N. Bolz und D. Bosshart (1995)]. K.-M. ist ein Konzept, durch individuelle Bekenntnisse zu Lebensstil bzw. Werten eine Beziehung nicht nur zwischen Käufer und Kultmarke zu schaffen, sondern auch der Konsumenten untereinander. – Vgl. auch → intergeneratives Marketing.

Kultur, Gesamtheit der für eine → Gesellschaft gültigen Werte und ethischen Grundsätze, die vorwiegend durch Tradition überliefert wurden und sich in Denk- und Verhaltensmustern ausdrücken. Neben immateriellen Werten sind auch materielle Güter, die eine Gesellschaft herstellt oder mit denen sie sich umgibt (Konsumgüter), wesentlicher Bestandteil einer K. Kulturelle Normen prägen menschliche Verhaltensweisen, wie umgekehrt Lebens- und Konsumstil einer Gesellschaft ihre K. beeinflussen (Lebensstil, Lebenswelt). Die → Migration trägt durch zunehmende Kulturkontakte zur Veränderung von Konsumgewohnheiten bei (kulturelle Diffusion). Durch die damit verbundenen Anpassungsprozesse wird die Grundlage für die → Globalisierung geschaffen.

Kulturanthropologie, Disziplin der empirischen, interkulturellen → Sozialforschung, die sich insb. in den USA und Großbritannien entwickelt hat und deren Gegenstand die vergleichende Erforschung der verschiedenartigen → Kulturen ist. Die jeweilige Kultur prägt entscheidend das → Verhalten der Individuen und bietet damit die Möglichkeit zur → Typologisierung der → Zielgruppen und zur → Marktsegmentierung; wenngleich die zunehmende → kulturelle Diffusion die kulturbedingten Verhaltensunterschiede immer mehr verwischt. Die Ergebnisse kultur-anthropologischer Forschungen sind u.a. eine wesentliche Hilfe bei der Strategiefestlegung im → internationalen Marketing, wenn es etwa darum geht, sich grundsätzlich entweder für ein → polyzentrisches Marketing oder ein → ethnozentrisches Marketing zu entscheiden, das tendenziell in der Weiterentwicklung zum → geozentrischen Marketing und → Global Marketing neigt.

kulturelle Diffusion, Ausbreitung von → Kulturen durch Übernahme bzw. Annahme von Kulturelementen. Kulturelle Bewegungen führen zur Veränderung einer Kultur durch Vermischung bzw. Anreicherung mit neuen Elementen. Die → Migration trägt durch zunehmende Kulturkontakte zur Vielgestaltigkeit von Kulturen und Veränderung von Konsumgewohnheiten bei. Individuen mit einer kosmopolitischen Orientierung wirken als Innovatoren. Frühadopter bilden die Mittler zwischen der Außenorientierung der Innovatoren und der Binnenorientierung der nachgelagerten Gruppen (→ Adoptergruppen). Darüber hinaus verstärken die modernen Verkehrssysteme, die Informations- und vor allem die Kommunikationstechnologien, die k.D.

Kulturmarketing, marktorientierte Gestaltung des Kulturangebots im Sinne optimaler Tauschrelationen zwischen Kulturangebot und Kulturnachfrage.

Kultur-Sponsoring, besondere Form des → Sponsorings, die zunehmend an Bedeutung gewinnt. Gesponsert werden einzelne Künstler, Kulturgruppen und Kulturorganisationen vor allem in den Kulturbereichen Theater, Bildende Kunst, Musik, Literatur und Film. Hauptproblem bei dem K.-S. wie auch beim Öko-Sponsoring ist, dass die Gesponserten sehr sensibel sind und sich sehr schnell von den Sponsoren „vereinnahmt“ fühlen.

Kumulation, additiver Zuwachs von Einheiten, z.B. Mengen- und Werteinheiten.

kumulierte Leserschaft, Gesamtleserschaft, die mit mehreren Ausgaben eines → Printmediums mindestens einmal erreicht wird. Die unterschiedliche Ausprägung der k.L. der einzelnen Titel führt zu einer entsprechend unterschiedlichen → Kontaktverteilung der → Werbeträger. – Vgl. auch → Reichweite, → Kontaktzahl, → Leserschaftsforschung.

kumulierte Reichweite, → Reichweite.

Kunde, tatsächlicher, aber auch potentieller → Nachfrager nach Angebotsleistungen eines bestimmten → Anbieters. K. können Einzelpersonen, Institutionen und/oder Organisationen sein. Besondere Bedeutung haben die Schlüsselkunden, die → Key-Accounts, die durch das → Key-Account-Management eine besondere Betreuung erfahren.

Kundenakquisition, → Akquisition.

Kundenanalyse, Analyse der Kundenstruktur und des Kundenverhaltens (→ Konsumentenverhalten). Als Methoden zur K. bieten sich u.a. das → Panel, → A-B-C-Analysen, → Kundenstromanalysen und → Portfolioanalysen an.

Kundenbarometer, Messung der → Kundenzufriedenheit [jährliche Erhebung im Auftrag des Deutschen Marketing-Verbandes (DMV)]. Erhoben werden Zufriedenheits- und Bindungsdaten für das Leistungsangebot von → Anbietern von Produkten und Dienstleistungen.

Kundenbedürfnis, → Bedürfnis.

Kundenbeirat, → Verbraucherbeirat.

Kundenbindung, Beziehung zwischen → Anbietern und → Nachfragern im Sinne der Realisierung oder Planung wiederholter Tranksaktionen innerhalb eines bestimmten Zeitraums. Die Stärke der → Ladentreue und → Markentreue sind Ausdruck der K., die einen langfristigen Charakter haben sollte. Database-Marketing, Direktmarketing, Kundendienst etc. sind Möglichkeiten, um die K. zu verstärken. In den USA existieren im Einzelhandel sog. Frequent-Shopper-Programme, um die K. zu erhöhen. Wer viel kauft, der wird dafür auch mit Wert- oder Warengutscheinen belohnt. Die Kundenbindungsprogramme werden vielfach in vertikaler Kooperation von Herstellern und Händlern entwickelt. – Vgl. auch → Couponing.

Kundenbindungs-Controlling, Nutzenkontrolle der → Kundenbindung, deren Ausgangspunkt die → Segmentation der Kunden nach ihrer Attraktivität bildet. Neben diesem Anbieternutzen ist aber auch der Kundennutzen ein entscheidendes Segmentationskriterium. Das Ziel des K.-C. ist damit die Herstellung einer Kongruenz von Kundenzufriedenheit und Kundenattraktivität. Instrumente dazu sind u.a. die Clusteranalyse der Stammkunden und das Conjoint Measurement. Es erfolgt dann die Bewertung der Kundensegmente nach ihrem Lifetime Customer Value und der eigenen Kompetenz in Bezug auf die Erfüllung der Anforderungen inklusive der Feststellung der vorhandenen Kompetenzlücken (Stärken- und Schwächenanalyse, Schwachstellenanalyse). Daraus resultiert wiederum die grundlegende Entscheidung, welche Stärken mit welchen Maßnahmen weiter gestärkt und/oder welche Kompetenzlücken geschlossen werden sollen. Der Kreislauf wird geschlossen durch eine permanente Erfolgsmessung und die Wiederholung des kybernetischen Prozesses in Verbindung mit der mittelfristigen Planung. Das K.-C. erweist sich insgesamt als ein nützliches Instrument zur Optimierung des Kundenportfolios.

Kundenclub, Vereinigung von Nutzern und Anwendern bestimmter Produkte bzw. Dienstleistungen. K. werden von Herstellern, aber vor allem von Unternehmen des → Einzelhandels gegründet und dienen primär der → Kundenbindung. Hierbei können die Clubkarten auch die Funktion eines Zahlungsmittels (→ Kreditkarte) haben.

Kundendatei, umfassender und detaillierter Bestand an Kundeninformationen (Database).

Kunden-Datenbank, systematische Informationsspeicherung bez. der Kunden. Dazu gehören im Wesentlichen die Kundenadressen, beschreibende Profilinformationen und Merkmale der individuellen Beziehung zum jeweiligen Unternehmen. – Vgl. auch → Database-Marketing, → Direktmarketing.

Kundendienst, produktverbundene → Dienstleistung, die bez. des Kaufaktes vorab (Pre-Sales-Service), während, z.B. Information, Beratung, Anlieferungsservice. oder danach (After-Sales-Service) angeboten wird. Der K. hat den Charakter von Zusatz- und/oder Nebenleistungen, die meist unentgeltlich, vielfach aber auch entgeltlich erbracht werden. Ziel des K. ist es, die → Kundenzufriedenheit und damit die dauerhafte → Kundenbindung zu erhöhen. Insofern erweist sich insb. der After-Sales-Service immer mehr als ein wichtiges Marketinginstrument der Kundenpflege im Sinne einer permanenten → Kundennähe.

Kundenerfolgsrechnung, Form der → Absatzsegmentrechnung, die primär dem → Key-Account-Management als Steuerungsinstrument dient. In der K. werden den → Kunden verursachungsgerecht die → Erlöse und → Kosten zugeordnet. Dies erfolgt mithilfe einer kundenbezogenen → Deckungsbeitragsrechnung.

Kundenfang, nach dem → Gesetz gegen den unlauteren Wettbewerb (UWG) die unzulässige Beeinträchtigung des Kunden bzw. Umworbenen in seiner Entscheidungsfreiheit bzw. Konsumfreiheit mit unverhältnismäßigen Mitteln. Dadurch wird auch der Leistungswettbewerb der Anbieter eingeschränkt. Formen des diesbezüglichen wettbewerbswidrigen Verhaltens sind z.B. Irreführung, Ausübung eines psychologischen Kaufzwangs etc.

Kundenfrequenzanalyse, → Kundenstromanalyse.

Kundengruppenmanagement, → Key-Account-Management.

Kundenkarte, kundengruppenspezifische Karte, die den Inhabern zusätzliche Dienstleistungen, Rabatte, Boni etc. bietet. Die K. übernimmt vielfach auch die Funktion einer anbieterorientierten Kreditkarte. Je nach Umsatzbedeutung der → Kunden kann eine Differenzierung in Normal- und Premiumkarten erfolgen. Statuskarten umfassen meist ein erweitertes Rabatt- und Serviceprogramm.

Kundenkartei, → Kundendatei.

Kundenklassifikation, → A-B-C-Analyse.

Kundenlaufstudie, → Kundenstromanalyse.

Kundenloyalität, hohe → Wiederkaufrate von → Kunden in Bezug auf bestimmte → Anbieter. Die positive → Einstellung des Kunden zum Anbieter zeigt sich u.a. in der Weiterempfehlung bei Familie, Freunden und Bekannten. Die K. ist deutlich abzugrenzen von der Kundenzufriedenheit, da zufriedene Kunden nicht unbedingt auch treue Kunden sind, wie vielfach auch nicht ganz zufriedene Kunden durchaus, etwa aus Bequemlichkeitsgründen, eine hohe Loyalität zu bestimmten Anbietern aufweisen.

Kundenmanagement, → Key-Account-Management.

Kundennähe, konsequente Kundenorientierung, die fokussiert ist auf →

Kundenzufriedenheit und eine dauerhafte → Kundenbindung. Das diesbezüglich wichtigste Instrument ist das unternehmensübergreifende integrative → Servicemarketing im Rahmen des Gesamtkonzepts eines Nachkaufmarketings.

Kundennutzen, → Customer Value.

Kundenparlament, institutionelle Form des Dialogs (→ Dialogmarketing) zwischen → Anbietern und → Kunden. Insb. im Einzelhandel nimmt diese Form des → Beziehungsmarketings zu. Durch das K. erhält der Handel eine direkte Rückmeldung zur Kundenbeurteilung von Service, Ladengestaltung, Bedienungssystemen bzw. Bedienungsqualität, Sortiment etc., die eine größere Validität aufweist als die Ergebnisse von Kundenbefragungen. Überdies werden die „Parlamentarier" durch ihre mögliche Einflussnahme stärker an das jeweilige Handelsunternehmen gebunden.

Kundenportfolio, in Anlehnung an die Portfoliotechnik (→ Portfolio) die Aufteilung der Kunden nach verschiedenen Kriterien. Gliederungskriterien können z.B. die realisierbaren kundenbezogenen Marktpreise und die kundenbezogenen Kosten sein. Daraus kann eine Kundenklassifikation entwickelt werden, und zwar nach der Typologisierung in z.B. pflegeleichte Kunden, pflegeintensive Kunden, Traum-Kunden, Alptraum-Kunden inklusive der entsprechenden Normstrategien nach Kundenrentabilität, Kundenwert und Lifetime Customer Value.

Kundenrentabilität, Verhältnis der Kunden-Nettoerlöse zu den kundenbezogenen → Kosten, z.B. kundenspezifische Sonderleistungen, die der Lieferant bestimmten → Kunden bietet bzw. bieten muss.

Kundenschulung, Vermittlung von in erster Linie Anwendungswissen für technisch komplexe und erklärungsbedürftige Leistungsangebote. Das betrifft vor allem längerlebige Gebrauchsgüter und Produktivgüter. K. sind ein Instrument des → Servicemarketings und stärken die Kundenbindung wie auch Kundenzufriedenheit.

Kundenselektion, Auswahl von → Kunden, die nach Zielkriterien vorgenommen wird. Das wichtigste Selektionsinstrument ist die Kundenkategorisierung durch ein → Kundenportfolio, nach dem auch die Selektionskriterien bestimmt werden. Diese sind üblicherweise die Kundenrentabilitäten und die damit verbundenen kundenbezogenen Kosten. Weitere Methoden der Kundenklassifikation bzw. K. sind die A-B-C-Analyse und Scoringmodelle.

Kundenservice, → Kundendienst.

Kundenstamm-Marketing, besondere Behandlung bzw. Betreuung von → Stammkunden. Das K.-M. gewinnt seine Bedeutung aus der Praxiserfahrung, dass die Neukunden-Akquisition mit einem erheblich höheren Marketingaufwand verbunden ist als die Erhaltung des bestehenden Kundenstamms. – Vgl. auch → Kundenwert, → Lifetime Customer Value.

Kundenstromanalyse, *Kundenlaufstudie, Kundenfrequenzanalyse,* Analyse der physischen Kundenbewegungen in den → Outlets des → Einzelhandels. Ziel der Analysen ist, die Verkaufsflächenproduktivität [→ direkte Produktrentabilität (DPR)] zu optimieren. Da es sich um biotische, d.h. realitätsbezogene Messungen handelt, werden die Untersuchungen mithilfe von → Beobachtungen durchgeführt, an die sich → Befragungen anschließen können.

Kunden-Strukturanalyse, Bewertung von → Kunden nach Merkmalen, Profilen und Klassifikationen. – Vgl. auch → Kundenanalyse, → Kundenportfolio.

Kundentreue, Dachbegriff für alle Arten des loyalen Kundenverhaltens gegenüber Anbietern, deren Leistungsangebote nachgefragt werden. Die wichtigsten Formen der K. sind die → Produkttreue, → Markentreue und → Ladentreue.

Kundenverkehrsanalyse, wiederholt durchgeführte Untersuchung des → Einkaufsverhaltens durch die Bundesarbeitsgemeinschaft der Mittel- und Großbetriebe des Einzelhandels in den Stadtzentren. Ziel der Untersuchung ist die Ermittlung der sich im Zeitablauf ändernden Standortqualitäten der Zentren, die für den Einzelhandel von besonderer Bedeutung sind. Die K. umfasst eine Besucherzählung, Besucherbefragung und eine Befragung der teilnehmenden Einzelhandelsunternehmen.

Kundenwert, *Customer Equity,* Überschuss des gesamten Zahlungsstroms vom → Kunden während der Dauer der Kundenbeziehung an das Unternehmen im Vergleich zum Kostenstrom des Unternehmens für seine → Akquisition und laufende Bedienung, diskontiert auf einen gemeinsamen Zeitpunkt (Kapitalwert des Kunden). Der K. kann zu einem → Lifetime Customer Value aggregiert werden.

Kundenzeitschrift, *Kundenzeitung,* → Kommunikationsmedium im Rahmen der → Printmedien. Die K. ist eine periodisch erscheinende Publikation, die primär vom Einzelhandel den Kunden kostenlos zur Verfügung gestellt wird. Sie enthält sowohl redaktionelle Kundeninformationen als auch Anzeigen, die branchen-, aber auch umfeldbezogen sind. Die K. ist eine besondere Form der → Zielgruppenzeitschrift. Soweit sie durch den Handel initiiert ist, wird sie überwiegend durch Hersteller-Anzeigen finanziert.

Kundenzufriedenheit, *Customer Satisfaction,* Ergebnis des Vergleichsprozesses zwischen der vom → Kunden wahrgenommenen Produkt- bzw. Dienstleistungs-Realität und den individuellen Erwartungen, Ansprüchen, Zielen oder sozialen Normen bez. der Produkte bzw. Dienstleistungen. Die relevanten Bewertungskriterien umfassen sowohl Nutzen- als auch Kostenfaktoren. Die Angebote werden hierbei nicht nur als reine Güter definiert, sondern umfassen auch Services und weitere mögliche Bestandteile des Leistungsangebotes, z.B. Marketingkommunikation. Die K. kann abgebildet werden in einem Index, dem Customer Satisfaction-Index, der sich zusammensetzt aus zu bildenden unabhängigen Variablen inklusive ihrer Gewichtungen. Die K. ist deutlich abzugrenzen von der → Kundenloyalität.

künstlicher Unique Selling Proposition, *künstlicher USP,* nach R. Reeves (1961) wird unterschieden nach einem natürlichen und künstlichen → Unique Selling Proposition. Der natürliche USP ergibt sich unmittelbar aus dem Leistungsangebot und seinen Eigenschaften, während der künstliche USP lediglich durch die → Marketingkommunikation, in erster Linie durch die → Produktwerbung, generiert wird.

Kurzzeitgedächtnis, Gedächtnisspeicher, der → Reize je nach Intensität der → Aktivierung in → Informationen umwandelt. Wichtig ist hierbei die Informationsrelevanz für den Empfänger. Die Kapazität des auch als Arbeitsspeicher bezeichneten K. ist gering, die Verweildauer der Informationen im Speicher kurz. Wiederholungen fördern die Aufnahme der Informationen in den Langzeitspeicher. – Vgl. auch → Langzeitgedächtnis.

Kurzzeitspeicher,
→ Kurzzeitgedächtnis.

KVP, Abk. für → kontinuierlicher Verbesserungsprozess.

Kybernetik, Theorie aller dynamischen → Systeme, die von L. v. Bertalanffy (1932) begründet und neben anderen von N. Wiener (1948) weiterentwickelt wurde. Wiener definiert die K. als Erforschung von Steuerungs- und Regelvorgängen in Technik, Biologie und Sozialwissenschaften. Kybernetische Ansätze haben auch im Marketing eine vielfältige Anwendung gefunden, wie z.B. in der Marketingplanung, bei der Bildung von Marketingmodellen, aber auch bei der Gestaltung von Marketingorganisationen. Diese komplexen Aufgaben unterliegen den Prinzipien der Steuerung und Regelung (Rückkoppelungsprinzip) der K. Hierbei ist unter Steuerung die Anweisung an ein Systemelement zu verstehen, bei Systemstörungen unmittelbar einzugreifen. Die Regelung hingegen ist eine Prozessüberwachung mit der Aufgabe, bei einer Soll-Ist-Abweichung eine automatische Korrektur vorzunehmen. In Marketingprozessen werden Steuerung und Regelung miteinander kombiniert. – Vgl. auch → Regelkreis.

L

Labeling, Kategorisierung und Benennung von → Konsumenten und → Produkten. Das L. ist eine künstliche Namensgebung, die sich für die Konsumentenkategorisierung als problematisch erweist. Das zeigt auch die Grenzen einer konsumentenbezogenen Typologienbildung auf.

Laborbeobachtung, → Beobachtung unter künstlich geschaffenen Versuchsbedingungen. – Vgl. auch → Laborexperiment.

Laborexperiment, → Experiment, das unter künstlichen Bedingungen in einem Labor stattfindet. Der Vorteil des L. ist, dass es unter kontrollierten Bedingungen erfolgt. Nachteilig ist die durch die Testsituation bedingte Verhaltensänderung, die dem realen → Verhalten einer Kaufsituation nicht entspricht. L. werden vor allem bei → Produkttests eingesetzt, die u.a. der Überprüfung der → Produkteigenschaften dienen.

Labortest, → Laborexperiment.

Labour Relations, Beziehungen zwischen einem → Unternehmen und seinen Mitarbeitern inklusive Gewerkschaften. Diese Beziehungen werden stark beeinflusst durch das → Personalmarketing.

Laddering, *Leitertechnik,* → Befragung, deren Grundlage eine immer weitergehende „Warum-Frage" ist. Jeder Antwort folgt eine weitere „Warum-Frage", bis der → Proband nicht mehr antworten kann. Die Befragungsmethode dient dazu, → Marketingstrategien zu entwickeln, die auf die Motive der Konsumenten ausgerichtet sind und nicht lediglich auf die objektiven Produkteigenschaften, die möglicherweise für den Konsumenten nur bedingt Auslöser für seine Kaufentscheidung sind. Die Ergebnisse aus L.-Befragungen zeigen neue Wege für das Zielgruppenmarketing und die Marktsegmentierung.

Ladenatmosphäre, → Ladengestaltung.

Ladenbau, → Ladengestaltung.

Ladendesign, → Ladengestaltung.

Ladengemeinschaft, lose oder auch stärkere → Kooperation von stationären Einzelhandelsbetrieben. Die Einkaufscenter entwickeln sich z. T. zu L., indem sie als selbstständige Betreiber das Prinzip des → Shop-in-the-Shop anwenden.

Ladengestaltung, sichtbarer Ausdruck einer händlerischen Konzeption. L. ist die Verpackung der Handelsleistung. Das bedeutet die notwendige Übereinstimmung mit dem Sortiment, Preisniveau, Standort, Service, der Bedienungsform und Warenpräsentation. Nur aus dem in sich konsistenten Zusammenspiel aller → Handelsmarketinginstrumente heraus leistet die L. einen effizienten Beitrag zur Profilierung eines → Geschäftstyps. Die L. im Sinne der Schaffung von Ladenatmosphäre gewinnt besondere Bedeutung hinsichtlich der neuen Formen des → Erlebnishandels. – Vgl. auch → Ladenlayout.

Ladenlayout, Aufteilung und Anordnung der Funktionszonen im → Einzelhandel, um eine optimale Kundenfrequenz zu erreichen. Es wird unterschieden in Warenfläche, Kundenfläche und Verkaufsfläche. – Vgl. auch → Ladengestaltung und → Interior Design.

Ladentest, → Store-Test.

Ladentreue, *Geschäftstreue,* Einkaufsstättentreue des → Konsumenten. Sie beruht auf einer positiven Einstellung des Käufers zu einem wiederholt präferierten Geschäft und steht z.T. im Wettbewerb mit der Markentreue und Produkttreue. Es können aber auch Zusammenhänge bestehen zwischen der Laden-, Marken- und Produkttreue. So kann z.B. die L. die Markentreue begründen, wie auch umgekehrt (Markenwechsel) bei einem Geschäftswechsel.

Lager, Räume bzw. Freiflächen in bzw. auf denen → Waren vorübergehend gelagert oder in ein anderes logistisches System überführt werden. Im Wesentlichen unterscheidet man in → Zentrallager und → Außenlager und bez. der Funktionen in Vorratslager, Umschlagslager und Verteilungslager. L. sind ein wichtiger Bestandteil der → Logistik und bestimmen entscheidend die Qualität des → Lieferservice.

Lagerbestand, Bestand an Roh-, Hilfs- und Betriebsstoffen, Halb- und Fertigfabrikaten in Fertigungsbetrieben und Vorrat an Verkaufswaren im Handel. Das → Bestandsmanagement hat die Aufgabe, den L. zu optimieren und die → Kapitalbindung möglichst gering zu halten.

Lagergeschäft, Verkauf ab Lager, in der Regel Großhandelslager. – *Gegensatz:* → Streckengeschäft.

Lagergroßhandel, → Betriebstyp des → Großhandels, der in Form von Großhandelslagern die Lagerhaltungsfunktion für den Einzelhandel wie auch für den Hersteller übernimmt. Hierbei wird eine Zeitüberbrückungsfunktion zwischen Herstellung und Warenpräsenz im Einzelhandel getätigt. – *Gegensatz:* → Streckengroßhandel.

Lagerhaltung, Bereich der → Materialwirtschaft. Ihre Funktionen sind der Zeitausgleich zwischen Produktion und Konsumtion sowie die Vorratshaltung in mehrstufigen Produktionsprozessen, d.h. Lagerung von Zwischenprodukten sowie von Roh, Hilfs- und Betriebsstoffen. Damit verbunden sind auch Entscheidungen bez. der → Vorratspolitik und der → Lagerpolitik.

Lagerpolitik, strategische Entscheidung darüber, ob ein → Lagergeschäft oder ein → Streckengeschäft betrieben werden soll. Hierbei sind Mischformen durchaus möglich. Beim Lagergeschäft sind Arten und Umfang der → Lager zu bestimmen. Damit verbunden sind auch Entscheidungen zur Durchführung und Abwicklung der → Lagerhaltung.

Lagersortiment, diejenigen → Artikel, die im → Handel ständig am → Lager bzw. im Verkaufsregal verfügbar sind. – *Gegensatz:* → Bestellsortiment.

Lagerumschlag, Verhältnis von → Umsatz bzw. Lagerabgang und durchschnittlichem → Lagerbestand. Die Umschlagshäufigkeit der Waren (→ Warenumschlag) ist insb. für Handelsbetriebe von besonderer Bedeutung. – Vgl. auch → Kapitalbindung.

Lahiri-Verfahren, spezielles → mehrstufiges Auswahlverfahren nach D. B. Lahiri, das die Kumulation von Sekundäreinheiten und die dadurch bedingte Überschreitung des geplanten → Stichprobenumfangs vermeidet.

Laissez-faire-Liberalismus, Wirtschaftspolitik, die auf jegliche Einwirkung des Staates auf den Wirtschaftsprozess im Sinne einer staatlichen Ordnungsfunktion verzichtet. Dem Staat kommt lediglich eine „Nachtwächterfunktion" zu, nach F. Lassalle (1825-1864). – *Gegensatz:* → Liberalismus.

Lambda-Hypothese, die Hypothese bezieht sich auf die Wirkungen der → Aktivierung. Bei zunehmender Stärke der Aktivierung steigt zunächst die Leistung eines Individuums im Sinne der → Wahrnehmung und Verarbeitung. Von einer bestimmten Aktivierungsstärke ab fällt sie jedoch wieder.

Lancaster-Modell, das von K. J. Lancaster (1966) entwickelte Kaufentscheidungsmodell (→ Kaufentscheidungsprozess) ist eine Weiterentwicklung der klassischen → Haushaltstheorie. Das Modell unterscheidet in → Produkte und → Güter. Es wird angenommen, dass die Kaufentscheidung von der Nutzenfunktion und dem → Nutzwert des angebotenen Produkts für den Konsumenten abhängt.

Länderportfolio, Übernahme des Portfoliogedankens (→ Portfolio) zur Einschätzung von Chancen und Risiken von Auslandsmärkten. Hierbei werden Risikopotentiale und Marktattraktivitäten gegeneinander abgewogen und verglichen mit den eigenen Aktionspotentialen. Das L.-P. ist ein analytisches Instrument im → internationalen Marketing. Im Hinblick auf das → Global Marketing erweisen sich weltmarktorientierte L. mittlerweile als unerlässlich für Unternehmen, deren Ziel es ist, Global Player zu werden oder zu bleiben.

Länderselektion, systematische Auswahl von Ländern bzw. Ländergruppen im Rahmen der → Auslandsmarktforschung. Auswahlkriterien sind vor allem die Einschätzung der in den einzelnen Ländern möglichen Zielerreichungsgrade und die Beurteilung der Länderrisiken. – Vgl. auch → Länderportfolio, → BERI-Index.

Langsamdreher, → Schnelldreher.

Langzeitgedächtnis, Gedächtnisspeicher, der der → Informationsverarbeitung dient. Im L. werden die → Informationen langfristig gesichert, wobei durch ihre Überlagerung (→ Interferenztheorie) und auch Vernetzung ein Zugriff auf sie vielfach nicht mehr möglich ist. Durch Wiederholung und eindrucksvolle Gestaltung der Informationen kann das Problem z.T. behoben werden. – *Gegensatz:* → Kurzzeitgedächtnis.

Längsschnittanalyse, Datenerfassung und -analyse über einen längeren Zeitraum. In bestimmten Zeitabständen werden die gleichen Tatbestände zu bestimmten Untersuchungsobjekten erhoben. Es ergeben sich Längsschnitt- bzw. Zeitreihendaten (→ Zeitreihen), die → Trends bzw. Trendveränderungen deutlich machen. Auf der Basis dieser Daten können → Prognosen entwickelt werden in Form von → Trendextrapolationen. – *Gegensatz:* → Querschnittsanalyse.

Langzeitspeicher, → Langzeitgedächtnis.

Lasswell-Formel, nach H. D. Lasswell (1948) ein Schema zur Analyse von → Kommunikationsmitteln:
- Who (Kommunikator)
- says what (Message)
- in which channel (Kommunikationskanal)
- to whom (Kommunikant)
- with what effect (Kommunikationswirkung).

Die Systematik kann auch auf die Inhalte der → Kommunikationsforschung übertragen werden und zwar nach → Kommunikatorforschung, → Inhaltsanalyse, → Mediaforschung, → Werbemittelforschung, → Rezipientenforschung und → Werbewirkungsforschung.

latentes Lernen, Speicherung von Verhaltensalternativen, die insb. durch Beobachtung (→ Beobachtungslernen) erworben werden, jedoch zunächst verhaltensunwirksam bleiben. Nach A. Bandura (1977) werden von der Vielzahl gelernter Verhaltensmuster vor allem jene umgesetzt, die entsprechend der jeweiligen Situation belohnende Konsequenzen versprechen.

laterale Diversifikation, Form der → Diversifikation, bei der die Erweiterung des Leistungsprogramms keinen sachlichen Zusammenhang mehr mit den bisherigen Tätigkeiten aufweist. Die l.D. ist die typische Form von → Konglomeraten. Das Hauptproblem liegt in den vielfach nicht vorhandenen oder nur geringen Erfahrungen auf den neuen Tätigkeits- und Marktfeldern. Hinzu kommt oft der reine Blick auf die Gewinnung von Wachstumsmärkten und die Eigenkapitalrentabilität, die die Sicht auf die Grenzen der eigenen Kompetenz verstellt. – *Anders:* → horizontale und → vertikale Diversifikation.

laterales Denken, Art des → Denkens, die nach E. de Bono (1989) mit den vorherrschenden logischen (analytisch-vertikalen) tradierten Denkmustern bricht. Das l.D. ist ein wesentliches Element der → Kreativität. Bekannte Systemelemente werden durch eine analytisch nicht begründbare neue Anordnung zu bisher nicht bekannten Systemen zusammengefügt. Nach E. de Bono ist aber l.D. kein Ersatz für → vertikales Denken. Beide Denkarten sind notwendig und ergänzen sich etwa bei der → Produktentwicklung und insb. bei der → Ideengewinnung.

Laufkunde, → Käufer, der keine Bezugsbindung zu bestimmten → Anbietern aufweist. Sein → Kaufverhalten ist durch Spontanität bestimmt, oder es handelt sich um einen Preiskäufer, der seinen Kauf vom aktuellen Preis-Leistungs-Verhältnis der verschiedenen Anbieter abhängig macht. Der L. ist primär dem → Konsumgütermarkt zuzuordnen. – *Gegensatz:* → Stammkunde.

Launch, Einführung oder Start z.B. einer neuen Marke, eines neuen Produktes, eines neuen Internetauftritts oder einer neuen Werbekampagne. – *Anders:* → Relaunch.

Lavington-Modell, → Simulation des → Kaufverhaltens unter Berücksichtigung der durchgeführten Marketingmaßnahmen. Dabei unterscheidet das Modell in die durch Prädisposition des Verbrauchers bzw. des Konsumenten bestimmten Kaufentscheidungsfaktoren, z.B. Preis-Leistungs-Verhältnis und in Entscheidungsfaktoren, die erst unmittelbar vor dem Kauf, z.B. Ladengestaltung, wirksam werden. Aufgrund seines Ansatzes ist das Modell auf die Simulation des Kaufverhaltens im Hinblick auf kurzlebige Konsumgüter beschränkt.

Law of Indifference,
→ Gesetz der Unterschiedslosigkeit.

Layout, grafische und typografische Gestaltung von → Kommunikationsmitteln und → Kommunikationsmedien. Vielfach wird auch als Layout die Visualisierung einer Werbeidee bezeichnet, beginnend mit der Rohskizze bis hin zum endgültigen Entwurf. Einen verwandten Bedeutungsinhalt hat das → Ladenlayout im → Einzelhandel.

Lead Country-Konzept, Vorgehensweise im → internationalen Marketing, bei der die Auslandsmärkte stufenweise erschlossen werden (→ Wasserfall-Strategie). Hierbei übernimmt ein bestimmtes Land (meist das Mutterland) die Führung in der internationalen Strategieentwicklung, deren kommunikative Umsetzung vielfach auch durch eine Leitagentur erfolgt.

Lead User, Schlüsselkunden, die vor allem in der → Investitionsgüterindustrie als → Referenzanwender für die Einführung neuer Produkte eine große Bedeutung haben. So können L.U. vielfach als → Meinungsführer kommunikativ und vor allem akquisitorisch für die Neukundengewinnung eingesetzt werden, etwa durch die Installation „vorzeigbarer" Prototypen neuer Produkte.

Leaflet, → Prospekt.

Lean Management, ganzheitlicher Managementansatz mit dem Ziel, durch die Integration aller betrieblichen Funktionen und Arbeitsbereiche → Synergien zu nutzen. Im Wesentlichen geht es um die

Maximierung der → Wertschöpfung. Notwendig dazu sind:

- Dezentralisation,
- Delegation von Verantwortung,
- flache Hierarchien,
- Abbau von Zentralbereichen,
- Beschleunigung von Entscheidungs-, Informations- und Kommunikationsprozessen und insb. eine
- umfassende Teamarbeit im ganzen Unternehmen.

Als Maxime gilt eine totale Kundenorientierung und nicht ein undifferenzierter Abbau von Arbeitsplätzen. – Vgl. auch → Kaizen und → Outsourcing.

Lean Marketing, → Lean Management.

Lean Organization, → Lean Management.

Lean Production, „schlanke" Produktion durch geringeren Mitteleinsatz und durch kontinuierliche Verbesserungsprozesse. Üblicherweise bezieht L.P. das ganze Unternehmen in die Optimierung ein. Vom Konzept her ist L.P. ein System von Maßnahmen und Methoden, das die effektive und effiziente Planung, Gestaltung und Kontrolle von → Wertschöpfungsketten umfasst. Es handelt sich um eine integrierte Betrachtung von Produkt- und Prozesstechnologie, die Aufwertung des Menschen zu einem entscheidenden Produktionsfaktor, die konsequente und qualitätsbezogene Marktorientierung sowie das Bemühen um eine kontinuierliche Verbesserung von → Produkten und → Prozessen.

Leapfrogging, Überspringen der gegenwärtigen Angebote primär in technologieorientierten Märkten. → Kaufentscheidungen werden in Erwartung absehbarer, verbesserter Produkte aufgeschoben. Dieser Effekt tritt umso stärker auf, wenn zudem permanente Preissenkungen die Branche bestimmen. Der Effekt wird beeinflusst durch die Länge der Produktlebenszyklen und Innovationszyklen, durch den technischen Fortschritt und die Dringlichkeit der Kaufentscheidung. Insb. die Kommunikationspolitik der Anbieter durch Neuproduktankündigungen animiert zum L.

Leased Department-Prinzip, Vermietung von Abteilungen im → Einzelhandel an Fremdunternehmen. Dieses Prinzip verfolgen vor allem die klassischen → Warenhäuser und → SB-Warenhäuser im Food-Bereich, z.B. Brot- und Backwaren, und/oder Non-Food-Bereich, z.B. Kosmetik. Für den Verbraucher ist vielfach die Eigenständigkeit der Anbieter nicht erkennbar. Der Mieter profitiert von der Kundenfrequenz des Vermieters, der Vermieter gewinnt an Kompetenz hinsichtlich der Sortimentsbreite oder -tiefe. Ein extensiv betriebenes L.D.-Konzept weist eine Ähnlichkeit mit einem → Einkaufscenter auf, in dem die verschiedenen selbstständigen Betreiber aus Kundensicht eine optische Anbietereinheit bilden. – Vgl. auch → Rack Jobber.

Leasing, Instrument der Investitions- und Finanzierungspolitik aus Nachfragersicht und ein Instrument der Absatzfinanzierung aus Anbietersicht. L. berührt damit aus beiden Sichtweisen die → Preis- und → Konditionenpolitik. Grundprinzip des L. ist, dass der Kauf ersetzt wird durch laufende Mietzahlungen. Der Unterschied zur Miete oder Pacht ergibt sich daraus, dass der Leasingnehmer nach Vertragsablauf das Objekt gegen eine geringere Gebühr weiter nutzen oder käuflich erwerben kann. Nach der Fristigkeit wird unterschieden in Operational L. (kurzfristig) und Financial L. (langfristig). Nach L.-Objekten ist zu unterscheiden in Konsumgüter-L. und Investitionsgüter-L. In Bezug auf den L.-Geber differenziert man in Direkt-L., direkt durch Hersteller, und indirektes L. durch die Einschaltung von L.-Gesellschaften, welche die L.-Verträge mit den L.-Nehmern abschließen.

Lebensalter, → Alter.

Lebensdauer, → Obsoleszenz.

Lebenshaltung, die tatsächliche Gestaltung des Daseins in Abhängigkeit von Einkommen und Vermögen. Die L. wird in quantitativer (Verwendung der wirtschaftlichen Mittel) und qualitativer Hinsicht (Entwicklung der Bedürfnisse) von der individuellen Struktur des → Haushalts bestimmt. Neben gesellschaftlichen Einflussfaktoren, z.B. Wertewandel, Konsumstandard, wird die L. maßgeblich durch die gesamtwirtschaftliche Entwicklung beeinflusst. Der Preisindex für die L. (→ Lebenshaltungskostenindex) ist ein wesentlicher Indikator für die → Kaufkraft. – Vgl. auch → Lebensstandard.

Lebenshaltungskostenindex, Preisindex, der die Veränderung der Lebenshaltungskosten in einem definierten Zeitraum aufgrund von Preisänderungen angibt. Bei der Berechnung des L. wird ein art- und mengenmäßig gleichbleibender → Warenkorb zugrunde gelegt. Damit ist das Problem verbunden, dass kurz- und mittelfristige Veränderungen im Konsumentenverhalten nicht erfasst werden können. Eine wiederholte Neudefinition des Warenkorbs bez. der Konsumrealität führt hingegen zu Schwierigkeiten bei langfristigen Vergleichen, da keine einheitliche Basis mehr existiert.

Lebensqualität, qualitative Neuorientierung von Zielen in der Gesellschaft. Dabei stehen nicht mehr allein quantitative Größen im Mittelpunkt des individuellen Zielsystems, sondern ergänzend qualitative Zielfunktionen, wie z.B. Freizeit, Gesundheit, Persönlichkeitsentwicklung.

Lebensstandard, Bezeichnung für die Gesamtheit der als erforderlich angesehenen materiellen und immateriellen Versorgungsgüter. Der L. umfasst eine bestimmte Menge und Qualität an materiellen Gütern und Dienstleistungen, öffentlichen Einrichtungen und sozialen Beziehungen. Er ist abhängig vom individuellen → Einkommen, sozialen → Status sowie von → Normen und → Traditionen und unterliegt gesellschaftlichen Veränderungen. Im Unterschied zur Lebenshaltung als effektive Größe (Lebenshaltungsindex) stellt der L. eher ein anzustrebendes soziales und kulturelles Leitbild dar. – Vgl. auch → Wertewandel, → Konsumstandard.

Lebensstil, spezifische Kombination der Verhaltensmuster von Menschen. Die Verhaltensmuster resultieren aus Überzeugungen, Zielen, Interessen und letztlich Verhaltensweisen und bieten die Möglichkeit zur Typologisierung (→ Käufertypologie) von Zielgruppen. L. unterliegen dynamischen Einstellungen und Verhaltensweisen. Daraus ergibt sich auch vielfach die Problematik von Typologien, die einerseits auf dynamischen L. aufbauen und andererseits in der pragmatischen „Marketingbehandlung" als relativ starr angesehen werden.

Lebenswelt, Handlungs- und Erfahrungsraum von Individuen, der nach J. Habermas (1981) „durch einen kulturell überlieferten und sprachlich organisierten Vorrat an Deutungsmustern repräsentiert" wird. Daraus leiten sich auch die → sozialen Milieus ab, die in einem engen Zusammenhang mit den → Lebensstilen stehen. Da L. das individuelle Handeln erklären, eignen sie sich zur Bildung von Käufertypologien und Bestimmung von Zielgruppen.

Lebenszyklus, → Produkt-Lebenszyklus, → Familienzyklus.

Leerkosten, → fixe Kosten die dadurch entstehen, dass ein Teil der Kapazität nicht genutzt wird. Die wesentliche Ursache für die Entstehung von L. ist, dass der Produktionsfaktor Betriebsmittel nicht beliebig teilbar ist und sich daher als relativ unflexibel erweist im Hinblick auf seine Anpassungsmöglichkeit bei Beschäftigungsabweichungen. – *Gegensatz:* → Nutzkosten.

Leistungsanreiz, → Incentives.

Leistungsgesellschaft, → Industriegesellschaft, in der das Streben nach Leistung und Erfolg die Voraussetzung für den Wohlstand der → Gesellschaft und die Steigerung des → Lebensstandards bildet. Der freie → Leistungswettbewerb der Marktteilnehmer sorgt für eine stetige Verbesserung des Produktangebots und eine wachsende Arbeitsqualifikation. Individuelles Einkommen, sozialer Status und Prestige sind abhängig vom Umfang und der Qualität der Leistung des Einzelnen. Das Leistungsprinzip als Marktmechanismus erhält die Wettbewerbsfähigkeit der Wirtschaft. Die L. ist eine Wettbewerbsgesellschaft, in der sich, national wie international, nur diejenigen Anbieter durchsetzen, deren Leistungserstellung eine im Konkurrenzvergleich höhere Produktivität aufweist.

Leistungsmotivation, Resultante eines emotionalen Konflikts zwischen einerseits der Hoffnung auf Erfolg (Annäherungsmotivation) und andererseits der Furcht vor Misserfolg (Vermeidungsmotivation). Die Tendenz, Erfolg anzustreben, wird als Produkt aus drei Faktoren angesehen: dem Leistungsmotiv, der subjektiven Wahrscheinlichkeit, dass der Erfolg eintritt und dem Anreizwert des Erfolgs [(J. W. Atkinson (1964)]. Die L. ist ein → Bedürfnis nach Leistung und damit das Bestreben, Hindernisse zu überwinden, über sich selbst hinauszuwachsen, seine Selbstachtung durch die erfolgreiche Ausübung seiner Fähigkeiten zu steigern. Angst und Deprivation führen eher zu einem Reizreduktionsverhalten, das nach S.Freud auch stimulierend wirkt. Leistungsbedürfnisse gehen dem Wirtschaftswachstum voraus. Eine Zunahme der Leistungsbedürfnisse erzeugt Wirtschaftswachstum, eine Abnahme wirtschaftlichen Niedergang. – Vgl. auch → Motivation, → Motivationstheorie.

Leistungsprogramm, Gesamtheit der von einem → Unternehmen auf dem → Markt angebotenen → Produkte und/oder → Dienstleistungen. Das L. wird begrifflich im → Produkt-Mix zusammengefasst.

Leistungswettbewerb, → Wettbewerb, der auf dem Leistungsstreben beruht, z.B. durch eine qualitative Verbesserung des Angebots, und nicht darauf abzielt, die Konkurrenz zu behindern oder zu verdrängen (→ Verdrängungswettbewerb). Der L. ist die dem marktwirtschaftlichen Ordnungssystem entsprechende Wettbewerbsform.

Leitbild, personifiziertes Vorbild, dessen → Verhalten als nachahmenswert erachtet wird. Ein L. besitzt ein hohes → Sozialprestige und wird vornehmlich in der Marketingkommunikation eingesetzt, z.B. Filmstars, Sportler. Ziel ist der Imagetransfer vom L. auf das beworbene Leistungsangebot und das anbietende Unternehmen. Problem hierbei ist, dass das L. durch die Berichterstattung in den Kommunikationsmedien einem permanenten Verschleißprozess ausgesetzt ist und seine Vorbildfunktion in der Öffentlichkeit wiederholt in das Gegenteil umschlägt.

Leitbildwerbung, → Produktwerbung mit personifizierten Vorbildern (→ Leitbild), deren → Verhalten als nachahmenswert erachtet wird. – Vgl. auch → Testimonial.

Leithändlersystem, Form des → vertikalen Marketings, bei der Hersteller die für sie besonders wichtigen Handelsunternehmen auswählen und diesen eine intensive Marketingunterstützung geben. Daraus kann sich eine → selektive Vertriebspolitik entwickeln.

Leitpreis, Preisorientierung am Branchendurchschnitt oder am Preisführer (→ Preisführerschaft). Der L. ist als eine Orientierungsgröße zu verstehen, die die → Preisstrategie eines Anbieters (vor allem in einem Oligopol) wohl berührt, aber nicht bestimmt.

Leitsätze für die Preisermittlung aufgrund von Selbstkosten (LPS), Richtlinien, die die Grundlage von → Preiskalkulationen bei öffentlichen Aufträgen sind.

Leitstudie, → Pilotstudie.

Leitungsspanne, *Führungsspanne,* optimale Anzahl der einem Vorgesetzten unterstellten Mitarbeiter (→ Kontrollspannenprinzip). Die optimale L. richtet sich nach dem Einzelfall, der Leitungskapazität und insb. nach der je Aufgabengebiet sehr unterschiedlichen anforderungsbedingten Leitungsbelastung. Überdies spielen die Beziehungen zwischen Vorgesetzten und Mitarbeitern, die Häufigkeit und Intensität der Beziehungen, die Art der verschiedenen Aufgaben und der Grad der Delegation eine wichtige Rolle. Insofern weichen auch die in der Literatur genannten optimalen Zahlenangaben z.T. erheblich voneinander ab und reichen von drei bis sechs, drei bis acht und auch über zehn hinausgehende Unterstellungen.

Leitungssystem, Gesamtheit der personellen Leitungsbeziehungen in der → Organisation. Das L. wird in einem → Organigramm visualisiert. Die Grundmodelle der L. sind:

- das Einliniensystem: klare Abgrenzung der Aufgaben und Verantwortungsbereiche,
- das Stab-Linien-System: Bildung von Stabsstellen innerhalb der Linienorganisation und
- das Mehrliniensystem: Mehrfachbeziehungen innerhalb der vertikalen Hierarchie in Form der Matrixorganisation oder Tensororganisation.

Spezielle Ausprägungen des L. sind: verrichtungs- bzw. funktionsorientierte Modelle (Einliniensystem) und objektorientierte Modelle (Spartenorganisation, Produktmanagement) und das Profit-Center-Konzept, das nicht mehr als klassisches L. gelten kann, dennoch aber in Verbindung mit der Matrixorganisation am konsequentesten dem dezentralen Objektprinzip folgt. Gleiches gilt für das Projektmanagement, das dem Mehrliniensystem folgt und große Ähnlichkeiten mit der Matrixorganisation aufweist.

Lernen, Veränderungen von Einstellungen und Werten, die auf Erfahrungen und Erkenntnissen basieren. L. erfüllt zwei Funktionen: die Informationsfunktion, d.h. die Verknüpfung neuer mit bereits gespeicherten → Informationen und die Verhaltensfunktion, d.h. die Anpassung des Verhaltens entsprechend der neuen Erkenntnisse. Vorhandenes Wissen und die Aktivierung des Individuums lenken die → kognitiven Prozesse und bestimmen Dauer und Schnelligkeit der → Informationsverarbeitung.

Lernen am Modell, → Modell-Lernen.

lernende Organisation, → Organisation, in der die Organisationsmitglieder den Prozess des → Lernens bewusst durchlaufen und aktiv gestalten. Hierbei geht es vor allem darum, das in der Organisation implizit vorhandene → Wissen durch das → Wissensmanagement explizit zu machen, um z.B. die Wertschöpfungsketten zu optimieren. Ein damit verbundenes weiteres Ziel ist, durch die Generierung neuen Wissens und seine konkrete Umsetzung im Unternehmen kontinuierliche Verbesserungsprozesse in Gang und permanent fortzusetzen. Eine wesentliche Voraussetzung dazu ist die entsprechende → Organisationskultur.

Lernkompetenz, Fähigkeit zur ständigen Wissenserweiterung aller persönlichen Kompetenzen, wie die → Fachkompetenz, → Methodenkompetenz, → Sozialkompetenz, → emotionale Kompetenz. Insofern besteht eine Interdependenz zwischen dem Fachwissen, der Methodenhandhabung, der Sozialisation und der emotionalen Persönlichkeitsstärke.

Lernkurve, grafische Darstellung der Ergebnisse von Lernprozessen. Eine idealtypische L. weist einen s-förmigen Verlauf auf. Auch in der Produktions- und Kostentheorie spielen L. eine wichtige Rolle. – Vgl. auch → Erfahrungskurveneffekt.

Lernpsychologie, Bereich der → Psychologie, der sich mit den Lernprozessen des Individuums beschäftigt. – Vgl. auch → Lerntheorie, → Lernen, → soziales Lernen.

Lerntheorie, Erklärung des Verhaltens, wie Kaufverhalten oder Konsumentenverhalten, durch Lernprozesse. Die L. lassen sich in zwei Gruppen einteilen: in das S-R-Modell mit Weiterentwicklung zum S-O-R-Modell und in die kognitiven Theorien. Die klassischen S-R-Theorien werden unterschieden nach dem Kontiguitätsprinzip und nach dem Verstärkerprinzip. Die L. haben insb. Anwendung gefunden in der Erforschung der Werbewirkung. Die Lernkurven sind in ihrer typischen Form, s-förmige Kurve, weitgehend identisch mit der Response Function, wobei neuere Werbewirkungsanalysen die Gültigkeit der klassischen Annahmen erheblich in Frage stellen. – Vgl. auch → soziale Lerntheorie.

Leseranalyse,
→ Leserschaftsforschung.

Leser-Blatt-Bindung, Untersuchungsgegenstand der → Leserschaftsforschung. Sie definiert im Rahmen der → Media-analyse den Grad der Bindung des Lesers an ein Periodikum, wie → Zeitung oder → Zeitschrift. Von der Blattbindung wird auf die Werbewirkung des Kommunikationsmediums geschlossen. Gemessen wird die L.-B.-B. mithilfe von Verzichtbarkeits- und/oder Wertschätzungsskalen.

Leser pro Ausgabe (LpA), die durchschnittliche Zahl der Leser pro Ausgabe eines → Printmediums.

Leser pro Exemplar (LpE), die Zahl der Leser, die ein Exemplar eines → Printmediums nutzen. – Vgl. auch → Reichweite.

Leser pro letzter Nummer (LpN), Anzahl der Personen, die im Erscheinungsintervall eines → Printmediums, eine beliebige Ausgabe gelesen oder durchgeblättert haben.

Leser pro Seite (LpS), errechnet sich aus der Werbeträgerreichweite (→ Reichweite) multipliziert mit der Seiten-Nutzungswahrscheinlichkeit.

Leser pro werbeführende Seite (LpwS), eine Nutzungswahrscheinlichkeit im Sinne des Kontakts zwischen Leser und Anzeige.

Leserschaftsforschung, *Leseranalyse, Leserschaftsanalyse,* ist ein Teil der → Rezipientenforschung. Untersucht werden Struktur und Gewohnheiten der Leser von → Zeitungen und → Zeitschriften. Hierbei sind für die → Mediaplanung u.a. die wichtigsten Erhebungsdaten die Reichweite, die Kontaktzahl, die Leser pro Ausgabe (LpA), die Leser pro letzter Nummer (LpN) und die Leser pro Exemplar (LpE).

Lesezirkel, Anzahl von → Zeitschriften, die zu Lesemappen zusammengeheftet werden. Die Gebühren sind gestaffelt nach Erstmappen bzw. Erstbeziehern, Zweit- und Drittmappen. Durch L. können die → Reichweiten von Zeitschriften erhöht werden.

Lesezirkelwerbung, aufgrund der großen → Reichweite und der hohen Nutzungsintensität werden → Lesezirkel als eigenständiges → Kommunikationsmedium eingesetzt. Aufkleber auf den Schutzumschlägen, Beihefter und Beilagen eignen sich für Lesezirkel als Kommunikationsmittel.

Letter of Intent, Absichtserklärung des Abnehmers, den Kauf eines Leistungsangebots bei einem bestimmten Lieferanten tätigen zu wollen. Die Absichtserklärung ist mit keinem Rechtsanspruch verbunden, sondern beendet lediglich die Verhandlungsphase von Anbieter und Nachfrager. Insb. im Investitionsgütermarketing und im System-Marketing hat der L.o.I. eine große Bedeutung.

Leuchtwerbung, → Lichtwerbung.

Leverage-Effekt, überproportionale Zunahme der → Eigenkapitalrentabilität durch einen verstärkten Fremdkapitaleinsatz. Voraussetzung für die sog. positive Hebelwirkung des Fremdkapitals ist, dass die Fremdkapitalkosten geringer sind als der durch den Fremdkapitaleinsatz erzielte Gewinn.

lexikografische Auswahlheuristik, bei der → Kaufentscheidung vergleicht der → Nachfrager zunächst nur das Produktmerkmal, das für ihn am wichtigsten ist. Entspricht das → Angebot diesbezüglich seinen → Erwartungen, wird es ungeachtet anderer Merkmale nachgefragt. Anderenfalls beginnt ein neuer → Entscheidungsprozess.

Liberalismus, Bezeichnung für unterschiedliche Wirtschafts- und Gesellschaftslehren des 18. und 19. Jh., die auf dem Prinzip der individuellen Freiheit und Selbstverantwortung beruhen und u.a. auf J. Bentham (1748-1832), J. Locke (1632-1704), D. Hume (1711-1776) und A. Smith (1723-1790) zurückgehen. Die Grundforderungen des ursprünglichen L. waren die wirtschaftliche, politische und geistige Freiheit für den Einzelnen, Chancengleichheit und freier Leistungswettbewerb, eine demokratische Grundordnung und Schutz des Privateigentums. Dem Staat kam neben marktkonformen Maßnahmen eine primär überwachende Funktion zu. Die freie Entfaltung und das Eigeninteresse des Einzelnen sollten zu einem allgemeinen Wohlstand und gesellschaftlichen Fortschritt führen, der wirtschaftliche Wettbewerb sich selbst regeln. Die durch den Laissez-faire-L. bedingten sozialen Missstände führten zur Entwicklung des Neoliberalismus bzw. Ordoliberalismus und in Folge zur sozialen Marktwirtschaft.

Lichtwerbung, *Leuchtwerbung,* Form der → Außenwerbung, die besonders im Einzelhandel ausgeprägt ist. Neuere Formen der L. sind hinterleuchtete Transparente, Lichtbildwände, beleuchtete Plakatanschläge, beleuchtete Schaufenster etc.

Lieferantenanalyse, Form der → Beschaffungsmarktforschung, die der gezielten Lieferantenauswahl dient. Die wichtigsten Auswahlkriterien sind u.a. das Preis-Leistungs-Verhältnis, die Qualität der Produkte bzw. Dienstleistungen, der Lieferservice, der Service insgesamt, Garantieleistungen, Image. Der ausgewählte Kriterienkatalog zeigt, dass für die Lieferantenauswahl einfache Kostenvergleiche nicht ausreichen. Vielfach kommen → Scoringmodelle zur Anwendung, die eine gewichtete Bewertung der verschiedenen Anforderungskriterien ermöglichen. Dadurch wird die Entscheidung für oder gegen einen Lieferanten auf eine rationale und nachvollziehbare Basis gestellt.

Lieferantenbindung, → Vertriebsbindung.

Lieferantenkredit, Form der → Absatzfinanzierung als Instrument der → Absatzförderung. Der Lieferant oder Hersteller gewährt seinen → Abnehmern einen → Kredit. Zu unterscheiden sind Ausstattungskredite (Kredit zur Beschaffung von Einrichtungsgegenständen, z.B. in der Gastronomie) und Lieferungskredite (Einräumung einer Zahlungsfrist bez. der Regulierung von Lieferverbindlichkeiten). Der relativ teure L., der üblicherweise als Finanzierungskosten in den Preis einkalkuliert wird, kann in vielen Fällen vom Abnehmer durch die Inanspruchnahme des Skontos vermieden werden.

Lieferantenpolitik, strategische Lieferantenwahl auf der Basis detaillierter → Lieferantenanalysen. In die L. eingeschlossen sind auch die verschiedenen Formen der gezielten Einflussnahme auf die Lieferantenqualität und auf die organisatorische Zusammenarbeit, z.B. Erbringung bestimmter Serviceleistungen durch die Lieferanten.

Lieferantentreue, eine der → Markentreue, → Produkttreue und → Ladentreue verwandte Form der dauerhaften Geschäftsbeziehungen zwischen Lieferanten und Abnehmern. Die L. spielt insb. im Investitionsgütermarketing und im Handelsmarketing eine wichtige Rolle.

Lieferbedingung, wesentlicher Bestandteil des → Marketing-Mix, der unter dem Begriff der Lieferungs- und Zahlungsbedingungen, der Distributionspolitik und/oder der Preispolitik zugerechnet wird. Die L. und Zahlungsbedingungen sind in den allgemeinen Geschäftsbedingungen (AGB) festgelegt.

Lieferbereitschaft, Prozentsatz der lieferfähigen → Artikel, gemessen an der gesamten → Ordermenge. Dieser → Servicegrad ist ein Maßstab für die Qualität des → Bestandsmanagements. – Vgl. auch → Lieferservice.

Lieferbereitschaftsgrad, → Servicegrad.

Lieferfrist, die in den → Geschäftsbedingungen festgelegte → Lieferzeit.

Lieferservice, Output der → Logistik. Seine Qualität wird gemessen am realisierten → Servicegrad. Der L. setzt sich zusammen aus der Lieferzeit, der Lieferbereitschaft im Sinne einer Lieferfähigkeit und der Lieferzuverlässigkeit. Zwischen diesen L.-Elementen besteht ein unmittelbarer Zusammenhang.

Lieferzeit, Zeitspanne zwischen Auftragserteilung und dem Eintreffen der Ware beim Kunden. Im Food-Bereich ist vielfach der Lieferprozess aus Handelssicht erst abgeschlossen, wenn die Ware im Regal platziert und die Preisausschreibung vorgenommen ist.

Lieferzuverlässigkeit, Zuverlässigkeit des → Lieferservice. Entscheidend ist der → Servicegrad, der mit dem Kunden vereinbart ist.

Life Cycle, → Produkt-Lebenszyklus.

Life Cycle Costing, eine auf den gesamten → Produkt-Lebenszyklus bezogene → Kosten-Nutzen-Analyse. Hierin eingeschlossen sind auch die Forschungs- und Entwicklungskosten, die vor dem eigentlichen Marktzyklus anfallen. Zudem kann es sich als sinnvoll erweisen, auch die Folgekosten zu analysieren, die nach Beendigung der Nutzungsphase auftreten.

Lifestyle-Konzept, das Segmentationskonzept geht von unterschiedlichen Lebensstilen und Lebensgewohnheiten der Verbraucher bzw. Verwender aus. Sie prägen Einstellungs- und Verhaltensmuster (→ Lebenswelt) und haben damit Auswirkungen auf Konsumpräferenzen und Kaufverhalten.

Lifetime Customer Value, → Kundenwert nach Lebenszeit, der die Summe der Käufe des Kunden darstellt. Aus diesem Wert lassen sich die Kosten der Akquisition bewerten und für die Zukunft festlegen. Durch die → Kundendatenbank können zudem mögliche Kundenabwanderungen frühzeitig erkannt und diesen mit geeigneten Maßnahmen, wie Direktwerbung und Direktmarketing, entgegengewirkt werden.

Light-Produkt, kalorienreduziertes Lebensmittel, das dem wachsenden Trend zur gesunden Ernährung folgt. L.-P. können entweder in einer völlig eigenständigen → Produktlinie zusammengefasst oder in die bestehenden → Produktprogramme integriert werden. Diesbezüglich werden in der Praxis die Vor- und Nachteile von → Dachmarken und → Einzelmarken z.T. sehr unterschiedlich bewertet.

Likert-Skala, nach R. Likert (1932) benanntes → Skalierungsverfahren. Die

Befragungspersonen wählen aus mehreren Antwortalternativen diejenige aus, die ihrer Einstellung am besten entspricht. Den einzelnen Antwortkategorien werden Werte zugeordnet. Durch die Addition aller Einzelskalenwerte ergibt sich der Gesamtpunktwert für einen Befragten. Daher wird das Verfahren auch als Methode der summierten Einschätzungen bezeichnet.

Limitationalität, die → Produktionsfaktoren stehen in einem bindenden Einsatzverhältnis bez. der Ausbringungsmenge und sind nicht substitutional austauschbar (→ Substitutionalität). Es gelten die Bedingungen der → Produktionsfunktion vom Typ B.

Limitrechnung, kurzfristige Planungsrechnung im Handel zur Lagerbestands- und Sortimentssteuerung mit dem Ziel einer Kostensenkung und Liquiditätssicherung. Basis der L. sind die Plangrößen Umsatz, Lagerbestand und Handelsspanne für die Planperiode. Das Einkaufslimit, die wertmäßige Obergrenze des für den Einkauf verfügbaren Betrages, ergibt sich als Differenz aus Plan-Umsatz und absoluter Handelsspanne. Bei Überschreitung des geplanten Lagerbestandes wird das Einkaufslimit gekürzt, bei Unterschreitung des Lagerbestandes erhöht. Die L. bietet keine Sicherheit bez. der richtigen Artikeldisposition. Durch die ex post-Betrachtung werden vielfach strukturelle Probleme im Sortiment nicht gelöst, sondern fortgeschrieben. EDV-gestützte → Warenwirtschaftssysteme bieten hier eine analytische Hilfe.

Linearprogrammierung, Optimierungsrechnung zur Erreichung von gesetzten Zielen unter Berücksichtigung von Nebenbedingungen. Der praktische Einsatz im Marketing ist sehr begrenzt, da die Wirkungsbeiträge der einzelnen Variablen der Zielfunktion bekannt sein müssen, die Wirkungsbeiträge als unabhängig voneinander gesehen werden und Zielfunktion wie Nebenbedingungen ex definitione einen linearen Verlauf aufweisen. – Vgl. auch → Marketingmodell.

Linear Structural Relations System (LISREL), Analysetechnik, die für → Kausalanalysen eingesetzt wird. Das Computerprogramm verbindet → Regressionsanalysen mit → Faktorenanalysen.

Line Enlargement, Ausweitung des → Produktprogramms bzw. des → Sortiments bei gleicher → Positionierung auf für das Unternehmen völlig neue → Absatzmärkte. Ziel dieser → Markenpolitik ist der positive Imagetransfer von Dachmarken auf neue Produkte, Produktfamilien und/oder Markenfamilien. – *Anders:* → Line Extension.

Line Extension, Ausweitung des → Produktprogramms bzw. des → Sortiments meist durch → Produktdifferenzierung bzw. → Sortimentsvertiefung. Ziel dieser → Markenpolitik ist der Imagetransfer von Dachmarken auf Produktfamilien bzw. Markenfamilien. Mit der extremen L.E. ist die Gefahr einer Ausuferung der Produktprogramme bzw. Sortimente verbunden mit der Folge einer Kannibalisierung der Angebote bzw. einer weiteren Fraktalisierung der Zielgruppen. Dadurch wird ein wesentliches Ziel der L.E., nämlich die Marktsegmentierung, nicht erreicht, sondern in das Gegenteil verkehrt. Folge ist die Aushöhlung der Markenkerne. – Vgl. auch → Markenimage, → Markenpolitik, → Markentechnik. – *Anders:* → Line Enlargement.

linguistisches Relativitätsprinzip, Abhängigkeit der → Wahrnehmung und des Denkens von den jeweiligen Sprachsystemen. – Vgl. auch → Semantik, → Syntaktik, → Pragmatik, → Semiotik.

Linienorganisation, vertikale → Organisationsform, die auch als Einliniensystem bezeichnet wird. Es gilt das Prinzip der einheitlichen Auftragserteilung, wonach jeder Mitarbeiter nur einer einzigen Instanz unterstellt ist. – *Gegensatz:* → Mehrlinienorganisation.

Liniensystem, → Linienorganisation.

Link, → Hyperlink.

Linking Pins, vertikale und auch horizontale Bindeglieder, die als Mitglieder zweier Gruppen im „System überlappender Gruppen", wie die Mehrliniensysteme, Projekt-Management, Matrix-Organisation, Tensororganisation, die Aufgabe wahrnehmen, die vertikalen und horizontalen Informations- und Kommunikationsbeziehungen und die Koordination sicherzustellen bzw. zu verbessern. Die Bildung von L.P. ist Ausdruck einer Abwendung vom autoritären Führungsstil und Realisierung des kooperativen Führungsstils.

Liquidität, Fähigkeit, termingerecht die fälligen Zahlungsverpflichtungen zu erfüllen. L. ist dann gegeben, wenn die liquiden finanziellen Mittel inklusive Kreditrahmen, z.B. durch Banken, ausreichen, um den Zahlungsmittelbedarf zu decken. Bei verstärktem Fremdkapitaleinsatz besteht die Gefahr einer Antinomie von Rentabilität und L. – Vgl. auch → Leverage-Effekt.

LISREL, Abk. für → Linear Structural Relations System.

Listbroking, Vermittlung von Adressen an Unternehmen, die damit → Direktwerbung betreiben wollen. – Vgl. auch → Listeigner.

Listeigner, Unternehmen, die ihre Kunden- und Interessentendateien anderen Unternehmen zur Neukundengewinnung (→ Akquisition) zur Verfügung stellen. – Vgl. auch → Listbroking.

Listenpreis, Standardpreis bzw. → Nettopreis, den der Käufer dem Lieferanten für sein Leistungsangebot nach Liste zu zahlen hat. Durch die vielfältigen Formen der Rabatt- und Konditionenpolitik haben L. in der Praxis mittlerweile nur noch einen deklaratorischen Wert. In den Preisverhandlungen zwischen Hersteller und Käufer wird daher üblicherweise vom „Netto-Netto-Preis" ausgegangen, der den Nettopreis um weitere (vielfach wettbewerbsrechtlich nicht unbedenkliche) individuell vereinbarte Preisabschläge oder Sonderkonditionen vermindert.

Listung, Aufnahme eines neuen Produkts in das → Sortiment des Handels. Die mit der Listung in der Regel verbundenen Listungsgebühren sind wettbewerbsrechtlich nach dem → Gesetz gegen Wettbewerbsbeschränkungen (GWB) und dem → Gesetz gegen den unlauteren Wettbewerb (UWG) bedenklich, weil sie den → Leistungswettbewerb behindern, aber gängige Praxis. Als unbedenklich gelten hingegen → Listungsrabatte als Entgelt für den Aufwand des Handels, der mit der L. verbunden ist.

Listungsrabatt, Form des → Rabatts, der ein Äquivalent für den Aufwand des → Handels darstellt, der mit der → Listung verbunden ist. Die L. sind in der Regel Barrabatte. Nach dem → Gesetz gegen Wettbewerbsbeschränkungen (GWB) und dem → Gesetz gegen den unlauteren Wettbewerb (UWG) erweisen sie sich in der Handelspraxis dann als wettbewerbsrechtlich bedenklich, wenn sie die Form von Eintrittsgeldern für Erstaufträge, Listungsgebühren, Einrichtungszuschüssen, Regalmieten etc. annehmen. Die diesbezüglichen Grenzen sind fließend mit Tendenz zu wettbewerbswidrigen Verhaltensweisen aufgrund des zunehmenden Wettbewerbsdrucks, der Handelkonzentration und der damit verbundenen asymmetrischen Machtverteilung im vertikalen Marketing.

Litfaßsäule, zylinderförmige Plakatanschlagsäule, benannt nach E. T. Litfaß (1816-1874), die in der → Außenwerbung, insb. in der Plakatwerbung, als Werbeträger bzw. Kommunikationsmedium eingesetzt wird.

Lizenz, Genehmigung, ein gewerbliches → Schutzrecht eines anderen in der Regel gegen Entgelt zu nutzen. Hierbei kann es sich um ein Produkt, Verfahren, Warenzeichen etc. handeln. Das Recht erwirbt der Lizenznehmer durch eine vertragliche Vereinbarung mit dem Lizenzgeber. Insb. im Franchising ist die L. die Grundlage des Vertrags. – Vgl. auch → Markenlizenz.

Lizenzmarke, Nutzung von bekannten und erfolgreichen → Marken für die → Markenpolitik des Lizenznehmers. L. finden sich ausschließlich im Konsumgüterbereich. Probleme können sich hierbei beim Lizenzgeber in Bezug auf sein → Markenimage ergeben. – Vgl. auch → Markenlizenz.

Lizenzpolitik, Vergabe von → Lizenzen, die vor allem die → Markterschließung zum Ziel hat. Weitere Ziele der L. sind der Aufbau von Markteintrittsbarrieren gegenüber der Konkurrenz, Kostensenkungen, die Amortisation von Forschungs- und Entwicklungsaufwendungen, Risikominderung, Erschließung internationaler Märkte etc. Als problematisch kann sich die mangelhafte Kontrolle erweisen, z.B. bei der Qualität. Ein damit einhergehender negativer Imagetransfer kann eine Erhöhung der Marktkompetenz des Lizenznehmers nach sich ziehen. Ihm wird durch die Lizenz evtl. die Möglichkeit gegeben, sich zu einem Wettbewerber gegenüber dem Lizenzgeber zu entwickeln.

Lobbyismus, Einflussnahme auf staatliche Institutionen, wie Legislative oder Exekutive, um politische Entscheidungen zu verhindern, die dem Unternehmen oder auch der ganzen Branche schaden bzw. um für die Interessenten zuträgliche Entscheidungen zu fördern.

Lockvogelangebot, *Lockartikel, Zugartikel,* Form der → Sonderangebotspolitik, die die Preis- bzw. Leistungsfähigkeit der Handelsunternehmen (vor allem des Einzelhandels) extrem in den Vordergrund stellt. Die L. werden vielfach unter dem → Einstandspreis angeboten und beworben, wobei es wettbewerbsrechtlich kaum möglich ist, den Untereinstandspreis exakt zu definieren. Diese Angebote sollen als besonders preisgünstig die Kunden anlocken. Dabei sind die entsprechenden Waren nicht immer in ausreichender Menge vorhanden, sodass die Kunden auf alternative teurere Waren zurückgreifen müssen. Der Gesetzgeber sieht in dieser Werbepolitik eine Irreführung und legt daher, je nach Branche und Verbreitung, einen Bevorratungszeitraum von zwei bis sieben Werktagen fest.

Logfile-Analyse, Analyse der auf einem Server im → Internet abgelegten Protokolle mit Informationen über Anfragen und Zugriffe auf den Server. L.-A. ermöglichen Aussagen über den Nutzungsgrad von Internet-Angeboten.

Logistik, Management von → Prozessen zur koordinierten Realisierung optimaler unternehmensbezogener und unternehmensübergreifender Materialflüsse und der damit verbundenen Papier- bzw. Informationsflüsse. Dazu gehört die Koordination aller Planungsebenen inklusive der Vernetzung von Vorlieferanten, den eigenen Unternehmensbereichen und den internen und externen Kundenanforderungen. Der integrierte Material- und Warenfluss umfasst die → Beschaffungs- und → Absatzmärkte und damit die Versorgungslogistik, die innerbetriebliche L. und die Distributionspolitik. Hinzu ist in den letzten Jahren verstärkt als Schlussglied der logistischen Kette, die Entsorgungslogistik getreten. Die L. muss in erster Linie marktorientiert sein. Durch die zunehmende Umweltproblematik gewinnen z.B. die Schnittstellen zwischen Verpackung, Lagerhaltung und Transport eine besondere Bedeutung. Im Sinne der Effizienzsteigerung der Wertschöpfungsnetze sind alle in der Logistikkette verknüpften Institutionen (Hersteller, Händler, Spediteure etc.) Gegenstand von Logistikuntersuchungen. – Vgl. Abbildung „Logistik – Schaltstelle im Warenfluss-System“.

Logistik-Effizienz, Quotient aus Logistik-Leistungswert (Output) und Logistik-Kostenwert (Input).

Logistikkosten, entsprechend der geforderten Durchgängigkeit und insb. Ganzheitlichkeit des Logistikkonzepts alle → Kosten, die mit der Planung, Gestaltung bzw. Organisation, Steuerung und Kontrolle der Material- und Informationsflüsse von der → Beschaffung über die → Produktion bis hin zur → Distribution verbunden sind. Die höchsten Kosten verursachen die logistischen Subsysteme Auftragsabwicklung, Lagerhaltung, Kommissionierung, Verpackung und Transport. Die Höhe der L. hängt vom Lieferservice, dem realisierten Servicegrad und von der Logistik-Effizienz ab. Aufgrund ihres z.T. Gemeinkostencharakters sind die L. vielfach nur durch eine Schlüsselung den Kostenstellen und Kostenträgern zurechenbar. Das gilt vor allem für die selbsterstellten Logistikleistungen, sodass sich aus Controllingsicht für einige Logistikfunktionen, z.B. für den Transport und die Lagerhaltung, ein Outsourcing empfiehlt.

Logistik-Management, durchgängige Organisation, Planung, Steuerung und Kontrolle des Material- und Informationsflusses von der Beschaffung bis zur Distribution der Leistungsangebote.

Logistikorganisation, strukturelle und ablauforganisatorische Gestaltung der Material- und Informationsflüsse von der Beschaffung über die Produktion bis hin zur Distribution. Üblich ist in der Praxis nach wie vor die Zuordnung der verschiedenen Logistikfunktionen zu unterschiedlichen betrieblichen Organisationsbereichen. Diese Vorgehensweise entspricht nicht dem Ganzheitskonzept der → Logistik und ihrer Schnittstellenfunktion. Dadurch werden lediglich konfliktäre Insellösungen geschaffen, die nicht dem Gesamtnutzenprinzip folgen. Als sinnvoll hat sich in der Praxis eine evolutorische organisationale Strukturierung nach den Entwicklungsphasen der Logistik erwiesen. Zur Implementierung der Logistik empfiehlt sich die Einrichtung einer projektorientierten Stabsstelle (Stab-Linien-Organisation), die durch Koordinationsausschüsse ergänzt werden kann. Als nächster Schritt bietet sich die Bil-

Logistik - Schaltstelle im Warenfluss-System

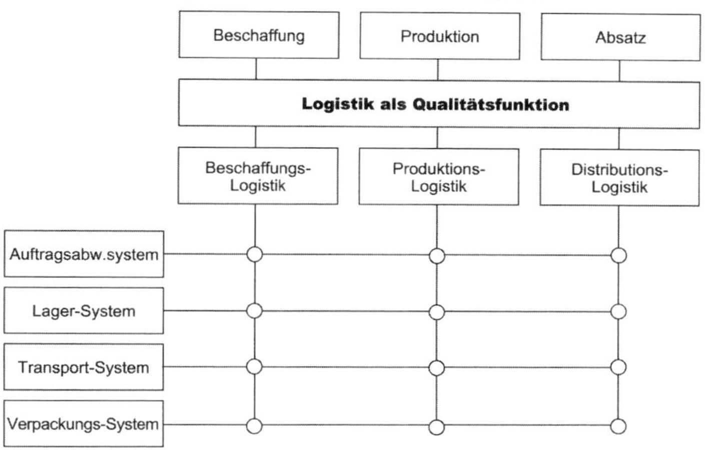

dung einer Hauptabteilung (Linienorganisation) an. Diese kann letztlich die Funktion eines Zentralbereichs (Matrixorganisation) erhalten, der konzeptionell übergreifend die dezentralen und operativen Logistikeinheiten in den Werken bzw. Sparten (Spartenorganisation) oder in den strategischen Geschäftseinheiten koordiniert. Denkbar ist auch eine organisatorische Heraushebung der Distributionslogistik. Ungeachtet der konkreten Organisationsform ist jedoch entscheidend, dass die Logistik aufgrund ihrer bereichsübergreifenden Funktion einen hohen hierarchischen Stellenwert erhält.

Logistiksystem, systematische Verknüpfung aller Logistikelemente unter Einschluss von Absatzprognosen, Produktions- und Absatzplanung. Das L. hat damit die Qualität eines integrierten Netzwerks, das alle Unternehmensbereiche erfasst. – Vgl. Abbildung „Logistiksystem – Planungs- und Steuerungsebenen".

logistische Funktion, Prognosefunktion für langfristige → Prognosen in Form von → Wachstums- und → Sättigungsfunktionen. – Vgl. auch → Gompertzfunktion.

Logo, → Firmenzeichen.

Longitudinalanalyse,
→ Längsschnittanalyse.

Lorenz-Kurve, Konzentrationskurve, die aussagt, wie viel Prozent der Kunden wie viel Prozent des Umsatzes bzw. Deckungsbeitrages oder Gewinns erbringen. Diese Betrachtung kann auch auf Produkte, Produktgruppen oder Sortimente mittels einer A-B-C-Analyse bezogen werden. Die in der Praxis häufig auftretende 80/20-Verteilung wird als Pareto-Regel bezeichnet.

Losgrößenformel, die Auflagenhöhe oder Losgröße einer Serie oder Sorte gilt als optimal, wenn die Kosten der Einrichtung, der Fertigung, der Arbeitsvorbereitung und der Lagerung inklusive Zinsen pro Fertigungseinheit zusammen ein Minimum erreichen (Auflagendegression). Eine Abstimmung mit der → Logis-

Logistiksystem – Planungs- und Steuerungsebenen

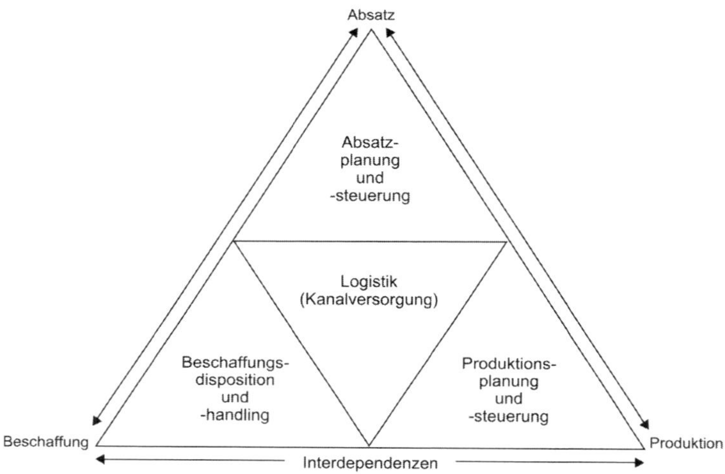

tik ist unerlässlich, um eine Verbindung mit der Bestellmengen-Optimierung herzustellen.

Lotterieauswahl, → Auswahlverfahren, bei dem die → Stichprobe per Zufall (→ Zufallsauswahl) aus der → Grundgesamtheit gezogen wird (→ Urnenmodell).

Low-Interest-Produkt, *Low Involvement-Produkt,* Konsumgut, dem die Verbraucher oder Konsumenten ein geringes Interesse entgegenbringen und das durch ein → habituelles Kaufverhalten charakterisiert ist. – *Gegensatz:* → High-Interest-Produkt.

Low Involvement, geringes Engagement, das sich in einer nur schwachen → Aufmerksamkeit bzw. → Wahrnehmung gegenüber ausgesendeten → Reizen äußert. Die Verarbeitung erfolgt aufgrund der geringen Aktivierung passiv, d.h. mit einer nur geringen Verarbeitungstiefe und unkritisch. Häufige Wiederholungen bzw. emotionale Bilder sind erforderlich, bis die Botschaft gelernt ist (emotionale Konditionierung). Die fehlende kognitive Verarbeitung bewirkt, dass die gespeicherten Eindrücke weniger erinnert als wiedererkannt werden. – *Gegensatz:* → High Involvement.

Loyalität, Sammelbegriff für die Bindungsformen Markentreue, Produkttreue und Ladentreue. Die Ausprägung der L. ist ein Maßstab für die Intensität der → Kundenbindung, die entscheidend von der dauerhaften → Kundenzufriedenheit abhängt und den → Kundenwert bestimmt. – Vgl. auch → Lifetime Customer Value.

Loyalitätsleiter, → Stufenmodell der Kunden-Anbieter-Beziehungen. Ähnlich wie die Stufenmodelle der Werbewirkung geht das Modell davon aus, dass der Kunde verschiedene Stufen der Beziehung zum Anbieter durchläuft. Zunächst ist der Anbieter für den Nachfrager unbekannt, dann durch die Marketingkommunikation bekannt. Die nächsten Stufen sind die Weckung von Kaufinteresse, der Erstkauf, Folgekauf und Mehrfachkauf. Der Kunde fragt auch andere Angebote des gleichen Anbieters nach, wird immun gegenüber den Konkurrenzangeboten und damit zum Stammkunden. Auf der letzten Stufe wird der Kunde zum Meinungsführer oder Multiplikator. Das Leitermodell hat insofern einen nur sehr begrenzten praktischen Aussagewert, als es einen hierarchischen Wirkungsprozess unterstellt, der systematisch abläuft und nicht unterbrochen wird durch zufällige oder auch durch von Konkurrenzanbietern geplante Störeinflüsse.

Loyalty Marketing, *Loyalitätsmarketing,* Form des → Beziehungsmarketings, das auf die langfristige → Kundenzufriedenheit und → Kundenbindung ausgerichtet ist. Die → Kunden werden für ihre dauerhafte → Kundentreue belohnt, etwa durch besondere Rabatte, Geschenke, Sonderservices oder Vergünstigungen bei Partnerunternehmen. – Vgl. auch → Kundenclub und → Couponing.

LpA, Abk. für → Leser pro Ausgabe.

LpE, Abk. für → Leser pro Exemplar.

LpN, Abk. für → Leser pro letzter Nummer.

LpS, Abk. für → Leser pro Seite.

LpwS, Abk. für → Leser pro werbeführende Seite.

LSP, Abk. für → Leitsätze für die Preisermittlung aufgrund von Selbstkosten.

Lückenanalyse, → Gap-Analyse.

Luftwerbung, Form der → Außenwerbung mithilfe von Flugzeugen, die ein Werbetransparent hinter sich herziehen oder von beschrifteten Freiluftballons.

Luxusgüter, Güter von hoher Qualität und hohem Preis. Sie dienen dem Prestigekonsum, befriedigen die Geltungsbedürfnisse und bringen einen Zusatznutzen.

Luxusmarke, Marke mit hohem Bekanntheitsgrad und hoher Prestige- und Demonstrativfunktion. – Vgl. auch → Prestigeprodukt.

M

MA, Abk. für → Media-Analyse.

Machtpromotor, hierarchischer Einflussnehmer, der durch seinen formalen Einfluss (z.B. Anweisungsbefugnis) Problemlösungs- und auch Innovationsprozesse aktiv fördert. Seine eigentliche Durchsetzungskraft entfaltet sich erst im Zusammenwirken mit den → Fachpromotoren und → Prozesspromotoren.

MADAKOM, Marktdatenkommunikation der → Centrale für Coorganisation (CCG). Es werden verkaufsstellenbezogene Artikelverkaufsdaten auf Wochenbasis erhoben, die zur weiteren Analyse sowohl Handelsunternehmen als auch Herstellern zur Verfügung gestellt werden (→ Datenträgeraustausch). Die Messung erfolgt mithilfe → Scanning.

Madrider Abkommen, zwei Vertragswerke von 1891, die dem internationalen → Markenschutz dienen. Es handelt sich um das „Abkommen über die Unterdrückung falscher oder irreführender Herkunftsangaben auf Waren" (letzte Fassung von 1958) und um das „Abkommen über die internationale Registrierung von Fabrik- und Handelsmarken" (Fassung von 1957).

Magalog, Kombination von → Magazin und → Katalog als → Medium, um Produktinformationen zu kommunizieren. Die → Medienkombination wird insb. im → Direktmarketing und in der → Direktwerbung eingesetzt.

magisches Dreieck, volkswirtschaftlicher Ausdruck dafür, dass sich mehrere gesamtwirtschaftliche Ziele nicht gleichzeitig total übereinstimmend erfüllen lassen (→ Zielkonflikt). Die Ziele sind die Vollbeschäftigung, Geldwertstabilität und das Leistungsbilanzgleichgewicht und diese werden im sog. magischen Viereck erweitert durch das Wirtschaftswachstum. Aus betriebswirtschaftlicher Sicht ist das m.D. definiert als die Ausgeglichenheit von (bzw. Antinomie zwischen) Rentabilität, Liquidität und Sicherheit. Die antinomischen Ziele führen dazu, dass sie nicht alle gleichzeitig und im vollen Umfang zu realisieren sind. Der Grund ist die wechselseitige Abhängigkeit der Variablen. – Vgl. auch → Synergie, → Submix-Optimierung und → Marketing-Mix.

Magnitudeskalierung, → Skalierungsverfahren zur Messung von Wahrnehmungsintensitäten (z.B. bez. Preis-Leistungs-Verhältnis, Qualität). Die Wahrnehmungsintensität eines Reizes wird gemessen durch die Länge einer Linie, die Lautstärke eines Tons, die Dauer eines Tastendrucks etc. Magnitudemessungen werden vielfach auch computergestützt durchgeführt. – *Anders:* → Ratingskala.

Mailbox, elektronischer Briefkasten, in den Dateien (z.B. Nachrichten) abgelegt werden können. – Vgl. auch → E-Mail.

Mailing, klassisches → Kommunikationsmedium der → Direktwerbung. Es besteht in der Regel aus einem → Werbebrief, dem Leistungsangebot (z.B. Prospekt, Katalog), einer Antwortkarte bzw. einem Bestellformular und einem Rückumschlag.

Mail Order, Bestellung von Produkten oder Dienstleistungen per Post oder Fax. Diese Bestellform wird vor allem im → Versandhandel eingesetzt und mittlerweile z.T. ergänzt durch Onlinebestellungen (→ Electronic Commerce).

Mainframe, Bezeichnung für Großrechner.

MAIS, Abk. für → Marketing-Informationssystem.

Make-or-Buy, Analyse bzw. strategische Entscheidung über Eigenfertigung und/oder Fremdbezug von Produkten oder Dienstleistungen. – Vgl. auch → Outsourcing.

Makler, selbstständiger Gewerbetreibender, der gegen eine → Provision (Maklerprovision, Courtage) ohne ständigen Auftrag für Dritte Verträge vermittelt oder Gelegenheiten zum Abschluss eines Vertrages nachweist. Der Anspruch auf Maklerprovision besteht nur dann, wenn es aufgrund der Maklertätigkeit zu einem Geschäftsabschluss kommt. Unterschieden werden:

- Zivilmakler (Vermittlung von Geschäften des täglichen Lebens) und
- Handelsmakler (Vermittlung von Börsen- und Handelsgeschäften).

Makro-Marketing, Erweiterung des klassischen, unternehmensbezogenen Marketingkonzepts durch eine gesellschaftliche (→ Non-Profit-Marketing, → Social Marketing) und vor allem ökologische Marktbetrachtung (→ Ökomarketing, → Sustainable Development).

Makroökonomie, theoretische Auseinandersetzung mit gesamtwirtschaftlichen Größen (u.a. mit den Systemelementen von Wirtschaftskreislauf, Konjunktur und Wachstum). – *Anders:* → Mikroökonomie.

Makro-Umwelt, Umwelt- bzw. Umfeldvariablen, die nicht durch den einzelnen Marktteilnehmer kontrolliert werden können, aber z.T. einen erheblichen Einfluss auf die mikroökonomischen Aktivitäten und insb. deren Folgewirkungen ausüben. Die Umweltvariablen werden im Wesentlichen gebildet durch:

- das ökonomische Umfeld (wirtschaftliche Entwicklung),
- das natürliche Umfeld (Ressourcen, Umweltqualität, Umweltschutz),
- das technologische Umfeld (Technologien),
- das kulturelle und soziale Umfeld (Veränderung der Wertesysteme und Lebensgewohnheiten durch Wertewandel) und
- durch das politisch-rechtliche Umfeld (Wirtschaftsordnung und Gesetzgebung).

Die M.-U. beeinflusst entscheidend Gestaltung und Wirkung des → Marketing-Mix.

Mall, Ladenstrasse in Einkaufszentren. In der Handelspraxis werden M. terminologisch vielfach mit Einkaufszentren gleichgesetzt.

Management, Gestaltung und Lenkung des → Unternehmens in seiner → Umwelt durch indirektes Einwirken, das auf die Steuerbarkeit ausgerichtet ist. Ziel ist es, die Lebensfähigkeit des Unternehmens zu maximieren [F.Malik (1992)]. Mit M. ist auch die Gesamtheit der Personen verbunden, die in diesem Sinne Managementaufgaben übernimmt. Ganz allgemein ist M. die Handhabung komplexer Systeme und Phänomene. – Vgl. auch → Managementtechniken.

Management-Buy-In, Verkauf von Unternehmen an Manager, die von außen die Firma übernehmen. – *Gegensatz:* → Management-Buy-Out.

Management-Buy-Out, Verkauf von Unternehmen an eigene Manager. Der klassische M.-B.-O. ist der Unternehmensverkauf an eigene Manager, die in der Regel eine Finanzierungsgesellschaft einschalten. – *Gegensatz:* → Management-Buy-In.

Management-by-Decision-Rules, → Managementtechnik, bei der die obere

Hierarchieebene an untere Ebenen delegiert und verbindliche Normen vorgibt, nach denen Ziel- und Aufgabenkonflikte im Einzelfall zu lösen sind. Es fehlen jedoch Entscheidungsstrategien bei unvorhergesehenen Situationen.

Management-by-Delegation, → Managementtechnik, bei der Verantwortung auf Mitarbeiter delegiert wird. Die Technik ähnelt dem → Management-by-Results. Hauptproblem ist die im konkreten Entscheidungsfall Rückdelegation auf die nächst höhere Entscheidungsebene.

Management-by-Exception, → Managementtechnik, bei der die obere Hierarchieebene wesentliche Aufgaben an untere Ebenen delegiert und sich Eingriffsbefugnisse für Ausnahmesituationen vorbehält. Die Schwäche des M.-b.-E. ist eine geringe → Motivation der Mitarbeiter. Die Managementtechnik ist Ausdruck eines autoritären → Führungsstils.

Management-by-Motivation, → Managementtechnik, bei der allen Hierarchieebenen ein möglichst großer Autonomiebereich eingeräumt wird. Bei M.-b.-M. ersetzt die Eigenkontrolle die Fremdkontrolle. Dies setzt eine hohe → intrinsische Motivation der Mitarbeiter voraus.

Management-by-Objectives, → Managementtechnik mit interhierarchischer Zielvereinbarung (und nicht Zielvorgabe). Das M.-b.-O. kombiniert die sachlich-formalen Ansätze mit der verhaltensorientierten Denkweise. Kennzeichnend für diesen Ansatz nach G.S.Odiorne (1967) ist die interhierarchisch definierte, konkrete Zielbestimmung (bis zur Detaillierung der Teilziele). Der gemeinsam entwickelte Ziel- und Wertfindungsprozess stellt sicher, dass sich die daran Beteiligten mit den formulierten → Zielen identifizieren und motiviert sind, sie auch zu erreichen. Entscheidend ist die Verknüpfung von unternehmensbezogenen Leistungszielen und persönlichen Entwicklungszielen.

Management-by-Participation, → Managementtechnik, bei der alle Hierarchieebenen in den komplexen Prozess der Zielfindung und -formulierung eingebunden werden. Das M.-b.-P. ähnelt sehr dem → Management-by-Objectives.

Management-by-Results, → Managementtechnik, bei der die obere Hierarchieebene die unteren Ebenen ausschließlich über die Arbeitsergebnisse (überwiegend finanzwirtschaftliche Ergebnisse) steuert bei eigenverantwortlicher Entscheidung nach dem Delegationsprinzip. Systemimmanente Schwäche dieser Managementtechnik ist das hohe Maß an → Kontrolle seitens der jeweils übergeordneten Hierarchieebene.

Management-by-Wandering-Around, ein von T. J. Peters und N. Austin (1986) geprägter → Führungsstil, der die persönliche Anwesenheit von Führungskräften bei Mitarbeitern, Kunden und Lieferanten in den Mittelpunkt stellt. Dadurch ist u.a. auch eine Zielplanung mithilfe des Gegenstromverfahrens sehr viel effizienter als der langwierige Abgleich von Bottom-up- und Top-down-Planung. Überdies hat M.-b.-W.-A. den Vorteil, dass die Mitarbeiter in wichtige Entscheidungsprozesse einbezogen werden.

Managementfunktionen, strategische, auf das gesamte → Unternehmen bezogene Aufgaben, die sich konzentrieren auf:

- Leitbild formulieren,
- Sach- und Formalziele operational definieren,
- langfristig planen,
- systematisch organisieren,
- konsequent delegieren,
- gesamthaft koordinieren,
- persönlich motivieren,
- zielorientiert budgetieren,
- unnachsichtig terminieren,
- sachlich entscheiden und
- zielbezogen kontrollieren.

Bei der Erfüllung seiner Aufgaben ist es besonders wichtig, dass der → Manager unternehmensvernetzt denkt und handelt.

Management-Holding, → Organisationsform, bei der die einzelnen Geschäftsbereiche (→ strategische Geschäftseinheiten) auf einer nachgelagerten Organisationsebene (z.B. nach Produkten, Regionen) angesiedelt werden und in gesellschaftsrechtlich selbstständiger, erfolgsverantwortlicher Form (z.B. Profit-Centern) bestehen. Es handelt sich hierbei um eine Kombination des funktional aufgebauten Spartenkonzerns (Spartenorganisation, Divisionalisierung) und des Holdingkonzerns traditioneller Form. Ziel ist die Trennung zwischen der strategischen Führungsverantwortung und dem operativen Tagesgeschäft in der Unternehmensgruppe.

Management-Informationssystem (MIS), computergestütztes → Informationssystem zur Unterstützung von Managemententscheidungen. Voraussetzung für die Installation eines MIS ist die Integration aller betrieblichen Bereiche zu einer organisatorischen Informationsganzheit (→ Datenverbundsystem). Die wichtigsten Anforderungen an ein MIS sind die Datenaktualität, -vollkommenheit, -sicherheit, die Auswertungsschnelligkeit, Benutzerfreundlichkeit und die Wirtschaftlichkeit. – Vgl. auch → Marketing-Informationssystem (MAIS).

Management-Philosophie, grundlegende Einstellungen, Überzeugungen, Werthaltungen des Topmanagements in einem Unternehmen. Die Grundhaltung wird bestimmt durch → Normen und Werturteile – Vgl. auch → Unternehmenskultur und → Corporate Identity.

Managementprozess, prozessualer Ablauf von → Geschäftsprozessen:

- Analyse,
- Diagnose,
- Prognose,
- Zielplanung,
- Planung,
- Entscheidung,
- Durchsetzung,
- Controlling und
- Anpassung bzw. Revision.

Hierin eingebunden sind die → Koordination, → Organisation, → Information, → Kommunikation und die → Motivation. Die Phasen lassen sich bündeln in die Ablaufeinheiten Analyse und Bewertung, Zielsetzung und Durchsetzung sowie Organisation und Motivation.

Management-Supportsystem (MSS), Unterstützungssystem für Managemententscheidungen. Die MSS werden unterschieden in Daten-Supportsysteme (Datenabfrage inklusive Informationsverknüpfung) und Entscheidungs-Supportsysteme (z.B. Unterstützung durch Experten), die als externe Spezialisten genutzt werden, aber auch unternehmensintern als Stabsstelle (Stab-Linien-Organisation) organisational eingebunden sein können. Die MSS sind spezifische Ausprägungen von → Management-Informationssystemen (MIS) und → Marketing-Informationssystemen (MAIS).

Managementtechniken, Techniken zur → Führung, die insb. bez. der Effizienz der Marketingorganisation eine besondere Rolle spielen. Die Hauptformen sind:

- Management-by-Decision Rules (Normenregelung),
- Management-by-Exception (Ausnahmeregelung mit Eingriffen),
- Managment-by-Delegation (Delegationsregelung, Aufgabendelegation),
- Managment-by-Results (Ergebnisregelung),
- Management-by-Participation (Zielfindung),
- Management-by-Objectives (Zielvereinbarung) und
- Management-by-Motivation (Zielidentität).

Die Reihenfolge ist eine Rangfolge und damit ein Entwicklungs-Kontinuum. Die M. sind zentral verbunden mit der → Unternehmensorganisation und mit dem → Führungsstil. – Vgl. Abbildung „Management-Techniken".

Managementvertrag, Form der → Kooperation zwischen Unternehmen, bei der ein Unternehmen die Einrichtung und/oder Führung eines Unternehmens an einen Partner vergibt. In der reinen Form erfolgt keine Kapitalbeteiligung des das Management übernehmenden Unternehmens. – *Anders:* → Joint Venture und → strategische Allianz.

Manager, → Management-Funktion.

Manipulation, Einschränkung der → Konsumfreiheit durch eine gezielte Verhaltensbeeinflussung und Verhaltenssteuerung des Konsumenten bzw. Verbrauchers. Der Begriff ist semantisch weitgehend negativ besetzt. Daraus resultiert vor allem die Kritik an der → Werbung. Die z.T. heftig geführten Diskussionen bewegen sich um die Fragenkomplexe, inwieweit eine M. überhaupt möglich ist und, wenn ja, inwieweit ein staatlicher Regulierungsbedarf besteht (→ Verbraucherpolitik, → Verbraucherschutz). Dabei hängt der Beeinflussungserfolg der Manipulationstechniken von einer Vielzahl von Bedingungen ab (Empfängertyp, Wahrnehmung, Informationsverhalten), die kaum voneinander isoliert werden können. Mit dieser realistischen Einschätzung werden die Manipulationsmöglichkeiten nicht bestritten aber die eingeschränkt, die reglementiert werden müssen, wenn sie nachweisbar sind und geltendes Recht verletzen (z.B. objektive Irreführung).

Mapping, Form der grafischen Darstellung von Forschungsbefunden, die auf Erkenntnissen der kognitiven → Lerntheorie beruhen. In Bezug auf die → Produktpositionierung handelt es sich um die topografische Darstellung von Produktpositionierungsanalysen (→ Produktpositionierung), die auf der subjektiven → Wahrnehmung von Produkten durch die Konsumenten beruhen. Die Darstellung erfolgt in einem zwei- oder dreidimensionalen Merkmalsraum. Es gilt die Annahme, dass die → Kaufwahrscheinlichkeit für dasjenige Produkt am höchsten ist, dessen kaufrelevante Eigenschaften (Produkteigenschaften) die geringste Distanz zum Idealprodukt aufweisen. Die Realproduktwahrnehmung (Perceptual Map) und die Idealproduktwahrnehmung (Preference Map) werden getrennt oder gemeinsam im → Produktmarktraum (Joint Space) abgebildet. Aus dem M. können Informationen für Produktinnovationen, Produktvariationen und Produktdifferenzierungen gewonnen werden, wie auch Hinweise für die Marktsegmentierung und Nischenstrategie. Damit gewinnt das M. die Qualität als Instrument der → strategischen Marktforschung.

Marge, → Rohertrag, → Handelsspanne.

Marginalanalyse, Untersuchung der Effekte einer geringfügigen Veränderung einer oder mehrerer → Variablen auf die Ausgangssituation. Die Anwendungsbereiche der M. im Marketing sind vielfäl-

Management-Techniken

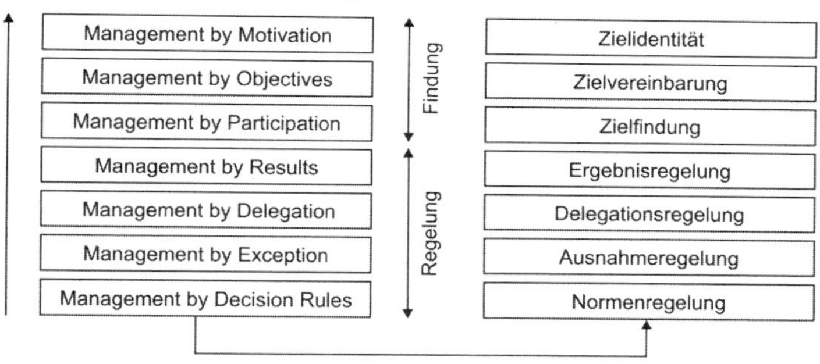

tig. Sie reichen von der Bestimmung des Gewinnmaximums (Schnittpunkt von Grenzkosten und Grenzerlös) in der monopolistischen Konkurrenz bis hin zur Bestimmung des Marketing-Mix. Die Grenzen des Optimierungsverfahrens sind dadurch gegeben, dass vielfach die notwendigen Daten nicht vorhanden sind, bzw. sich die Instrumentalwirkungen bei unterschiedlichen Kombinationen erheblich verändern.

Marke, unterscheidet ein → Produkt oder eine → Dienstleistung von ähnlichen und vergleichbaren → Angeboten durch ihre Einzigartigkeit, die vom Verbraucher bzw. Verwender wahr- und angenommen wird. Die M. setzt sich aus dem → Markennamen und dem → Markenzeichen zusammen (→ Markenartikel). M. verkörpern als Teil der modernen Kultur das Bedeutungssystem einer Gesellschaft. Sie stehen stellvertretend für bestimmte Wertesysteme, die sich in Einstellungen, Erwartungen und Lebensstilen ausdrücken und sich in Opposition zu anderen Wertorientierungen befinden. Die M. bewirkt insofern eine soziale Klassifizierung im Sinne einer Schichtung (soziale Schicht). Die Identifikation mit der M. bedeutet gleichzeitig aus Anbietersicht die Abhebung gegenüber den Konkurrenzangeboten (→ Markenpolitik).

Markenartikel, *Markenware vom Hersteller,* Produkt mit folgender Charakteristik:

1. Markierung, d.h. Kennzeichnung als konstituierendes Prinzip,
2. konstante bzw. verbesserte Qualität (Qualitätspolitik),
3. gleichbleibende Quantität (Verkaufseinheit),
4. gleiche Aufmachung (Verpackung, Ausstattung),
5. Ubiquität, d.h. Erhältlichkeit in einem größeren Absatzraum,
6. Werbung, um einen Nachfragesog vom Verbraucher her zu erzeugen (Pull-Strategie)
7. hoher Bekanntheitsgrad im Sinne der Verkehrsgeltung und damit verbunden ist eine hohe numerische und gewichtete Distribution,
8. relative Preiskonstanz in Verbindung mit Qualität.

Im Hinblick auf das starke Vordringen der → Handelsmarken in vielen → Branchen haben die vorgenannten bestimmenden Merkmale wesentlich an Bedeutung verloren, da sie von den Handelsmarken in wesentlichen Teilen adaptiert wurden.

Markenartikelwerbung, klassische Form der → Produktwerbung, bei der der Hersteller das Ziel verfolgt, durch eine direkte kommunikative Beeinflussung (→ Marketingkommunikation) der Bedarfsträger (Konsumenten, Verbraucher, Verwender) den Verkauf seiner → Markenartikel durch den Handel massiv zu fördern (→ Pull-Strategie). Die M. erfolgt meist mithilfe reichweitenstarker → Massenmedien. Hierbei sind die Werbekosten besonders hoch bei der Markteinführung, Marktdurchdringung und beim Verdrängungswettbewerb.

Markenaufbau, *Brand Building,* Erschaffung und Kommunikation von → Markenbestandteilen. Zu einem stetigen M. gehören das Identifizieren von Erfolgs- und Differenzierungspotentialen (→ Differenzierung) der Marke sowie die Festlegung des → Markenkerns.

Markenausführung, *Brand Execution,* alle kurz-, mittel- und langfristigen Entscheidungen der Markenführung. – Vgl. auch → Markenpolitik.

Markenbekanntheit, Anteil der Personen (der Zielgruppe), die eine bestimmte → Marke kennen (→ Bekanntheitsgrad). Die M. wird mithilfe des Einsatzes von → Recall- und → Recognition-Verfahren gemessen. Unterschieden wird nach dem passiven und aktiven Bekanntheitsgrad. Der passive Bekanntheitsgrad wird ermittelt durch Vorlage von Gedächtnisstützen (Abbildungen, Fotos etc.). Die Messung des aktiven Bekanntheitsgrades erfolgt ohne Hilfen. Der ungestützte Bekanntheitsgrad ist der statistisch härtere Wert.

Die M. hat für den → Markenschutz eine erhebliche Bedeutung.

Markenbestandteil, *Brand Essential,* Hauptbestandteil einer → Marke. Zu den Bestandteilen gehören u.a. Logo, Slogan, Verpackung, Farbe, Tonality, Typographie. Diese Eigenschaften dienen dem → Markenaufbau und schaffen eine → Markenidentität.

Markenbewusstsein, Präferenz von Nachfragern für → Markenartikel gegenüber anonymen (unmarkierten) Waren. Voraussetzung für das M. ist die → Markenbekanntheit, wenngleich diese nicht unbedingt zum M. und zur Markenpräferenz führen muss.

Markenbilder, verfestigte Vorstellungen (→ Image, → Stereotyp) von einer → Marke (→ Markenimage) oder Firma (→ Firmenimage), die als Gedächtnisbilder (→ innere Bilder) auf eine Vielzahl aufgenommener Reize zurückgehen. Einprägsame M. oder Firmenbilder entstehen durch multisensuale Wahrnehmung. Wichtig für den Aufbau eines attraktiven M. bzw. Firmenbildes ist ein Schlüsselbild, das der Vermittlung sachlicher Informationen oder emotionaler Vorstellungen bzw. Erlebnisse dient und durch sein Attraktivitätspotential für eine Angebotsdifferenzierung sorgt.

Markenbindung, → Markentreue.

Marken-Controlling, *Brand Controlling,* fortlaufende Überprüfung der festgelegten Marketing- und Kommunikationsziele einer Marke (z.B. Markenbekanntheit, Werbewirkung) durch die Berechnungen des → Markenwertes.

Markendifferenzierung, Differenzierung einer → Marke gegenüber anderen Konkurrenzmarken durch ein unverwechselbares → Markenimage. Es handelt sich also um eine Markenprofilierung. Der zweite begriffliche Inhalt bezieht sich auf eine abgewandelte Form der Produktdifferenzierung mit der insb. ein positiver Imagetransfer erreicht werden soll. – Vgl. auch → Markenfamilie.

Markenfamilie, Gruppe von → Markenartikeln, die unter einem einheitlichen → Markennamen angeboten werden. Sie bilden eine → Produktgruppe oder → Produktlinie. Ziel der Gruppen- bzw. Familienbildung von Produkten bzw. Marken ist der positive Imagetransfer.

Markenführung, → Markenpolitik.

Markengesetz, Neuregelung aller Kennzeichenrechte, d.h. nicht nur des Markenrechts, sondern auch des Rechts der geschäftlichen Bezeichnungen. Das Regelwerk enthält überdies Vorschriften über den Schutz geografischer Herkunftsangaben und Bestimmungen zum → Markenschutz nach dem → Madrider Abkommen.

Markenidentität, Übereinstimmung von Markenimage und Markeneigenschaften.

Markenimage, subjektiv und objektiv geprägtes Vorstellungsbild der Verbraucher von einer → Marke (Markenartikel, Markenname, Markenzeichen). Die M.-Pflege ist ein wesentlicher Bestandteil der → Markenpolitik. – *Anders:* → Produktimage und → Firmenimage.

Markenkapital, → Markenwert.

Markenkäufer, → Nachfrager, für die → Marken das entscheidende Auswahlkriterium beim Kauf sind. M. zeichnen sich in der Regel durch eine hohe → Markentreue aus, während preisbewusste oder reine Preiskäufer zu einem häufigen Markenwechsel neigen.

Markenkern, zentraler → Nutzen, den die → Marke für den Käufer hat.

Marken-Kompass, → Markt-Media-Analyse der Verlagsgruppe Bauer, die Daten über das Medienverhalten (→ Mediennutzungsverhalten) der Nutzer bez. ausgewählter Publikumszeitschriften und des Fernsehens liefert. Der M.-K. enthält überdies Angaben zum Besitz, Verbrauch und zu Anschaffungsabsichten der Mediennutzer in einer Reihe von Konsumbereichen.

Markenlizenz, Vergabe von Nutzungsrechten einer → Marke an Unternehmen, die unter der für sie fremden Marke (in der Regel handelt es sich hierbei um eine renommierte und prestigegeladene → Dachmarke) eigene Produkte herstellen und vertreiben. Wichtig für den Lizenzgeber ist, dass er bei der Vergabe einer M. auf die Imagekompatibilität und das Qualitätsniveau des Lizenznehmers achtet, um sein eigenes → Markenimage nicht zu gefährden.

Marken-Management, *Brand Management,* Untergliederung der → Marketing-Aktivitäten eines Unternehmens nach einem spezifischen Produkt, einer Produktlinie oder eine Marke, die von eigenständigen Organisationseinheiten betreut werden. Die Leitung einer solchen Einheit übernimmt der Brand Manager.

Markenmythos, → Marken, die als Bestandteil der modernen → Kultur einen symbolhaften Charakter erlangt haben. Sie verkörpern Wertemuster, die für den Konsumenten relevant sind (Emotionalität, Autonomie, Hedonismus, Kommunikativität) und bieten eine neue Sinnorientierung (Kultmarke). Mythische Marken gelten als dynamisch und aktiv. Ihnen wird uneingeschränkt Gültigkeit, Macht und Einfluss zugesprochen. Eine Marke büßt ihren symbolischen Wert ein, wenn sich ein Wertewandel vollzieht, d.h. bei gleichbleibender Produktqualität der Erlebniswert für den Konsumenten abnimmt.

Markenname, Buchstaben- bzw. Zeichenkombination, die eine Marke oder Dienstleistung kennzeichnet. Der M. ist eine → Schlüsselinformation, die die → Markenwahl erheblich beeinflusst.

Markenpersönlichkeit, menschliche → Persönlichkeitsmerkmale (z.B. männlich/weiblich, alt/jung, konservativ/progressiv), die vom Verbraucher mit einer bestimmten → Marke assoziiert werden.

Markenpiraterie, *Markenfälschung,* wettbewerbswidrige Nachahmung von originären → Marken (→ Markenartikel), insb. von → Warenzeichen. Man spricht auch von Markenfälschungen. Eine Sonderform ist die → Produktpiraterie, bei der sonderrechtlich z.T. nicht geschützte Produkte oder auch objektiv unikate Produkteigenschaften nachgeahmt bzw. vervielfältigt werden. M. und Produktpiraterie verletzen gewerbliche → Schutzrechte. – *Anders:* → Ideenpiraterie, → Plagiat.

Markenpolitik, Gesamtheit der unternehmerischen und insb. Marketingentscheidungen, die auf die kurz-, mittel- und langfristige Markenführung ausgerichtet sind. Damit sind insb. auch Grundsatzentscheidungen in der → Produktpolitik verbunden, die verknüpft werden müssen mit der → Marketingstrategie. Im engeren Sinne ist die M. eine Markierungspolitik als Teilbereich der Produktpolitik. Sie ist eng mit dem Markenartikel und der Handelsmarke verbunden. Es geht im Wesentlichen um die Erzielung von → Wettbewerbsvorteilen durch die möglichst prägnante Markierung, die kommunikativ und distributiv umgesetzt werden kann.

Markenpositionierung, → Positionierung einer → Marke durch Schaffung und Hervorhebung ihrer Unverwechselbarkeit [→ Unique Selling Proposition (USP)] im Vergleich zu Konkurrenzprodukten. Die M. weist eine sehr enge Verwandtschaft mit der → Produktpositionierung auf. Ziel ist, die Marke an die ideale Wunschvorstellung des Konsumenten heranzuführen und dabei gleichzeitig sicherzustellen, dass sie sich von Konkurrenzmarken unverwechselbar abhebt.

Markenpräferenz, Bevorzugung einer bzw. bestimmter → Marken. M. führt zur

→ Markentreue und verhindert einen Markenwechsel. Ziel des Markenartikels ist es, → Präferenzen aufzubauen, die zur Unvergleichbarkeit und Unverwechselbarkeit führen.

Markenprägnanz, prägnante Elemente einer → Marke, wie z.B. der Markenname, das Markenzeichen oder die Packung, die für den Konsumenten einen unverwechselbaren Wiedererkennungswert besitzen und daher zur Erhaltung der → Markentreue einen nicht unerheblichen Beitrag leisten.

Markenrahmen, alle Produkte/ Dienstleistungen bzw. → Marken, die ein Käufer kennt, als kaufbar ansieht und grundsätzlich in seine → Kaufentscheidungen einbezieht. Der M. ist kleiner als das gesamte Wahrnehmungsfeld bez. der Angebote und größer als das engere Auswahlfeld. – Vgl. auch → Awareness Set, → Evoked Set.

Markenrange, → Markenfamilie.

Markenschutz, rechtliches Institut, das abgeleitet ist aus dem zeichenrechtlichen Schutz nach dem → Warenzeichengesetz (WZG), dem Gesetz gegen den unlauteren Wettbewerb (UWG) und dem Deliktschutz (z.B. Markenpiraterie).

Markenstrategie, → Markenpolitik.

Markentechnik, Schaffung, Einführung, Durchsetzung und dauerhafte Pflege einer → Marke. „Eine Ware wird erst dann zu einem...Markenartikel, wenn sie sich mit Namen, Verkaufeinheit, Gesicht, Preis usw. ...langfristig...eingeprägt hat.“ Nicht die Werbung macht die Marke, sondern die Marke macht sich ihre Werbung. „Das Produkt selbst ist die entscheidende Botschaft“ [H. Domizlaff (1982)].

Markentransfer, Übertragung eines bekannten → Markennamens auf eine andere Produktgattung (z.B. Camel-Zigaretten auf Camel-Bekleidung und Camel-Reisen). Es handelt sich um eine Form der Dachmarkenstrategie (→ Dachmarke), die das Ziel verfolgt, einen positiven → Imagetransfer vom Stammprodukt auf die neue und nicht oder nur bedingt artverwandte Produktgattung herzustellen. Als problematisch kann sich ein negativer Ausstrahlungseffekt bei heterogenen Leistungsangeboten (mit z.B. sehr unterschiedlichen Qualitätslagen) erweisen, der möglicherweise auf das Stammprodukt oder auf das gesamte Firmenimage durchschlägt. – Vgl. auch → Line Enlargement.

Markentreue, *Brand Loyalty,* Markenbindung, die auf einem habituellen → Konsumentenverhalten beruht. Maßstab für die M. sind Wiederholungskäufe desselben Markenprodukts. Im Vergleich zur Ladentreue handelt es sich um einen hohen Bindungsgrad zwischen Käufer und Marke. Insb. durch Markenartikel wird versucht, eine hohe → Kundenbindung an die Marke zu erreichen. – *Anders:* → Produkttreue. – *Gegensatz:* → Markenwechsel.

Markenverband e.V., Interessenverband der deutschen Markenartikelindustrie mit Sitz in Wiesbaden. Wesentliches Ziel des Verbandes ist die Förderung des → Markenartikels. – *Weitere Informationen unter* www.markenverband.de.

Markenverbund, Komplementärbeziehungen (→ Komplementärprodukt) zwischen Leistungsangeboten, die für den Käufer zwingend oder fakultativ sind. Im ersten Fall besteht nach Kauf eines Produkts (bzw. einer Dienstleistung) ein objektiver Ergänzungszwang, weil das Ausgangsprodukt (z.B. Drucker) ohne das Komplementärprodukt (typentsprechender Toner) nicht eingesetzt werden kann. Eine fakultative Komplementarität besteht in dem Beispiel bei einer durchaus sinnvollen Erweiterung der Speicherkapazität des Druckers, die aber je nach Anwendung nicht zwingend ist. – *Anders:* → Sortimentsverbund.

Markenwahl, *Brand Choice,* die Erforschung der Markenwahlentscheidungen steht im Mittelpunkt der Analyse der → Kaufentscheidungen und der damit verbundenen → Kaufentscheidungsprozesse. Generell beruht die M. auf bestimmten Wertvorstellungen. Sie werden z.B. vermittelt durch den Markenartikel, wobei die Markenpolitik darauf abzielt, eine hohe Markentreue zu erreichen.

Markenware, → Markenartikel.

Markenwechsel, *Brand Switch,* beruht auf einem aktiven Lernverhalten (→ Lerntheorie) der Konsumenten. Es besteht keine affektive Bindung an eine bestimmte → Marke. Wiederholungskäufe der gleichen Marke bleiben aus. – *Anders:* → Variety Seeking Behavior.

Markenwechselmodell, *Brand Switching Model,* basiert auf den → Lerntheorien. Die Grundannahme ist, dass Markenwechsel bzw. Markentreue bestimmt werden durch positive bzw. negative Kauf- und Konsumerlebnisse. – Vgl. auch → Markoff-Kette.

Markenwert, *Brand Equity,* finanzwirtschaftlicher Wert eines → Markenartikels, der nach klassischer → Kapitalwertrechnung ermittelt werden kann als Barwert der künftigen Einzahlungsüberschüsse, der aus dem Markenartikel resultiert. Der zweite Wertfaktor ist das Potential als Dachmarke, an die weitere Produkte angehängt werden können (→ Line Extension und → Line Enlargement). Das dritte Wertelement ist die Vermarktungsfähigkeit der Marke bez. des Verkaufs bzw. der Lizenzvergabe. Die M.-Ermittlung ist als sehr problematisch einzustufen, da sie nur bedingt etwas über den Zukunftserfolgswert der Marke aussagt. – *Anders:* → Brandholder Value.

Markenzeichen, Teil der → Marke, der eine visuelle → Markierung darstellt und sich insofern vom Markennamen unterscheidet. M. und Markennamen bilden jedoch im Markenartikel eine Einheit. Vgl. auch → Warenzeichen.

Marketing, → Märkte entwickeln und aktiv gestalten. Definition der American Marketing Association (AMA) im Jahre 1985: "Marketing is the process of planning and execution the conception, pricing, promotion and distribution of ideas, goods and services to create exchanges that satisfy individual and organizational objectives." Der Marketinggrundgedanke ist eine absolute marktbezogene Denkhaltung, die alle unternehmerischen Aktivitäten prägt (marktgerechte und marktgerichtete Unternehmenspolitik). Der zweite Inhalt umfasst den integrati-

Marketingverbund

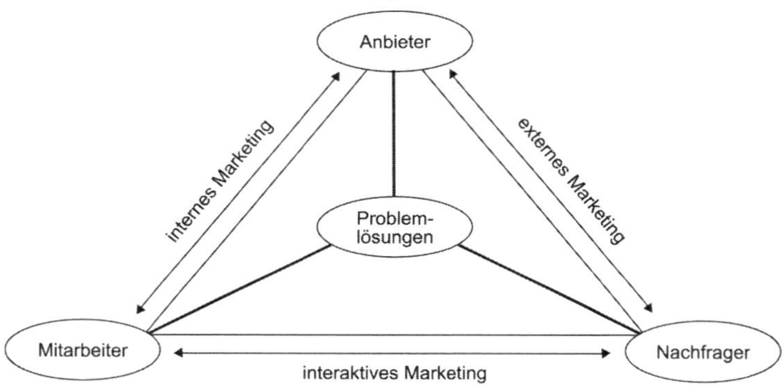

ven Einsatz der → Marketinginstrumente. Der dritte Inhalt bezieht sich auf die organisatorische Implementierung des M. in Unternehmen bzw. Organisationen (→ Unternehmungsorganisation, → Marketingorganisation). Nach der Institutionenlehre kann M. u.a. unterschieden werden in Konsumgütermarketing, Investitionsgütermarketing, Handelsmarketing, Dienstleistungsmarketing, Bankmarketing, Messemarketing etc. Räumlich bzw. geografisch ist im Wesentlichen zu unterscheiden in nationales und internationales Marketing. Bezogen auf die betrieblichen Funktionen, wird u.a. nach Beschaffungsmarketing, Absatzmarketing, Personalmarketing, internem Marketing, Finanzmarketing differenziert. Weitere Feingliederungen ergeben sich durch eine Aufspaltung der Marketinginstrumente u.a. in Direktmarketing, Database-Marketing, Servicemarketing etc. Dazu kommen Varianten, wie u.a. kommerzielles Marketing, Social Marketing, Ökologie-Marketing. Allen differenzierten Definitionen ist gemeinsam, dass die absolute Markt- bzw. Kundenorientierung im Mittelpunkt der gesamten unternehmerischen Aktivitäten steht. – Vgl. Abbildung „Marketingverbund".

Marketing Assessment, umfassende Konzeption der Abschätzung von Marketing-Folgewirkungen, die sich in folgenden Schritten vollzieht:

1. Bestimmung der relevanten Teile der Marketingstrategien,
2. Abschätzen der Folgewirkungen der geplanten Marketingstrategien hinsichtlich der zu erwartenden ökonomischen, politisch-rechtlichen, öffentlichen und ökologischen Folgen,
3. mögliche Rückwirkungen auf das gesamte Unternehmen,
4. Bewertung der Marketing-Folgewirkungen,
5. Formulierung der strategischen Handlungsalternativen zur Vermeidung erwarteter negativer Folgewirkungen für das Unternehmen.

Marketing Audit, Teilgebiet des → Marketingcontrolling. Im M.A. wird das gesamte Marketingsystem überprüft. Die Prüfung bezieht sich insb. auf die Marketingziele, die Marketingstrategien, den Einsatz der Marketinginstrumente und auf die Marketingorganisation hinsichtlich der Umfeldbedingungen bzw. -veränderungen (u.a. Markt- und Konkurrenzveränderungen, Konsumentenverhalten). Die Audit-Phasen gliedern sich klassisch in Analyse und Bewertung, Zeitplanung und Strategieentwicklung sowie Umsetzung und Anpassung.

Marketingbudget, setzt sich zusammen aus dem Produkt-, Distributions-, Kommunikations- und Marktinformations-Etat. Die Budgetallokation ist branchen- und/oder unternehmensbedingt. – Vgl. auch → Budget, → Budgetierungsmethode und → Kommunikationsbudget.

Marketing-Club, örtlicher Verein, der seine Mitglieder aus den im Einzugsbereich tätigen Marketingspezialisten rekrutiert. Die einzelnen M.-C. sind im → Deutschen Marketing-Verband (DMV) zusammengeschlossen.

Marketingcontrolling, Teil des gesamten → Controlling-Systems. Zu unterscheiden sind die strategische und operative Marketingkontrolle. Das strategische M. umfasst die systematische, langfristige Prüfung und Bewertung der Planungsaktivitäten. Dadurch soll die Möglichkeit zur frühzeitigen Korrektur strategischer Entscheidungen gegeben werden. Im Vergleich dazu hat das operative M. die Aufgabe, die ergriffenen Maßnahmen dahingehend zu überprüfen, ob sie sich als geeignet und zufrieden stellend erwiesen haben, die operational formulierten Marketingstrategien operativ umzusetzen. Einbezogen in das Aufgabenfeld sind die Abweichungsanalyse und konkrete Maßnahmenempfehlungen zur Beseitigung der Abweichungen und die Strategierealisation.

Marketingdesign, Zusammenwirken von → Produktdesign und → Kommunikationsdesign. Diese mehr Industriesicht wird aus Handelssicht erweitert um das → Outlet-Design.

Marketing-Dienstleister, Service-Unternehmen, das als klassischer Absatzhelfer zwar nicht direkt in die Absatzkette eingegliedert ist, aber Absatz- und Beschaffungsprozesse unterstützt (z.B. Werbeagenturen, Produktentwickler, Designer, Spediteure, Kreditinstitute). Die zweite Gruppe bilden Dienstleister, die in die Prozesse der Entscheidungsvorbereitung eingebunden sind (z.B. Marktforschungsinstitute, Vertriebsberater, Unternehmensberater). Die dritte Gruppe sind üblicherweise Spezialisten, die im operativen Vertrieb eingesetzt werden und damit ein wichtiges Glied in der Absatzkette bilden (z.B. Merchandiser, Food Broker). Die sehr fragmentierte Branche der M.-D. weist einen Trend zur Spezialisierung auf, wobei die Aufgaben selbst immer differenzierter und komplexer werden. Insofern erweist sich der Begriff Absatzhelfer zunehmend als veraltet.

Marketingelastizität,
→ Absatzwertelastizität.

Marketingentscheidung,
→ Entscheidungstheorie.

Marketingethik, Auseinandersetzung mit Fragen, die sich auf moralische → Werte und → Normen des → Marketings beziehen und bereits in den 1960er-Jahren auf dem Hintergrund der Sozialverantwortung des Marketings diskutiert wurden (→ Konsumerismus). Durch die stürmische Entwicklung neuer Informations- und Kommunikationstechnologien gewinnt die Thematik eine erhöhte Aktualität und eine größere Brisanz. – Vgl. auch → Marktforschungsethik.

Marketing Event, inszeniertes Ereignis in Form einer Veranstaltung oder Aktion, die den Adressaten (Verbraucher, Kunden, Distributionsorgan, Meinungsführer, aber auch Mitarbeiter, Außendienst etc.) firmen- oder angebotsbezogene Kommunikationsinhalte erlebnisorientiert vermittelt. – Vgl. auch → Event Marketing.

Marketingforschung, *Marketing Research,* übergeordneter Begriff, der die → Marktforschung in wesentlichen Teilen einbezieht und auch als Wirkungsforschung bezeichnet werden kann. Da sich die M. auf den → Absatzmarkt konzentriert, wird sie vielfach auch als untergeordneter Begriff angesehen. In Theorie wie Praxis setzt sich aber immer mehr die M. als übergeordneter Begriff durch, und die Marktforschung reduziert sich begrifflich auf die Ermittlung von Marktdaten durch den Einsatz verschiedener Erhebungsverfahren.

Marketingführerschaft, Dominanz, → Marketingstrategien im Absatz- und/oder Beschaffungsmarkt durchzusetzen. Mit dem Streben nach M. sind vor allem Probleme in den Hersteller-Handels-Beziehungen (vertikales Marketing) verbunden, die nur bedingt durch die kooperative Entwicklung von vertikalen Marketingstrategien überwunden werden können. Die M. wird im Wesentlichen bestimmt durch die Machtverteilung, und zwar durch die jeweils vorherrschende Form der asymmetrischen Machtverteilung. – Aufgrund der in den letzten Jahren vollzogenen und immer noch nicht abgeschlossenen Handelskonzentrationen und der damit verbundenen Nachfragemacht hat sich das ehemals sehr deutlich herstellerbezogene Machtungleichgewicht in vielen Branchen zugunsten des Handels (vor allem des Einzelhandels) verschoben, mit der Folge einer sog. Kanalführerschaft, die im Wesentlichen die M. begründet. Das gilt umso mehr, als die Hersteller vielfach unter einer Innovationsarmut leiden und daher keine Pull-Strategien entwickeln können, die den Handelsdruck vermindern und die Machtverhältnisse im vertikalen Marktgefüge verändern können.

Marketingfunktion,
→ Marketinginstrument.

Marketingholder-Value, in Ableitung aus dem Shareholder-Value der öffentliche Wert des marktorientierten → Managements, der sich auf den Unternehmenswert auswirkt (Goodwill, Imagetransfer).

Marketing-Hysterese, in der Physik beschreibt die H. die Fortdauer einer Wirkung nach Aufhören der Ursache (z.B. Magnetisierung). Dieses Phänomen kann auch im Marketing auftreten. Ein nur vorübergehend eingesetzter → Stimulus (z.B. Werbespot) hat auch nach seinem Einsatz (Absetzen der Kampagne) noch eine Wirkung (z.B. auf → Absatz und/oder Marktanteil). Die Differenz zwischen den Wirkungsniveaulagen wird als Remanenz bezeichnet. – Vgl. auch → Carry-over-Effekt. – *Gegensatz:* → Wear-out-Effekt.

Marketing-Informationssystem (MAIS), spezielles Informationssystem, das vor allem der → Marketingplanung und dem → Marketingcontrolling dient. Die Systeme enthalten Daten-, Methoden- und Modellbanken sowie die dazu notwendigen Kommunikationseinrichtungen. Es geht um die schnelle Bereitstellung der relevanten → Informationen für Marketingentscheidungen. Das Informationssystem ist erst dann effizient, wenn es interaktiv, d.h. im Dialogbetrieb arbeitet und auch auf andere Informationsmodule (z.B. aus Produktion und Logistik) zurückgreifen kann (Datenverbundsystem). Ziel ist ein umfassendes betriebliches Informationssystem.

Marketinginstrumentarium, *Marketinginstrument,* unterschieden werden Informations-, Aktions- und Managementinstrumente. Die → Marktforschung mit ihren verschiedenen Methoden bietet die Informationsinstrumente. Die Aktionsinstrumente werden üblicherweise in die Submixbereiche Produkt-Mix, Distributions-Mix und Kommunikations-Mix untergliedert, die im synergetischen Verbund den Marketing-Mix bilden. Die Managementinstrumente umfassen die Formen der → Marketingplanung, → Marketingorganisation und des → Marketingcontrollings. Hierin ist auch die zielorientierte Führung der Mitarbeiter eingeschlossen (internes Marketing, Personalmarketing). In Bezug auf die z.T. sehr differenzierte vertikale Marktkette sind die Instrumente des Beschaffungsmarketings, Absatzmarketings und des vertikalen Marketings zu unterscheiden. –

Marketing – Instrumentalstruktur

Vgl. Abbildung „Marketing – Instrumentalstruktur".

Marketing-Kennzahl,
→ Kennzahl.

Marketingkoalition, Form der → Marketingkooperation von rechtlich selbstständigen Unternehmen auf vertikaler oder horizontaler Distributionsebene im Absatzmarketing und/oder Beschaffungsmarketing. M. sind in der Praxis vielfach aufgabenbezogen und zeitlich begrenzt. Konkrete Formen sind u.a. Joint Ventures und strategische Allianzen. Koalitionen können auch von Wettbewerbern geschlossen werden (kooperative Wettbewerbsbeziehungen), soweit dadurch nicht das Kartellgesetz verletzt wird.

Marketingkommunikation, *Marktkommunikation,* → Marketinginstrument, das die Funktion hat, das Leistungsangebot eines Unternehmens bzw. einer Organisation im Markt zu kommunizieren (→ Kommunikation). Das bedeutet, die vorhandenen und potentiellen Abnehmer auf das Leistungsangebot aufmerksam zu machen, sie zu informieren, zu überzeugen und schließlich zum Kauf zu veranlassen. Instrumental werden dazu die → Kommunikationsformen, die → Kommunikationsmedien und die → Kommunikationsmittel eingesetzt, die integrativ und interaktiv im → Kommunikations-Mix miteinander verbunden sind – Vgl. auch → Corporate Communications.

Marketingkontrolle,
→ Marketingcontrolling.

Marketingkonzeption, *Marketingkonzept,* nach J. Becker (1983) ein umfassender, gedanklicher Entwurf, „der sich an einer Leitidee bzw. bestimmten Richtgrößen (Zielen) orientiert und grundlegende Handlungsrahmen (Strategien) wie auch die notwendigen operativen Handlungen (Instrumentaleinsatz) zu einem schlüssigen Plan ... zusammenfasst". Die Inhaltsbestimmung verbindet damit den Grundgedanken des → Marketings mit einer gesamthaften strategischen Marktorientierung (→ Marketingstrategie) und ihrer operativen Umsetzung. – Vgl. Abbildung „Marketingkonzept – Vom Verkäufer- zum Käufermarkt."

Marketingkooperation, Zusammenarbeit rechtlich selbstständiger Unternehmen auf vertikaler oder horizontaler Distributionsebene im Absatzmarketing und/oder Beschaffungsmarketing. Als Kooperationsfelder sind grundsätzlich alle → Marketinginstrumente geeignet, wobei sich in der Praxis die → Marktforschung, → Marketingkommunikation und vor allem der → Vertrieb als besonders effi-

Marketingkonzept – Vom Verkäufer- zum Käufermarkt

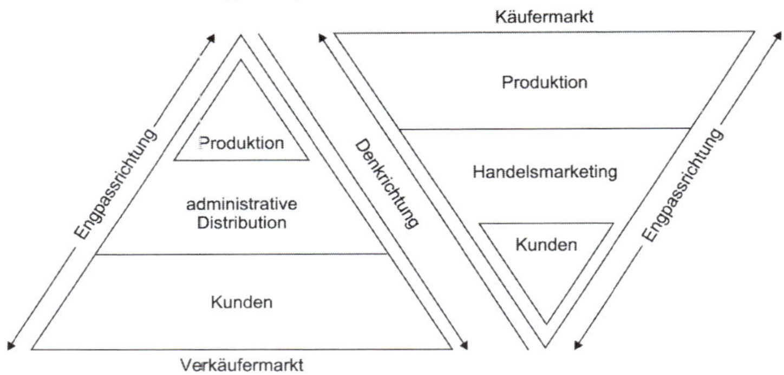

zient erwiesen haben. M. sind ein geeignetes Instrument zur Erhaltung der Wettbewerbsfähigkeit, Begegnung von Konzentrationen und zur Markterschließung bzw. Marktentwicklung. – Vgl. auch → Gemeinschaftsmarketing.

Marketingkoordination, Abstimmung von Zielen, Planungen und Handlungsabläufen im Marketing. Die M. dient vor allem dazu, Widersprüche in den Zielen, Strategien und Durchführungsmaßnahmen zu vermeiden und Synergien zu nutzen. Die zentrale Marketing-Managementaufgabe erweist sich als besonders wichtig bei größeren Organisationseinheiten und stark diversifizierten (→ Diversifikation) Unternehmen.

Marketingkosten, Summe der → Kosten, die in den verschiedenen Marketingabteilungen periodisch anfallen bzw. geplant sind und in einem → Marketingbudget zusammengefasst werden. Die M. sind in ihrer Höhe nicht allgemein bestimmbar. Entscheidend ist, welche Kostenarten der Marketing-Kostenstelle zugerechnet werden. Üblicherweise sind die klassischen Marketingkostenarten die → Marktforschung, → Werbung, → Verkaufsförderung und der → Vertrieb. → Produkt-Management und → Produktentwicklung werden kostenrechnerisch unterschiedlich behandelt. Entweder werden sie als Marketingkostenarten als eigene Kostenstelle geführt oder einer anderen Kostenstelle (z.B. Produktentwicklung zur Forschung und Entwicklung) zugeordnet.

Marketingkultur, Form der → Unternehmenskultur die im Wesentlichen durch das Verhalten der Marketing-Entscheidungsträger bestimmt wird. Nach H. Meffert (1994) sind vier Grundformen von M.-Typen zu unterscheiden:

1. funktionsorientierte M. (Aktionskultur),
2. innovationsorientierte M. (Pionierkultur),
3. technokratische M. (Administrationskultur),
4. systemorientierte M. (Kooperationskultur).

Die M. hängt entscheidend von der Unternehmenskultur ab, wobei sich diese wiederum mit der Unternehmensentwicklung verändert.

Marketing-Logistik, marktbezogene Interpretation der → Logistik. Grundsätzlich ist es die Aufgabe der M.-L., das richtige Produkt in der richtigen Menge, zur richtigen Zeit an den richtigen Ort zu optimalen Kosten auszuliefern. Diese Funktion umfasst sowohl den Beschaffungsbereich (Physical Supply, Beschaffungslogistik) und den innerbetrieblichen Bereich als auch die physische Distribution (Physical Distribution, Distributionslogistik) der Produkte in die Absatzmärkte. Eine problematische Schnittstelle ist aufgrund der erheblichen Kosten die vertikale Aufgabenteilung zwischen Industrie und Handel. Die Tendenz ist die weitere Rückdelegation von logistischen Handelsfunktionen auf den Lieferanten. Eine weitere Entwicklungsrichtung deutet sich an durch das verstärkte Outsourcing von Logistikfunktionen (z.B. Transport, Lagerhaltung) auf selbstständige Distributeure (z.B. Speditionen).

Marketingmanagement, funktional ist der Begriff mit → Marketingplanung gleichzusetzen. Abgeleitet aus → Management, handelt es sich aber eher um die marktorientierte Gestaltung und Lenkung eines Unternehmens, die primär verbunden sind mit der → Marketingorganisation und den → Organisationsformen inklusive den verschiedenen Ausprägungen der → Leitungssysteme. – Vgl. Abbildung „Marketingmanagement-Prozess“.

Marketing-Mix, Koordination und optimale Kombination der → Marketinginstrumente [N. H. Borden (1971)]. Optimal bedeutet die zielentsprechende Strategienbildung und ihre Durchsetzung im Markt. Der M.-M. ist die operative Seite der Marketingkonzeption nach strategischen Vorgaben. Im Hinblick auf die qualitative und quantitative Gestaltung setzt sich der M.-M. zusammen aus der:

- Produktpolitik,
- Preispolitik,
- Distributionspolitik und
- Kommunikationspolitik.

Die Gestaltung des M.-M. ist das fundamentale Entscheidungsproblem in der → Marketingplanung. – Vgl. auch → absatzpolitisches Instrumentarium.

Marketing-Mix-Kosten, → Kosten, die notwendig sind für den integrierten Marketing-Mitteleinsatz. Je nach Zurechnungsmöglichkeit sind diese Kosten fix oder variabel.

Marketingmodell, künstliche Abbildung der Wirkung der Marketing-Instrumentalstruktur (→ Marketing-Mix) in einem → Modell. Unterschieden werden → Beschreibungs-, → Erklärungs- und → Entscheidungsmodelle. Der Aussagewert von M. hängt im Wesentlichen von ihrer Isomorphie ab, d.h. von ihrer Fähigkeit, die Marktrealität hinreichend genau abbilden zu können.

Marketing Myopia, Kurzsichtigkeit (Myopie) der Marketingorientierung an kurzfristigen Kundenwünschen. Der Begriff wurde von [T. E. Levitt (1960)] geprägt, der damit eine Kurzsichtigkeit von Anbietern gegenüber längerfristigen Bedarfs- und Marktentwicklungen meint. Dieser kritische Hinweis, der insb. heute noch im Zeichen des → Wertewandels und der → Wertedynamik eine zentrale Bedeutung hat, führte zum Grundkonzept des Marketing als ein Denken und Handeln in kundenbezogenen Problemlösungen und einer damit verbundenen strategischen Grundorientierung von im Markt erfolgreichen Unternehmen bzw. Institutionen.

Marketingorganisation, organisationale Verknüpfung der → Marketingfunktionen zu einer funktionalen und marktbezogenen Ganzheit. Im erweiterten Sinne handelt es sich um die organisatorische Gestaltung des gesamten Unternehmens unter dem Primat der Markterfordernisse. Um den erweiterten organisatorischen Ansatz zu realisieren, ist es notwendig, die komplexe Marketingaufgabe in den Mittelpunkt der → Unternehmungsorganisation zu stellen. Die aufbauorganisatorischen Alternativen sind die klassische Funktionengliederung, die Objektegliede-

Marketingmanagement-Prozess

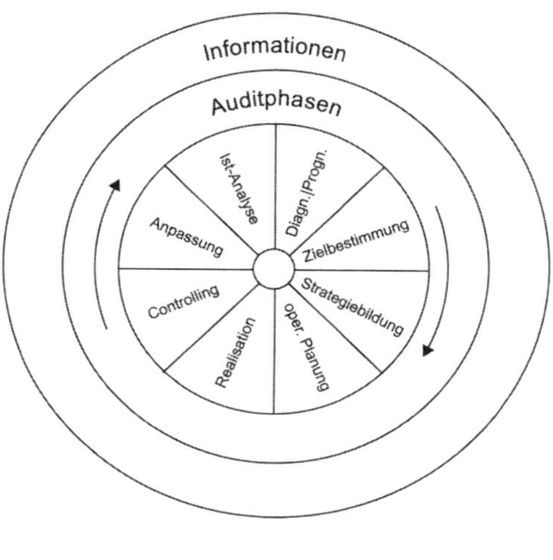

rung (Produkt-Management, Spartenorganisation bzw. Divisionalisierung, Key-Account-Management), die mehrdimensionale Organisation (Matrix-Organisation, Tensor-Organisation, Team-Organisation) und Kombinationen der vorgenannten → Organisationsformen. Weitere (mehr theorieorientierte) Gliederungsschemata ergeben sich aus der Unterscheidung nach Einlinien-, Mehrlinien- und Matrixsystemen.

Marketingplanung, abgeleitet aus dem Begriffsinhalt der → Planung, ist die M. ein Prozess zur Bestimmung einer zukunftsorientierten und marktbezogenen Verhaltensweise des Unternehmens. Hierin eingeschlossen ist auch die Festlegung der Wege zur Zielerreichung. Der Planungsprozess vollzieht sich auf der Basis eines möglichst vollständigen und sicheren → Marketing-Informationssystems (MAIS). Der Marketingplan ist der Leitplan für alle weiteren Teilplanungen (Finanz-, Investitions-, Produktionsplanung etc.). Je nach Aufgabenstellung und Zeithorizont ist die M. strategisch, taktisch oder operativ angelegt. Dem entspricht auch weitgehend die Unterscheidung in eine lang-, mittel- und kurzfristige Planung. – Vgl. Abbildung „Marketingplanung – Ablauf und Verknüpfungen".

Marketingpolitik,
→ Marketingstrategie.

Marketingpsychologie, Untersuchung der psychologischen Voraussetzungen beeinflussender → Kommunikation.

Marketing Research,
→ Marketingforschung.

Marketingstrategie, verbindliche Festlegung eines langfristigen (d.h. strategischen) Marketingplans und Bestimmung der nachvollziehbaren und kontrollierbaren Marketingziele. Dazu ist es notwendig, Strategiealternativen zu entwickeln und festzulegen, um den optimalen Lösungsweg zu identifizieren. – *Anders:* → Marketingtaktik.

Marketing-Strategieebenen, die verschiedenen Strategieebenen lassen sich nach J. Becker (1990) unterscheiden in → Marktfeldstrategien, → Marktstimulierungsstrategien, → Marktparzellierungsstrategien und → Marktarealstrategien.

Marketingtaktik, in Abgrenzung zur → Marketingstrategie, die den langfristigen marktorientierten Handlungsrahmen des Unternehmens festlegt, alle operativen Aktivitäten, die Maßnahmencharakter haben und vielfach Reaktionen auf unerwartete Marktsituationen darstellen. Die

Marketingplanung – Ablauf und Verknüpfungen

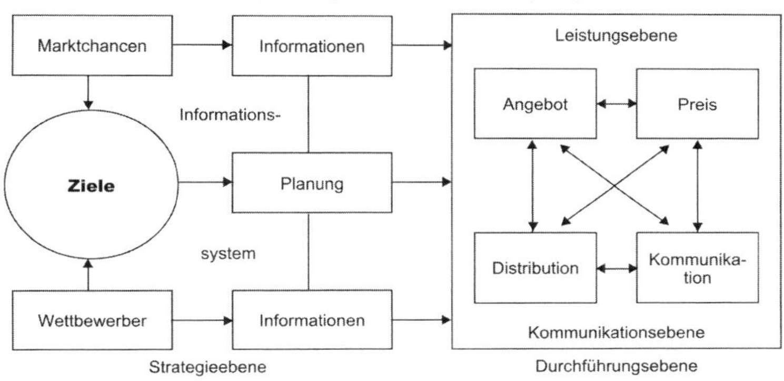

Verbindung mit der Marketingstrategie ergibt sich aus der → Zielplanung und dem → Zielsystem.

Marketingtheorie, lässt sich nach Entwicklungsstufen gliedern in den:

- systemorientierten Ansatz (Systemtheorie),
- verhaltenswissenschaftlichen Ansatz (Verhaltenstheorie),
- entscheidungsorientierten Ansatz (Entscheidungstheorie) und
- den situativen Ansatz (situative Marketingstrategie),

wobei letzterer nicht von generell gültigen Entscheidungs- und Handlungsakten ausgeht, sondern von einer situationsbezogenen Angemessenheit. Die verschiedenen Ansätze unter Einschluss der klassischen Absatztheorie weisen z.T. Gemeinsamkeiten auf, die in der praktischen Umsetzung zu pragmatischen Kombinationen führen (z.B. der verbraucherorientierte mit dem Verhaltens-Ansatz).

Marketingumwelt, Gesamtheit aller Umweltfaktoren, die direkt oder indirekt auf die → Marketingstrategie und → Marketingtaktik eines Unternehmens Einfluss nehmen, ohne von diesem einzelwirtschaftlich verändert werden zu können. Auch wenn die Marketing-Umweltfaktoren kein Aktionsinstrument sind, erweisen sie sich zunehmend als wichtige Reaktionsparameter (z.B. für die Entwicklung neuer und umweltverträglicher Produkte). Differenzierte → Umweltanalysen eröffnen vielfältige Chancenpotentiale, die aktiv durch das Marketing genutzt werden können.

Marketingziel, zu unterscheiden ist grundsätzlich nach → Sach- und → Formalzielen. Bei den M. handelt es sich um die aus den gesamten → Unternehmenszielen abgeleiteten konkreten (d.h. operationalen) Formalziele, die lang-, mittel- und kurzfristig definiert sind (→ Marketingplanung). Die wichtigsten Marketing-Zielgrößen sind Umsatz, Marktanteil, Gewinn und Rentabilität. Diese Ziele sind eingebunden in Zielsysteme, die auf Produkte, Produktgruppen und Sparten heruntergebrochen werden können und in sich stimmig und kompatibel mit den Unternehmenszielen sein müssen.

Market Research, → Marktforschung.

Marketspace, virtueller Marktplatz im → Cyberspace.

Markierung, *Branding,* Kennzeichnung eines Produktes oder einer Dienstleistung als → Marke. Die Markierungsmöglichkeiten sind → Bild-, → Wort- und → Namenszeichen, → Markenzeichen, → Warenzeichen, → Gütezeichen. – Vgl. auch → Markenpolitik.

Markoff-Kette, ein nach A. A. Markoff (1856-1922) benannter stochastischer Prozess, bei dem die → Wahrscheinlichkeit eines Zustands durch die Wahrscheinlichkeit des vorangegangenen Zustands bestimmt wird. Der Gesamtprozess wird also durch die Ausgangswahrscheinlichkeiten und Übergangswahrscheinlichkeiten aller Zustände bestimmt. Ein Anwendungsbeispiel für M.-K. ist die Analyse des Markenwechsels.

Markt, Zusammentreffen von → Angebot und → Nachfrage. Durch das Zusammenspiel von Angebot und Nachfrage bildet sich der → Marktpreis. Der M. wird nach verschiedenen → Marktformen unterschieden.

Marktabdeckung, Ausschöpfungsgrad des für den Anbieter → relevanten Marktes (Teilmarktes). Die M. ist zu unterscheiden in eine partiale (Teilmarkt-Betrachtung) und totale (Gesamtmarkt-Betrachtung) Abdeckung und ein wichtiges Entscheidungs- und Erfolgskriterium für die → Marktsegmentierung.

Marktabgrenzung, Aufspaltung des Gesamtmarktes in homogene → Teilmärkte, die differenziert bearbeitet werden können (→ Marktsegmentierung). In diesem Zusammenhang hat die Bestimmung des → relevanten Marktes eine große wettbewerbsrechtliche Bedeutung. Diese Form der M. weist die → Substitutionsbeziehungen zwischen den Marktteilnehmern aus und verhindert die Bildung von → Kartellen.

Marktabschöpfungsstrategie, → Abschöpfungsstrategie.

Marktakzeptanz, positive Aufnahme von → Innovationen durch die Adressaten. Die M. bezieht sich vor allem auf neue Produkte und Dienstleistungen, umfasst aber auch z.B. neue Formen der → Marketingkommunikation (neue Medien, Telekommunikations-Systeme, Call-Center etc.) bzw. der → Werbemittelgestaltung (Werbebotschaften etc.).

Marktanalyse, zeitpunktbezogene Beobachtung der Merkmale eines bestimmten → Marktes, um die Marktstruktur zu einem bestimmten Zeitpunkt erkennen zu können (→ Marktbeobachtung). Zum Einsatz kommen alle → Erhebungsverfahren der → Marktforschung.

Marktanteil, Anteilswert, der einen Maßstab darstellt für die Vergleichbarkeit eines Unternehmens mit allen übrigen Unternehmen, die im gleichen → Markt tätig sind. Der M. lässt sich als mengenmäßiger und wertmäßiger Anteilswert berechnen. Der mengenmäßige M. ist die Absatzmenge eines bestimmten Gutes eines Unternehmens, dividiert durch das mengenmäßige Marktvolumen. Im Vergleich dazu ist der wertmäßige M. der Umsatz des Unternehmens mit einem Gut, dividiert durch das wertmäßige Marktvolumen. Der M. wird üblicherweise in Prozent ausgedrückt. Er ist eine Kennziffer für die Entwicklung der eigenen Leistungseffizienz im Zeitverlauf. Der sog. relative M. spielt als Erfolgsfaktor bei der Portfolioanalyse und im Portfoliomanagement eine wichtige Rolle zur Beurteilung der Wettbewerbsfähigkeit. Der relative M. ist das Verhältnis des eigenen Marktanteils zum Hauptwettbewerber oder zu den drei größten Mitbewerbern. Die Kennziffer wird als absoluter Wert angegeben.

Marktanteil-Werbeanteil-Methode, Form der → Werbebudgetierung, die sich am → Marktanteil orientiert. Sie ist identisch mit der → Wettbewerbs-Paritäts-Methode. Die Budgetierungsmethode führt in der Regel zur Aufblähung der → Werbekosten, da die Werbebudgets von den einzelnen Anbietern permanent höher angesetzt werden. Das vermeintliche Ziel jedes Anbieters ist, durch eine wettbewerbsorientierte Werbebudgetierung den eigenen Marktanteil zu erhöhen.

Marktarealstrategie, → Marktstrategie, die auf unterschiedliche Absatzgebiete fokussiert ist [J. Becker (1992)]. Die wichtigsten Formen sind nationale und übernationale Gebietsstrategien.

Marktausschöpfung, Relation von → Absatzpotential bzw. Umsatzpotential eines Anbieters zum mengen- bzw. wertmäßigen → Marktpotential. – Vgl. auch → Marktabdeckung, → Marktdurchdringung.

Marktaustritt, Aufgabe der Marktteilnahme, die mehrere Gründe haben kann. Der übliche Hauptgrund ist, dass die Geschäftsergebnisse nicht mehr den in den Normstrategien (Portfolioanalyse, Portfoliomanagement) formulierten Geschäftsbereichszielen (z.B. Return on Investment, Cash-Flow) entsprechen. Die wesentliche Ursache hierfür ist in der Regel eine nachlassende bzw. ungenügende → Wettbewerbsfähigkeit, die vielfach durch eine allgemeine → Marktsättigung begleitet wird. Das Unternehmen bzw. der Geschäftsbereich kann der Markt- und Wettbewerbsdynamik nicht mehr folgen. Dem geplanten M. stehen jedoch oft gravierende → Marktaustrittsbarrieren entgegen. Um die damit verbundenen Probleme zu vermeiden, bietet sich evtl. ein Portfolio-Swap an.

Marktaustrittsbarriere, Kosten- und Wettbewerbsnachteile, die bei einem → Marktaustritt entstehen. Hierbei fallen vor allem die marktbezogenen Wettbewerbsnachteile ins Gewicht (Umsatz- und evtl. auch Imageverluste mit Überlappungseffekt auf andere Produkte bzw. Geschäftsbereiche). Es besteht die Gefahr einer Minderung der Marktkompetenz. Weitere wichtige M. sind ein zu geringer Verkaufs- bzw. Liquidationswert der Aktiva, mit dem Austritt verbundene hohe Fixkosten und/oder soziale Restriktionen, wie z.B. Kosten durch einen notwendigen Sozialplan. – *Gegensatz:* → Markteintrittsbarriere.

Marktbearbeitung, systematische Pflege vor allem der → Absatzmärkte. Hierzu werden alle → Marketinginstrumente eingesetzt. Die M. dient sowohl der → Markterschließung und → Marktentwicklung als auch der → Marktdurchdringung und → Marktausschöpfung.

Marktbeherrschung, nach dem Gesetz gegen Wettbewerbsbeschränkungen (GWB) Stellung eines Unternehmens im → Markt, wenn ein → Marktanteil (wertmäßig) von einem Drittel erreicht ist oder das Unternehmen keinem wesentlichen → Wettbewerb ausgesetzt ist. Bei der rechtlichen Würdigung ist entscheidend, ob marktbeherrschende Unternehmen ihre dominierende Marktstellung missbräuchlich ausnutzen.

Marktbeobachtung, zeitraumbezogene, kontinuierliche → Marktanalyse zur Bestimmung der Marktstruktur im Zeitverlauf. Als wichtigste Methode der systematischen M. gilt das → Panel.

Marktdaten, → Informationen zur Situation und Entwicklung von → Märkten (z.B. Beschaffungsmarkt, Absatzmarkt). Im engeren Sinne handelt es sich um verkaufsstellenbezogene → Artikelverkaufsdaten auf Wochenbasis.

Markt der öffentlichen Betriebe, *Ö-Markt,* → Markttypologie von Ph. Kotler (1974) im Sinne der Klassifikation in → Organisationen-Märkte. Der M.d.ö.B. bezieht sich auf alle Organe der öffentlichen Verwaltung, die zum Zwecke ihrer Funktionserfüllung Produkte und Dienstleistungen nachfragen. Die Kaufentscheidungen erfolgen unter Budget- und nicht unter kommerziellen Aspekten. Bei der Beschaffung steht die Kostenminimierung im Vordergrund, die vielfach nicht am Wirtschaftlichkeitsprinzip orientiert ist. – *Anders:* → Konsumentenmarkt, → Produzentenmarkt und → Wiederverkäufermarkt.

Marktdiagnose, Bewertung der durch → Marktanalysen und → Marktbeobachtungen gewonnenen → Informationen. Die M. bildet die Grundlage für Marktprognosen.

Marktdifferenzierung, Gliederung des Gesamtmarktes nach bestimmten Kriterien in → Teilmärkte. Die klassische Form der M. ist die → Produktdifferenzierung (in der Regel in Verbindung mit der Preis- und Qualitätsdifferenzierung). Der Begriff bezieht sich auch auf die differenzierte → Marktbearbeitung, die ihre wesentliche Ausprägung in der Distributions- und Kommunikationsdifferenzierung hat oder geografisch unterschiedlich ausgeprägt ist. – *Gegensatz:* → Marktunifizierung.

Marktdurchdringung, Relation von → Absatz- und/oder → Umsatzvolumen eines Anbieters zu seinem → Absatzpotential bzw. Umsatzpotential. Der Grad der M. zeigt, inwieweit ein Unternehmen seine Absatz- bzw. Umsatzmöglichkeiten bereits ausgeschöpft hat. – Vgl. auch → Marktausschöpfung, → Marktabdeckung.

Marktdurchdringungsmodell, Dachbegriff für eine Reihe von → Prognosemodellen zur Bestimmung von Marktanteilen und Erstkäufen, deren Höhe die Intensität der → Marktdurchdringung bestimmt. – Vgl. auch → Parfitt-Collins-Modell.

Marktdurchdringungsstrategie, Ausdehnen des → Marktanteils auf gegenwärtig bedienten → Märkten. Dies erfolgt durch eine verstärkte Stammkundenpflege

(Erhöhung der Kundenzufriedenheit) und/oder durch die Gewinnung neuer Kunden (Marktfeldstrategie).

Marktdynamik, zeitliche → Marktentwicklung, die für die Entwicklung von → Marketingstrategien eine erhebliche Rolle spielt. Ursachen der M. sind z.B. gesellschaftliche und soziodemografische Entwicklungen, Wertewandel, Konsumverhalten, Marktsättigung, Marktschrumpfung, Internationalisierung, Wettbewerbsdynamik.

Markteinführung, erste Phase im → Produkt-Lebenszyklus, die der Produktentwicklung folgt. – Vgl. auch → Produkteinführung.

Markteintritt, Eintritt in einen für das Unternehmen neuen → Absatzmarkt, der bislang nicht bearbeitet wurde. Der M. kann entweder durch eine Unternehmensneugründung, eine Diversifikation oder durch eine geografische Markterschließung erfolgen. Mit dem M. werden in erster Linie Wachstums- und Renditeziele verfolgt, die im Kontext mit der langfristigen Zukunftssicherung des Unternehmens stehen. In der Regel stößt der M. auf erhebliche → Markteintrittsbarrieren, die ähnlich wie bei der Diversifikation zu nicht zu unterschätzenden Risiken (Notwendigkeit detaillierter Risikoanalysen) führen können.

Markteintrittsbarriere, Kosten- und Wettbewerbsnachteile, die für den Newcomer entstehen. Die Kompetenz auf einem neuen → Markt kann nur längerfristig geschaffen werden. Überdies werden die etablierten → Wettbewerber den → Markteintritt mit aktiven Gegenmaßnahmen behindern und ihr Marktterrain verteidigen. Hierbei nutzen sie ihren Know-how-Vorsprung in Forschung und Entwicklung, Beschaffung, Produktion, Logistik und vor allem im Einsatz des Marketinginstrumentariums. Damit verfügen die etablierten Anbieter gegenüber dem Neuling über erhebliche → Wettbewerbsvorteile, die in der Regel nur durch echte Innovationen ausgeglichen werden können, die einen nachhaltigen Wettbewerbsvorsprung für den Newcomer sichern. – *Gegensatz:* → Marktaustrittsbarriere.

Markteintrittsstrategie, strategische Vorgaben für den → Markteintritt. Vor allem geht es um die Bestimmung des Timings für den Markteintritt. – Vgl. auch → Pionierstrategie.

Marktentwicklung, im engeren Sinne handelt es sich um die Schaffung neuer → Märkte und damit um einen der Kerninhalte des → Marketings. Im erweiterten Sinne sind M. eng an das → Konsumentenverhalten gekoppelt. Man spricht in diesem Zusammenhang auch von Markttrends. Beispiele sind einerseits die Individualisierung und andererseits die Homogenisierung des Konsums, die Leistungsorientierung im Gegensatz zur Freizeitgesellschaft, die ökologisch-soziale Orientierung vs. Wohlstandsmehrung, Preisbewusstsein und Prestigeorientierung etc. M. sind zunehmend charakterisiert durch Gegensätze bzw. Widersprüche.

Marktentwicklungsstrategie, Finden und Entwickeln neuer → Märkte für bereits existierende Produkte bzw. Dienstleistungen. Hierbei kann es sich um neue geografische Markträume, Zusatzmärkte (z.B. neue Anwendungsbereiche) oder auch um neue Teilmärkte handeln.

Markterhaltungswerbung, → Erhaltungswerbung.

Markterkundung, unsystematische, gelegentliche und mehr zufällige Untersuchung von → Märkten. Vor allem unter Kostendruck wird mittlerweile vieles von der institutionellen Marktforschung angeboten, das lediglich den wenig strengen Kriterien einer spektakulären M. standhält. – *Anders:* → Marktforschung .

Markterschließung, Erkundung und Bearbeitung neuer → Märkte. – Vgl. auch → Marktentwicklung.

Marktexperiment, → Markttest.

Marktfaktoren, alle Beeinflussungsfaktoren, die auf die → Märkte und ihre Entwicklung einwirken. Zu unterscheiden sind die durch die → Anbieter initiierten endogenen M. (z.B. Einsatz des Marketinginstrumentariums) und die von außen wirkenden exogenen M. (Umwelt, Ökologie, Ökonomie, Demografie, Änderungen des Konsumentenverhaltens, technischer Fortschritt). Auf die exogenen M. haben die Anbieter nur bedingt bzw. mittelbar durch die von ihnen gestalteten endogenen Marktkräfte Einfluss. Die M. sind nicht isoliert zu betrachten, sondern bilden ein Wirkungsnetz.

Marktfeldstrategie, nach J. Becker (1992) Produkt/Markt-Kombinationen (Marktfelder) als Ausgangspunkt der weiteren Strategiefestlegung. – Vgl. auch → Produkt-Markt-Matrix.

Marktformen, Strukturen von → Angebot und → Nachfrage, um aus deren Analyse Schlussfolgerungen für die → Preisbildung zu ziehen. In der morphologischen Klassifikation nach W. Eucken (1940) unterscheidet man zwischen einem, wenigen und vielen Anbietern und Nachfragern (Monopol, Oligopol, Polypol). Durch die Verbindung von Anbietern und Nachfragern ergeben sich Kombinationsmöglichkeiten, die durch Zwischenformen beliebig erweitert werden können (vollkommener und unvollkommener Markt). Die Kreuzpreiselastizität (Triffin`scher Koeffizient) gibt Auskunft über die jeweils gültige M. Die systematische Klassifikation der M. ist Inhalt der Marktformenlehre. – Vgl. Abbildung „Marktformen".

Marktformenlehre, → Marktformen.

Marktforschung, systematisch betriebene Erforschung von → Märkten. Die Formen der M. sind die → Ökoskopie und die → Demoskopie. Die Formen, die sich an der Art der Datengewinnung orientieren, sind die → Primärforschung (Erhebung originärer, marktbezogener Daten- und Instrumentalinformationen) und die → Sekundärforschung (als Auswertung des vorhandenen sekundärstatistischen Datenmaterials). Zu den wichtigsten → Erhebungsverfahren gehören die Befragung, die Beobachtung und das Experiment. – Vgl. Abbildung „Marktforschungsmethoden – Abgrenzung und Zusammenhänge".

Marktformen

Nachfrage \ Angebot		viele Kleine	wenige Große	ein Großer
viele Kleine	A.)	atomistische Konkurrenz	Angebots-Oligopol	Angebots-Monopol
	B.)	polypolistische Konkurrenz	Angebots-Oligopoloid	Angebots-Monopoloid
wenige Große	A.)	Nachfrage-Oligopol	bilaterales Oligopol	beschränktes Angebots-Monopol
	B.)	Nachfrage-Oligopoloid	bilaterales Oligopoloid	beschränktes Angebots-Monopoloid
ein Großer	A.)	Nachfrage-Monopol	beschränktes Nachfrage-Monopol	bilaterales Monopol
	B.)	Nachfrage-Monopoloid	beschränktes Nachfrage-Monopoloid	bilaterales Monopoloid

A.) = vollkommener Markt B.) = unvollkommener Markt

Marktforschungsdesign, Anlage von Untersuchungen im Rahmen der → Marktforschung.

Marktforschungsethik, Teil der → Marketingethik, der sich auf die moralischen Werte und Normen von Zielen und Methoden der → Marktforschung bezieht. Die Problematik konzentriert sich im Wesentlichen auf die angewandten Methoden. Hierzu hat die → ESOMAR im Jahre 1986 einen internationalen Verhaltenskodex entwickelt. Der Kodex umfasst u.a. die Forderung nach Vertraulichkeit der Untersuchungsergebnisse, Wahrung der Anonymität der Auftraggeber, den zeitlichen Konkurrenzausschluss und die Objektivität bei der Datenanalyse und -interpretation. In Bezug auf die Untersuchungspersonen muss deren Freiwilligkeit der Teilnahme an Untersuchungen sichergestellt sein (Problem beim Einsatz von Beobachtungsverfahren). Weiter gelten die Pflicht zur Information der Probanden (z.B. hinsichtlich des Untersuchungsziels), die Vermeidung von psychischen Belastungen (Problem z.B. bei Experimenten) und die strenge Einhaltung der Anonymität personenbezogener Daten (Datenschutz). Im Zuge der Verfeinerung der Marktforschungsmethoden und der Entwicklung der Informations- und Kommunikationsstrategien erweist sich die Einhaltung ethischer Grundprinzipien in der Marktforschung als zunehmend wichtiger.

Marktforschungsinstitut, erwerbswirtschaftlich oder gemeinnützig (wissenschaftlich) tätiges Dienstleistungsunternehmen, das im Auftrag von Unternehmen, Organisationen und staatlichen Institutionen (Behörden, Ministerien) → Marktforschung durchführt. M. sind in erster Linie im Bereich der → Primärforschung tätig (Befragungen, Beobachtungen, Experimente). Viele M. führen auch eigene Untersuchungen durch (z.B. Omnibus-Beobachtungen, Panel, Markttests), die Interessenten gegen Entgelt zur Verfügung gestellt werden.

Marktforschungsprozess, chronologischer Stufenprozess, der sich gliedert in:

- Problemdefinition (Definition des Informationsbedarfs),
- Design (Bestimmung des Aufbaus und der Methode der Untersuchung),
- Test (Überprüfung des gesamten Untersuchungsdesigns durch Pilotstudie),
- Datenerhebung (Durchführung der Untersuchung),
- Dokumentation (Analyse und Interpretation der Untersuchungsergebnisse),
- strategische und operative Empfehlungen (Beratung des Auftraggebers).

Marktforschungsverband, Berufs- und Institutsvereinigung der → Marktfor-

Marktforschungsmethoden –Abgrenzung und Zusammenhänge

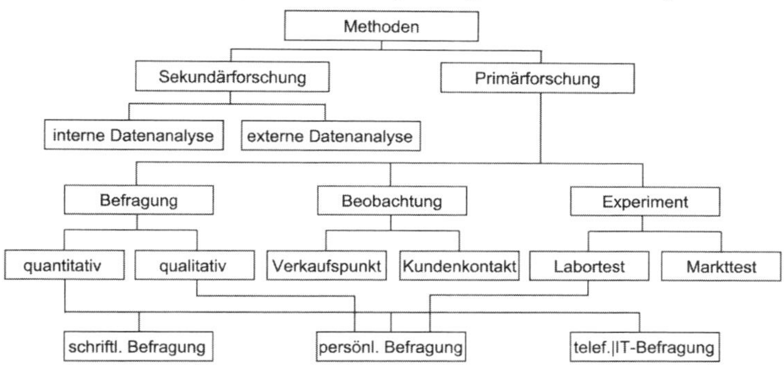

schung im nationalen und internationalen Bereich. Der → Arbeitskreis Deutscher Markt- und Sozialforschungsinstitute e.V. (AMD) und der → Berufsverband Deutscher Markt- und Sozialforscher e.V. (BVM) sind die diesbezüglichen deutschen Vereinigungen. International sind vor allem die → World Association for Public Opinion Research (WAPOR) und die → European Society for Opinion and Market Research (ESOMAR) von Bedeutung. Neben der Interessenvertretung des Berufsstands und der institutionellen Marktforschung ist eine der Aufgaben der Verbände die Einhaltung berufsethischer Grundsätze (→ Marktforschungsethik).

Marktführerschaft, Marktanteilsführer in einem → relevanten Markt. Das Anzielen der M. ist ein Wesensbestandteil der → Wettbewerbsstrategie. Sie kann verbunden werden mit einer → Kostenführerschaft und realisiert werden durch eine → Konzentrationsstrategie.

Marktgeltung, → Verkehrsgeltung.

Markthandel, Form des → ambulanten Handels, der auf Marktplätzen stattfindet. Hierzu zählen auch die Wochenmärkte, Kirmesmärkte, Jahrmärkte.

Marktherausforderer, → Anbieter, der den → Marktführer angreift, um einen höheren → Marktanteil zu erzielen.

Marktindikator, Kennzahl und Index, die für Erklärungen und auch Prognosen nicht untersuchbarer Marktentwicklungen dienen. Wichtige M. sind z.B. Absatz- und Kaufkraftkennziffern.

Marktintervention, Ankaufverpflichtung des Staates im Rahmen der EU-Marktordnungen für Agrarprodukte. Die M. dient der Preisstützung und ist eine Form der Subvention. Die Interventionspreishöhe ist eine Mindestpreisgarantie (Mindestpreis). Liegt diese über dem Gleichgewichtspreis des Marktes, kommt es zu staatlichen Lagerbeständen, die erneut subventioniert werden müssen (durch Exportsubventionen bzw. Verkauf der Produkte im Inland unter dem Einstandspreis).

Marktkapazität, prospektive Aufnahmefähigkeit des Marktes, gemessen an den Bedürfnissen der Nachfrager. Die M. ist also größer als das → Marktpotential und dieses wiederum größer als das → Marktvolumen und letzteres größer als der → Marktanteil.

Marktkette, → Absatzkette, → Distributionskette, → Handelskette.

Marktkommunikation, → Marketingkommunikation.

Marktleistung, Gesamtheit der Leistungen, die ein → Anbieter auf seinen → Absatzmärkten offeriert (→ Angebot). Die M. umfasst in der Regel ein komplexes → Leistungsprogramm als eine synergetische Verbindung von Produkt und Dienstleistung.

Marktlücke, → Marktnische.

Marktmacht, Grad der → Marktbeherrschung durch einen oder mehrere → Marktpartner (Angebots- oder Nachfragemacht). Die Ausnutzung von M. ist wettbewerbsschädlich im Sinne eines marktwirtschaftlichen → Leistungswettbewerbs [Gesetz gegen Wettbewerbsbeschränkungen (GWB)]. M. ist nicht zu verwechseln mit Marktkompetenz (Wettbewerbsfähigkeit, Nutzung von Wettbewerbsvorteilen), die den Marktgestaltungsspielraum im Rahmen des Wettbewerbs erweitert und damit die Einflussmöglichkeiten auf den Markt erhöht.

Markt-Management, marktbezogener Organisationstyp (→ Marketingorganisation), der auf Kunden bzw. Kundengruppen fokussiert ist. Das M.-M. bezieht sich auf ganze Abnehmerbranchen. Werden hingegen Abnehmergruppen in den Mittelpunkt gestellt, handelt es sich um ein Kundengruppenmanagement, bei der Ausrichtung auf Schlüsselkunden um ein

→ Key-Account-Management. Das M.-M. als Kundenmanagement erweist sich nur dann als ein sinnvoller Organisationstyp, wenn die Nachfrage bzw. Nachfragergruppen voneinander abgrenzbar sind und es notwendig ist, für die verschiedenen Zielgruppen unterschiedliche, d.h. kundenspezifische Produktprogramme (Angebotsprogramme) zu entwickeln. Aufgrund der immer wichtiger werdenden Marktsegmentierung zeigt sich eine steigende Tendenz zur Implementierung von M.-M., die vielfach mit dem Produkt-Management (z.T. als Matrixorganisation) verknüpft werden und dem Marketingziel einer totalen Kundenorientierung organisational am besten entsprechen, wenngleich sich dadurch auch erhebliche Zielkonflikte ergeben können (primär Produktrentabilität vs. Kundenrentabilität).

Markt-Media-Analyse, Konsumentenbefragung zur Informationsgewinnung bez. des → Kaufverhaltens (Konsumentenverhaltens) und → Mediennutzungsverhaltens. Die wichtigsten Verfahren sind diverse Mediaanalysen (z.B. Marken-Kompass) und die Verbraucheranalyse.

Marktmonitoring, → Monitoring.

Marktmorphologie, Marktformenlehre. – Vgl. auch → Marktformen.

Marktneuheit, → Innovation, → Produktinnovation.

Marktnische, → Teilmarkt, der durch vorhandene Leistungsangebote nicht abgedeckt wird. M. können abnehmer-, produkt-, teilmarkt- (regional-) oder auch technologiebezogen definiert werden. Nach der Feldtheorie [K. Lewin (1890-1947) und B. Spiegel (1961)] wird zwischen manifesten (bereits existenten) und latenten (noch verborgenen) M. unterschieden. Mithilfe des → Nischen-Marketings werden die primär marktpsychologisch definierten Marktlücken geschlossen. Der Anbieter hat zumindest kurzfristig eine Monopolstellung. Der strategische Ansatz weist eine enge Verwandtschaft mit der Marktsegmentierung auf.

Marktordnung, staatliche Lenkung von → Angebot, → Nachfrage und → Preisbildung in eine bestimmte Richtung. Zu unterscheiden sind eine totale Lenkung (in Zentralverwaltungswirtschaften) und partielle, in der Regel branchenspezifische Regelungen (z.B. die landwirtschaftliche M. für bestimmte Produkte). M. sind begrifflich abzugrenzen von Wirtschaftsordnungen, wenngleich mit Planwirtschaften systemimmanent eine mehr oder weniger totale Marktregulierung verbunden ist.

Marktpartner, → Anbieter und → Nachfrager, die auf einem → Markt miteinander in eine Geschäftsbeziehung eintreten.

Marktparzellierungsstrategie, → Marktstrategie, die die Art und Weise der Differenzierung bzw. Abdeckung des → Marktes betrifft [J. Becker (1992)]. Die wichtigsten Formen sind das → Massenmarketing und die → Marktsegmentierung.

Marktpenetration, → Marktdurchdringung, → Marktausschöpfung, → Marktabdeckung.

Marktpolarisierung, Kontrastierung von vor allem → Konsumgütermärkten, die sich in erster Linie in der Schichtung der → Preislagen zeigt. Hierbei wird unterschieden in die gehobene, mittlere und untere Preisklasse inklusive der damit verbundenen Qualitätsdifferenzierungen. Wertewandel und Wertedynamik haben ihrerseits zu einer Konsumpolarisierung geführt mit der Konsequenz eines Abschmelzens der Marktmitte zugunsten der gehobenen und unteren Marktschichten (sog. Verlust-der-Mitte-Phänomen). Das veränderte → Konsumentenverhalten ist die entscheidende Ursache für die M., die ihre deutlichsten Auswirkungen im Einzelhandel (sinkende Zahl der mittelständisch geprägten, ungebundenen Betriebe) zeigt und auf die Produkt-, Preis- und Qualitätspolitik der Hersteller zurückwirkt. Der gleiche Nachfrager ist einmal Markenkäufer mit einer hohen Markentreue und dann wieder Preiskäufer mit einem häufigen Markenwechsel. Dadurch wird die Entwicklung von Segmentationsstrategien erheblich erschwert.

Marktpotential, maximale → Absatzmenge bzw. der maximale → Umsatz, der 0von einem Unternehmen potentiell im Markt durchgesetzt werden können. Das M. entspricht der gesamten → Nachfrage nach dem Produkt bzw. der Leistung. Die Gesamtnachfrage entspricht der im Augenblick gültigen Gesamtaufnahmefähigkeit des Marktes (→ Absatzpotential). Das M. ist kleiner als die (mögliche) → Marktkapazität und größer als das → Marktvolumen.

Marktpreis, *Erlös-minus-Preis,* der durch → Angebot und → Nachfrage bestimmte → Preis. Im klassischen Fall pendelt sich ein → Gleichgewichtspreis ein (Spinnweb-Theorem). Aus kalkulatorischer Sicht (Preiskalkulation) ist der M. ein nachfrageorientierter Preis (nachfrageorientierte Preiskalkulation). Er wird gebildet aus dem im Markt realisierbaren Durchschnittserlös minus die durch den Kostenträger verursachten Kosten. Die Kalkulation erfolgt mithilfe der Teilkostenrechnung und üblicherweise durch die Deckungsbeitragsrechnung. – *Gegensatz:* → Kostenpreis.

Marktprognose, → Absatzprognose, → Prognose.

Marktpsychologie, Untersuchung des → Marktes mithilfe der → psychologischen Marktforschung. Vor allem das → Konsumentenverhalten ist Forschungsgegenstand der M.

Marktreaktionsfunktion, Zusammenhang zwischen Marketing-Input- und zu prognostizierenden Outputgrößen. Eine der in der Theorie elementaren M. ist die → Preis-Absatzfunktion, die einen Zusammenhang herstellt zwischen der Absatzmenge und dem Preis. Weitere Reaktionsfunktionen sind z.B. die Werbewirkungsfunktionen oder die Kontaktbewertungskurven.

Marktrecht, Dachbegriff für alle den → Markt regelnden Gesetze und Verordnungen. Das Marketing und insb. die → Marketinginstrumente sind von einer Fülle von Gesetzen und Regulierungen betroffen, angefangen vom Urheberrecht, über Preisverordnungen und das Vertragsrecht etc. bis hin zu mehr marketingspezifischen Vorschriften im Gesetz gegen Wettbewerbsbeschränkungen (GWB) oder dem Gesetz gegen den unlauteren Wettbewerb (UWG) und in speziellen Verordnungen [z.B. Warenzeichengesetz (WZG) etc.] Die z.T. Unübersichtlichkeit und auch Vernetzung der diversen gesetzlichen Marktregulierungen haben bereits zu der eigenen Disziplin „Marketingrecht“ geführt.

Marktreife, Stand der → Produktentwicklung, bei dem das Produkt so weit entwickelt ist, dass es vermarktet werden kann. – *Anders:* → Reifephase.

Marktsättigung, ist gegeben, wenn das → Marktpotential erschöpft ist. Der Sättigungsgrad ergibt sich durch den Quotienten aus Marktvolumen und Marktpotential. Im Produkt-Lebenszyklus ist die M. im Scheitelpunkt der Umsatzfunktion erreicht. Das Produkt tritt dann in die Degenerationsphase ein, wobei möglicherweise der Abschwung gestoppt werden kann (Plafondierungs-, Versteinerungsphase), und zwar durch Relaunching oder Facelifting.

Marktschichtung, Gliederung der → Abnehmer nach ihrer Schichtenzugehörigkeit. Üblich ist die soziale Schichtung nach Oberschicht, Mittelschicht und Unterschicht.

marktschreierische Werbung, übertriebene → Werbung durch wettbewerbswidrige Methoden [Gesetz gegen den unlauteren Wettbewerb (UWG)], wie z.B. Anlocken von Kunden, Anreißen, Irreführung. Soweit die Marktschreierei das → Wettbewerbsrecht nicht verletzt, ist sie zulässig, da man der Werbung eine gewisse Übertreibung zugesteht.

Marktschrumpfung, Abnahme von Marktpotential und Marktvolumen, deren Ursachen vielfältig sind und u.a. auf Branchenkrisen, Marktsättigung, Marktdynamik zurückzuführen sind. Die M. führt in der Regel zum → Verdrängungswettbewerb. Mithilfe z.B. der Marktentwicklung und Diversifikation kann u.U. der M. begegnet werden.

Marktsegmentation,
→ Marktsegmentierung.

Marktsegmentierung, zielgruppenorientierte Zerlegung des Gesamtmarktes in → Teilmärkte, die möglichst homogen sind. Die Differenzierung erfolgt nach geografischen Kriterien, mikrogeografischen Kriterien, demografischen Kriterien, soziodemografischen Kriterien und/oder psychografischen Kriterien (→ Segmentationskriterium). In der Praxis werden in der Regel die Kriterien nicht einzeln genutzt, sondern miteinander kombiniert. Die M. ist aber nicht nur eine Marktforschungsmethode, sondern vor allem eine sich an spezifischen Bedürfniskomplexen verschiedener Zielgruppen orientierende Marketingstrategie, die undifferenziert, differenziert oder konzentriert sein kann. Die ausgewählte → Segmentationsstrategie wird durchgesetzt durch die Instrumentaldifferenzierungen (Produkt-, Preis-, Distributions- und Kommunikationsdifferenzierung). Ziel der Segmentation ist es, durch die Vermeidung von Streuverlusten einen höheren Zielerreichungsgrad zu realisieren. – Vgl. auch → Absatzsegment und → selektive Absatzpolitik. – Vgl. Abbildung „Marktsegmentierung".

Marktsoziologie, Teil der → Wirtschaftssoziologie, der sich mit der Analyse der Wechselwirkungen zwischen → Markt und → Gesellschaft beschäftigt. Die M. untersucht die diversen Veränderungen von Wirtschaftstrukturen (z.B. Marktformen und Marktordnungen) aus soziologischer Sicht, analysiert Ursachen gesellschaftlicher Entwicklungen (u.a. den sozialen Wandel, Wertewandel) und ihre Folgen für Markt- und Wirt-

Marktsegmentierung

Methoden- und Strategiestruktur

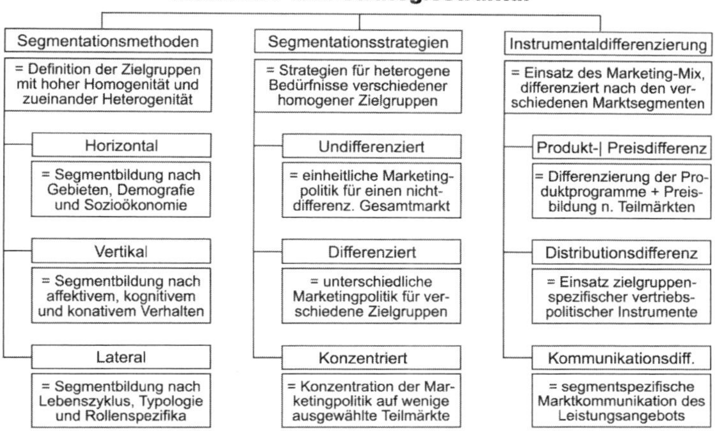

schaftsordnungen im historischen Vergleich, wie z.B. die Entwicklung von Industriegesellschaften zu Dienstleistungs- und in der weiteren Entwicklung zu Informationsgesellschaften.

Marktstagnation, Nullwachstum von → Marktpotential und → Marktvolumen. Ursachen und Wirkungen sind ähnlich wie bei der → Marktschrumpfung. Die Nutzung von Kostensenkungspotentialen und die Differenzierung gegenüber den Wettbewerbern sind die möglichen Reaktionen, wenn keine neuen Absatzmärkte erschlossen werden können.

Marktstimulierungsstrategie, → Marktstrategie, die die Art und Weise der Marktbeeinflussung bestimmt [J. Becker (1992)] Die wichtigsten Formen sind die → Präferenzstrategie und die → Preis-Mengen-Strategie.

Marktstörung, marktbezogene Unlauterkeit, die sich vor allem auf die Beeinträchtigung der Interessen anderer Gewerbetreibenden und/oder der Verbraucher bezieht [→ Gesetz gegen den unlauteren Wettbewerb (UWG)]. M. behindern den → Wettbewerb.

Marktstrategien, Marktbearbeitungsstrategien. Nach J. Becker (1992) lassen sich vier Strategieebenen unterscheiden:

- Marktfeldstrategien (Marktdurchdringung, Marktentwicklung),
- Marktstimulierungsstrategien (Präferenzstrategie, Preis-Mengen-Strategie),
- Marktparzellierungsstrategien (Massenmarketing, Marktsegmentierung),
- Marktarealstrategien (lokale, regionale, überregionale, nationale, multinationale, internationale Strategien und Global Marketing).

Durch die Verbindung der verschiedenen Strategieebenen mit den Strategiealternativen lassen sich unterschiedliche Strategiekombinationen entwickeln, die für das gesamte Unternehmen und/oder für Produkte bzw. Dienstleistungen gebildet werden können.

Marktstruktur, Gefüge des Zusammenhangs und Zusammenspiels von → Angebot und → Nachfrage. Die klassische Form der Marktstrukturierung geht auf das Marktformenschema von W. Eucken (1891-1950) zurück. Im Marketing hat sich die → Markttypologie von Ph. Kotler (1974) durchgesetzt die nach Art der Marktteilnehmer unterscheidet in:

- Konsumentenmärkte (K-Märkte)
- Produzentenmärkte (P-Märkte)
- Wiederverkäufermärkte (W-Märkte)
- Märkte der öffentlichen Betriebe (Ö-Märkte).

Marktstufe, → Handelsstufe, die ein Leistungsangebot (Produkt oder Dienstleistung) von der Herstellung bis zum Endverbraucher bzw. Endverwender durchläuft. Die verschiedenen Stufen lassen sich in ihrer Abfolge wie folgt klassifizieren:

- Rohstoffproduktion,
- Halbfabrikateproduktion,
- Endprodukteherstellung,
- Produktionsverbindungshandel,
- Groß- und Einzelhandel.

Als Folge der → Handelskonzentration überspringen viele Großbetriebsformen des Einzelhandels (vor allem im Lebensmitteleinzelhandel) mittlerweile die Großhandelsstufe und kaufen direkt beim Hersteller. Diese Tendenz setzt sich im gesamten Einzelhandel durch mit der Konsequenz einer für die Hersteller nicht unproblematischen Verkürzung der Absatz- bzw. Handelskette.

Marktteilnehmer, → Marktpartner.

Markttest, Überprüfung der Marktchancen von Produkten. Das neue Produkt wird für eine bestimmte Zeit in einem abgegrenzten Testmarkt unter Einsatz ausgewählter oder aller → Marketinginstrumente verkauft. Ziel ist, die Erfolgschancen des neuen Produkts zu testen, bevor es endgültig im Gesamtmarkt eingeführt wird (→ Innovations-Prozess und → Produktplanung). Der M. bietet auch die Möglichkeit, die eingesetzten Marketinginstrumente in ihrer Wirkung zu überprüfen. Aus den Testergebnissen können Schlussfolgerungen gezogen werden für eine evtl. notwendige Veränderung des Marketingmitteleinsatzes oder auch für Korrekturen am Produkt selbst. – Vgl. auch → Testmarketing.

Markttransparenz, Marktdurchsichtigkeit bzw. Überschaubarkeit der Marktbedingungen für alle Marktbeteiligten. Die M. ist eine der Bedingungen für eine → vollkommene Konkurrenz. In der Marktrealität kann eine vollkommene M. nicht erreicht werden. Um eine befriedigende Überschaubarkeit sicherzustellen, wird die → Marktforschung eingesetzt.

Markttypologie, → Marktformenschema. Die Markttypen werden durch folgende Merkmale voneinander abgegrenzt:

1. Zutrittsmöglichkeit (geschlossener Markt, beschränkter Markt, offener Markt),
2. Vollkommenheitsgrad (vollkommener Markt, unvollkommener Markt)
3. geografisches Einzugsgebiet (Binnenmarkt, Exportmarkt)
4. Wirtschaftsstufe (Grundstoffgütermarkt, Investitionsgütermarkt, Gebrauchsgütermarkt, Konsumgüter- bzw. Verbrauchsgütermarkt und Dienstleistungsmarkt)
5. Marktstufe (Beschaffungsmarkt, Absatzmarkt)
6. Vertikalität (direkter Absatz, indirekter Absatz),
7. Art der Marktteilnehmer (Konsumenten, Produzenten, Wiederverkäufer, öffentliche Betriebe),
8. Marktorientierung (Verkäufermarkt, Käufermarkt).

Marktunifizierung, die einheitliche Behandlung des Gesamtmarktes. Es erfolgt keine Aufspaltung des Gesamtmarktes in → Teilmärkte und damit auch keine differenzierte → Marktbearbeitung. Soweit die M. mit einer konsequenten Konzentrationsstrategie verbunden wird, können sich daraus Wettbewerbsvorteile ergeben. Dabei dürfen aber nicht die Risiken einer Monostrukturierung (z.B. Branchenkrisen, technischer Fortschritt) übersehen werden. Vielfach resultieren Unternehmenskrisen gerade aus der M. – *Anders:* → Global Marketing. – *Gegensatz:* → Marktdifferenzierung.

Marktuntersuchung, → Marktanalyse als systematische Bestandsaufnahme und Untersuchung des Marktes. M. dienen vor allem der Erkundung der Stellung eines Unternehmens im Markt (im Vergleich zu den Wettbewerbern) mithilfe der Methoden der → Marktforschung.

Marktveranstaltung, institutionelle Form der Zusammenführung von → Angebot und → Nachfrage zwecks Anbahnung und/oder Abschluss von Geschäftsvereinbarungen. M. dienen überdies der Informationsgewinnung zur → Marktentwicklung und → Marktdynamik. Die wichtigsten Formen sind Messen, Ausstellungen, Börsen, Auktionen und mittlerweile auch Web-Auktionen.

Marktvolumen, die in einer Branche effektiv abgesetzte Menge von Waren oder Leistungen (mengenmäßig) bzw. die Gesamtheit der Umsätze (wertmäßig). Das M. ist kleiner als das → Marktpotential und dieses wiederum kleiner als die → Marktkapazität. Wird das → Absatz- oder → Umsatzvolumen eines Wirtschaftsunternehmens in Beziehung zum M. gesetzt, so ergibt sich sein → Marktanteil. Der Quotient aus M. und Marktpotential gibt den Grad der → Marktsättigung an.

Marktwachstum, steigendes → Marktvolumen aufgrund des noch nicht ausgeschöpften → Marktpotentials. Besonders junge Märkte zeichnen sich durch ein hohes Wachstumspotential aus, das → Wettbewerber anlockt. Im → Produkt-Lebenszyklus handelt es sich um die zweite Phase (nach der Einführungsphase), die abgelöst wird durch die Reifephase.

Marktwirkungsfunktion, → Response Function, → Marktreaktionsfunktion.

Marktwirtschaft, → Wirtschaftsordnung, die auf dem klassischen Liberalismus beruht und deren wesentliche konstituierende Merkmale der freie und ungehinderte → Leistungswettbewerb und die → Konsumfreiheit sind. Die Koordination der einzelwirtschaftlichen Interessen erfolgt durch das Zusammenspiel von → Angebot und → Nachfrage und die freie Bildung von → Marktpreisen. Im Wirtschaftsprozess fungiert der Staat lediglich als Anbieter von Kollektivgütern. Als eine Weiterentwicklung der marktwirtschaftlichen Grundordnung gilt die Soziale M. (W. Eucken, A. Müller-Armack), die dem Staat als weitere Aufgaben die Sicherung des Wettbewerbs bzw. die Verhinderung von Wettbewerbsmissbrauch und vor allem die soziale Korrektur rein marktwirtschaftlichen Handelns zuweist. Aus dem letzteren Aufgabenkomplex resultiert wiederholt die Forderung nach weiteren staatlichen Eingriffen in das Wettbewerbssystem (Globalsteuerung) und insb. in das Einkommens-Verteilungssystem. Hierbei ist zu berücksichtigen, dass sich Marketing als mikroökonomische M. nur in einem möglichst wenig staatlich regulierten Ordnungsrahmen entwickeln kann. Der Ordnungsrahmen muss in erster Linie der rechtlichen Sicherstellung des Wettbewerbs dienen und sollte nicht zu einer staatlichen Detailsteuerung verengt werden.

Marktzugang, → Markteintritt, → Markteintrittsbarriere.

Mart, → Großhandelszentrum.

Maslow`sche Bedürfnispyramide, Form der Strukturierung der → Bedürfnisse [nach A. H. Maslow (1977)]. Pyramide deshalb, weil das Bedürfnismodell davon ausgeht, dass zunächst die → Primärbedürfnisse befriedigt sein müssen, bevor die → Sekundärbedürfnisse angestrebt werden können. Diese Annahme ist auch der Hauptgrund für die Kritik an dem Modell. Die Primärbedürfnisse werden unterschieden in → physiologische Bedürfnisse und → Sicherheitsbedürfnisse. Die Befriedigung dieser niedrigen, jedoch dringlichen Bedürfnisse motiviert zur Erfüllung höherer psychologischer Bedürfnisse, die für das Wachstum des Menschen entscheidend sind. Sie werden in dem Bedürfnismodell hierarchisch geordnet in → soziale Bedürfnisse, → Geltungsbedürfnisse und in → Selbstverwirklichungsbedürfnisse (Tertiärbedürfnisse). – Vgl. Abbildung „Bedürfnispyramide – Hierarchische Rangfolge der Bedürfnisse“.

Bedürfnispyramide – Hierarchische Rangfolge der Bedürfnisse

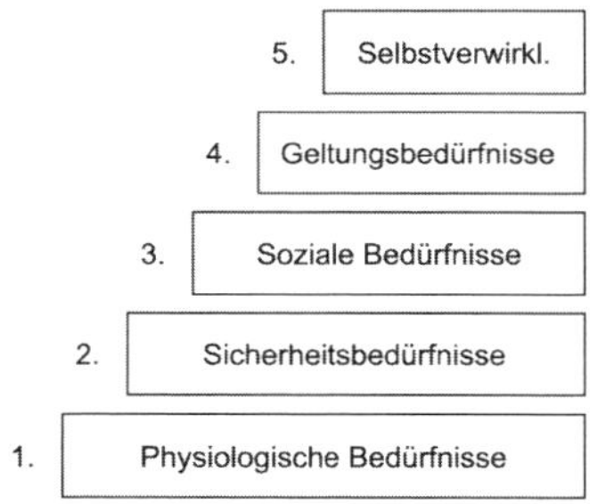

Mass Customization, Mischstrategie, bei der Produkte oder Dienstleistungen so flexibel gestaltet werden, dass sie sich sowohl in Massen herstellen lassen als auch spezifischen Anforderungen der Kunden entsprechen. Es handelt sich um eine Form des → Customized Marketing.

Massengüter, → Güter, die in großen Massen hergestellt werden und sich auf Industriegüter (Investitionsgüter, Produktionsgüter) beziehen. Nach der Gütertypologie ergibt sich die Unterscheidung zu den → Massenprodukten. – *Gegensatz:* → Individualgüter.

Massenkommunikation, Theorie, die davon ausgeht, dass die durch die → Massenmedien ausgesendeten Informationen von allen Kommunikanten in gleicher Weise parallel aufgenommen werden. Diese Modellannahme ist weitestgehend durch die Realität widerlegt. Bei der M. handelt es sich um eine unpersönliche, indirekte → Kommunikation im Sinne einer Massenansprache mithilfe der → Massenmedien. Die M. richtet sich an ein breites Massenpublikum und steht damit im Gegensatz zu einer persönlichen und direkten Kommunikation mit einem klar definierten Zielpublikum. Es findet in der M. keine Rückkoppelung zwischen Kommunikanten und Kommunikatoren statt. M. ist mehr oder weniger eine → Einwegkommunikation, beruht im Wesentlichen auf dem → Verstärkerprinzip und schließt eine → Interaktion aus. – *Anders:* → persönliche Kommunikation, → Individualkommunikation.

Massenkonsum, → Nachfrage nach standardisierten Güterangeboten in Industriegesellschaften, die eine möglichst günstige Versorgung breiter Bevölkerungsschichten ermöglichen (→ Massenprodukt). Voraussetzung des M. ist die Massenproduktion und eine Nachfrage, die auf das schnelle und problemlose Beschaffen von Gütern ausgerichtet ist. Die zunehmende Individualisierung und Befriedigung differenzierter Bedürfnisse führten zur → Mass Customization als Form eines kundenindividuellen Marketings (→ Customized Marketing). – Vgl. auch → Prosumer.

Massenmarketing, Unifizierungsstrategie, die keine Unterschiede in den Bedürfnisstrukturen und den Verhaltensweisen der Abnehmer berücksichtigt. – Vgl. auch → undifferenzierte Marktsegmentation. – *Gegensatz:* → One-to-One-Marketing.

Massenmedien, im Wesentlichen handelt es sich um → Printmedien und die → elektronischen Medien. Die sog. → neuen Medien in ihren verschiedenen Ausprägungen nehmen zwischen Massenkommunikation und persönlicher Kommunikation gegenwärtig noch eine Zwitterstellung ein. Vom Ursprung her sind sie M., wobei jedoch ihr Trend eindeutig in die Richtung der persönlichen Kommunikation durch Interaktion (mehrstufige Kommunikation) weist.

Massenprodukt, → Produkte (Konsum-, Verbrauchs- und Gebrauchsgüter), die in großen Mengen (Massenfertigung) hergestellt werden. – *Anders:* → Massengüter. – *Gegensatz:* → Individualgüter.

Master Sample, Ausgangsstichprobe (→ Stichprobe), die je nach Untersuchungszweck weiter selektiert werden kann.

Materialtreue, Orientierung der Erstellung von → Leistungsprogrammen an bestimmten Grundmaterialien. Daraus ergeben sich Spezialisierungs- und Rationalisierungsvorteile (→ Wissenstreue), die jedoch mit der Gefahr einer materialtechnischen Veralterung und einer Verminderung der → Problemtreue verbunden sind mit der Folge einer auch möglichen Abnahme der → Kundentreue.

Materialwirtschaft, *Material Management,* Versorgungsfunktion mit Managementcharakter. Im Vergleich zum mehr exekutiven Einkauf handelt es sich um eine gestaltende Funktion. Es geht um die Optimierung der Materialversorgung für die → Produktion und damit um die Sicherstellung der Leistungsbereitschaft der Unternehmung. Mit dieser Aufgabenstellung sind folgende Funktionen verbunden:

- Einkauf (Beschaffungsweg, Lieferantenauswahl),
- Bedarfsermittlung (Disposition),
- Lagerhaltung (Bevorratung) und
- Transport (innerbetriebliche Versorgung).

Die Integration dieser Funktionen erfolgt durch das Material-Management. Der integrative Ansatz kann auch die → Produktionsplanung und -steuerung und die → Absatzplanung einschließen. – *Anders:* → Logistik.

Matrix-Organisation, in Abgrenzung zu hierarchischen → Organisationsformen (Linienorganisation, Stab-Linien-System) wird interfunktional ein Mehrlinienkonzept realisiert. Horizontal und vertikal werden die verschiedenen funktionalen Linien interdisziplinär miteinander verbunden. Die Zweidimensionalität kann erweitert werden zu einem Würfelsystem. Bei drei- und mehrdimensionalen Strukturen handelt es sich um → Tensororganisationen. Die M.-O. ist eine der anspruchsvollsten Organisationsformen und produziert vom Ansatz her bereits Konflikte. Wenn diese in Grenzen gehalten und die entstehenden Spannungen in Energie umgesetzt werden können, setzt die Organisationsform aufgrund ihrer hohen Flexibilität und Offenheit Innovationskräfte im Unternehmen frei. – Vgl. auch → Projekt-Management. – Vgl. Abbildung „Matrix-Organisation – Punktbezogene Gliederung".

Maximax-Regel, Regel für → Entscheidungen unter → Unsicherheit. Danach gilt diejenige Entscheidungsalternative als die optimale, die einen maximalen Erfolg verspricht. Es handelt sich um ein optimistisches Entscheidungskriterium. – *Gegensatz:* → Minimax-Regel.

Maximin-Regel, Regel für → Entscheidungen unter → Unsicherheit. Danach gilt diejenige Entscheidungsalternative als die optimale, bei der der minimal zu erwartende Erfolg maximiert wird. – *Gegensatz:* → Maximax-Regel, → Minimax-Regel.

Maximum-Likelihood-Methode, Punktschätzung in der Statistik, die u.a. auch in der → Marktforschung zur Anwendung kommt. Das Schätzverfahren geht nicht vom arithmetischen Mittel, sondern vom häufigsten Wert einer → Häufigkeitsverteilung aus.

Maximumprinzip, Annahme der neoklassischen Mikroökonomie, dass die Wirtschaftssubjekte eine Maximierung der Zielerreichung anstreben (Gewinnmaximierung bei erwerbswirtschaftlich tätigen Unternehmen, Nutzenmaximierung bei privaten → Haushalten).

Mäzenatentum, altruistisches Fördern von Personen und/oder Organisationen. Eine Gegenleistung wird von dem Mäzen nicht erwartet. Der Begriff geht auf Caius Clinius Maecenas (70 bis 8 v.Chr.) zurück. – Vgl. auch → Sponsoring.

M-Commerce, → Mobile Commerce.

Means-End-Chains, Ketten von Mitteln zur Zweckerfüllung, auf die der Kauf eines Leistungsangebotes (Produkt bzw. Dienstleistung) zurückzuführen ist. Zu unterscheiden sind hierbei die funktionalen Konsequenzen (Erfüllung des Produkt- bzw. Dienstleistungszwecks) und die psychosozialen Konsequenzen (Prestige- bzw. Geltungsbedürfnis des Käufers).

Media, → Kommunikationsmedien, → Werbeträger.

Matrix-Organisation – Punktbezogene Gliederung

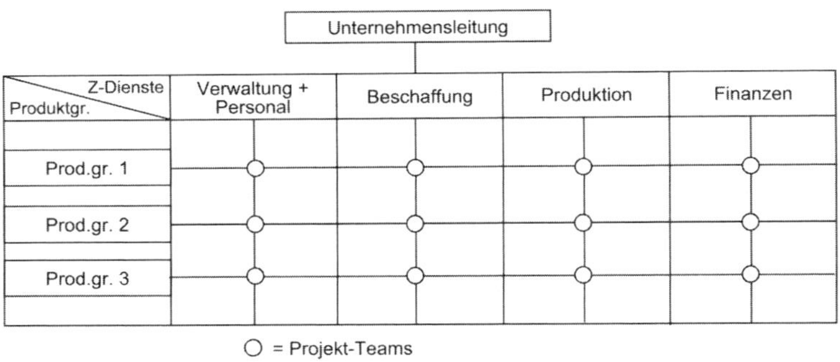

Mediaagentur, Dienstleistungsunternehmen, das ausschließlich spezialisiert ist auf → Mediaplanung und vor allem auf die Durchführung der Werbemittelstreuung (→ Werbemittler).

Mediaanalyse, Teil der → Mediaforschung, der auf primärstatistischen Erhebungsmethoden beruht und die Informationsgrundlagen für die → Mediaplanung bereitstellt. Zu unterscheiden sind quantitative und qualitative M. Die quantitativen Analysen stellen primär auf die Kontaktmengen ab, die qualitativen Analysen in erster Linie auf die → Kontaktqualität der → Werbeträger in Bezug auf die Kontaktpersonen (Zielgruppen). Die wichtigsten Kontaktmesszahlen sind die → Kontaktzahl, → Reichweite, → Tausenderpreis, → Kontaktgewichtung, → Kontaktwahrscheinlichkeit, → Kontakthäufigkeit.

Media-Analyse, Gemeinschaftsanalyse bei Zeitschriften, Lesezirkeln, Tageszeitungen, Rundfunk, Film und Fernsehen. Untersucht wird die Mediennutzung (→ Mediennutzungsverhalten) der Wohnbevölkerung in Deutschland. Hierbei sind die Nutzercharakteristika auf soziodemografische Kriterien beschränkt. Die Ergebnisse der M.-A. dienen den → Werbungtreibenden und den Werbeagenturen als Entscheidungshilfe für die → Mediaplanung und die zielgruppenspezifische → Mediaselektion. Träger der M.-A. ist die → Arbeitsgemeinschaft Media-Analyse (AG.MA), in der die wichtigsten Publikumsmedien, Werbeagenturen und verschiedene werbungtreibende Unternehmen zusammengeschlossen sind. – Vgl. auch → Allensbacher Werbeträger-Analyse (AWA) und → Marken-Kompass.

Mediaforschung, *Werbeträgerforschung,* Forschungsgebiet, das zum Ziel hat, den Beitrag von → Werbeträgern zur → Werbewirkung bzw. zum → Werbeerfolg zu untersuchen. Basis der M. sind die → Mediaanalysen. Die Forschungsergebnisse dienen vor allem der → Mediaplanung und haben einen besonderen Wert für die Medienauswahl (→ Mediaselektion) durch die Verknüpfung von medialem und konsumtivem Konsumentenverhalten.

Media-Mix, optimale Kombination der → Kommunikationsmedien im Hinblick auf ihren Beitrag zur Erreichung der → Kommunikations- bzw. → Werbeziele. Hierbei sind vor allem das inhaltliche und zeitliche Zusammenwirken der Medien, die Bestimmung ihrer unterschiedlichen Gewichtung und die nach ihrem strategisch angestrebten Zielbeitrag optimale Allokation des Werbebudgets bzw. Kommunikationsbudgets von besonderer Bedeutung. Die Gestaltung des M.-M. ist die zentrale Aufgabe bei der Entwicklung der → Mediastrategie und damit wesentlicher Bestandteil des → Kommunikations-Mix.

Mediamodell, ökonometrisches Modell zur Optimierung der → Werbebudgets, das im Wesentlichen der Bestimmung des optimalen → Media-Mix und damit der → Mediaselektion dienen.

Median, Zentralwert in einer statistischen → Häufigkeitsverteilung. Der M. hat als lagetypischer → Mittelwert für die Markt- und Sozialforschung insofern eine große Bedeutung, als er Extremwerte ausschließt.

Mediaplanung, Planung des Medieneinsatzes zur Maximierung der → Werbewirkung in Bezug auf die → Zielgruppen in Verbindung mit der optimalen Nutzung des → Werbebudgets. Ergebnis der M. ist der → Streuplan. Zur Durchführung der M. und der Mediaselektion greift man als Entscheidungshilfe auf → Mediaanalysen zurück.

Mediaselektionsmodell, Medienauswahl (→ Mediaplanung) mithilfe computergestützter Selektionsprogramme. Im Wesentlichen geht es um die Optimierung des Medieneinsatzes Werbeträger im Hinblick auf die → Werbewirkung in Verbindung mit den → Werbezielen und dem zur Verfügung stehenden → Werbebudget.

Mediastrategie, Teil der → Werbestrategie bzw. der übergreifenden → Kommunikationsstrategie. Die M. legt im Rahmen der → Mediaplanung fest, welche Medien (Kommunikationsmedien, Werbeträger) zur Erreichung bestimmter Werbeziele bzw. Kommunikationsziele eingesetzt werden. Je nach Gewicht wird hierbei in Basismedien und flankierenden Medien unterschieden. – Vgl. auch → Media-Mix.

Mediationsverfahren, konstruktive Konfliktlösung in Verhandlungsverfahren durch neutralen Dritten (Mediator).

Mediawerbung, → klassische Werbung.

Medien, → Kommunikationsmedien, → Werbeträger.

Medienauswahl, → Mediaselektion.

Mediengestaltung, Form des Medienstils bzw. der Art und Weise der Informationsübermittlung, die stark geprägt wird durch die → neuen Medien und die modernen → Informations- und → Kommunikationstechnologien. Die Kommunikanten präferieren zunehmend Formen der Bildkommunikation. Zu dieser Entwicklung hat in erster Linie das Fernsehen als Kommunikationsmedium beigetragen. Von den Medien wird eine aufreizende, unterhaltsame und sinnlich wahrnehmbare Inszenierung von Informationen [(W. Kroeber-Riel (1989)] erwartet. Die Emotionalisierung der Medien hat auch deutliche Konsequenzen für die Werbemittelgestaltung.

Mediennutzungsverhalten, Intensität der Nutzung der Medien (Kommunikationsmedien, Werbeträger) durch die Kommunikanten. Hierbei untersucht die → Kommunikationsforschung bzw. → Mediaforschung auch die Nutzungsintensität der verschiedenen Mediengattungen.

Medienökonomie, ökonomische Betrachtung aller wirtschaftlichen Aspekte, Daten und insb. Strukturen sowohl einzelner Medienunternehmen als auch der verschiedenen Medienbranchen. Damit verbunden ist auch der Einbezug aller Medien in ein spezifisches und eigenständiges gesellschaftliches System. M. ist auf eine Kurzformel gebracht die Verflechtung der Medien als → Markt.

Megabrands, → Weltmarken, die über ein klares, unverwechselbares Profil verfügen (z.B. Coca Cola, McDonalds, Marlboro) und mit kulturübergreifenden Symbolen fast alle Konsumententypen erreichen. M. repräsentieren multikulturelle Lebenswelten. Gemeinsamkeiten im Konsumentenverhalten bilden die Grundlage für ein → Global Marketing und → Global Advertising auf der Basis einer → Cross Cultural Research. Die → Migration prägt das sich im Zeitablauf dynamisch verändernde Konsumentenverhalten und führt durch die → kulturelle Diffusion zu einer → Globalisierung.

Megamarketing, Ausdehnung des komplexen Mehrparteien-Marketingkonzeptes (durch Einbezug von Regierungen, Gewerkschaften, Banken, Bürgerinitiativen etc.); Einebnung der Unterschiede zwischen externen und kontrollierbaren Einflussfaktoren (Einbindung von externen Kräften); Vertiefung des Verständnisses der Funktionsweise von Märkten (z.B. Zusammenhänge von Angebot und Nachfrage). Im Wesentlichen handelt es sich nach Ph. Kotler (1986) um die Analyse und Berücksichtigung komplexer Zusammenhänge, die im klassischen Marketing nicht oder nur unvollständig betrachtet werden.

Megatrends, vorherrschende weltweite → Trends (nach J.Naisbitt und P.Aburdene), die durch die zunehmende → Globalisierung der Unternehmen entstanden sind und durch die wachsende → Migration verstärkt werden. Beispiele für M. sind u.a. die Entwicklung der Industrie- zu Informationsgesellschaften und der nationalen Ökonomien zu einem weltwirtschaftlich vernetzten Wettbewerbssystem sowie die Veränderungen, die sich hieraus für Wirtschaft und Gesellschaft ergeben. Die Notwendigkeit eines → internationalen Marketings führte zum Aufbau von → Weltmarken und zur Bildung von → Global Playern. Die Herausbildung von Multioptionsgesellschaften ermöglichte überdies durch die Vielfalt von Lebens- und Handlungsmöglichkeiten den Trend zum wechselhaften Hybrid-Konsumenten.

mehrdimensionale Skalierung, Ermittlung der wichtigsten Merkmalsdimensionen, auf denen Produkte oder Marken positioniert (→ Positionierung) werden können. Die Ergebnisdarstellung erfolgt grafisch (ein- oder mehrdimensional).

Mehrfachgebinde, *Mehrfachpackung, Mehrstückpackung,* → Angebot (vielfach Sonderangebot) im Handel von mehreren Einzelstücken eines Produktes. Durch die Bildung eines Mehrstückpreises ist es dem Käufer kaum möglich, einen auf das Einzelstück bezogenen, differenzierten Preisvergleich vorzunehmen. Die → Preistransparenz wird bewusst vermindert. Es wird vielmehr der Eindruck eines insgesamt preisgünstigen Angebots vermittelt. Ein weiterer Anbietervorteil der Bildung von M. ist, dass die damit vielfach kombinierten → Preisaktionen nicht auf die einzelnen Produkte fokussiert sind und sie (insb. höherwertige Markenartikel) damit nicht einem möglichen Preis- und Imageverfall ausgesetzt werden.

Mehrfachkontakt, mehrfacher → Kontakt des Werbeempfängers mit einem → Werbeträger, vor allem aber mit einem Werbemittel. Die M. beruhen entweder auf internen Überschneidungen (mehrere Werbemittel werden in einem Werbeträger geschaltet und vom Werbeempfänger gesehen) oder auf externen Überschneidungen (Schaltung eines Werbemittels in mehreren Kommunikationsmedien).

Mehrfirmenvertreter, → Handelsvertreter, der für mehrere Firmen tätig ist. Üblicherweise sind Handelsvertreter M. – *Gegensatz:* → Einfirmenvertreter.

Mehrheit, → Adoptionsprozess, → frühe Mehrheit, → späte Mehrheit.

Mehrliniensystem, funktionales Organisationssystem, das nicht vom Prinzip der Einheit der Auftragserteilung ausgeht, sondern von einer Mehrfachunterstellung nachgeordneter Stellen bzw. Instanzen. Das M. weist den Vorteil kurzer Informations- und Kommunikationswege auf. Andererseits ist das System anfällig für Kompetenzkonflikte und führt vielfach zu Problemen der Kompetenzregelung und -abgrenzung. – *Gegensatz:* → Einliniensystem.

Mehrmarkenstrategie, differenziertes → Angebot mehrerer Produkt- bzw. Markenvarianten einer Produktart (→ Produktdifferenzierung). Ziel der M. ist es, heterogene Zielgruppen mit unterschiedlichen Bedürfnissen zu erreichen. – *Gegensatz:* → Dachmarke.

mehrphasiges Auswahlverfahren, *Multiphase Sampling,* → Auswahlverfahren (→ Stichprobenverfahren), bei dem mehrere → Zufallsauswahlverfahren hintereinander geschaltet werden. – *Anders:* → mehrstufiges Auswahlverfahren.

Mehrspeichermodell, Modell der → Informationsverarbeitung von Konsumenten (Gedächtnistheorie, Drei-Speicher-Modell). Im → sensorischen Informationsspeicher (SIS) bzw. Ultrakurzzeitspeicher werden die aufgenommenen → Informationen für sehr kurze Zeit bewahrt. Teile der Informationen werden in den → Kurzzeitspeicher, auch Arbeitsspeicher genannt, übernommen. Dort erfolgt die Informationsverarbeitung. Die verarbeiteten Informationen gelangen dann in den → Langzeitspeicher.

Mehrstückpackung, → Mehrfachgebinde.

Mehrstückpreis, Gesamtpreis für ein → Angebot im → Handel, das aus mehreren Einzelstücken eines Produktes der gleichen oder ungleichen Art besteht. Die Angebotsform ist in der Regel ein → Mehrfachgebinde.

Mehr-Stufen-Fluss der Kommunikation, Weiterentwicklung der → Zwei-Stufen-Fluss-Kommunikation.

mehrstufige Kommunikation, Weiterentwicklung der → zweistufigen Kommunikation nach V. C. Troldahl (1966), nach der die → Meinungsführer weiter differenziert werden. Die Theorie geht davon aus, dass die Meinungsführer ihrerseits Experten in ihre Bewertung einbeziehen. Der mehrstufige Kommunikationsablauf vollzieht sich demnach in einem Netzwerk von Meinungsbeeinflussern, die in einem → Interaktionsprozess miteinander verbunden sind, wobei zu den Meinungsbeeinflussern auch die Mitläufer (Follower) gehören. – *Anders:* → einstufige Kommunikation.

mehrstufiger Vertrieb, Einschaltung des → Großhandels bzw. von Grossisten und des → Einzelhandels als → Absatzmittler in den → Vertrieb zur Bedienung des Verbrauchers bzw. Verwenders.

mehrstufiges Auswahlverfahren, *Multistage Sampling,* → Auswahlverfahren (→ Stichprobenverfahren), bei dem mehrere → Zufallsauswahlen hintereinander geschaltet werden. Aus der → Grundgesamtheit wird zunächst eine → Stichprobe (Primäreinheit) gezogen, aus dieser eine weitere (Sekundäreinheit). Der Stufeneffekt besteht in der Reduktion des Stichprobenfehlers, wenn die Primäreinheiten in sich sehr heterogen sind. Das m.A. kann mit dem geschichteten Auswahlverfahren kombiniert werden. Man spricht dann von einer geschichteten mehrstufigen Auswahl. Eine spezielle Form ist das Lahiri-Verfahren. – *Anders:* → mehrphasiges Auswahlverfahren.

Mehrthemenbefragung, → Omnibus-Befragung.

Mehrwegsystem, Form der → Redistribution bzw. → Retrodistribution zur Abfallverminderung (duale Abfallwirtschaft, grüner Punkt). Das mit den M. verbundene Ziel einer signifikanten Abfallvermeidung (Veränderung des Konsumentenverhaltens) konnte bislang nicht oder nur geringfügig erreicht werden. Insb. die marketingkommunikativen Aktivitäten der Markenartikelunternehmen und die Handelspraktiken (vor allem die des Versandhandels in Bezug auf Verpackungen) erweisen sich bez. der Durchsetzung von M. vielfach als kontradiktorisch.

Mehrwegverpackung, → Verpackung, die nach Gebrauch einer mehrfachen erneuten Verwendung (Recycling, Redistribution) zum gleichen Zweck zugeführt wird (z.B. Flaschen). – *Gegensatz:* → Einwegverpackung.

Meinungsbildner, → Meinungsführer.

Meinungsforschung, Erhebung von wirtschaftlichen und außerwirtschaftlichen (politischen, gesellschaftlichen, kulturellen) Meinungen als subjektive Äußerungen. Die empirische Meinungsforschung ist ein Teil der → Marktforschung bzw. → Demoskopie. Es besteht eine enge Verwandtschaft mit der Motivforschung, sodass die beiden Begriffe vielfach miteinander in Zusammenhang gebracht werden.

Meinungsführer, *Meinungsbildner, Opinion Leader,* Person, die in einem bestimmten Bereich (z.B. Mode, Auto etc.) auf andere Wirtschaftssubjekte einen verhaltensbestimmenden Einfluss ausübt. M. sind → Multiplikatoren von medialen Informationen. Diese werden in der direkten, → persönlichen Kommunikation an andere weitergegeben. M. übernehmen sehr stark die Funktion von persönlichen Ratgebern. – Vgl. auch → Zwei-Stufen-Fluss der Kommunikation. – *Anders:* → Change Agents.

Meinungsmultiplikator, → Multiplikator.

Meistbegünstigungsklausel, Garantie des günstigsten Angebotspreises für den Kunden. Die Garantie gibt dem Kunden die Sicherheit, dass der → Anbieter mit keinem anderen Kunden günstigere Vertragsbedingungen vereinbart. – Vgl. auch → Preisbildung, → Preispolitik.

Meldebestand, → Bestellpunkt.

Mengenanpasser, nach der mikroökonomischen → Preistheorie → Anbieter in der Marktform des vollkommenen → Polypols (unter den Bedingungen der atomischen Konkurrenz), die auf den → Preis keinen Einfluss nehmen, sondern ihren → Gewinn lediglich über die Angebotsmenge steuern können. Die → Preis-Absatz-Funktion verläuft bei dieser (sehr praxisfernen) Marktform als Parallele zur Mengenachse im Abstand des allgemein gültigen Marktpreises. – *Gegensatz:* → Preisanpasser.

Mengenrabatt, → Rabatt, der dem → Handel (Groß- und Einzelhandel) durch die Lieferanten für die Abnahme unterschiedlicher Mengen eines Leistungsangebots gewährt wird. Die Mengenrabattierung erfolgt durch die Mengenstaffel, die entweder linear, degressiv und/oder progressiv gestaltet ist. In der Praxis sind progressive Rabattstaffeln üblich mit der Folge einer → Rabattspreizung, die u.a. die Handelskonzentration begünstigt hat.

Mengenstaffel, → Mengenrabatt.

Mentoring, Führungsinstrument zur Förderung und Fortbildung neuer und vor allem junger Mitarbeiter im Rahmen des → Personalmarketings. Ziel des M. ist, → Fachkompetenz nicht nur berufsbezogen, sondern auch persönlich zu vermitteln. Damit verbunden ist die Entwicklung von → Sozialkompetenz und → emotionaler Kompetenz der Mitarbeiter und insb. die Verstärkung ihrer Kundenorientierung (→ internes Marketing).

Merchandising, Gesamtheit aller verkaufsaktiven Maßnahmen, die Hersteller beim → Handel durchführen. Im Wesentlichen wird darunter heute die sog. Regalarbeit (→ Warenpräsentation) verstanden bzw. die Dispositionsoptimierung am Verkaufsregal. Diese Arbeiten übernehmen z.T. auch schon spezialisierte M.-Agenturen, wenn die Außendienstorganisationen der Hersteller im Wesentlichen aus Kostengründen die M.-Funktionen nicht mehr wahrnehmen können. Als praktikabel erweist sich vielfach auch bereits ein sog. Pool-M., bei dem verschiedene Hersteller miteinander kooperieren und gemeinsam einen M.-Dienstleister einsetzen. Dadurch entsteht ein Warengruppen-M., das aber im Hinblick auf die Wettbewerbssituation nicht immer problemfrei ist. Der nächste Schritt ist ein Total-M., das outletbezogen arbeitet und alle Warengruppen umfasst. Der zweite Begriffsinhalt bezieht sich auf das → Handelsmarketing. Danach umfasst M. die koordinierte Marketingverantwortung für einen Handelsbetrieb. Ergänzt wird das M. durch das handelsspezifische Operating, das die logistischen Funktionen (Handelslogistik) umfasst.

Mergers & Acquisitions, Bezeichnung für Beratungsunternehmen, die als Makler tätig sind beim Kauf und Verkauf von Unternehmen.

meritorische Güter, Wirtschaftsgüter zwischen → Individualgütern und→ Kollektivgütern, die zur Befriedigung von → Kollektivbedürfnissen dienen. Aufgrund ihrer gesellschaftlichen Bedeutung und der gesetzlichen Auflagen, wie z.B. der Schul-, Impf- und Sozialversicherungspflicht, werden sie vom Staat angeboten.

Message, → Werbebotschaft.

Message-Effekt, Wahrnehmungseffekt einer Botschaft (z.B. → Werbebotschaft) ohne Berücksichtigung der Empfängereinstellung (→ Audience-Effekt) und der Glaubwürdigkeit der Informationsquelle (→ Source-Effekt).

Messe, zeitlich begrenzte, im allgemeinen regelmäßig wiederkehrende → Marktveranstaltung, auf der Aussteller ihr → Angebot präsentieren und überwiegend nach Muster an gewerbliche Verbraucher oder Großabnehmer vertreiben. M. werden heute überwiegend von den Ausstellern als kommunikatives Instrument genutzt, um mit Kunden bzw. potentiellen Kunden in Kontakt zu kommen. Zu unterscheiden sind regionale, nationale und internationale M., Universalmessen, Branchenmessen, Spezial- und Fachmessen. Weiter kann differenziert werden in Konsumgüter-, Investitionsgüter- und Dienstleistungsmessen. Als neue Form der Dienstleistungsmesse sind mittlerweile auch Kontaktmessen entstanden (z.B. Info-M. für Studenten und Absolventen).

Messemarketing, zum einen ein eigenständiges → Marketinginstrument im → Kommunikations-Mix der Aussteller. Zum anderen umfasst es aber auch das Marketing der Messegesellschaften, das instrumental weitestgehend dem → Dienstleistungsmarketing entspricht. Insb. diese Form des M. gewinnt zunehmend an Bedeutung im Hinblick auf die Internationalität der Messen, der exponentiellen Flächenexpansion und der Konzentration. Diese Entwicklung stellt eine besondere Herausforderung für die kleineren Messeplätze dar. Als besonders anspruchsvoll erweist sich das M. insofern, als mit dem gleichen Leistungsangebot sehr unterschiedliche Zielgruppen (Aussteller, Messebesucher) angesprochen werden, deren Interessen vielfach divergent sind.

Metamarketing, Ausweitung des → kommerziellen Marketing auf alle Bereiche. Das M. geht von einem generischen Ansatz aus (→ Generic Marketing).

Metaplan-Technik, *Kartenabfrage-Technik, Pinwand-Technik,* Weiterentwicklung des → Brainwriting als → Kreativitätstechnik. Unter Leitung eines Moderators werden Ideen bzw. Lösungsvorschläge in Kurzfassung auf einzelnen Karten notiert und auf einer Pinwand (geordnet nach Inhalten) befestigt. In mehreren Schritten kann die komplexe Gesamtthematik in Einzelthemen aufgerastert und zur weiteren Diskussion gestellt werden. Vorteil der Kreativitätstechnik ist die Einbindung der Gruppe in den Problemlösungsprozess. Als Grundregel gelten die Bedingungen des → Brainstormings mit Ausnahme der Teilnehmerzahl und Dauer, die erhöht werden können.

Methode der gleitenden Durchschnitte, → gleitender Durchschnitt.

Methodenbank, Zusammenfassung und Organisation von DV-Programmen zur Verarbeitung der in der → Datenbank gespeicherten Informationen [z.B. Marketing-Informationssystem (MAIS)]. Eine Abgrenzung zur Modellbank ist problematisch und erweist sich auch insofern als überflüssig, als M. und Modellbank in der Datenbank integrativ miteinander verbunden sind.

Methodenkompetenz, Fähigkeit zur Anwendung des Fachwissens (→ Fachkompetenz) im Sinne der Befähigung, komplexe Tatbestände zu strukturieren, systematisieren und zu organisieren. – Vgl. auch → Sozialkompetenz, → Lernkompetenz, → emotionale Kompetenz.

Methode 635, Methode, die zu den intuitiven → Kreativitätstechniken gehört. Sie wird auch als → Brainwriting bezeichnet. Das Prinzip ist relativ einfach. 6 Teilnehmer schreiben jeweils 3 Ideen in Zeitabständen von jeweils 5 Minuten auf. Jeder Teilnehmer gibt dann seine Ideen an seinen Nachbarn weiter, der die Vorschläge aufnimmt, sie ergänzt oder daraus neue Ideen entwickelt. Das Verfahren ist beendet, wenn jeder Teilnehmer jedes Formular bearbeitet hat. Die B. Rohrbach (1971) zugeschriebene Kreativitätstechnik erklärt die „5“ auch als fünfmaligen Durchlauf durch die → Gruppe. Gegenüber dem Brainstorming hat die Methode 635 den Vorteil, dass die Probleme strukturiert behandelt und nicht zerredet werden. Der Nachteil ist aber, dass unter den Teilnehmern keine persönliche Kommunikation stattfindet. Dadurch werden gruppendynamische Prozesse ausgeschlossen. Eine Kombination von Brainwriting mit Brainstorming ist methodisch möglich.

Me too-Produkt, *Ich-auch-Produkt,* Produkt, das sich als Imitation (→ Imitationsstrategie) an erfolgreichen Wettbewerbsprodukten orientiert. Es besteht eine deutliche Nähe zu den Quasi-Innovationen (→ Innovation). Ziel der M.t.-P. ist es, am Erfolg der originären Wettbewerbsprodukte zu partizipieren bzw. im Vergleich zu ihnen einen noch größeren Gewinn zu erzielen durch die eingesparten Forschungs- und Entwicklungskosten und die damit verbundene Möglichkeit, den Preis erheblich tiefer anzusetzen. Der langfristige Erfolg dieser Adaption wird in der Praxis weit überschätzt. – *Anders:* → Markenpiraterie.

Metra-Potential-Methode (MPM), Methode zur Optimierung von Projektplänen, die mit der → Linearprogrammierung methodisch verbunden werden kann. Einsatzfelder sind z.B. die Neuproduktplanung, Produkteinführung etc. – Vgl. auch → Netzplantechnik.

Migration, Bevölkerungswanderungen von Individuen oder Gruppen. Dazu gehören vorübergehende und dauerhafte Bewegungen, wie auch ein Wechsel der soziokulturellen Umgebung im Inland. Im Vergleich zur übrigen Bevölkerung weisen wanderungsbereite Individuen spezifische Persönlichkeitsmerkmale auf, die denen der Konsumpioniere sehr stark ähneln. Auswirkungen der M. sind die Verbreitung von Kulturelementen (→ kulturelle Diffusion) und daraus folgend eine Änderung der Bedürfnisstrukturen (→ Bedürfnisse), wie z.B. erkennbar in der Veränderung der Ess- und Trinkgewohnheiten. Die M. prägt das sich im Zeitablauf dynamisch verändernde → Konsumentenverhalten. Sie führt zu einer Globalisierung der Konsumgewohnheiten.

mikrografische Kriterien, Feingliederung der → geografischen Kriterien nach Kreisen, Postleitzonen, Gemeinden, Ortsteilen, Straßen, Häusern. Die Mikrogliederung ist die Grundlage für eine → mikrografische Marktsegmentierung, die insb. für die → Vertriebspolitik eine zunehmend größere Bedeutung einnimmt.

mikrografische Marktsegmentierung, Gliederung der Konsumenten bzw. Verwender nach → mikrografischen Kriterien.

Mikro-Marketing, Orientierung der Marketingaktivitäten an einzelnen Marktsubjekten (z.B. Einzelpersonen, Haushalten, Unternehmen). – *Gegensatz:* → Makro-Marketing.

Mikroökonomie, Dachbegriff für Theorien des wirtschaftlichen Verhaltens des einzelnen Wirtschaftssubjekts (Haushalt, Unternehmen) als Anbieter und Nachfrager auf den verschiedenen Märkten (→ Haushaltstheorie). – *Anders:* → Makroökonomie.

mikroökonomische Haushaltstheorie, → Haushaltstheorie.

Mikrozensus, repräsentative Stichprobenerhebung, die im Zusammenhang mit der amtlichen Statistik jährlich durchgeführt wird. Erfasst werden ca. 1% der Haushalte mithilfe des Verfahrens der Flächenauswahl (→ Stichprobenverfahren). Der M. dient der permanenten Analyse der Strukturentwicklung der privaten Haushalte und ist eine sinnvolle Ergänzung der umfangreichen → Vollerhebungen (Volkszählungen). – *Gegensatz:* → Zensus.

Milieu, → soziales Milieu.

mimetisches Marketing, marktorientierte Anpassung des Unternehmens an seine → Umwelt. Das Konzept ist abgeleitet aus der biologischen Mimesis. Danach überleben Organismen nur dann, wenn es ihnen gelingt, sich weitestgehend an ihre Umwelt anzupassen. Beim m.M. handelt es sich um eine ganzheitliche Unternehmensaufgabe, die von allen Organisationsmitgliedern „verschmelzend" erfüllt wird. Damit werden die klassischen Organisationsformen, die von einer strikten Aufgabendelegation ausgehen, in Frage gestellt. Dieses → Marketingkonzept wird auch als → New Marketing bezeichnet.

Mindermengenzuschlag, Preisaufschlag bei Unterschreitung einer festgesetzten Mindestabnahmemenge bzw. eines Bestellwertes (z.B. im Versandhandel). Es handelt sich somit um eine Form der → Preisdifferenzierung, um zumindest die auftragsfixen Abwicklungskosten zu decken. Als „negativer Rabatt" wird der M. aus Kundensicht vielfach als Bestrafung empfunden. Insofern kann es sich bez. der → Kundenzufriedenheit und → Kundenbindung als sinnvoller erweisen, die Mengenstaffel (Mengenrabatt) als ein attraktives Belohnungssystem zu gestalten und lediglich eine Mindestabnahmemenge zu definieren, die alle Kosten der Auftragsabwicklung deckt und für den Kunden zu keinen finanziellen Sanktionen führt, die mit der Gefahr einer Kundenabwanderung verbunden sind.

Mindestbestand, → Sicherheitsbestand.

Mindesthaltbarkeitsdatum, wichtiges Element der → Warenkennzeichnung für Lebensmittel, das der → Verbraucherinformation dient. Bei dem M. handelt es sich um ein Verfalldatum, vor dessen Eintritt der Einzelhandel üblicherweise für die betroffenen Artikel, Aktionsplatzierung vornimmt in Verbindung mit Preisaktionen.

Mindestpreis, staatlich oder per Vertrag festgelegter → Preis, der über-, aber nicht unterschritten werden darf. M. haben zum Ziel, einen Preisverfall und damit einen ruinösen → Wettbewerb zu verhindern. → Preisbindungen und → Preisempfehlungen haben vielfach den Charakter von M. Soweit mit der Festlegung von M. die Absicht verbunden ist, den → Preiswettbewerb auszuschalten, ist dies wettbewerbsrechtlich [Gesetz gegen Wettbewerbsbeschränkungen (GWB)] unzulässig. – *Anders:* → Höchstpreis.

Minimalebenenprinzip, → Organisationsprinzip, das eine möglichst flache Organisationshierarchie fordert.

Minimalkostenkombination, Kombination der → Produktionsfaktoren, die bei gegebenen → Kosten zum größten Output führt bzw. bei gegebenem Output zu den geringsten Kosten. Unterstellt ist eine beliebige Substitution der Produktionsfaktoren (→ Produktionsfunktionen). Bei einer limitationalen Produktionsfunktion existiert nur eine optimale Faktorkombination (bei gegebener Ausbringungsmenge). Das Optimum wird dann bestimmt durch die → Verbrauchsfunktion.

Mini-Markttest, verkleinerter, lokaler → Testmarkt im Sinne einer Testsimulation. Für den → Produkttest werden bestimmte, meist größere → Einzelhandelsbetriebe ausgewählt (Store-Test). Der M.-M. findet unter realen Markt- und Kaufbedingungen statt. Die → Repräsentanz des M.-M. ist eingeschränkt. – *Gegensatz:* → Laborexperiment.

Minimax-Regel, Regel für → Entscheidungen unter → Unsicherheit. Danach gilt diejenige Entscheidungsalternative als die optimale, die zum wahrscheinlich kleinsten des maximal möglichen Verlustes führt. Es handelt sich um einen extrem pessimistischen Entscheidungsalgorithmus. – *Gegensatz:* → Maximax-Regel.

Minimax-Regret-Regel, *Savage-Niehans-Regel,* Regel für → Entscheidungen unter → Unsicherheit, die mit der → Minimax-Regel fast identisch ist. Der Unterschied ergibt sich aus der Definition des sog. Verlustes. Nach der M.-R.-R. gilt diejenige Entscheidungsalternative als die optimale, bei der das maximal wahrscheinliche Bedauern (Regret) minimiert wird. Das Bedauern wird operationalisiert durch einen sog. Bedauernswert als Nutzendifferenz zwischen dem höchstmöglichen und dem tatsächlich erreichten Ergebnis. Es wird diejenige Entscheidungsalternative gewählt, bei der der Bedauernswert im Falle einer ungünstigen Entwicklung am geringsten ist (Prinzip des kleinsten Bedauerns).

Mini-Testmarkt, → Mini-Markttest.

MIS, Abk. für → Management-Informationssystem.

Mischkalkulation, *Ausgleichs- oder Kompensationskalkulation,* → Preiskalkulation, die überwiegend im Handel angewendet wird. Hierbei erfolgt die → Preisbildung für einen oder mehrere Artikel (bzw. für eine Artikelgruppe) nicht nach den verursachten Kosten, sondern nach dem im Markt durchsetzbaren Preis. Ziel ist die Realisation eines möglichst hohen Gesamtgewinns durch einen kalkulatorischen Ausgleich (der unterschiedlichen Handelsspannen) innerhalb des Sortiments. Vielfach hat die M. auch die Funktion eines → Lockvogelangebots, um die Preis- bzw. Leistungsfähigkeit des Anbieters beim Konsumenten bzw. Kunden zu unterstreichen.

Missbrauchsaufsicht, Aufgabe der Kartellbehörden, eine wettbewerbswidrige Rechtsausnutzung zu verhindern. Die M. gilt z.B. für vertikale Kooperationen, Konditionen- und Rabattspreizungen und für die verschiedenen Formen des möglichen Behinderungswettbewerbs.

Mitarbeiterbefragung, → Befragung der Mitarbeiter zu unternehmensinternen Tatbeständen und ihre diesbezüglichen Einstellungen, Bewertungen und Erwartungen. Es handelt sich hierbei um ein Instrument der internen Marktforschung und der internen Kommunikation. M. haben zum Ziel, Stärken und Schwächen des Unternehmens aufzudecken, die → Mitarbeiterzufriedenheit zu ermitteln und die Mitarbeiter möglichst frühzeitig in notwendige Veränderungsprozesse (z.B. Organisationsentwicklung) einzubinden.

Mitarbeiterbindung, im Kontext der → Kundenbindung eines der Hauptziele des → internen Marketings. Im Wesentlichen geht es um die Stärkung von → Commitment in Unternehmen bzw. Institutionen. Die M. hängt ganz entscheidend von der → Mitarbeitermotivation ab.

Mitarbeitermotivation, eines der entscheidenden Elemente des → internen Marketings. Eine hohe M. hat sehr positive Auswirkungen auf die → Mitarbeiterzufriedenheit und → Mitarbeiterbindung, die wiederum erheblichen Einfluss nehmen auf die Kundenorientierung der Mitarbeiter und damit auch auf die Kundenzufriedenheit, Kundenbindung und Kundenloyalität. Instrumente zur Erhöhung der M. sind u.a. Anreizsysteme (Incentives), deren längerfristiger Motivationswert jedoch umstritten ist, vor allem aber moderne → Führungssysteme (z.B. Empowerment).

Mitarbeiterzufriedenheit, Ergebnis des Vergleichsprozesses zwischen der vom Mitarbeiter wahrgenommenen Unternehmensrealität und seinen individuellen Erwartungen, Ansprüchen, Zielen oder sozialen Normen. Die Erklärungsansätze der M. beruhen auf den klassischen → Motivationstheorien. Die Stärkung der M. dient vor allem der Erhöhung der → Mitarbeitermotivation und → Mitarbeiterbindung.

Mitläufereffekt, → Bandwagon-Effekt.

Mittelstandsempfehlung, unverbindliche Empfehlung von Vereinigungen kleiner oder mittlerer Unternehmen an ihre Mitglieder. Die M. sind grundsätzlich wettbewerbsrechtlich [Gesetz gegen Wettbewerbsbeschränkungen (GWB)] zulässig, wenn sie zum Ziel haben, die Leistungsfähigkeit von Klein- und Mittelbetrieben gegenüber Großunternehmen zu fördern bzw. zu stärken. Die Empfehlungen beziehen sich vor allem auf die → Preisbildung, → Preiskalkulation, → Sortimentspolitik etc. und schaffen u.a. auch die Möglichkeit zur Durchführung von gemeinsamen Werbeaktionen (→ Gemeinschaftswerbung).

Mittelwert, statistische Maßzahl zur Kennzeichnung der zentralen Lage einer Datenmenge (→ Häufigkeitsverteilung). Die in der Markt- und Sozialforschung am häufigsten verwendeten M. sind das → arithmetische Mittel und das → geometrische Mittel. Lagetypische M. sind der → Median und der → Modus.

MMS, Abk. für → Multimedia Messaging Service.

Mobbing, kommunikative Handlungen, die gegen eine Person gerichtet sind und von einer bzw. mehreren Personen über einen längeren Zeitraum hinweg ausgeübt werden. Die Ursachen für M. liegen vor allem in der → Organisation und → Führung.

Mobile Commerce, *M-Commerce,* geschäftliche → Transaktionen mithilfe von mobilen elektronischen Datenübertragungssystemen. Die im Augenblick für M.-C. wichtigsten Servicetechnologien sind → SMS und → WAP. Durch den Einsatz der elektronischen Übertragungstechnologie → UMTS wird die Bedeutung von M.-C. zunehmen.

mobile Datenerfassung (MDE), Technologie, die → Daten elektronisch direkt am Ort und zum Zeitpunkt ihres Entstehens (z.B. mittels Handheld Computer) erfasst. Die mobilen Datenerfassungsgeräte werden vor allem im Außendienst eingesetzt. Dadurch sind z.B. eine permanente Aktualisierung der Kunden-Datenbank und eine Optimierung der Außendienststeuerung möglich. Überdies können durch den Außendienst oder durch die Handelspartner auch Daten aus zentralen Datenbanken abgerufen werden (z.B. Einkaufspreise, Lieferfähigkeit von Produkten, Angebote von neuen Produkten). Weitere Einsatzmöglichkeiten ergeben sich in der Marktforschung durch die direkte Eingabe der Befragungsergebnisse in ein Handterminal. Dadurch werden Übertragungsfehler vermieden und die Datenerfassungen beschleunigt.

Mobile Marketing, *Mobiles Marketing, M-Marketing,* Marketingmaßnahmen eines Unternehmens durch den Einsatz von mobilen elektronischen Datenübertragungssystemen. Es handelt sich um ein zielgerichtetes Marketing (One-to-One-Marketing) auf mobile Endgeräte via z.B. SMS, MMS, E-Mail oder Internet auf Handys, BlackBerrys oder Personal Digitals Assistants (PDA).

Mode, periodischer Wandel von ästhetischen bzw. gesellschaftlich geprägten Stilrichtungen, der eng verbunden ist mit → Wertewandel und → Wertedynamik und alle Konsumbereiche (nicht nur Kleidung) umfasst. Die Zyklen des Wandels werden auch als „Wellen“ bezeichnet. In diesem Sinne hat die M. für das Marketing eine erhebliche Relevanz. Sie beeinflusst vor allem die Produktpolitik. Der z.T. extrem schnelle Stilwandel verkürzt die Produkt-Lebenszyklen durch psychische Obsoleszenz. Der Stilwandel selbst ist wiederum nicht zuletzt zurückzuführen auf die Innovationspolitik der Hersteller, die aber notwendig ist zur Aufrechterhaltung der nationalen und internationalen → Wettbewerbsfähigkeit.

Modediffusion, räumlicher und zeitlicher Verbreitungsprozess von → Moden in der → Gesellschaft. Zur theoretischen Erklärung des Verbreitungsprozesses werden das Schichtenmodell (Klassifikation der Gesellschaft in Ober-, Mittel- und Unterschicht als soziale Schichten) und die Diffusionstheorie herangezogen. Als wahrscheinlich (da empirisch nicht belegt) muss angenommen werden, dass sich je nach Art (Konsumbereiche) der neuen Stilrichtungen die Verbreitungsprozesse sehr unterschiedlich vollziehen.

Modell, Konstrukt, das in vereinfachter Form die wesentlichen Merkmale eines Ausschnitts der Realität wiedergibt. Der Aussagewert von M. hängt von ihrer Isomorphie ab, d.h. von der Gleichförmigkeit der Modellannahmen und den Ausprägungen der Realität.

Modellbank, System von Regeln zur Datenverknüpfung in → Marketing-Informationssystemen (MAIS) und → Management-Informationssystemen (MIS). Eine Abgrenzung zur Methodenbank ist problematisch und erweist sich auch insofern als überflüssig, als M. und Methodenbank in der Datenbank integrativ miteinander verknüpft sind.

Modell-Lernen, → Beobachtungslernen, → Imitationslernen, → soziales Lernen.

Moderne, von E. Wolff (1886) geprägter Begriff für die Neuzeit, von J. Habermas (1981) auch als Projekt der Aufklärung bezeichnet. Die M. beruht auf der Idee von Autonomie und Freiheit, Demokratie und Menschenrechten, Rationalität und Gesellschaftsplanung. Ursprünge dieser Entwicklung gehen auf das Zeitalter der Renaissance und der Reformation zurück. Der entscheidende Durchbruch erfolgte in der Epoche der Aufklärung (R. Descartes und I. Kant, 17. und 18. Jh.) und durch die Auswirkungen der Industriellen und Französischen Revolution. Kennzeichen der M. und zugleich Kriterien einer modernen → Gesellschaft sind die Rationalität, ein optimistischer Fortschrittsglaube, individuelle Freiheit, kapitalistisch-marktwirtschaftliches Denken bei aktiver Weltgestaltung. – Vgl. auch → Postmoderne.

Modularisierung, Zerlegung eines komplexen Produktes in Teilsysteme, die zu kundenbezogenen → Problemlösungen kombiniert werden. Voraussetzungen für die M. sind die konkrete Kenntnis der Kundenbedürfnisse (→ Database), flexible Fertigungs- bzw. Dienstleistungssysteme und die Existenz einer modularen Entwicklungsorganisation (Projektorganisation, Projektmanagement). Das kundenindividuelle Marketing erhöht Kundenbindung und Kundenzufriedenheit, die als wichtige Erfolgsfaktoren gelten.

Modular Sourcing, Bezug vormontierter Module von Systemlieferanten zur Entlastung der eigenen Montage und zur Reduzierung der Anzahl der Lieferanten. – Vgl. auch → Single Sourcing und → Global Sourcing.

Modus, häufigster Wert in einer statistischen → Häufigkeitsverteilung.

Mogelpackung, → Packung bzw. → Verpackung, die beim Verbraucher den falschen Eindruck vermittelt, dass der Inhalt größer als in Wirklichkeit ist. Es handelt sich hierbei um eine objektive → Irreführung, die wettbewerbsrechtlich [→ Gesetz gegen den unlauteren Wettbewerb (UWG)] als unzulässig zu bewerten ist.

Mondpreis, zu hoch angesetzte unverbindliche → Preisempfehlung, die rechtlich als Missbrauch behandelt wird. Der mögliche Missbrauch ist dadurch gegeben, dass Handelsunternehmen den → Verkaufspreis deutlich unter dem M. festlegen und damit gegenüber dem Verbraucher im Vergleich zum Leistungsangebot der Mitbewerber eine besondere Preisgünstigkeit vortäuschen. Dies wird als objektive → Irreführung bewertet.

Monitoring, → Frühwarnsysteme als → Management-Informationssysteme (MIS) und → Marketing-Informationssysteme (MAIS), die mögliche künftige Gefahren antizipieren und melden. Monitoringsysteme sollen die Unternehmen in die Lage versetzen, rechtzeitig geeignete

Gegenmaßnahmen zur Abwehr oder Minderung der signalisierten Gefahren zu treffen (→ Krisen-Marketing). Die Aufgabenfelder der Frühwarnung sind die Unternehmens- und Umweltüberwachung, Informationsverwertung und Situationsanalyse, der Entwurf von Handlungsalternativen, die Bewertung der verschiedenen Handlungsalternativen sowie systematische Entwicklung von Eventualplänen und bei Bedarf ihre Realisierung. Mit der strategischen Früherkennung (im Sinne einer Frühaufklärung) ist darüber hinaus die Identifikation von neuen Geschäftsfeldern verbunden.

Monomarke, → Einzelmarke.

Monopol, ein → Anbieter beherrscht den → Markt. Das Monopson hingegen ist ein Nachfragemonopol. Das → Gewinnmaximum des Monopolisten ergibt sich aus dem → Cournot`schen Punkt, in dem die → Grenzkosten gleich dem → Grenzerlös sind.

monopolistische Konkurrenz, → atomistische Konkurrenz auf → unvollkommenem Markt. Es handelt sich um eine weit verbreitete → Marktform in der Praxis. – Vgl. Abbildung „Monopolistische Konkurrenz – Preisbildung von Alleinanbietern".

monopolistischer Spielraum, monopolistischer Bereich in der → polypolistischen Preis-Absatz-Funktion. Das → Gewinnmaximum ergibt sich aus dem → Cournot`schen Punkt. – Vgl. auch → preispolitische Autonomiezone, → akquisitorisches Potential.

Monte-Carlo-Simulation, Sammelbezeichnung für Simulationsverfahren, die aus Verteilungsfunktionen aufgebaute mathematische Ausdrücke mithilfe von Zufallsmechanismen (Zufallszahlen) auf der Grundlage der → Wahrscheinlichkeitstheorie simulieren und numerisch bestimmen. Die Simulationsverfahren werden eingesetzt in der Marketingplanung (z.B. bei der Bestimmung des optimalen Marketing-Mitteleinsatzes, Marketing-Mix) und bei der Risikoanalyse (z.B. bei der Bewertung von Investitionsalternativen).

morphologischer Kasten, Verfahren, das zu den analytisch-systematischen → Kreativitätstechniken gehört. Das zu lösende Problem wird in seine wesentlichen, voneinander unabhängigen Merkmale (Dimensionen, Parameter) zerlegt. Diese werden in einem „Kasten" (Matrix) untereinander angeordnet. Im zweiten Schritt werden zu den Merkmalen möglichst viele denkbare Einzelmöglichkeiten (Merkmalsausprägungen) gesucht und in

Monopolistische Konkurrenz – Preisbildung von Alleinanbietern

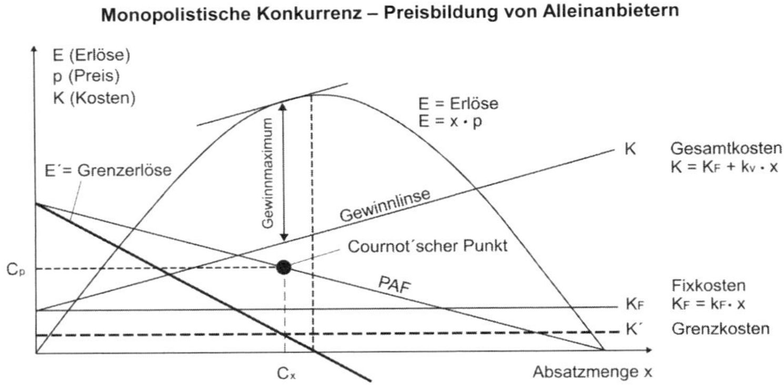

Beziehung gesetzt zu den Merkmalen. Bei der Suche nach den operationalen Verbindungen zwischen Merkmalen und Merkmalsausprägungen kann das Brainstorming als intuitive Kreativitätstechnik eingesetzt werden. Durch die sinnvolle Kombination der gefundenen Merkmalsausprägungen in Verbindung mit den Dimensionen ergibt sich die → Problemlösung.

Motiv, Wunsch bzw. Drang, ein → Bedürfnis zu befriedigen. Verwandte und vielfach mit dem M. gleichgesetzte Bezeichnungen sind Bedürfnis, Trieb, Wunsch, Instinkt, Neigung. Die M. werden in der → Konsumentenforschung den emotionalen Konstrukten zugeordnet, wenngleich sie auch eine wesentliche kognitive Komponente enthalten. – Vgl. auch → Maslow`sche Bedürfnispyramide, → Motivation.

Motivation, synergistische Summe von Einzelmotiven (→ Motiv) im Sinne der Befriedigung von Bedürfniskomplexen (→ Bedürfnis). Vereinfacht ist die M. der menschliche Antrieb, komplexe Mangellagen zu beseitigen. Es handelt sich im Wesentlichen um das Zusammenwirken verschiedener aktivierter Motive, die das Verhalten in einer bestimmten konkreten Situation determinieren. Die M. ist ein zentrales Element in der → Konsumentenforschung, spielt aber auch eine wichtige Rolle im → Management (Managementprozess, Unternehmensführung).

Motivationspsychologie, Synopse der psychologischen Theorien, die die Ursachen des menschlichen Verhaltens zu erklären versuchen. Das Prinzip des Hedonismus, Lust zu maximieren und Unlust zu vermeiden, gilt als Leitprinzip der Motivationsforschung und Basis menschlichen Handelns. Theorien, die auf dem Homöostase-Prinzip (→ psychoanalytische Theorie) beruhen, gehen davon aus, dass der Organismus danach strebt, sein Gleichgewicht zu erhalten. Neuere Forschungsansätze in der → Attributionstheorie und → sozialen Lerntheorie beschäftigen sich mit dem Selbst und berücksichtigen dabei insb. Emotionen und kognitive Prozesse, da neben dem Verstehen des eigenen Selbst das Streben nach kognitiver Bewältigung der Umwelt an Bedeutung gewinnt. Nach den Erwartungswert-Theorien wird Verhalten von der Attraktivität des Ziels und der Erfolgserwartung, dieses Ziel zu erreichen, bestimmt. Die Stärke der → Motivation hängt von der Ausprägung der beiden Faktoren Wert und Erwartung ab (→ Erwartungswert). In der → humanistischen Psychologie geht A. H. Maslow (1954) davon aus, dass neben der Defizit-Motivation, die auf dem Homöostase-Prinzip beruht, eine angeborene Wachstums-Motivation (→ Selbstverwirklichungsbedürfnisse) besteht.

Motivationstheorie, Zusammenfassung von Theorien, die unterschiedliche Bedürfnissysteme als Motivationsquelle menschlicher Verhaltensweisen spezifizieren (Motive, Motivation). Auf einem z.T. sehr unterschiedlichen Forschungshintergrund basieren die wesentlichen Theorien jedoch gemeinsam auf einer Hierarchisierung der → Bedürfnisse, die von existentiellen Bedürfnissen ausgeht und mit Selbstverwirklichungsbedürfnissen endet. Insofern weisen alle M. die → Maslow`sche Bedürfnispyramide als ihren theoretischen Kern aus. Auch F. Herzberg (1959) folgt in seiner Organisationspsychologie diesem Grundschema (Motivatoren), strukturiert jedoch sehr stringent die Bedürfnisebenen in Entfaltungsfaktoren (Satisfier) und Unzufriedenheitsfaktoren (Dissatisfier). Damit ist wohl mehr methodologische Ordnung in die komplexe Bedürfnis- bzw. Motivationsstrukturierung gekommen, die aber bereits an Maslow geübte Kritik der strikten Trennung der verschiedenen Bedürfnisebenen wurde hingegen eher noch verstärkt.

Motivatoren, nach F. Herzberg (1959) Entfaltungsfaktoren (Satisfier), die → Bedürfnisse nach Anerkennung, Verantwortung, Aufstiegsmöglichkeiten, Selbstbestätigung und Selbstverwirklichung befriedigen (Maslow`sche Bedürfnispyramide, Motivationstheorien). Satisfier sind unmittelbar mit dem jeweiligen Aufgabenbereich bzw. der entsprechenden Arbeitsleistung verknüpft und als aktive M. unerlässlich im Arbeitsprozess. Im Gegensatz dazu ergeben sich die zur Unzufriedenheit führenden Faktoren (Dissatisfier) zumeist aus dem Arbeitsumfeld. Dissatisfier als Hygienefaktoren sind die interpersonalen Beziehungen, Statussymbole, Entlohnung und Zusatzvergütungen, die Administration und Kontrolle, die Unternehmenspolitik und die Arbeitsplatzsicherheit. Je geringer die M. (z.B. Arbeitszufriedenheit) ausgeprägt sind, um so mehr gewinnen die Hygienefaktoren (z.B. Entlohnung) an scheinbarer Bedeutung.

Motivforschung, Erforschung der menschlichen → Motivationen. Im Marketing dient die M. vor allem zur Analyse des → Konsumentenverhaltens. Dazu werden primär projektive Verfahren eingesetzt, um die Beweggründe für ein bestimmtes Verhalten zu ermitteln.

MP3, Abk. für MPEG-1 Audio Layer 3. Dateiformat zur verlustbehafteten Audiodatenkomprimierung, das vom Fraunhofer Institut für Integrierte Schaltungen in Erlangen entwickelt wurde. Die MP3-Technologie wird besonders für die Komprimierung von Musik im Internet und bei Computerspielen verwendet (z.B. Podcast, Hörbücher). Die → Software zum Abspielen von MP3-Dateien ist in vielen Computer-Betriebssystemen integriert oder kann kostenlos im Internet heruntergeladen werden. Portable MP3-Player ermöglichen das Anhören von MP3 von unterwegs.

MPM, Abk. für → Metra-Potential-Methode.

Muddling through-Strategie, die Strategie basiert auf einer Entscheidungstheorie („Sich-Durchwursteln“), die von wenigen Annahmen ausgeht. Die Theorie wird auch als zusammenhangloser Inkrementalismus bezeichnet. Es werden nicht alle möglichen Strategiealternativen bewertet, sondern es wird nur eine relativ kleine Zahl von Alternativen betrachtet. Auch die daraus abgeleiteten Konsequenzen werden beschränkt. Es wird also keine „richtige“ Lösung abgeleitet, sondern durch serielle Analysen und Einschätzungen eine schrittweise Näherungslösung angestrebt. Die Vorgehensweise entspricht einem iterativen Vorgehen. Hierbei werden Probleme immer wieder neu definiert, um damit besser zielorientiert umgehen zu können.

Multiattributmodell, Form der → kognitiven Programme. Als Messverfahren dienen sie der Ermittlung von → Einstellungen des Konsumenten. Die Modelle werden unterschieden nach kompensatorischen (Fishbein-Modell, Trommsdorf-Modell) und nicht-kompensatorischen Verfahren (multidimensionale Skalierung, Conjoint Measurement).

Multi-Channel-Marketing, Verknüpfung der nicht-elektronischen → Kommunikationsmedien (z.B. Printmedien) und der diversen klassischen Formen der Direktwerbung mit den Formen der elektronischen → Marketingkommunikation (z.B. Fernsehwerbung und Werbung im Internet). Der Begriffsinhalt bezieht sich aber auch auf das gesamte → Marketinginstrumentarium (Online-Marketing). So wird z.B. die klassische → Absatzwegepolitik (direkter bzw. indirekter Vertrieb) verknüpft mit → Electronic Commerce und den daraus abgeleiteten elektronischen Vertriebsformen (wie z.B. Electronic Shopping und Onlinebanking).

Multi Client-Befragung, → Einthemenbefragung, die für mehrere Auftraggeber durchgeführt wird. Eine Abgrenzung besteht zu Eigenerhebungen (ein- oder mehrthematisch) durch → Marktforschungsinstitute, die ohne Kundenauftrag erfolgen und deren Ergebnisse beliebigen Interessenten zum Kauf angeboten werden.

multidimensionale Skalierung, Gruppe von Verfahren zur → Einstellungsmessung (→ Skalierungsverfahren). Ziel der m.S. ist, Objekte in einem mehrdimensionalen Raum in der Weise zu positionieren, dass ähnliche Objekte eine geringe und unähnliche Objekte eine große Distanz untereinander aufweisen (→ Produktmarktraum). Die m.S. beruht somit im Vergleich zu anderen Skalierungsverfahren nicht auf bereits festgelegten Kriterien, sondern auf der Messung subjektiv empfundener Ähnlichkeiten bzw. Unähnlichkeiten von Objekten. Die Ähnlichkeit wird durch die Methode des → Paarvergleichs festgestellt.

Multikollinearität, gegenseitige Abhängigkeit von → unabhängigen Variablen bei der → Korrelations- und → Regressionsanalyse. Die erklärenden Variablen weisen untereinander eine hohe → Korrelation auf, z.B. Geschlecht und Einkommen in Bezug auf bestimmte Verhaltensweisen, sodass die eigentlich bestimmende Variable nicht erkennbar ist.

multikulturelle Gesellschaft, sozialwissenschaftliche Bezeichnung für eine → Gesellschaft, deren Bevölkerung hinsichtlich ethnischer Herkunft, Nation, Sprache, Religion, Wertesystem etc. durch mehrere unterschiedliche → Kulturen gekennzeichnet ist. Die Anziehungskraft der Wohlstandsgesellschaft (Konsumgesellschaft, Überflussgesellschaft) und zunehmende Globalisierung begünstigen die internationale → Migration und → kulturelle Diffusion. Die kulturelle Vermischung der eigenen Kultur mit fremden Elementen führt zu einer Änderung der Bedürfnisstrukturen und prägt die sich im Zeitablauf angleichenden Konsumgewohnheiten.

Multi-Level-Marketing, Form des → Direktvertriebs, bei der weitere Verkaufsmitarbeiter durch bereits tätige Verkäufer gewonnen werden und die Vergütungen der Verkäufer der Vorstufen von der Verkaufstätigkeit der nachgelagerten Verkäuferstufen abhängig sind. Die Verkäufer werden nicht zur Abnahme von Waren bzw. zur Haltung von Lagerbeständen verpflichtet. Überdies besteht auch ein Rückgaberecht der nicht abgesetzten Waren. – *Gegensatz:* → Schneeballsystem.

Multimedia, Integration verschiedener → Medien in Bezug auf Text, Grafik, Ton, Bild, Video und auch Animation in einem Endgerät. M. umfasst damit auch die Zusammenführung von bisher getrennten, nicht miteinander zu kombinierenden Geräten, als deren wichtigste der Fernseher, das Telefon und der Personal Computer zu nennen sind. Hierbei ist das Prinzip der → Interaktion von besonderer Bedeutung.

Multimedia Messaging Service (MMS), eine aus dem → Short Message Service (SMS) entwickelte Mobil-Kommunikationsform, für die entsprechend ausgerüstete Mobiltelefone notwendig sind. Mithilfe von MMS können Kombinationen von Schrift, Bildern, Audio- und Videobestandteilen übertragen werden. – Vgl. auch → Mobile Commerce.

Multimoment-Verfahren, Stichprobenerhebung zur Erfassung des Zeitaufwands für Haupttätigkeiten und vor allem für unproduktive Tätigkeiten in Betriebsprozessen. Das Verfahren ist besonders geeignet für die Analyse von logistischen Ablaufprozessen in Industrie- und Handelsunternehmen.

multinationales Marketing, → internationales Marketing.

Multioptionsgesellschaft, → Gesellschaft der → Moderne, die durch eine zunehmende Vielfalt von Lebensmöglichkeiten gekennzeichnet ist. Die dynamisch fortschreitende Individualisierung führt zu einer wachsenden Heterogenität von Meinungen und Einstellungen und einer Bevorzugung gegensätzlicher Wertewelten. Kaufentscheidungen werden nicht nach dem „Entweder-oder-Prinzip", sondern unter dem „Sowohl-als-auch-Aspekt" getroffen. Ein eindeutiges Bekenntnis, das mit dem Verlust anderer Optionen verbunden wäre, findet nicht statt (Hybrid-Konsument). Nach A. Döblin (1938) ist mit der Steigerung der Erlebens- und Handlungsmöglichkeiten, der Optionen insgesamt, eine Traditionsvernichtung verbunden.

Multipack, → Mehrfachgebinde.

Multiple Choice, Auswahl aus mehreren Antwortmöglichkeiten, die auf eine Nennung beschränkt wird oder auch Mehrfachnennungen zulässt. – Vgl. auch → geschlossene Frage.

multiple Regressionsprognose, Prognoseverfahren, das eine besondere Form des → Regressionsverfahrens darstellt. Analysiert werden die Wirkungszusammenhänge zwischen der zu prognostizierenden → Zeitreihe (z.B. Absatzvolumen) und anderen Zeitreihen (Einkommen, konjunkturellen Entwicklungen, Änderungen im Konsumentenverhalten etc.).

Multiple Sourcing, → Global Sourcing.

Multiplikator, Person und/oder Medien, die in starkem Maße Informationen verbreiten. – Vgl. auch → Meinungsführer.

multisensuale Wahrnehmung, simultanes Wahrnehmen mehrerer → Reize (z.B. visuell, akustisch, olfaktorisch) durch unterschiedliche → Sinnesorgane (Auge, Ohr, Nase). Die Gleichzeitigkeit verschiedener Sinneseindrücke führt zu Verbundwirkungen i.S. synästhetischer Wirkungen. So werden mit bestimmten Farben Anmutungsqualitäten assoziiert und auf das Produkt übertragen. Durch das gleichzeitige Ansprechen mehrerer Sinne, vor allem visuell und akustisch, wird nicht nur eine bessere Einprägsamkeit erreicht, sondern auch eine Transferwirkung erzielt. Fehlt in einem Medium das visuelle (Rundfunk) oder akustische Bild (Zeitschrift), so wird es von anderen Sinnesorganen aus dem → Gedächtnis ergänzt.

Multi-Step-Flow-Kommunikation, → mehrstufige Kommunikation.

multivariates Analyseverfahren, Zusammenfassung der verschiedenen Methoden, Verfahren und Modelle zur → Datenanalyse mit drei oder mehr → Variablen. Zu unterscheiden sind die statistischen Verfahren der → Dependenzanalyse (z.B. Korrelationsanalyse, einfache und multiple Regressionsanalyse) von denen der → Interdependenzanalyse (Faktorenanalyse, Korrespondenzanalyse, mehrdimensionale Skalierung und Clusteranalyse).

mündliche Befragung, Form der → Befragung in der empirischen → Marktforschung. Der Vorteil der Befragungsart ist darin zu sehen, dass sich die Auskunftspersonen nur schwer einer Antwort entziehen können, wenn sie der Befragung zugestimmt haben. Dadurch wird das Repräsentanzproblem erheblich vermindert. Überdies erfolgen die Antworten in der Regel spontan, was sich je nach Untersuchungsthema als nützlich erweisen kann. Als Nachteil empfinden die Auftraggeber vielfach die relativ hohen Kosten, die mit m.B. verbunden sind. Der → Interviewer-Bias ist dabei ein grundlegendes methodisches Problem. *Gegensatz:* → schriftliche Befragung.

Mundwerbung, *Mund-zu-Mund-Werbung,* interpersonelle → Kommunikationsform (→ persönliche Kommunikation). Sie steht in einer engen Beziehung mit der → Diffusionstheorie. → Meinungsführer spielen hierbei eine besondere Rolle, deren „Face-to-Face"-Kontakte mit den gruppenkonformen → Kommunikanten eine subjektiv empfundene Glaubwürdigkeit aufweisen bzw. auch erzeugen.

Meinungsführer haben einen interpersonellen Expertenstatus (ob objektiv gerechtfertigt oder nicht). Insofern hat die M. einen erheblichen Einfluss auf Einstellungen, Images und damit auch auf das Konsumentenverhalten der relevanten Bezugsgruppen.

Musterung, → Marktveranstaltung für bestimmte gewerbliche Abnehmergruppen, die vor allem im Textil- und Schuhhandel durchgeführt werden. Veranstalter sind Hersteller, Handelszentralen, Großfilialisten, Großhandelsunternehmen etc. M. sind wie Messen ein Verkaufsinstrument, dienen aber auch den ausstellenden Unternehmen als Entscheidungshilfe für die Produktionsplanung bzw. Einkaufsdisposition. Besonders bei modischen Produkten sind den Hauptmusterungen Vormusterungen vorgeschaltet, um eine absatzeffiziente Selektion der Artikel vornehmen zu können.

Mystery Shopper, *Silent Shopper,* verdeckte Scheinkäufer, die zur Messung der Dienstleistungsqualität (vor allem im Einzelhandel) eingesetzt werden. – Vgl. auch → Testkauf.

N

Nachahmung, Imitation von fremden → Produkten oder Leistungen jedweder Art. Die N. ist grundsätzlich zulässig, soweit sie keine gewerblichen → Schutzrechte verletzt wie beim Plagiat oder bei der Markenpiraterie. Die Nachahmungsfreiheit ist jedoch eingeschränkt, wenn die N. durch eine sog. „sklavische Nachahmung" den Verbraucher irreführt. Durch die → Verwechselungsgefahr wird das Warenzeichenrecht verletzt. – Vgl. auch → Kennzeichenschutz. – *Anders:* → Adaption.

Nachbarschaftsladen,
→ Convenience Store.

Nachbarschaftszentrum, → Einkaufscenter mit einem relativ kleinen → Einzugsgebiet. Die Käufer wohnen in der Regel in unmittelbarer Nachbarschaft des Zentrums und decken dort ihren täglichen bzw. kurzfristigen Bedarf an Convenience Goods, z.B. Lebensmitteln. In einigen Fällen findet man in Nachbarschaftszentren aber auch Handelsunternehmen, die Specialty Goods führen. Die Anbieter von Convenience Goods haben üblicherweise ein begrenztes Angebot, d.h. ein flaches Sortiment.

Nachfrage, die Marktentnahme von → Produkten und → Dienstleistungen durch die Wirtschaftssubjekte, den → Nachfrager. Die N. ist der marktwirksam gewordene Bedarf. – Vgl. auch → Angebot. – *Anders:* → Bedürfnis.

Nachfrageanalyse, Untersuchung der quantitativen und qualitativen Aspekte der Nachfrageentwicklung. Die für die Analyse wichtigsten Nachfragegrößen sind der → Absatz und → Umsatz und daraus abgeleitete weitere Größen, wie z.B. Marktanteil, Marktdurchdringung.

Nachfrageeffekt, Verhaltenseffekt von → Nachfragern. Unterschieden werden:

- Bandwagon-Effekt (Mitläufereffekt),
- Snob-Effekt (gegenläufiges Nachfragerverhalten),
- Veblen-Effekt (preisbezogenes Prestigeverhalten) und
- Giffen-Effekt (Sonderform der inversen Preiselastizität bei inferioren Gütern).

Nachfrageelastizität, Verhältnis der relativen Änderung der → Nachfrage nach einem → Gut zu der sie auslösenden relativen Änderung des Einsatzes der → Marketinginstrumente. Die in Theorie und Praxis bekanntesten N. sind die → Preiselastizität und → Werbeelastizität. Darüber hinaus sind auch Einkommensveränderungen nachfragebestimmend. –Vgl. Abbildung „Nachfrageelastizität – Variablen der Nachfrageveränderung".

Nachfragefunktion, Zusammenhang zwischen der → Nachfrage und einem → Angebot und der die Nachfrage bestimmenden Faktoren. Die → Preistheorie geht davon aus, dass die Nachfrage als Funktion des Preises angesehen werden muss. – Aus Marketingsicht ist gegen diese Theorie Einspruch einzulegen, da sie die Einflussmöglichkeiten der übrigen Marketinginstrumente auf die Nachfrage weitgehend ausschließt oder sie als nebensächlich einstuft. – *Anders:* → Angebotsfunktion.

Nachfragemacht, Machtpotential eines im → Markt überlegenen → Nachfragers, seine Interessen gegenüber einem abhängigen → Anbieter durchzusetzen. Die Ausnutzung von Machtpotentialen erweist sich als wettbewerbsschädlich im Sinne eines marktwirtschaftlichen → Leistungswettbewerbs. Das Machtungleichgewicht, meistens eine asymmetrische Machtverteilung, tritt insb. bei Organisationen der öffentlichen Hand, industriellen Großunternehmen und den Großbetriebsformen des filialisierten Einzelhandels als Nachfrager auf. Die N. äußert sich z.B. im Handel primär in Preiszugeständnissen der Lieferanten und Leistungen ohne Gegenleistung, wie z.B. Werbekostenzuschüsse, bestimmte Formen der Rabattpolitik, Eintrittsgelder, Regalmieten. – *Gegensatz:* → Angebotsmacht.

nachfrageorientierte Kalkulation, → Preiskalkulation, die sich an der konkreten Nachfragesituation und erst sekundär an den Kosten orientiert. Die Kalkulation erfolgt mithilfe der → Teilkostenrechnung und üblicherweise durch die → Deckungsbeitragsrechnung. Der zentrale Fixpunkt der n.K. ist der realisierbare → Marktpreis und nicht der → Kostenpreis. – Vgl. auch → konkurrenzorientierte Preisstrategie und → kostenorientierte Preiskalkulation.

Nachfrageprognose,
→ Nachfrageschätzung.

Nachfrager, Marktteilnehmer, der auf einem → Markt Leistungen von → Anbietern zu einem → Preis nachfragt.

Nachfragerbündelung, Zusammenschluss von mindestens zwei wirtschaftlich selbstständigen → Nachfragern zwecks des gemeinsamen und zeitgleichen → Einkaufs von jeweils mindestens einer Einheit eines bestimmten Leistungsangebots. Zentrales Charakteristikum der N. ist, dass die Nachfrager gegenüber dem Anbieter als eine Einheit auftreten. Das nachfragerbezogene Bundling hat zum Ziel, von den Lieferanten günstigere Einkaufskonditionen zu erhalten. Prinzipiell ist die N. auf allen Wirtschafts- und Wertschöpfungsstufen möglich. – Vgl. auch → Einkaufsgemeinschaft, → Einkaufsgenossenschaft.

Nachfrageschätzung, Form der meist kurzfristigen → Absatzprognose eines Leistungsangebots in einem definierten Absatzmarkt. Zur Durchführung der N. werden methodisch u.a. die exponentielle Glättung, die Trendextrapolation, die Indikatormethode und das Regressionsverfahren eingesetzt. Darüber hinaus können auch qualitative Verfahren angewendet werden.

Nachkalkulation, Ermittlung der → Selbstkosten auf der Basis von → Ist-

Nachfrageelastizität – Variablen der Nachfrageveränderung

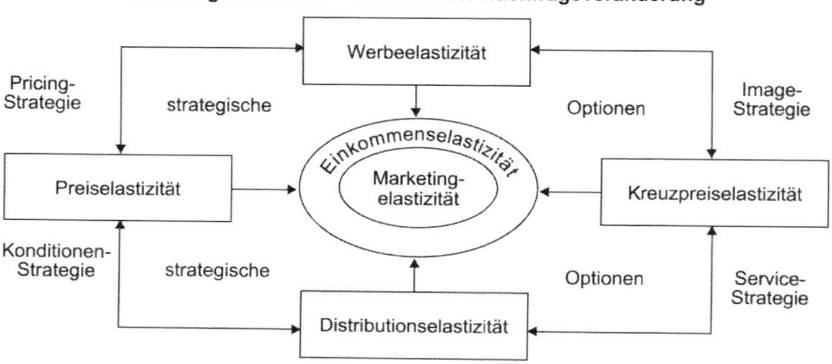

Kosten für die → Preiskalkulation. – *Anders:* → Vorkalkulation.

Nachkaufdissonanz, → kognitive Dissonanz, die nach dem Kauf eines Leistungsangebots beim Käufer auftritt, wenn er die Vorzüge der gewählten Alternative mit denen der ausgeschlagenen Alternativen vergleicht und eine Diskrepanz feststellt. Der Käufer versucht in vielfältiger Weise, den Widerspruch zu beseitigen und eine für ihn → kognitive Konsonanz herzustellen. Dies geschieht u.a. durch die bewusste Nichtwahrnehmung, die Rationalisierung seines Verhaltens, eine künftige Verhaltensänderung oder etwa auch durch die Suche nach kaufbestätigenden Informationen. Hier setzt die → Nachkaufkommunikation als zentraler Bestandteil des → Nachkaufmarketings an.

Nachkaufkommunikation, zentraler Bestandteil des → Nachkaufmarketings, um eine → Nachkaufdissonanz bei den Käufern zu vermeiden bzw. abzubauen. Wichtig ist hierbei vor allem die persönliche und dialogorientierte → Marketingkommunikation. Dies gilt insb. dann, wenn bereits Nachkaufdissonanzen aufgetreten sind, die dem Anbieter z.B. durch Beschwerden und Reklamationen von Kunden bekannt sind. Als Instrumente bieten sich in diesen Fällen das Beschwerdemanagement und eine großzügige Reklamationsbehandlung an. Die intensive N. beeinflusst ganz entscheidend die dauerhafte Kundenzufriedenheit inklusive Kundenbindung und über die Mundwerbung das Unternehmensimage.

Nachkaufmarketing, Marketing in der Nachkaufphase, um eine langfristige → Kundenbindung zu erreichen. Dadurch soll der Ertragswert der Kunden für den Anbieter gesteigert werden. Das N. führt zu einer höheren Kundenzufriedenheit und mindert die Gefahr des Auftretens einer kognitiven Dissonanz. – Vgl. auch → Servicemarketing, → Relationship-Marketing und → Beschaffungsmarketing.

Nachkaufservice, → After-Sales-Service.

Nachricht, erfolgreiche Übertragung und Interpretation von → Informationen. – Vgl. auch → Semiotik, → Syntaktik, → Semantik, → Pragmatik.

Nachzügler, eine → Adoptergruppe, die in starkem Maße vergangenheits- und traditionsorientiert ist. Zu unterscheiden sind die Nicht-Informierten ohne soziale und mediale Kontakte, die Konservativen und die Ablehner. Eine generelle Innovationsfeindlichkeit der Adoptergruppe kann nicht unterstellt werden. Ansonsten würde keine Diffusion von Innovationen zustande kommen. Was die soziodemografischen Kriterien der Gruppe betrifft, so befindet sie sich am Ende der sozialen Stufenleiter.

Namenstest, Teil des → Produkttests, der sowohl zur Findung eines Produkt- oder → Markennamens als auch zur Überprüfung der Eignung durchgeführt wird. Zur Namensfindung werden Gruppendiskussionen und Kreativitätstechniken eingesetzt. Zur Namensüberprüfung wie aber auch zur Namensfindung eignen sich vor allem Assoziationstests, um die spontanen Assoziationen der Befragten mit alternativen Produkt- und Markennamen zu ermitteln.

Namenszeichen, → Warenzeichen, das in Abgrenzung zum → Wortzeichen aus einem personenbezogenen Nachnamen, meist dem des Firmengründers, besteht, wie z.B. Krupp, Henkel oder Oetker.

narratives Interview, besondere Form des → Interviews bei → mündlichen Befragungen, die vor allem in der Motiv- und Meinungsforschung eingesetzt wird. Das n.I. als nichtstandardisiertes Interview bzw. als unstrukturiertes Interview wird angewendet, um den → Probanden zum Erzählen persönlicher Erfahrungen zu veranlassen. – Vgl. auch → strukturiertes Interview.

Naturalrabatt, Form des Warenrabatts, der dem Handel von den Lieferanten in erster Linie als → Einführungsrabatt bei → Produkteinführungen eingeräumt wird. Mit der Gewährung von N., die in ihren extremen Formen wettbewerbsrechtlich nicht unbedenklich sind, wird herstellerseitig das Ziel verfolgt, neue Produkte möglichst schnell im Markt zu penetrieren. So können die gewünschte numerische und gewichtete Distribution kurzfristig erreicht und eine möglichst hohe Wiederkaufrate sichergestellt werden.

natürlicher Unique Selling Proposition, → Unique Selling Proposition (USP).

Navigation, Bewegungen eines Besuchers auf den Seiten einer → Website. Eine intuitive, schnell durchschaubare N. ist notwendig, damit die Besucher möglichst schnell die gewünschten → Informationen auf der Website finden.

Neobehaviorismus, Weiterentwicklung des → Behaviorismus durch Einbeziehung nicht-beobachtbarer Vorgänge, der → intervenierenden Variablen. Die Erkenntnis, dass gleiche Reize bei gleichen Situationen unterschiedliche Verhaltensweisen hervorrufen, führte dazu, neben den beobachtbaren Größen, wie Reiz und Reaktion, auch individualspezifische, nicht-beobachtbare Besonderheiten des Individuums bei der Reizverarbeitung zu berücksichtigen. Durch Einbeziehung der inneren Vorgänge zur Verhaltenserklärung wurde das behavioristische S-R-Modell zum S-O-R-Modell erweitert.

Neoliberalismus, *Ordoliberalismus,* modifizierte Form des Liberalismus, die den Kern der → Marktwirtschaft als Wirtschaftsordnung darstellt. Im Mittelpunkt des wirtschaftspolitischen Ordnungssystems steht der freie Leistungswettbewerb einer Vielzahl von Anbietern, die eine Vielzahl von Nachfragern bedienen. Der Staat hat lediglich eine Ordnungsfunktion bez. der Sicherstellung des Wettbewerbs. Der N. ist eng verbunden mit der Freiburger Schule. W. Röpke, A. Rüstow und A. Müller-Armack erweiterten den Ansatz durch Berücksichtigung der sozialen Gerechtigkeit und auch wirtschaftsethischer Grundsätze zur → sozialen Marktwirtschaft. Die zunehmende staatliche Machtkonzentration, bedingt durch die staatliche soziale Korrektur eines rein marktwirtschaftlichen Handelns, führte zur massiven Kritik der Neoliberalen F. A. von Hayek und M. Friedman. Der gegenwärtige ordnungspolitische Trend ist gekennzeichnet durch die Forderung nach weiteren staatlichen Eingriffen in das Wettbewerbssystem und insb. in das Einkommens-Verteilungssystem.

Neophiler, *Konsumpionier,* Person, die ein ausgeprägtes Interesse an allen → Innovationen hat. – Vgl. auch → Innovator, → Adoption, → Diffusion.

Nerlove-Arrow-Modell, ein von M. Nerlove und K. J. Arrow entwickelter Ansatz zur Optimierung der → Werbebudgetierung unter Berücksichtigung von → Carry-over-Effekten, den zeitlichen Nachwirkungen von Werbemaßnahmen. Der Werbeerfolg ist eine Funktion des Preises, der Werbeausgaben des Unternehmens und seiner Wettbewerber, des realisierten Goodwill-Potentials und der Zeit.

Netapps-Modell, *Net Ad Produced Purchases-Modell,* ein von D. Starch entwickeltes Modell zur Kontrolle des Zielerreichungsgrades der → Werbung. Ermittelt wird das direkte Verhältnis von Werbeaufwand und Verkaufserfolg. Dazu wird das → Kaufverhalten der Personen mit → Werbemittelkontakt mit dem der Personen ohne Werbekontakt verglichen. Mithilfe von → Panelerhebungen werden die Personen mit Werbemittelkontakt und ohne Werbemittelkontakt ermittelt und ihr Verhalten miteinander verglichen. Die eindimensionale Kausalkette von Werbung und Kaufverhalten ist in ihrem

Aussagewert als äußerst problematisch einzuschätzen.

Nettopreis, → Preis für ein Leistungsangebot nach Abzug aller → Konditionen. Der N. ist ein → Listenpreis, der in der Praxis mittlerweile nur noch einen deklaratorischen Wert hat. In den Preisverhandlungen zwischen Hersteller und Handel geht man daher üblicherweise vom „Netto-Netto-Preis" aus, der den N. um weitere und vielfach wettbewerbsrechtlich nicht unbedenkliche individuell vereinbarte Preisabschläge oder Sonderkonditionen vermindert. – Vgl. auch → Einstandspreis.

Netto-Reichweite, Form der → Reichweite als wichtige → Kontaktzahl zur Bestimmung der Mediareichweite. Die N-R. ist nur um die externen Überschneidungen bereinigt, die durch die parallele Nutzung verschiedener Medien auftreten. Interne Überschneidungen, die durch Kontaktwiederholungen im gleichen Medium entstehen, werden durch die kumulierte Reichweitenermittlung bereinigt. – *Anders:* → Brutto-Reichweite.

Nettosozialprodukt, eine statistische Größe der volkswirtschaftlichen Gesamtrechnung, die die wirtschaftliche Leistung einer Volkswirtschaft in einem bestimmten Zeitabschnitt charakterisiert. Sie dient als Einkommensindikator.

Netto-Stichprobe, Umfang der Gesamtstichprobe nach Abzug aller → Stichprobenausfälle.

Netzplantechnik, Planungsinstrument zur optimalen Bestimmung der → Ablaufplanung. Es wird die Reihenfolge der verschiedenen Tätigkeiten festgelegt einschließlich der früh- und spätmöglichen Ereigniszeitpunkte für jede einzelne Tätigkeit. Die wichtigsten Verfahren sind die Critical-Path-Methode, die Metra-Potential-Methode, die Graphical Evaluation and Review Technique und die Program Evaluation and Review Technique.

Netzwerkeffekt, → Wettbewerbsvorteil, der auf die Ausbreitung eines Standards zurückzuführen ist und bei der Markteinführung, Marktdurchdringung und Marktabdeckung eine entscheidende Rolle spielt.

Neue Medien, → Kommunikationsmedien, die auf Daten in digitaler Form zugreifen. Dazu gehören:

- computergestützte Kommunikationsmittel und digitale elektronische Medien (z.B. digitales Fernsehen, CD-ROM),
- das Internet (z.B. E-Mail, Download, Onlineshopping),
- interaktive Kommunikationsformen (z.B. Pay-TV) sowie
- Mobilfunkanwendungen (z.B. SMS, WAP, MMS).

Neuprodukteinführung, letzte Phase im Prozess der → Produktentwicklung. Es handelt sich um die erste Phase im → Produkt-Lebenszyklus, der sich die Wachstumsphase anschließt.

Neuproduktentwicklung, → Produktentwicklungsprozess, → Produktplanung.

Neuproduktplanung, Entwicklung neuer → Produkte und Planung der → Markteinführung.

neurolinguistische Programmierung (NLP), Untersuchung der Vorgänge im Gehirn. Dazu werden Sprachmuster und die nonverbale Kommunikation analysiert. Die Analyseergebnisse werden in weiteren Schrittfolgen in Strategien bzw. Programme umgesetzt. Dadurch ist es möglich, die interaktive Kommunikation zu optimieren im Sinne einer Konsenserzielung. Anwendungsbeispiele sind Kommunikationstrainings für Führungskräfte und Verkaufsmanager.

Neuro-Marketing, neues und kontrovers diskutiertes interdisziplinäres Forschungsgebiet, in dem psychologische und neuro-physikalische Erkenntnisse für das Marketing untersucht werden. – Vgl. auch → Hirnforschung.

neuronales Netz, computergestütztes Informations-Verarbeitungssystem, das auf der → Simulation der → Informationsverarbeitung innerhalb lebender Nervensysteme beruht.

neutraler Reiz, → Reiz, der für das Individuum zunächst keine Bedeutung hat und auch keine Reaktion auslöst. In Verbindung mit einem → unbedingten Reiz als angeborener Reflex findet eine klassische → Konditionierung statt. Das Individuum hat gelernt, auf den ursprünglich n.R. zu reagieren. Wichtig ist hierbei die räumliche und zeitliche Nähe der beiden Reize.

New Charity, Form der → Corporate Philanthropy, bei der stärker die Interessen und der Nutzen des Unternehmens berücksichtigt werden. Insofern hat auch die nach außen gerichtete Unternehmenskommunikation einen höheren Stellenwert.

New Economy, Schlagwort für eine → Branche, die vor allem in der Kommunikationswirtschaft ihr Tätigkeitsfeld hat. – Vgl. auch → E-Business, → E-Commerce.

New Marketing, ganzheitlicher Ansatz des Marketings, der langfristig orientiert ist. Das N.M. weist eine enge Verwandtschaft mit dem → mimetischen Marketing auf. Im Grunde genommen beruht das Konzept auf dem klassischen Marketingansatz, das Unternehmen durch eine hohe Markt- und Kundennähe möglichst dicht an die Konsumenten bzw. Verwender und ihre Bedürfnisse heranzuführen. Nur dadurch ist es möglich, diesen langfristig durch nachfragerelevante Leistungsangebote zu entsprechen. – *Gegensatz:* → Marketing Myopia.

Newsgroup, → Diskussionsforum.

Newsletter, elektronisches Rundschreiben mit Nachrichten und Informationen, das regelmäßig per E-Mail an registrierte Empfänger oder Abonnenten versendet wird. – Vgl. auch → Direktmarketing und → Permission Marketing.

nichtkommerzielles Marketing, → Non-Profit-Marketing.

nichtparametrisches Testverfahren, → Signifikanztest zur Prüfung von → Hypothesen, die keine Annahmen über einzelne Parameter der Verteilungsfunktion von Stichprobenvariablen in der Grundgesamtheit voraussetzen. – *Gegensatz:* → parametrisches Testverfahren.

nichtstandardisiertes Interview, → standardisiertes Interview, → strukturiertes Interview.

Nicosia-Modell, ein von F. M. Nicosia (1966) entwickeltes Modell zur Erklärung von → Kaufentscheidungsprozessen. Es handelt sich um ein kybernetisches Modell, bei dem auch Rückkoppelungsprozesse von Konsumentenentscheidungen auf die Marketingmaßnahmen stattfinden. Das N-M. besteht aus vier Variablengruppen: Kontakt der Konsumenten mit Werbebotschaften, Informationssuche und -verarbeitung inklusive Alternativenbewertung, Kaufentscheidung und konsumtive Erfahrung, die das künftige Kaufverhalten bestimmen. – Vgl. auch → Engel-Blackwell-Kollat-Modell, → Howard-Sheth-Modell.

Niedrigpreisstrategie, → Preis-Mengen-Strategie, die sich im Gegensatz zur → Präferenzstrategie an einem aggressiven → Preiswettbewerb ausrichtet und an den → Preiskäufern orientiert. Im Zuge des sich weiter verschärfenden Preiswettbewerbs führen N. in der Regel immer mehr für alle Beteiligten zu einem eskalierenden ruinösen Wettbewerb, da die dazu notwendigen Kostenvorsprünge nicht gehalten werden können. – Vgl. auch → Discount-Konzept.

Nielsen-Gebiete, geografische Einteilung Deutschlands in sieben Teilräume und 13 Ballungsräume durch das Marktforschungsunternehmen A. C. Nielsen, Frankfurt. Die Gebiete und Ballungsräume sind:

- Gebiet 1: Hamburg, Bremen, Schleswig-Holstein, Niedersachsen mit den Ballungsräumen Hamburg, Bremen, Hannover,
- Gebiet 2: Nordrhein-Westfalen mit dem Ballungsraum Ruhrgebiet,
- Gebiet 3a: Hessen, Rheinland-Pfalz, Saarland mit den Ballungsräumen Rhein-Main, z.T. Rhein-Neckar,
- Gebiet 3b: Baden-Württemberg mit den Ballungsräumen z.T. Rhein-Neckar, Stuttgart,
- Gebiet 4: Bayern mit den Ballungsräumen Nürnberg, München,
- Gebiet 5: Berlin mit dem Ballungsraum Berlin,
- Gebiet 6: Mecklenburg-Vorpommern, Brandenburg, Sachsen-Anhalt mit dem Ballungsraum Halle,
- Gebiet 7: Thüringen, Sachsen mit den Ballungsräumen Leipzig, Dresden, Chemnitz/Zwickau, Gera, Erfurt.

Die N.-G. und ihre Konsumentenstrukturen haben insb. für das Konsumgütermarketing, die Marktforschung, Marketingkommunikation, Mediaplanung und die Außendienststeuerung eine große Bedeutung.

Nischen-Marketing, → Marktnischen können abnehmer-, produkt-, teilmarkt-, regional- und/oder technologiebezogen definiert werden. Im erweiterten Teilmarktansatz ist eine enge Verbindung mit der → Marktsegmentierung gegeben. Nach B. Spiegel (1961) ist eine Marktnische immer marktpsychologisch, d.h. kundenbezogen zu definieren. Daraus leiten sich zwei Typen von Nischen ab, die manifeste (bereits existente) und die latente (noch verborgene). Es gilt, diese Nischen zu identifizieren und sie mit spezifischen Angebotsleistungen auszufüllen.

Nischenstrategie, Besetzen eines Marktsegments. Wichtigste Form der N. ist die → Marktsegmentierung. – *Anders:* → Konzentrationsstrategie.

Nominalgüter, → Realgüter.

Nominalskala, Aufteilung des Messkontinuums in sich wechselseitig ausschließende Merkmalsklassen. Die Merkmalsklassen werden mit Zahlenwerten versehen. – Vgl. auch → Intervallskala, → Ordinalskala, → Ratioskala.

No Names, markenlose Produkte, wie z.B. Generics oder weiße Produkte. Sie sind abzugrenzen von den → Handelsmarken, als deren Sonderform sie zunächst entwickelt wurden, um die Discounter anzugreifen. N.N. konzentrieren sich im Wesentlichen auf Produkte des täglichen Bedarfs.

Non-Business-Marketing, → Non-Profit-Marketing.

Nonkonformismus, abweichendes → Verhalten von sozialen → Normen und kritische → Einstellung gegenüber den herrschenden Wertesystemen. N. gilt als Unabhängigkeit von sozialen Gruppen und traditionellen Verhaltensmustern. Eine gezielte kommunikative Ansprache von Nonkonformisten kann sich als nützlich erweisen im Hinblick auf die Gewinnung von Innovatoren als Adoptergruppe, die aufgrund ihrer gering ausgeprägten Gruppenbindung eine Opinion-Leader-Funktion für nonkonformistische Zielgruppen hat. – *Gegensatz:* → Konformismus, → Konformität.

Non-Profit-Marketing, *Non-Business Marketing,* Übertragung des kommerziellen Marketings auf den nichterwerbswirtschaftlichen Bereich und seine Organisationen, den sog. Non-Profit-Organisationen. Es ergibt sich ein enger Zusammenhang mit dem → Social

Marketing, den → Sozioaufgaben und dem → Spendenwesen.

Non-Response-Problem, → Stichprobenausfall.

Non-Store Marketing, Marketing von → Einzelhandelsunternehmen, die ihre Leistungsangebote ohne stationäre Outlets vertreiben. Formen des N.-S.M. sind z.B. der Versandhauskatalog, die Direktwerbung, der Hausverkauf, Heimdienst, Warenautomat etc. – Vgl. auch → Non-Trade Distribution und → Electronic Marketing.

Non-Trade Distribution, → Distribution von → Produkten und/oder → Dienstleistungen ohne Einschaltung des selbstständigen → Handels. – Vgl. auch → Non-Store Marketing, → Electronic Marketing.

nonverbale Kommunikation, alle Ausdrucksformen, die weder schriftlich noch mündlich sind. Die nonverbalen Informationen werden mit den Sinnesorganen wahrgenommen. Für das Marketing hat die nonverbale, visuelle Kommunikation die größte Bedeutung, z.B. für die Produktwerbung, Ladengestaltung oder das Verkaufsgespräch. In der persönlichen Kommunikation sind vor allem die Körpersprache (Mimik) und das Blickverhalten wichtig. – Vgl. auch → neurolinguistische Programmierung.

Noreen`sches Modell, ein von der Noreen Company entwickeltes Verfahren zur → Werbeerfolgskontrolle. In vier räumlich voneinander abgegrenzten → Absatzmärkten werden pro Jahr über vier Jahre vier Werbeaktionen durchgeführt. Dabei wird in jedem Absatzmarkt jede Aktion jeweils nur einmal pro Jahr eingesetzt. Die Verkäufe in den einzelnen Gebieten und in den jeweiligen Saisons werden dann addiert. Die Werbewirksamkeit der vier Aktionen ergibt sich aus dem Vergleich der Umsatzmittelwerte mit dem Normwert. Insb. die Modellannahmen einer längerfristigen Konstanz der Werbeaktionen bei gleichen Marktbedingungen und einer Unabhängigkeit der Werbung von den Teilmärkten und Saisons erweisen sich in der Praxis als unrealistisch.

Norm, soziale Verhaltensvorschrift, die von der sozialen Gruppe gebildet und anerkannt wird. N. haben Weisungs- und bei Verletzung Sanktionscharakter. Hierbei ist zu unterscheiden nach Muss-, Soll- und Kann-N. Die N. entwickeln sich aus dem sozialen Lernen durch Sozialisation. Für das Marketing hat die → Konsumentensozialisation eine große Bedeutung, denn durch kommunikative Einflussmöglichkeiten können → Sozialisatoren, die im Zeichen des Wertewandels stehen, normenbeeinflussend wirken.

Normalkosten, in einer Abrechnungsperiode durchschnittlich angefallene → Kosten. N. haben wie die → Istkosten Vergangenheitscharakter. – *Gegensatz:* → Plankosten.

Normalverteilung, *Gauß-Verteilung,* Glockenkurve, nach C. F. Gauß (1777-1855), die symmetrisch und eingipflig verläuft. Die Berühmtheit der Gauß`schen Glockenkurve resultiert daraus, dass durch eine Vielzahl von empirischen Untersuchungen, u.a. Produkt-Lebenszyklus, Diffusionstheorie, Response Function etc. das mathematische Modell im Grundsatz verifiziert wurde.

normative Bezugsgruppe, *Referenzgruppe,* → Bezugsgruppe, mit der sich ein Individuum identifiziert. Die Identifikation bezieht sich auf → Normen, → Werte und → Ziele und beeinflusst das Verhalten entscheidend. Die durch n.B. induzierte Verhaltensbeeinflussung ist eng verbunden mit dem Verstärkerprinzip und dem sozialen Lernen. – *Gegensatz:* → negative Bezugsgruppe.

Normstrategie, im → Portfoliomanagement müssen je nach „Standort" der Geschäftseinheiten in der Vierfelder- oder Neunfelder-Matrix unterschiedliche → Strategien formuliert werden. Diese werden N. genannt im Sinne von Soll-Strategien.

NpA, Abk. für → Nutzer pro Ausgabe.

Nullhypothese, statistisches Prüfverfahren, das zur Gruppe der → Signifikanztests gehört. Es gilt die Annahme der Unabhängigkeit einer Merkmalsausprägung auf eine zweite Variable. – *Gegensatz:* → Alternativhypothese.

Nullsummenspiel, in der → Spieltheorie nach J. v. Neumann und O. Morgenstern (1944) ein Wettbewerbsspiel, bei dem die Summe der Gewinne aller Spieler bei jedem möglichen Spielausgang gleich Null ist. Daraus folgt, dass ein Spieler nur dann gewinnen kann, wenn einer oder mehrere Mitspieler verlieren. Die Wettbewerbsspiele sind in der Praxis meist darauf angelegt, sich gegenseitig an der jeweiligen Zielerreichung zu hindern. – *Gegensatz:* → Delphinstrategie.

numerische Distribution, Anteil aller branchenrelevanten → Einzelhandelsunternehmen, die ein bestimmtes → Produkt führen und vorrätig haben, gemessen an der Anzahl aller relevanten Geschäfte. – Vgl. auch → gewichtete Distribution.

Nürnberger Schule, eine aus der Nürnberger Handelshochschule zwischen 1919 und 1945 entstandene wissenschaftliche Richtung der → Absatzforschung, aus der sich die Gesellschaft für Konsumforschung (GfK) entwickelt hat. Die N.S. ist eng verbunden mit der von W. Vershofen (1940) formulierten → Nutzentheorie. Zu den weiteren bekannten Vertretern der Schule gehören E. Schäfer, G. Bergler und L. Erhard. Insb. durch L. Erhard ergibt sich die Verknüpfung der klassischen Absatztheorie und der daraus abgeleiteten Marketingtheorie mit der sozialen Marktwirtschaft als die erfolgreichste Wirtschaftsordnung. Beiden gemeinsam ist die stringente Orientierung an der Konsumentensouveränität, d.h. die Fokussierung aller Maßnahmen auf die Bedürfnisse der Kunden.

Nutritional Marketing, ein auf das Gesundheitsbewusstsein der → Verbraucher zielendes → Marketing. In diesem Zusammenhang ist auch auf die bei Lebensmitteln geltenden Kennzeichnungsnormen hinzuweisen. Sie sollen auf Risiken aufmerksam machen bzw. zur Risikoverminderung beitragen. Neben den ernährungsphysiologischen, lebensmitteltechnologischen und ökonomischen Überlegungen fließen in das N.M. vor allem Erkenntnisse aus den Kommunikations- und Sozialwissenschaften sowie der Ernährungspsychologie ein.

Nutzen, größtmögliche Befriedigung von Bedürfnissen bei einem gegebenen Mitteleinsatz. Unterschieden werden → Grundnutzen und → Zusatznutzen. – Vgl. auch → Maslow`sche Bedürfnispyramide.

Nutzenmaximierung, diese aus dem → Rationalprinzip abgeleitete Zielfunktion des Konsumenten geht von der Annahme eines gleichgerichteten Anbieterverhaltens aus, das eine → Gewinnmaximierung zum Inhalt hat. Unterstellt wird ein Homo oeconomicus. Die Hypothese wird fragwürdig, wenn man die Nutzenkategorien als Bedürfnisse und Bedürfnisbefriedigung interpretiert. Dann wird auch deutlich, dass die N. ein komplexes Konsumenten-Zielsystem ist, das immer mehr durch Emotionen gesteuert wird. – Vgl. auch → Maslow`sche Bedürfnispyramide.

Nutzenschwelle, → Gewinnschwelle, die mithilfe der → Break-even-Analyse ermittelt wird. Aus Nachfragersicht kann die N. auch als eine bestimmte Form des

→ Grenznutzens definiert werden. – Vgl. auch → Gossen`sche Gesetze.

Nutzentheorie, die von W. Vershofen (1940) entwickelte Theorie unterscheidet in → Grundnutzen und → Zusatznutzen. Da sich der Grundnutzen entsprechend der Theorie ausschließlich auf den stofflichen Nutzen des Produkts bezieht, werden die Dienstleistungen in der Definition nicht erfasst bzw. dem Zusatznutzen zugeordnet. Die Theorie kann daher auch nicht auf immaterielle Güter angewendet werden.

Nutzer pro Ausgabe (NpA), die durchschnittliche Zahl der Nutzer pro Ausgabe eines → Printmediums.

Nutzkosten, → fixe Kosten, die durch die volle Kapazitätsausnutzung entstehen. Im Gegensatz dazu werden die durch einen ungenutzten Teil der Kapazität entstehenden Kosten als Leerkosten bezeichnet.

Nutzungswahrscheinlichkeit, die Wahrscheinlichkeit, dass → Kommunikanten ein → Kommunikationsmedium nutzen. Die durchschnittliche N. ergibt sich aus dem Quotienten von Nutzerschaft pro Ausgabe bzw. Sendung und dem weitesten Nutzerkreis. Vielfach wird in der Mediaforschung die N. mit der Kontaktwahrscheinlichkeit gleichgesetzt. – *Anders:* → Mediennutzungsverhalten.

Nutzwert, Beitrag einer Alternative zur ökonomisch oder auch individualpsychologisch besseren Zielerfüllung.

Nutzwertanalyse, Messung einzelner → Ziele, die unterschiedlich sind, aber in ein gleichnamiges → Gesamtziel zusammengeführt werden können. Hierbei ist es notwendig, dass die → Einzelziele entsprechend der → Ziel-Mittel-Hierarchie gewichtet werden. Die gewichteten Zielausprägungen bilden in der Summe den Nutzwert. Die N. dient als Planungsmethode der Entscheidungsvorbereitung bei der Auswahl komplexer Projektalternativen. Die Auswahl der Alternativen wird geprägt durch die Präferenzstruktur des Entscheidungsträgers. Die Präferenzstruktur wird wiederum bestimmt durch die Gesamtheit der relativen Bedeutungen, die der Entscheidungsträger den Zielen und den unterschiedlichen, angenommenen Zielerträgen der Alternativen beimisst. – Vgl. auch → Zielkonflikt.

Nyktoskop, Gerät zur Erfassung der → Wahrnehmung eines Untersuchungsgegenstands durch ein sukzessives Aufhellen des zunächst völlig verdunkelten Wahrnehmungsobjekts. Der Untersuchungsansatz gehört zur Gruppe der → apparativen Verfahren, wird aber in der Forschung kaum noch verwendet.

O

Objective-and-task-Methode, → Werbebudgetierung nach den operational definierten → Zielen, die mithilfe der → Werbung erreicht werden sollen.

Objektgliederung, organisatorische Gliederung des → Unternehmens nach den verschiedenen Marktobjekten. Marktobjekte sind → Produkte bzw. → Produktgruppen, → Kunden bzw. Kundengruppen, das → Key-Account-Management, aber auch Ziele bzw. zu lösende Probleme. – *Gegensatz:* → Funktionsgliederung.

objektive Wahrscheinlichkeit, → Wahrscheinlichkeit.

Objektkommunikation, beschreibt die kommunikative Wirkung von Objekten und ist somit eine besondere Form der → persönlichen Kommunikation in Verbindung mit der → nonverbalen Kommunikation. Die verschiedenen Ausdrucksformen beziehen sich auf die äußerliche Erscheinung des → Kommunikators, seine ganz persönlichen Gebrauchsgegenstände, die im → Interaktionsprozess vom Kommunikator eingesetzten → Stimuli und die zum Umfeld des Kommunikators gehörenden Gegenstände. Die O. erweist sich insb. dann als ein wirksames Kommunikationsinstrument, wenn etwa → Prestige, sozialer → Status und → Kompetenz demonstriert werden sollen.

Obsoleszenz, eine weitgehend geplante, vorzeitige Veralterung von → Produkten. Zu unterscheiden sind: die funktionell-technische O., wie z.B. Neuerungen, die qualitative O., wie z.B. eingebauter Verschleiß, und die psychische O., wie z.B. Mode- und Geschmackswechsel.

Odd Pricing, Nutzung des → Preisschwelleneffekts. Grundannahme ist, dass der → Verbraucher bzw. → Konsument den gebrochenen → Preis der unteren Preiskategorie zuordnet und ihn daher als günstiger bewertet, z.B. 0,99 Euro statt 1,01 Euro. Empirischen Untersuchungen zufolge ist entscheidend, dass der Preis unterhalb der psychologischen Preisschwelle liegt.

OEM, Abk. für → Original Equipment Manufacturer.

Off-Air-Promotion, alle werblichen Aktivitäten von TV- bzw. Radiosendern in eigener Sache mithilfe der → klassischen Medien, wie u.a. → Printmedien, → Plakatwerbung sowie Zuschauerclubs und → Sponsoring.

offene Frage, bei → Befragungen in der → Marktforschung sind frei formulierte Antworten zugelassen. Die Fragen haben einen sog. inkategorialen Charakter. Vorteil der o.F. ist, dass der Befragte mit eigenen Worten antworten kann. Problematisch gestaltet sich hingegen die Auswertung, wie die → Codierung der Antworten in Kategorien. – *Gegensatz:* → geschlossene Frage.

öffentliche Güter, → Kollektivgüter, welche der Staat bzw. öffentliche Institutionen zur Befriedigung von → Kollektivbedürfnissen bereitstellen. Ein Entgelt für ö.G. wird durch Gebühren, Abgaben und Steuern erhoben, die nicht oder nur sehr bedingt an den mit dem Güterangebot verbundenen → Kosten orientiert sind.

öffentliche Meinung, in der breiten → Öffentlichkeit herrschende Meinung über Angelegenheiten des öffentlichen Interesses, die meist auf gesellschaftspolitische Themen bzw. Probleme, wie z.B. Arbeitslosigkeit, Rentensicherheit, Gesundheitswesen, Umwelt etc., konzentriert ist. Die ö.M. wird entscheidend geprägt durch die von den → Massenmedien veröffentlichten Meinungen. – Vgl. auch → Meinungsführer, → Multiplikatoren, → Gatekeeper, → Agenda Setting, → mehrstufige Kommunikation.

öffentlicher Betrieb, Organisationseinheit bzw. → Wirtschaftseinheit, in der die → Produktionsfaktoren, die sich im öffentlichen Eigentum befinden, miteinander kombiniert werden. Entscheidend bez. der Abgrenzung zum privaten Betrieb ist damit ausschließlich die Frage, wer Eigentümer der Produktionsfaktoren ist. Hierbei sind Mischbetriebe möglich.

öffentliches Marketing, → Marketing der → öffentlichen Betriebe und Institutionen. Beispiele sind das → Stadtmarketing, das → kommunale Marketing sowie das → Kulturmarketing.

öffentliches Vertrauen, Aktivitäten zur Vertrauensgewinnung oder -erhaltung von → Unternehmen bzw. Organisationen in der → Öffentlichkeit. – Vgl. auch → Unternehmensimage, → Imagetransfer, → Goodwill, → Public Relations (PR), → Öffentlichkeitsarbeit.

öffentliches Vergabeverfahren, Verfahren, das die Vergabe öffentlicher Aufträge regelt. In der → Verdingungsordnung für Leistungen (VOL) und → Verdingungsordnung für Bauleistungen (VOB) werden die → öffentliche Ausschreibung, die beschränkte Ausschreibung und die freihändige Vergabe unterschieden. Grundsätzlich ist bei der Vergabe öffentlicher Aufträge die öffentliche Ausschreibung vorgesehen. Die übrigen Verfahren sind auf Ausnahmen beschränkt. Als Vergabekriterium gilt das → Wirtschaftlichkeitsprinzip und nicht das billigste → Angebot. Damit soll vermieden werden, dass → Anbieter die → Qualität ihrer Leistung absenken. Im Zeichen der leeren öffentlichen Kassen wird gegen dieses Prinzip wiederholt verstoßen und die Kostenminimierung in den Mittelpunkt gestellt. – Vgl. auch → Markt der öffentlichen Betriebe.

Öffentlichkeit, Gesamtheit der in einer → Gesellschaft lebenden Menschen. → Public Marketing und → Public Relations (PR) sind vor allem auf die Öffentlichkeit fokussiert.

Öffentlichkeitsarbeit, bewusstes, legitimes und kontinuierliches Bemühen eines → Unternehmens bzw. einer Institution um Aufbau und Pflege von Vertrauen in der → Öffentlichkeit auf der Grundlage einer systematischen Einstellungsforschung. Das bedeutet Arbeit in, für und mit der Öffentlichkeit. Im Wesentlichen geht es um die Imagefestigung oder um den Ausgleich der Differenz zwischen tatsächlich vorhandenem und gewünschtem Image. – Vgl. auch → Image, → Fremdimage, → Eigenimage, → Public Relations (PR).

Öffentlichkeitsmarketing, → Public Marketing.

Offer Screening, ein aus der → Produktentwicklung abgeleitetes → Screening- bzw. → Scoring-Verfahren. Die Haupteinsatzmöglichkeit liegt in der Bewertung von auftragsbezogenen → Angeboten. Die wichtigsten Entscheidungskriterien sind die Kundenanforderungen, die technischen Anforderungen, die Realisierbarkeit und die Auftragsprofitabilität.

Office-Test, einfacher → Markttest wie z.B. der → Produkt-, → Preis-, → Packungs-, → Namenstest, der bei Mitarbeitern im → Unternehmen durchgeführt wird. Dieses → Erhebungsverfahren weist den Vorteil geringer Kosten und einer einfachen und schnellen Durchführbarkeit auf. Dem stehen als Mängel die fehlende

→ Repräsentanz und vor allem die Befangenheit der Befragten gegenüber. Als eine Art → Pretest, → Pilotstudie oder auch → Konzeptionstest ist der O.-T. aber durchaus geeignet, erste Marktinformationen zu gewinnen, die z.B. nützlich sein können zur Bestimmung des weiteren Untersuchungsbedarfs und zur Gestaltung des → Marktforschungsdesigns.

Offline, Nutzung von multimedialen Informationsträgern, wie z.B. → CD-ROM, ohne dass eine direkte Verbindung mit dem Informationsanbieter besteht. – *Gegensatz:* → Online.

Off-Price-Store, besonders preisaggressiver → Betriebstyp des → stationären Einzelhandels. Ähnlich wie bei den → Factory Outlets sind O.-P.-S. ein Vertriebsweg bzw. → Absatzkanal, für Überschussware, Ware zweiter Wahl und/oder auslaufende Ware. Der Betriebstyp verliert zunehmend seine Eigenständigkeit und entwickelt sich immer mehr zu einem → Discounter.

Öko-Audit-Verordnung, EU-Verordnung über die freiwillige Beteiligung gewerblicher → Unternehmen an einem Gemeinschaftssystem für das → Umwelt-Management und die Umwelt-Betriebsprüfung. Ziel der Verordnung ist die marktwirtschaftliche Einbindung des → Umweltschutzes in die → Unternehmenspolitik. Der wesentliche Unterschied zu den bisherigen Öko-Zeichen ist neben dem umweltfreundlichen → Produkt der Nachweis eines umweltfreundlichen Produktionsprozesses. – Vgl. auch → Umwelt-Audit, → Umweltschutz-Audit.

Öko-Bilanz, Input-Output-Bilanz, die alle eingehenden Vorprodukte, Stoffe und Energien (Input) sowie die entstehenden Endprodukte und Emissionen, wie z.B. Abluft, Abfall und Lärm (Output), erfasst. Die Ö.-B. versucht die Wirkungen hinsichtlich der Ressourceninanspruchnahme, die ökologischen Belastungen und die soziale Verträglichkeit abzuschätzen bzw. ihre Auswirkungen auf Natur, Gesellschaft und Wirtschaft zu untersuchen. – Vgl. auch → ökologische Buchhaltung.

Öko-Controlling, ökologieorientierte, funktions- und unternehmensübergreifende Informationsgewinnung und -auswertung. Durch Steuerungs- und Kontrollmechanismen wird die Durchsetzung der ökologieorientierten → Unternehmensziele sichergestellt.

Öko-Design, Einbindung des → Produkt-Designs in die → Ökologie.

Ökologie, nach E. Haeckel (1866) Wissenschaft vom Haushalt der Organismen mit ihren Lebensbedürfnissen und ihren Verhältnissen zu den übrigen Organismen, mit denen sie zusammenleben. Einbezogen in die Betrachtung ist der Mensch bzw. die menschliche → Gesellschaft und ihre Verflechtungen mit der natürlichen → Umwelt, wobei dieser Zusammenhang auch als Humanökologie bezeichnet wird. Die ökologische Problematik hat sich dadurch zusehends verschärft, dass der Mensch in den ökologischen Haushalt individual-egoistisch eingreift und damit mit exponentieller Wirkung die → Umwelt zerstört.

Ökologie-Marketing,
→ Öko-Marketing.

ökologische Buchhaltung, Erfassung der Umwelteinwirkungen eines → Unternehmens bzw. einer Institution mittels Ermittlung ökologischer Rechnungseinheiten. Problem ist die monetäre Bewertung der Unternehmenseinwirkungen auf die → Umwelt. Zudem ist es kaum möglich, die Langzeitauswirkungen hinreichend präzise abzuschätzen. – Vgl. auch → Öko-Bilanz.

ökologische Ethik, Inhalt ist die generelle Anwendung des Eigenwertprinzips, z.B. bei Tier- und Pflanzenarten, → Ökosystemen etc., statt der Orientierung an der reinen Nutzenfunktion. Es gilt das Ziel, vom → Umweltschutz zur ganzheitlichen Naturschutzethik inklusive der unbelebten Materie zu kommen. Im Zusammenhang damit ist das Prinzip der Nachhaltigkeit zu beachten, d.h. die Berücksichtigung der Auswirkungen der eigenen → Bedürfnisbefriedigung auf die Entwicklungsmöglichkeiten und → Bedürfnisse künftiger Generationen.

ökologisches Benchmarking, Übertragung des → Benchmarkings auf die → Ökologie und das → Umweltmanagement. Die Besonderheiten ergeben sich daraus, dass sich das ö.B. nur indirekt auf den Kundennutzen (→ Customer Value) bezieht. Die ökologischen Leistungen, die Unternehmen erbringen, stehen im Vordergrund. Leistungsmaßstab sind die „Best Ecological Practices“. Hierbei sind die Branchenbenchmarks entscheidend.

Öko-Marketing, ganzheitliche umweltorientierte, strategische und operative → Unternehmensführung nach Markt- und Kundenerfordernissen. Damit verbunden ist die Schaffung von Marktleistungen mit hohem Kundennutzen, der → Customer Value, und gleichzeitig hoher Umweltverträglichkeit bei permanenter Berücksichtigung der Auswirkungen der Unternehmenstätigkeiten auf die ökologische → Umwelt.

Ökonometrie, Verbindung von Ökonomie und Metrik (Messung). Eine Anwendung ist die Bildung von Reaktionsfunktionen, die → Response Function, um Zusammenhänge zwischen → Stimuli und Reaktionen darzustellen. Bei den Reizen (den → unabhängigen Variablen) handelt es sich um den Einsatz des → Marketinginstrumentariums, bei den Reaktionen (den → abhängige Variablen) um das → Konsumentenverhalten bzw. → Käuferverhalten. Die funktionalen Beziehungen werden schrittweise an die Realität herangeführt. Sonstige Einflussfaktoren und Interaktionseffekte werden durch eine Zufallsvariable, das Störglied, berücksichtigt. – Vgl. auch Marketingmodell.

ökonomisches Prinzip, besteht aus zwei Prinzipen.

- Das Minimumprinzip verfolgt das Ziel mit einem geringstmöglichen → Aufwand einen bestimmten → Ertrag zu realisieren.
- Das Maximumprinzip will mit dem gegebenen Aufwand einen größtmöglichen Ertrag zu erwirtschaften.

Generell gilt das Extremumprinzip, d.h. das Verhältnis zwischen Aufwand und Ertrag möglichst effizient zu gestalten.

Öko-Sponsoring, eine Form des → Sponsoring, bei der nicht persönlich Gesponserte im Vordergrund stehen, sondern die thematischen Förderungsziele (→ Mäzenatentum). Gesponsert werden in erster Linie Umweltschutzorganisationen vor allem auf den Gebieten Natur- und Artenschutz. Ö.-S. kann auch eingebunden werden in Marketingaktivitäten der Sponsoren, wobei sich hieraus Probleme ergeben können im Hinblick auf die Glaubwürdigkeit der umweltbezogenen Förderungsziele bzw. derjenigen, die die Fördermittel angenommen haben. – Vgl. auch → Kultur-Sponsoring, das die gleiche Problematik aufweist.

Öko-System, funktionale Einheit mit Selbstregelungseffekt, bestehend aus Organismen und unbelebter Natur, die eine Lebensgemeinschaft bilden.

OLAP, Abk. für → Online Analytical Processing.

olfaktorischer Reiz, → Reiz, der vor allem im Einzelhandel, z.B. Bäckereien, Parfümerien, den Geruchssinn des → Käufers ansprechen und einen bestimmten Kaufanreiz ausüben sollen. – Vgl. auch → Sinnesorgane.

Oligopol, der Markt wird beherrscht durch nur wenige → Anbieter und/oder → Nachfrager (Oligopson). Die Oligopolisten weisen eine starke Reaktionsverbundenheit auf. Das betrifft alle Marketingaktivitäten, vor allem aber die → Preisbildung und die → Werbung. Demzufolge liegt bei O. die Gefahr eines → Parallelverhaltens nahe, das zu einem wettbewerbsrechtlich unzulässigen abgestimmten → Verhalten führen kann. Marktbeherrschende Oligopolisten unterliegen der → Missbrauchsaufsicht. Bei nur zwei Anbietern bzw. Nachfragern handelt es sich um ein sog. → Dyopol. – Vgl. Abbildung „Oligopolistische Konkurrenz".

Ombudsmann, Vertrauensperson, die die Interessen von Individuen in der → Gesellschaft vertritt. Verkürzt kann der O. als Verbraucheranwalt definiert werden. – Vgl. auch → Beschwerdemanagement, → Verbraucherpolitik, → Verbraucherschutz, → Verbraucherorganisation.

**O`Meara-Modell,** von J. T. O`Meara (1961) entwickeltes Punktbewertungsverfahren, das vor allem im → Innovationsmanagement für die → Produktbewertung eingesetzt wird. Mithilfe dieses Verfahrens wird diejenige Produktidee aus den Ideenalternativen herausgefiltert, die in Bezug auf Ziele, Ressourcen und Restriktionen den größtmöglichen Erfolg verspricht. Dazu werden die gewichteten Hauptfaktoren wie Marktfähigkeit, Lebensdauer, Produktionsmöglichkeiten und Wachstumspotential in Teilfaktoren aufgesplittet und jeweils mit den Einzelbeurteilungen gewichtet, mit denen das Produkt die Eigenschaft sehr gut, gut usw. erreichen wird. Die Gesamtbewertung ergibt sich aus der Summe aller gewichteten Einzelbewertungen, multipliziert mit den Hauptfaktorengewichten.

Omnibus-Befragung, Mehrthemenbefragung, an der in der Regel mehrere Auftraggeber mit unterschiedlichen Befragungsthemen teilnehmen. Neben der größeren Wirtschaftlichkeit weist die Mehrthemenbefragung gegenüber der → Einthemenbefragung u.a. den Vorteil auf, dass die Befragten weniger konditioniert und damit Verzerrungen in den Aussagen vermieden werden. Als Nachteil der O.-B. kann sich erweisen, dass die Mehrthemenbefragung zur Ablenkung der Befragten führt. Systemimmanent sind die notwendige Beschränkung der Fragen für jedes Thema und die Gefahr, dass sich die Fragen evtl. gegenseitig beeinflussen. – Vgl. auch → Multi-Client-Befragung.

OMR-Codierung, *Optical Mark Recognition,* Codierung auf Dokumenten. Eine OMR-Funktion an entsprechend ausgestatteten Kuvertiersystemen liest diese Steuerzeichen. Dadurch ist eine kundenbezogene Zusteuerung von z.B. → Beilagen und eine optimale Ausnutzung von Portogewichtsklassen möglich.

On-Air-Promotion, alle werblichen Aktivitäten von TV- bzw. Radiosendern in eigener Sache im eigenen Sender. O.-A.-

Oligopolistische Konkurrenz

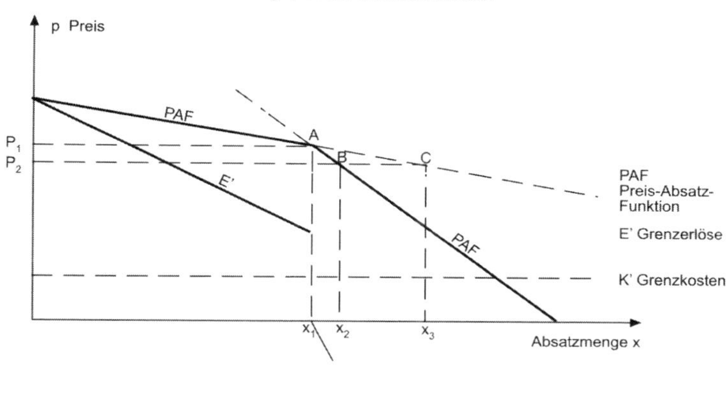

P. sind meist ein fester Programmbestandteil zur Herausbildung eines unverwechselbaren → Profils im Vergleich zu den → Wettbewerbern. Hierbei ist vor allem wichtig, dass die einzelnen Programmelemente zu einem unverwechselbaren Gesamtbild zusammengefügt werden.

One-Step-Flow-Kommunikation, → einstufige Kommunikation.

One-Stop-Shopping, Sortimentskonzept von Großbetriebsformen des → Einzelhandels, das dem Wunsch vieler → Verbraucher Rechnung trägt, den Gesamtbedarf beim Einkauf an einem Einkaufsort zu decken (→ Verbundkauf). Die klassischen → Warenhäuser, → SB-Warenhäuser und insb. die → Einkaufscenter versuchen im Rahmen ihrer → Sortimentspolitik, dem Konsumentenbedürfnis nach einem O.-S.-S. zu entsprechen.

One-to-One-Marketing, *Eins-zu-Eins-Marketing,* kundenindividuelle, personalisierte Befriedigung von → Bedürfnissen, d.h. die Bearbeitung eines jeden „Segment of One". Grundlage für ein erfolgreiches O.-t.-O.-M. ist eine permanent aktualisierte → Kunden-Datenbank.

Online, Datenverbindung, die zu einem anderen Computer oder Computersystem per Netz oder Telefonverbindung existiert und dadurch eine Datenübertragung ermöglicht. Im Weiteren handelt es sich um die Nutzung von Onlinediensten. Dadurch ist eine → Interaktion mit anderen Systemen und deren Nutzern möglich, wie bei → Online-Marketing oder → Onlineshopping. – *Gegensatz:* → Offline.

Online Analytical Processing (OLAP), eine Technik, die es Entscheidern ermöglicht, mit entsprechender → Software komplexe → Analysen auf der Grundlage mehrdimensionaler → Daten durchzuführen. Das Verfahren eignet sich besonders für detaillierte → Kundenanalysen, bei denen Daten verschiedener Dimensionen miteinander verknüpft werden sollen.

Onlinebanking, → Telebanking.

Onlinebefragung, → Befragung, die über ein interaktives Telekommunikations-Medium erfolgt. Die Befragten geben ihre Antworten auf die am Bildschirm angezeigten Fragen per Tastatur in den Computer ein. Die Antworten werden online an das → Marktforschungsinstitut bzw. an das die Untersuchung durchführende Unternehmen weitergeleitet. O. haben den Vorteil einer schnellen und kostengünstigen Durchführung durch den Wegfall des Aufwands für den Einsatz von → Interviewern. Außerdem werden die ergebnisverzerrenden Interviewereinflüsse, die → Interviewer-Bias, vermieden. Der wesentliche Nachteil der Befragungsmethode ist die nicht gegebene → Repräsentanz der → Stichprobe und damit der Untersuchungsergebnisse.

Online-Chat, computerbasierte → Kommunikation, bei der ein interaktiver Informationsaustausch zwischen zwei oder mehreren Personen, der → Community, stattfindet. Im Marketing können vor allem Kunden-Chats eine zunehmende Bedeutung gewinnen als eine neue Form des → Beziehungsmarketings durch z.B. Einbindung der Kunden in die → Produkt- und → Programmpolitik des Herstellers.

Online-Marketing, Nutzung der kommerziellen Onlinedienste für Kommunikations-, Distributions- und Servicezwecke. Beispiele sind in der Kommunikation → E-Mail und in der Distribution interaktive Bestellsysteme.

Online-Marktforschung, → Onlinebefragung.

Onlineshop, *Electronic Shop,* Form des elektronischen Handels im Internet. Auf einer Webseite werden → Waren zum Verkauf angeboten. Hinter jedem O. verbirgt sich ein physisches Geschäft, das die Bestellung abwickelt und versendet. – Vgl. auch → Onlineshopping.

Onlineshopping, Nutzung von Onlinemedien zum Erwerb von → Produkten und → Dienstleistungen. Die Onlinemedien weisen drei wesentliche Merkmale auf, die sie von anderen → Medien unterscheiden, nämlich die Hypermedialität, sprich Verknüpfung von Text, Bild, Film und Ton, die maschinelle Interaktivität, die Beeinflussung der Informationsaufnahme durch den Nutzer und die personale Interaktivität. – Vgl. auch → E-Shopping und → Teleshopping.

On-Set-Placement, Art des → Product Placements, bei der ein Produkt zur Ausstattung eines Handlungsrahmens (z.B. im Spielfilm) platziert wird, jedoch ein aktiver Bezug zur Handlung fehlt.

Open Source, Software, deren Quelltext offen gelegt und frei verfügbar ist. Jeder Anwender darf die Software benutzen, kopieren, verändern und weiter verbreiten. – Vgl. auch → Freeware.

operante Konditionierung, nach B. F. Skinner (1973) Untersuchung von spontanen Reaktionen, deren Häufigkeit sich unter verschiedenen Reizbedingungen ändert. Die Konsequenzen eines Verhaltens beeinflussen das weitere Verhalten. Führt das Verhalten zum Erfolg (→ Verstärkerprinzip), so wird es wiederholt. – Vgl. auch → instrumentelle Konditionierung.

Operational Cash-Flow, → Cash-Flow.

Operationalisierung, Konkretisierung von z.B. → Marketingkonzeptionen, → Marketingzielen, → Marketingplanungen in empirisch überprüfbare, numerische Größen, die messbar sind, z.B. → Umsatz, → Marktanteil, → Bekanntheitsgrad. Die Notwendigkeit zur O. ergibt sich vor allem aus der Vielzahl der nicht-operationalen Konstrukte, wie z.B. → Image, → Goodwill, → Kundenzufriedenheit, die in messbare Größen transformiert werden müssen. Dies ist eine Voraussetzung für die → Validität und → Reliabilität der Zielgrößen und ihre Überprüfbarkeit durch das → Marketingcontrolling.

Operationalitätsprinzip, → Organisationsprinzip, das die Zielbestimmtheit und -klarheit der formulierten → Ziele fordert.

Operations Research, Unternehmensforschung, die sich mathematischer Methoden bedient, um → Entscheidungsmodelle zur optimalen Lösung von komplexen Problemen zu entwickeln. Im Marketing werden O.R.-Methoden u.a. in der → Logistik eingesetzt.

operative Lücke, → Gap-Analyse.

operative Marketingplanung, konkrete und kurzfristige Festlegung einzelner Maßnahmen der → Produkt-, → Preis-, → Distributions- und → Kommunikationspolitik im Rahmen der → strategischen Marketingplanung, die in die funktionsübergreifende und umfassende strategische Unternehmensplanung eingebunden ist.

Opinion Leader, → Meinungsführer.

Opportunitätskosten, Kosten, die zu einem entgangenen → Nutzen führen, weil die eingesetzten knappen Ressourcen anderen und lukrativeren Verwendungsmöglichkeiten hätten zugeführt werden können. Es handelt sich also um eine Art Zinsverlust. Ermittlung und Analyse der O. haben zum Ziel, den Einsatz der knappen Mittel zu optimieren. Dazu kann eine O.-Matrix oder eine Entscheidungsmatrix entwickelt werden, die eine Hilfe bei der Bewertung von Investitionsalternativen darstellt. Das Verfahren hat eine gewisse Ähnlichkeit mit dem → Zero Base Budgeting.

optimale Bestellmenge, gilt, wenn die Kosten für die Bestellung und Lagerung zusammen ein Minimum erreichen. Die Optimierung ist abgeleitet aus der klassischen → Losgrößenformel und hat eine nur sehr geringe praktische Relevanz. Die Gründe für die Begrenztheit liegen in den z.T. permanenten Veränderungen der Bestimmungsgrößen: Jahresbedarf, Beschaffungspreis und Lagerhaltungskostensatz sowie Zinssatz. Diese Veränderungen müssen zeitgenau in die Optimierung einfließen, um sie realitätsnah zu gestalten.

optimale Betriebsgröße, diejenige Betriebsgröße, bei der das Minimum der gesamten → Durchschnittskosten erreicht wird unter Berücksichtigung der optimalen Kombination der → Produktionsfaktoren (Faktorkombination). Hinsichtlich der Abhängigkeit der stückfixen Kosten von der Produktionsmenge ist diese, zumindest kurz- bis mittelfristig, entscheidend für die Bestimmung der Betriebsgröße. Langfristig werden alle Kosten variabel bei einem konstanten Produktionsmittelbestand, sodass die optimale Betriebsgröße unabhängig von der Produktionsmenge ist.

Optimierung, Suche nach der bestmöglichen Lösung eines konkreten Entscheidungsproblems unter Zugrundelegung der Zielfunktion und Berücksichtigung der gegebenen Randbedingungen, den Restriktionen. Die klassische und hochkomplexe Optimierungsaufgabe stellt sich bei der Bestimmung des → Marketing-Mix und seiner Submix-Kombinationen. Zur Lösung von Optimierungsproblemen werden die diversen Methoden der → Operations Research eingesetzt. – Vgl. auch → Simulation, → Computersimulation, → Sensitivitätsanalyse.

Ordermenge, Menge von → Produkten, die vom → Kunden beim Lieferanten geordert wird. Die → Lieferbereitschaft bzw. der → Servicegrad gibt an, wie groß die Differenz ist zwischen der georderten und der gelieferten Menge. Die Differenz ist das Maß für die Qualität des → Bestandsmanagements.

Ordersatz, Verzeichnis der von einem Handelsunternehmen geführten → Artikel, nach dem die Bestellungen durch die → Kunden vorgenommen werden. Es handelt sich um eine Bestell-Liste, die das Gesamtsortiment systematisch gliedert. Der O. enthält die genaue Produktbezeichnung wie Größe, Packungseinheit etc. und den → EAN-Code.

Ordinalskala, metrische → Skala, die der Klassifizierung von Merkmalen im Sinne einer objektiven oder subjektiven Rangstufung oder Rangskala dient (→ Skalierung). Höhere Zahlenwerte bedeuten hierbei höhere Positionen auf dem Messkontinuum. Die O. hat keine gleichen Intervalle. – Vgl. auch → Intervallskala, → Nominalskala, → Ratioskala.

Ordnungspolitik, → Wirtschaftsordnung.

Ordoliberalismus, → Neoliberalismus.

Organigramm, *Strukturorganisation,* grafische Darstellung der Aufbaubeziehungen in der → Organisation. Stellen bzw. Abteilungen, Dienstwege und Unterstellungsverhältnisse werden vor allem als Orientierungshilfe für die Organisationsmitglieder und weniger für das Umfeld vereinfacht abgebildet. O. bestimmen in einer Organisation primär den funktionalen und hierarchischen Ordnungsrahmen, geben aber in der Regel keine Übersicht über die wichtigsten Prozessabläufe und damit z.B. auch keine → Informationen zu den Möglichkeiten einer → Geschäftsprozessoptimierung. Dieser Mangel wird behoben durch sog. → Organigraphen, die Ablaufprozesse bzw. Geschäftsprozesse graphisch abbilden und mit den Grundelementen von Organigrammen verbinden.

Organigraph, nach H. Mintzberg und L. van der Heyden (1999) grafische Abbildung von Prozessabläufen in der → Organisation, die → Flussdiagrammen ähneln. Mithilfe eines O. ist es möglich, → Geschäftsprozessoptimierungen vorzunehmen und z.B. auch Informationsflüsse in die entscheidungsrelevanten

Richtungen zu lenken. – *Anders:* → Organigramm.

Organisation, nach E. Grochla (1972) Strukturierung von → Systemen zur Erfüllung von Daueraufgaben. Hierbei wird unter einem System eine Menge von Elementen verstanden, die miteinander in Beziehung stehen. Im Wesentlichen geht es bei der O. um die Installation von auf Dauer festgelegten organisatorischen Regeln, die sich in personenbezogene Verhaltensregeln und maschinenbezogene Funktionsregeln unterscheiden lassen. Diese Regeln bilden in ihrer Gesamtheit ein formales System, das als O. bezeichnet wird. → Ziele und daraus abgeleitete Aufgaben stehen im Mittelpunkt der organisatorischen Gestaltung. „Durch die Struktur erhält die Unternehmung aufgrund eines bestimmten Bauplanes ihre besondere Gestalt..." [nach E. Kosiol (1976)]. In der betriebswirtschaftlichen Organisationslehre hat sich die Unterscheidung zwischen → Aufbauorganisation bzw. Strukturorganisation und → Ablauforganisation durchgesetzt [nach H. Nordsiech (1934)].

Organisationenmarkt, *O-Markt,* Form der → Markttypologie [nach Ph. Kotler (1974)], die unterscheidet nach:

- K-Markt (Konsumentenmarkt),
- P-Markt (Produzentenmarkt),
- W-Markt (Wiederverkäufermarkt) und
- Ö-Markt (Markt der öffentlichen Betriebe).

Organisationsentwicklung, *Organization Development,* schrittweise und systematische Veränderung von Organisationsstrukturen oder Verhaltensweisen im Sinne einer Optimierung von Problemlösungs- und Erneuerungsprozessen, dem → Change-Management. Organisationale Veränderungen können sich beziehen auf den Abbau bürokratischer Strukturen, Schaffung neuer Anreizsysteme zur Erhöhung der → Motivation der Mitarbeiter, Änderung des → Führungsstils etc. Das in den USA entstandene Konzept der O. sieht eine Humanisierung der Arbeit vor durch Abbau von Fremdbestimmung zugunsten von mehr Mitbestimmung, dem kooperativer Führungsstil, Entwicklung der Teamfähigkeit durch Förderung der → Sozialkompetenz und Ausweitung von Autonomie und Eigenverantwortlichkeit zur Steigerung der Flexibilität, Problemlösungs- und damit Leistungsfähigkeit einer → Organisation. Der Erfolg einer O. hängt von der Koordination struktureller, personeller und technologischer Bedingungen unter Berücksichtigung der →

Organisationsentwicklung

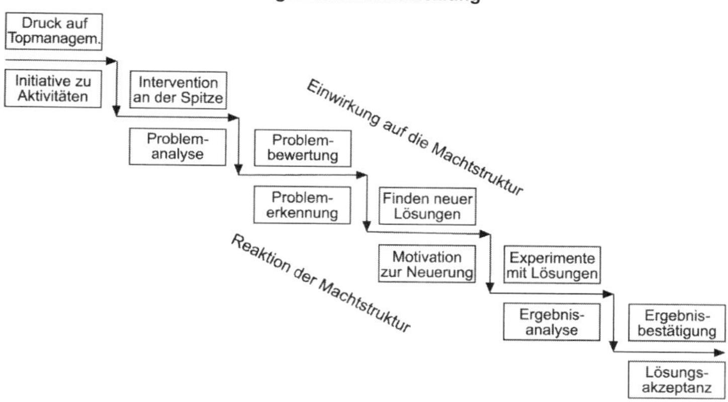

Unternehmenskultur ab. – Vgl. auch → Organisationspsychologie, → Organisationssoziologie. – Vgl. Abbildung „Organisationsentwicklung".

Organisationsform, Grundmodell der → Aufbauorganisation bzw. Strukturorganisation. Im Wesentlichen sind zu unterscheiden die Einlinien- und Mehrliniensysteme, die präzisiert werden durch spezielle Ausformungen. – Vgl. auch → Leitungssystem. – Vgl. Abbildung „Organisationsformen – Strukturierungskonzeptionen."

Organisationsgrad, Begriff für das Ausmaß der organisatorischen Strukturierung eines → Systems bzw. einer → Organisation. Der O. bezeichnet das Verhältnis zwischen der Selbst- und Außenbestimmung, d.h. inwieweit die Tätigkeiten innerhalb der Organisation durch → Normen und Regeln festgelegt sind. Der O. ist ein Maß für die Zentralisation bzw. Dezentralisation von → Unternehmen oder Institutionen. Einen hohen Zentralitäts- und damit einen hohen O. weisen z.B. → Filialunternehmen im → Einzelhandel, → Waren- und → Kaufhäuser, → Franchising, die Großbanken, eigentümergeprägte Industrieunternehmen etc. auf. Mehr dezentral hingegen arbeiten multinational tätige Unternehmen, kreative Dienstleister, z.B. kleine bis mittlere → Werbeagenturen, stark innovationsorientierte Unternehmen etc. aufgrund der unterschiedlichen Markt- und Nachfragerstrukturen.

Organisationskultur, → Corporate Culture in ihrer organisatorischen Ziel-, Werte- und Normenprägung. Die wesentlichen systembildenden Elemente der O. sind:

- Corporate Behavior (konsistentes und einheitliches Verhalten),
- Corporate Language (Unternehmenssprache),
- Corporate Communications (ganzheitliche Unternehmenskommunikation),
- Corporate Design (gesamthaftes visuelles Erscheinungsbild).

Die Geschlossenheit dieser Corporate-Inhalte führt zu einer → Corporate Identity, einer Unternehmensidentität, aus der sich ein → Corporate Image, ein → Unternehmensimage als allgemeines Vorstellungsbild eines → Unternehmens oder einer Organisation bzw. Institution in der → Öffentlichkeit bildet.

Organisationsprinzip, Regelsystem für die Gestaltung der Unternehmungsorganisation, das sich im Wesentlichen zusammensetzt aus dem:

- Operationalitätsprinzip (Zielbestimmtheit und -klarheit),
- Kongruenzprinzip (Übereinstimmung von Kompetenz und Verantwortung der Stelleninhaber),

Organisationsformen – Strukturierungskonzeptionen

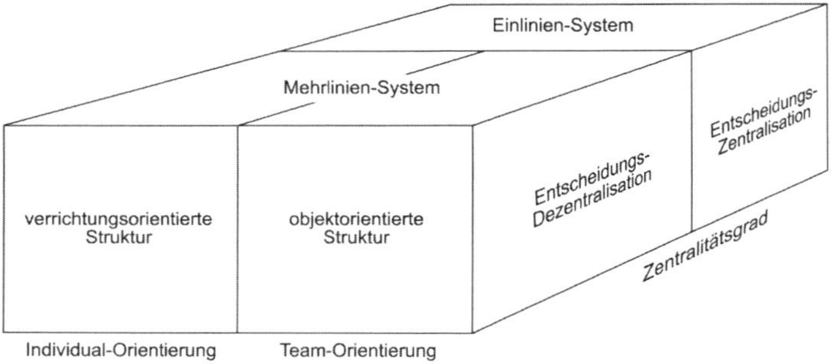

- Minimalebenenprinzip (möglichst flache Organisationshierarchie) und
- Kontrollspannenprinzip (optimale Leitungsspanne, d.h. Anzahl der einem Vorgesetzten unterstellten Mitarbeiter.

Die O. sind eng verbunden mit den → Managementtechniken und den → Führungsstilen.

Organisationspsychologie, Teilgebiet der angewandten → Psychologie, insb. → Wirtschaftspsychologie und der → Sozialpsychologie, das sich mit den sozialpsychologischen Aspekten des Arbeitsverhaltens in → Organisationen beschäftigt. Die O. untersucht u.a. Beziehungen und Wechselwirkungen zwischen dem Individuum und der Organisationsstruktur, Auswirkungen unterschiedlicher → Führungssysteme und → Führungsstile auf das Arbeitsverhalten oder das Verhältnis zwischen Individuum und ihrem sozialen Umfeld (→ Gruppe). Die Erkenntnisse der O. haben Konsequenzen für die Gestaltung der → Struktur- bzw. → Aufbau- und → Ablauforganisation und insb. der → Marketingorganisation.

Organisationssoziologie, Teilgebiet der → Soziologie, das sich mit der Analyse von Strukturen, den formellen und informellen sozialen Prozessen von → Organisationen, → Leitungssystemen, → formellen Gruppen und → informellen Gruppen befasst. Forschungsgebiete der O. sind das Verhältnis der Organisation zu ihren Mitgliedern und zur sozialen Umwelt, die Veränderung von Organisationsstrukturen und -normen infolge des gesamtgesellschaftlichen → Wertewandels, die Effizienz der Zielerreichung in Abhängigkeit von der Leistungsfähigkeit der → Organisationsform, Konflikte zwischen funktionaler Sachautorität und Amtsautorität, wie → Promotoren, → Machpromotoren, → Fachpromotoren und die traditionell-hierarchischen oder innovativ-kooperativen Arbeitsverhältnisse.

Orientierungslernen, Form des kognitiven Lernens (→ kognitiver Prozess, → Lerntheorie). Lernprozess, der auf Erfahrungen aus bisherigen → Entscheidungen beruht. Steht nun der → Konsument vor einer gleichen oder ähnlichen Wahlentscheidung, greift er auf die gespeicherten Erfahrungen zurück. Die Entscheidungsheuristiken werden vor allem bei der Produktauswahl bzw. → Markenwahl eingesetzt.

Orientierungsreaktion, kurzzeitige, reflexartige Hinwendung des Organismus zu einem → Reiz oder einer Reizkonstellation. Diese → Aktivierung führt zur → Informationsverarbeitung und zur motorischen Reaktion, z.B. Drehen des Kopfes in Richtung Reizquelle. Die Messung der O. erfolgt mithilfe der → Pupillometrie.

Original Equipment Manufacturer (OEM), Unternehmen, das Zulieferteile unverändert in seine eigenen Produkte einbaut, z.B. in der Automobilindustrie. Vielfach legt der Käufer bzw. Verwender auf die Herkunft der Komponenten großen Wert, z.B. bei Reifen, Batterien, Mikroprozessoren.

Osgood-Skala,
→ semantisches Differential.

OTC-Produkt, Abk. für → Over the Counter-Produkt.

Outlet, → Verkaufsstellen eines Herstellers bzw. Produzenten. Hier erfolgt der Verkauf der → Waren über den → Point-of-Purchase. – *Gegensatz:* → Inlet.

Outlet-Design, Gestaltung der → Verkaufsstelle. Es handelt sich um ein Instrument des strategischen → Handelsmarketings. Die wesentlichen Dimensionen sind die Verkaufsraumgestaltung bzw. die → Ladengestaltung und die → Warenpräsentation.

Out-of-Home Media,
→ Außenwerbung.

Outpacing, Form einer Führer-/Folger-Strategie, um → Wettbewerbsvorteile zu erzielen. Konkret geht es um die Verfolgung von → Differenzierung und Kostensenkung unter Einbezug der Qualitäts- und Zeitdimension. Langfristiges Ziel des O. ist die gleichzeitige Preis- und Qualitätsdominanz gegenüber den → Wettbewerbern. Beim Strategietyp A steht zunächst der → Preis, dann die Leistung bzw. die → Qualität im Vordergrund, beim Strategietyp B hingegen umgekehrt zunächst die Leistungs- bzw. Qualitätsdominanz und dann erst die Dominanz des Preises. Entscheidend für beide Strategietypen ist die möglichst frühzeitige Antizipation der wichtigsten Technologieentwicklungen und damit der Know-how-Vorsprung im Vergleich zu den Wettbewerbern. – Vgl. auch → Marktführerschaft, → Wettbewerbsstrategie, → Nischen-Marketing, → Turbo-Marketing, → Zeitwettbewerb und → Preisstrategie.

Outplacement, Maßnahmen im → Personalmarketing, die darauf abzielen, freigesetzte Mitarbeiter (out) in andere Unternehmen zu vermitteln (placement). O. empfiehlt sich insb. bei einvernehmlichen Freisetzungen, die z.B. auf Veränderungen in der Organisationsstruktur zurückzuführen sind.

Outsourcing, Verlagerung von bestimmten betrieblichen Funktionen, z.B. → Produktion, → Forschung und Entwicklung, → Logistik etc. auf externe → Anbieter, die in diesen Bereichen leistungsfähiger sind als das eigene → Unternehmen. Der Fokus beim O. richtet sich auf die Konzentration auf die eigenen → Kernkompetenzen, die Kosteneinsparung durch Transformation fixer in variable Kosten, mehr Flexibilität durch kurzfristig erweiterbare oder abbaubare Kapazitäten und durch höhere Schnelligkeit der betrieblichen Ablaufprozesse. – Vgl. auch → Insourcing, → Lean Management, → Business Process Management.

Out-Supplier, → Anbieter, der beim → Abnehmer noch kein Lieferant ist und versucht, über Ergänzungslieferungen den → In-Supplier zu verdrängen.

Overlapping, Überschneidung, die vor allem in der → Media- und → Leserschaftsforschung auftritt. Der O.-Effekt bezeichnet die Überschneidung der Nutzerschaften mehrerer → Werbeträger. – Vgl. auch → Reichweite.

Overreporting, besondere Form des → Paneleffekts. Es werden Produktkäufe genannt, die nicht stattgefunden haben, vom Panelteilnehmer aber als sozial wünschenswert angesehen werden, weil sie dem → Status seiner → sozialen Rolle entsprechen und damit sein → Geltungsbedürfnis bzw. den → Prestigekonsum befriedigen. – *Gegensatz:* → Underreporting.

Overspending, → Share of Advertising.

Overstoring, Überbesetzung eines Verkaufsgebietes mit → Einzelhandelsunternehmen. Der Effekt, der mit einem folgenden → Verdrängungswettbewerb verbunden ist, tritt vor allem in neuen regionalen → Absatzmärkten auf, die unterversorgt sind, also eine geringe Handelsdichte haben und ein starkes Wachstum aufweisen. Beispiele hierfür sind die neuen deutschen Bundesländer und osteuropäische Märkte.

Over the Counter-Produkt, *OTC-Produkt,* rezeptfreies Medikament, das von Apotheken bzw. anderen → Einzelhandelsunternehmen direkt verkauft wird. Die Umsatzbedeutung der O.t.C.-P. nimmt im Rahmen der Selbstmedikation ständig zu, nicht zuletzt aber auch auf Grund der Reform des Gesundheitswesens.

P

Paarvergleich, → Skalierungsverfahren, bei dem die Untersuchungsobjekte den Befragungspersonen jeweils in Paaren zur Beurteilung vorgelegt werden. Die → Probanden werden aufgefordert, sich für eines der beiden Objekte zu entscheiden. Die subjektiven Unterschiede der Ordinalurteile können in Skalenwerte transformiert werden. – Vgl. → Ordinalskala.

Packung, unter werblichen und technischen Gesichtspunkten verarbeitetes Packmaterial. Die P. ist die für den Marktzweck positionierte Handelseinheit und hat insb. für → Markenartikel aufgrund ihrer kommunikativen Wirkung (→ Packungsdesign) eine große Bedeutung, da sie das gesamte Erscheinungsbild des → Produkts funktional und emotional kommuniziert. – *Anders:* → Verpackung.

Packungsdesign, Gestaltung einer → Packung, die im gesamten Erscheinungsbild das → Produkt funktional und emotional kommuniziert. Die Packung dient als → Kommunikationsmittel. Ihr kommt eine Signalfunktion zu am → Point of Purchase (PoP) in Bezug auf → Glaubwürdigkeit, der Produktaussage und Herausbildung von → Markenpräferenzen. Die Identität von → Produktdesign und P. führt zur Produktpersönlichkeit. In einigen Produktbereichen (z.B. Depotkosmetik) ist die Packung ein wesentlicher Teil der → Produkteigenschaften und auch Kriterium für die Beurteilung der Produktqualität durch die → Nachfrager.

Packungsgestaltung,
→ Packungsdesign.

Packungstest, Teil eines umfassenden → Produkttests, der zur Ermittlung der Aufmerksamkeitswirkung, → Anmutung und → Werbewirkung von → Packungen durchgeführt wird. Die wichtigsten Untersuchungsbereiche sind die Bewertungen durch die Befragten in Bezug auf die Gestaltung, die Handhabung, die Informationsfunktion und Größe bzw. das Volumen der Packung. Die am häufigsten bei P. eingesetzten Erhebungsmethoden sind die → Greifbühne und das → Tachistoskop.

Page Impression, → Page View.

Page View, *Page Impression,* Sichtkontakt mit einer Webseite. Er bezeichnet die Anzahl der Internetseiten-Abrufe eines Benutzers unabhängig davon, ob etwas angeklickt oder heruntergeladen wird. P.V. ist somit ein Kriterium, das in der → Marktforschung zur Bewertung der Reichweite von Internetseiten eingesetzt wird.

Palette, eine nach DIN 15145 und DIN 55405 tragbare Plattform mit oder ohne Aufbau, die dazu dient, Güter zusammenzufassen, um eine Ladeeinheit mit den → Versandverpackungen zu bilden. Die palettierte Ladeeinheit soll die Beförderung, Lagerung und Stapelung mithilfe von mechanischen Einrichtungen, z.B. Gabelstapler, Gabelhubwagen etc. ermöglichen.

Panel, bestimmte, gleichbleibende Gruppe von Untersuchungseinheiten, bei der in regelmäßigen zeitlichen Abständen Erhebungen durchgeführt werden. Der Untersuchungsgegenstand bleibt gleich. Je nach

Untersuchungsziel sind die Panelteilnehmer entweder Privatpersonen (Individualpanel) bzw. → Haushalte (→ Haushaltspanel) oder Gewerbetreibende bzw. Unternehmen. Die wichtigsten → Panelarten sind das → Verbraucherpanel und das → Handelspanel. – Vgl. Abbildung „Panelarten".

Paneleffekt, Verzerrung der Panelinformationen durch eine mehr oder weniger unbewusste Verhaltensänderung der Panelteilnehmer. Dieser Effekt tritt vor allem im → Haushaltspanel auf durch die laufende Berichterstattung der Kauftätigkeiten. Dadurch können das rationale → Kaufverhalten bzw. das → Preisbewusstsein beim und die Informationsrecherche vor dem Kauf verstärkt werden. Weitere, mit dem P. verbundene Probleme sind das → Overreporting (Angabe von Käufen, die nicht stattgefunden haben) und das → Underreporting (fehlende Angaben von stattgefundenen Käufen). Durch → Panelrotation und insb. durch das → Scannerpanel kann der P. reduziert werden.

Panelerhebung, Erhebung von speziellen Marktinformationen durch → Panel. Die wichtigsten methodischen Probleme bei der P. sind die Auswahl und Gewinnung der Panelteilnehmer (→ Repräsentanz) und die durch → Panelsterblichkeit und auftretende → Paneleffekte notwendige → Panelrotation.

Panelerstarrung, durch → Panelrotation bedingte gleichbleibende Struktur des → Panels. Dies führt zu einer Erstarrung, da das Panel im Laufe der Zeit die sich verändernden Konsumenteneigenschaften und damit die sich auch wandelnden Konsumverhaltensweisen nicht mehr repräsentativ abbildet.

Panelmortalität, → Panelsterblichkeit.

Panelrotation, Austausch von Panelteilnehmern aufgrund der natürlichen → Panelsterblichkeit oder um → Paneleffekte bzw. andere Störgrößen (z.B. → Over- oder → Underreporting) zu vermeiden. Der Austausch erfolgt durch die → bewusste Auswahl, indem bei jeder Welle 30% bis 50% der Panelteilnehmer strukturgleich ausgewechselt werden, um das Panel konsumrelevant zu halten. Probleme bei der P. sind die Aufrechterhaltung der → Repräsentanz des Panels und die → Reliabilität der Untersuchungsergebnisse.

Panelroutine, mit der kontinuierlichen → Panelerhebung verbundene Ermüdungserscheinung der Panelteilnehmer, die im → Verbraucherpanel zu ungenauen und unvollständigen Berichterstattungen

Panelarten

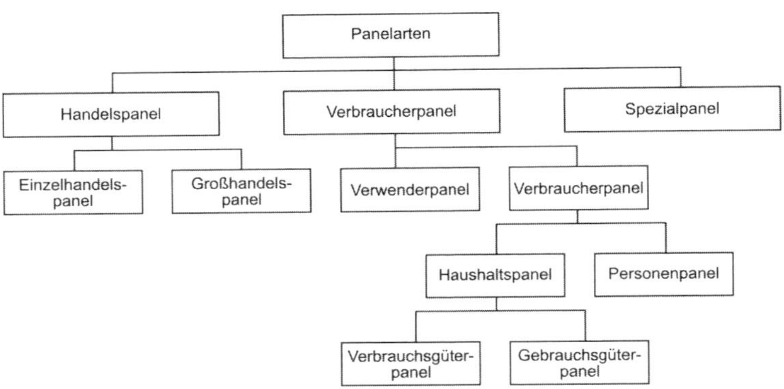

führt. Durch die → Panelrotation kann das Problem behoben werden.

Panelsterblichkeit, *Panelmortalität,* zentrales Problem bei der → Panelerhebung und insb. beim → Haushaltspanel. Zu unterscheiden sind die natürliche P. (bedingt durch Tod, Umzug, Verweigerung der Panelteilnehmer) und die künstliche P. (bedingt durch die → Panelrotation).

Paradigmawechsel, permanente Anpassung der Führungsgrundsätze, der Wertvorstellungen und Überzeugungen entsprechend den sich permanent verändernden Bedingungslagen.

Parallelgeschäft, Form des → Kompensationsgeschäftes, bei dem ein Realgüteraustausch erfolgt (→ Bartering). Der Unterschied zum klassischen Kompensationsgeschäft ist die Verpflichtung des Exporteurs, bestimmte Waren in einem bestimmten wertmäßigen Prozentsatz in einem bestimmten Zeitraum aus dem Abnehmerland zu beziehen.

Parallelsortiment, im → Handel mehrfach geführte → Warengruppen bzw. → Sortimente, die weitgehend identisch sind. Die P. sollten einer permanenten → Sortimentskontrolle unterzogen werden, um → Substitutionseffekte zu vermeiden. Andererseits dienen die P. der Darstellung der Sortimentskompetenz (→ Sortimentsdimension). Überdies können sie im Rahmen der → Sonderangebotspolitik als akquisitorisches Instrument eingesetzt werden.

Parallelverhalten, Anpassungsverhalten von → Wettbewerbern, das nicht auf einer Abstimmung beruht (→ abgestimmtes Verhalten) und dementsprechend wettbewerbsrechtlich [→ Gesetz gegen Wettbewerbsbeschränkungen (GWB)] zulässig ist. P. kann aber je nach Ausprägung als ein Indiz für ein unzulässiges abgestimmtes Verhalten gelten.

Parameter, konstante Größe von Datenelementen, die ihren Verteilungstyp charakterisiert, z.B. ein → Mittelwert als Wert zwischen dem größten und kleinsten Wert einer Verteilung oder auch Menge.

parametrisches Testverfahren, → Signifikanztest zur Prüfung von Hypothesen, die Annahmen über einzelne → Parameter der Verteilungsfunktion von Stichprobenvariablen in der → Grundgesamtheit voraussetzen. – *Gegensatz:* → nichtparametrisches Testverfahren.

Pareto-Analyse, nach V. Pareto (1848-1923) benannte Ursachenanalyse für → Abweichungen, wobei der Grad der Auswirkungen als entscheidend angesehen wird. Es gilt die → Hypothese, dass nur wenige Ursachen für die Mehrheit der Fehler verantwortlich sind. Man beschränkt sich daher auf die Analyse der Ursachen mit den größten Auswirkungen. – Vgl. auch → Pareto-Regel.

Pareto-Optimum, bestmögliche → Bedürfnisbefriedigung aller Wirtschaftssubjekte einer Volkswirtschaft. Nach V. Pareto (1848-1923) befindet sich ein Wirtschaftssystem in einem paretooptimalen Zustand, wenn der → Nutzen keiner Wirtschaftseinheit erhöht werden kann, ohne den Nutzen mindestens einer anderen Wirtschaftseinheit zu vermindern.

Pareto-Regel, die sog. Gesetzmäßigkeit ist bekannt als 80/20-Regel. Konzentrationskurven (→ Lorenzkurve) in der Praxis zeigen vielfach, dass 20% der → Produkte 80% des → Absatzes ausmachen. Diese Verteilung konnte sowohl in der Konsumgüter- als auch in der Investitionsgüterindustrie nachgewiesen werden. Die Theorie [nach V. Pareto (1848-1923)] basiert auf der grundlegenden Erkenntnis, dass innerhalb einer Gruppe von Aufgaben/Tätigkeiten normalerweise die bedeutenden Dinge einen relativ kleinen Anteil der Gesamtaufgaben ausmachen. – Vgl. auch → A-B-C-Analyse.

Parfitt-Collins-Modell, ein nach J. H. Parfitt und B. J. K. Collins (1968) benanntes Modell zur Bestimmung der → Marktdurchdringung. Hierbei wird der zu prognostizierende → Marktanteil eines Anbieters in die Komponenten → Feldanteil, → Wiederkaufsrate und → Kaufintensität zerlegt. Hierbei gibt der Feldanteil die Marktpenetration eines Angebots in der relevanten Käuferschaft an, die Wiederkaufsrate den Anteil der → Erstkäufer, die innerhalb eines definierten Zeitraums nachkaufen und die Kaufintensität die relative Bedeutung der → Intensivkäufer am Umsatz. Aus der multiplikativen Verknüpfung der drei Größen ergibt sich der prognostizierte Marktanteil des Anbieters.

Pariser Verbandsübereinkunft, internationales Abkommen von 1883 zum Schutz des gewerblichen Eigentums, das u.a. vor allem dem internationalen → Markenschutz dient.

PAR-Modell, ein aus dem PIMS-Modell entwickeltes analytisches Verfahren, das die → Rentabilität (→ Return on Investment bzw. → Cash-Flow) einer → strategischen Geschäftseinheit mit den in der Datenbank gespeicherten Informationen vergleicht. Das Ergebnis wird im „Par report" zusammengestellt. Aus dem Vergleich können Erkenntnisse gewonnen werden bez. der Verbesserung der strategischen Position der Geschäftseinheit zu anderen eigenen Einheiten und/oder denen von → Wettbewerbern. – Vgl. auch → PIMS-Datenbank.

Partialanalyse, mikroökonomische Teilanalyse, die z.B. Interdependenzen verschiedener → Märkte nicht berücksichtigt. Es handelt sich um eine isolierte Betrachtungsweise, die auf der Modellannahme der → Ceteris-paribus-Regel beruht und Gesamtzusammenhänge nicht transparent macht.

Partiegeschäft, Warenposten (Partie), der zu einem vereinbarten Gesamtpreis veräußert wird. Das Charakteristikum der Partie ist ihre → Homogenität. Das P. weist eine große Ähnlichkeit mit dem Postengeschäft (→ Postenware) im Einzelhandel auf. In beiden Fällen handelt es sich nicht um den Bestandteil eines festen → Sortiments, das eine gewisse Kontinuität aufweist, sondern um einen zeitlich begrenzten Verkauf völlig fachfremder → Produkte.

Partizipationseffekt, Absatzeffekt, der bei der → Produktdifferenzierung auftritt. Durch die Differenzierung des Leistungsangebots gewinnt der → Anbieter neue → Kunden. Dies kann auch als eine bestimmte Form der → Marktentwicklung bzw. → Markterschließung angesehen werden. Hierbei kann sich aber das Auftreten eines → Kannibalisierungseffektes als Gefahr erweisen.

Partyverkauf, Form des → Direktvertriebs, bei der Privatpersonen Freunden und Gästen → Produkte verkaufen, die auf der Party vorgestellt und erklärt werden. Der Gastgeber erhält vom → Anbieter in der Regel einen preislichen Einkaufsvorteil.

passiver Bekanntheitsgrad,
→ Bekanntheitsgrad.

Patent, gewerbliches → Schutzrecht, das Produkt- und Verfahrensinnovationen schützt. Die Laufzeit beträgt 20 Jahre.

Pawlow`scher Hund, *Theorie der Konditionierung,* berühmtes Hunde-Experiment von I. P. Pawlow (1927) zur Theorie der klassischen → Konditionierung, die auf dem → Kontiguitätsprinzip beruht. Auf die Darbietung von Futter reagiert der Hund mit Speichelabsonderung. Es handelt sich hierbei um einen unkonditionierten Reflex. Wird nun das Füttern wiederholt mit einem → neutralen Reiz in Form eines akustischen oder optischen Signals kombiniert, so sondert der Hund nach einiger Zeit auch dann Speichel ab, wenn nur das akustische oder optische Signal gegeben wird. Eine Erweiterung erfährt die Theorie der

Konditionierung durch die → Skinner-Box. Die beiden experimentell begründeten Theorien bilden die Grundlage für den → Behaviorismus.

Pay-off-Periode, periodenbezogener Zeitraum, in dem die kumulierten → Auszahlungen gleich geworden sind mit den kumulierten → Einzahlungen. Es handelt sich um die Kapitalrückfluss- bzw. Amortisationsdauer einer Investition, die im Marketing bei der → Neuproduktplanung eine große Rolle spielt. Die P.-o.-P. muss in Verbindung gesehen werden mit der → Break-even-Analyse, dem → Return on Investment und dem → Discounted Cash-Flow.

Pay-per-View, Angebotsmodell des → Pay-TV, bei dem eine Sendung eines Fernsehprogramms einzeln gebucht werden kann. Zum Sendetermin wird die gewünschte Sendung freigeschaltet bzw. decodiert.

Pay-TV, *Bezahlfernsehen,* Fernsehprogramm, das nur gegen Gebühr und mittels eines Decoders empfangen werden kann. Das Fernsehsignal wird verschlüsselt und als digitales Angebot für Abonnenten oder auf Abruf freigeschaltet. Vorrangig Spartenkanäle können durch P.-TV spezifische Interessen der Zuschauer abdecken. – Vgl. auch → Pay-per-View, → Video-on-Demand.

Peer Group, soziale → Gruppe von gleichaltrigen Jugendlichen, in der das Individuum seine soziale Orientierung sucht und die ihm als → Bezugsgruppe dient. P.G. weisen Merkmale von → Subkulturen auf mit eigenen → Normen, → Einstellungen und Verhaltensweisen. Diese sind geprägt durch eine Unabhängigkeit in Bezug auf spezifische Wertvorstellungen und → Erwartungen der Erwachsenen und ihrer Kontrolle. Andererseits zeichnen sich P.G. durch eine starke → Konformität und eine große Loyalität gegenüber den Verhaltensnormen der eigenen Gruppe aus und akzeptieren die Führungsrolle von → Meinungsführern und die für die Gruppe verbindlichen → Sanktionen. Die Zugehörigkeit zu P.G. ist eine wichtige Funktion im Abschnitt der Adoleszenz und bestimmt in dieser Phase ganz entscheidend das → Kaufverhalten und Konsumverhalten. Diese äußern sich u.a. in einem gruppenspezifischen → Demonstrativkonsum (z.B. durch Kleidung, Freizeitverhalten).

Penetration, Stärke des → Bekanntheitsgrades eines umworbenen Leistungsangebots oder eines → Werbemittels als Maßstab für die erreichte → Werbewirkung. Die P. bezieht sich darüber hinaus auch auf die Durchdringung von → Innovationen innerhalb eines sozialen Systems bzw. die Durchdringung von → Zielgruppen gemessen an → Erstkäufern, → Wiederkaufsrate, → Kaufintensität oder → Distributionsgrad.

Penetrations-Strategie, → Preisstrategie, die von einem niedrigen Einführungspreis ausgeht, der im Zeitablauf sukzessive angehoben wird, z.B. durch Preiserhöhung von Ersatzteilen und Reparaturen. Ziel ist, bei einer gegebenen, kurzfristig hohen → Preiselastizität große Verkaufszahlen und damit einen hohen → Marktanteil zu erreichen. – *Anders:* → Abschöpfungsstrategie und → Skimming-Strategie.

Penny Store, → Kleinpreisgeschäft.

Percentage-of-Profit-Methode, Werbebudgetierung nach dem gegenwärtigen → Gewinn. – Vgl. auch → Werbebudgetierung.

Percentage-of-Sales-Methode, Werbebudgetierung nach dem gegenwärtigen → Umsatz. – Vgl. auch → Werbebudgetierung.

Performance Measurement, Einsatz mehrerer, unterschiedlicher Messgrößen (u.a. → Kosten, → Qualität, → Kundenzufriedenheit) zur Beurteilung der Leistung bzw. Leistungspotentiale von z.B. Organisationseinheiten und Prozessabläufen. Ziel ist die Verbesserung von Planungs- und Steuerungsabläufen. Im Vergleich zu den rein monetären → Kennzahlen (z.B. → Return on Investment) handelt es sich durch die Verknüpfung von quantitativen und qualitativen Kriterien um einen ganzheitlichen Ansatz. – Vgl. auch → Balanced Scorecard.

Performance-Modell, Verfahren zur → Einstellungsmessung, das die ungewichtete Beurteilung der attributbezogenen Leistungsbeurteilungen zu einem Gesamturteil addiert.

Permission Marketing, *Erlaubnismarketing,* ein auf dem Einverständnis der Adressaten basierendes → Direktmarketing. Mithilfe interaktiver → Kommunikationstechnologien (z.B. Internet) werden Nachrichten übermittelt, die ausdrücklich vom Empfänger erwünscht sind, wobei er die Erlaubnis jederzeit widerrufen kann (→ Robinsonliste). Ziel des P. M. ist es, eine nachhaltige Beziehung mit potentiellen und/oder bestehenden → Kunden aufzubauen und Leistungsangebote zu personalisieren.

Personal Identification Number (PIN), persönliche Indentikifationsnummer als unerlässliche Voraussetzung für eine datensichere Übertragung in elektronischen Netzen.

Personalkauf, vergünstigter Einkauf von in der Regel → Konsumgütern durch das Personal von Unternehmen.

Personalmanagement, Entwicklung, Einführung und Bewertung von Konzepten zur Gewinnung, Beurteilung, Honorierung und Entwicklung von Mitarbeitern. – Vgl. auch → Personalmarketing.

Personalmarketing, alle Aktivitäten, die der Beschaffung, Erhaltung und Entwicklung von Mitarbeitern zur Erfüllung der → Unternehmensziele dienen. – *Anders:* → internes Marketing.

Personal Selling,
→ persönlicher Verkauf.

persönliche Befragung,
→ mündliche Befragung.

persönliche Kommunikation, unmittelbarer, persönlicher, interaktiver Informationsaustausch zwischen → Kommunikator und → Kommunikanten. Die Wirksamkeit der p.K. beruht auf Flexibilität, Vertrauen, Zweckfreiheit und Belohnung. Die p.K. hat eine zentrale Bedeutung im → persönlichen Verkauf und bei der → Mundwerbung. – Vgl. auch → Interaktionstheorie.

persönlicher Verkauf, *Personal Selling,* alle Formen des → Verkaufs, bei denen Verkäufer und Käufer in einem persönlichen Kontakt stehen. Im p.V. spielen die Prozesse der → Transaktion und → neurolinguistischen Programmierung (NLP) eine besondere Rolle (→ Verkaufsgespräch). Sonderformen sind der → Fahrverkauf, → Hausverkauf und der → Hausierhandel. Der → Telefonverkauf ist kein klassischer p.V, da sich die persönlichen Kontakte auf die verbale Ebene beschränken. Der p.V. hat vor allem Bedeutung im Handel, in der Investitionsgüter-, Bank- und Versicherungsbranche und bei erklärungsbedürftigen Angeboten.

Persönlichkeit, Gesamtheit der entwickelten psychischen Anlagen, die teils genetisch bedingt, teils durch → Interaktion mit der Umwelt entstanden sind (→ Sozialisation). Die Eigenart einer P. wird bestimmt durch die Struktur der Eigenschaften (→ Persönlichkeitsmerkmale), die individuell einzigartig ist. Die in einer → Gesellschaft herrschenden → Werte, → Normen und Verhaltensmuster prägen Rollenerwartungen und Verhaltensweisen des Individuums. P. ist insofern das Ergebnis der Wechselwirkung zwischen individuellen Anlagen und dem vorherrschendem Wertesystem einer Gesellschaft. – Vgl. auch → Wertewandel, → Wertedynamik, → Moderne.

Persönlichkeitsmerkmal, relativ konsistente Eigenschaft, die das → Verhalten einer Person nicht nur gelegentlich, sondern in wechselnden Situationen erklärt. P. eines Individuums weisen auf Verhaltenstendenzen (z.B. im → Kaufverhalten, → Konsumentenverhalten) hin, wobei das tatsächliche Verhalten von der jeweiligen Situation abhängig ist. Man unterscheidet P. nach ihrer Konsistenz, Generalität und Universalität. Konsistenz bedeutet, dass ein P. (z.B. Impulsivität) ein bestimmtes Verhalten häufig oder immer kennzeichnet. Die generellen P. (z.B. → Markentreue) bestimmen mehrere Verhaltensarten in unterschiedlichen Situationen. Als universell gilt ein P., wenn es nicht nur bei einer Person, sondern auch bei vergleichbaren Personengruppen auftritt. Die Ermittlung universeller, zielgruppenspezifischer P. ist die Grundlage für die Bildung von → Käufertypologien auf der Basis zielgruppenhomogener → Konsumentenmerkmale.

Persuasion, *Überzeugung, Überredung,* zweckorientierte Kommunikationsform, die beabsichtigt, bei den → Kommunikanten bestimmte Wirkungen zu erzielen. Die P. ist Ziel jeder Form der → Marketingkommunikation. Die Abgrenzung zur → Manipulation ist problematisch. Die Absicht einer Handlungsbeeinflussung und Forcierung von interessengebundenen Anschlusshandlungen sind kommunikationsimmanent.

PERT, Abk. für → Program Evaluation and Review Technique.

Perzeption, → Wahrnehmung.

Peter-Prinzip, L. J. Peter hat das nach ihm benannte Prinzip aufgestellt, dass in → Organisation und → Führung nicht nur eine scheinbare Rolle spielt. Es besagt, dass in einer Hierarchie jeder Angestellte dazu tendiert, auf die Ebene aufzusteigen, auf der seine persönliche Inkompetenz erreicht ist.

Pfadanalyse, → Kausalanalyse.

Pflichtenheft, *Lastenheft,* Spezifikation der erforderlichen Eigenschaften eines Leistungsangebots.

PFT, Abk. für → Picture-Frustration-Test.

Physical Distribution, → physische Distribution, → Distributionslogistik.

Physical Supply, → Beschaffungslogistik.

physiologisches Bedürfnis, physisches → Bedürfnis, das inhaltlich auf Nahrung, Kleidung, Wohnung, Selbst- und Arterhaltung bezogen ist. – Vgl. auch → Maslow`sche Bedürfnispyramide.

physische Distribution, *Physical Distribution,* wird im Rahmen der → Distributionspolitik unterschiedlich breit definiert. Der erweiterte Ansatz ist weitgehend identisch mit der → Logistik und umfasst den gesamten vertikalen Materialfluss vom Lieferanten, über die Produktion bis hin zum Kunden. Die engere begriffliche Fassung beschreibt lediglich den Fluss der Endprodukte vom Abschluss der Fertigung bis zum Empfang beim Kunden. – *Anders:* → akquisitorische Distribution.

Picture-Frustration-Test (PFT), → projektives Verfahren, das auch als Sprechblasen-Test bekannt ist. Den → Probanden werden karikaturähnliche Zeichnungen vorgelegt, in denen Personen ein Gespräch führen. Die Dialoge werden in Sprechblasen wiedergegeben, wobei einige Sprechblasen leer sind. Die Probanden ergänzen dann die fehlenden Teile, um den Dialog zu komplettieren. Durch dieses Verfahren sollen die Versuchspersonen veranlasst werden, die für sie typischen Antworten zu geben, die sie offen nicht geäußert hätten. – Vgl. auch → Ballontest.

Pilotstudie, *Leitstudie,* formlose Untersuchung, deren Ergebnisse statistisch nicht repräsentativ sind. Sie werden vor allem in der → psychologischen Marktforschung eingesetzt, können aber auch in der sog. quantitativen Marktforschung zur Anwendung kommen. P. dienen in erster Linie zur detaillierten Problemdefinition, um daraus den möglicherweise weiteren Untersuchungsbedarf ableiten zu können. – *Anders:* → Probebefragung.

Pilzmethode, jedes → Produkt wird unter einem eigenen → Markennamen (→ Einzelmarke) geführt. Dadurch wird ein möglicher negativer → Imagetransfer vermieden, aber auch auf die Nutzung von → Synergien (→ Umbrella-Marken) verzichtet. – *Anders:* → Schirmmethode.

PIMS-Datenbank, *Profit Impact of Market Strategies-Datenbank,* enthält Angaben über fast 3.000 → strategische Geschäftseinheiten aus ca. 300 Unternehmen. Die Ergebnisse der bisherigen PIMS-Analysen zeigen, dass der → Marktanteil eine entscheidende Bedeutung für die → Gewinnerzielung hat sowie für den → Return on Investment und den → Cash-Flow. Dies gilt sowohl für den eigenen absoluten Marktanteil als auch für den sog. relativen Marktanteil, der das Verhältnis des eigenen Marktanteils zum Marktanteil des Hauptwettbewerbers (oder auch der drei größten Konkurrenten) ausdrückt. Die PIMS-Daten bilden die geeignete Grundlage für die → Portfolioanalyse und für das → Portfoliomanagement. Nach neuesten Untersuchungen sind die Schlüsselfaktoren für den unternehmerischen Erfolg:

1. die Investment-Intensität (Investition dividiert durch Umsatz),
2. die Produktivität (Wertschöpfung im Verhältnis zu den eingesetzten Produktionsfaktoren),
3. der relative Marktanteil (Verhältnis des eigenen Marktanteils zu dem des Hauptkonkurrenten oder der wichtigsten drei Mitbewerber),
4. die relative Qualität der Marktleistung (Qualität aus der Sicht der Kunden im Vergleich zum Wettbewerb),
5. das Marktwachstum (Marktsegment-Wachstum) und
6. die Innovationsrate (Prozentsatz des Umsatzes, der mit Produkten gemacht wird, die nicht älter als drei bis fünf Jahre sind).

PIN, Abk. für → Personal Identification Number.

Pionierstrategie, → Wettbewerbsstrategie, die vor allem durch einen → Zeitwettbewerb (Tempoführerschaft) → Wettbewerbsvorteile anstrebt. Hierbei bezieht sich der Zeitwettbewerb auf den → Markteintritt und/oder auf die Innovationsorientierung. Die Vorteile der P. liegen in der Schaffung eines zumindest kurz- bis mittelfristig nutzbaren → monopolistischen Spielraums und im möglichen Aufbau einer damit verbundenen → Marktführerschaft. Als Probleme der Strategie können sich die z.T. hohen Kosten für die → Markterschließung erweisen, die nicht amortisiert werden können, wenn kurzfristig Nachahmer auftreten (→ Adaption, → Imitationsstrategie). Ergebnisse der → PIMS-Datenbank zeigen aber, dass in der Regel die durchschnittlichen Kapitalrenditen von → Pionierunternehmen höher liegen als von anderen Unternehmen.

Pionierunternehmen, → Unternehmen, das sehr offensiv ist und sich im Vergleich zu den → Wettbewerbern durch eine starke Innovationsorientierung auszeichnet.

Pitch, Konkurrenzpräsentation von → Werbeagenturen bei einem → Werbungtreibenden, um im Wettbewerb mit anderen Agenturen den Werbeetat (→ Werbebudget) für eine bestimmte kommunikative Aufgabe oder für die gesamte Werbung zu gewinnen.

Plagiat, Urheberrechtsverletzung, die darauf beruht, dass eine fremde Geistesarbeit unzulässig verwertet wird. – Vgl. auch → Ideenpiraterie, → Markenpiraterie.

Plakat, wichtigstes → Werbemittel der → Außenwerbung. Das P. ist eng verbunden mit der von E. Litfaß (1855) entwickelten Litfaßsäule. Die Plakatanschlagstellen werden je nach Abmessungen unterschieden in Großflächen und Allgemeinstellen. Die bedeutendsten mobilen Plakatwerbeträger sind Straßenbahnen, S- und U-Bahnen, Omnibusse und Taxis. Durch den mobilen Plakateinsatz ergibt sich die enge Verknüpfung mit der → Verkehrsmittelwerbung als eine besondere Form der → Plakatwerbung.

Plakatwerbung, alle Formen der Werbung mithilfe von → Plakaten (Innen- und Außenplakaten), soweit diese nicht der → Verkehrsmittelwerbung zuzurechnen sind.

Plankosten, im Voraus für eine oder mehrere Planperioden angenommene bzw. festgesetzte → Kosten. P. haben projektiven Charakter. – *Anders:* → Istkosten und → Normalkosten.

Planspiel, Ausbildungsmethode für die Weiterbildung von Führungskräften, die in den USA entwickelt wurde und ursprünglich aus dem militärischen Bereich stammt. Unternehmensplanspiele haben im Vergleich zur → Fallmethode den Vorteil einer größeren Realitätsnähe, da sich die Spieler ständig an wechselnde Umwelt- und Unternehmenssituationen sofort anpassen müssen. Die im P. simulierten Unternehmen haben die gleichen Startbedingungen in Bezug auf die Marktausgangssituation, Betriebsgröße, Struktur, den Finanzstatus etc. Die Teilnehmer, die zumeist gruppenweise die Unternehmen vertreten, treffen in jeder Spielperiode Entscheidungen, deren Auswirkungen auf die Unternehmensentwicklung und Umfeldsituation (Konkurrenzsituation) per EDV ermittelt werden. Anhand dieser Daten sind die Entscheidungen für die nächste Spielperiode vorzubereiten. Ein P. umfasst mehrere Spielperioden und dauert in der Regel mehrere Tage oder Wochen.

Planung, Prozess der Bestimmung von erwarteten und angestrebten zukünftigen Situationen unter Einschluss der Bestimmung der Wege zur Zielerreichung (→ Planungsprozess). Das Planungssystem hat drei Ebenen: die strategische, taktische und operative. Im Vergleich zur formalzielorientierten → Budgetierung ist die operative Aktionsplanung sachzielorientiert.

Planungsinstrumente, die Grundarten sind:

- analytische Instrumente (z.B. Kennzahlensysteme),
- heuristische Instrumente (z.B. Kreativitätstechnik),
- prognostische Instrumente (z.B. Trendextrapolation, Regressionsanalyse) und
- Bewertungs- und Entscheidungsinstrumente (z.B. Scoring-Modell, Entscheidungsbaumverfahren).

Planungsprozess, Prozessstufen der → Planung, die wie folgt aufgebaut sind: Ziel- und Problemanalyse, Alternativensuche, Alternativenbewertung, Auswahl aus Alternativen. – Vgl. Abbildung „Planungsprozess – Stufen des systematischen Ablaufs".

Planwirtschaft, → Wirtschaftsordnung. – Gegensatz: → Marktwirtschaft.

Platzvertretersystem, Form der Außendienstorganisation im → Direktvertrieb, bei der dem Außendienstmitarbeiter ein fester → Verkaufsbezirk zugewiesen wird. Das P. hat den Vorteil, dass die permanente Kundenbetreuung durch den gleichen Außendienstmitarbeiter die dauerhafte → Kundenbindung sichert. Andererseits besteht die Gefahr, dass durch den damit verbundenen Gewöhnungseffekt die Gewinnung neuer → Kunden vernachlässigt wird. – *Anders:* → Rotationsvertretersystem.

pluralistische Gesellschaft, moderne Gesellschaft, die durch eine Vielzahl von konkurrierenden → Gruppen und Organisationen mit unterschiedlichen Interessen, → Einstellungen und → Normen geprägt ist (→ kulturelle Diffusion). Im Gegensatz zu traditionellen Gesellschaften verfügt eine p. G. über eine differenzierte Sozial- und Herrschaftsstruktur und bietet dem Individuum den größtmöglichen Entfaltungs- und Handlungsspielraum. – Vgl. auch → Multioptionsgesellschaft.

pluralistische Unternehmenskultur, im Zuge der fortschreitenden Internationalisierung aller Geschäftstätigkeiten die Anpassung der → Unternehmenskultur an die jeweiligen landeskulturellen Gegebenheiten (→ polyzentrisches Marketing). Dies führt dazu, dass sich in jeder Auslandsgesellschaft eine spezifische Unternehmenskultur entwickelt. Das multinationale Unternehmen wird so ein multikulturelles Unternehmen (→ multikulturelle Gesellschaft) mit den entsprechenden Differenzierungs- und auch Spezialisierungsvorteilen.

Podcast, zusammengesetzter Begriff aus iPod (→ MP3-Player der Firma Apple) und Broadcasting (engl.: Senden), welcher das Bereitstellen von selbst produzierten Audiodateien im → Internet beschreibt.

Point of Purchase (PoP), Verkaufspunkt, d.h. der Ort, an dem ein → Kauf bzw. → Verkauf (Point of Sale) erfolgt. Hierbei bezieht sich der Verkaufspunkt auf ein → Einzelhandelsgeschäft. → Verkaufsförderung und → Merchandising unterstützen den Abverkauf der → Ware. Hierbei kann die PoP-Kommunikation sehr weit gefasst sein. Sie reicht von der → Schaufensterwerbung bis hin zur → Ladengestaltung und letztlich zu allen kommunikativen Aktivitäten, die im → Outlet stattfinden.

Point of Sale (PoS), → Point of Purchase (PoP).

Polaritätenprofil, aus dem → semantischen Differential durch P. Hofstätter (1958) modifiziertes Messverfahren zur Bestimmung bzw. Erklärung von → Einstellungen oder → Images (→ Imagemessung). Im Vergleich zum semantischen Differential wird bei allen Untersuchungen mit den gleichen 24 Eigenschaftspaaren gearbeitet. Dadurch sind untersuchungsübergreifende Profilvergleiche möglich. Nachteilig kann sich hingegen auswirken, dass die gleichbleibenden Gegensatzpaare bei unterschiedlichen Untersuchungsobjekten semantisch (inhaltlich) nicht einheitlich aufgenommen und damit auch sehr unterschiedlich interpretiert werden.

Polypol, → Marktform, bei der auf der Seite des → Angebots und der → Nachfrage viele kleine Marktteilnehmer agieren. Der → Markt kann vollkommen oder unvollkommen sein. Nach der klassischen Definition der polypolistischen Konkur-

Planungsprozess – Stufen des systematischen Ablaufs

1. WO stehen wir?	IST-Analyse
2. WIE verändern sich die Märkte?	Diagnose/Prognose
3. WAS wollen wir erreichen?	Zielbestimmung
4. WIE können wir das erreichen?	Strategiefestlegung
5. WAS müssen wir dazu konkret tun?	Maßnahmenplanung
6. WIEVIEL Mittel brauchen wir?	Budgetplanung
7. WIE nah kommen wir an das Ziel?	Controlling
8. WAS müssen wir korrigieren?	Anpassung

renz ist der Markt dadurch unvollkommen, dass die → Anbieter aus der Sicht der → Nachfrager einige oder mehrere → Präferenzen aufweisen. Das P. bedeutet daher eine → atomistische Konkurrenz auf einem → unvollkommenen Markt, wobei die Unvollkommenheitsbedingungen unterschiedlich ausgeprägt sein können. – Vgl. Abbildung „Polypolistische Konkurrenz – Preisbildung auf unvollkommenen Märkten“.

polyzentrisches Marketing, Form des → internationalen Marketings, die den ausländischen Tochtergesellschaften weitgehende Freiheiten einräumt, um sich den örtlichen Marktverhältnissen anpassen zu können. Das p.M. führt zu international sehr differenzierten → Marketingkonzepten und entspricht damit der extensiven → Marktsegmentierung. Diese Strategie kann sich als problematisch erweisen im Hinblick auf die Realisierung eines → Global Marketings und einer weltweit gültigen → Corporate Identity. – Vgl. auch → geozentrisches Marketing und → ethnozentrisches Marketing.

Poor Dogs, → Problemprodukt, → Portfoliomanagement.

Pop-Ups, → Werbung im → Internet, die bei Aufruf einer → Website in einem eigenen, neuen Fenster geladen wird. Das Fenster ist meist deutlich größer als die eines Banners (→ Bannerwerbung). P.-U. bieten zudem auch die Möglichkeit zu mehr Grafik, Animation und Sound.

PoP-Werbung, → Verkaufsförderung.

Portal, virtueller Eingang im → Internet, der zu im weltweiten Netz hinterlegten Informationen führt. → Suchmaschinen unterstützen die Nutzer beim Finden und bei der Auswahl der für sie relevanten P. Branchenportale öffnen den Zugang im → Business-to-Business und entwickeln sich zunehmend zu virtuellen Marktplätzen (z.B. bei → Beschaffung und → Einkauf). Weitergehend können → Wertschöpfungsnetze von verschiedenen Unternehmen gebildet werden (z.B. von Herstellern, Handel, Logistikunternehmen), um die → Wertkette als Kosten-Nutzen-Relation zu optimieren. → Joint Ventures und → strategische Allianzen gewinnen so eine völlig neue Dimension.

Portfolio, Aufteilung des → Unternehmens in Anlehnung an das P. von Wertpapieren in seine → strategischen Geschäftseinheiten bzw. → Produktlinien. Grundidee ist, das Geschäftsportfolio so zu gestalten, dass das Gesamtziel erreicht und eine optimale Mischung von finanz-

Polypolistische Konkurrenz – Preisbildung auf unvollkommenen Märkten

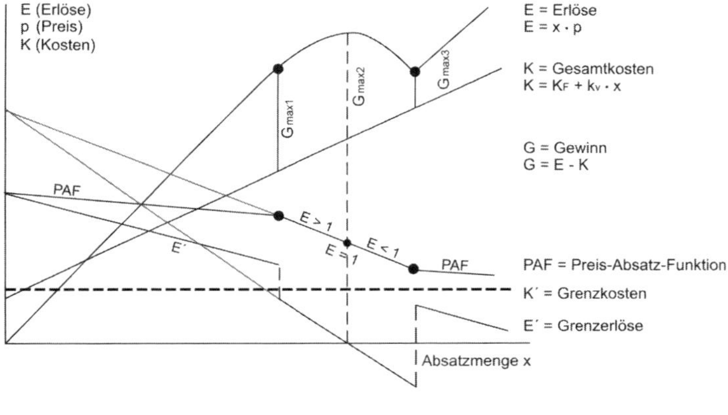

mittelfreisetzenden und finanzmittelverbrauchenden Geschäftseinheiten sichergestellt wird unter Berücksichtigung der → Liquidität.

Portfolioanalyse, Positionierung der → strategischen Geschäftseinheiten in einer zweidimensionalen Matrix. Die Koordinaten werden durch die Erfolgsfaktoren bestimmt. Hierbei ist die Abszisse mit Faktoren besetzt, die das Unternehmen direkt beeinflussen kann. Dazu zählen z.B. der relative → Marktanteil, → Gewinn, → Deckungsbeitrag, → Return on Investment, → Cash-Flow und die Flächenleistung pro qm im Einzelhandel etc. Die Ordinate ist mit Faktoren belegt, die weitgehend vom Markt bestimmt sind und durch das Unternehmen nur indirekt beeinflusst werden können. Dazu zählen das → Marktvolumen, das → Marktwachstum, die Phasen im → Produktlebenszyklus etc. Entscheidend bei der P. ist, dass die strategischen Geschäftseinheiten trennscharf voneinander abgegrenzt sind. Die P. kann verknüpft werden mit der → PIMS-Datenbank. Da die Analysemethode auch zur Bewertung von Investitionsalternativen dient, ist es unbedingt erforderlich, die Koordinatenbestimmung vergleichbar zu halten.

Portfoliomanagement, der Ausgangspunkt ist das sog. Marktwachstum-Marktanteil-Portfolio in einer Vierfelder-Matrix. Hierin werden die → strategischen Geschäftseinheiten bzw. die verschiedenen → Produktlinien eingetragen und damit ihr „Standort" definiert. Durch die Größe der Kreisfläche wird die Umsatzbedeutung der jeweiligen SGE deutlich. Die Felder werden beschrieben mit Question Marks, Stars, Cashcows und Poor Dogs. Das P.-M. hat die Aufgabe, für diese Felder entsprechende → Strategien zu entwickeln. Question Marks sind die künftigen Marktanteils- und Gewinnträger. Um sie zu Stars zu machen, sind Innovations- und Investitionsstrategien notwendig. Die Stars benötigen eine Verteidigungsstrategie, die auch mit einer Investitionsstrategie verbunden ist, um die hohen → Marktanteile zu halten. Die Cashcows liefern die Finanzmittelüberschüsse, um die Question Marks zu entwickeln und die Stars zu sichern. Die entsprechenden Strategien dienen vor allem der Marktanteilserhaltung und der → Marktausschöpfung. Bei den Poor Dogs stellt sich die Frage, ob erheblich investiert werden soll, um sie zu einer Star-Position zurückzuführen oder sich die konsequente Desinvestition empfiehlt. Der → Relaunch ist eine diesbezügliche Form der Investitionsstrategie. Die unterschiedlichen Strategien werden auch als sog. → Normstrategien bezeichnet. Die Hauptdimensionen können zudem durch die Faktoren „Marktattraktivität" und „relative Wettbewerbsvorteile" ersetzt

Portfoliomanagement

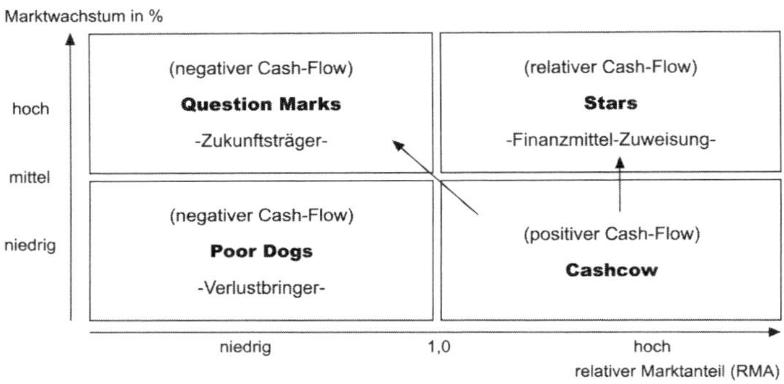

werden, die sich wiederum jeweils aus mehreren Einflussgrößen zusammensetzen. – Vgl. Abbildung „Portfoliomanagement".

Portfolio-Swap, *Portfolio-Tausch,* Tausch von Geschäftseinheiten mit anderen Unternehmen, um das → Portfolio bez. der Konzentration auf Kernaktivitäten zu optimieren. Der P.-S. umfasst damit gezielte Desinvestitions- und Akquisitionsentscheidungen. – Vgl. auch → Diversifikation.

POS-Banking, elektronisches Zahlungssystem als Form des → Telebanking, das zunehmend im → Einzelhandel zum Einsatz kommt (z.B. → Kreditkarte). Hinsichtlich der Autorisierung durch den → Kunden und Buchung durch die Bank sind Offline- und Online-Systeme zu unterscheiden.

Positionierung, bewusste, mit Marketingmitteln angestrebte Festlegung oder Veränderung der vom → Verbraucher wahrgenommenen bzw. erlebten relevanten Produktposition – im Eigenschafts-, Wahrnehmungs- und/oder Anmutungsraum – im Vergleich zu den Mitbewerbern. Die wesentlichen Formen sind die → Produkt-, → Marken-, → Preis-, → Werbe- und → Imagepositionierung. Ein erweiterter Begriffsinhalt bezieht sich auf den Prozess zur Bestimmung einer Erfolgsposition (→ Wettbewerbsvorteile) im → Markt. Entscheidend ist hierbei die Unterscheidung von den Mitbewerbern als strategische P.

Positionierungsmodell,
→ Produktpositionierung.

PoS-Marketing, Marketingmaßnahmen am Point of Sale (bzw. → Point of Purchase). Ziel der Maßnahmen ist, einen direkten Kontakt zwischen → Kunden und Leistungsangeboten herzustellen. Das PoS-M. umfasst vor allem kommunikative Maßnahmen.

Postenware, Warenposten, die im → Einzelhandel als Mitnahmeware zu meist Discount-Preisen (→ Discount-Konzept) verkauft werden. Sie gehören nicht zum festen → Sortiment und werden in der Regel auch nicht bevorratet. Ziel ist der schnelle Herausverkauf der üblicherweise völlig fachfremden → Ware. – Vgl. auch → Warenumschlag.

Postmaterialismus, von R. Inglehart (1977) entwickelte Theorie einer Wertsubstitution, die eine Ablösung materialistischer Werte (z.B. Streben nach → Einkommen, Besitz) zugunsten postmaterialistischer Wertvorstellungen (z.B. Steigerung von → Lebensqualität, Mitbestimmung) beinhaltet. Begründet wird die Theorie mit der Knappheits- und Sozialisationshypothese. Dabei besagt die Knappheitshypothese, dass Menschen knappen → Gütern einen besonders hohen Wert beimessen. Demzufolge entwickeln Menschen, die im Wohlstand aufgewachsen sind, und hier speziell die jüngere Generation, aufgrund der Sättigung der materialistischen → Werte spezifische postmaterialistische Wertprioritäten i.S. eines intergenerativen → Wertewandels. (→ Maslow`sche Bedürfnispyramide). Die Sozialisationsthese hingegen geht davon aus, dass die materialistische bzw. postmaterialistische Einstellung des Menschen bereits in den ersten Sozialisationsphasen aufgrund seiner Erfahrungen (Wohlstand bzw. Entbehrung) geprägt wird.

Postmoderne, mehrdeutig verwendeter und z.T. auch widersprüchlicher Begriff, der einen kulturellen Umbruch oder sogar eine neue Epoche nach der → Moderne andeuten möchte, da sich diese aufgrund von Umwelt-, Wachstums-, Kultur- und Wertproblemen in einer tiefen Krise befindet. A. Etzioni (1968) bezeichnet die postmoderne Gesellschaft als eine zur Selbststeuerung fähige aktive Gesellschaft, die die technokratische Herrschaft überwunden hat. Von anderer Seite wird die P. als Weiterentwicklung der Moderne mit einer radikalen Pluralität der Lebensmöglichkeiten gesehen. Der Vielfalt von Wertsystemen, → Einstellungen, → Lebensstilen und Verhaltensweisen stellen die Kritiker der P. wachsende Konflikte aufgrund zunehmender Gegensätze und Orientierungsprobleme angesichts des dynamischen → Wertewandels gegenüber.

Postponement, Verlagerung von individuellen kundenorientierten Spezial-Problemlösungen auf möglichst späte Wertschöpfungsstufen (→ Wertkette), um auf früheren Stufen durch Standardisierung die → Economies of Scale zu realisieren. Durch P. werden die standardisierten mit den kundenspezifischen Prozessen verbunden. Es wird als Ziel angestrebt, Kosten zu senken bei Aufrechterhaltung der kundenorientierten Produktionsflexibilität. – Vgl. auch → Prosumer, → Customized Marketing.

Posttest, → Werbetest, bei dem ex post z.B. nach Schaltung von → Anzeigen, deren → Werbewirkung kontrolliert bzw. gemessen wird. Zu den wichtigsten P.-Verfahren zählen das → Recall-Verfahren, → Recognition-Verfahren, der → Foldertest und der → Copytest. – *Gegensatz:* → Pretest.

Postwurfsendung, unadressierter → Werbebrief an → Haushalte. – Vgl. auch → Direktwerbung, → Hauswurfsendung.

Potentialanalyse, Analyse und Bewertung der gegenwärtigen und zukünftigen Unternehmenspotentiale im Sinne von Ressourcen. Mit der P. können auch entsprechende Wettbewerbsanalysen (→ Konkurrenzanalyse) verbunden werden.

PR, Abk. für → Public Relations.

Prädisposition, Vorprägungen, die gebildet werden durch → Einstellungen und die individuellen Persönlichkeitsmerkmale des → Verbrauchers. P. kann mithilfe der → Marketingkommunikation beeinflusst werden.

Präferenz, Bevorzugung durch Unterscheidungsmerkmale von Leistungsangeboten, die die → Homogenitätsbedingung des → vollkommenen Marktes aufhebt (→ Marktformen und → Polypol). Nachfragerpräferenzen schaffen ein → akquisitorisches Potential, das bei einer ansonsten geltenden elastischen → Nachfragefunktion die Ausnutzung eines → preispolitischen Autonomiebereichs zulässt. Dadurch gelingt es (z.B. durch → Produktdifferenzierungen), eine → atomistische Konkurrenz unter Vollkommenheitsbedingungen in eine → polypolistische Konkurrenz unter Unvollkommenheitsbedingungen umzugestalten. Die P. sind sachlich und/oder persönlich, räumlich und zeitlich bedingt.

Präferenzkonflikt,
→ Appetenz-Appetenz-Konflikt.

Präferenzstrategie, Strategie, bei der → Qualität und → Preis hoch angesetzt (→ Preis-Qualitäts-Strategie) werden, um den → Markenkäufer zu gewinnen. Die Abgrenzung zur → Preis-Mengen-Strategie ist nicht trennscharf, da sich vielfach (z.T. konkurrenzbedingt) auch Mittellagen- und Aktionsstrategien als notwendig erweisen (→ Marktstimulierungsstrategie). Eine P. ist nur dann durchsetzbar, wenn aus Kundensicht Produktpräferenzen bestehen, die den hohen Preis rechtfertigen.

Pragmatik, Dimension der Bedeutsamkeit von Zeichen für Sender und/oder Empfänger. – Vgl. auch → Syntaktik und → Semantik.

Prägnanzprinzip, Fundamentalprinzip der → Wahrnehmung, das sich aus der → Ganzheitspsychologie und der → Gestaltpsychologie ableitet. Danach ist die Prägnanz definiert als die Stärke der Abhebung einer → Gestalt von ihrem gesamten Wahrnehmungsumfeld (→ Gestaltfestigkeit). Das P. hat eine besondere Bedeutung für die → Werbemittelgestaltung. Nach K. C. Behrens (1963) sind die diesbezüglichen wichtigsten

Prägnanzbedingungen Einfachheit, Einheitlichkeit und Kontrast.

Prämarketing, absatzbezogenes Instrumentarium der Marktvorbereitung, das vornehmlich in der Vorphase der → Produkteinführung zum Einsatz kommt. P. kann sich als Vorsprung im → Zeitwettbewerb erweisen, setzt jedoch auch den → Anbieter unter Zeitdruck, zum angekündigten Termin den → Markt zu bedienen. Beispiele für P. bieten die Automobilindustrie und auch Banken. Abzugrenzen von dem Begriff ist das → Nachkaufmarketing, wenngleich ein Kontext besteht zwischen Vor- und Nacharbeit. Auf diesen Kontext ist besonders deshalb hinzuweisen, weil sich das Marketing in der Praxis vielfach zu sehr auf den operativen, gegenwartsorientierten Instrumentaleinsatz konzentriert und dabei die Marktvorbereitung und Marktpflege vernachlässigt.

Prämie, im Rahmen des → Vergütungssystems eine leistungsorientierte Zusatzvergütung. Die P. ist an Vorgaben gekoppelt und zeitlich begrenzt oder unbegrenzt. Nach der Prämienart sind monetäre und Sachprämien zu unterscheiden. Weiterhin kann nach Individual- und Gruppenprämien differenziert werden. – *Anders:* → Provision und → Incentives. – Vgl. auch → Verkaufsprämie.

Preis, der in Geld ausgedrückte Tauschwert eines Leistungsangebots. Voraussetzungen für die Preisbildung sind die Knappheit des → Angebots und das Zusammenspiel von → Anbietern und → Nachfragern.

Preis-Absatz-Funktion, Preis-Mengen-Relation, die angibt, welche Menge zu einem bestimmten → Preis abgesetzt werden kann. Die P.-A.-F. repräsentiert also eine konjekturale → Nachfragefunktion (als eine → Marktreaktionsfunktion). Das Verhältnis der relativen Mengenänderung zu der sie verursachenden relativen Preisänderung wird durch die → Nachfrageelastizität in Bezug auf den Preis (→ Preiselastizität) ausgedrückt. Hierbei ist zu berücksichtigen, dass die Preiselastizität nur eine der Nachfrageelastizitäten ist, die in der Gesamtwirkung die → Absatzwertelastizität bestimmen. Durch die klassische Preistheorie werden für die verschiedenen → Marktformen unterschiedliche P.-A.-F. entwickelt.

Preisabsatzkurve,
→ Preis-Absatz-Funktion.

Preisabschrift, Preisherabsetzung einer → Ware unter den bisherigen → Verkaufspreis. P. werden aufgrund einer unbefriedigenden → Nachfrage vorgenommen. Damit ist primär das Ziel verbunden, den oder die → Artikel möglichst schnell herauszuverkaufen, um die notwendige Regalfläche für neue Angebote zu schaffen und das → Sortiment zu aktualisieren. Besonders bei modischen und verderblichen Waren erfolgen P. oft nach einem definierten Zeitraum automatisch.

Preisabsprache, *Frühstücks-Kartell,* Vereinbarung zwischen → Anbietern, gleichwertige → Angebote preislich nicht zu unterbieten bzw. die Preise gleichförmig und möglichst gleichzeitig zu erhöhen. Ein derartiges Preiskartell ist nach → Wettbewerbsrecht unzulässig. Eine unverabredete → Preisführerschaft ist hingegen kein Verstoß im Sinne des Wettbewerbsrechts, wenngleich sie zu einer ordnungspolitisch nicht erwünschten Wettbewerbsverzerrung führen kann.

Preisagentur, Dienstleistungsunternehmen, das für ein bestimmtes → Produkt bzw. eine → Dienstleistung den preisgünstigsten → Anbieter ermittelt. Die Suche kann sich auch auf eine durch den Auftraggeber definierte Region beschränken. Die unternehmensexterne Preisrecherche muss für den Auftraggeber kostengünstiger sein als die eigene Informationsbeschaffung. Entscheidend ist die Unabhängigkeit bzw. Neutralität der P. Als problematisch kann sich erweisen, dass es sich um eine reine Preisrecherche handelt und damit keine Qualitätsbewertung der

Anbieter bzw. → Angebote verbunden ist. Insofern ist die exakte Spezifikation des Produktes/ der Dienstleistung durch den Auftraggeber unerlässlich. Die → Provision der P. beträgt zwischen 30% und 45% der Ersparnis für den Auftraggeber, d.h. die Differenz zwischen dem Vorgabepreis und dem recherchierten Preis.

Preisaktion, Form der → Sonderangebotspolitik als zeitlich begrenzte → Preisvariation, die in erster Linie im → stationären Einzelhandel sehr beliebt ist. Durch die Aktionsorientierung soll primär die Preiswürdigkeit des → Anbieters deutlich gemacht werden. Bei häufigen Sonderangeboten („Preisaktionitis") kann die Gefahr eines kontinuierlichen Preisverfalls und/oder einer Imageschädigung von Prestigeprodukten auftreten. – Vgl. auch → Prestigekonsum.

Preisakzeptanz, subjektive Empfindung der Angemessenheit des verlangten → Preises. Die P. wird entscheidend durch das → Preisbewusstsein beeinflusst. – Vgl. auch → Preis-Leistungs-Verhältnis.

Preisänderungswirkung, Preiswirkung, die sich auf den früheren Preis als Beurteilungsmaßstab für den gegenwärtigen Preis aus Sicht des → Nachfragers bezieht. Entscheidend für die → Preisbeurteilung des Nachfragers ist nicht das absolute Preisniveau, sondern seine Veränderung. So führen z.B. größere Preissenkungen bei technischen → Gebrauchsgütern zur verstärkten → Nachfrage oder auch zur Kaufzurückhaltung in Erwartung weiterer Preissenkungen (→ Preiserwartungseffekt).

Preisangaben-Verordnung, Regelungen und Vorschriften zur → Preisauszeichnung. Danach sind die → Anbieter zur Preisklarheit und Preiswahrheit verpflichtet. Es müssen Endpreise inklusive der Umsatzsteuer angegeben werden. Durch die P.-V. soll der → Verbraucher in die Lage versetzt werden, einen objektiven Preisvergleich durchführen zu können.

Preisanpasser, nach der mikroökonomischen → Preistheorie Anbieter in der → Marktform des unvollkommenen → Polypols, deren maximale Angebotsmenge durch den → Absatzmarkt begrenzt wird, die ihren → Gewinn aber über den → Preis autonom steuern können. Die → Preis-Absatz-Funktion verläuft bei dieser Marktform als fallende Lineare von der Preis- zur Mengenachse. Die Marktform ist sehr praxisnah und gibt den Anbietern die Möglichkeit zur Schaffung → akquisitorischer Potentiale durch entsprechende Marketingaktivitäten (z.B. → Produktinnovation, → Marketingkommunikation).

Preisanpassungsklausel, → Preisgleitklausel.

Preisargumentation, Form der → Verkaufsargumentation, die im → Verkaufsgespräch die Preisattraktivität des → Angebots in Verbindung mit seinen Eigenschaften und seiner → Qualität besonders hervorhebt. Am häufigsten werden → Preisgegenüberstellungen zur P. benutzt. Diese sind aus wettbewerbsrechtlicher Sicht unbedenklich, soweit sie keine die Konkurrenzprodukte herabsetzenden → Preisvergleiche darstellen. Weitere Argumentationsformen sind die Angabe von → Nettopreisen, die Nennung von Grundpreisen ohne Betonung der Zubehör- oder Folgekosten (z.B. beim Autokauf), die Auslobung und auch Demonstration des Kundennutzens etc. P. und Verkaufsargumentationen sind grundsätzlich wesentliche Instrumente der → Preisdurchsetzung, soweit sie nicht missbräuchlich zur → Irreführung des → Nachfragers eingesetzt werden.

Preis-Audit, Ermittlung der durchschnittlichen → Marktpreise für → Konsumgüter und → Dienstleistungen. → Handelspanel und/oder → Verbraucherpanel dienen als Instrumente der Preisermittlung. – Vgl. auch → Preisvergleich, → Preisspiegel.

Preisaufklärung, Bereitstellung von → Verbraucherinformationen bez. der aktuellen durchschnittlichen → Marktpreise für → Waren und → Dienstleistungen. Die P. ist ein wichtiges verbraucherpolitisches Instrument zur → Verbraucheraufklärung. Von den Anbietern wird die P. jedoch z.T. sehr ambivalent beurteilt, da sie im Rahmen ihrer taktischen → Preisbildung an einer vollständigen → Preistransparenz kaum interessiert sind. Eine „gläserne" Preisbildung engt den preisautonomen Entscheidungsbereich erheblich ein. – Vgl. auch → Preisvergleich, → Preisspiegel, → Preis-Audit.

Preisausschreiben, besondere Form von → Gewinnspielen, die entweder als → Verbraucherpromotion oder auch als → Handelspromotion bzw. → Händlerpromotion durchgeführt werden und der → Verkaufsförderung dienen. P. sind wettbewerbsrechtlich unbedenklich, wenn sie nicht an den → Kauf des Leistungsangebots (auch im Sinne eines → psychologischen Kaufzwangs) gekoppelt werden.

Preisauszeichnung, nach der → Preisangaben-Verordnung ist es gesetzliche Pflicht, → Waren am Produkt (Produktpreisauszeichnung) oder am Regal (Regalpreisauszeichnung) durch Hersteller oder Handelsunternehmen mit dem Endpreis auszuzeichnen. Durch die P. soll der → Verbraucher in die Lage versetzt werden, einen objektiven Preisvergleich durchführen zu können. – Vgl. auch → Warenkennzeichnung.

Preisbereitschaft, → Preis, den der → Nachfrager für ein → Angebot zu zahlen bereit ist. Die P. hängt im Wesentlichen vom Vergleich der → Ausgabe mit dem → Nutzen ab.

Preisbeurteilung, subjektive Bewertung von Angebotspreisen durch die → Käufer, die eng verbunden ist mit Preisinteresse, → Preisbewusstsein, → Preiswahrnehmung und → Preiskenntnis. Die P. basiert auf einem Preisempfinden, das geprägt wird durch das → Preisverhalten. Damit ist auch die Wertschätzung der → Qualität im Vergleich zum Preis verknüpft. – Vgl. auch → Preis-Leistungs-Verhältnis.

Preisbewusstsein, subjektive Vorstellung von → Verbrauchern über den angemessenen → Preis eines Leistungsangebots. Die rein subjektive Auffassung zum Vorhandensein des P. ist stärker ausgeprägt als die tatsächliche → Preiskenntnis. Vielfach gilt der Preis als ein Maßstab für die Qualität (→ Veblen-Effekt). Das P. ist abhängig vom Preisinteresse und der → Preisbeurteilung und dem damit verbundenen Qualitätsinteresse und der Qualitätsbeurteilung. – Vgl. auch → Qualitätsbewusstsein.

Preisbildung, Festlegung der → Preise für die Leistungsangebote. Die P. erfolgt durch die → Preiskalkulation und orientiert sich an der → Marktform, den → Nachfrageelastizitäten und den → Kosten unter Berücksichtigung der → Unternehmensziele.

Preisbindung, *vertikale P., P. der zweiten Hand,* beschreibt den Tatbestand, dass der Hersteller den → Handel preispolitisch bindet. Die P. für Markenwaren (→ Markenartikel) und Verlagserzeugnisse wurde Ende 1973 aufgehoben und ist seitdem nur noch auf Verlagserzeugnisse beschränkt. Weitere Ausnahmen bestehen bei Arzneimitteln und Tabakwaren. Zulässig ist hingegen die vertikale → Preisempfehlung bei Markenwaren.

Preisbündelung, → Bundling.

Preisdifferenzierung, unterschiedliche → Preisbildung für das gleiche Leistungsangebot. Unterschieden werden die räumliche (geografisch unterschiedliche Märkte), zeitliche (z.B. Sommerpreise), sachliche (Verwendungszweck) und abnehmerorientierte (Zielgruppe) P. Insb. bei der abnehmerbezogenen P. (durch z.B. versteckte → Rabatte und Sonderregelungen der → Konditionen) besteht die Gefahr der → Preisdiskriminierung, die wettbewerbsrechtlich relevant ist. Die P. hat eine wichtige Funktion als Form der

Instrumentaldifferenzierung bei der → Marktsegmentierung im Verbund mit der → Produktdifferenzierung, → Distributionsdifferenzierung und → Kommunikationsdifferenzierung. Mithilfe der P. sollen insb. neue Zielgruppen erschlossen werden.

Preisdiskriminierung, die unterschiedliche preispolitische Behandlung gleichartiger → Abnehmer bei gleichem Leistungsangebot. Die Diskriminierung hat dann nach dem → Gesetz gegen Wettbewerbsbeschränkungen (GWB) Rechtsrelevanz, wenn der → Anbieter ein marktbeherrschendes bzw. marktstarkes Unternehmen ist. In den Handels-Hersteller-Beziehungen spielt in diesem Zusammenhang vor allem die → Rabatt-/Konditionenspreizung eine wichtige Rolle.

Preisdurchsetzung, alle Maßnahmen, die dazu dienen, die Angebotspreise in den → Absatzmärkten durchzusetzen. Hierbei gilt es vor allem, auf die → Preisbeurteilung der Verbraucher bzw. Konsumenten (z.B. durch diverse Arten der → Marketingkommunikation und durch die verschiedenen Formen der → Preispolitik) Einfluss zu nehmen. Ein weiterer wesentlicher Einflussfaktor ist beim → mehrstufigen Vertrieb der → Handel. Hier gilt es, alle → Distributionsorgane (inklusive des → Außendienstes) in den Preisdurchsetzungsprozess einzubinden. Die diesbezüglichen instrumentellen Maßnahmen sind z.B. → Preisempfehlungen, die verschiedenen Formen der → vertikalen Kooperation und die Stärkung der richtlinienbezogenen Preiskompetenz des Außendienstes. Bez. der Kostenentwicklung ist für die Preisdurchsetzung in vielen → Branchen überdies eine → Preissicherung notwendig.

Preiselastizität, Verhältnis der relativen Mengenänderung zu der sie verursachenden relativen Preisänderung. Das → Substitutionsverhältnis der Angebote untereinander wird durch die → Substitutionselastizität oder durch die → Amoroso-Robinson-Formel ausgedrückt. Es wird als normal angenommen, dass Preissenkungen zur Nachfragesteigerung führen und Preiserhöhungen zur Nachfrageverringerung. Diese Annahme kann jedoch nicht als allgemeingültig angesehen werden. Bei der Befriedigung von → Sekundärbedürfnissen kann der „anormale“ Effekt auftreten, dass Preissenkungen mit einer Nachfragesenkung verbunden sind und Preiserhöhungen mit einer Nachfrageerhöhung. – Vgl. auch → inverse Preiselastizität, → Bandwagon-Effekt, → Veblen-Effekt und → Snobeffekt.

Preisempfehlung, im Vergleich zur → Preisbindung handelt es sich um eine → Empfehlung, die der Hersteller dem → Handel als Richtpreis gibt. Die Empfehlung ist unverbindlich und nur zulässig bei Markenwaren. Die unverbindliche P. unterliegt der Missbrauchsaufsicht des Bundeskartellamts. Zu hoch angesetzte P. (→ Mondpreise) werden rechtlich als Missbrauch behandelt. Eine Sonderform unverbindlicher P. sind die sog. → Mittelstandsempfehlungen. Danach können Vereinigungen kleiner oder mittlerer Hersteller- oder Handelsunternehmen zur Steigerung der Leistungs- und Wettbewerbsfähigkeit für ihre Mitglieder P. aussprechen.

Preisendzifferneffekt, → Odd Pricing.

Preiserwartungseffekt, → Kaufverhalten, das sich an den Erwartungen künftiger Preisentwicklungen orientiert. Bei zu erwartenden Preiserhöhungen werden beabsichtigte → Käufe zeitlich vorgezogen, bei angenommenen künftigen Preissenkungen werden Käufe zurückgehalten. Dadurch kann aus Anbietersicht das Ziel von Preisänderungen (vor allem bei Preissenkungen) verfehlt werden.

Preisführerschaft, Anpassungsstrategie in der → Preispolitik, die insb. im → Oligopol zur Anwendung kommt. Im Grundsatz handelt es sich um eine kollektive → Preisbildung, durch die eine Kollision mit dem → Wettbewerbsrecht vermieden werden soll (→ Preisabsprachen). Unterschieden wird die dominierende P. (der marktdominante Anbieter gibt die Preisorientierung) und die barometrische P. (temporärer Wechsel des jeweiligen Preisführers). Durch das Konzept der P. wird insb. für Neuanbieter eine → Markteintrittsbarriere aufgebaut, die im deutlichen Widerspruch zum ordnungspolitisch gewünschten → Leistungswettbewerb stehen kann.

Preisgarantie, den → Kunden eingeräumte Garantie, für ein Leistungsangebot einen bestimmten → Preis einzuhalten. Die P. tritt in der Praxis in verschiedenen Varianten auf. Die Garantie gilt entweder für einen bestimmten Zeitraum oder hat die Form einer Geld-zurück-Garantie bei einem niedrigeren Wettbewerberpreis für das gleiche Leistungsangebot bzw. Akzeptanz eines niedrigeren Preises durch → Wettbewerber, der z.B. durch eine → Anzeige belegt ist (sog. Price Matching Plans). Das Risiko einer extensiven Ausnutzung der letztgenannten P. durch die Kunden wird dadurch eingeschränkt, dass sich die Garantie nur auf das identische Leistungsangebot bezieht. Die P. ist aber mit der Gefahr verbunden, dass dadurch eine Preisspirale (→ Discount-Konzept) nach unten entsteht. – Vgl. auch → Preisbildung, → Preispolitik.

Preisgegenüberstellung, → Preisvergleich mit höheren Referenzpreisen als → Preis- bzw. → Verkaufsargumentation zur → Preisdurchsetzung. P. (z.B. in den Verkaufsräumen des → Einzelhandels) haben den Charakter einer blickfangmäßigen Preiswerbung und sind wettbewerbsrechtlich zulässig. Unzulässig sind hingegen Preisvergleiche in Form der konkurrenzherabsetzenden → vergleichenden Werbung.

Preis-Gewinn-Funktion, funktionaler Zusammenhang zwischen der Höhe des → Preises und dem → Gewinn. Vor allem bei der → Marktform des → Polypols auf → unvollkommenen Märkten dient die P.-G.-F. der Ermittlung gewinnmaximaler Preise (als Schnittpunkt von → Grenzkosten und → Grenzerlös). Die Grundlage des Zusammenhangs bilden die → Preis-Absatz-Funktion, → Preis-Umsatz-Funktion und die → Preis-Kosten-Funktion.

Preisgleitklausel, Form der → Preissicherung, bei der der endgültige → Preis von der Preisentwicklung (z.B. der → Rohstoffe) oder von anderen Indikatoren (z.B. → Lebenshaltungskostenindex, Inflationsrate, allgemeine Kostenentwicklung etc.) abhängig gemacht wird. Durch P. sollen die Risiken, vor allem im → Anlagengeschäft, gemindert werden, die mit z.T. extremen Preisschwankungen verbunden sind. In diesbezüglichen Verträgen ist die Häufigkeit der Preisanpassung zeitlich oder auch indikatorabhängig geregelt. – Vgl. auch → Preisbildung, → Preispolitik.

Preisimage, Teilimage eines → Anbieters bei Verbrauchern bzw. Kunden, das sich auf den → Preis (→ Preislage, → Preislinienpolitik) bezieht. P. sind subjektive Preisurteile, die auf Preiserfahrungen beruhen und sich zu Generalisierungen verfestigen. Sie haben insb. für Handelsbetriebe eine große Bedeutung. So wird mit bestimmten → Handelsbetriebsformen und ihren typischen Ausprägungen (z.B. → Fachmärkten) eine besondere Preisgünstigkeit verbunden. In Bezug auf die Hersteller ist das P. eng an das → Unternehmensimage und → Markenimage gekoppelt.

Preisindex,
→ Lebenshaltungskostenindex.

Preiskalkulation, Ermittlung und Festlegung von → Preisen für die Angebotsleistungen von Unternehmen. Die P. lässt sich in drei Verfahrensgruppen gliedern:

1. kostenorientierte Verfahren (Vollkostenrechnung, Zuschlagskalkulation, progressive P.),
2. marktbezogene Verfahren (Teilkostenrechnung, Deckungsbeitragsrechnung, retrograde P.) und

3. marginalanalytische Verfahren (Preis-Absatz-Funktion, Cournot`scher Punkt, Marginalanalyse).

Vgl. Abbildung „Preiskalkulation“.

Preiskartell, → Kartell höherer Ordnung, das den → Wettbewerb erheblich einschränkt und dementsprechend nach dem → Gesetz gegen Wettbewerbsbeschränkungen (GWB) grundsätzlich verboten ist. Eine Ausnahme bildet das preispolitisch relevante und anmeldungs- und genehmigungspflichtige → Rabattkartell (→ Erlaubniskartell). Ziel der Ausnahmeregelung ist die Vermeidung einer ruinösen Rabattkonkurrenz.

Preiskäufer, → Nachfrager, für den der → Preis das entscheidende Auswahlkriterium beim → Kauf ist. P. zeichnen sich durch einen häufigen → Markenwechsel und/oder Einkaufsstättenwechsel (→ Einkaufsstättenwahlverhalten) und damit durch eine geringe → Markentreue bzw. → Ladentreue aus. – *Gegensatz:* → Markenkäufer.

Preiskenntnis, von Preisinteresse und → Preisbewusstsein abhängiges objektives Preiswissen des → Käufers in Bezug auf Einzelangebote. → Preistransparenz und die Aufnahme und Verarbeitung von Preisinformationen (z.B. → Preisvergleiche) sind die Voraussetzung für die P. Unter dieser Bedingungslage ist die objektive P. der → Verbraucher als äußerst gering einzuschätzen. Sie reduziert sich im Wesentlichen auf die Kenntnis von → Sonder- und → Lockvogelangeboten und bestimmten sozialen Eckpreisen von Lebensmitteln (z.B. Butter, Brot, Fleisch, alkoholfreie Getränke, Bier) im Einzelhandel.

Preiskorridor, kundenbezogene akzeptable Preisbandbreite für ein Leistungsangebot des → Anbieters. Der P. definiert die → Preisbereitschaft der → Kunden und ist sowohl eine Hilfe bei der Kundensegmentierung als auch für die Bestimmung von mindestertragssichernden → Preisuntergrenzen.

Preis-Kosten-Funktion, funktionaler Zusammenhang zwischen → Preisen und → Kosten. Die Ausbringungsmenge ist die entscheidende Kosteneinflussgröße. Aus dem Zusammenhang zwischen → Absatzmenge und Ausbringungsmenge ergibt sich die Verbindung zwischen der P.-K.-F. und der → Preis-Absatz-Funktion.

Preislage, verschiedene → Preise nach unterschiedlichen Qualitätsniveaus. Innerhalb der Qualitätsniveaus sind die Preise gleich bzw. unterscheiden sich nur geringfügig voneinander. Durch die verschiedenen P. sollen unterschiedliche Käufergruppen (→ Zielgruppen) angesprochen werden. Insofern gilt die Bedingung der → Marktsegmentierung, dass die P. in sich homogen und zueinander heterogen sein sollen. – Vgl. auch → Preislagenpolitik.

Preiskalkulation

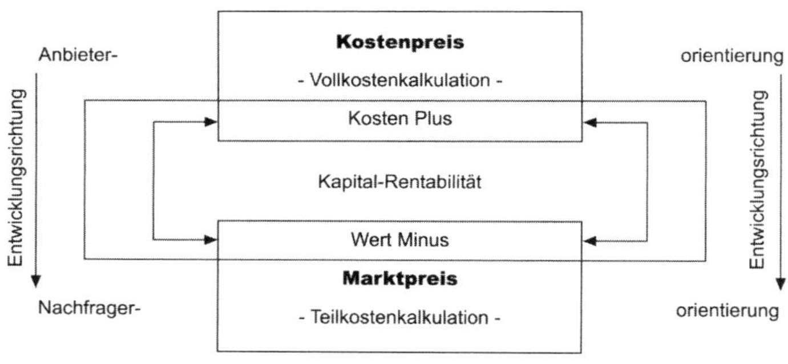

Preislagenpolitik, Bildung unterschiedlicher → Preislagen im → Sortiment bzw. → Produktprogramm entsprechend der → Positionierung des Unternehmens. Hierbei müssen für den Konsumenten bzw. Kunden die Nutzenunterschiede deutlich werden. Wichtig ist dabei vor allem die Preis-Image-Konsistenz. – Vgl. auch → Preisimage, → Preispositionierung.

Preis-Leistungs-Verhältnis, subjektive Empfindung der Angemessenheit des → Preises in Bezug auf die → Qualität des → Angebots. Das P.-L.-V. kann beeinflusst werden durch die → Servicepolitik und durch die Veränderung des → Preisimages. Die → Marketingstrategie sollte so angelegt sein, dass aus dem P.-L.-V. ein Leistungs-Preis-Verhältnis wird. Dadurch wird der reine → Preiswettbewerb reduziert.

Preislinienpolitik, Teil der → Preispolitik bez. der → Preisbildung für die einzelnen Teile des → Sortiments bzw. → Produktprogramms. Hierbei ist vor allem zu beachten, dass zwischen den Preislinien (→ Preislagen) bzw. den Leistungsangeboten vielfältige Verbundbeziehungen bestehen, die sich auf das → Preisimage auswirken.

Preis-Management, dispositive Umsetzung der → Preisstrategie und → Preispolitik. Da es sich bei der Preisstrategie um Grundsatzentscheidungen handelt, die langfristigen Charakter haben, liegt der Verantwortungsbereich bei der → Unternehmensführung.

Preismechanismus, wesentliches Merkmal der → Marktwirtschaft. Die → Preisbildung erfolgt durch das (auch staatlicherseits) ungehinderte Zusammenspiel von → Angebot und → Nachfrage und die freie Bildung von → Marktpreisen. Knappheit bzw. Überangebot von → Gütern bestimmen die Marktpreise. In diesem Zusammenhang spielt auch die Höhe der Angebotspreise eine wichtige Rolle.

Preis-Mengen-Strategie, Strategie, die auf einen aggressiven → Preiswettbewerb ausgerichtet ist und sich am → Preiskäufer orientiert. Die Grenzen zu Mittellagen- und Aktionsstrategien sind fließend (→ Marktstimulierungsstrategie). – *Gegensatz:* → Präferenzstrategie.

Preis-Mix, Untergruppe des → Marketing-Mix, die die Teilbereiche/Funktionen der → Preispolitik als Submix synergetisch zusammenfasst.

Preis-Nachfrage-Funktion, Preis-Mengen-Relation, die der → Preis-Absatz-Funktion ähnelt und sich von dieser nur dadurch unterscheidet, dass es sich um einen makroökonomischen Zusammenhang handelt.

Preisobergrenze, → Preis, der von den → Nachfragern gerade noch akzeptiert wird. Die P. entspricht der → Preisuntergrenze der → Anbieter.

Preisoptik, kommunikative Darstellung der besonderen Preis-Leistungs-Fähigkeit des → Anbieters. Instrumental werden dazu alle Formen der → Produktwerbung eingesetzt, im → Handel (vor allem im Einzelhandel) die → Preisauszeichnung im Schaufenster, → Outlet und/oder Regal, das Herausstellen von → Sonderangeboten und → Aktionsplatzierungen etc.

Preispolitik, Bestimmung der → Preise als Entgelt für Leistungsangebote. Die → Preisbildung orientiert sich an der → Marktform, den → Nachfrageelastizitäten und den → Kosten inklusive der angezielten → Umsatzrentabilität. Die P. weist einen engen Zusammenhang mit der → Konditionenpolitik auf. Die Verbindung zur → Preistheorie ergibt sich aus der → Preis-Absatz-Funktion. Ihre praktische Umsetzung erfährt die P. durch die Gestaltung des → Preis-Mix. – Vgl. Abbildung „Preispolitik".

preispolitische Autonomiezone, → monopolistischer Spielraum in der → Marktform des → Polypols auf → unvollkommenen Märkten. Der monopolistische Spielraum wird markiert durch einen Oberpreis und durch einen Unterpreis (→ Cournot`scher Punkt). In diesem Bereich der → Nachfragefunktion kann der → Anbieter preispolitisch fast reaktionsfrei agieren. Die Autonomiezone wird entscheidend bestimmt durch die → Präferenzen, die der Anbieter bei den → Nachfragern besitzt (→ akquisitorisches Potential).

Preispositionierung, spezielle Form der → Produktpositionierung. Das Leistungsangebot wird in Abgrenzung bzw. Abhebung zum Konkurrenzangebot positioniert bez. Preis-Leistung (→ Preis-Leistungs-Verhältnis) bzw. Preis-Qualität. Damit verbunden ist eine → Preisdifferenzierung nach verschiedenen Qualitäts-/ Leistungsklassen aufgrund der sehr unterschiedlichen Ansprüche von → Zielgruppen in Bezug auf das Preis-Qualitäts-Verhältnis. Die P. steht in einem engen Zusammenhang mit der → Preislagenpolitik und → Preislinienpolitik.

Preis-Prestige-Effekt,
→ Veblen-Effekt.

Preis-Qualitäts-Assoziation, assoziative Verbindung der → Qualität mit dem → Preis für unbekannte Leistungsangebote oder auch für Prestigeprodukte aus Sicht des → Nachfragers. Die → Preis-Absatz-Funktion zeigt vielfach sogar einen inversen Verlauf (→ inverse Preiselastizität). Generell gilt, dass die P.-Q.-A. umso stärker ist, je geringer die Produktkenntnisse des Nachfragers und je größer die Produktvielfalt mit ihren → Qualitätsdifferenzierungen sind. Aus der Assoziation können sich auch Übertragungseffekte (→ Irradiation) auf andere Leistungsangebote ergeben. – Vgl. auch → Preisimage.

Preis-Qualitäts-Strategie, → Präferenzstrategie, bei der im Vergleich zur → Preis-Mengen-Strategie die → Qualität bei der → Preisbildung im Vordergrund steht. Die wichtigsten Strategieformen sind:

- die Premiumstrategie (hoher Preis aufgrund überlegener Qualität und hohem Customer Value),
- die Mittelfeldstrategie (ausgewogenes Durchschnittsfeld von Preis und Qualität) und
- die Niedrigqualitätsstrategie (niedriger Preis und geringe Qualität).

Preispolitik

Instrumentalstruktur

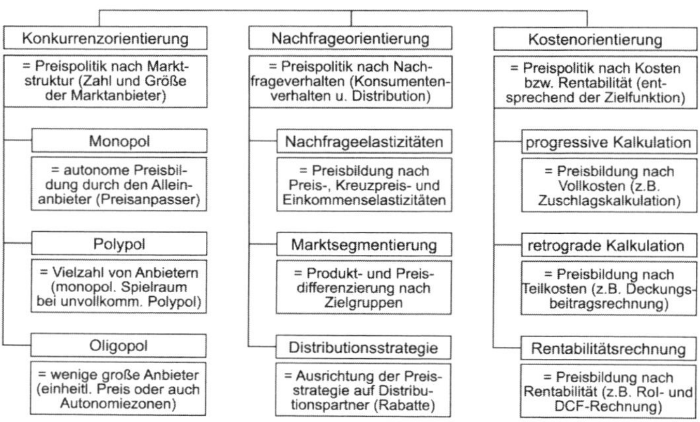

Die Niedrigqualitätsstrategie weist eine große Ähnlichkeit mit der Preis-Mengen-Strategie auf. – Vgl. auch → Outpacing.

Preis-Reaktions-Funktion, → Preis-Absatz-Funktion.

Preisregulierung, → Preisbindung, die behördlich verordnet wird.

Preis-Response-Funktion, → Preis-Absatz-Funktion.

Preisschleuderei, Niedrigstpreisstrategie, die bewusst eine Wettbewerbsvernichtung anstrebt und als wettbewerbswidrig einzustufen ist. Die P. ist deutlich abzugrenzen von den zulässigen diversen Formen der → Niedrigpreisstrategie (z.B. → Discount-Konzept, → Untereinstandspreispolitik). Die rechtliche Würdigung der relevanten Fälle gestaltet sich insofern äußerst problematisch, als eine exakte Trennschärfe zwischen Schleuderpreisen und Untereinstandspreisen nicht gegeben ist.

Preisschwelleneffekt, Phänomen, dass erst ab einer bestimmten Grenze eine Reaktion der → Verbraucher auf eine Preisveränderung erfolgt. Preispolitisch wird dieser Effekt durch die Bildung gebrochener → Preise genutzt (geringfügige Unterschreitung runder Preise). Vgl. auch → Odd Pricing.

Preissicherung, preispolitische Maßnahme, um sich vor Preisschwankungen, die durch Kostensteigerungen verursacht werden, zu sichern. Dies ist vor allem notwendig bei → Anlagengeschäften, bei denen die Abwicklung der Aufträge in der Regel eine längere Zeit in Anspruch nimmt. Die wichtigsten Formen der P. sind der Festpreiseinschluss (Risikoaufschlag), der Preisvorbehalt (Nachweis der Kostensteigerungen) und insb. die Vereinbarung von → Preisgleitklauseln.

Preisspiegel, vergleichende Gegenüberstellung von → Marktpreisen für homogene → Konsumgüter und → Dienstleistungen (→ Preisvergleich). P. werden von Beratungsstellen herausgegeben und dienen der → Verbraucherinformation. – Vgl. auch → Preistransparenz, → Preisaufklärung.

Preisstaffel, Form der → Preisdifferenzierung für Leistungsangebote der gleichen Gattung, die sich aber hinsichtlich → Ausstattung, → Qualität, Abnahmemenge etc. voneinander unterscheiden. Eine der wichtigsten Arten der P. für die → Vertriebspolitik ist die Mengenstaffel (→ Mengenrabatt).

Preisstellung, Preisniveau eines Leistungsangebots in Relation zu vergleichbaren Konkurrenzpreisen. Neben der Konkurrenzsituation hängt die P. im Wesentlichen vom Nachfragerverhalten und von der Kostenstruktur ab. – Vgl. auch Faktoren der → Preisbildung.

Preisstrategie, *Preislagenstrategie,* Festlegung der → Preispolitik über einen längeren Zeitraum. Hiermit sind vor allem die → Preispositionierung, → Preislagenpolitik und → Preislinienpolitik verbunden. Die P. steht in einem engen Zusammenhang mit der → Produktstrategie. Die wichtigsten P. sind die → Preis-Mengen-Strategie und die → Präferenzstrategie. – *Anders:* → Abschöpfungsstrategie, → Skimming-Strategie und → Penetration-Strategie. – Vgl. Abbildung „Preisstrategie – Zusammenhänge zwischen Preis- und Qualitätspolitik".

Preistest, Ermittlung der → Preisakzeptanz von → Käufern in Bezug auf das → Preis-Leistungs-Verhältnis. Das Verfahren dient der Messung der → Kaufbereitschaft. Problem des P. ist der vielfach festgestellte Unterschied zwischen verbaler Akzeptanz und tatsächlichem Verhalten. Diese Problematik kann deutlich gemindert werden durch die Anlage eines umfassenden → Produkttests, der die Preisakzeptanz mit erfasst.

Preistheorie, Volkswirtschaftstheorie, die sich mit der Erklärung der mikroökonomischen → Preisbildung auseinandersetzt. Die P. beruht im Wesentlichen auf der Marktformenlehre. – Vgl. auch → Marktformen.

Preistransparenz, vollständige und richtige Kenntnisse über die jeweils gültigen → Marktpreise von relevanten → Waren. → Preisvergleiche, → Preisspiegel, → Preis-Audits und → Preisaufklärung tragen zur Herstellung der P. bei. Ihre Basis bilden Aufnahme und Verarbeitung von Preisinformationen in Verbindung mit einer Marken-, Qualitäts- und Anbietertransparenz, die die Grundvoraussetzung für eine solide → Preiskenntnis sind. Die Intensität der diesbezüglichen Informationsaufnahme und Informationsverarbeitung hängt entscheidend vom → Preisverhalten ab. Dieses ist unterschiedlich ausgeprägt bei Unternehmen (u.a. abhängig von → Marktform, → Wettbewerbsstrategie) und Verbrauchern (z.B. → Preiskäufer im Vergleich zu → Markenkäufern).

Preis-Umsatz-Funktion, funktionaler Zusammenhang zwischen der Höhe des → Preises und dem → Umsatz, der sich aus der → Preis-Absatz-Funktion ableiten lässt.

Preisuntergrenze, Festlegung der unteren Preisgrenze für das Leistungsangebot. Zu unterscheiden ist zwischen der kurz- und langfristigen P. Die kurzfristige P. ist bestimmt durch die Deckung der → variablen Kosten. Langfristig müssen alle → Kosten (→ Vollkostenrechnung) gedeckt sein. Die kostenorientierte P. der → Anbieter entspricht der → Preisobergrenze der → Nachfrager.

Preisvariation, Veränderung des üblichen (geltenden) Angebots- bzw. → Listenpreises als Instrument der → Absatzförderung. Die P. kann kontinuierlich vorgenommen werden (z.B. durch den Einsatz der → Rabattpolitik) oder temporär durch → Sonderangebote. – *Anders:* → Preisdifferenzierung.

Preisveränderung, Preisbewegung für ein Leistungsangebot in Relation zu Konkurrenzangeboten. Die Formen der P. sind Preissenkungen oder Preiserhöhungen. Sie haben einen erheblichen Einfluss auf die → Marktanteile der Anbieter.

Preisvergleich, öffentliches Verzeichnis von empirisch erhobenen → Marktpreisen für homogene → Konsumgüter und → Dienstleistungen. P. dienen vor allem der → Verbraucherinformation. Eine der wichtigsten Institutionen, die P. durchführen, ist die Arbeitsgemeinschaft der Verbraucherverbände (AgV). P. von → Anbietern als Form der → vergleichenden Werbung waren hingegen bisher in Deutschland wettbewerbsrechtlich unzulässig,

Preisstrategie – Zusammenhänge zwischen Preis- und Qualitätspolitik

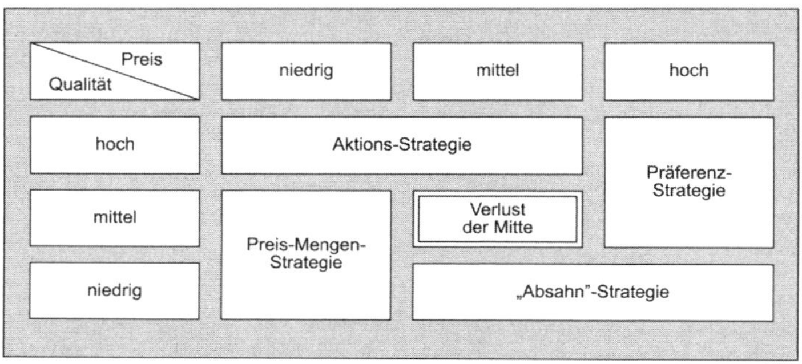

sind jedoch seit 1998 nach EU-Richtlinie unter Einhaltung bestimmter Rechtsnormen möglich.

Preisverhalten, wesentlicher Teil des → Käuferverhaltens, der mit dem → Preisbewusstsein eng verknüpft ist. Das P. hängt vom Preisinteresse und vom Preisbeurteilungsverhalten ab und bestimmt entscheidend die → Markenwahl und das → Einkaufsstättenwahlverhalten. Hierbei sind Preisinteresse und → Preisbeurteilung im Kontext des Qualitätsinteresses zu sehen, da vielfach der Preis als ein Maßstab für die Qualität gilt (→ Veblen-Effekt). Überdies üben die → Preisimages der Anbieter auf die Preisbeurteilung der Käufer einen erheblichen Einfluss aus. So gelten z.B. bestimmte Produkte oder auch Handelsbetriebe als besonders teuer, preiswert oder billig, ohne dass diese → Einstellungen durch eine solide → Preiskenntnis gesichert sind.

Preisverordnung, Festlegung von Grundsätzen der → Preisbildung bei öffentlichen Aufträgen. Hierin eingeschlossen sind auch die Grundsätze eines geordneten Rechnungswesens und darauf basierender → Preiskalkulationen. – Vgl. auch → Leitsätze für die Preisermittlung aufgrund von Selbstkosten (LSP).

Preiswahrnehmung, Aufnahme von Preisinformationen (→ Preisvergleiche, → Preisspiegel, → Preis-Audits), die vom Käufer subjektiv bewertet werden. Entscheidend für die P. sind Preisinteresse, → Preisbewusstsein, → Preiskenntnis und → Preisbeurteilung. Die Preisbeurteilung als Folge der Intensität der P. ist abhängig vom intentionalen → Preisverhalten, das wiederum von der jeweils gewünschten Form der → Bedürfnisbefriedigung bestimmt wird.

Preiswettbewerb, der → Wettbewerb wird primär über den → Preis ausgetragen (→ Preis-Mengen-Strategie, → Discount-Konzept). Die Produkte sind homogen und weisen keine → Präferenzen auf. Der P. führt nur dann zu einem → Wettbewerbsvorteil und auch Ertragszuwachs, wenn eine günstigere Kostenstruktur besteht.

Premiummarke, → Premiumstrategie.

Premiumstrategie, Form der → Präferenzstrategie, die nur dann realisiert werden kann, wenn der → Anbieter über ein überlegenes Leistungsangebot verfügt, das bez. → Qualität und Kundennutzen (→ Customer Value) einen hohen → Preis aus Kundensicht rechtfertigt. Zur Marktsicherung von Premiummarken ist ein hohes → Werbebudget notwendig. Vielfach empfiehlt sich auch die Wahl eines → selektiven Vertriebs, um der Gefahr von → Lockvogelangeboten durch den → Handel zu begegnen.

Pre-Sales-Service, Dienstleistungen, Informationen etc. zur gezielten Kundengewinnung (→ Akquisition). Durch ein umfassendes → Servicemarketing werden Pre-Sales- und → After-Sales-Services integrativ miteinander verbunden.

Presse-Clipping, → Clipping.

Pressure Groups, Interessenverbände und -gruppen, die gegenüber der Politik und auch → Öffentlichkeit Druck ausüben zur Durchsetzung ihrer Interessen (→ Lobbyismus und → Stakeholder). Soweit die P. G. legitime Mittel einsetzen und in der Öffentlichkeit eine Transparenz bez. des Mitteleinsatzes besteht, sind sie ein notwendiges Element der politischen Willensbildung.

Prestige, soziale Anerkennung, die einem Individuum aufgrund seiner → sozialen Rolle, der → sozialen Schicht oder seines → Status zuteil wird. Das P. das eine Person genießt, hängt von ihren → soziodemografischen Kriterien ab und beeinflusst → Einstellung und → Verhalten. – Vgl. auch → Prestigekonsum.

Prestigekonsum, → Demonstrativkonsum, der → Geltungsbedürfnisse befriedigt (→ Zusatznutzen). Der → Preis wird als Qualitätsmerkmal angesehen (→ Veblen-Effekt).

Prestigenutzen, → Geltungsnutzen.

Prestigeprodukt, Leistungsangebot, das primär darauf gerichtet ist, die → Geltungsbedürfnisse der → Nachfrager zu befriedigen und einen → Geltungsnutzen zu bieten. P. sind eine besondere Ausprägung von wohlstandsorientierten → Konsumgesellschaften. – Vgl. auch → Prestigekonsum, → Demonstrativkonsum.

Pretest, Form des → Werbetests, bei dem ex ante z.B. vor Schaltung einer → Anzeige deren mögliche Wirkung (→ Werbewirkung) hinreichend genau bestimmt werden soll. Der P. wird vielfach auch als → Konzeptionstest bezeichnet. Sein Einsatz konzentriert sich vor allem auf die → Werbemittelforschung. Als → Erhebungsverfahren können alle Methoden der → empirischen Markt- und → Sozialforschung zur Anwendung kommen. – *Gegensatz:* → Posttest.

Primacy-Effekt, Erkenntnis aus der Gedächtnisforschung, dass die ersten Wörter innerhalb einer Wortreihe (z.B. → Werbebotschaft) besser im Gedächtnis haften bleiben. Die Gedächtnisleistungen sind am höchsten am Anfang und am Ende (→ Recency-Effekt) von z.B. → Verkaufsgesprächen, → Verkaufstrainings, → Werbespots.

Primärbedürfnis, → physiologisches Bedürfnis und → Sicherheitsbedürfnis, (→ Maslow'sche Bedürfnispyramide). Die wichtigsten Bedürfniskategorien sind Nahrung, Kleidung, Wohnung, Selbst- und Arterhaltung (als elementare physiologische Bedürfnisse) sowie Arbeitsplatzsicherheit und generelle persönliche Sicherheit (als Sicherheitsbedürfnisse im Sinne erweiterter physiologischer Bedürfnisse). – Vgl. auch → Grundbedürfnis und → Grundnutzen. – *Anders:* → Sekundärbedürfnis und → Tertiärbedürfnis.

primärer Wirtschaftsbereich, Bezeichnung für die agrarisch-handwerkliche → Produktion, die in Volkswirtschaften mit einem niedrigen Entwicklungsstand vorherrschend ist. Neben der menschlichen Arbeitskraft stellt der landwirtschaftlich nutzbare Grundbesitz den wichtigsten → Produktionsfaktor dar. – Vgl. auch → sekundärer, → tertiärer und → quartiärer Wirtschaftsbereich.

Primärforschung, Gewinnung originärer → Daten, wenn sekundärstatistische Daten (→ Sekundärforschung) nicht ausreichen, sei es aus Aktualität, Vergleichbarkeit, Umfang oder auch Genauigkeit. Die Gewinnung der originären Daten (Primärdaten) erfolgt durch eigene Erhebungen „im Feld". Man spricht deshalb auch von → Feldforschung bzw. → Felderhebungen oder von → Field Research. → Interviewer erheben mithilfe von → Fragebogen bei den Zielpersonen auf der Basis einer repräsentativen → Stichprobe die relevanten → Marktdaten.

Primatkollegialität, Form des → Kollegialprinzips, bei der die gleichberechtigten Entscheidungsträger aus ihrer Mitte einen Vorsitzenden (primus inter pares) wählen, der bei Meinungsverschiedenheiten oder Pattsituationen entscheidet. – *Anders:* → Abstimmungskollegialität, → Kassationskollegialität.

Prime Time, besonders werbewirksame Werbeeinschaltzeiten für die → Fernsehwerbung und → Hörfunkwerbung aufgrund hoher → Einschaltquoten. Die P. T. beim Fernsehen ist die Zeit von 20.00 Uhr bis 23.00 Uhr, beim Rundfunk zwischen 06.00 Uhr und 09.00 Uhr. Durch das verstärkte Aufkommen privater Fernsehanstalten, lokaler und regionaler Sender und nicht zuletzt aufgrund der gesetzlich geregelten zeitlichen Werbebeschränkung öffentlich-rechtlicher Sender ist eine exakte Bestimmung der P.T. bez. der Einschaltquoten nicht möglich.

Print-Day-After-Recall-Test, Form eines → Werbetests, bei dem die Untersuchungspersonen einen Tag nach dem Erscheinen einer → Anzeige in einem → Printmedium zu der Anzeige befragt werden (→ Recall-Verfahren). – Vgl. auch → Day-After-Recall-Test.

Printmedien, Sammelbegriff für alle auf Papier bedruckten → Werbeträger. Eine Unterteilung erfolgt nach → Zeitungen (Tageszeitungen, Wochenzeitungen), → Zeitschriften (→ Publikumszeitschriften, → Fachzeitschriften), Büchern (Belletristik, Sachbücher) und sonstigen Druckerzeugnissen (z.B. → Beilagen, → Kataloge, → Prospekte und → Anzeigenblätter).

Print on Demand (PoD), → Books on Demand (BoD).

Prinzipal-Agenten-Theorie, Analyse und optimale Gestaltung von Auftragsbeziehungen zwischen einem Auftraggeber (Prinzipal) und Auftragnehmern (Agenten). Diese Analyse kann sich u.a. als sehr sinnvoll erweisen bei der Wahl der → Absatzform und der Entwicklung von Entlohnungs- bzw. → Vergütungssystemen.

Prinzip des flachen Maximums, das u.a. auf D. S. Tull (1986) zurückgehende Prinzip besagt, dass eine Abweichung des → Budgets für → Marketinginstrumente von bis zu +/– 25% von seiner optimalen Höhe keinen nennenswerten Einfluss auf den absoluten → Deckungsbeitrag hat. Die Begründung ergibt sich daraus, dass die höheren Kosten die durch die Budgeterhöhung verursachten Deckungsbeitragsgewinne fast ausgleichen und umgekehrt. Hierbei hat ein Überschreiten des Budget-Optimums geringere Wirkungen als ein Unterschreiten. In Bezug auf die Erhöhung von → Umsatz und → Marktanteil empfiehlt sich daher nach dem Prinzip die Überschreitung des optimalen → Marketingbudgets.

privater Haushalt, → Haushalt.

privater Verbrauch, privater → Konsum, der vom Statistischen Bundesamt definiert wird als Verbrauch der inländischen privaten → Haushalte an → Konsum- und → Gebrauchsgütern inklusive der Dienstleistungen. Statistisch ist der p.V. in Ausgabenkategorien (Haupt- und Untergruppen) gegliedert. Insb. für → Marktanalysen haben die Ausgabenkategorien und ihre Entwicklung eine Bedeutung zur Einschätzung künftiger Bedarfsstrukturen. Die konsumtiven → Ausgaben sind als Ergebnis des → Wertewandels und der → Wertedynamik zu interpretieren.

Proband, Bezeichnung für eine Versuchsperson in der → Markt-, → Meinungs-, → Motivforschung bzw. → empirischen Sozialforschung.

Probebefragung, testweise → Befragung vor Durchführung der eigentlichen Untersuchung, um inhaltlich und formal den → Fragebogen zu optimieren. – *Anders:* → Pilotstudie.

problemlose Ware, aus Sicht des → Nachfragers nicht erklärungsbedürftiges Leistungsangebot, das demzufolge auch keine Beratung erfordert.

Problemlösung, → Bedürfnis-Befriedigungsleistung, die als → Innovation gilt, wenn sie keinen vergleichbaren Vorläufer im Markt hat. Der Entwicklung von P. gilt die Priorität in der → Produktpolitik.

Problemlösungstechnik, → Kreativitätstechnik.

Problemprodukt, *Poor Dogs,* Bezeichnung einer Produktkategorie in der → Portfolioanalyse. Charakteristikum der P. ist, dass sie sich in einem Geschäftsfeld mit geringem → Marktwachstum befinden und auch ihre → Marktanteile unbedeutend sind. Dies hat zur Folge, dass sie in der Regel auch erhebliche Verluste verursachen. Es stellt sich daher die Frage, ob in die Poor Dogs noch erheblich investiert (z.B. durch → Relaunch) oder eine konsequente Desinvestition vorgenommen werden sollte. Die diesbezüglichen Praxiserfahrungen sind sehr unterschiedlich, wenngleich sich im Grundsatz eine Desinvestition empfiehlt, um die finanziellen Ressourcen in den Geschäftsfeldern mit einem hohen Marktwachstum einzusetzen. Die Entscheidung muss abgeglichen werden mit der → Programmpolitik (→ Komplementärprodukt) und den Grundsätzen des → System-Marketings. – *Anders:* → Fragezeichenprodukt, → Cash-Kühe.

Problemtreue, *Bedarfstreue,* Orientierung der Erstellung von → Leistungsprogrammen an den Kundenbedürfnissen. Die P. geht auf H. Gross (1907-1979) zurück. – *Anders:* → Kundentreue, → Wissenstreue, → Materialtreue.

Product Placement, *Produktplatzierung,* gezielte, zu Werbezwecken erfolgende Platzierung (Nennung und/oder optische Präsentation) von Produkten (meist → Markenartikeln) als lebensechte Requisiten in Spielfilmen, Hörspielen, Theaterstücken oder in redaktionellen Teilen von → Printmedien. Grundsätzlich sind alle → Kommunikationskanäle für das P.P. geeignet. Die typische Placement-Branche hat sich aber im Bereich der → audiovisuellen Medien entwickelt. Die inhaltliche Verwandtschaft zwischen P.P. und → Sponsoring ist sehr eng. Vielfach ist das P.P. eine Gegenleistung für den Sponsor (→ Bartering). Überdies besteht die Problematik einer inhaltlichen Abgrenzung zur wettbewerbsrechtlich unzulässigen → Schleichwerbung. Sie ist dann gegeben, wenn die Produktplatzierung nicht dramaturgisch notwendig ist und/oder mit ihr Geldzahlungen verbunden sind. Eine Alternative ist die Lizenznahme und damit der Erwerb der Vermarktungsrechte für Film, → Logo, Darsteller oder Requisiten durch → Werbungtreibende bzw. zwischengeschaltete Lizenzagenturen.

Product Publicity, Platzierung von → Produkten oder → Dienstleistungen im redaktionellen Teil von elektronischen → Medien oder auch → Printmedien.

Produkt, komplexe Ansammlung zu befriedigender Wertvorstellungen. Der generische Gegenstand an sich ist noch kein P., sondern lediglich das Produktminimum. Das P. ist der Gesamtnutzen (materieller und immaterieller Art), den der → Käufer erhält [nach T. Levitt (1982)] und setzt sich zusammen aus dem Produktkern und den akzessorischen Eigenschaften (wie z.B. Symbolik, Ästhetik).

Produktanforderung, konkreter Anspruch des → Nachfragers an ein Leistungsangebot. Der Unterschied zu den Bedürfnissen und dem daraus abgeleiteten → Bedarf ergibt sich aus dem Produktbezug. Dieser wird im Wesentlichen bestimmt durch den erwarteten → Nutzen, der sich neben dem → Produktnutzen auch z.B. aus dem → Service, den → Konditionen etc. ergeben kann.

Produktart, → Gütertypologie.

Produktaufmachung, → Produktgestaltung.

Produktausstattung, → Produktgestaltung.

Produktbewertung, zweite Phase im Produkt-Planungsprozess (→ Produktplanung). Ziel der P. ist es, diejenige Produktidee aus den Ideenalternativen herauszufiltern (→ Screening), die in Bezug auf Ziele, Ressourcen und Restriktionen den größtmöglichen Erfolg verspricht. Die wichtigsten Bewertungsverfahren (→ Scoringmodell) sind:

- das Prüflistenverfahren (Checklistenverfahren),
- die Produkt-Bewertungsmatrix (Gewichtung der gewichteten Hauptkriterien mit dem Erfüllungsgrad der Produktidee),
- das Wertskalaverfahren (Wertskalierung der Bewertungsfaktoren) und

- das Punktbewertungsverfahren (Modifikation der Produkt-Bewertungsmatrix).

Die gewichteten Hauptfaktoren werden in Teilfaktoren zerlegt und jeweils mit den Einzelbeurteilungen gewichtet. Die Gesamtbewertung ist die Summe aller gewichteten Einzelbewertungen, multipliziert mit den Hauptfaktorengewichten.

Produkt-Bewertungsmatrix, → Produktbewertung.

Produktdesign, ganzheitliche Formgebung bzw. Gestaltung von → Produkten als Ausdruck ihrer funktionalen und symbolischen → Produkteigenschaften. Das P. kommuniziert den Gebrauchswert (→ Gebrauchsnutzen) eines Produktes durch seinen emotionalen Ausdruckswert (→ Added Value), um nicht nur ästhetische, sondern auch Prestige-, Erlebnis- und individualistische Bedürfnisse zu befriedigen (→ emotionale Produktdifferenzierung). Die Identität von P. und Packungsdesign ist wesentlicher Bestandteil der Produktpersönlichkeit. Die Kongruenz von P. und Packungsdesign mit dem gesamten Leistungsangebot des Unternehmens (→ Produktprogramm) führt zum → Corporate Design.

Produktdifferenzierung, entsprechend den unterschiedlichen Nachfragerbedürfnissen wird das → Produkt in verschiedene Varianten differenziert, die sich in Form und/oder Qualität von den eigenen und/oder Konkurrenzprodukten unterscheiden (→ Line Extension). Die P. hat eine wichtige Funktion als Form der Instrumentaldifferenzierung bei der → Marktsegmentierung im Verbund mit der → Preisdifferenzierung, → Distributionsdifferenzierung und der → Kommunikationsdifferenzierung. Durch die P. sollen insb. für das Unternehmen neue → Zielgruppen erschlossen werden. – *Anders:* → Produktvariation. – Vgl. auch → horizontale und → vertikale Produktdifferenzierung.

Produkt-Division, → Divisionalisierung, → Spartenorganisation.

Produkteigenschaft, der gesamthafte → Nutzen, den das → Produkt dem Nachfrager stiftet. Die Bewertung der P. durch den Nutzer ergibt sich aus den Bedürfnissen und der Produktfunktion als → Problemlösung.

Produkteinführung, Einführung neuer → Produkte auf den → Markt. Ihr gehen die → Produktplanung und → Produktentwicklung voraus. Die P. ist die erste Phase im → Produkt-Lebenszyklus.

Produktelimination, Herausnahme eines oder mehrerer → Produkte aus dem → Produktprogramm. Die Hauptgründe für die notwendige P. sind Markt- und Ertragsschwächen und die Programmkonzentration. Einer der wichtigsten qualitativen Gründe ist der negative Einfluss eines Produkts auf das übrige Produktprogramm, der in der Regel vor allem bedingt ist durch Mängel in der Qualität. Damit ist auch die Gefahr einer Schädigung des → Firmenimage verbunden. Mit der → Produktvariation ist in der Regel auch eine P. verbunden. – *Gegensatz:* → Produktinnovation und → Produkteinführung.

Produktenbörse, → Warenbörse.

Produktentwicklung, planmäßige Konzipierung neuer → Produkte bzw. Verbesserung bestehender Produkte. Im Produktplanungsprozess schließt sich die Produktentwicklung an die Phasen → Ideengewinnung und → Produktbewertung an. – Vgl. auch → Produktentwicklungsprozess, → Produktplanung und → Innovationsprozess.

Produktentwicklungsprozess, *Entstehungszyklus,* Prozess vor der Markteinführung eines Produktes im → integrierten Produkt-Lebenszyklus, der drei Stufen umfasst:

1. Ideengewinnung,
2. Ideenbewertung und

3. Ideenverwirklichung.

Produktentwicklungsstrategie, Entwicklung neuer → Produkte für bestehende Märkte. Dadurch sollen insb. stagnierende Märkte wieder belebt werden. Ein Problem ist die damit verbundene Verkürzung der → Produkt-Lebenszyklen. – Vgl. auch → Marktfeldstrategie.

Produktfamilie, Gruppe von → Produkten im Sinne einer → Produktlinie. Die → Produktpolitik tendiert zunehmend in die Richtung einer → Line Extension durch → Produktdifferenzierung. Damit ist die Gefahr verbunden, dass immer mehr → Me too-Produkte angeboten werden, verstärkt → Kannibalisierungseffekte auftreten und → Produktinnovationen in ihrer Entwicklung blockiert werden.

Produktforschung, Untersuchung der eigenen Angebote und die der → Wettbewerber. Besondere Bedeutung hat die P. als Entscheidungshilfe bei der Entwicklung und Einführung neuer Produkte. Der zweite begriffliche Inhalt bezieht sich auf die → Forschung und Entwicklung, die eng mit der → Produktentwicklung verbunden sind.

Produktgestaltung, wichtiges Element der → Produktpolitik. Die wesentlichen Dimensionen sind:

- Produktqualität (Eigenschaften und Funktion),
- Produktdesign,
- Produktname (Marke),
- Preis,
- Distributionsorte und
- produktbezogene Marketingkommunikation.

Produktgruppe, *Produktlinie,* → Produktfamilie. Die P. weist einen Bedarfs- oder auch einen produktionstechnischen Zusammenhang auf. In enger Verbindung damit muss die → Preislinienpolitik gesehen werden.

Produktgruppen-Management, Zusammenfügen einzelner → Produkt-Managements zu einem Gruppen-Management. Organisational handelt es sich um eine → Objektgliederung der → Marketingorganisation unter Einschluss des Grundprinzips der → Linienorganisation.

Produkthaftung, Haftung für einen Schaden, der durch ein fehlerhaftes Produkt (bzw. Dienstleistung) nachweisbar verursacht wurde. Eine Exkulpation durch den Schadensverursacher ist nicht möglich. Wichtige Faktoren zur Verhinderung von Haftpflichtansprüchen sind risikogerechte und anwendungsbezogene → Produktinformationen.

Produkthandhabung, Umgang mit bzw. Einsatz von → Produkten durch den Verwender. Mit der P. können Probleme verbunden sein, die z.B. auf unzulängliche → Produktinformationen zurückzuführen sind. Im Schadensfalle haftet der Hersteller (→ Produkthaftung), wenn seinerseits ein Verschulden vorliegt.

Produktidee, → Ideengewinnung.

Produktimage, generelles und vorherrschendes Vorstellungsbild in der Marktöffentlichkeit über ein → Produkt, eine → Produktgruppe oder auch über eine ganze → Branche. Das allgemeine P. kann das einzelne → Marken- und → Unternehmensimage entscheidend beeinflussen.

Produktinformation, → Information zu bestimmten → Produkteigenschaften. P. sind ein wesentlicher Teil des Systems der → Warenkennzeichnung und dienen dem Nachfrager zur vergleichenden Produktbeurteilung. Hinsichtlich der Endverbraucher sind die P. ein wichtiges Instrument der → Verbraucherpolitik zur → Verbraucheraufklärung.

Produktinnovation, → Innovation, die sich auf die Leistungsangebote bezieht. – *Anders:* → Prozessinnovation.

Produktion, im technischen Sinne handelt es sich um die Erzeugung, Herstellung, Fertigung von → Sachgütern.

Der wirtschaftliche Produktionsbegriff umfasst die → Beschaffung, Herstellung und Bereitstellung von → Gütern und Diensten auf dem bzw. für den → Markt.

Produktionsfaktor, die zur → Produktion notwendigen → Güter materieller und immaterieller Art. Die volkswirtschaftliche Gliederung erfolgt nach Arbeit, Boden, Kapital und unternehmerischer Tätigkeit (→ dispositiver Faktor). Betriebswirtschaftlich umfassen die P. alle Elementarfaktoren und den dispositiven Faktor. Die Elementarfaktoren sind die objektbezogene menschliche Arbeit, die → Betriebsmittel (Gebäude, Maschinen, Anlagen und Werkzeuge) und die Werkstoffe (→ Roh-, → Hilfs- und → Betriebsstoffe). Die Kombination der P. erfolgt durch den dispositiven Faktor.

Produktionsfunktionen, Typ A geht von einer substitutionalen Beziehung der → Produktionsfaktoren aus (→ Ertragsgesetz), Typ B von einer → Limitationalität aufgrund unterschiedlicher → Verbrauchsfunktionen. Erweiterungen zum Typ B sind Typ C (Zerlegung des gesamten Leistungsprozesses in Teileinheiten und Bildung von Teilkombinationen) und Typ D (weitere Differenzierung durch detaillierte Analyse der Produktionsstruktur).

Produktionsgüter, gewerbliche → Verbrauchsgüter, die zur Herstellung anderer Güter (Produkte bzw. Dienstleistungen) notwendig sind. Sie bilden zusammen mit den → Investitionsgütern die → Produktivgüter. – *Anders:* → Konsumgüter.

Produktionslogistik, Teil der → Logistik, der die zeit- und mengengerechte Versorgung der → Produktion mit den erforderlichen → Roh-, → Hilfs- und → Betriebsstoffen und → Produktivgütern sicherstellt. Überdies ist die bedarfsgerechte Bereitstellung der Fertigprodukte für den → Vertrieb eine wichtige Aufgabe der P. Hinsichtlich der Notwendigkeit von integrierten Logistikkonzepten empfiehlt sich die, auch organisatorische Verknüpfung von → Distributions-, → Beschaffungs- und Produktionslogistik.

Produktionsplanung, *Fertigungsplanung,* umfasst die Produktionsprogrammplanung, Produktionsprozessplanung, Produktionssteuerung (Fertigungsvollzugsplanung) und die Produktionskontrolle.

Produktionstheorie, Analyse der mengenmäßigen Beziehungen zwischen dem Einsatz von → Produktionsfaktoren und dem mengenmäßigen Output. Damit verbunden ist auch die Ermittlung der relevanten Einflussgrössen und der optimalen Faktorkombination, die in der → Produktionsfunktion abgebildet wird. Die P. beschränkt sich auf eine reine Produktivitätsbetrachtung (→ Produktivität). Die betriebswirtschaftlich wichtige Weiterentwicklung erfolgt durch die → Kostentheorie, in der die mit Faktorpreisen bewerteten Faktoreinsatzmengen (→ Kosten) dem mengenmäßigen Output gegenübergestellt werden.

Produktionsverbindungshandel, Form des → Großhandels, der seine Leistungsangebote an Verarbeiter (z.B. Handwerker) veräußert. Der P. hat eine große Bedeutung für die Distribution von → Investitionsgütern. Im Vergleich zum sog. Absatzgroßhandel (klassischen Großhandel) und insb. zum → Abholgroßhandel muss der P. sehr hohe Serviceleistungen erbringen. Der P. ist in aller Regel ein Branchenspezialist, der seine Funktionsberechtigung aus dem Angebot von geschlossenen, komplexen → Problemlösungen für die gewerblichen → Nachfrager ableitet.

Produktivgüter, Gruppe der → Produktions- und → Investitionsgüter in der → Gütertypologie. – *Anders:* → Konsumtivgüter.

Produktivität, → Wertschöpfung im Verhältnis zu den eingesetzten → Produktionsfaktoren. Die P. wird ausgedrückt als Quotient aus Faktor-Output und Faktor-

Input. Der mengenmäßige → Ertrag wird ins Verhältnis gesetzt zur Menge der eingesetzten Produktionsfaktoren (→ Ertragsgesetz). – *Anders:* → Wirtschaftlichkeit und → Rentabilität.

Produktklassifikation, → A-B-C-Analyse.

Produktkonzept, Konzept zur Entwicklung von → Produktinnovationen und die damit verbundene → Ideengewinnung. Die P. werden durch den systematischen → Produktentwicklungsprozess schrittweise konkretisiert.

Produkt-Lebenszyklus, theoretisches Modell, das davon ausgeht, dass jedes → Produkt in seiner Absatzentwicklung fünf Phasen durchläuft:

- Einführung,
- Wachstum,
- Reife,
- Sättigung,
- Degeneration.

In verschiedenen Modellen werden auch die Forschungs- und Entwicklungsphase (→ Entstehungszyklus) in den integrierten P.-L. einbezogen und/oder die Modellbetrachtung erweitert durch eine → Versteinerungsphase. – Das P.-L.-Modell ist einer vielfältigen Kritik ausgesetzt worden. Die wichtigsten Kritikpunkte sind: Der Lebenszyklus eines Produkts unterliegt nicht einer allgemeinen Gesetzmäßigkeit nach s-förmigem Kurvenverlauf (Quasi-Glockenkurve). Die Absatzentwicklung ist nur bedingt eine Funktion der Zeit. Damit ist der P.-L. keine → Kausalanalyse. Die einzelnen Phasen sind nicht trennscharf. Die zeitliche Gleichverteilung der Phasen ist realitätsfremd. Trotz aller Kritik ist zu konstatieren, dass sich der P.-L. als → Beschreibungsmodell in der Praxis bewährt hat. In Kombination mit der → A-B-C- und → Portfolioanalyse liefert der P.-L. durchaus Entscheidungshilfen für phasenentsprechende Marketingmaßnahmen (→ Produktentwicklung, → Produktvariation, → Relaunch). Eine inhaltliche Verbindung besteht mit der → Diffusionstheorie. – Vgl. Abbildung „Produkt-Lebenszyklus-Modell".

Produktlinie, Gruppe von → Produkten, die einen Programmverbund darstellt (→ Programm, → Programmpolitik). Hierbei ist zu unterscheiden in die → Programmbreite und → Programmtiefe. Die Programmbreite ist definiert durch die Zahl der Produktlinien, die Programmtiefe ergibt sich aus der Anzahl der Einzelprodukte (→ Artikel), die eine P. bilden.

Produkt-Lebenszyklus-Modell

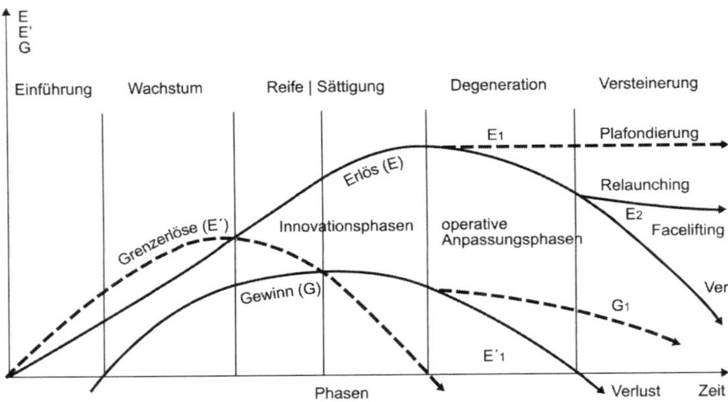

Produkt-Management, Marketingfunktion mit der Aufgabe, Marketingpläne (→ Marketingplanung) für ein → Produkt oder mehrere Produkte zu entwickeln, für die Plandurchführung zu sorgen, den Ergebnisverlauf zu beobachten und bei Planabweichungen Korrekturmaßnahmen vorzunehmen bzw. zu veranlassen. Hierbei handelt es sich in Bezug auf das Organisations- und → Leitungssystem um eine organisationale Objektorientierung. Die Grundidee der → Organisationsform ist, die im Grunde funktionale Organisation mit einer zweiten Organisationsebene zu überlagern, um den maximalen Produkterfolg sicherzustellen. – Vgl. Abbildung „Produkt-Management – Grundformen der Objekte-Gliederung“.

Produkt-Markt-Matrix, eine von H. I. Ansoff (1966) entwickelte Vierfelder-Matrix der grundlegenden → Marketingstrategien. Sie ergeben sich aus der Kombination von gegenwärtigen, neuen → Produkten und gegenwärtigen, neuen → Märkten und sind definiert als Strategien der → Marktdurchdringung, → Marktentwicklung, → Produktentwicklung und → Diversifikation. Durch Differenzierung der Basisvariablen kann die P.-M.-M. erweitert werden.

Produktmarktraum, topografische Darstellung der von den → Konsumenten subjektiv wahrgenommenen Real- und Idealprodukte in einem zwei- oder dreidimensionalen Raum (→ Mapping). Der P. umfasst die kaufrelevanten → Produkteigenschaften, die Positionen der bekannten Produkte nach der Ausprägung ihrer Eigenschaften, die Kundenklassifikation nach verschiedenen Produktanforderungen und die Distanzen zwischen den Real- und Idealpositionen der einzelnen Produkte. Die P. werden gebildet aus den Eigenschaftsbeurteilungen der Befragten oder mithilfe der → multidimensionalen Skalierung (MDS), um die Positionen der Produkte nach ihren kaufrelevanten Eigenschaften möglichst genau zu bestimmen.

Produkt-Mix, Untergruppe des → Marketing-Mix, die die Teilbereiche (Funktionen) der → Produktpolitik als Submix synergetisch zusammenfasst. – Vgl. auch → Leistungsprogramm.

Produktname, → Markenname.

Produktnutzen, → Customer Value, den das → Produkt dem → Käufer bietet. Der P. ist zielgruppenabhängig und stellt ein

Produkt-Management – Grundformen der Objekte-Gliederung

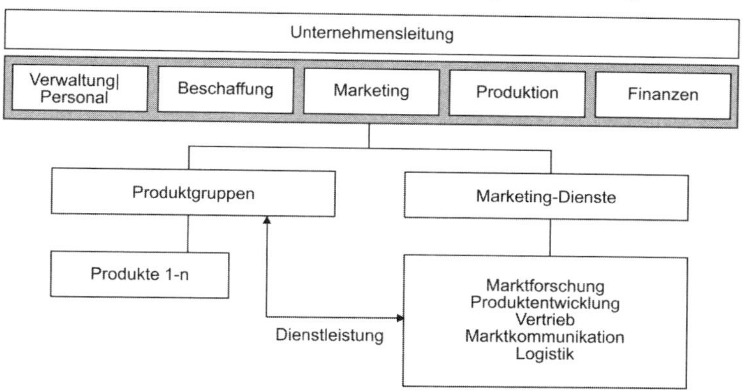

mehr oder weniger individuelles Bedürfnis-Befriedigungspotential dar (→ Bedürfnisbefriedigung) im Sinne einer → Problemlösung.

Produktpiraterie, nach → Wettbewerbsrecht untersagtes Nachahmen (→ Nachahmung) und Vervielfältigen von sonderrechtlich z.T. nicht geschützten → Produkten und auch objektiv unikaten → Produkteigenschaften. – Vgl. auch → Markenpiraterie.

Produktplanung, Planung, bei der in der ersten Phase zunächst Produktideen (→ Ideengewinnung) entwickelt werden müssen, die im nächsten Schritt nach Zielen und notwendigen bzw. verfügbaren Ressourcen bewertet werden (→ Produktbewertung, → Screening, → Bewertungsverfahren). Es folgt die → Wirtschaftlichkeitsanalyse, der sich die konkrete → Produktentwicklung anschließt. Es werden dann nach Möglichkeit repräsentative → Markttests durchgeführt. Die P. wird abgeschlossen durch die → Markteinführung. Das Produkt verlässt dann die Planung und tritt in die erste Phase seines Lebens im Markt ein (→ Produkt-Lebenszyklus). – Es besteht eine enge Verbindung der P. mit dem → Produktentwicklungsprozess.

Produktpolitik, zentrales → Marketinginstrument im → Marketing-Mix, das eng gekoppelt ist an die → Qualitätspolitik. Die P. umfasst alle strategischen und operativen Maßnahmen, bei denen das Produkt als Marketinginstrument eingesetzt wird. Hierzu zählen die → Produktgestaltung inklusive Packungs- und Verpackungsgestaltung (→ Produktdesign) und die → Marken- und → Imagepolitik. Diese Teilbereiche sind im → Produkt-Mix synergetisch zusammengefasst. Eine weitere Unterteilung kann vorgenommen werden nach den produktstrategischen Bereichen, d.h. nach → Produktdifferenzierung,→ Produktvariation und → Produktinnovation oder → Produktelimination, die in der Praxis verbunden werden mit der → Marktsegmentierung und → Diversifikation. – Vgl. Abbildung „Produktpolitik".

Produktportfolio, → Portfolio, → Portfoliomanagement.

Produktpositionierung, → Positionierung, die in einem meist zweidimensiona-

Produktpolitik

Instrumentalstruktur

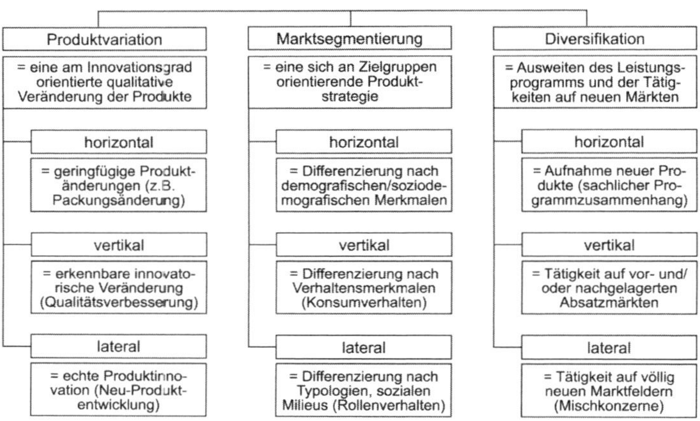

len und bipolaren Eigenschafts- bzw. semantischen Raum erfolgt. In diesem Raum wird das eigene → Produkt positioniert und mit den Konkurrenzprodukten verglichen. Die Positionierung wird nicht nach → Produkteigenschaften vorgenommen, sondern nach den → Einstellungen der existenten oder wünschenswerten Zielgruppe. Ziel ist, das Produkt an die ideale Wunschvorstellung des → Konsumenten heranzuführen und dabei gleichzeitig sicherzustellen, dass es sich von Konkurrenzprodukten unverwechselbar (→ Unique Selling Proposition) abhebt. Die P. ist daher nicht nur auf neue Produkte beschränkt, sondern umfasst auch die Neu- oder Umpositionierung bestehender Produkte. – Vgl. auch → Mapping.

Produkt-PR, Form der → Produktwerbung, die auf das kommunikative Umfeld des Leistungsangebots gerichtet ist (→ Public Relations). Die wichtigsten Ziele der P.-PR sind die Erhöhung des → Bekanntheitsgrades des Leistungsangebots, Verbesserung des → Produktimage, Stärkung der → Kundenbindung und die Herstellung eines positiven → Imagetransfers. – Vgl. auch → Spill-over-Effekt, → Carry-over-Effekt.

Produktprogramm, → Angebot, → Programmpolitik.

Produktqualität, → Qualität.

Produktrange, → Produktlinie.

Produktrentabilität,
→ direkte Produktrentabilität (DPR).

Produktstrategie, → Produktpolitik.

Produkttest, letzte Phase in der → Produktplanung (→ Innovationsprozess) vor der → Produkteinführung. Ziel ist die Überprüfung der → Produkteigenschaften, vor allem aber ihre Beurteilung und Bewertung durch die Nachfrager, die als Zielgruppe definiert sind. Zu den Produkteigenschaften zählen im weiteren Sinne z.B. der → Markenname, die → Packung, → Verpackung, der → Preis, die → Produktaufmachung, → Produktausstattung, → Produkthandhabung. P. werden als Partialtests (Beurteilung einzelner Komponenten des Produkts) oder als Volltests durchgeführt (Gesamteindruck). → Befragungen und → Gruppendiskussionen sind dafür die üblichen Testverfahren.

Produkttreue, Treuebindung des Käufers an ein → Produkt. – Vgl. auch → Markentreue.

Produkttypologie, → Gütertypologie.

Produktvariation, Schaffung eines Nachfolgeprodukts im Sinne einer grundlegenden Produktveränderung. Insofern ist eine exakte Trennschärfe zur → Produktinnovation nicht gegeben. Das Nachfolgeprodukt löst das Vorgängerprodukt ab. Die P. erfolgt in der Regel durch → Revival und hat zum Ziel, das Produkt im → Produkt-Lebenszyklus zu stabilisieren. Problem häufiger P. ist die (ungewollte) Verstärkung der → Obsoleszenz, die auf Dauer den Produktkern oder auch → Markenkern zerstört mit der Folge eines weiteren Lebensverfalls. – *Anders:* → Produktdifferenzierung.

Produktvereinheitlichung,
→ Marktunifizierung.

Produktversteinerung, → Versteinerungsphase, → Degenerationsphase.

Produktwerbung, Bestandteil des → Kommunikations-Mix, der in Praxis wie auch Literatur gleichgesetzt wird mit → Werbung.

Produkt-Wertanalyse, wertanalytische Untersuchungen (→ Wertanalyse) von bestehenden Produkten im Produktionsprogramm.

Produktwissen, im → Gedächtnis des → Konsumenten gespeicherte → Produktinformationen. Sie beziehen sich auf alle bekannten (→ Awareness Set) und relevanten (→ Evoked Set) Produkte. Das P.

nimmt Einfluss auf die Produktauswahl und steuert entsprechend die → Wahrnehmung.

Produzentenhaftung,
→ Produkthaftung.

Produzentenmarkt, *P-Markt,* nach der Markttypologie von P. Kotler (1974) im Sinne der Klassifikation in → Organisationenmärkte benannter Markt. Der P. ist der Markt für → Produktivgüter, der auf Unternehmen gerichtet ist, die durch den Einsatz von Produktivgütern wiederum Produkte oder Dienstleistungen erstellen. – *Anders:* → Konsumentenmarkt, → Wiederverkäufermarkt, → Markt der öffentlichen Betriebe.

Produzentenrente, nach A. Marshall, (1842-1924) Differenz zwischen dem Gleichgewichtspreis (→ Marktpreis) und einem niedrigeren Preis, zu dem aus Kostensicht die Leistung angeboten werden könnte. Die P. ist also ein Gewinnzuwachs, der dadurch entsteht, dass die Zahlungsbereitschaft (→ Preisakzeptanz) der Nachfrager die → Grenzkosten übersteigt. – *Anders:* → Konsumentenrente.

Profil, Persönlichkeitsmerkmal (wie z.B. jung, dynamisch, modern), das Produkten, → Marken oder auch → Betriebstypen des Einzelhandels vom Käufer zugewiesen wird. Ziel von Profilierungsstrategien ist es, ein unverwechselbares → Image zu schaffen (→ Unique Selling Proposition). Dies geschieht vor allem durch die → Marketingkommunikation.

Profiling, Sammeln von Daten von Kunden/Benutzern, um ein Kundenprofil anzulegen. – Vgl auch → Data Mining.

Profit-Center, dezentrales Ertragszentrum mit eigener Investitions-, Kosten- und Gewinnverantwortung. Nicht zwingend ist die eigene → Produktion als ein systemimmanenter Bestandteil. Im Hinblick auf das → Outsourcing ist eine definitorische Einengung nicht sinnvoll. In Verbindung mit der → Matrixorganisation ist die P.-C.-Gliederung die konsequenteste Umsetzung des Objektprinzips in Form der → Objektgliederung. Das auch als Quasi-P.-C. bezeichnete interne Outsourcing setzt das dezentrale Grundprinzip konsequent um. So können z.B. die Abteilungen Personal, Ausbildung, EDV, Marktforschung, Werbung, Grundlagenforschung etc. als P.-C. strukturiert werden. Damit werden aus → Kostenstellen Ertragszentren. – Vgl. Abbildung „Profit-Center-Organisation".

Profit-Center-Organisation

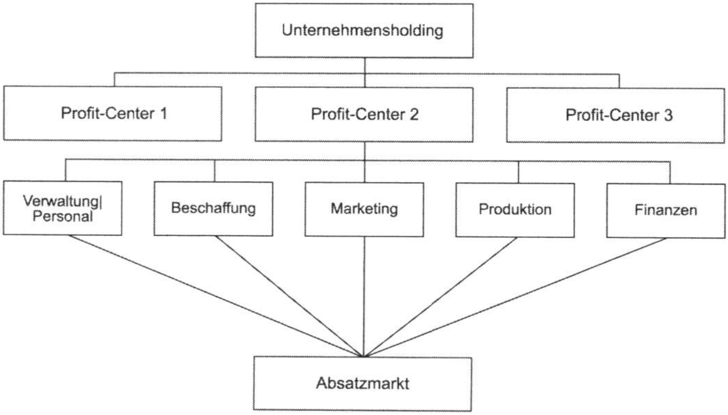

Prognose, Aussage über voraussichtliche Entwicklungen in der Zukunft (→ Trend). Im Mittelpunkt der Prognostik stehen vor allem die Markt- und → Absatzprognosen. Die Prognoseverfahren werden unterschieden nach quantitativen und qualitativen Verfahren. Zu den quantitativen Verfahren zählen die → Trendextrapolationen (Hochrechnung von → Zeitreihenwerten), die → Indikatormethoden (Analyse von wirtschaftlichen Daten als Indikatoren z.B. der Absatzentwicklung), die → Regressionsverfahren (Analyse der Wirkungszusammenhänge zwischen → unabhängigen und → abhängigen Variablen) und ökonometrische Techniken, bei denen eine zu prognostizierende Größe durch mehrere unabhängige Variablen bestimmt wird (multiple Regression). Zu den qualitativen Verfahren zählen alle Vorhersagemethoden, die darauf verzichten, komplexe Wirkzusammenhänge mathematisch-statistisch zu erklären und in entsprechenden → Modellen abzubilden. Zu den bekanntesten Techniken der qualitativen P. zählen die → Delphi-Methode, → Szenario-Technik und das → Expertensystem.

Prognosemodell, → Modell, das als Grundlage für → Absatzprognosen dient. P. definieren künftige Zustände auf Basis vergangener und gegebener Istzustände, z.B. mithilfe der → Szenario-Technik oder Delphi-Methode als qualitative Prognoseverfahren. Als quantitative Verfahren werden die → Trendextrapolation, → Regressionsanalyse, → Querschnitts-, → Längsschnittsanalyse etc. eingesetzt. – *Anders:* → Beschreibungs-, → Erklärungs- und → Entscheidungsmodell.

Program Evaluation and Review Technique (PERT), Methode zur Planung und Überwachung von Projekten. Die Planungsmethode ist z.B. einsetzbar bei der Entwicklung und Einführung neuer Produkte. – Vgl. auch → Netzplantechnik.

Programm, Angebotsprogramm von Herstellern (→ Programmpolitik) oder Handels- bzw. Dienstleistungsunternehmen (→ Sortimentspolitik).

Programmanalysator, Gerät zur Messung spontaner Reaktionen von Versuchspersonen (→ apparatives Verfahren). Durch Betätigen einer Zustimmungs- oder Ablehnungstaste während der Darbietung von Filmen, Werbespots, Hörfunkspots etc. wird zeitidentisch eine Bewertung des Wahrnehmungsobjekts vorgenommen (→ Werbewirkung). Die spontanen Reaktionen haben im Vergleich zu → Befragungen (je nach Untersuchungsobjekt und Untersuchungszweck) den Vorteil, dass eine längere gedankliche Auseinandersetzung ausgeschlossen ist.

Programm-Bartering, *Werbebartering,* → Kompensations- bzw. → Gegengeschäfte, bei denen die → Werbungtreibenden selbst ein Programm produzieren und es gegen Sende- bzw. Werbezeit dem TV-Sender zur Verfügung stellen. Das P.-B. weist eine sehr enge Verwandtschaft mit dem → Product Placement auf.

Programmbreite, breites → Angebot sehr unterschiedlicher Produkte. Insb. bei stark diversifizierten Unternehmen ist die P. ausgeprägt. – *Anders:* → Sortimentsbreite.

Programming,
→ Programm-Sponsoring.

Programmpolitik, strategische und operative Entscheidungen bez. des Produktprogramms. Der vergleichbare Begriff im Handel ist die → Sortimentspolitik.

Programm-Sponsoring, *Programming,* Form des → Sponsoring, bei der vor allem Programme im Fernsehen und Rundfunk gesponsert werden. Eine gewisse Ähnlichkeit besteht mit dem → Kultur-Sponsoring. – *Anders:* → Product Placement.

Programmtiefe. Das Produktprogramm des Herstellers ist stark spezialisiert und konzentriert auf eine bestimmte Produktgattung, die differenziert wird (→ Produktdifferenzierung). – *Anders:* → Fertigungstiefe, → Sortimentstiefe.

Programmvariation, Veränderung des Angebotsprogramms von Herstellern (→ Programmpolitik) bzw. Handelsunternehmen (→ Sortimentspolitik). Die Notwendigkeit von P. ergibt sich aus einer Vielzahl von Ursachen, wobei die wichtigsten Veränderungen im → Konsumentenverhalten (z.B. → Wertewandel) in der Wettbewerbs- und Kostenentwicklung und den → Produkt-Lebenszyklen zu sehen sind.

progressive Preiskalkulation, → Preiskalkulation, → Vollkostenrechnung.

Prohibitivpreis, staatlich festgelegter → Preis, um die → Nachfrage nach einem bestimmten Angebot zum Erliegen zu bringen bzw. zu dämpfen. Durch illegale Praktiken (z.B. durch Schmuggel, → Schwarzmarkt) wird die Wirksamkeit von P. meist unterlaufen. – Vgl. auch → Höchstpreis.

Projektcontrolling, Überwachung aller Abläufe, Termine und Kosten eines Projekts zur Unterstützung des → Projekt-Managements. In den Fällen, bei denen Projektteams z.B. zur Entwicklung und Markteinführung neuer Produkte bzw. zur Lösung anderer komplexer Probleme im Marketing eingesetzt werden, ist das P. Teil des → Marketingcontrollings, das wiederum mit dem Zentralcontrolling verbunden ist.

Projektion, Vorhersage, die auf subjektiven → Wahrscheinlichkeiten beruht und einen meist längerfristigen Erwartungscharakter hat. Insofern weisen P. eine engere Verwandtschaft mit der Zukunftsforschung (→ Futurologie) auf. – *Anders:* → Prognose.

projektive Frage, Form der indirekten Fragestellung (→ indirekte Frage), um durch die Projektion auf andere reale oder fiktive Personen für den Befragten unangenehme Sachverhalte zu ermitteln (→ Drittpersonentechnik). Hierbei wird unterstellt, dass sich die Befragten durch den Einsatz → projektiver Verfahren nicht persönlich angesprochen fühlen und demzufolge leichter ihre wahre Meinung äußern.

projektives Verfahren, Verfahren in der → Motivforschung zur Ermittlung der Motive des → Konsumentenverhaltens. Die wichtigsten p.V. sind der → thematische Apperzeptions-Test (TAT), der → Ballontest, der → Picture-Frustration-Test (PFT), der → Wortassoziation-Test (WAT) und der → Satzergänzung-Test (SET). Die methodischen Grenzen zwischen den projektiven und den → Assoziationstests sind fließend.

Projekt-Management, *Projektmanagement,* die zeit- und aufgabenbezogene Arbeit im Projektteam. Ziel ist, interdisziplinär und z.T. auch interhierarchisch Probleme zu lösen oder auch → Innovationen zu entwickeln, die durch die bestehende Organisation nicht bewältigt werden können. Ein → Projektmanager leitet das Projektteam. Bei der Projektorganisation ist zu unterscheiden zwischen dem Einfluss-P.-M. (Stabsstelle), dem reinen P.-M. (Linienverantwortung) und dem Matrix-P.-M. – *Anders:* → Produkt-Management. – Vgl. Abbildung „Projekt-Management – Aufgabenbezogene Team-Organisation“.

Projektmanager, Führungskraft, die im → Projekt-Management bzw. in der Projektorganisation ein Projektteam leitet. Der Erfolg der Projektarbeit ist nicht zuletzt von den Kompetenzen abhängig, die dem P. gegeben werden. Zu empfehlen ist eine Linienverantwortung in Kombination mit einer → Matrixorganisation.

Projektorganisation, Gesamtheit der Organisationseinheiten sowie der aufbau- und ablauforganisatorischen Regelungen, die für die erfolgreiche Abwicklung eines Projekts notwendig sind. Die P. legt neben den Details im Kern die Aufgabenstruktur und -verteilung und die Entscheidungswege und Kompetenzen des Projektleiters und der Projektmitglieder fest. Darüber hinaus ist die Kommunikation innerhalb und außerhalb des Projekts zu organisieren. – Vgl. auch → Projekt-Management.

Promotion, Maßnahmen der → Verkaufsförderung zur zielorientierten Unterstützung des Verkaufs. Die P.-Aktionen sind fokussiert auf die kommunikativen und distributiven Maßnahmen am Verkaufspunkt (→ Point of Purchase).

Promotor, Person, die einen → Innovationsprozess aktiv fördert. Zu unterscheiden sind der:

- Machtpromotor (hierarchischer Einflussnehmer),
- Fachpromotor (fachlicher Einflussnehmer) und
- Prozesspromotor (Beziehungspromotor als Organisations-Einflussnehmer).

Vor allem in größeren Organisationen stoßen die P. auf Macht- und Fachopponenten, die prima facie Innovationsprozesse behindern, aber auch durch ihre Widersprüche Innovationsprozesse vorantreiben können. Die Promotorfunktion (in Verbindung mit der Opponentenfunktion) zeigt sich auch in der → Beschaffung und hierbei vor allem im → Buying Center.

Propaganda, kommunikative Verbreitung politischer Ideen (Ideologien) und Ziele. Die P. ist scharf abzugrenzen von der ökonomisch orientierten → Werbung.

Propagandist, Verkäufer, der zur Einführung neuer Produkte vom Hersteller (in der Regel durch spezialisierte Dienstleistungsunternehmen) an attraktiven Verkaufspunkten (→ Point of Purchase) eingesetzt wird. Die Direktansprache der potentiellen Käufer ist ein Instrument der → Verkaufsförderung. Die wichtigsten Einsatzorte für den P. sind der → Einzelhandel, → Marktveranstaltungen und die diversen Formen des → ambulanten Handels.

proportionale Schichtung, beim → geschichteten Auswahlverfahren eine entsprechend dem Anteil der Schichten an der → Grundgesamtheit gebildete → Stichprobe. – *Gegensatz:* → disproportionale Schichtung.

prosaisonale Werbung, → prozyklische Werbung.

Prospekt, *Leaflet,* Werbeschrift von einer bzw. wenigen Seiten in einem gängigen Format, die in der → Direktwerbung eingesetzt oder als → Beilage in periodisch erscheinenden Druckmedien

Projekt-Management – Aufgabenbezogene Team-Organisation

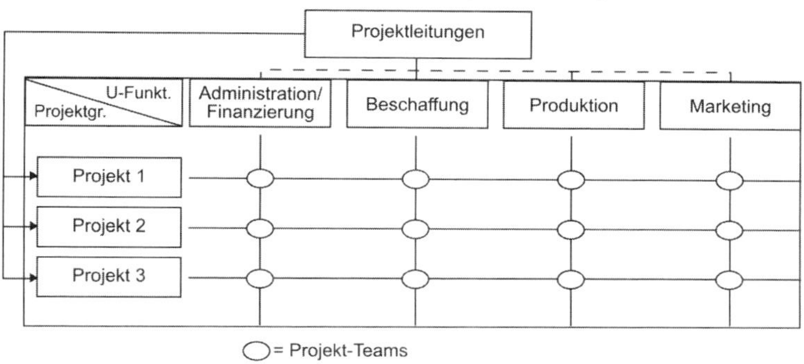

(→ Zeitungen, → Zeitschriften) verwendet wird. Ziel der Prospektwerbung ist die zielgruppenspezifische Ansprache der Adressaten. Die erweiterte Form des P. ist der → Katalog.

Prosumer, Verschmelzung von Konsument und Produzent im Sinne der Einbeziehung des → Konsumenten in die Produktionstätigkeit. Dies kann z.B. erfolgen durch den Einfluss auf die Produktfunktionen, → Qualität, → Produkthandhabung etc. Als Beispiel kann die Jeans-Herstellung dienen. Der P. gibt Hüftumfang und Beinlänge in den Computer ein. Auch Sonderwünsche (Schnitt, Farbe) können berücksichtigt werden. Die „Unikat-Jeans" sind in max. drei Wochen hergestellt. Damit werden die Kostenvorteile einer Massenfertigung mit den kundenindividuellen Wünschen verbunden. – Vgl. auch → Customized Marketing.

Prosumerismus, Tendenz, dass Konsumenten in vielfältiger Form als Produzenten tätig werden (→ Prosumer). Dies reicht von der Selbstherstellung von Produkten und Dienstleistungen bis hin zur aktiven Mitarbeit in Bürgerinitiativen, Selbsthilfegruppen etc. Insoweit geht der P. weit über die Konsumentenbeteiligung an → Produktentwicklungen hinaus. – *Anders:* → Konsumerismus.

Provider, Dienstleister, der Anwendern einen Zugang zum → Internet und in der Regel die damit verbundenen Dienstleistungen (→ Service) bietet.

Provision, Form der Leistungsvergütung. Die bekanntesten Provisionsformen sind die Umsatzprovision im Verkauf und die P. für Werbeagenturen (→ Provisionssystem). – *Anders:* → Prämie.

Provisionssystem, Form der → Agenturvergütung, die sich im Grundsatz an der Tätigkeit der Werbeagentur als → Werbemittler orientiert. Die → Provision beträgt in der Regel 15% vom Netto-Einschaltvolumen. Weitere Vergütungen erfolgen nicht. Dem Vorteil der Einfachheit des Verfahrens stehen erhebliche Nachteile gegenüber. So stehen zunächst nicht die Leistungen der Agentur im Vordergrund, sondern die Provisionssätze der ausgewählten Werbeträger. Damit hängt die Agenturvergütung entscheidend von der → Mediaplanung der Agentur und vor allem von der Höhe des Werbeetats ab. Die reine Orientierung der Agenturvergütung an der Mittlerfunktion führt dazu, dass die kreativen Leistungen der Agentur nicht ausreichend honoriert werden. – Vgl. auch → Service Fee-System.

Prozess, Gesamtheit von integrierten, funktionsübergreifenden Tätigkeiten mit einem messbaren In- und Output. P. sind wertschöpfend und wiederholbar. Beispiele sind die Leitung einer → strategischen Geschäftseinheit, die Projektleitung, die Entwicklung eines neuen Produkts etc.

Prozessinnovation, → Innovation, die sich auf ablauforganisatorische → Prozesse bezieht. Die P. ist fokussiert auf die Organisationsinnovation (→ Ablauf- und → Aufbauorganisation). In den Begriff eingeschlossen sind auch technische Verfahrensinnovationen, die z.B. Fertigungsabläufe optimieren. – *Anders:* → Produktinnovation.

Prozesskettenorganisation, Organisation nach dem Prinzip des Durchlaufs der einzelnen Leistungsprozesse. Im Vergleich zur klassischen funktionalen Gliederung (→ Funktionengliederung) steht die Zielrichtung der Leistungsprozesse im Vordergrund. Die Verantwortung der Prozessleitungen erstreckt sich auf mehrere Funktionsbereiche bzw. Abteilungen, wobei eine weitere Gliederung in Sub-Prozesse möglich ist.

Prozesskostenmanagement, Prozessorientierung der Unternehmungsorganisation (→ Prozesskettenorganisation). Die Prozesskosten werden im unternehmensbezogenen Gesamtzusammenhang gesehen. Inhaltlicher Hintergrund ist das notwendige Management von → Prozessen.

Prozessmanagement, → Geschäftsprozessoptimierung.

Prozessmarketing, marktorientiertes Management im Sinne einer Verknüpfung der Marktprozesse mit den marktrelevanten Tätigkeiten in der Organisation. – Vgl. auch → Prozessmanagement. – *Anders:* → Marketing-Mix.

prozessorientierte Budgetierung, → Budgetierung nach Prozessabläufen. Basis der p.B. ist die Analyse der bereichsbezogenen Teilprozesse und bereichsübergreifenden Hauptprozesse nach Struktur, Mengen und Kosten (→ Prozesskostenrechnung). Es folgt im nächsten Schritt ein internes und auch externes → Benchmarking der ermittelten Prozesskosten. Die daraus entwickelten Zielwerte werden dann auf die Teilprozesse heruntergebrochen und im letzten Schritt wieder aggregiert zu einer Zielgröße für den Gesamtprozess.

Prozesspromotor, Einflussnehmer, der aufgrund seiner Einwirkungsmöglichkeiten auf die Beziehungs- und Organisationsstrukturen im Unternehmen Problemlösungs- und auch → Innovationsprozesse aktiv fördert. Vielfach übt der P. auch die Funktion eines → Machtpromotors aus, um die → Fachpromotoren in → Task Forces einzubinden – Vgl. auch → Promotor.

Prozesskostenrechnung, Zurechnung der fertigungsnahen → Gemeinkostenbereiche auf die → Kostenträger. Die Weiterentwicklung der Methode des Activity-Based-Costing ist die Definition der Kunden als Kostenträger (Activity Accounting). Dadurch kann das Kundenmanagement (→ Key-Account-Management) erfolgsorientierter gestaltet werden. Die kundenbezogenen Aufwendungen bestimmen die Kundenertragskraft (→ Kundenrentabilität). Sie ergibt sich aus dem Vergleich der kundenspezifischen Kosten und der entsprechenden Nettoerlöse.

Prozessteam, Gruppe von Mitarbeitern, die gemeinsam einen vollständigen, komplexen Unternehmensprozess (z.B. → Produktentwicklung) durchführen. Im Wesentlichen zu unterscheiden sind „Caseteams“ (Erfüllung wiederholt vorkommender, komplexer und kundenbezogener Routineaufgaben) und „virtuelle Teams“ (Lösung konkreter, einmaliger Probleme). Die genannten Arten von P. haben eine große Ähnlichkeit mit dem → Projekt-Management als aufgabenbezogene Organisationsform. Die dritte Form von P. ist das sog. „Deal Structuring“, eine Zusammenfassung von Querschnittsfunktionen (z.B. Logistik) in einer Organisationseinheit, die vielfach bis zu einem einzelnen Mitarbeiter („Caseworker“) heruntergebrochen werden kann.

prozyklische Werbung, Form des → Werbetiming, die der konjunkturellen Entwicklung folgt. Das betrifft insb. die Festlegung der Höhe der Werbeausgaben. In Zeiten der Hochkonjunktur wird viel geworben, in denen der Rezession deutlich weniger. Diese Vorgehensweise bezieht sich in der Regel auch auf die Entwicklung z.B. der unternehmensbezogenen → Umsätze bzw. → Gewinne und das Reagieren auf Saisonschwankungen, wobei die letzteren aufgrund des gleichförmigen → Kaufverhaltens (über das ganze Jahr hinweg) im Konsumgüterbereich kaum noch eine Rolle spielen. – *Gegensatz:* → antizyklische Werbung.

Prüflistenverfahren, → Produktbewertung.

Prüfzeichen, Qualitätssiegel, das von privatwirtschaftlichen Testinstitutionen auf der Basis von Prüfgebühren vergeben wird und keinen staatshoheitlichen Charakter hat (z.B. TÜV-geprüft, Bewertung durch die → Stiftung Warentest). Das Qualitätsniveau der P. ist abhängig von der jeweiligen Prüforganisation und damit sehr unterschiedlich.

psychische Distanz, psychisch wahrgenommene Entfernung zu einem Handlungsziel. Bei zunehmender Zielnähe verstärkt sich die Verhaltenstendenz.

psychoanalytische Theorie, nach S. Freud (1856-1939) tiefenpsychologische Lehre, die eine Analyse menschlichen Handelns in der Motivationsforschung (→ Motivationstheorie) darstellt. Sie verbindet die hedonistische Doktrin J. Benthams (1779) mit dem Prinzip der Homöostase [W. B. Cannon (1932)]. Darüber hinaus wurde Freud beeinflusst durch das Überlebensmodell des Darwinismus [C. Darwin (1809-1882)]. Die psychoanalytische Lehre bildete zur Jahrhundertwende [nach B. Weiner [1988)] neben dem → Behaviorismus die Hauptströmung in der psychologischen Forschung. Nach Freud ist alles → Verhalten triebbestimmt und daher unbewusst. Unbefriedigte → Bedürfnisse (z.B. Nahrungsmangel) bei begrenzten Ressourcen motivieren das Individuum zum Handeln. Aktivität gilt als Zeichen für Unbefriedigtsein. Die Triebreduktion wird als lustvoll empfunden. Die Homöostase gilt als Zustand der Lust, in dem alle Wünsche befriedigt sind.

psychogalvanische Reaktion, → Hautwiderstandsmessung.

psychografische Kriterien, die wichtigsten Kriterien sind: allgemeine → Persönlichkeitsmerkmale, → Einstellungen und Nutzen-Erwartungen, → Lebensstil bzw. Lebensgewohnheiten. Sie bilden auch die Grundlage für die → psychografische Marktsegmentierung.

psychografische Marktsegmentierung, Gliederung der Konsumenten bzw. Verwender nach → psychografischen Kriterien.

Psychologie, Erfahrungswissenschaft, die sich mit dem Verhalten von Organismen, d.h. von Menschen und Tieren, den inneren Vorgängen sowie den Verhaltensbedingungen und Umwelteinflüssen (→ Kultur) befasst. Aufgabe der Humanpsychologie ist es, Gesetzmäßigkeiten bzw. Ursache-Wirkungs-Beziehungen zu erkennen, die dem menschlichen Verhalten, Erleben und Bewusstsein zugrunde liegen. Ziel ist einmal die Prognose des Verhaltens (Auftretenswahrscheinlichkeit), zum anderen die Verhaltensbeeinflussung mittels Verhaltenskontrolle, d.h. Auslösung und Veränderung von Verhaltensweisen.

psychologische Marktforschung, *marktpsychologische Forschung,* die Übernahme von aus der → Psychologie stammenden Erhebungsmethoden. Mithilfe der p.M. werden → Motive und → Einstellungen durch mündliche → Befragungen untersucht. → Imagemessungen, → Einstellungsmessungen, → Assoziationstests, → projektive Verfahren und → Gruppendiskussionen gehören zu den wichtigsten Untersuchungsmethoden. Als Problem der p.M. erweist sich vielfach die Operationalisierung der erhobenen Befunde. – *Anders:* → quantitative Marktforschung.

psychologische Marktsegmentierung, → psychografische Marktsegmentierung.

psychologische Produktdifferenzierung, Differenzierung des Leistungsangebots (→ Produktdifferenzierung), die die emotionalen Nutzenunterschiede in den (vor allem kommunikativen) Mittelpunkt stellt (→ emotionale Produktdifferenzierung). Hinsichtlich der funktionalsachlichen Produkteigenschaften werden keine oder nur geringe Modifikationen (z.B. in Formgebung, Farbe, Packung) vorgenommen.

psychologischer Kaufzwang, insb. durch werbliche Maßnahmen (z.B. → Zugaben, → Werbegeschenke, → Preisausschreiben) ausgeübter Zwang auf den Verbraucher, ein bestimmtes Angebot zu kaufen. Die Ausübung eines p.K. gilt wettbewerbsrechtlich [→ Gesetz gegen den unlauteren Wettbewerb (UWG)] als unlauterer Wettbewerb. – Vgl. auch → Kaufzwang.

psychologischer Preis, → Odd Pricing, → Preisschwelleneffekt.

psychologisches Marktmodell, Strukturierung und Interpretation der Meinungsverteilung im sozialen Feld [B. Spiegel (1961)]. Das Modell erweist sich vor allem bei der → Produktpositionierung und → Marktsegmentierung (hierbei insb. für die Formulierung von → Nischenstrategien) als eine sehr nützliche Entscheidungshilfe, da durch das p.M. für die Leistungsangebote erfolgreiche → Produktmarkträume abgebildet werden können.

Psychometrie, Sammelbegriff für alle quantitativen Methoden, die in der psychologischen Forschung zur Anwendung kommen.

Psychophysik, Teilgebiet der experimentellen → Wahrnehmungspsychologie, das sich mit den Zusammenhängen zwischen physikalischen und psychischen Faktoren beschäftigt (→ Weber-Fechner`sches Gesetz).

Public Affairs, Teil des → Public Marketings zur Gestaltung der Unternehmensbeziehungen zur sozialen und politischen Umwelt. P.A. können daher auch als kommunikative Umsetzung des → Social Marketings verstanden werden im Sinne einer sozialverantwortlichen → Marketingkommunikation. – *Anders:* → Public Relations (PR).

Public Goods, → öffentliche Güter.

Public Marketing, die Ausrichtung aller Marketingaktivitäten an den Belangen und Interessen der allgemeinen → Öffentlichkeit. Die Notwendigkeit dazu ergibt sich vor allem aus den oftmals auftretenden Zieldivergenzen zwischen der Öffentlichkeit und den erwerbswirtschaftlich tätigen Unternehmen. – *Anders:* → Public Relations (PR).

Public Opinion, → öffentliche Meinung.

Public Private Partnership, öffentlich-private → Kooperationen, die vor allem der Realisierung von Konzepten des → kommunalen Marketings bzw. → Stadtmarketings dienen. Die konkreten Kooperationsformen sind sehr vielfältig. Sie reichen von der privatwirtschaftlichen finanziellen Beteiligung an der Stadtentwicklung bzw. Stadterneuerung bis hin zur Übernahme bestimmter kommunaler Aufgaben, die von der Kommune (aus Kostengründen) nicht erfüllt werden können.

Public Relations (PR), nach E. Bernays (1926) → Öffentlichkeitsarbeit mit dem Ziel, Partikularinteressen und Gemeinwohl in Übereinstimmung zu bringen. Die Begründer der Öffentlichkeitsarbeit in Deutschland C. Hundhausen (1969) und A. Oeckl (1976) haben diese Definition weitgehend übernommen. Die prägnante Formel von Oeckl lautet: „PR = Information + Anpassung + Integration". Weitergehend kann daraus die Forderung abgeleitet werden, dass PR die Unternehmenspolitik in Informationspolitik übersetzt und auch in der Öffentlichkeit umsetzt. Es besteht ein enger Zusammenhang zwischen PR und → Imagepolitik.

Public Viewing, Live-Übertragung eines Großereignisses via Großbildleinwänden an öffentlichen Plätzen, um somit möglichst viele Menschen an diesem → Event teilnehmen zu lassen. – Der Begriff ist in diesem Zusammenhang nicht in das Englische übertragbar, da P.V. übersetzt die öffentliche Aufbahrung eines Verstorbenen bedeutet.

Publikum, teilnehmende Öffentlichkeit.

Publikumsforschung, → Rezipientenforschung.

Publikumswerbung, → Werbung, die sich an die breite Öffentlichkeit richtet. Die P. ist nicht zu verwechseln mit einer zielgruppenunspezifischen Werbung. Üblicherweise werden als → Kommunikationsmedien → Publikumszeitschriften eingesetzt, deren Auswahl (→ Mediaselektion) zielgruppenspezifisch erfolgt. – *Gegensatz:* → Fachwerbung.

Publikumszeitschrift, regelmäßig erscheinendes Druckerzeugnis, das den Charakter einer Massenzeitschrift hat. – *Anders:* → Spezialzeitschrift und → Zielgruppenzeitschrift.

Pufferfrage,→ Ablenkungsfrage.

Pufferzeit, → kritischer Weg, → Netzplantechnik.

Pull-Strategie, Aktivierung von Endverbrauchernachfrage durch → Werbung. Ziel ist, einen Nachfragesog im Einzelhandel zu erzeugen. Die damit verbundenen → Marketingstrategien sollen einen Druck auf den Handel ausüben, das jeweilige Produkt zu listen bzw. nachzubestellen. Sinnvoll ist die P.-S. besonders dann, wenn eine hohe → Markentreue bzw. → Markenpräferenz besteht. – *Gegensatz:* → Push-Strategie.

Pulsationsstrategie, Form der → Marktstimulierungsstrategie, bei der die Dosierung des Einsatzes der → Marketinginstrumente in regelmäßigen oder auch unregelmäßigen zeitlichen Abständen verändert wird. Die P. wird vor allem in der → Preispolitik und bei der → Werbebudgetierung eingesetzt. So bieten sich z.B. wechselnde Preissenkungen und Preiserhöhungen an (→ Sonderangebotspolitik im Einzelhandel), wenn der Absatz- bzw. Umsatzzuwachs bei Preissenkungen höher ist als der Absatz- bzw. Umsatzverlust bei Preiserhöhungen (durch Rückkehr zum Normalpreis). Werbung (vor allem Produktwerbung) in Phasen im Gegensatz zur zeitlich gleichförmigen Verteilung der Werbeanstöße nutzt das Phänomen der → Marketing-Hysterese, d.h. die zeitliche Nachwirkung von Werbeaktionen. Sie bietet die Möglichkeit zur Optimierung der Werbebudgetierung.

pulsierende Werbung, → Werbung in Phasen im Gegensatz zur zeitlich gleichförmigen Verteilung der Werbeanstöße. Grundlage dieser → Werbestrategie ist die Erkenntnis aus der → Lernpsychologie, dass Werbekampagnen noch einige Zeit nach ihrer Durchführung von den → Kommunikanten erinnert werden. Es empfiehlt sich daher, innerhalb oder zwischen den Kampagnen Werbepausen einzulegen. Die → Pulsationsstrategie weist gegenüber der zeitlichen Gleichförmigkeit der Werbeanstöße Vorteile auf, da kontinuierliche Kontakte zu hohen Kontaktmengen führen, die nur noch unterproportional im Gedächtnis (→ Gedächtnistheorie) wirksam werden. – Vgl. auch → Marketing-Hysterese.

Punktbewertungsverfahren, → Scoring-Modell, → Produktbewertung.

Pupillometrie, → apparatives Verfahren, das die Veränderung des Pupillendurchmessers aufgrund der Aufnahme von → Stimuli feststellt. Von der Pupillenveränderung wird auf die → Aktivierung der Versuchsperson geschlossen. Im Vergleich zur → Blickregistrierung hat sich das Verfahren in der experimentellen → Mediaforschung nicht durchgesetzt.

Push-Strategie, bei dieser Strategie wird versucht, die Ware in den → Einzelhandel hineinzudrücken. Die. P.-S. umfasst alle Herstelleraktivitäten, die auf den Handel fokussiert sind. Dazu gehören → Verkaufsförderung und → Merchandising. – *Gegensatz:* → Pull-Strategie.

Q

Qualität, Gesamtheit von Eigenschaften und Merkmalen eines → Produktes (bzw. einer Dienstleistungen) oder einer Tätigkeit, die sich auf deren Eignung zur Erfüllung gegebener Erfordernisse bezieht. Die Erfordernisse sind projiziert auf die Kundenanforderungen bzw. -erwartungen (DIN ISO 8402). Die Q. wird bestimmt durch das integrierte Zusammenwirken von Vorfabrikate-, Konstruktions- und Ausführungsqualität. Zur Ausführungsqualität zählen auch die Auslieferungsqualität und der Kundendienst. Nach DIN 55350 Teil 11 ist Q. die „Gesamtheit von Eigenschaften und Merkmalen eines Produktes oder einer Tätigkeit, die sich auf deren Eignung zur Erfüllung gegebener Erfordernisse bezieht. Die Erfordernisse ergeben sich aus dem Verwendungszweck des Produktes oder dem Ziel der Tätigkeit unter Berücksichtigung der Realisierungsmöglichkeiten.“ Das Leistungsangebot hat die richtige Q., wenn es die Ansprüche, Bedürfnisse und Erwartungen der Kunden erfüllt. Maßstab für Q. ist die Einstellung der Kunden, die als Image sowohl objektiv als auch subjektiv geprägt ist. Die Einstellung zur Q. wird z.Z. entscheidend beeinflusst durch den Meinungsführer.

qualitative Marktforschung, → psychologische Marktforschung, mit deren Hilfe verhaltensbestimmende → Motive und → Einstellungen untersucht werden, deren Untersuchungsergebnisse aber nicht als mathematisch-statistisch repräsentativ angesehen werden können. – *Anders:* → quantitative Marktforschung.

Qualitätsabweichung, Soll-Ist-Abweichung in der Produktqualität.

Qualitätsaudit, systematische und unabhängige Untersuchung (→ Auditing), um festzustellen, ob die qualitätsbezogenen Tätigkeiten und die damit zusammenhängenden Ergebnisse den geplanten Anforderungen entsprechen und ob diese Anforderungen verwirklicht und geeignet sind, die Ziele zu erreichen (DIN ISO 8402).

Qualitätsbewusstsein, subjektive Vorstellung von Verbrauchern über die → Qualität eines Leistungsangebots. Ähnlich wie das Preisbewusstsein ist das Q. eine rein subjektive Größe, die vielfach auf → Produktimages beruht, die ihrerseits → Irradiationen auslösen können. Und bei einigen Bedürfniskategorien (z.B. Prestigekonsum) wird der Preis ohnehin als konsumverbindliches Qualitätsmerkmal angesehen. – Vgl. auch → Veblen-Effekt.

Qualitätscontrolling, Weiterentwicklung der systematischen → Qualitätskontrolle über die → Qualitätssicherung und das → Qualitätsmanagement zu einem geschlossenen und an der gesamten Wertkette orientierten Controlling-Konzept. Während sich die Qualitätskontrolle lediglich auf das Leistungsangebot (Produkt und/oder Dienstleistung) bezieht und Qualitätssicherung und -management die Prüfung auf den Produktionsprozess ausdehnen, erfasst das Q. alle prozessualen Abläufe inklusive der Potentialfaktoren. Aus diesem Anspruch ergibt sich eine enge Verwandtschaft zum → Total Quality Management (TQM).

Qualitätsdifferenzierung, besondere Form der → Produktdifferenzierung, die sich auf unterschiedliche Ausprägungen des Leistungsangebots bez. der → Qualität bezieht. Sie gehört damit zu den Formen der Instrumentaldifferenzierung bei der Marktsegmentierung. Bei zu extensiver Handhabung der Q. kann damit aber ein negativer Imagetransfer auf das gesamte Leistungsangebot verbunden sein.

Qualitätskontrolle, älterer Begriff für → Qualitätsprüfung. Der Unterschied zur → Qualitätssicherung besteht darin, dass die → Qualität lediglich aus dem fertigen Produkt heraus kontrolliert wird. – *Anders:* → Qualitätscontrolling.

Qualitätskosten, Kosten, die bei der → Qualitätssicherung entstehen. Im Wesentlichen sind die folgenden Kostengruppen zu unterscheiden: Fehlerverhütungskosten (Vorbeugung und Begrenzung), Prüfkosten zur Qualitätskontrolle und Fehlerfolgekosten (Reklamationen, Nachbesserung, Beschwerdebehandlung etc.) bei Qualitätsmängeln.

Qualitätslenkung, Einleiten von Korrekturmaßnahmen auf der Basis von → Schwachstellenanalysen bei Qualitätsabweichungen.

Qualitätsmanagement, Durchsetzen des Qualitätsgedankens im ganzen Unternehmen. Das Q. umfasst die Planung, Lenkung, Prüfung und Dokumentation aller qualitätsbezogenen Tätigkeiten im Unternehmen. In diesen Prozess sind alle Funktionen und Funktionsträger eingeschlossen. Es handelt sich um ein sog. → Total Quality Management (TQM).

Qualitätsnorm, → ISO 9000.

Qualitätsplanung, Definition der Qualitätsmerkmale (prüfbare und realisierbare Anforderungen), Festlegung der Toleranzen (Grenzwerte), Untersuchung der Möglichkeiten für fehlerfreie Herstellung und Prüfung.

Qualitätspolitik, Gestaltung und absatzpolitischer Einsatz der → Qualität eines Produkts bzw. einer Dienstleistung als wesentlicher Teil der → Wettbewerbsstrategie. Hierbei hängt die Qualität des Leistungsangebots entscheidend vom Customer Value ab, der wiederum in Teilnutzen bzw. in Teilfunktionen (z.B. Haltbarkeit, Gebrauchszuverlässigkeit, Ausstattung, Form) zerlegt werden kann. Zwischen der Q. und der Servicepolitik besteht eine sehr enge Verbindung.

Qualitätspreis, → Quality Award.

Qualitätsprüfung, maschinennahe Prüfung und Optimierung des Fertigungsprozesses. Qualitätsabweichungen werden statistisch festgestellt und ausgewertet (Statistical Process Control).

Qualitätssicherung, Fehlerverhütung, die sichergestellt wird durch → Qualitätsplanung, → Qualitätslenkung und → Qualitätsprüfung. Es geht im Wesentlichen darum, → Qualität in das Produkt bzw. die Dienstleistung hineinzuentwickeln und nicht am fertigen Leistungsergebnis heraus zu kontrollieren.

Qualitätswesen, Koordinationsfunktion aller qualitätsbezogenen Maßnahmen im Unternehmen.

Qualitätswettbewerb, Form der → Präferenzstrategie, bei der die → Qualität als → Präferenz (für den Kunden) entwickelt wird. Insb. bei höherwertigen Leistungsangeboten ist es das Ziel, den Q. zu forcieren und den Preiswettbewerb zu vermeiden.

Qualitätszeichen, → Gütezeichen.

Qualitätszertifizierung, prozessorientierte Form der Bewertung der → Qualität, die sich an internationalen und/oder nationalen Normen ausrichtet. Die Einhaltung der Normvorschriften wird durch ein Zertifikat bestätigt und regelmäßig überprüft.

Qualitätszirkel, Gruppen aus vier bis acht Mitarbeitern eines Bereiches, die freiwillig und regelmäßig zusammenkommen, gemeinsam wichtige Probleme aus dem eigenen Arbeitsbereich aufgreifen und besprechen, Probleme in methodischer Vorgehensweise analysieren und Lösungen vorschlagen. Die Arbeitsfelder lassen sich klassifizieren in qualitäts-, produktivitäts- und mitarbeiterorientierte Zielsetzungen. Arbeitsergebnisse und Lösungsvorschläge werden dem Management präsentiert. Es entscheidet über die Realisation der Lösungen und sorgt für den dauerhaften Erfolg. Die Realisation kann der Gruppe übertragen werden, die die Umsetzung selbstständig oder im Instanzenweg durchführt. – *Anders:* → autonome Arbeitsgruppe.

Quality Award, Qualitätswettbewerb. Die Kriterien für die Vergabe der Qualitätspreise sind ähnlich und umfassen im wesentlichen Konzept und Methodik der Qualitätsarbeit und deren Umsetzung im Unternehmen inklusive der nachweisbaren Ergebnisse. Der europäische Qualitätspreis berücksichtigt darüber hinaus soziale und gesellschaftliche Aspekte (z.B. Umweltschutzgesichtspunkte). Als die wichtigsten Q.A. gelten der amerikanische Malcolm Baldrige National Quality Award, der japanische Deming Award und der European Q.A. von der European Foundation for Quality Management.

Quality Circle, → Qualitätszirkel.

quantitative Marktforschung, Ermittlung numerischer Werte über die verschiedenen Arten von → Märkten mithilfe standardisierter Untersuchungsmethoden, die eine statistische → Repräsentanz der Untersuchungsergebnisse gewährleisten. – *Anders:* → qualitative Marktforschung.

quartiärer Wirtschaftsbereich, Bezeichnung von J. Fourastié (1954) für den Bereich der Informationsproduktion, -verteilung und -vernetzung, der aufgrund des exponentiellen Wachstums der Informations- und Kommunikationstechnologien in hochentwickelten Volkswirtschaften einen wichtigen Produktiv- und Wirtschaftsfaktor darstellt. Die Expansion des q.W. weist auf den Wandel der → Industriegesellschaften zu → Informationsgesellschaften und → Kommunikationsgesellschaften hin und auf die zunehmende Bedeutung des → Produktionsfaktors Wissenskapital in der → Wissensgesellschaft. – *Anders:* → primärer, → sekundärer und → tertiärer Wirtschaftsbereich.

Querschnittsanalyse, Vergleich der Ausprägungen einzelner Variablen bei unterschiedlichen Untersuchungsobjekten zu einem bestimmten Zeitpunkt. Beispiele für Q. sind die Untersuchung der Einkommensverwendung von Haushalten unterschiedlicher Einkommensklassen nach den einzelnen Ausgabenkategorien, das Ausgabenverhalten (z.B. in der Freizeit) der verschiedenen sozialen Schichten. – *Anders:* → Längsschnittanalyse.

Question Marks, → Fragezeichenprodukt, → Portfoliomanagement.

Quotenverfahren, → Auswahlverfahren, bei dem die → Stichprobe nach der → bewussten Auswahl gebildet wird. Der Struktur der → Grundgesamtheit entsprechend wird die Quotierung vorgenommen (nach repräsentativen Merkmalsvorgaben). Auf Basis der genauen Quotenanweisung wählt der Interviewer die Befragungssubjekte aus. Das Auswahlverfahren weist trotz seiner präzisen Zielgruppenauswahl als wichtigste Fehlerquellen seitens der Interviewer subjektive Verzerrungen und Bequemlichkeitseffekte auf. Überdies sind mit dem Auswahlverfahren vielfach Klumpungseffekte verbunden.

R

Rabatt, Preisnachlass für → Waren und/ oder → Dienstleistungen auf einen → Listenpreis. Die wichtigsten handelsbezogenen Rabattarten sind:

- Funktionsrabatte,
- Mengenrabatte,
- Zeitrabatte und
- Treuerabatte.

Der Trend der → Rabattpolitik geht in Richtung eines leistungsorientierten Rabattsystems, das sich zusammensetzt aus einem Grundrabatt, Leistungs- und Mengenrabatt und einem Jahresbonus. Eine besondere Form stellen die → Konsumentenrabatte dar, deren rechtliche Grundlagen im → Rabattgesetz bis zu seinem Wegfall am 25.06.2001 geregelt waren.

Rabattgesetz, gesetzliche Regelung der → Rabatte an Endverbraucher, insb. Barzahlungsrabatte (→ Skonti), → Mengenrabatte, Sonderpreisnachlässe für bestimmte Personengruppen und die Formen genossenschaftlicher Rückvergütungen. Seit dem 25.06.2001 haben das R. und die → Zugabeverordnung in Deutschland keine Gültigkeit mehr. Nicht von dem Wegfall betroffen sind die gesetzlichen Regelungen gegen den unlauteren Wettbewerb [→ Gesetz gegen den unlauteren Wettbewerb (UWG)].

Rabattkartell, → Erlaubniskartell, das nach dem → Gesetz gegen Wettbewerbsbeschränkungen (GWB) unter bestimmten Voraussetzungen zulässig ist, um eine Rabattkonkurrenz zu vermeiden. R. sind anmeldungs- und genehmigungspflichtig und auch nur dann zulässig, wenn die gewährten → Rabatte ein echtes Leistungsentgelt darstellen und nicht der → Preisdiskriminierung anderer und vergleichbarer Abnehmergruppen dienen.

Rabattkombination, besondere Rabattgewährung bez. der Nutzung mehrerer Leistungsangebote des Anbieters durch die Nachfrager. Die R. wird vor allem von Verlagen als Instrument zur Inserentenakquisition für bestimmte → Printmedien bzw. Medienkombinationen genutzt.

Rabatt-/Konditionenspreizung, unterschiedliche Gewährung von → Rabatten und/oder → Konditionen bei gleichartigen → Abnehmern und gleichem Leistungsangebot. Bei starker Spreizung ohne sachlichen Grund ist der Tatbestand der → Preisdiskriminierung gegeben, der rechtsrelevant ist [→ Gesetz gegen Wettbewerbsbeschränkungen (GWB)].

Rabattmarke, Form der Gewährung eines → Konsumentenrabatts durch den Einzelhandel. Besonders im Lebensmitteleinzelhandel spielten die R. in den 1950/60er-Jahren eine bedeutende Rolle und wurden dann abgelöst durch das Nettopreissystem. Mittlerweile werden R. wieder vereinzelt als preispolitisches Instrument eingesetzt, um die → Ladentreue der → Kunden zu erhöhen.

Rabattpolitik, Form der → Konditionenpolitik, wobei die Gestaltung der → Rabatte vielfach kundenspezifisch vorgenommen wird. Die R. ist wettbewerbsrechtlich nicht unbedenklich, wenn sie den sachlich begründeten Gleichheitsgrundsatz der → Abnehmer verletzt.

Rabattspreizung, Differenz zwischen dem maximal erzielbaren → Rabatt (inklusive aller → Sonderformen der Rabatte) und dem minimal erreichten Rabatt (der auch dem umsatzmäßig kleinsten → Abnehmer eingeräumt wird). Der Hauptgrund für die abnehmerspezifische R. (→ Konditionenspreizung) liegt in der zunehmenden → asymmetrischen Machtverteilung, d.h. im Machtungleichgewicht zwischen den → Marktpartnern. Demzufolge ist diese Form der → Rabattpolitik als wettbewerbsrechtlich bedenklich einzustufen, da hierfür vielfach kein sachlich gerechtfertigter Grund vorliegt (→ Diskriminierung).

Rabattstaffel, → Mengenrabatt.

Rack Jobber, Regalgroßhändler oder auch Hersteller aus der Konsumgüterbranche, der in Einzelhandelsunternehmen Regalflächen oder auch Verkaufsraum anmietet und diese auf eigene Rechnung, in eigener Disposition und auf eigenes Risiko mit → Waren bestückt. Neben oder statt einer Miete kann auch eine → Provision vereinbart werden. Das Rack Jobbing wird auch als Service- Merchandising bezeichnet.

Radio Frequency Indentification (RFID), *Identifizierung über Radiowellen,* Verfahren durch das, mithilfe von Mikrochips, eine automatische Identifizierung von Gegenständen oder Lebewesen möglich ist. Diese Transponder sind mit einem Zahlencode versehen und können auch ohne Sichtkontakt über ein Lesegerät (z.B. elektronische Sicherheitsschleuse, Handy) abgefragt werden. Das RFID-System wird u.a. verwendet in Kaufhäusern (z.B. in Umkleidekabinen), bei der Kommissionierung oder Lagerung von Waren, bei Sicherheitskontrollen (z.B. Passkontrollen).

Radiowerbung, → Hörfunkwerbung.

Rahmenabkommen, Jahresvereinbarung zwischen Hersteller und → Handel im Rahmen des → vertikalen Marketings. Die Abkommen beziehen sich vor allem auf Umsatzziele, → Konditionen und Maßnahmen zur → Verkaufsförderung. Aufgrund der zunehmenden → Handelskonzentration haben sich vielfach die Jahresgespräche zu reinen Konditionengesprächen entwickelt (→ Rabatt, → Werbekostenzuschuss etc.), in denen der Handel seine → Nachfragemacht ausspielt.

Rahmenlieferungsvertrag, Rahmenvertrag, der zwischen Lieferanten und → Abnehmern geschlossen wird und sich insb. auf Abnahmemengen, → Qualitäten, → Konditionen und → Lieferbedingungen bezieht. – Vgl. auch → Rahmenabkommen, → Jahresgespräch.

RAL-Testat, → Warenkennzeichnung, die Sachinformationen über → Gebrauchsgüter liefert. Die Testate werden vergeben vom Deutschen Institut für Gütesicherung und Kennzeichnung e.V. – *Weitere Informationen unter* www.ral.de.

Randomauswahl, Wahrscheinlichkeitsauswahl nach dem Zufall. Bei der → Zufallsauswahl nach der → Wahrscheinlichkeitstheorie hat jedes Element die gleiche statistische Chance, in die → Stichprobe zu kommen. – *Gegensatz:* → bewusste Auswahl.

Random-Route-Verfahren, → Auswahlverfahren als besondere Form der → Zufallsauswahl. Der → Interviewer erhält eine nach Zufall ausgewählte Ausgangsadresse. Danach wählt er die → Stichprobe selbst aus, und zwar nach streng vorgegebenen, zufallsabhängigen Regeln (u.a. Gehrichtung, Straßen, Häuserblocks, Stockwerken). Das Verfahren wird oftmals auch in der Literatur als Sonderform des → Quotenverfahrens bezeichnet.

Randsortiment, Teil des → Sortiments eines Handelsunternehmens, der zwischen dem → Kern- und → Zusatzsortiment liegt. Beispiel im Textilhandel sind Übergrößen. Vielfach werden R. vom → Fachhandel als Profilierungsinstrument eingesetzt. R. sind ein Spezifikum von

Handelsbetrieben mit einem gemischten Sortiment (z.B. → Warenhäuser, → SB-Warenhäuser, → SB-Märkte) und entfallen bei → Fachgeschäften und insb. bei → Spezialgeschäften, aber auch bei → Discountern und → Kleinpreisgeschäften.

Rangordnungsverfahren, → Skalierungsverfahren.

Ranking, → Skalierungsverfahren, das nach → Ordinalskalen metrisch Einstellungen von relevanten → Zielgruppen oder auch Kunden zu allgemeinen oder auch konkreten Meinungsgegenständen (z.B. → Kundenzufriedenheit) misst. Methodisch können die zu bewertenden Merkmalsklassen auch intervallskaliert werden (→ Intervallskala). Die R.-Skalierung wird für Beurteilungsvergleiche diverser Meinungsgegenstände eingesetzt. Die Popularität der methodisch nicht neuen Methode ist vor allem auf die Einfachheit des Untersuchungsansatzes und die kommunikationswirksame Umsetzung der wenig differenzierten Untersuchungsergebnisse zurückzuführen.

Ratingskala, *Zuordnungsskala,* Messverfahren (→ Skalierung), welches das Messkontinuum in numerische Werte mit gleichen Abständen aufteilt. Die Auskunftspersonen tragen ihre Einschätzungen in die vorgegebene Antwortskala ein. Die → Skala selbst ist entweder gleitend oder polar, unipolar oder bipolar, verbal oder nonverbal, numerisch oder grafisch angelegt.

rationale Kaufentscheidung, → Kaufentscheidung.

rationale Werbung, → informative Werbung. – *Gegensatz:* → emotionale Werbung, → Suggestivwerbung.

Rationalisierungs-Gemeinschaft des Handels (RGH), das Institut ist mittlerweile aufgegangen im → Deutschen Handelsinstitut.

Rationalisierungskuratorium der deutschen Wirtschaft (RKW), 1921 gegründetes Kuratorium, dessen Aufgabe es ist, bez. der verschiedenen Funktionsbereiche in Unternehmen Rationalisierungsvorschläge zu entwickeln und auch entsprechende Maßnahmen beratend zu begleiten. Eine große Bedeutung haben die vom RKW begründeten → Erfa-Gruppen in der Praxis gewonnen. – *Weitere Informationen unter* www.rkw.de.

Rationalprinzip, Ziel des rein → ökonomischen Prinzips ist es, den Erfolg im Verhältnis zum Mitteleinsatz zu maximieren. – Vgl. auch → Nutzenmaximierung, → erwerbswirtschaftliches Prinzip.

Ratioskala, Aufteilung des Messkontinuums in sich wechselseitig ausschließende Merkmalsklassen (→ Skalierung). Die Merkmalsklassen werden mit Zahlen versehen. Höhere Zahlenwerte bedeuten hierbei höhere Positionen auf dem Messkontinuum. Die Abstände zwischen den Merkmalsklassen sind gleich groß. Im Vergleich zur → Intervallskala und zur → Ordinalskala existiert ein Nullpunkt, sodass auch Zahlenwertverhältnisse miteinander verglichen werden können. – Vgl. auch → Nominalskala.

Raumeffizienz, Kennzahl im Handel (vor allem Einzelhandel), die den → Umsatz oder → Deckungsbeitrag je Flächeneinheit (qm pro Verkaufsfläche) angibt.

räumliche Distanz, bei abnehmender r.D. nimmt die → Kontaktwahrscheinlichkeit zu. Diese Erkenntnis ist sehr wichtig für die → Marketingkommunikation und für den → Verkauf.

Räumungsverkauf, verbilligter Verkauf im Einzelhandel, der nach dem → Gesetz gegen den unlauteren Wettbewerb (UWG) zulässig ist. Es darf nur der bestehende Warenbestand und nicht länger als zwölf Tage verkauft werden. – *Anders:* → Ausverkauf.

Reaktanz, Verhaltenswiderstand gegen eine subjektiv empfundene Bedrohung oder tatsächliche Einschränkung der persönlichen Verhaltensfreiheit. Die Reaktanzstärke ist abhängig vom subjektiv wahrgenommenen Beeinflussungsdruck, der als freiheitseinschränkend empfunden wird, und von der → Resistenz als Maß der individuellen Widerstandsfähigkeit. Die R. hat einen erheblichen Einfluss auf die → Kommunikationswirkung und auf das → Konsumentenverhalten.

Reaktion, Verhalten eines → Organismus als Antwort auf → Reize bzw. Reizkonstellationen. – Vgl. auch → Behaviorismus, → Verhaltenstheorie.

Reaktionsfunktion, → Responce Function, → Marktreaktionsfunktion.

Realgüter, konkrete → Sachgüter oder → Dienstleistungen. R. haben einen materiellen (Sachmittel) oder auch einen immateriellen Charakter (z.B. Informationen). – *Anders:* → Nominalgüter.

Reason Why, Anspruchsbegründung für ein Leistungsangebot. – Vgl. auch → Unique Selling Proposition (USP).

Recall-Verfahren, *Erinnerungsverfahren,* Verfahren, das ermittelt, ob und inwieweit sich die Befragten an ein → Werbemittel (z.B. Anzeige) erinnern. Unterschieden wird zwischen einer gestützten Erinnerung (aided recall) und einer ungestützten Erinnerung (unaided recall). Die Stützung beinhaltet Hilfen für den Befragten (Abbildungen, Fotos etc.). – *Anders:* → Recognition-Verfahren.

Recency-Effekt, Erkenntnis aus der Gedächtnisforschung, dass die letzten Wörter innerhalb einer Wortreihe (z.B. → Werbebotschaft) besser im Gedächtnis haften bleiben. Die Gedächtnisleistungen sind am höchsten am Anfang (→ Primacy-Effekt) und Ende von z.B. → Verkaufsgesprächen, → Verkaufstrainings, → Werbespots etc.

Rechtsbruch, Verstoß, der sich im Marketing in erster Linie auf die Verletzung der relevanten und damit in Verbindung stehenden Gesetze und Vorschriften bezieht [z.B. → Gesetz gegen den unlauteren Wettbewerb (UWG), → Gesetz gegen Wettbewerbsbeschränkungen (GWB), → Preisangaben-Verordnung (PAngV)]. Weiter sind insb. die gewerblichen → Schutzrechte angesprochen.

Recognition-Verfahren, *Wiedererkennungsverfahren,* Verfahren, das ermittelt, ob und inwieweit die → Befragten z.B. ein → Werbemittel wiedererkennen. Es ist jedoch nicht nur auf die → Werbemittelforschung beschränkt, sondern dient auch zur Ermittlung des → Bekanntheitsgrades von z.B. Marken. Die am häufigsten verwendeten Verfahren sind der → Starch-Test und der → Copytest. – *Anders:* → Recall-Verfahren.

Recovery-Management, *Rückgewinnungsmanagement,* Bewältigung von Ausnahmesituationen in den Anbieter-Kunden-Beziehungen, um Kundenunzufriedenheit zu vermeiden bzw. die → Kundenzufriedenheit wiederherzustellen. Das R.-M. gewinnt insb. im Dienstleistungsbereich eine zunehmende Bedeutung, ohne ein Ersatz für eine zuverlässige Leistungserstellung zu sein zur Sicherung einer dauerhaften Kundenzufriedenheit. Insofern wird das R.-M. (→ Customer Recovery) begrifflich heute umfassender definiert als alle Planungs-, Umsetzungs- und Controllingaktivitäten eines Unternehmens zum Zweck der Rückgewinnung verlorener Kunden bzw. auch als alle diesbezüglichen Präventivmaßnahmen, um Kundenverluste zu vermeiden (Senkung der → Churn Rate).

Recycling, Wiederverwendung bzw. Wiederverwertung von (in Produktionsrückständen, Produkten und Altstoffen gebundenen) natürlichen Ressourcen in der Güterproduktion. Die verschiedenen R.-Arten sind:

- Wiederverwendung (direktes Primärrecycling, z.B. Pfandflasche),
- Weiterverwendung (direktes Sekundärrecycling, z.B. Senfglas als Trinkglas),
- Wiederverwertung (indirektes Primärrecycling, z.B. Altglaseinsatz) und
- Weiterverwertung (indirektes Sekundärrecycling, z.B. Kartonagen aus Altpapier).

Re-Design, Form des → Produktdesigns, bei dem die Produktveränderung im Vordergrund steht. Es besteht eine enge Beziehung zum → Relaunch bzw. → Facelifting. – Vgl. auch → Revival. – *Anders:* → Innovationsdesign.

Redistribution, Rückführung und anschließende Wiederverwendung von Abfallmaterialien (→ Recycling). Ziel ist die Reduktion der mit dem Konsum anfallenden Müllmengen. – Vgl. auch → duale Abfallwirtschaft, → grüner Punkt, → Retrodistribution.

Redressment, Kompensation von → Stichprobenausfällen bzw. von dadurch bedingten unter- oder überrepräsentierten Stichprobeneinheiten. Durch Über- bzw. Untergewichtung wird die → Repräsentanz der → Stichprobe zur → Grundgesamtheit hergestellt.

Reduktionsmarketing, → Demarketing.

Redundanz, Maß eines Überschusses an Information im Sinne einer Wiederholung. Redundante Informationen haben keinen Innovationswert, wohl aber bei guter Dosierung einen Lernwert durch die mit der R. verbundenen Erhöhung der Lernfähigkeit (→ Gedächtnistheorie) von Inhalten. Die Vernachlässigung von Informations-R. erschwert das → Lernen bzw. macht es unmöglich.

Reengineering, fundamentales Überdenken und radikale Neustrukturierung von Unternehmen oder wesentlichen Unternehmensprozessen. Das Resultat sind Verbesserungen in wichtigen und messbaren Leistungsgrößen in den Bereichen → Kosten, → Qualität, → Service und Zeit [M. Hammer und J. Champy (1994)]. Im Wesentlichen geht es um die Optimierung des → Wertschöpfungssystems. Die Prozesse können eng definiert werden (einzelne Tätigkeiten) oder breit (alle Tätigkeiten). Empfehlenswert ist die Untersuchung einer möglichst großen Prozessbreite. Darüber hinaus ist die Definition der Prozesstiefe notwendig. Sie wird bestimmt durch die Organisation, Informationsabläufe, Kommunikationssysteme, Motivationsanreize und die Qualifikation der Funktionsträger in den einzelnen Tätigkeitsfeldern. Auch hier empfiehlt es sich, zur Nutzung der R.-Potentiale möglichst tief in die Prozessabläufe einzudringen.

Refa-Studie, Zeitstudie als Instrument insb. für die Personaleinsatzplanung. → Multimoment-Verfahren.

Referenzanwender, Produktanwender, der als Referenz genannt werden kann. Vielfach sind die R. auch bereit, Interessenten die Produktanwendung vorzuführen. Sie haben eine besondere Bedeutung in der → Investitionsgüterindustrie als → Meinungsführer.

Referenzgruppe, → Bezugsgruppe, → normative Bezugsgruppe.

Referenzkunde, → Referenzanwender.

Referenzpreis, → Adaptations-Niveau-Theorie.

Reformhaus, → Betriebsform des → stationären Einzelhandels, die als → Genossenschaft organisiert ist und überwiegend ein → Sortiment an naturbelassenen Lebensmitteln, Diätprodukten, Naturheilmitteln und Kosmetik- bzw. Körperpflegemitteln anbietet. – *Anders:* → Bioladen.

Regalflächenoptimierung, flächen- und raumorientierte Optimierung der Verkaufsstätte im Einzelhandel (→ Space-Management). Die Optimierung erfolgt durch die warengruppen-, artikelgruppen- und artikelspezifische Regalflächenzuweisung. Hierin eingeschlossen sind auch die → Zweitplatzierungen und der Einsatz von → Displays. Entscheidungsgrundlage für die Flächenzuweisung ist die → direkte Produktrentabilität.

Regalgroßhändler, → Rack Jobber.

Regalmiete, Form der Marktbearbeitungskonditionen, die im → Sündenregister des Bundeswirtschaftsministeriums und der Wirtschaft in einer gemeinsamen Vereinbarung ausdrücklich als wettbewerbswidrige Praxis im vertikalen Marketing eingestuft wird. Aufgrund der bestehenden → asymmetrischen Machtverteilung sind R. jedoch nach wie vor üblich, um z.B. die → Listung neuer Produkte im Handel durchzusetzen.

Regalplatz, wichtigste Präsentationseinrichtung im Einzelhandel, deren attraktive Gestaltung kaufstimulierend wirkt und z.B. → Impulskäufe fördert. Aufgrund der üblicherweise Raumknappheit im Einzelhandel haben die Regalformen und die Regalplatzierung eine besondere Bedeutung im Rahmen der → Regalflächenoptimierung bzw. des → Space-Management.

Regelgröße, → Regelkreis, → Kybernetik.

Regelkreis, Bezeichnung der → Kybernetik für ein dynamisches System, dessen Elemente miteinander in Beziehung stehen und sich durch die → Rückkoppelung selbst regulieren. Der R. besteht aus dem Regler und der Regelgröße, der Regelstrecke und der Stellgröße. Aufgabe des Reglers ist es, die Regelstrecke zu überwachen, damit die Regelgröße den vorgegebenen Sollwerten entspricht, und bei → Abweichungen (Störeinflüssen) die Regelgröße mittels Stellgröße den Zielvorgaben möglichst schnell anzunähern.

Regelstrecke, → Regelkreis,→ Kybernetik.

Regelung, → Kybernetik, → Regelkreis, → Rückkoppelung.

Regiebetrieb, Einzelhandelsbetrieb, der von den Zentralen der → Verbundgruppen bzw. von den angeschlossenen Großhandelsbetrieben als selbstständige Einheit geführt wird. Bei den → öffentlichen Betrieben sind R. Eigenbetriebe, die nach dem → erwerbswirtschaftlichen Prinzip arbeiten.

Regler, → Regelkreis, → Kybernetik.

Regression, *Regressionsanalyse,* misst die Abhängigkeiten zwischen einer oder mehrerer → unabhängigen Variablen (z.B. Einkommen, Sparquote etc.) und der → abhängigen Variablen (z.B. Neuzulassungen von Personenkraftwagen). Bei nur einer unabhängigen Variablen spricht man von einer einfachen Regression, bei mehreren unabhängigen Variablen von einer multiplen Regression. Der Regressionskoeffizient misst die Wirkung auf die abhängigen Variablen. Der → Korrelationskoeffizient misst die Stärke des positiven oder negativen Zusammenhangs zwischen der bzw. den unabhängigen Variablen und der abhängigen Variablen.

regulierter Preis, → Preisregulierung.

Reichweite, Zahl der Personen, die Kontakt mit einem → Werbeträger haben bzw. hatten. Durch die Nutzung verschiedener Werbeträger kommt es zu externen Reichweitenüberschneidungen. Zu unterscheiden ist daher die → Brutto-Reichweite und die → Netto-Reichweite, die um die externen Überschneidungen bereinigt ist. Interne Überschneidungen ergeben sich durch Kontaktwiederholungen im gleichen → Medium. Sie werden in der kumulierten Reichweitenermittlung bereinigt.

Reifephase, dritte Phase im → Produkt-Lebenszyklus, die durch ein Absinken der → Umsatz- und → Gewinnzuwächse gekennzeichnet ist. Das → Gewinnmaximum wird überschritten. In dieser Phase bieten sich → Revival-Maßnahmen an, um das Produkt zu revitalisieren. Diese Maßnahmen können auch bereits in der → Wachstumsphase (bei Überschreiten des Grenzerlösmaximums) getroffen werden. Die Höhe des → Marketingbudgets hängt entscheidend von den präferierten Revival-Maßnahmen ab. Die Signale für die notwendige → Innovationspolitik werden in dieser Phase des Produkt-Lebenszyklus überdeutlich.

Reimport, Rücktransfer exportierter Produkte in das Herstellerland. Wesentlicher Grund für R. sind die internationalen Preisdifferenzen – Vgl. auch → grauer Import.

Reisender, angestellter Verkäufer im → Außendienst. Als Leistungsvergütung (→ Vergütungssystem) erhalten die R. ein Fixum, das kombiniert werden kann mit einer → Provision oder mit → Prämien. Der R. hat entweder Vermittlungsvollmacht oder auch Abschlussvollmacht. – *Anders:* → Handelsvertreter.

Reiz, → Stimulus als äußere oder innere Bedingung, die über die → Sinnesorgane (Rezeptoren) auf einen Organismus einwirkt. R. müssen eine bestimmte → Reizschwelle überschreiten, um wahrgenommen zu werden (→ unterschwelliger Reiz). Die Reizverarbeitung (von der Aktivierung des Rezeptors bis zur Auslösung der Empfindung bzw. Reaktion) ist eine der wichtigsten Bestimmungsgrößen für die → Werbemittelgestaltung.

Reiz-Reaktions-Modell,
→ S-R-Modell.

Reizschwelle, Grenze, ab der → Reize überhaupt erst wahrgenommen werden. Unterschieden werden die absolute R. und die relative R. (Wahrnehmung von Reizunterschieden). Hierbei hängt die Wahrnehmbarkeit von Reizunterschieden vom Ausgangsreiz ab. Die Wahrnehmungsintensität nimmt bei Reizverstärkung nicht in gleichem Maße zu (→ Weber-Fechner`sches Gesetz). Das bedeutet, dass bei einer zunehmenden Reizüberflutung (→ Information Overload) eine immer höhere Reizdosierung notwendig ist, um die Wahrnehmung bei den Empfängern zu gewährleisten. Diese Erkenntnis hat eine große Bedeutung für die → Marketingkommunikation. Eine Bestätigung erfährt die Reizschwellentheorie überdies auch durch den → Preisschwelleneffekt.

Reizsummenregel, Regel der → Verhaltenstheorie. Sie besagt: Je geringer der innere Antrieb ist, desto größer muss der äußere → Reiz sein; und je stärker der Antrieb (→ Involvement) ist, desto geringer kann der Reiz sein, um Verhalten (z.B. → Konsumentenverhalten) auszulösen. Das menschliche Verhalten ist somit das Ergebnis von Innen- und Außensteuerung.

Reizüberflutung,
→ Information Overload.

Reizwirkung, durch → Reize ausgelöste Aktivierung, die in emotional, kognitiv und physisch differenziert wird. Emotional wirkende Reize, wie z.B. das → Kindchenschema als visueller → Schlüsselreiz, Düfte und Musik führen zu einer inneren Erregung, die kognitiv wenig kontrolliert wird. Überraschende und neuartige Reize, wie z.B. Verfremdungen, intensivieren durch Widersprüche und gedankliche Konflikte Wahrnehmung und → Informationsverarbeitung. Eine kognitiv bewirkte Aktivierung wird besser erinnert, unterliegt jedoch bei Wiederholungen einem → Abnutzungseffekt. Physisch wirkende Reize aktivieren durch Größe, Intensität (Farbe) und Dynamik (Bewegung), wobei eine hohe Aktivierung nichts über die Emotionsqualität (→ Emotionen) aussagt, da z.B. Größe und Intensität auch einen → Bumerangeffekt auslösen können.

Reklamation, Form der Beschwerde, bei der der Kunde in der Nachkaufphase Beanstandungen von Leistungen mit der Einforderung eines Rechtsanspruchs verbindet, der vertraglich begründet wird. Die kundenorientierte Behandlung von R. seitens des Anbieters ist eine wichtige Form des → Nachkaufmarketings.

Reklame, → marktschreierische Werbung, die meist als negativ empfunden und vielfach in der → Öffentlichkeit mit der → Werbung oder dem → Marketing gleichgesetzt wird.

Relationship Marketing, Beziehungsmanagement, das durch eine Zusammenarbeit mit allen relevanten internen und externen Anspruchsgruppen (→ Stakeholder) gekennzeichnet ist. Das R.M. geht über die Anbieter-Nachfrager-Beziehungen weit hinaus. – *Anders:* → Beziehungsmarketing.

Relationship Pricing, beziehungsorientiertes (d.h. kundenorientiertes) Preiskonzept. Im Wesentlichen handelt es sich um eine kundenbezogene → Nachkalkulation auf der Basis von periodenbezogenen Kundendeckungsbeiträgen (→ Deckungsbeitragsrechnung), von einzelnen → Transaktionskosten und bisher gewährten → Boni und → Rabatten. Hierin eingeschlossen ist die Berücksichtigung der Gesamtdauer der Geschäftsbeziehungen inklusive Abgleich mit den Beziehungen der Kunden zu Konkurrenzlieferanten.

relative Deprivation, → Deprivation.

relativer Marktanteil, → Marktanteil.

Relaunch, *Relaunching,* Form des → Revival, um die → Wachstumsphase oder auch → Reifephase im → Produkt-Lebenszyklus eines Leistungsangebots zu dehnen bzw. zu stabilisieren. Das R. erfolgt umfassend (totale „Produkt-Politur") unter Einsatz aller → Marketinginstrumente. Es handelt sich um eine → Produktvariation, die vielfach sogar die Qualität einer echten → Produktinnovation aufweist. Da beim R. das Vorgängerprodukt aus dem → Markt herausgenommen wird, sind damit in aller Regel zunächst Marktanteilsverluste verbunden, die bei Erfolg der Maßnahme erst später wieder durch Marktanteilsgewinne überkompensiert werden. – *Anders:* → Launch, → Facelifting.

relevanter Markt, → Marktabgrenzung, um die Substitutionsbeziehungen zwischen den Leistungsangeboten zu erkennen. Der r.M. hat insb. für das → Wettbewerbsrecht eine große Bedeutung, um die wettbewerblichen Handlungen der Marktteilnehmer beurteilen zu können. Marketingstrategisch ist die Marktabgrenzung wichtig, um z.B. die Leistungsangebote markt- und kundenspezifisch zu positionieren oder auch → Marktnischen im Sinne von Marktlücken zu identifizieren.

relevanter Produktmarkt, Gesamtheit der Produkte, die der Konsument kennt und als Kaufalternativen ansieht (→ Evoked Set).

Relevant Set, selektive Produkt- bzw. → Markenwahl durch den Konsumenten. Der mehrstufige Selektionsprozess beginnt mit allen verfügbaren, setzt sich fort mit den bekannten, vertrauten und akzeptierten und endet mit den präferierten Produkten bzw. Marken. – Vgl. auch → Evoked Set.

Relevanzbaumverfahren, das Verfahren gehört zu den analytisch-systematischen → Kreativitätstechniken. Ein komplexes Problem wird in hierarchisch strukturierte Unterprobleme zerlegt.

Wichtig bei dem Verfahren ist, dass die Lösung eines Unterproblems von direkter Relevanz für die Lösung des Oberproblems sein muss und zu diesem nicht im Widerspruch stehen darf. Die Unterprobleme werden mit Relevanzziffern versehen, z.B. nach Dringlichkeit, Wirtschaftlichkeit oder Durchführbarkeit und nach diesen bewertet. Das Unterproblem mit der höchsten Relevanzzahl wird weiterverfolgt und wiederum in relevante Teilprobleme aufgeteilt. Ergebnis ist ein Relevanzbaum mit hierarchisch verästelten Strukturen. Dieser bietet eine Gesamtübersicht zum definierten Grundproblem mit allen relevanten Lösungen.

Reliabilität, Zuverlässigkeit von Messverfahren. Die Messgenauigkeit ist entscheidend, d.h. die Fähigkeit des Messverfahrens, bei wiederholten Messungen, Beobachtungen, Erhebungen, Untersuchungen etc. die formale Konstanz sicherzustellen. Die R. ist ein Maß der formalen Konstanz der Messwerte ohne Bezug auf ihre inhaltliche Plausibilität (→ Validität). Dennoch ist die R. eine notwendige Voraussetzung für die Validität. Sie ist unabdingbar, kann aber nicht die Validität substituieren, die die inhaltliche Thematik repräsentiert.

Remailing, Sammeln von Massendrucksachen im Inland, Transport ins Ausland und dann klassisches → Mailing vom Ausland ins Inland. – Der Bundesgerichtshof hat in einem Grundsatzurteil vom 10.10.2002 zugunsten der Deutschen Post entschieden. Demnach dürfen Unternehmen keine Massensendungen im Ausland fertigen lassen, um sie dann portogünstig nach Deutschland zu verschicken.

Reminder-Technik, Frequenztechnik im Sinne einer Wiederholungstechnik, die in der Werbung eingesetzt wird. Beispielhaft ist der → Werbespot, der im gleichen Werbeblock (vielfach in verkürzter Form) wiederholt wird, um die Erinnerungsleistung der → Kommunikanten zu erhöhen. Gleiches gilt für die Doppelanzeigen (auf folgenden Seiten) in → Printmedien.

Remission, Rücksendung von → Produkten, die fehlerhaft sind oder nicht den Kundenwünschen entsprechen. – Vgl. auch → Retoure.

Rentabilität, → Gesamtkapitalrentabilität, → Eigenkapitalrentabilität und → Fremdkapitalrentabilität.

Rentabilitätsschwelle, → Gewinnschwelle, → Break-Even-Analyse.

Replenishment, Koordination des Warenflusses zwischen Hersteller und Handel mithilfe des → Electronic Data Interchange (EDI). Im Wesentlichen geht es um eine Kostenreduktion der operativen Warenlogistik durch kooperative Abstimmungen zwischen den Distributionspartnern. Insb. dem Handel ist an solchen Abstimmungen sehr gelegen, um kostenintensive Überbevorratungen und gewinnmindernde Unterbevorratungen zu vermeiden. – Vgl. auch → Continuous Replenishment.

Repräsentanz, repräsentative Abbildung der → Grundgesamtheit in ihren Merkmalen und Verteilungen durch die → Stichprobe bei demoskopischen Untersuchungen. Gefordert ist die Strukturidentität von Grundgesamtheit und Stichprobe. Die Repräsentanzbedingung ist insofern unerlässlich, als man üblicherweise auf → Vollerhebungen verzichtet und die → Teilerhebung präferiert.

Residenzhandel, institutioneller Einzelhandel mit der üblichen Form des direkten Kundenkontakts. – *Gegensatz:* → Distanzhandel.

Residualmethode, Methode der → Werbebudgetierung, die von dem in der Vorperiode erzielten Gewinn ausgeht. Die R. weist eine enge Verwandtschaft mit der → All-you-can-afford-Methode und der → gewinnbezogenen Budgetierungsmethode auf. Als wesentliches

Problem der Methode muss angesehen werden, dass das Kommunikationsbudget prozyklisch (→ prozyklische Werbung) bestimmt wird und sich nicht an der Ziel-Aufgaben-Funktion (→ Ziel-Aufgaben-Budgetierungsmethode) der → Marketingkommunikation orientiert.

Resistenz, Verhaltenswiderstand als Ausdruck der Widerstandsfähigkeit eines Individuums, um verhaltenswirksam eine → Reaktanz auf Einflüsse (z.B. Werbeeinflüsse) ausüben zu können. Die R. ist damit eine notwendige Bedingung für eine wirksame Reaktanz.

Response-Anzeige,
→ Coupon-Anzeige.

Response Function, Wirkungsfunktion, die in der → Marketingforschung eine große Bedeutung hat. Die bekanntesten Formen sind die diversen → Werbewirkungsfunktionen. Für den → Behaviorismus wie auch → Neobehaviorismus ist der Response die alleinige Wirkungsgröße, aus der mehr oder weniger verwertbare Erkenntnisse bez. der Effizienz der Inputvariablen gewonnen werden können. R.F. sind eine Form der → Marktreaktionsfunktionen.

Resteverkauf, → Sonderveranstaltung des Einzelhandels.

Retail-Life-Cycle,
→ Handels-Lebenszyklus.

Retention Marketing, Intensivierung bestehender Kundenbeziehungen zur Sicherstellung der weiteren → Kundenzufriedenheit und Erhöhung der → Kundenbindung. Die damit verbundene → Kundenanalyse erfolgt unter Rentabilitätsgesichtspunkten, an die sich besondere Maßnahmen der Bearbeitung wichtiger Kundengruppen anschließen. Das R.M. ist im Wesentlichen ein differenziertes → Kundenstamm-Marketing, das eine intensive Kundenstamm-Analyse voraussetzt. – Vgl. auch → Beziehungsmarketing.

Retoure, Rücklauf von Zusendungen, die entweder unzustellbar sind oder bei denen der Adressat von seinem Rückgaberecht Gebrauch macht. – Vgl. auch → Remission.

Retrodistribution, Rückführung bzw. Rückholung von Abfallstoffen (u.a. → Verpackung). Funktionsfähige Retrodistributionssysteme (→ Redistribution) sind die Grundvoraussetzung für ein → Recycling. – Vgl. auch → Duales System Deutschland.

retrograde Preiskalkulation, → Preiskalkulation, → Deckungsbeitragsrechnung.

Return on Investment (RoI), die Kennziffer drückt den → Ertrag des investierten Kapitals aus (→ Kapitalrentabilität). Der RoI ergibt sich aus der Multiplikation der → Umsatzrentabilität mit dem → Kapitalumschlag. Eine Verfeinerung ist das Verhältnis des → Cash-Flows zum in der Periode durchschnittlich eingesetzten Kapital. – Vgl. auch → Investitionsrechnung.

Revenue Management, Konzept zur Ertragsoptimierung, bei dem unter Einsatz integrierter → Informationssysteme eine dynamische Preis-Mengen-Steuerung erfolgt, die zu einer gewinnoptimalen Nutzung vorhandener Kapazitäten führt. Das R.M. kommt vor allem in der Dienstleistungsbranche (Tourismus, Luftfahrt, Hotelgewerbe, Mietwagenunternehmen etc.) zur Anwendung. Vgl. auch → Yield Management.

Reverse-Auktion, → Web-Auktion bez. der → Beschaffung im → Business-to-Business-Bereich. Es handelt sich um eine Absteigerung im → Internet. Der Einkäufer (bzw. das → Buying Center) lädt einen ausgewählten Kreis von zehn bis zwölf Zulieferern zur Web-Auktion ein. Die Auktionsteilnehmer werden registriert und eingehend über die Details des zu vergebenden Auftrags informiert.

Aufgrund der vollständigen Transparenz des Preisgeschehens in der Auktion ergeben sich für das nachfragende Unternehmen z.T. erhebliche Senkungen der realen → Einkaufspreise. Überdies hat das Verfahren den Vorteil einer schnellen Abwicklung. Das Reverse-Marketing (→ Beschaffungsmarketing) erhält durch Web-Auktionen eine neue Dimension.

Reverse Engineering, Zerlegung des Leistungsangebots von Mitbewerbern, um ihre Funktions-, Design- und Fertigungsprinzipien analysieren und im Hinblick auf die Kundenanforderungen bzw. -erwartungen bewerten zu können. Das Prüfverfahren dient der Analyse der Wertschöpfungsstruktur der Konkurrenzangebote, um Differenzierungsmöglichkeiten zu erkennen. – Vgl. auch → Differenzierungsstrategie, → Segmentationsstrategie, → Innovationspolitik.

Reverse Marketing, → Beschaffungsmarketing.

Revival, Maßnahmen zur Revitalisierung von Produkten mit dem Ziel der Verlängerung der → Wachstumsphase oder auch der Stabilisierung der → Reifephase im → Produkt-Lebenszyklus. Zu unterscheiden sind das → Relaunching und das → Facelifting, die einen unterschiedlichen Komplexitätsgrad und Wirkungsgrad im Instrumentaleinsatz aufweisen.

Rezeptor, → Sinnesorgane.

Rezipient, → Kommunikant.

Rezipientenforschung, *Publikumsforschung,* Untersuchungsgegenstand dieses Bereichs der → Kommunikationsforschung sind die → Kommunikanten. Die R. bestehet aus der → Hörerforschung, → Leserschaftsforschung und der → Zuschauerforschung.

RFID, Abk. für → Radio Frequency Identification.

RFMR-Methode, Form der Adressenbewertung im → Direktmarketing und → Database-Marketing. Die Bewertungsparameter sind:

- Recency (letztes Kaufdatum),
- Frequency (Kaufhäufigkeit) und
- Monetary Ratio (kundenspezifische Umsätze).

Ziel der Adressenbewertung ist die Aktualisierung der → Database oder auch die Reaktivierung von Altkunden (→ Retention Marketing).

RGH, Abk. für → Rationalisierungs-Gemeinschaft des Handels.

Richtpreis, → Preisempfehlung.

Risiko, Unvorhersehbarkeit von Ereignissen. Das R. ist kalkulierbar. Bei der Quantifizierung des R. kommen die → Wahrscheinlichkeitstheorien und ihre Verfahren zum Einsatz. – *Anders:* → Unsicherheit.

Risikoanalyse, Methode zur Abbildung und Auswahl von Alternativen bei u.a. Investitionsentscheidungen, die in ihrem Erfolg von vielen Einflussfaktoren mit unterschiedlichen Ausprägungen und Eintrittswahrscheinlichkeiten abhängen. Mithilfe der → Simulation werden alle denkbaren, realistischen Möglichkeiten und deren mögliche Eintrittswahrscheinlichkeiten durchgespielt.

Risiko-Kommunikation, → Kommunikationsprozesse, die sich auf die Erkennung, Analyse, Bewertung und Beeinflussung von → Risiken beziehen. Hierin eingeschlossen ist die Kommunikation zwischen den Beteiligten (Unternehmen, Anspruchsgruppen). Instrumental ist die R.-K. eine bestimmte Form des → Risiko-Management. Im Wesentlichen handelt es sich um einen Risikodialog mit allen betroffenen Anspruchsgruppen.

Risiko-Management, Form einer integrierten Dienstleistung, die der Anlagenanbieter für den Kunden erbringt. Das

R.-M. spielt eine besondere Rolle im internationalen → Anlagengeschäft. – Vgl. auch → Dienstleistungs- und → Investitionsgütermarketing.

Ritual, regelmäßige Wiederholung von bestimmten Verhaltensweisen. Tradierte R. finden sich vor allem in klassischen „verbeamteten" und vornehmlich autoritär strukturierten → Unternehmungsorganisationen und → Unternehmenskulturen, und zwar sowohl und primär in der → Strukturorganisation als auch in der → Ablauforganisation.

RKW, Abk. für → Rationalisierungskuratorium der deutschen Wirtschaft.

Robinsonliste, eine vom → Deutschen Direktmarketing-Verband herausgegebene Liste, in der die Personen erfasst sind, die ausdrücklich kein Direktwerbematerial (→ Direktwerbung) jedweder Art wünschen. Im eigenen Interesse der Anbieter sollte diesem Wunsch bestimmter Verbraucher stringent entsprochen werden, um evtl. Imageschäden zu vermeiden.

Rogers-Skala, nach E. M. Rogers benannter Katalog von → Items zur Ermittlung der Meinungsführerschaft von Befragten. Die Ermittlung erfolgt durch Selbsteinstufung der → Probanden. Es ist fraglich, ob das Verfahren der Selbsteinstufung zu einer gesicherten Identifizierung von → Meinungsführern führen kann.

Rohertrag, → Handelsspanne in absoluten Zahlen. Der entsprechend relative Ausdruck wird als Prozentspanne oder Marge bezeichnet.

Rohstoff, Stoff, der den Hauptbestandteil der Fertigerzeugnisse bildet (z.B. Stahl, Kunststoff). – *Anders:* → Hilfs- und → Betriebsstoff.

Rohstoffmarketing, Form des → Investitionsgütermarketings für Grundstoffe (→ Rohstoffe). Das Angebot von und die Nachfrage nach Rohstoffen werden entscheidend durch die Komplexität der verschiedenen Verarbeitungsprozesse (in Verbindung mit anderen → Produktionsgütern) und durch die damit verbundenen diversen → Marktstufen beeinflusst. Daraus resultieren sehr wechselhafte Substitutions- und Komplementaritätsbeziehungen, die überdies durch die Dynamik der Entwicklung neuer Produktionstechnologien z.T. sehr heftigen eruptiven Veränderungen ausgesetzt sind. Aufgrund dieser Rahmenbedingungen kann im R. auch das klassische → Marketinginstrumentarium nicht greifen. Entscheidend sind vielmehr die langfristigen Geschäftsverbindungen, die geprägt werden durch besondere Formen des → Kontraktmarketings und des → In-Supplying.

RoI, Abk. für → Return on Investment.

Rolle, → soziale Rolle.

rollende Planung, *rollierende Planung,* der Planungshorizont wird jeweils um eine Teilplanungsperiode in Form einer überlappenden Planung „weitergerollt". Die übliche Periodeneinteilung sind Monate und Jahre.

Rollenkonflikt, unterschieden werden personelle, Intrarollen- und Interrollen-Konflikte. Ein Personen-R. tritt auf, wenn das Rollenverständnis des Rollenträgers von der üblichen Rollenerwartung (die mit der → sozialen Rolle verbunden ist) abweicht. Ein Intrarollen-Konflikt liegt vor, wenn unterschiedliche → Motive bestehen, die zu divergenten Zielen und schließlich zu einem widersprüchlichen → Verhalten führen. Der klassische R. ist der Interrollen-Konflikt. Der Träger verschiedener sozialer Rollen kommt in eine konfliktäre Situation, wenn er den nicht miteinander zu vereinbarenden Verhaltenserwartungen unterschiedlicher sozialer → Gruppen entsprechen soll.

Rollenspiel, → Simulation von → Verhalten. Den Spielteilnehmern werden jeweils unterschiedliche → soziale Rollen zugewiesen, die sie kompetent und glaubhaft im interaktiven Gespräch zu vertreten haben. Ziel ist es die Fähigkeit der Teilnehmer zur → Interaktion zu erhöhen. Eines der Haupteinsatzgebiete von R. ist das → Verkaufstraining.

Rollenverhalten, situationsspezifisches → Konsumentenverhalten, das von der jeweiligen → sozialen Rolle abhängt. Wichtige soziale Rollenumfelder sind z.B. Familie, Beruf, Freizeit. Der Konsument setzt die verschiedenen Produkte als Requisiten in den jeweiligen Rollen ein, um nach dem → Verstärkerprinzip durch den spezifischen → Konsum eine soziale Anerkennung (z.B. von seiner sozialen → Gruppe) zu erhalten. Diese von P. Brückner (1967) entwickelte und von P. Zernisch werblich umgesetzte dynamische Theorie des Konsumentenverhaltens steht im deutlichen Gegensatz zur Entwicklung der statischen → Käufertypologien [O. W. Haseloff (1982)], die das → Verhalten typologisch festschreiben. Der individuale Rollenverhaltensansatz zur Erklärung des differenzierten Konsumentenverhaltens ist wegen der populistischen Typologien in der → Verhaltenstheorie in Vergessenheit geraten.

rollierende Planung,
→ rollende Planung.

Rorschach-Test, nach H. Rorschach (1884-1922) benanntes → projektives Verfahren, das vor allem in der Persönlichkeitsforschung eingesetzt wird. Die Auskunftspersonen deuten schwarzweiße und farbige Tafeln mit Tintenklecksbildern (Klecksographietest). Der R.-T. wird primär in der → Motivforschung zur Analyse von Käufertypen (→ Käufertypologie) verwendet.

Rosenzweig-Test, das von S. Rosenzweig (1938) entwickelte → projektive Verfahren gehört zur Gruppe der → Picture-Frustrations-Tests (PFT). Die Auskunftspersonen bewerten mehrere Bildzeichnungen von Personen in frustrierenden Situationen, indem sie leere Sprechblasen mit angenommenen Reaktionen der frustrierten Personen ausfüllen. Der Test kommt vor allem in der → Motiv- und → Imageforschung zum Einsatz.

Rotationsvertretersystem, Form der Außendienstorganisation im → Direktvertrieb, bei der den Außendienstmitarbeitern in bestimmten zeitlichen Abständen andere → Verkaufsbezirke zugewiesen werden. Ziel der Rotation ist, die Verkaufsaktivitäten dynamisch zu halten. Damit verbunden ist aber eine nur sehr lose Bindung zwischen Kunde und Verkäufer (→ Kundenbindung). Es besteht die nicht zu unterschätzende Gefahr von Kundenabwanderungen, wenn nicht andere Kundenbindungsinstrumente dominant sind und die mangelhafte persönliche Kundenbeziehung kompensieren können. Die zunehmende Bedeutung des → Beziehungsmarketings spricht für das Platzvertretersystem, wobei die systemimmanente Erlahmung der Leistungsmotivation des → Außendienstes durch entsprechende → Vergütungssysteme vermieden werden kann. – *Gegensatz:* → Platzvertretersystem.

Routenplanung, systematische Planung der Verkaufsrouten (für den → Außendienst) durch die → Verkaufsleitung. Zur Stringenz der R. stehen sich in der Praxis wie üblich die Verfechter des Zentralismus und Dezentralismus gegenüber. Eine zu enge → Planung verhindert die insb. im Verkauf notwendige Flexibilität (z.B. bedingt durch unterschiedliche Besuchshäufigkeiten, die sich am Kunden orientieren müssen). Andererseits führt eine zu lasche R. zu extremen Unwirtschaftlichkeiten (Fahrtkosten, Verhältnis von Kontakt- und Reisezeit, Vernachlässigung bestimmter Kunden etc.). Daraus folgt, dass eine optimale R.

(→ Tourenplanung) im Sinne einer kostenminimalen Lösung nur möglich ist auf der Basis von → Kundenanalysen .

Routinekauf, → Kauf, der gewohnheitsmäßig erfolgt (→ Gewohnheitsverhalten) und kaum durch → kognitive Prozesse gesteuert wird. Die Basis dieses → habituellen Kaufverhaltens sind verfestigte Verhaltensmuster, die wiederum auf in der Vergangenheit bewährten Entscheidungen beruhen. Mit habitualisierten → Kaufentscheidungen sind in der Regel eine hohe → Markentreue und/oder → Ladentreue verbunden.

Rubin`scher Becher, Bild, das je nach Dominanz des Vorder- oder Hintergrunds bzw. Blicksprung des Betrachters entweder einen Pokal oder zwei Gesichter im Profil zeigt. Die durch E. J. Rubin (1921) gewonnene Erkenntnis (→ Figur-Grund-Wahrnehmung) ist für die → Werbemittelgestaltung von erheblicher Bedeutung und führt zu dem Schluss, dass ein → Werbemittel eine um so größere Wirkung hat, je höher sein → Gestaltwert ist im Hinblick auf den zu vermittelnden → Werbeinhalt.

Rückkoppelung, wesentliches Prinzip der kybernetischen → Regelkreise. Die Wirkung einer Ursache wirkt wieder auf die Ursache zurück. Bei positiver R. verstärkt die Rückwirkung die auslösende Ursache, bei negativer R. bleibt das System stabil bzw. die Rückwirkung schwächt das gesamte Funktionssystem. Im Marketing treten Rückkoppelungseffekte in vielfältiger Weise auf, vor allem in der → Marketingplanung, bei der Bildung von → Marketingmodellen, aber auch bei der Gestaltung von → Marketingorganisationen.

Rücklaufquote, Prozentsatz der zurückerhaltenen → Fragebogen von den insgesamt versendeten.

Rückwärtsintegration, Tätigkeit auf vorgelagerten → Märkten, um sich von den Lieferanten unabhängiger zu machen (→ vertikale Diversifikation). So wird z.B. der Verarbeiter auch zum Rohstoffproduzent oder das Handelsunternehmen auch zum Markenartikelhersteller. Die Gefahr der R. ist die Abhängigkeit von Branchenstrukturkrisen (Gefahr der Monostrukturierung). Das gilt vor allem für Handelsunternehmen, die in die Fertigungsstufe diversifizieren. Hier erweisen sich z.B. auftretende Überkapazitäten als ein erhebliches Problem, da andere Abnehmer Handelsmitbewerber sind. – *Gegensatz:* → Vorwärtsintegration.

Rückzugsstrategie, geplanter Rückzug (→ Marktaustritt) aus einem → Absatzmarkt, der in der Regel rentabilitätsbedingt und auf eine Unterlegenheit im → Wettbewerb zurückzuführen ist. Bei der R. gilt es, insb. die → Marktaustrittsbarrieren abzubauen. Diese sind u.a. gegeben durch evtl. Kosten- und Wettbewerbsnachteile. Vielfach scheitern R. auch an zu geringen Verkaufs- bzw. Liquidationswerten. Dieser Fall tritt insb. dann ein, wenn die geplante R. vor der Realisierung in weiten interessierten Käuferkreisen bekannt wird und diese den weiteren Unternehmensverfall abwarten, um den Kaufpreis abzusenken.

Rufschädigung, wettbewerbswidrige Imageschädigung eines Unternehmens bzw. seiner Leistungsangebote durch → Wettbewerber oder → Absatzmittler. Eine Verletzung gewerblicher → Schutzrechte kann vom Kläger generell auch als R. geltend gemacht werden. Das Verbot der R. gilt auch für das Verramschen von → Markenartikeln durch den Einzelhandel. Hierbei erweist sich jedoch bei der Rechtsfindung oft die Grenzziehung zwischen der wettbewerbsrechtlich unzulässigen → Preisschleuderei und den diversen zulässigen Formen der → Niedrigpreisstrategien der Absatzmittler als problematisch.

Rundfunkökonomie, wirtschaftswissenschaftliche Spezialdisziplin, die sich mit den ökonomischen Aspekten der Produktion, Verbreitung und Nutzung von Rundfunk (Radio- und Fernsehprogrammen) befasst. Hierbei steht das z.T. polare Verhältnis zwischen dem publizistischen und ökonomischen Wettbewerb im Vordergrund. – Vgl. auch → Fernsehwerbung.

Rundfunkwerbung,
→ Hörfunkwerbung.

S

Saccade, Blicksprung bei der Betrachtung von Bild- bzw. Textelementen, die im Rahmen der → Blickregistrierung mittels → Augenkamera gemessen werden. Im Vergleich zu den → Fixationen wird den S. nur eine geringe oder gar keine Wahrnehmungsbedeutung beigemessen.

Sachgüter, Güter, die sich von → Dienstleistungen dadurch unterscheiden, dass sie tangibel und lagerfähig sind.

Sachziel, Sach- bzw. Zweckbestimmung des Unternehmens bzw. der Institution. – Vgl. auch → Unternehmensziel, → Marketingziel. – *Gegensatz:* → Formalziel.

Saisonartikel, → Artikel, dessen → Absatz einem → Saisonzyklus unterliegt. Zum Ausgleich von saisonalen Schwankungen werden preispolitisch im → Handel vor allem → Saisonrabatte eingesetzt.

Saisonbereinigung, Eliminierung von Saisonschwankungen für die → Absatzprognose, z.B. mithilfe der Methode der → exponentiellen Glättung.

Saisonrabatt, besondere Form des → Zeitrabatts, der dem → Handel vom Lieferanten bei saisonabhängigen → Artikeln, den → Saisonartikeln, gewährt wird. Hierbei handelt es sich vielfach um Frühbezugsrabatte, die den Handel veranlassen sollen, die → Waren vor Saisonbeginn zu ordern. Aus Herstellersicht ist damit das Ziel verbunden, saisonal bedingte Absatzschwankungen zu vermindern.

Saisonzyklus, jahreszeitlich oder extrasaisonal (z.B. Wetter oder Feiertage) bedingte saisonale Schwankungen der Absatzentwicklung, die nicht trendbedingt sind.

Salesfolder, schriftliche und ansprechend aufgemachte Unterlage zur Unterstützung des → Verkaufsgesprächs im Sinne des → Anbieters. S. sind im → persönlichen Verkauf ein wichtiges Instrument der → Verkaufsförderung und enthalten diesbezüglich neben den → Produktinformationen auch Hinweise zu Aktionen, → Rabatten und → Konditionen.

Salesforce, → Außendienst.

Salesmanagement, → Verkaufsleitung.

Salespromotion, → Verkaufsförderung, → Promotion.

Sammelbestellersystem, Form der Kundenakquisition und -betreuung im → Versandhandel. Der Sammelbesteller ist → Kunde des Versandunternehmens und akquiriert auf Basis eines → Katalogs im Bekanntenkreis neue Kunden. Anschließend übernimmt er die Bestellung, die Warenverteilung und das Inkasso und erhält dafür als Leistungsentgelt einen bestimmten Prozentsatz (→ Provision) vom Warenbestellwert. Eine Ähnlichkeit dieser Form des → Direktvertriebs besteht mit dem → Partyverkauf.

Sammelwerbung, → Gemeinschaftswerbung.

Sample, → Stichprobe.

Sample Point, kleinste Einheit einer → Stichprobe.

Sanktion, Bestrafungsform eines → Verhaltens, das sich nicht an den sozialen → Normen orientiert. Hierbei beziehen sich die sozialen Normen auf die Konformität sozialer → Gruppen, die für die Gruppenmitglieder als verbindlich angesehen werden. → Konformität wird belohnt durch sozialen Aufstieg, → Status und → Prestige. S. werden in dem Masse überflüssig, wie die → Internalisierung das Verhalten bestimmt.

Satellitenfernsehen, die Übertragung erfolgt über einen im Weltraum stationierten Nachrichtensatelliten. – *Gegensatz:* → Kabelfernsehen.

Satisfier, → Motivator.

Sättigungsfunktion, → Wachstumsfunktion als Prognosefunktion, die einen s-förmigen Verlauf aufweist. Nach einem Wachstumsabschnitt erreicht die Funktion einen Scheitelpunkt, den Sättigungspunkt und fällt danach ab. Die S. dient u.a. der formalen Beschreibung der → Werbewirkung in Verbindung mit dem eingesetzten → Werbebudget und der Darstellung der → Marktsättigung, etwa durch den → Produkt-Lebenszyklus. Die wichtigsten S. als methodische Hilfe bei der Entwicklung von → Prognosen sind Exponential- und → logistische Funktionen und → Gompertzfunktionen.

Sättigungsphase, vierte Phase im → Produkt-Lebenszyklus, die durch weiter absinkende → Umsatz- und → Gewinnzuwächse gekennzeichnet ist. Die Umsatzfunktion erreicht ihr Maximum, die → Grenzerlösfunktion den Nullpunkt. Je nach Kostenstruktur treten auch bereits Verluste auf. Der klassische Reaktionsmechanismus in der Praxis ist vielfach ein → Revival in Form eines → Faceliftings, das sehr kostenintensiv ist und meist nicht die gewünschten Ergebnisse bringt. Die Signale für die notwendige → Innovationspolitik in den Vorphasen, → Wachstums- und → Reifephase, werden vielfach überhört. – Vgl. auch → Marktsättigung.

Satzergänzungstest (SET), → projektives Verfahren, das eine Sonderform des → Wortassoziationstests, darstellt. Den → Probanden werden unvollständige Sätze vorgelegt, die sie spontan und unter Zeitdruck ergänzen müssen (→ Picture-Frustration-Test). Aus den Ergebnissen lassen sich Schlüsse ziehen z.B. hinsichtlich → Einstellungen und → Erwartungen der Befragten zum Untersuchungsgegenstand. Durch die indirekte Fragestellung wird die bei → Befragungen üblicherweise unerwünschte kognitive Kontrolle der Befragten vermindert.

Satzspiegel, in der → Typographie, der zu bedruckende Teil eines Buches oder anderer Druckwerke. Spalten, Ränder oder Grundlinienraster sind vorgegeben. Der S. ist ausschlaggebend bei der Planung von Anzeigenformaten.

Savage-Niehans-Regel,
→ Minimax-Regret-Regel.

Say`sches Theorem, Theorie von J. B. Say (1767-1832), nach der eine Überproduktion in einer Volkswirtschaft nicht möglich ist, weil sich jedes Produktionsniveau das ihm entsprechende Bedürfnis- und Nachfrageniveau schafft. Diese Theorie wird von J. K. Galbraith (1958) in seiner → Überflussgesellschaft erneut aufgegriffen. Danach besteht das Problem nicht in der Bedarfsdeckung, sondern in der permanenten Entwicklung von immer neuen → Bedürfnissen durch das → Marketing. Lediglich die zunehmende Umweltbelastung, knapper werdende Ressourcen, Krisen des Arbeitsmarktes und eine nachlassende → Leistungsmotivation begrenzen das → Wachstum der Wirtschaft wie auch die Überflussgesellschaft.

SB, Abk. für → Selbstbedienung.

SB-Großhandel, *Selbstbedienungsgroßhandel,* → Abholgroßhandel.

SB-Laden, *Selbstbedienungsladen,* Sammelbegriff für eine → Betriebsformen des → Einzelhandels, deren → Bedienungssystem die → Selbstbedienung ist.

SB-Markt, *Selbstbedienungsmarkt,* → Betriebsform des → Einzelhandels, die ähnlich dem → Verbrauchermarkt und dem → Supermarkt ein → Vollsortiment an Nahrungs- und Genussmitteln führt sowie ergänzende Non-Food-Artikel. Als → Bedienungssystem dominiert die → Selbstbedienung.

SB-Warenhaus, *Selbstbedienungswarenhaus,* → Betriebsform des → Einzelhandels, die vielfach auch in Form eines SB-Zentrums geführt wird. Die SB-W. haben sich aus den → Verbrauchermärkten heraus entwickelt, führen aber heute ein → Sortiment wie jedes klassische → Warenhaus auf einer → Verkaufsfläche von ca. 20.000 bis 40.000 qm. Im Vordergrund der Betriebsform stehen die → Selbstbedienung, der Standort in Stadtrandgebieten und die großflächigen Parkmöglichkeiten für die → Kunden.

Scanner, elektronisches Datenerfassungsgerät (Kassenterminal oder Datenkasse) das jeden → Artikel am Verkaufspunkt erfasst. – Vgl. auch → Scanning.

Scannerpanel, elektronische → Panelerhebung mithilfe des → Scanning. Diese Form der Datenerhebung eignet sich insb. für das → Handelspanel. Ansätze dazu existieren z.B. bereits im → Behaviour Scan. Die Vorteile des Verfahrens liegen in der kostengünstigen Bestandserhebung bei den Panelteilnehmern, der Datengenauigkeit, der Aktualität und Detailliertheit der Daten und in der Erfassung von Zusammenhängen zwischen Marketingmaßnahmen und Abverkäufen. Möglich ist dadurch auch eine bessere Panel-Systemforschung im Sinne der Kombination von Daten aus dem Handels- und → Haushaltspanel.

Scanning, Datenerfassung beim Warenausgang in Handelsunternehmen. Die Datenerfassung erfolgt durch elektronische Kassenterminals oder Datenkassen, die den Abverkauf artikelspezifisch einlesen. Der einzelne → Artikel wird identifiziert durch einen Strichcode (→ EAN-Code), der in der Regel durch den Hersteller angebracht ist. Das S. hat zur Entwicklung geschlossener → Warenwirtschaftssysteme entscheidend beigetragen.

Scantrack, → Handelspanel, dessen Ergebnisse Nutzern gegen Gebühr zur Verfügung gestellt werden.

Schaufenstergestaltung, Form des → Visual Merchandising im Rahmen der → Handelswerbung und hierbei insb. der → Instore-Werbung. Entscheidend ist, dass die mit der → Schaufensterwerbung verbundene → Anmutung mit dem Ladeninneren bzw. mit der → Ladengestaltung übereinstimmt. Was die verschiedenen Grundtypen der S. betrifft, wird nach H. Richter (1982) unterschieden in:

- Stapelfenster oder Massenfenster (große Warenfülle mit Niedrigpreis-Assoziation),
- Phantasie-, Ideen- oder Stimmungsfenster (exquisite Waren mit hohem Anspruch),
- bedarfsorientierte Fenster (Bedarfsbündelung),
- Anlassfenster (zeitliche Anlassbezogenheit auch als Mischung der Grundtypen),
- Puppenschaufenster bzw. Schaufensterpuppen,
- Luxusschaufenster (wenige Objekte mit dekorativem Beiwerk) und
- Warenhausschaufenster (großer Schaufensterraum mit Rückwand).

Schaufensterwerbung, wichtige → Kommunikationsform des → Einzelhandels, die als → Instore-Werbung darauf gerichtet ist, bei Passanten Kaufwünsche zu erzeugen und sie zu animieren, das Geschäft zu betreten und sich für die ausgestellte Ware zu interessieren. Die S. ist eine auf das Einzelhandelsgeschäft fokussierte → Außenwerbung. Durch die Art der → Schaufenstergestaltung können bestimmte → Kommunikationsziele an ein breites Kaufpublikum vermittelt werden.

Schauwerbung, Form der → Werbung bzw. → Produktwerbung, die ortsgebunden ist. Dazu gehört vor allem die → Schaufenstergestaltung, → Schaufensterwerbung, → Instore-Werbung, das → Visual Marketing und insgesamt die → Ladengestaltung im → stationären Einzelhandel, wie auch die Werbung bei zeitlich begrenzten → Marktveranstaltungen, → Ausstellungen und → Messen.

Scheinkorrelation, eine nur scheinbare → Korrelation zwischen zwei oder mehreren → Variablen. Ein kausaler Zusammenhang (→ Kausalität) existiert nicht trotz einer möglicherweise strengen statistischen Beziehung. Die wesentliche Ursache für die S. ist in der Regel die Existenz von weiteren → unabhängigen Variablen, die die Korrelation bestimmen. Eine klassische S. ist der Anstieg der Geburtenrate im Herbst, der statistisch signifikant durch die vermehrte Zahl der Störche begründet werden kann. Das Phänomen der S. belegt, dass eine Korrelation nicht unbedingt einen Kausalzusammenhang begründet.

Schiefe, Maß für den Grad der Asymmetrie einer → Häufigkeitsverteilung.

Schirmmethode, die Leistungsangebote werden unter dem Firmennamen zusammengefasst (→ Dachmarken). Ziel der Dachmarkenstrategie ist der positive → Imagetransfer des Firmennamens auf das gesamte Leistungsprogramm. Als problematisch kann sich ein negativer Ausstrahlungseffekt bei heterogenen Leistungsangeboten erweisen, der möglicherweise auf andere Produkte oder auf das gesamte → Unternehmensimage durchschlägt. – *Anders:* → Pilzmethode.

Schleichwerbung, Werbeform, bei der → Werbebotschaften an den → Verbraucher bzw. → Verwender gesandt werden, ohne dass er den werblichen Charakter unmittelbar erkennen kann. Diese Art getarnter → Werbung, die in allen → Medien auftreten kann, wird durch das → Gesetz gegen den unlauteren Wettbewerb (GWB) untersagt. – *Gegensatz:* → Product Placement, → Product Publicity.

Schleuderpreis, → Preisschleuderei.

schließende Statistik, → induktive Statistik, → Inferenzstatistik.

Schlüsselbild, *Key Visual,* Bildmotiv, das beim → Verbraucher eine klare visuelle Vorstellung, ein→ Image einer → Marke oder eines → Unternehmens hervorruft. S. dienen dem langfristigen Aufbau von verhaltenswirksamen → inneren Bildern (→ Imagery). Das S. enthält den visuellen Kern der → Werbebotschaft, d.h. sachliche → Informationen oder emotionale → Erlebnisse, um das → Angebot beim → Konsumenten zu positionieren. Es muss schnell erkennbar und einprägsam und im Grundmotiv trotz seiner Kontinuität im Zeitablauf anpassungsfähig sein, damit die inhaltliche Botschaft in unterschiedliche Einzelmotive umgesetzt werden kann. Das unterscheidet das S. vom starren → Markenzeichen.

Schlüsselinformation, Zusammenfassung von Einzelinformationen zu Informationsblöcken (→ Information Chunks). S. werden vom → Konsumenten als höherwertige → Informationen bewertet. Die Reduktion der Informationsaufnahme auf wichtige S. dient dem Konsumenten bei → Kaufentscheidungen als Informationsentlastung. – Vgl. auch → Information Overload.

Schlüsselkunde, → Key-Account.

Schlüsselreiz, → Reiz, dem sich der → Kommunikant oder Rezipient automatisch und weitgehend unbewusst zuwendet. Als Beispiele gelten menschliche Augen (→ Kindchen-Schema). Der S. wird vor allem in der → Massenkommunikation eingesetzt, um die → Aufmerksamkeit bzw. → Aktivierung zu steigern.

Schlussverkauf, Saison-Sonderveranstaltung im → Einzelhandel, deren Beginn und Zeitraum bis zur Neuregelung 2004 gesetzlich im → Gesetz gegen den unlauteren Wettbewerb (UWG) geregelt wurde. Seit Inkrafttreten der Reform können S. nach Belieben durchgeführt werden und sind nicht auf Saisonwaren beschränkt. Der S. hat an Attraktivität für den → Verbraucher in den letzten Jahren stark verloren aufgrund der ganzjährigen → Sonderangebotspolitik im Einzelhandel. Dadurch wird vielfach auch der Eindruck eines vorweggenommenen S. vermittelt.

Schlussziffernauswahl, → Auswahlverfahren bei der Ziehung von → Stichproben. Aus der durchnummerierten → Grundgesamtheit kommen die Elemente mit bestimmten, per Zufall festgelegten Schlussziffern in die Auswahl. Die S. eignet sich besonders bei elektronisch gespeicherten und nummerierten Grundgesamtheiten.

Schneeballsystem, Form des → Direktvertriebs, bei dem Unternehmen Personen zur Abnahme von → Waren bzw. zum Erwerb von Depot- und Verkaufsrechten veranlassen, indem sie ihnen für den Fall der erfolgreichen Anwerbung weiterer → Kunden einen finanziellen Vorteil gewähren. Die gewonnenen Kunden sollen wiederum Kunden anwerben usw. Es entsteht ein Pyramidensystem. Die Ware gelangt nur z.T. an wirkliche Endverbraucher, und die letzten „Kunden" bleiben auf der Ware sitzen. Der Systemträger verdient am Füllen der Pipeline - Vertriebsorganisation. S. sind in Deutschland nach dem → Gesetz gegen den unlauteren Wettbewerb (UWG) verboten und werden auch strafrechtlich verfolgt. – *Gegensatz:* → Multi-Level-Marketing.

Schneeballverfahren, → Auswahlverfahren bei der Bildung von → Stichproben. Eine Person mit den benötigten Merkmalen nennt Personen mit den gleichen Merkmalen usw. Das Verfahren kann angewendet werden bei der Auswahl von nur schwer auffindbaren → Probanden. Ein Problem ist das mögliche Auftreten von systematischen → Stichprobenfehlern.

Schnelldreher, → Konsumgut, das sich im → Handel schnell umschlägt bzw. dreht. S. weisen eine höhere → direkte Produktrentabilität im Vergleich zu Langsamdrehern auf, da aufgrund ihrer höheren → Umschlagsgeschwindigkeit, Umschlagshäufigkeit und Umschlagsfrequenz der → Kapitalumschlag steigt bzw. die → Kapitalbindung sinkt. Die sog. „Renner- und Pennerlisten" sind ein wichtiges Entscheidungsinstrument bei der → Sortimentsoptimierung. – Vgl. auch → Fast Moving Consumer Goods.

Schnellgreifbühne, → Greifbühne.

Schnittstellen-Management, bei Schnittstellen handelt es sich um Berührungsstellen von selbstständigen Abteilungen im → Unternehmen. Insb. der Marketingbereich weist wichtige Schnittstellen zu anderen Betriebsfunktionen auf, z.B. zu → Forschung und Entwicklung, → Produktion, → Beschaffung, → Logistik, → Planung, → Controlling. Aufgabe des S.-M. ist es, im Sinne des Gesamtnutzenprinzips einen Konsens herzustellen. Dazu ist vor allem die Herstellung von zielgerichteten Informations- und Kommunikationsbeziehungen von besonderer Bedeutung. Diesbezügliche → Organisationsformen sind das → Projektmanagement, die → Matrixorganisation und die → Tensororganisation. Auch beim → Outsourcing entstehen Schnittstellen, die koordiniert werden müssen. – Vgl. auch → Beziehungsmanagement.

Schreibtischforschung,
→ Sekundärforschung.

schriftliche Befragung, Form der → Befragung in der empirischen → Marktforschung. Der wesentliche Vorteil der Befragungsart liegt aus Auftraggebersicht bei den geringeren Kosten. Dieser Vorteil erweist sich jedoch vielfach nur als scheinbar, da s.B. nicht der Bedingung der → Repräsentanz, z.B. geringe und vor allem nicht stichprobenentsprechende → Rücklaufquote, entsprechen. Die Befragung bleibt aus zeitlichen Akzeptanzgründen der Befragten an der thematischen Oberfläche und damit bleiben je nach thematischer Komplexität wichtige Problemfelder unerkannt. – *Gegensatz:* → mündliche Befragung oder → telefonische Befragung.

schrumpfender Markt,
→ Marktschrumpfung.

Schrumpfungsphase,
→ Degenerationsphase.

Schutzrecht, das gewerbliche Schutzrecht besteht aus → Patenten, → Gebrauchsmustern, → Geschmacksmustern, → Warenzeichen und → Urheberrechten. Sie dienen dem Schutz vor → Plagiaten und → Markenpiraterie.

Schwabe-Engel`sche Gesetz,
→ Engel-Schwabe`sche Gesetz.

schwaches Signal, nach H. I. Ansoff (1976) eine schwache → Information, die nicht als Frühwarnung (→ Frühwarnsysteme) vom Empfänger zur Kenntnis genommen wird. Dadurch werden → Trends und vor allem Trendbrüche, die sich in der Regel frühzeitig ankündigen, nicht wahrgenommen. Das gilt insb. für Struktur- und Branchenkrisen, die nicht unvermittelt eintreten, sondern meist einen längeren Entwicklungszeitraum umfassen, bevor sie virulent werden. Durch die Nichtwahrnehmung von s.S. bleibt für die Unternehmen vielfach keine Zeit mehr, um wirkungsvolle Reaktionsstrategien zu entwickeln. Vgl. auch → Krisenmarketing, → Krisen-PR.

Schwachstellenanalyse, Analyse der Schwächen des eigenen → Unternehmens, die alle Funktionen und Prozesse umfassen sollte. Diese Prüfung kann eingebunden werden in eine → Stärken-/Schwächenanalyse, die auch qualitative Prüffelder enthalten sollte, wie z.B. → Kundenzufriedenheit, Mitarbeiterzufriedenheit, Innovationsorientierung aller Mitarbeiter, Managementqualität, Führungsverhalten, → Unternehmensimage. Eine permanente S. ist unerlässlich im Hinblick auf die Erhaltung der → Wettbewerbsfähigkeit und die Entwicklung von → Wettbewerbsstrategien.

Schwarzmarkt, ein ungesetzlicher, illegaler Markt, der insb. in Notzeiten mit Bewirtschaftung und Kontingentierung von Waren besteht. Die knappen → Güter werden illegal und zu überhöhten → Preisen gehandelt. Auch in Wohlstandsgesellschaften kann es gelegentlich aufgrund eines Nachfrageüberhanges, z.B. bei Eintrittskarten für Sportveranstaltungen zur Bildung von S. kommen. – *Gegensatz:* → grauer Markt.

Schwedenschlüssel, Vorgabe für → Interviewer bei → mündlichen Befragungen in → Haushalten bez. der Auswahl der Befragten nach dem Verfahren der → systematischen Auswahl. Auf der Basis von → Zufallszahlen kann der Interviewer am Ort des → Interviews unter den Haushaltsangehörigen eine → Zufallsauswahl treffen.

Schweigespirale, eine von E. Noelle-Neumann (1982) aus der politischen → Meinungsforschung entwickelte Theorie der Entscheidungsfindung. Unzureichende Artikulation und fehlende Akzeptanz der individuellen Meinung führen zum Konflikt mit evtl. Meinungsumschwung.

Aus Isolationsfurcht schließen sich die Individuen einer Mehrheitsmeinung an. → Medien, insb. → Massenmedien, dienen als Übermittler von Argumenten zur Stabilisierung bzw. Aufgabe des eigenen Standpunktes.

Schweinezyklus, → Spinnwebtheorem.

Schwellenpreis,
→ Preisschwelleneffekt.

Schwerin-Kurve, nach H. Schwerin benannte Funktion, die den Zusammenhang zwischen der Anmutungsqualität (→ Anmutung) als Gefühlsqualität von → Werbemitteln und der Gedächtnisleistung darstellt. Danach werden positiv besetzte Appelle besser erinnert als negative. Die Gedächtnisleistung ist am geringsten bei neutral gestalteten → Stimuli. Nach neueren Untersuchungen spielt bez. der Gedächtnisleistung das → Involvement des → Kommunikanten eine entscheidende Rolle.

Schwerin-Test, ein von der Schwerin Research Corp. entwickelter → Werbetest in Form eines → Laborexperiments. Die Testpersonen geben zunächst an, welches Geschenk sie aus einer Reihe von Produkten haben möchten. Anschließend wird ihnen ein Film mit eingeblendeten → Werbespots vorgeführt. Nach der Vorführung haben die Testpersonen erneut die Möglichkeit, ein Geschenk auszuwählen. Bei signifikanten Präferenzänderungen werden diese auf den Werbemittelkontakt zurückgeführt. Gegen dieses Verfahren können generell die gleichen Bedenken geltend gemacht werden wie bei jedem Laborexperiment, nämlich quasibiotische Realität, Repräsentanz der Testpersonen, keine Kaufentscheidungssituation.

Scientific Management, → wissenschaftliche Betriebsführung, → Taylorismus.

Scorecard, → Balanced Scorecard.

Scoringmodell, Punktbewertungsverfahren zur Evaluation von Entscheidungsalternativen. Die Alternativen beziehen sich meist auf Forschungs- und Entwicklungsprojekte, wie z.B. → Produktentwicklungsprozesse. Im Marketing sind die wichtigsten Entwicklungsprojekte im produktpolitischen Bereich angesiedelt. – Vgl. auch → Produktbewertung.

SCOR-Modell, Abk. für → Supply Chain Operation Reference Modell.

Screening, erste und grobe Vorauswahl. „Durchsieben" aus Handlungsalternativen, um den nachfolgenden Evaluierungsaufwand zu reduzieren. Methodisch bieten sich dazu → Scoringmodelle an. – Vgl. auch → Produktbewertung.

Scribble, grobe Skizze für den Entwurf eines → Werbemittels in Form einer Rohzeichnung.

SDS, → Sedas-Daten-Service.

Sechs-Hüte-Methode, → Kreativitätstechnik, von E. de Bono (1996), die das Ziel verfolgt, → Gruppendiskussionen thematisch und inhaltlich zu strukturieren, um dadurch schneller zu kreativen Lösungen von Problemen zu kommen (→ Problemlösung). Der Moderator verteilt je nach Diskussionsstufe an die Teilnehmer Hüte mit unterschiedlicher Farbe. Jeder Diskussionsteilnehmer setzt sich je nach Diskussionsphase einen Hut derselben Farbe auf. Jede Hutfarbe symbolisiert eine bestimmte Gesprächsphase. „Weiß" steht für Problemanalyse, „Schwarz" für kritische Bewertung, „Rot" für emotionale Intuition, „Gelb" für Lösungsvorschläge, „Grün" für neue Ideen zur Lösung und „Blau" für Entscheidung.

SEDAS, Abk. für → Standardregelungen für ein einheitliches Datenträgeraustausch-System.

Sedas-Daten-Service (SDS), System zur Bestelldatenkommunikation unter Einschaltung einer Clearingstelle. Das → Datenverbundsystem ist eine Entwicklung der → Centrale für Coorganisation (CCG) und General Electric und beschleunigt die Informationsabläufe zwischen Industrie und Handel. – Vgl. auch → SEDAS.

Segment, Ausschnitt aus einem Gesamtmarkt, der auch als → Teilmarkt bezeichnet wird. – Vgl. auch → Segmentation, → Marktsegmentierung.

Segmentation, Zerlegung des Gesamtmarktes in homogene → Teilmärkte (→ Marktsegmentierung).

Segmentationskriterium, Bestimmungsfaktor, nach dem ein Gesamtmarkt in homogene → Teilmärkte aufgeteilt wird (→ Segmentation und → Marktsegmentierung). Die Differenzierung erfolgt nach → geografischen Kriterien, → mikrogeografischen Kriterien, → demografischen Kriterien, → soziodemografischen Kriterien und/oder → psychografischen Kriterien. In der Praxis werden in der Regel die Kriterien nicht einzeln genutzt, sondern kombiniert.

Segmentationsstrategie, bei der → Marktsegmentierung werden die → Differenzierungsstrategie und die → Konzentrationsstrategie unterschieden. Vielfach wird in der Literatur auch noch die undifferenzierte Vorgehensweise als Strategieform angeführt. Hierbei handelt es sich aber nicht um eine aktive Marktsegmentierung. Die S. ist eine Form der → Wettbewerbsstrategie. – Vgl. auch → Nischen-Marketing.

Segregation, soziale Abgrenzung von Bevölkerungsgruppen nach z.B. Alter, Geschlecht, ethnischer Zugehörigkeit, Religion, Hautfarbe, → sozialer Schicht, Berufszugehörigkeit etc. Freiwillige S. dient der Absicherung des eigenen sozialen → Status, der → sozialen Distanz und/oder der Förderung der Gruppensolidarität. Erzwungene S. entsteht überwiegend aufgrund ungleicher sozialer Verteilung, z.B. in Wohnstandorten mit der Gefahr sozialer Diskriminierung. Die zunehmende Absonderung von Gruppen führt aufgrund intensiver Binnen- und fehlender Außenkontakte (→ Sozialkommunikation) zu einer Verstärkung milieuspezifischer → Einstellungen und Verhaltensweisen (→ Verhaltensforschung) und zu einem Auseinanderfallen von → Lebenswelten und Wertewelten. Die S. ist damit ein Ansatz zur sozialen → Marktsegmentierung.

Sehbeteiligung, durchschnittliche Anzahl von Personen in Millionen oder Prozent [→ Gross Rating Point (GRP)], die einen Werbeblock oder eine Sendung im Fernsehen gesehen haben. Hierbei spielt auch die Sehdauer eine Rolle. – Vgl. auch → Zuschauerforschung.

Seifenoper, *soapopera,* regelmäßige melodramatische Endlos-Serie im Fernsehen oder auch im Hörfunk. Der Begriff geht auf das → Programm-Sponsoring der Waschmittel- und Seifenhersteller von Hörfunksendungen in den 1930er-Jahren in den USA zurück, deren → Zielgruppe vor allem Hausfrauen waren.

sektorales Marketing, differenzierter Einsatz des → Marketinginstrumentariums unter besonderer Berücksichtigung von branchenspezifischen Marktgegebenheiten (→ Handelsmarketing, → Bankmarketing, → Versicherungsmarketing). Eine weitere und globalere Differenzierung ist die sektorale Gliederung in → Konsumgüter, → Investitionsgüter, → Produktionsgüter. – Vgl. auch → Gütertypologie.

Sekundärbedürfnis → soziales Bedürfnis, → Geltungsbedürfnis, → Selbstverwirklichungsbedürfnis, die → Maslow`sche Bedürfnispyramide. Die wichtigsten Bedürfniskategorien sind soziale Kontakte, soziale Anerkennung, Selbstwertgefühl und Persönlichkeitsentfaltung. – Vgl. auch → Primärbedürfnis, → Tertiärbedürfnis.

Sekundärdaten, Informationsbasis für die → Sekundärforschung. Unterschieden werden interne und unternehmensexterne → Daten und → Informationen bzw. ihre Quellen. Die wichtigsten internen Datenquellen sind das → Controlling und der → Außendienst. Die wichtigsten externen Datenquellen sind amtliche bzw. halbamtliche Statistiken, Verbandsinformationen, Veröffentlichungen von wissenschaftlichen Instituten, Berichterstattungen und Untersuchungen von Medienunternehmen, Firmenpublikationen, frei zugängliche Marktuntersuchungen etc.

sekundärer Wirtschaftsbereich, Dominanz der industriellen Fertigung in einer Volkswirtschaft auf fortgeschrittenem Entwicklungsstand (→ Industrialisierung). Die Weiterentwicklung von Technologien zur Steigerung der → Produktivität erfordert eine zunehmende Qualifikation der Arbeitnehmer und einen erhöhten Kapitaleinsatz. Das Kapital als bedeutender → Produktionsfaktor bestimmt Schnelligkeit und Intensität des Industrialisierungsprozesses. – Vgl. auch → primärer, → tertiärer und → quartiärer Wirtschaftsbereich.

Sekundärforschung, *Schreibtischforschung, Desk Research,* Beschaffung und Auswertung bereits erhobenen statistischen Materials „aus zweiter Hand", das frei zugänglich ist. – *Gegensatz:* → Primärforschung.

Sekundärorganisation, → duale Organisation.

Selbstabholung, Konzept aus der → Logistik, bei dem die → Kunden die → Ware selbst beim Lieferanten abholen und im Falle der Großbetriebsformen des → Einzelhandels in eigenen Distributionszentren lagern. Von dort aus werden dann die einzelnen → Verkaufsstellen in Handelsregie beliefert. In die S. können auch Logistik-Dienstleister eingebunden werden. – Vgl. auch → Zentralbelieferung, → Streckenbelieferung.

Selbstauswahl, *Vorwahl,* Mischform zwischen → Bedienung und → Selbstbedienung im → Einzelhandel. Der → Kunde wählt aus dem Leistungsangebot selbst aus. Die verkäuferische Leistung reduziert sich auf die Klärung von Zweifelsfragen und die Abwicklung des Kaufabschlusses.

Selbstbedienung, Form des → Bedienungssystems im → Handel. Der Kunde wählt selbst die → Waren aus und transportiert sie zur Kasse. Eine Sonderform der reinen S. ist die partielle S., bei der der Kunde eine → Vorwahl vornimmt und erst dann die Dienste des Verkaufspersonals in Anspruch nimmt. Die reine S. kann zudem auf Sortimentsteile beschränkt werden. Beim → Automatenverkauf handelt es sich um eine totale S. inklusive Inkassovorgang. Die S. ist überdies ein begriffskonstitutives Merkmal bestimmter → Betriebsformen im stationären → Handel, z.B. → SB-Großhandel, → SB-Markt, → SB-Warenhaus, → Discounter.

Selbstbedienungsgroßhandel, → Cash & Carry.

Selbstbedienungswarenhaus, → SB-Warenhaus.

selbstbeschränkende Werbung, freiwillige Werbeselbstkontrolle von → Werbungstreibenden und Unternehmen der → Werbewirtschaft, um der Sozialverantwortung der → Werbung zu entsprechen. Die wichtigsten Ziele der Werbeselbstkontrolle sind die Verhinderung von Auswüchsen in der Werbung inklusive eines unlauteren Wettbewerbs im Sinne des → Gesetzes gegen den unlauteren Wettbewerb (UWG) und die Sicherung der → Werbeakzeptanz in der → Öffentlichkeit. Das Kontrollorgan ist der → Deutsche Werberat. Die Effizienz der Selbstkontrolle ist nicht unumstritten. So wenden Kritiker ein, dass bei Verstößen gegen die freiwilligen Regeln rechtliche Sanktionen nicht möglich sind. Überdies widerspricht ein Kontrollorgan, das sich aus den interessengebundenen Werbungstreibenden und der Werbewirtschaft zusammensetzt, der Grundfunktion einer unabhängigen → Kontrolle.

Selbstbild, → Eigenimage.

Selbstimage, → Eigenimage.

Selbstkonzept, Gesamtheit der Vorstellungen, → Einstellungen und Bewertungen, die ein Individuum in Bezug auf sich selbst, sein → Verhalten und seine Fähigkeiten hat. Das S. umfasst sowohl Körperbewusstsein, soziales Rollenverhalten, die → soziale Rolle, als auch Selbstpräsentation. Es bildet sich in sozialer → Interaktion mit Bezugspersonen und sozialen → Gruppen, ist relativ stabil und bestimmt das Verhalten des Individuums. In der → humanistischen Psychologie ist das S. als Persönlichkeitseigenschaft ein Teil des Prozesses zur Selbstverwirklichung (→ Selbstverwirklichungsbedürfnis).

Selbstkosten, Summe aller im betrieblichen Leistungsprozess entstandenen → Kosten, die auch auf ein Stück bezogen werden können. Auf der Basis der → Zuschlagskalkulation, als wichtigste Form der → Vollkostenrechnung, ergeben sich die S. aus der Summe von Materialkosten, Fertigungskosten, Verwaltungs- und Vertriebsgemeinkosten und Sondereinzelkosten des Vertriebs.

Selbstkostenpreis, → Einstandspreis, → Kostenpreis, → Preiskalkulation.

Selbstverwirklichungsbedürfnis, *Ego-Bedürfnis,* → Bedürfnis, das auf die Entfaltung der eigenen → Persönlichkeit ausgerichtet ist. – Vgl. auch → Maslow`sche Bedürfnispyramide.

Selektionsverfahren, → Auswahlverfahren in der → empirischen Sozialforschung. Darüber hinaus werden S. z.B. eingesetzt bei der → Produktplanung, der → Marktsegmentierung, der → vertikalen Marketingstrategie und bei der → Mediaplanung.

selektive Absatzpolitik, Beschränkung der → Absatzpolitik auf ausgewählte → Abnehmer, Absatzgebiete und/oder → Produktgruppen. Der Unterschied zur → Marktsegmentierung ergibt sich daraus, dass die s.A. mehr ein Kontroll- und die Marktsegmentation mehr ein strategisches Planungskonzept ist.

selektive Distribution, Zwischenform der → exklusiven und → intensiven Distribution. Es handelt sich um die gezielte Auswahl einer begrenzten Zahl von Distributionspartnern, die auch an ein bestimmtes → Kooperationssystem gebunden werden können.

selektive Lagerhaltung, Produkt- und zielgruppenspezifische → Lagerhaltung, die davon ausgeht, dass nicht für alle → Güter die gleichen Lagerhaltungsrichtlinien (→ Lagerbestand) gelten müssen. Die wichtigsten Einflussfaktoren für eine differenzierte Vorgehensweise sind die jeweils z.T. sehr unterschiedlichen Bedingungen u.a. des → Lager- und → Warenumschlags, des notwendigen → Sicherheitsbestands, etwa bedingt durch saisonale, extrasaisonale Absatzschwankungen und vor allem der Kundenerwartungen bez. des → Lieferservice.

selektiver Vertrieb, Beschränkung auf bestimmte Verkaufspunkte, z.B. → Depotsystem, → Franchising. Ziel des s.V. ist es, durch die → Absatzwege- und Vertriebswegepolitik die → Marketingstrategie des Herstellers im → Handel durchzusetzen. – Vgl. auch → selektive Absatzpolitik, → selektive Vertriebspolitik.

selektive Vertriebspolitik, Beschränkung der → Vertriebspolitik auf ausgewählte → Abnehmer bzw. → Handelskanäle. Beispiel: → Depotsystem bei hochwertiger Kosmetik. – Vgl. auch → selektive Absatzpolitik, → Abnehmerselektion.

selektive Wahrnehmung, tatsächlich wahrgenommene → Informationen aus der Fülle der effektiv ausgesandten Informationen. Wichtige Charakteristika der s.W. sind die gezielte Informationssuche bei wichtigen → Kaufentscheidungen, die Bestätigung von → Einstellungen und die Abwehr diesbezüglich irrelevanter Informationen. – Vgl. auch → Information Overload.

Self Destroying Prophecy, sich selbst zerstörende → Prognose, die das Eintreten eines vorausgesagten Ereignisses durch die vorherige Ankündigung verhindert. – *Gegensatz:* → Self Fulfilling Prophecy.

Self Fulfilling Prophecy, sich selbstbestätigende → Prognose, die dadurch eintritt, dass sich alle bzw. die Mehrheit der Marktteilnehmer entsprechend der Voraussage verhalten. Die Prognose wird damit zur Realität. Das Phänomen tritt z.B. bei der Prognose einer Inflation durch die sich anschließende Flucht in Sachwerte auf. – *Gegensatz:* → Self Destroying Prophecy.

Self Liquidating Offer, Zugabe, die zum eigentlichen → Produkt angeboten wird. Es handelt sich um ein Instrument der → Verbraucher-Promotion, die sich dann als wettbewerbsrechtlich unzulässig erweist, wenn die Zugabe an den → Kauf des Hauptprodukts gebunden ist. Bedenklich ist diese Form der Zugabe auch dann, wenn sie auf den → Käufer einen Lockreiz ausübt.

Selling Center, ein Verkaufskollegium auf der Anbieterseite. Analog dem → Buying Center können die Funktionsträger unterschieden werden in Produktionsverantwortliche, Beeinflusser, Verkäufer, Entscheider und Informationsselektierer. Gleiches gilt für die Differenzierung in → Fach- und → Machtpromotoren bzw. Fach- und Machtopponenten.

Semantik, Teilgebiet der → Semiotik, der allgemeinen Lehre von den Zeichen und Symbolen. Untersucht wird der Bedeutungsinhalt von Zeichen, Wörtern, Bildern etc. Der Bedeutungsinhalt ist besonders wichtig in der → Marktforschung, → Motivforschung, → Produktgestaltung und in der → Marketingkommunikation. Entscheidend ist, dass die verwendeten Zeichen (→ Syntaktik), die gewünschte Bedeutung vermitteln.

semantische Sättigung, Bedeutungsverlust, der vor allem in der Werbepraxis beobachtet wird und durch ständiges Wiederholen von Begriffen und Bildern entsteht. Der → Abnutzungseffekt, der wissenschaftlich umstritten ist, beruht auf einer zu häufigen Verwendung von werblichen Aussagen. Worte, Zeichen und Symbole verlieren dadurch für den Empfänger ihren ursprünglichen Bedeutungsinhalt (→ Semantik) und wirken „abgedroschen". – Vgl. auch → Wear-out-Effekt, → Habituation.

semantisches Differential, verbales Messverfahren, entwickelt von C. E. Osgood (1957), zur Ermittlung von → Einstellungen bzw. → Images. Das Messverfahren (→ Skalierung) geht von der Annahme aus, dass erlebte Gefühle sprachgebunden sind. Die Befragten geben ihr emotionales Erleben auf mehrstufigen → Ratingskalen an. Unterschiedliche → Items beschreiben inhaltlich die emotionale Qualität. – *Gegensatz:* → Imagery-Differential.

Semiometrie, Marktforschungsansatz, der eine enge Verwandtschaft mit den → Assoziationstests aufweist und der davon ausgeht, dass die menschlichen Grundhaltungen nicht nur → Einstellungen bestimmen, sondern z.B. auch das → Konsumenten- und → Mediennutzungsverhalten prägen. Die S. misst die soziokulturellen und psychologischen Werthaltungen anhand eines → Panels, ordnet sie in ein Positionierungsmodell und bildet die Untersuchungsergebnisse in einem → Mapping ab. Die Basis bilden

210 Begriffe, die den emotionalen Raum abdecken. Zusätzlich werden Daten über Freizeit-, Marken- und Mediennutzung erhoben. Die Verknüpfung von Wertvorstellungen mit Konsum- und Mediendaten gibt Aufschluss über die Übereinstimmung von → Markenimages und → Präferenzen der → Zielgruppe bzw. Gegensätze der einzelnen Zielgruppen untereinander.

Semiotik, Erforschung der Aufnahme und Verarbeitung von wahrnehmbaren → Reizen bzw. Zeichen. Die S. erfasst die drei verschiedenen, aber miteinander verknüpften Dimensionen:

- Syntaktik,
- Semantik,
- Pragmatik.

Die semiotische Zeichenanalyse ist eine bedeutsame Methode zur differenzierten Erklärung des → Konsumentenverhaltens.

Seniorenmarkt, Markt von Konsumenten ab einem Alter von 60 Jahren, der für das Marketing als einer der bedeutsamsten Zukunftsmärkte eingestuft wird. Die Schwäche der Bestimmung der → Zielgruppe ist in der reinen Ausrichtung an einem → demografischen Kriterium zu sehen, die z.B. → psychografische Kriterien nicht berücksichtigt. So werden in Bezug auf → Lebensstil, → Einstellungen, → Erwartungen und → Verhalten weitgehend lediglich → Hypothesen gebildet. Der eigentliche Mangel dieser Typologienbildung (→ Käufertypologie) ist aber, dass die rein kalendarische Altersbestimmung das psychologische Alter als Einstellungs- und Verhaltensdeterminante vernachlässigt. Insofern ist auch der Aussagewert von empirischen Untersuchungen bez. des S. stark eingeschränkt. Aufgrund der Differenzierung bzw. Heterogenität des demografischen Segments wird das Alter als → Segmentationskriterium zunehmend unbrauchbarer. Die Kombination dieser Klassifikation mit → soziodemografischen Kriterien erhöht die Gefahr einer Fehlinterpretation. – Vgl. auch → Jugendmarkt.

Sensitivitätsanalyse, Verfahren zur Ermittlung und auch Überprüfung z.B. des optimalen → Marketing-Mix. Sie dient überdies zur Bestimmung möglicher Auswirkungen von Unsicherheiten und → Risiken. – Vgl. auch → Risikoanalyse.

sensorische Produktforschung, Geschmacksforschung, die die vom Produktkern ausgelösten → Reize beim → Konsumenten untersucht. Damit wird die klassische → Produktforschung erweitert um die Messung von psychologischen → Anmutungen. Die Untersuchungsergebnisse sind bedeutsam für die Wahl der verwendeten → Roh- und → Hilfsstoffe in der → Produktentwicklung.

sensorischer Informationsspeicher (SIS), → sensorischer Speicher, → Mehrspeichermodell.

sensorischer Speicher, *Ultrakurzzeitgedächnis*, Speicherung von → Reizen der fünf → Sinnesorgane. Jedes der Sinnesorgane besitzt einen eigenen s.S. (→ Drei-Speicher-Modell). Für die → Marketingkommunikation hat der s.S. insofern eine große Bedeutung, als dass → Informationen, die in der Phase des sensorischen Speicherns als unwichtig erscheinen, verfallen und nicht weiter im → Kurzzeit- oder → Langzeitspeicher abgelegt werden.

sequentielle Auswahl, schrittweise Vergrößerung des → Stichprobenumfangs, wenn sich dies aus Gründen der → Repräsentanz und des → Sicherheitsgrades als notwendig erweist.

sequentielles Marketing, zeitliche Abfolge des Einsatzes der → Marketinginstrumente [B. Tietz (1978)]. Das s.M. orientiert sich an Nachfrageänderungen, der Konkurrenzdynamik und vor allem am wechselhaften → Konsumentenverhalten, das ursächlich mit dem → Wertewandel und der → Wertedynamik verbunden ist. B. Tietz nennt als wichtigste Ausprägungen des s.M. den Zeitpunkt eines Strategiewechsels, die strategischen Variationen, Sequenzdauer, Stetigkeit, Intensität und Häufigkeit der Einsätze in Verbindung mit einer simultanen oder sukzessiven Vorgehensweise. Entscheidend ist überdies für das s.M. der Einbezug eines, mehrerer oder aller Marketinginstrumente.

Server, Rechner, der über ein elektronisches Netzwerk Daten oder Anwendungen für andere Rechner, auch Clients genannt, bereitstellt.

Service, Begriff für → Kundendienst, der unterschieden wird nach warengebundenen Serviceleistungen wie z.B. Abhol- und Auslieferdienst, Reparaturen usw. und warenungebundenen Services wie Kinderhort, Restaurant, Reinigung etc. Eine weitere Klassifikation trennt in den sog. technischen Kundendienst (z.B. Installation, Reparatur, Ersatzteillieferung) und den kaufmännischen Kundendienst (z.B. Zustellung). Der S. entwickelt sich immer mehr zu einem unternehmensübergreifenden, konzeptionellen und damit strategischen → Servicemarketing mit → Servicequalität. Er ist zunehmend ein unerlässliches Element der Vermarktung von gehobenen Leistungsangeboten.

Service Branding, Dienstleistungsmarken, die ähnlich den → Markenartikeln im tertiären Markt professionell vermarktet werden. Im Vergleich zum greifbaren, tangiblen Markenartikel handelt es sich bei der Dienstleistungsmarke um ein abstraktes Leistungsangebot (wie z.B. Unternehmensberatung), bei dem aus Kundensicht die Qualitätsunsicherheit eine noch größere Herausforderung an den → Anbieter darstellt.

Service Fee-System, Form der → Agenturvergütung, die sich an den von den → Werbeagenturen erbrachten Leistungen orientiert. Bei diesem aus den USA stammenden Vergütungssystem tritt die Agentur alle ihr mit dem Auftrag zufließenden Rabatte und Provisionen durch die → Werbeträger an den → Werbetreibenden ab. Vergütet wird nur die eigentliche Agenturleistung. Die Service Fee beträgt in der Regel 17,65% vom Netto-Netto-Umsatz, d.h. vom Brutto-Umsatz minus Rabatte und Provisionen. – Vgl. auch → Provisionssystem.

Servicegrad, Grad der Erfüllung der Lieferservice-Anforderungen des → Kunden. Die Elementarfaktoren sind die → Lieferzeit, die → Lieferbereitschaft im Sinne der Lieferfähigkeit, die → Lieferzuverlässigkeit und der → Lieferservice. Der S. ist ein aus den Lieferservice-Elementen zusammengesetzter Wert. Als Kennzahl ist er das Verhältnis zwischen der Anzahl der in einer Periode realisierten Kundenaufträge und der in der gleichen Periode zu erfüllenden Aufträge. Hierin ist der Lieferbereitschaftsgrad eingeschlossen. Als Plan-S. dient er zur Berechnung des → Sicherheitsbestands.

Servicemarketing, Marketing in einer Servicegesellschaft unter Berücksichtigung des Produktes „Service". S. ist kein sektorales Marketing für die Serviceindustrie, sondern in Abgrenzung zum Gütermarketing eine dienstleistungsorientierte → Marketingkonzeption bzw. → Marketingstrategie. Das S.-Konzept ist ein unternehmensübergreifender integrativer Ansatz.

Servicepolitik, alle Planungs- und Handlungsabläufe, die die aktuelle und künftige Gestaltung von Serviceleistungen und deren Zusammenfassung in einem Serviceprogramm umfassen. – Vgl. auch → Servicemarketing.

Servicequalität, Qualitätsniveau, das sich aus der → Kundenzufriedenheit ergibt. Es gilt als Maß für die → Bedürfnisbefriedigung. Die Bewertung erfolgt auf der Basis der Ansprüche und → Erwartungen, die sowohl kundentypologisch als auch kaufsituativ bedingt sind. Daraus folgt, dass eine allgemeingültige Bewertung der S. nicht vorgenommen werden kann.

Servitization, Erweiterung des Sachleistungsangebots um komplementäre Serviceangebote. Die so gebildeten Leistungs-Verbundsysteme sollen die → Kundenbindung stärken, vor allem wichtig im → Investitionsgütermarketing.

Servqual-Modell, *Service Quality-Modell,* Verfahren zur → Einstellungsmessung der Dienstleistungsqualität durch eine kombinierte Erhebung von Qualitätswahrnehmung und Qualitätserwartung eines Angebots [nach A. Parasuraman, V. A. Zeithaml, L. L. Berry (1985)]. Die Erhebung erfolgt auf der Basis von 22 Statements, deren Beurteilung auf einer siebenstufigen Skala abgetragen wird. Die Messergebnisse werden vor allem ausgewertet im Hinblick auf die Differenzen zwischen Qualitätswahrnehmung und -erwartung. Die Gesamtqualität des Untersuchungsobjekts ist umso größer, je mehr die Erfahrungen die → Erwartungen überschreiten. – Vgl. auch → Idealpunktmodell.

SET, → Satzergänzungstest.

SGE, → strategische Geschäftseinheit.

Sharebranding, Behandlung der Aktie als Markenprodukt und Verfolgung einer dementsprechenden → Markenpolitik und → Markenpositionierung. – Vgl. auch → Investor Relations, → Financial Relations, → Aktienmarketing.

Shared Services, Service-Organisationseinheiten mit eigener Ergebnisverantwortung, die ihre Dienste primär, aber nicht unbedingt ausschließlich, unternehmensinternen Organisationseinheiten wie Sparten, → Divisions, → Profit-Centern anbieten. Der Vorteil der S.S. liegt zum einen im Kostenabbau von Dienstleistungs-Zentraleinheiten durch → Outsourcing, zum anderen und Wesentlichen aber in der Umwandlung von Kosten- in Ertragszentren. Beispiele für S.S. sind u.a. Personal, Ausbildung, EDV, Marktforschung, Werbung, Grundlagenforschung. Ein Problem bei dem Konzept ist in praxi die Preisgestaltung. Hier sollte als Ziel gelten, die Leistungen der S.S. nach üblichen → Marktpreisen zu vergüten.

Shareholder-Value, Marktwert des Eigenkapitals aus der Sicht der Eigenkapitalgeber. Der S.-V. ist eng verbunden mit der Renditeerwartung. Zielpunkt ist die Maximierung des Aktionärsvermögens.

Share of Advertising, Anteil des Werbeaufwands eines → Anbieters am Werbeaufwand der → Branche. Dieser Quotient wird verglichen mit dem → Marktanteil, dem Share of Market. Aus dem Vergleich kann ein neuer Quotient gebildet werden. Ist dieser größer eins, spricht man von Overspending, bei kleiner eins von Underspending. – Vgl. auch → Competitive-Parity-Methode, → Werbebudgetierung.

Share of Mind, Anteil der vom eigenen → Streuplan erzielten Kontakte pro Zielperson zu den Kontakten der Konkurrenzpläne pro Zielperson.

Share of Voice, Anteil der erreichten Zielgruppenkontakte an den Gesamtkontakten der Branche bzw. der von allen Anbietern beworbenen Produktkategorie.

Sheth-Modell, ein von J.N. Sheth entwickeltes → Kaufentscheidungsmodell, das einen Zusammenhang zwischen → Einstellung und → Verhalten herstellt. Dem Modell liegt die Annahme zugrunde, dass Verhalten das Ergebnis affektiver Einstellungen gegenüber einem Kaufobjekt und der Verhaltensintention ist. – Vgl. auch → Howard-Sheth-Modell.

Shop-in-the-Shop, Abteilungen im → Einzelhandel, in denen → Sortimentsbereiche akquisitorisch und insb. räumlich als Spezialabteilungen herausgehoben werden. Entscheidend ist, dass sich durch die → Ladengestaltung die Sortimentsteile in Anordnung und Aufmachung vom Umfeld abgrenzen. Damit soll dem Trend zum → Erlebnishandel gefolgt werden. Der zweite Begriffsinhalt betrifft die Vermietung von Verkaufsflächen an externe Anbieter wie Hersteller, Händler, Dienstleister. Zu den unterschiedlichen Formen siehe → Rack Jobber und → Store-in-the-Store.

Shop-O-Tainment, zusammengesetzter Begriff aus Advertising und Entertainment, → Information und Commercials, Shopping und Events, → Tradition und → Trends. Im Wesentlichen geht es um die Stärkung der → Kundenbindung bzw. der → Kundenloyalität durch die Präsentation von Erlebniswelten und nicht um die Ansammlung von Leistungsangeboten.

Shopping Center, → Einkaufscenter.

Shopping Goods, im → Konsumentenmarkt → Güter des gehobenen → Bedarfs, die in der Regel in längeren Zeitabständen nachgefragt werden. Das → Kaufverhalten ist bei den üblicherweise → High Interest-Produkten durch einen verstärkten Informationsbedarf aufgrund eines → High Involvement und einer intensiven → Informationsverarbeitung gekennzeichnet. – *Anders:* → Convenience Goods. – Vgl. auch → Low Interest-Produkt, → Specialty Goods.

Short Message Service (SMS), Übertragungsart von Textnachrichten für mobile Telefone. Ursprünglich als Nebenangebot für die mobile Telefonie eingeführt, hat sich dieser Service zum ertragreichsten Geschäftsfeld der Mobilbranche entwickelt. Obwohl die Abkürzung SMS den Dienst beschreibt, hat sich diese Bezeichnung auch für die Nachricht an sich etabliert.

Sicherheitsbedürfnis, → Bedürfnis, das auf die Sicherheit des Arbeitsplatzes, die physische Sicherheit und die Sicherung der Gesundheit bezogen ist. – Vgl. auch → Maslow`sche Bedürfnispyramide.

Sicherheitsbestand, *eiserne Reserve,* Ausdruck der mittleren absoluten Prognosefehler bei der Bedarfsbestimmung. Die Bedarfsprognose hängt entscheidend ab von dem gewünschten bzw. geforderten Lieferbereitschaftsgrad, dem → Servicegrad.

Sicherheitsgrad, Konfidenzgrad bzw. → Konfidenzintervall als Wahrscheinlichkeitsmaß, mit dem angenommen werden kann, dass ein Ergebnis zutrifft bzw. mit einem Fehler behaftet ist. Eine Erhöhung des S. kann erreicht werden durch eine Vergrößerung des → Stichprobenumfangs oder durch eine Absenkung des Vertrauensbereichs.

Side Trading, das Leistungsniveau eines Unternehmens wird beibehalten, hingegen das → Sortiment verändert, um neue → Zielgruppen zu erschließen. – Vgl. auch → Trading Up, → Trading Down.

Signet, → Firmenzeichen.

Signifikanz, Bestimmtheitsmaß, das zum Ausdruck bringt, inwieweit die → abhängige Variable durch die → unabhängige Variable erklärt wird. Die allgemeine Definition bezieht sich auf die → Repräsentanz der erhobenen → Daten in Bezug auf die Daten der → Grundgesamtheit. Die S. bzw. das Signifikanzniveau ist das Maß der Wahrscheinlichkeit der Richtigkeit von Aussagen im Verhältnis zur Grundgesamtheit.

Signifikanztest, Test zur Prüfung der → Hypothese, dass Unterschiede zwischen den erhobenen → Daten mehr oder weniger übereinstimmen mit den Unterschieden zwischen den Daten in der → Grundgesamtheit.

Silent Shopper, → Mystery Shopper.

Simulation, Nachahmung der Realität. Die diesbezüglichen Verfahren bzw. Modelle werden eingesetzt z.B. in der → Marketingplanung, um die Wirkungen eines bestimmten → Marketing-Mix mittels einer → Sensitivitätsanalyse näher zu bestimmen. Darüber hinaus kommt die S. bei der → Risikoanalyse zur Anwendung. – Vgl. auch → Computersimulation.

Simultaneous Engineering, Methode zur Verkürzung der → Produktentwicklung durch die Parallelisierung der notwendigen Entwicklungsarbeiten. In diesen simultanen Prozess können auch die Lieferanten einbezogen werden, um die Produktentwicklung zu beschleunigen und zu optimieren.

SINFOS, Informationssystem zur Adress- und Artikelstammdatenkommunikation zwischen Industrie und Handel. – Vgl. auch → Datenträgeraustausch, → Datenverbundsystem. – *Weitere Informationen unter* www.sinfos.de.

Single Source, ganzheitlicher Untersuchungsansatz, der z.B. den Zusammenhang zwischen Werbeimpuls und Kaufakt deutlicher machen will. Ziel ist die bessere Kontrolle der Werbewirkung. S.S. bedeutet allgemein „Alles aus einer Quelle" bzw. unterschiedliche → Informationen von den gleichen Befragten. Es werden also nicht die Daten unterschiedlicher Erhebungen fusioniert. Methodisch werden alle Verkaufs-, Media- und Marketingfaktoren aus einer einheitlichen Quelle gemessen, integriert und interpretiert, die das → Konsumentenverhalten beeinflussen.

Single Sourcing, Bedarfsdeckung für ein bestimmtes Beschaffungsobjekt bei nur einem Lieferanten. Die wesentlichen Gründe für das S.S. sind der Wunsch nach einem bedarfssynchronen Materialfluss und die Durchsetzung von Qualitätssicherungsmaßnahmen. Überdies können mengenabhängige Stückkostenvorteile (→ Economies of Scale) genutzt werden. Als nachteilig kann sich die Abhängigkeit von einer einzigen Bezugsquelle erweisen. – Vgl. auch → Global Sourcing, → Single Source.

Sinnesorgane, Organe oder Rezeptoren zur → Wahrnehmung der unterschiedlichen Sinnesreize. Reizaufnahme und -interpretation können:

- visuell (Augen),
- auditorisch (Ohren),
- taktil (Tastsinn über die Haut),
- olfaktorisch (Geruchssinn) oder
- gustatorisch (Geschmackssinn) erfolgen.

Die S. stehen in ständiger → Interaktion miteinander. Die Intensität der Reizaufnahme, der Reizverarbeitung und Reizspeicherung wird nachhaltig gesteigert durch das Zusammenwirken mehrerer Sinne, z.B. Sehen und Hören von Musik; Sehen, Schmecken und Riechen von Speisen. Ein ganzheitlich sinnliches → Erlebnis schafft die Basis für eine höchstmögliche → Aktivierung des → Konsumenten und eine erfolgreiche → Kommunikation.

Sinus-Milieu, → soziales Milieu.

S-I-R-Modell, → S-O-R-Modell.

SIS, Abk. für → sensorischer Informationsspeicher.

Sitcom, *Situation Comedy,* Kurzfilmserie, die komödienhaft, zeitgeist- und milieugerecht Konfliktsituationen des täglichen Lebens in Ehe, Familie, Beruf etc. aufarbeitet und zugleich die → Bedürfnisse nach Harmonie und Geborgenheit befriedigt, die durch die stete Wiederkehr bekannter Darsteller in vertrauter Umgebung vermittelt werden.

sittenwidrige Werbung, → Werbung, die gegen die guten Sitten verstößt. Ein Verstoß liegt vor, wenn das Anstandsgefühl aller billig und gerecht Denkenden und der übrigen beteiligten Verkehrskreise (→ Verkehrsauffassung) verletzt wird. Eine diesbezügliche generelle Würdigung aller relevanten Wettbewerbshandlungen ist aber nicht möglich. Jeder einzelne Fall muss in seiner gesamthaften Wirkung beurteilt werden. Überdies sind die Maßstäbe für die guten

Sitten nicht statisch, sondern unterliegen einem permanenten Wandel der soziokulturell geprägten → Werte und der sich daraus ergebenden veränderten → Normen. Der → Kundenfang und die verschiedenen Formen der → irreführenden Werbung sind generalisierende Beispiele für eine s.W.

situative Marketingtheorie, Ansatz der modernen → Marketingtheorie, der nicht von generell gültigen → Entscheidungen und Handlungen ausgeht, sondern von einer situationsbezogenen Angemessenheit. Im Vordergrund steht die Entwicklung von Strategiealternativen und von → Szenarien bzw. → Szenario-Technik im Sinne von Optionen, die situationsgerecht genutzt werden können.

Skala, Klassifikation zur Differenzierung von Eigenschaften einer Menge von Untersuchungseinheiten. In der → Marktforschung wird nach dem Messniveau unterschieden in → Nominalskala und → Ordinalskala oder Rangskala. Bei den metrischen S. wird unterschieden nach → Intervallskala und → Ratioskala oder Verhältnisskala.

Skaleneffekt, → Economies of Scale.

Skalenmaß, Bildung von Merkmalsklassen auf einem Messkontinuum. Eine Darstellung von nichtmetrisch skalierten Daten (→ Nominalskala oder → Ordinalskala).

Skalenniveau, Unterscheidung von Skalenkategorien nach nicht-metrischen → Skalen wie → Nominalskala und → Ordinalskala sowie metrischen Skalen wie → Intervallskala und → Ratioskala.

Skalierung, Messung von qualitativen Sachverhalten, z.B. → Einstellungen und Meinungen, nach vorgegebenen Kategorien auf einer → Skala. Die wichtigsten → Skalierungsverfahren sind:

- der Paarvergleich,
- die Thurstone-Skala,
- die Likert-Skala,
- die Guttman-Skala,
- das semantische Differential (Polaritätenprofil)
- die multidimensionale Skalierung,
- das Fishbein-Modell,
- das Trommsdorff-Modell.

Skalierungsverfahren, Verfahren zur Klassifikation von Bewertungen durch → Probanden. Im Wesentlichen handelt es sich dabei um Messverfahren. Deren wichtigste Formen sind:

- die Ratingskala, die den Grad der Zustimmung von Befragten angibt und ein- oder zweipolig sein kann,
- die Bilderskala, eine Form der Ratingskala, bei der die Messkategorien nicht verbal, sondern durch Bilder dargestellt werden,
- die Konstant-Summen-Skala, d.h. Verteilung einer Punktesumme auf eine fest definierte Objektanzahl,
- das Scoringmodell,
- der Paarvergleich, Skalierung nach Rangordnung von bewerteten Paaren,
- die Thurstone-Skala,
- die Likert-Skala,
- die Guttman-Skala,
- die Magnitudeskalierung.

Skimming-Strategie, → Abschöpfungsstrategie. Ein hoher Einführungspreis wird im Zeitablauf sukzessive abgesenkt. Ziel ist die Abschöpfung der sog. → Konsumentenrente. – Vgl. auch → Penetration-Strategie.

Skinner-Box, Erweiterung der klassischen → Konditionierung (→ Pawlow`scher Hund) zur → instrumentellen bzw. → operanten Konditionierung durch B. F. Skinner (1938). Die Theorie beruht auf dem → Verstärkerprinzip und dem → Effektgesetz von E. L. Thorndike (1913). In der S-B. fällt Futter immer dann, wenn das Versuchstier einen bestimmten Hebel betätigt. Es lernt durch Erfolgs- und Misserfolgserlebnisse und stellt sein künftiges → Verhalten darauf ein. – Vgl. auch → Lerntheorien.

Skonto, ist ein Barzahlungsrabatt oder auch Preisnachlass. Im Vergleich zum Rabatt bleibt aber der Grundpreis bestehen. Der Preisnachlass ist im Prinzip eine Reduktion in Höhe der Finanzierungskosten einer nicht in Anspruch genommenen Kreditgewährung durch den Lieferanten (→ Lieferantenkredit).

Sleeper-Effekt, Effekt, der die Wirkung von unglaubwürdiger → Werbung beschreibt. → Glaubwürdigkeit erhöht die → Werbewirkung, Unglaubwürdigkeit senkt sie ab, wobei diese negative Wirkung jedoch einem zeitlichen Verschleißprozess unterliegt. Der → Kommunikant erkennt bei kontinuierlicher kommunikativer Penetration nicht mehr, was glaubwürdig bzw. unglaubwürdig ist. Daraus folgt, dass die Wirkung der unglaubwürdigen Werbung relativ positiv steigt.

Slice-of-Life-Werbung, vornehmlich in der Fernsehwerbung gewählte Szenendarstellung aus dem Alltagsleben. Es wird versucht, das beworbene Leistungsangebot möglichst natürlich in der Realität darzustellen. Typische Familien bzw. Verbraucher bilden üblicherweise die Szene.

Slogan, → Werbeslogan.

Smart Shopper, ein qualitätsbewusster, informierter → Käufer, der maximale → Qualität zu niedrigstem → Preis nachfragt. Zur Vermeidung → kognitiver Dissonanzen strebt er günstigste Einkaufsbedingungen an. Die Smartheit resultiert aus zunehmendem Wissen mit dem Ziel einer Bescheidenheit auf höchstem Niveau. Das aktive → Informationsverhalten ist eine wesentliche Komponente des S.S. neben der in der Regel intensiveren Vorbereitung auf die Kaufhandlung. Die Konsequenz für den → Handel, vor allem → Einzelhandel, ist das → Trading Down (bzw. eine „Aldisierung"). Hierbei darf jedoch preisstrategisch nicht übersehen werden, dass Smart Shopping vor allem der Befriedigung emotionaler → Bedürfnisse dient und nur sekundär auf einkommensbedingt notwendige finanzielle Ersparnisse abzielt. – Vgl. auch → Trust Shopper.

SMS, → Short Message Service.

Snob-Effekt, die individuelle → Nachfrage korreliert negativ mit der Gesamtnachfrage. Der Snob fragt von einem → Gut bei gegebenem → Preis mehr nach, weil andere weniger nachfragen und umgekehrt. Dieser Effekt hat erhebliche Konsequenzen bei Preissenkungen für → Prestigeprodukte, wenn die Grundannahme der → Preiselastizität gilt. – *Gegensatz:* → Bandwagon-Effekt.

Social Advertising, unentgeltliche oder stark gesponserte → Werbung, die gesellschaftliche Probleme und u.U. auch deren Lösungsmöglichkeiten (→ Sozioaufgaben) kommuniziert. Beispiele sind Gesundheit, → Verbraucher- und → Umweltschutz, Spendenaufrufe etc.

Social Marketing, *Sozio-Marketing,* Planung, Organisation, Durchführung und Kontrolle von → Marketingstrategien und -aktivitäten kommerzieller und nichtkommerzieller → Unternehmen oder Organisationen, die direkt oder indirekt auf die Lösung gesellschaftlicher (→ Sozioaufgaben) Probleme gerichtet sind. Der engere Ansatz geht von nichtkommerziellen Organisationen als Träger des S.M. aus und bezieht sich nur auf soziale Aktivitäten, die lediglich einen Teil des Soziobegriffs abdecken. Der weitergehende Sozioansatz umfasst auch das Marketing, z.B. zur Lösung von Problemen im → Umweltschutz und im → Recycling, wobei die relevanten → Problemlösungen durchaus auch im Sinne des → erwerbswirtschaftlichen Prinzips kommerzialisiert werden können.

Social Sponsoring,
→ Soziosponsoring.

Soft Selling, Form des → persönlichen Verkaufs, die für → Kunden die optimale → Problemlösung in den Mittelpunkt der verkäuferischen Aktivitäten stellt. Die auf → Kundenzufriedenheit fokussierte → Verkaufstechnik empfiehlt sich insb. dann, wenn auf langfristige Kundenbeziehungen bzw. → Kundenbindungen Wert gelegt wird. – *Gegensatz:* → Hard Selling.

Software, Bezeichnung für alle Programme, die notwendig sind, um Computer betriebsfähig zu machen. Grundsätzlich wird zwischen Anwender- und Systemsoftware unterschieden. Im Marketing umfasst die S. alle Dienstleistungskomponenten, die das reine Sachleistungsangebot ergänzen, z.B. durch → Pre-Sales- und → After-Sales-Services. – *Gegensatz:* → Hardware.

Solitärmarke, → Einzelmarke.

Sollimage, gewünschtes → Erscheinungsbild eines Meinungsgegenstandes, z.B. → Unternehmen, → Produkt etc. Zwischen dem S. und dem → Idealimage bestehen direkte Beziehungen. Diskrepanzen lassen darauf schließen, dass negative Einflussfaktoren wirksam sind. In diesen Fällen empfiehlt sich die Überprüfung des → Eigen- im Vergleich zum → Konkurrenzimage.

Soll-Ist-Vergleich, Feststellung der → Abweichungen zwischen Ist- und Planwerten. – Vgl. auch → Abweichungsanalyse.

Sonderaktion, meist als Synonym für → Sonderangebot benutzt.

Sonderangebot, Form der zeitlich begrenzten → Preisvariation, die vor allem im → stationären Einzelhandel sehr beliebt ist. Durch die aktionsorientierte → Sonderangebotspolitik soll in erster Linie die Preiswürdigkeit des → Anbieters deutlich gemacht werden. Bei häufigen S. kann die Gefahr eines Preisverfalls und/oder einer Imageschädigung von → Prestigeprodukten auftreten.

Sonderangebotspolitik, aktionsbezogene Angebote von → Waren durch den → Handel mit zeitlich begrenzter Preisreduzierung durch z.B. → Aktionsplatzierung. Ziel ist der schnelle Herausverkauf von bestimmten Produkten und vor allem die Darstellung der Preis-/Leistungsfähigkeit des Handels (→ Lockvogelangebote). – *Anders:* → Discount-Konzept.

Sondergebiet, im Bau- und Planungsrecht besonders ausgewiesenes Gebiet für die Ansiedlung von Gewerbebetrieben. Davon sind insb. die Großbetriebsformen des → Einzelhandels betroffen (→ Baunutzungsverordnung). Nach BauNVO gilt als Vermutungsgrenze für einen Großbetrieb eine → Verkaufsfläche von 1.200 qm. Filialisierte → Discounter und → Fachmärkte versuchen z.T. erfolgreich, die staatliche Regulierung durch besondere → Betriebstypeninnovationen zu unterlaufen.

Sonderkosten, → Kosten, die nicht regelmäßig anfallen und daher den einzelnen → Kostenträgern gesondert zugerechnet werden müssen. Bei einer möglichen Einzelzurechnung handelt es sich um Sondereinzelkosten. Sind mehrere Kostenträger betroffen, werden die anfallenden S. als Sondergemeinkosten behandelt. Unterschieden werden die S. der Fertigung und des Vertriebs. – Vgl. auch → Vollkostenrechnung, → Zuschlagskalkulation.

Sonderplatzierung, → Zweitplatzierung.

S-O-R-Modell, *Stimulus-Organismus-Reaktions-Modell, S-I-R-Modell,* Modellform des → Neobehaviorismus zur Erklärung des → Konsumentenverhaltens. Im Vergleich zum → S-R-Modell wirken Stimuli auf den Organismus ein und führen zu beobachtbaren Reaktionen, dem Response. Der Unterschied zum S-

R-Modell besteht darin, dass der sog. → Organismus durch die → intervenierenden Variablen als theoretische Konstrukte beschrieben und erklärt wird. Die intervenierenden Variablen setzen sich aus → aktivierenden Prozessen wie → Emotion, → Motivation, → Einstellung oder → Erwartung und den → kognitiven Prozessen wie → Wahrnehmung, Erkennen, Denken, → Lernen oder → Erinnerung zusammen. Der Einbezug der intervenierenden Variablen in die Modellbetrachtung hat dazu geführt, dass das S-O-R-M. auch als S-I-R-Modell bezeichnet wird.

Sorte, kleinste und nicht mehr weiter teilbare Einheit im Ordnungssystem eines → Sortiments bzw. → Produktprogramms. Hierbei gilt die Gliederung in:

- Warenart (Warengruppe),
- Warenbereich (Ausschnitt aus einer Warengruppe),
- Artikelgruppe (Teilgruppe der Warengruppe),
- Artikel (Einzelartikel der Artikelgruppe),
- Sorte (Einzelartikel in der Artikelgruppe nach unterschiedlichen Größen, Formen, Farben, Qualitäten etc).

In der Praxis wird hingegen keine Differenzierung in Artikel und S. vorgenommen. Der Artikel ist das einzelne → Produkt in seiner durch den → EAN-Code detaillierten Spezifikation, die alle wichtigen Sortendifferenzierungen und die diesbezüglichen → Produktinformationen umfasst.

Sortiment, Angebotsprogramm eines Handelsbetriebs analog dem → Produktprogramm eines Herstellers. Die → Sorten sind die kleinste Einheit des S. Die verschiedenen Sorten bilden die → Artikel, die zu Artikelgruppen zusammengeführt werden. Die unterschiedlichen Artikelgruppen wiederum bilden den Warenbereich. Die Anzahl der Warenbereiche und ihre Bündelung zu → Warengruppen bestimmen das dem → Nachfrager offerierte S. Hierbei ist zu unterscheiden nach → Vollsortiment und → Teilsortiment. Die Bildung eines kundenorientierten S. ist die Aufgabe der → Sortimentspolitik. Das S. ist stark abhängig von der → Betriebsform und dem → Betriebstyp des Einzelhandelsbetriebs, aber auch vom → Standort und der Kunden- und Konkurrenzstruktur.

Sortimentsanalyse, Bestandsaufnahme und -bewertung des → Sortiments als Instrument der → Sortimentspolitik und Entscheidungshilfe für die permanent notwendige → Sortimentsoptimierung auf der Basis einer systematischen → Sortimentskontrolle. Die wesentlichen Bestandteile einer zielorientierten S. sind die artikelspezifische → Umsatzanalyse in Verbindung mit entsprechenden → Absatzanalysen und die Kontrolle der Entwicklung der → Handelsspannen, → Deckungsbeiträge und → direkten Produktrentabilitäten.

Sortimentsbereinigung, Reduktion des → Sortiments um → Sorten, → Artikel, → Warengruppen oder auch um ganze → Teilsortimente, die sich nicht mehr im Sortimentsgleichgewicht befinden, d.h. bei denen → Nachfrage und Sortiment nicht mehr übereinstimmen. Bei der S. muss jedoch beachtet werden, dass dadurch das → Sortimentsniveau und auch die → Sortimentsdimension tangiert werden können. Sie wiederum bestimmen entscheidend die gültige → Sortimentspolitik.

Sortimentsbreite, das Gesamtsortiment des Handelsbetriebs besteht bei einem breiten → Sortiment aus mehreren und sehr unterschiedlichen → Warengruppen bzw. Warenbereichen, z.B. Nahrungs-/Genussmitteln, Bekleidung, Einrichtung oder Haushaltsausstattung. Als typische → Betriebsformen mit einem sehr breiten Sortiment gelten → Warenhäuser und → SB-Warenhäuser. – Vgl. auch → Sortimentstiefe.

Sortimentsdimension, Bestimmung der → Sortimentsbreite und → Sortimentstiefe des Handelsangebots. Die verschiedenen Dimensionen sind:
1. schmal und flach: wenige Warengruppen und keine Tiefe (z.B. Discounter),
2. schmal und tief: wenige Warengruppen, aber tief gegliedert (z.B. Fachgeschäft),
3. breit und flach: viele Warengruppen und keine Tiefe (z.B. SB-Warenhaus),
4. breit und tief: viele Warengruppen und hohe Sortimentstiefe (z.B. teilweise Warenhaus, Einkaufscenter).

Sortimentsgenre, → Sortimentsniveau.

Sortimentsgestaltung, → Sortimentspolitik.

Sortimentsgroßhandel, → Betriebsform (→ Betriebstyp) des → Großhandels, die ihr → Sortiment breit und flach nach dem Bedarf des → Einzelhandels ausrichtet. Bei einer Konzentration auf wenige Sortimentsbereiche nähert sich die Betriebsform dem → Fachgroßhandel. – Vgl. auch → Spezialgroßhandel.

Sortimentskontrolle, permanente Überwachung des Sortimentsgleichgewichts, d.h. der Übereinstimmung von → Nachfrage und bestehendem → Sortiment. Diese Kontrolle ist unerlässlich für die → Sortimentsoptimierung und die sich evtl. als notwendig erweisende → Sortimentsbereinigung im Hinblick auf die Einhaltung der → Sortimentspolitik. Die wichtigsten Kontrollinstrumente werden differenziert nach → Artikeln und → Warengruppen, Umsatz-, Handelsspannen-, Ergebnis- und Kostenkontrollen.

Sortimentsniveau, Sortimentsgestaltung in qualitativer und preislicher Hinsicht. Unterschieden werden ein hohes und ein niedriges Niveau. In diesem Zusammenhang wird auch vom sog. Sortimentsgenre bzw. von der Genrepolitik des Handelsbetriebs gesprochen. Das S. ist im Wesentlichen abhängig von der gewählten → Betriebsform und dem → Betriebstyp.

Sortimentsoptimierung, Optimierung der → Sortimentspolitik auf der Basis der → Sortimentskontrolle. Ein wesentliches Instrument der S. ist die permanente Überprüfung des → Sortimentsniveaus und evtl. auch der Kundenakzeptanz bez. der bestehenden → Sortimentsdimension.

Sortimentspolitik, strategische und operative Festlegung der → Sortimente im → Handel. Die Gestaltung der S. setzt sich aus einer Vielzahl systembildender Faktoren zusammen. Dazu gehören vor allem die → Sortimentsdimension (→ Sortimentsbreite und → Sortimentstiefe) und das → Sortimentsniveau (Preis- und Qualitätsniveau), die nach → Betriebsformen bzw. → Betriebstypen sehr unterschiedlich gestaltet sind. Weiter spielen z.B. der Handelsstandort und die dort vorherrschende Nachfrager- und Konkurrenzstruktur, das → Bedienungssystem und die dominierende Markenorientierung für die S. eine ganz erhebliche Rolle.

Sortimentstiefe, das Gesamtsortiment des Handelsbetriebs besteht bei einem tiefen Sortiment aus einer oder wenigen → Warengruppe. → Fachgeschäfte haben in der Regel ein schmales, aber tief gegliedertes → Sortiment, → Warenhäuser hingegen ein breites und vielfach relativ flaches oder auch tiefes Sortiment. – Vgl. auch → Sortimentsbreite.

Sortimentsverbund, Verbundbeziehungen zwischen → Artikeln, → Warengruppen oder auch Teilen von → Sortimenten im → Handel. Ein positiver, komplementärer Verbund liegt vor, wenn sich die Einzelangebote gegenseitig positiv beeinflussen; ein negativer, substitutiver, wenn sich die Einzelangebote kannibalisieren (→ Kannibalisierungseffekt). Ziel ist die Schaffung eines Nachfrageverbunds (Akquisitionsverbunds) im Sinne einer möglichst hohen

Bedarfsdeckung in einer Einkaufsstätte (→ One-Stop-Shopping).

Sortimentsversandhandel, *Universalversandhandel,* klassische Form des → Versandhandels. Der Versandhandelstyp weist im Vergleich zum → Spezialversandhandel bzw. Fachversandhandel eine ähnliche Sortimentsstruktur auf wie die → Warenhäuser – breit und relativ flach oder tief.

Source-Effekt, positiver Wahrnehmungseffekt einer glaubwürdigen Informationsquelle. – Vgl. auch → Audience-Effekt, → Message-Effekt.

soziale Distanz, Distanz, die bestimmt wird durch die Abweichung im sozialen → Status. Im Zusammenhang mit der → räumlichen Distanz lassen sich alle Mitglieder eines sozialen Systems in ein soziales Feld einordnen und die Distanz zu anderen Feldern bestimmen.

soziale Gruppe, → Gruppe.

soziale Interaktionstheorie, Erfolgshypothese nach G. C. Homans (1968), die den sozialen Verkehr (→ Interaktion) als einen Austausch gegenseitiger Belohnungen und Bestrafungen ansieht (→ soziales Lernen, → Verstärkerprinzip). Die Hypothese lautet: Je häufiger die Aktivität einer Person belohnt wird, mit umso größerer Wahrscheinlichkeit wird diese Person die Aktivität ausführen. – Vgl. auch → operante Konditionierung, → Effektgesetz.

soziale Kategorie, Personenmehrheiten mit ähnlichen Merkmals- oder auch Verhaltensausprägungen. Die konkrete Definition einer s.K. kann je nach Untersuchungszweck unterschiedlich vorgenommen werden, und zwar grob unterteilt nach → soziodemografischen Kriterien, → psychografischen Kriterien und nach → sozialen Milieus, wobei zur Kategorienbildung auch Merkmalskombinationen gebildet werden können. In allen Fällen der Kategorienbildung von Marketingsubjekten handelt es sich um eine rein formale → Typologisierung, deren Aussagekraft bez. des → Konsumentenverhaltens bzw. → Käuferverhalten nach wie vor als zweifelhaft gilt. – Vgl. auch → Käufertypologie und → soziale Schicht.

soziale Lerntheorie, Form des → sozialen Lernens, welche die → Interaktion des Menschen mit seiner Umwelt betont. Verhaltensbestimmend neben den Umweltreizen ist die Situation (→ Beobachtungslernen, → Verstärkerprinzip), jedoch beeinflussen auch → kognitive Prozesse das Handeln. Im Gegensatz zum → Behaviorismus ist das Individuum fähig zur Selbststeuerung und Selbstkontrolle. Dazu entwickelte A. Bandura (1986) das kognitive Konzept zur Selbstwirksamkeit. Das Bewusstsein der individuellen Leistungsfähigkeit beeinflusst durch die Erwartungshaltung die → Wahrnehmung, das → Lernen und → Verhalten.

soziale Marktwirtschaft, → Marktwirtschaft.

soziale Norm, → Norm.

sozialer Austausch, → Interaktion, → Interaktionsprozess, → Interaktionstheorie.

sozialer Einfluss, Einflussnahme von Personen und/oder Institutionen (→ Sozialisatoren) auf andere Personen und deren → Einstellungen und → Verhalten. Der s.E. beruht auf sozialer Macht. Hierbei sind die Machtmittel sehr vielfältig und vielschichtig: Belohnungs- und Bestrafungsmacht, Expertenmacht, Kommunikationsmacht, Identifikationsmacht sozialer Vorbilder. Als ethisch-normativ problematisch ist zu bewerten, dass die Sozialisatoren auf das Verhalten anderer in der Weise Einfluss nehmen, dass es sich im Interesse der Machtausübenden ändert, wobei ohne diesen Einfluss die Änderung nicht erfolgt wäre. – Vgl. auch → Beeinflussung, → Manipulation.

sozialer Kontext, Interdependenz von Individuen. Sie hat bei zwischenmenschlichen → Transaktionen eine große Bedeutung, weil sie dem Einzelnen ermöglicht, das Verhalten anderer in spezifischen Situationen zu verstehen. Voraussetzung dazu ist jedoch bei jedem Mitglied der Besitz fundamentaler → Informationen.

soziale Rolle, Summe von Verhaltenserwartungen, die an einen sozialen → Status gebunden sind. Das der Rolle konforme → Verhalten wird durch → Sanktionen sichergestellt. S.R. entstehen soziobiologisch, wie z.B. durch eine Kinder-Eltern-Beziehung, psychologisch durch → soziales Lernen und soziologisch durch → Sozialisation. In → Gruppen, z.B. in der Familie als Primärgruppe, sind den einzelnen Mitgliedern soziale Rollen, auch im Sinne der Arbeitsteilung, zugewiesen. Soweit Rolle und eigenes Rollenverständnis der Rollenträger übereinstimmen, entstehen in der sozialen Gruppe keine Probleme. → Rollenkonflikte treten hingegen auf, wenn der Träger verschiedener s.R. nicht miteinander zu vereinbarenden Verhaltenserwartungen entsprechen soll.

sozialer Status, → Status.

soziales Bedürfnis, sozioorientiertes → Bedürfnis, das auf den sozialen Kontakt bezogen ist. Es ist zentriert auf die → Gesellschaft, den Gruppenkontakt, das Zugehörigkeitsgefühl und auf die Liebe und Freundschaft (→ Maslow`sche Bedürfnispyramide).

soziale Schicht, Personen mit gleichem sozialen → Status. Die s.S. werden nach → soziodemografischen Kriterien klassifiziert. Die Schichteneinteilung erfolgt nach:

- Oberschicht (A),
- gehobener Mittelschicht (B),
- breiter Mittelschicht (C),
- Unterschicht (D).

Bez. der Nutzung der Schichtenklassifizierung für die Bestimmung von → Zielgruppen ist bei der Erhebung der s.S. zu unterscheiden in die subjektive Einschätzung der Personen, ihrer Schichtenzugehörigkeit und ihrem tatsächlichen Status. Diese Differenzierung ist notwendig, weil das → Konsumentenverhalten vielfach entscheidend geprägt wird durch die → Motivation, sich durch einen entsprechenden → Konsum, z.B. → Prestigekonsum, auf eine höhere soziale Schicht hochzuarbeiten. – Vgl. auch → Lebensstil, → Lebenswelt.

soziales Lernen, Erlernen von Verhaltensmustern [von A. Bandura (1977)] durch → Interaktion mit der sozialen Umwelt (nach dem → Kontiguitätsprinzip oder nach dem → Verstärkerprinzip). Das s.L. ist notwendig, um sich in die → Gesellschaft einfügen zu können und erfolgt vielfach auch durch Beobachten. Hierbei werden die Verhaltensweisen anderer (→ Leitbilder) nachgeahmt, ohne dass eine eigene Erfahrung besteht. Das Verstärkerprinzip findet auf eine andere Weise Anwendung. Wesentlich für die Übernahme des Modell-Verhaltens ist weniger eine Belohnung oder Bestrafung des eigenen Verhaltens als vielmehr eine Verstärkung des Modell-Verhaltens.

soziales Milieu, Klassifizierung von → sozialen Schichten (→ Lebensstile, → Lebenswelten), in die sich z.T. mehrfach überlappenden → sozialen Gruppen:

- traditionelles Arbeitermilieu,
- kleinbürgerliches M.,
- konservativ-gehobenes M.,
- aufstiegsorientiertes M.,
- modernes-bürgerliches M.,
- liberal-intellektuelles M.,
- postmodernes M.,
- modernes Arbeitnehmer-M.,
- hedonistisches M.,
- traditionsloses Arbeiter-M.

Diese von Sinus Marktforschung (1996) entwickelte Klassifikation kann für die Bildung von → Typologien bzw. → Käufertypologien verwendet werden. Als problematisch erweist sich die operationale Umsetzung der soziologischen

Erkenntnisse im Marketing vor allem für die → Marktsegmentierung.

soziales System, Gesamtheit aller → Gruppen und Personen, die einen → sozialen Einfluss auf das Verhalten anderer Personen ausüben. – Vgl. auch → Sozialisator, → Meinungsführer.

soziale Wahrnehmung, → Wahrnehmung, die durch persönliche und soziale Faktoren beeinflusst wird. Persönliche → Einstellungen, Werthaltungen und der Konformitätsdruck der → sozialen Gruppe verändern die Art der Wahrnehmung und Verarbeitung von Reizkonstellationen, da das Individuum bevorzugt → Informationen aufnimmt, die mit seinen → Erwartungen und seiner sozialen Umwelt übereinstimmen (→ selektive Wahrnehmung, → unbewusste Wahrnehmung). Persönliche Vorstellungen, Meinungen und Urteile entstehen durch die → Sozialisation und sind abhängig von der sozialen Lage (→ soziale Rolle des Individuums), seiner Schichtzugehörigkeit (→ soziale Schicht, → soziales Milieu) und seiner Stellung im → Kommunikationsprozess.

Sozialforschung,
→ empirische Sozialforschung.

Sozialisation, Lernen von Verhaltensweisen (→ soziales Lernen), die zur Integration eines Individuums in die → Gesellschaft bzw. in das → soziale System führen. – Vgl. auch → Konsumentensozialisation.

Sozialisator, Person bzw. Institution, die als Sozialisationsinstanz bzw. Sozialisationsagent in ihrer → Kompetenz von den lernenden Sozialisanden akzeptiert wird und auf diese einen → sozialen Einfluss ausübt. Wichtige S. sind lebensphasenspezifisch die Eltern, Familie, gleichaltrige Gruppen, soziale → Gruppen, aber auch die zielgruppenorientierte → Marketingkommunikation in ihren massenmedialen Ausprägungen. Zwischen den S. und → Meinungsführern besteht eine enge Verbindung.

Sozialkommunikation, Austausch von Information zwischen Mitgliedern einer → sozialen Schicht, Gruppe oder in → sozialen Milieus. Die S. als Form der → persönlichen Kommunikation gewährleistet aufgrund eines gemeinsamen Wertesystems und der Interaktionshäufigkeit ihrer Mitglieder Unmittelbarkeit, flexibles Reagieren durch permanente Rückkoppelung und eine hohe Intensität der Beeinflussung. Der Konformitätsdruck der Gruppe verändert die Art der → Wahrnehmung (→ soziale Wahrnehmung) und Verarbeitung von Reizkonstellationen (→ Reize). Gemeinsame Ziele und → Normen dienen u.a. der Sicherung des eigenen sozialen → Status und führen in Verbindung mit intensiven Binnenkontakten zu einer Verstärkung gruppenspezifischer → Einstellungen und Verhaltensweise. Die S. hat damit aufgrund des gleichförmigen Verhaltens bestimmter Zielgruppen für die → Marktsegmentierung eine große Bedeutung. – *Anders:* → Massenkommunikation.

Sozialkompetenz, Fähigkeit zur → Kommunikation bzw. Dialogfähigkeit, Integration bzw. Konsensfähigkeit und zur Kooperation bzw. Teamfähigkeit. Basis der Sozialkompetenz ist die → Empathie, d.h. das Einfühlungsvermögen in andere Menschen, das eng mit der Selbstwahrnehmung verknüpft ist. Die S. resultiert aus der → Sozialisation bzw. aus dem → sozialen Lernen. Insb. im → persönlichen Verkauf haben die Sozial- und emotionale Kompetenz eine große Bedeutung. – Vgl. auch → emotionale Intelligenz.

Sozialprestige, → Prestige, → Sekundärbedürfnis, → Maslow`sche Bedürfnispyramide.

Sozialprodukt, Wert aller von einer Volkswirtschaft innerhalb eines bestimmten Zeitraums erstellten → Güter und → Dienstleistungen. Höhe und Wachstum

(→ Wirtschaftswachstum) des Sozialprodukts sind Maßstäbe für die Bewertung der Leistungsfähigkeit einer Volkswirtschaft. – Vgl. auch → Bruttosozialprodukt, → Bruttoinlandsprodukt, → Nettosozialprodukt, → Volkseinkommen.

Sozialpsychologie, überwiegend empirisch ausgerichtete Verhaltenswissenschaft, die sich mit der Analyse des individuellen → Verhaltens im sozialen Zusammenhang befasst. Die S. untersucht u.a. die Entstehung bzw. Wirkungsweise psychischer Grundfunktionen wie → aktivierende und → kognitive Prozesse und ihre Beeinflussung durch soziale Faktoren, die → Sozialisation des Individuums, Interaktionsprozesse zwischen Individuen und → Gruppen sowie Gruppenstrukturen und -prozesse. Eine besondere Bedeutung kommt hierbei der Entwicklung der sprachlichen → Kommunikation zu, die nicht nur die → Persönlichkeit prägt, sondern auch die → Interaktionen des Individuums gestaltet. – Vgl. auch → Individualpsychologie.

Sozialstatus, → Status.

Sozialtechnik, Anwendung von sozialwissenschaftlichen Erkenntnissen zur Gestaltung der sozialen Umwelt. Insb. dient die S. zur Beeinflussung von → Kommunikanten. – Vgl. auch → Konditionierung.

Sozialziel, → Sozioaufgabe.

Sozioaufgabe, Aufgabe, die zur Lösung gesellschaftlicher Probleme anfällt. Sie umfasst nicht nur soziale Aktivitäten wie z.B. im Gesundheitswesen, karitative Tätigkeiten im weitesten Sinne, sondern bezieht sich auch auf die Bewältigung gesellschaftlicher Probleme wie z.B. → Umweltschutz, Arbeitslosigkeit.

soziodemografische Kriterien, die wichtigsten Kriterien sind: Geschlecht, Alter, Familienstand, Haushaltsgröße, Einkommen, Besitzmerkmale, Beruf, Ausbildung, Wohnort. Sie werden auch als sozioökonomische Kriterien bezeichnet und bilden die Grundlage für die → soziodemografische Marktsegmentierung.

soziodemografische Marktsegmentierung, Gliederung der → Konsumenten bzw. → Verwender nach → soziodemografischen Kriterien.

Soziogramm, grafische Darstellung der Kommunikationsbeziehungen in einer sozialen → Gruppe. Im S. werden die einzelnen Gruppenmitglieder als Kreise dargestellt. Stärke und Zahl der Verbindungslinien zeigen die Intensität der interaktiven Beziehungen (→ Interaktion, → Interaktionsprozess) zwischen den Personen. Die Länge der Linien drückt die Distanz zwischen den Personen aus. Aus dem S. lässt sich erkennen, wer die → Meinungsführer in der Gruppe sind, welche Gruppenmitglieder weitere Untergruppen oder Cliquen bilden und wer sich isoliert.

Soziologie, Grundlagenwissenschaft der Sozialwissenschaften, die versucht, Struktur-, Funktions- und Entwicklungszusammenhänge der → Gesellschaft zu erklären. Sie untersucht u.a. die Mechanismen des gesellschaftlichen Zusammenhalts, Ursachen und Formen sozialer Konflikte und Veränderungen, die Wechselwirkungen von Gesellschaft und Individuum, d.h. inwieweit Denken und Handeln von der Gesellschaft geprägt sind. Das Forschungsgebiet der S. umfasst die Analyse des individuellen sozialen Handelns gemeinschaftlicher Institutionen (Familie, soziale → Gruppen) und gesellschaftlicher Organisationen, (Verbände, Parteien, Betriebe und Staat) wie auch gesamtgesellschaftlicher Probleme des → Wertewandels bzw. der → Wertedynamik.

Sozio-Marketing, → Social Marketing.

Soziomatrix, tabellarische Darstellung der Ergebnisse soziometrischer Tests (→ Soziometrie). Dabei wird eine Beziehungsmatrix verwendet, die Sympathie- und Antipathiebeziehungen in einer sozialen → Gruppe deutlich macht. Auf der Grundlage der S. kann ein → Soziogramm entwickelt werden, aus dem sich die unterschiedlich starken Informations-, Kommunikations- und Kooperationsbeziehungen zwischen den Gruppenmitgliedern ableiten lassen. Durch die Errechnung soziometrischer Koeffizienten können die spezifischen Eigenschaften der Gruppe wie auch der → Status der Gruppenmitglieder (→ Meinungsführer) ermittelt werden, um daraus segmentspezifische Differenzierungen abzuleiten.

Soziometrie, Verfahren zur Messung der interaktiven Beziehungen bzw. → Interaktionen zwischen Individuen und → Gruppen sowie deren Strukturen. Die Ergebnisse werden in einem → Soziogramm und/oder einer → Soziomatrix dargestellt. Die S. eignet sich besonders zur Identifizierung von → Meinungsführern und → Sozialisatoren, die einen erheblichen Einfluss z.B. auf die Entwicklung der → Konsumgesellschaft ausüben.

Sozio-Sponsoring, die kommunikative und distributive Förderung der Gesundheit, des → Umweltschutzes, Denkmalschutzes und von Bildung und Wissenschaft (→ Kultur-Sponsoring). S.-S. hat zum Ziel, eine langfristige Unternehmens- und Markenprofilierung zu schaffen und zu erhalten. – Vgl. auch → Sponsoring.

Space-Management, flächen- und raumorientierte Optimierung der Verkaufsstätte im → Einzelhandel. Konkret geht es im Einzelnen um die Optimierung der Warenträger, z.B. Abmessungen und Anordnungen der Regale einerseits und um die Präsentation der → Waren andererseits. Verkürzt und allgemein handelt es sich beim S.-M. um die Regaloptimierung (→ Regalflächenoptimierung) im Einzelhandel. Ziel ist die Erhöhung der → direkten Produktrentabilität, und die Reduktion der Bestandslücken.

Space-Utilisation, Größenzuteilung von → Verkaufsflächen auf die einzelnen → Warengruppen. Diese quantitative Raumzuteilung wird ergänzt durch die topografische Anordnung der Warengruppen. Sie hat qualitativen Charakter und orientiert sich an den Verkaufszonenwertigkeiten. – Vgl. auch → Ladengestaltung, → Ladenlayout.

Spamming, *Spam,* unerbetene Zusendung allgemeiner E-Mail-Werbung an Internetnutzer bzw. von Faxsendungen. – Vgl. auch → Robinsonliste.

Spannweite, → Streuungsmaß, das als Abstand zwischen dem größten und kleinsten Merkmalswert einer statistischen Gesamtheit definiert ist.

Spartenorganisation, nach → Produktgruppen ausgerichtete → Marketingorganisation. Die Organisationsform ist eine Weiterentwicklung des → Produkt-Managements. Grundidee ist die Dezentralisation der Marketingorganisation durch die Bildung sog. Produkt-Divisionen (→ Divisionalisierung). Die Weiterentwicklung ist die Schaffung von → strategischen Geschäftseinheiten, die organisational eigenständige Geschäftsbereiche bilden können. Die S. weist vielfach den Weg zur Profit-Center-Organisation. – Vgl. Abbildung „Spartenorganisation – Gliederung nach strategischen Geschäftseinheiten“.

späte Mehrheit, die → Adoptergruppe ist im Hinblick auf Neuerungen skeptisch, zurückhaltend und passiv. Was ihre → soziodemografischen Kriterien betrifft, liegt sie unter dem Durchschnitt. Ihr Anteil an der Gesamtbevölkerung beträgt nach dem Adoptionsmodell von E.M. Rogers 34%. – Vgl. auch → Adoptionsprozess. – *Gegensatz:* → frühe Mehrheit.

später Übernehmer, → Nachzügler.

Special Interest-Zeitschrift, → Spezialzeitschrift.

Specialty Goods, im → Konsumentenmarkt → Güter des Spezialbedarfs, die in der Regel nur in längeren Zeitabständen nachgefragt werden. Als besondere → High Interest-Produkte weisen die S.G. mit den → Shopping Goods eine gewisse Ähnlichkeit auf. Das komplexe → Kaufverhalten ist durch einen verstärkten Informationsbedarf (→ High Involvement) und eine intensive → Informationsverarbeitung gekennzeichnet. – *Gegensatz:* → Convenience Goods.

Speed-Management, → Tempoführerschaft, → Turbo-Marketing, → Zeitwettbewerb.

Spektralanalyse, Verfahren der → Zeitreihenanalyse zur Zerlegung der → Varianz von → Zeitreihen in mehrere additive Komponenten, die verschiedenen sich überlappenden Saisonzyklen zugeordnet werden können. Dazu werden die Prozesse durch eine Vielzahl von Schwingungen nachgebildet.

Spendenmarketing, → Spendenwesen.

Spendenwesen, Vergabe von Geld und/oder Sachmitteln an gemeinnützige Organisationen durch Personen oder Organisationen. Die Spenden können steuerlich geltend gemacht werden. – Vgl. auch → Mäzenatentum, → Fundraising, → Sponsoring.

Spezialgeschäft, → Betriebsform (→ Betriebstyp) des → Einzelhandels, die sich durch eine warengruppen- bzw. branchenbezogene → Sortimentstiefe auszeichnet. Die Spezialisierung erfolgt durch die Konzentration des → Sortiments auf ein Sortimentssegment des Fachgeschäfts. Die → Sortimentsdimension ist äußerst schmal und extrem tief. – *Anders:* → Fachgeschäft.

Spezialgroßhandel, → Betriebsform oder → Betriebstyp des → Großhandels entsprechend dem → Spezialgeschäft auf der Einzelhandelsebene. Das → Sortiment ist sehr schmal, aber tief. – Vgl. auch → Fachgroßhandel und → Sortimentsgroßhandel.

Spezialsortiment, → Teilsortiment.

Spezialversandhandel, *Fachversandhandel,* Form des → Versandhandels. Dieser Versandhandelstyp weist im Vergleich zum → Sortimentsversandhandel bzw. Universalversandhandel eine ähnliche Sortimentsstruktur – flach, schmal und tief – auf wie → Fachhandel, → Fachgeschäft und → Spezialgeschäft.

Spartenorganisation – Gliederung nach strategischen Geschäftseinheiten

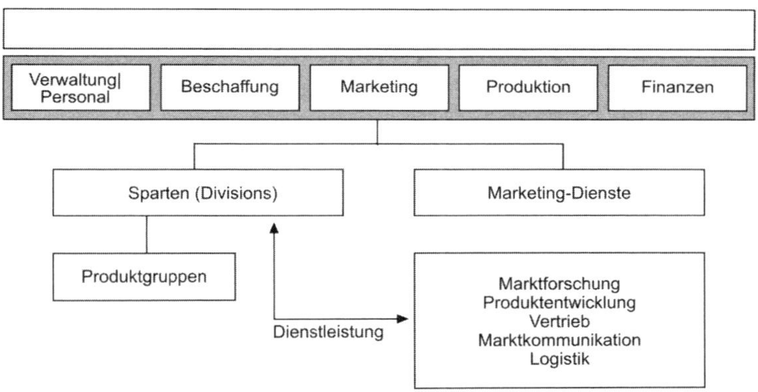

Der Wachstumstrend geht in Richtung der Spezialversender.

Spezialzeitschrift, regelmäßig erscheinendes Druckerzeugnis, das den Charakter einer Massenzeitschrift hat, aber in Abgrenzung zu den → Publikumszeitschriften spezielle Themen behandelt wie z.B. Wohnen, Hobby, Auto, Sport. Die S. stellt auf ein spezielles Interesse der Leserschaft ab. – Vgl. auch → Zielgruppenzeitschrift.

Spieltheorie, Theorie zur Analyse interdependenter Entscheidungssituationen, z.B. in der → Marktform des → Oligopols, die auf J. v. Neumann und O. Morgenstern (1944) zurückgeht. Unterschieden wird in Zwei- und Mehrpersonenspiele. Bei einem Wettbewerbsspiel führt der Gewinn eines Spielers zum Verlust mindestens eines oder mehrerer anderer Spieler (→ Nullsummenspiel). Bei konstanter Nutzensumme ergibt die Summe der Nutzenwerte der einzelnen Spieler Null. Die ökonomischen Wettbewerbsspiele sind in der Praxis meist darauf angelegt, sich gegenseitig an der jeweiligen Zielerreichung zu hindern. – *Gegensatz:* → Delphinstrategie.

Spill-over-Effekt, → Ausstrahlungseffekt von Marketingmaßnahmen, der positiv oder negativ sein kann (→ Carry-over-Effekt, → Decay-Effekt, → Cross Selling-Effekt, → Imagetransfer), aber in aller Regel unbeabsichtigt ist. In der → Markt- und → Sozialforschung ist der S.-o.-E. unerwünscht. Er verzerrt die Befragungsergebnisse dadurch, dass die Vorfragen die Beantwortung der nachfolgenden Fragen beeinflussen (→ Halo-Effekt). In der Regel wirkt der S.-o.-E. bei → Komplementärprodukten positiv, bei → Substitutionsprodukten negativ.

Spinnwebtheorem, *Cobweb-Theorem,* Darstellung der oszillatorischen Preis- und Mengenbewegungen, die zurückzuführen sind, auf verzögerte Angebotsanpassungen. Die Modellannahme ist, dass sich die → Anbieter, an den Preisen der Vorperiode orientieren und die → Nachfrage vom jeweiligen → Preis abhängt. Nach den Steigungsmassen der → Angebots- und → Nachfragefunktion ergeben sich die drei Grundformen:

1. stabiles Gleichgewicht: Einpendeln auf den Marktpreis,
2. labiles Gleichgewicht: explodierender Fall, bei dem sich die Preis- bzw. Mengenentwicklung immer weiter vom Gleichgewichtszustand entfernt,
3. labiles Gleichgewicht: rotierender Fall, bei dem aufgrund der gleichen Steigungsmasse von Angebots- und Nachfragekurve die Preis- und Mengenbewegungen in konstanter Entfernung um den Gleichgewichtspunkt kreisen.

Spin-Off, → Unternehmen, das aus einer bestehenden → Organisation ausgegliedert wird. Weiterhin umfasst der Begriff Forschungsergebnisse (→ Invention, → Innovation) meist zufälliger Art, die außerhalb der eigenen Geschäftstätigkeiten liegen oder nicht in eigener Regie produziert bzw. vermarktet werden können. Hier bieten sich → Joint Ventures oder die Lizenzvergabe an.

Spin-Out, Innovationsteam, das aus der bestehenden Organisationsstruktur, z.T. auch räumlich, herausgelöst wird und unabhängig an Projekten arbeitet, die nicht unbedingt mit dem bestehenden Leistungsangebot im direkten Zusammenhang stehen müssen.

spirituelle Intelligenz, Fähigkeit, Gesamtzusammenhänge zu erkennen, Regeln und → Werte infrage zu stellen bzw. zu ändern und neue Möglichkeiten der → Kreativität durch eine ganzheitliche Nutzung aller Hirnfunktionen zu erschließen (→ Brain Map, → Hirnforschung). Die s.I. agiert [nach D. Zohar und I. Marshall (2000)] als Mittler zwischen Verstand und → Emotion und bewirkt eine Integration der rationalen-seriellen und emotionalen-assoziativen

Intelligenz. Intuitives, visionäres → Denken ergänzt eine faktenorientierte, logische Vorgehensweise und erhöht die Problemlösungsfähigkeit durch eine Interaktion der verschiedenen Intelligenzen.

Split Ballot, gegabelte → Befragung, bei der verschiedene Versionen einer oder mehrerer Fragen einer oder mehreren unabhängigen und repräsentativen Teilstichproben bzw. Gesamtstichproben präsentiert werden. Aufgrund der Stichprobengleichheit sind Unterschiede in den Ergebnissen ausschließlich auf die unterschiedlichen Frageformulierungen zurückzuführen. Neben anderen Einsatzmöglichkeiten eignet sich das Verfahren insb. zur Überprüfung von → Fragebogen.

Split Half-Methode, Methode zur Prüfung der → Reliabilität (Zuverlässigkeit) von → Tests oder → Skalen. Das Messinstrumentarium, z.B. die Skalenitems, werden in zwei Hälften aufgeteilt, z.B. nach geraden bzw. ungeraden → Items. Die Zuverlässigkeit ergibt sich aus der → Korrelation zwischen den Werten der beiden Test- bzw. Skalenhälften.

Split Run-Test, → Werbetest, bei dem bei Konstanthaltung aller anderen Faktoren verschiedene → Werbemittel bei möglichst strukturgleichen Untergruppen einer → Grundgesamtheit (→ Zielgruppe) auf Wirkungsunterschiede hin untersucht werden.

Split Screen, *geteilter Bildschirm*, beschreibt eine Technik für visuelle Medien zur Aufteilung des Bildschirms in mehrere Bereiche. Dabei können mehrere Bilder zeitgleich auf einem Bildschirm angezeigt werden. Im Bereich der → Gemeinschaftswerbung in der → Fernsehwerbung, kann der → Werbeblock am Bildschirm durch mehrere → Werbetreibende gesplittet genutzt werden. Es erfolgt unter Konkurrenzausschluss eine doppelte Bildschirmbelegung, wobei spektakuläre Werbeauftritte im Hintergrund (z.B. ein fahrendes Auto) eine verstärkte Aufmerksamkeitswirkung nicht nur des laufenden → Fernsehspots, sondern beider Werbekampagnen bewirken sollen.

Sponsoring, *Sponsorship,* Planung, Organisation, Durchführung und Kontrolle sämtlicher Aktivitäten, die mit der Bereitstellung von Geld, Sachmitteln oder Dienstleistungen durch → Unternehmen für Personen oder Organisationen im sportlichen, kulturellen, sozialen und ökologischen Bereich zur Erreichung von → Marketing- und → Kommunikationszielen verbunden sind [von M. Bruhn (1987)]. Motive zur Förderung sind die Zusammenarbeit mit den Geförderten und die Medienwirkung. Das S. ist eine Weiterentwicklung des → Mäzenatentums, des → Spendenwesens und des → Fundraising. Die wichtigsten Erscheinungsformen des S. sind das:

- Sport-S.,
- Kultur-S.,
- Öko-S.,
- Sozio-S.,
- Programm-S.,
- Forschungs-S.,
- Parteien-S.

Sport-, Kultur- und Umwelt-S. haben die wirtschaftlich größte Bedeutung.

Sponsorship, → Sponsoring.

Spontankauf, → Impulskauf.

Sport-Sponsoring, nach wie vor die wichtigste und auch älteste Form des → Sponsorings. Gesponsert werden Einzelsportler, Mannschaften und Sportveranstaltungen, vor allem in den Sportarten Fußball, Tennis, Motorsport, Reiten, Ski und Golf.

Spot, ein Werbemittel im Fernsehen (→ Fernsehspot), Rundfunk und Kino.

Sprechblasen-Test, → Picture-Frustrations-Test, → Ballontest.

Sprinkler-Strategie, *Akkumulationsstrategie,* häufig angewandte Strategieform im → internationalen Marketing, bei der die wichtigsten Auslandsmärkte simultan erschlossen und bearbeitet werden. Diese Vorgehensweise erfordert einen hohen finanziellen Aufwand und empfiehlt sich nur bei Schlüsselmärkten, z.B. Europa, USA, Japan. – *Gegensatz:* → Wasserfall-Strategie.

Sprinter-Modell, → Marketingmodell zur Unterstützung der → Neuproduktplanung für neue → Konsumgüter, die eine hohe → Kauffrequenz aufweisen. Die wesentlichen Ziele des → Prognosemodells sind eine frühzeitige → Prognose des → Marktanteils vor der → Produkteinführung, die Wirkungsanalyse des → Marketing-Mix auf das → Kaufverhalten, Unterstützung bei den Einführungsentscheidungen, Entscheidungshilfen bei der Entwicklung der Markteinführungsstrategie, frühzeitige Problemerkennung in der → Einführungsphase und Unterstützung bei der Auswahl von Alternativstrategien. – Vgl. auch → Demon-Modell, → Scoring-Modell, → Screening als wichtige Verfahren zur → Produktbewertung.

Sprungwerbung, typische Form der → Pull-Strategie, bei der in der → Produktwerbung der Hersteller die → Absatzmittler bewusst übersprungen werden und sich die → Marketingkommunikation unmittelbar an die → Verbraucher richtet. Die S. verfolgt das Ziel, durch Erzeugung eines Nachfragesogs einen Druck (→ Pull-Strategie) auf den → Handel, vor allem auf den → Einzelhandel, auszuüben, das umworbene Leistungsangebot zu listen bzw. nachzubestellen.

SPSS, → Statistical Product and Service Solutions.

S-R-Modell, *Stimulus-Reaktions-Modell,* Modellform des klassischen → Behaviorismus zur Erklärung des → Konsumentenverhaltens. Stimuli wirken auf den Organismus, die Black-Box, ein und führen zu beobachtbaren Reaktionen, den Response. Die Verhaltenstheorie wird im → Neobehaviorismus weiterentwickelt zu → S-O-R-Modellen.

staatliches Qualitätszeichen, → Gütezeichen, das staatlich geregelt ist. Hierbei wird unterschieden in verpflichtende Qualitätszeichen, z.B. → Handelsklassen bei Lebensmitteln und freiwillige Qualitätszeichen, z.B. → Blauer Engel, → grüner Punkt, → Umweltzeichen.

Stab-Linien-Organisation, vertikale Organisationsform (→ Linienorganisation), die durch Stabsabteilungen ergänzt wird. Die Stäbe haben keine operative Funktion. – Vgl. auch → Stabsstelle.

Stabsstelle, nicht weisungsbefugte Organisationseinheit, die einer Linieninstanz zugeordnet ist und diese unterstützt. Ihre Aufgaben sind in der Regel:

- Informationserhebung und Informationsauswertung,
- Planung,
- Entscheidungsvorbereitung,
- Kontrolle,
- fachliche Beratung.

S. können auf allen Hierarchieebenen installiert werden und bilden vielfach eine eigene Stabshierarchie mit Weisungsrechten zu den nachgeordneten S. In diesen Fällen kann das Problem auftreten, dass die S. eine eigene Organisation in der Organisation bilden, ihre eigentlichen Servicefunktionen für die Linienabteilungen nicht mehr wahrnehmen und die operativen Linienverantwortlichen, → Linienorganisation, in ihrer Arbeit nicht unterstützen, sondern aufgrund ihrer abgeleiteten Leitungsaufgabe behindern.

Stadtmagazin, lokaler → Werbeträger (→ Kommunikationsmedium), der den → Zeitschriften zuzurechnen ist. Die → Zielgruppe sind junge, kritische und zeitgeistorientierte Leser.

Stadtmarketing, Übertragung der → Marketingkonzeption auf Städte. Im Wesentlichen geht es um das Angebot attraktiver, erlebnisorientierter → Dienstleistungen durch den → Einzelhandel und durch Komplementärbetriebe wie z.B. Cafés, Restaurants, Kinos. Weitere imageprägende Faktoren sind das gesamthafte Stadtbild und mittlerweile vor allem die konsumfreundliche Bewältigung der Verkehrsprobleme, die eine der größten Herausforderungen für das künftige S. darstellen. – Vgl. auch → City-Management.

Staffelrabatt, → Rabatt, der als → Mengenrabatt je nach Höhe der Abnahmemenge gewährt wird. Der S. ist entweder linear, degressiv oder progressiv gestaltet. Die in der Praxis vorherrschende Form der progressiven Ausprägung führt zur → Rabattspreizung bzw. → Konditionenspreizung und damit zur Förderung einer weiteren → Handelskonzentration.

Stakeholder, Personen oder Gruppen, die Ansprüche an oder Eingriffsmöglichkeiten in ein → Unternehmen haben. Die Ansprüche und Eingriffsmöglichkeiten der S. sind gesetzlich, faktisch oder vertraglich begründet oder auch aus gesellschaftlichen Konventionen oder Wertesystemen ableitbar. Wichtige S., die Einfluss haben sind z.B. Kunden, Absatzmittler, Lieferanten, Wettbewerber, Mitarbeiter, Gewerkschaften, Aktionäre, Medien, Verbände, staatliche Institutionen etc. – Vgl. auch → Pressure Groups.

Stammkunde, → Käufer, der eine hohe Bezugsbindung zu bestimmten → Anbietern aufweist. Der Begriff ist eng verknüpft mit → Lieferantentreue, → Markentreue, → Produkttreue und → Ladentreue. – *Gegensatz:* → Laufkunde.

Stammkunden-Marketing,
→ Kundenstamm-Marketing.

Standard, verbindliches Leistungsmerkmal von → Angeboten, das entweder auf einer Normung, z.B. → DIN-Norm, oder auf vorherrschenden Marktanforderungen beruht.

Standardabweichung, → Streuungsmaß zur Charakterisierung von Verteilungen. Die S. ist definiert als positive Quadratwurzel aus der → Varianz.

Standardfehler, Maß für den → Stichprobenfehler, d.h. der Variation von Stichprobenschätzungen um den wahren Wert in der → Grundgesamtheit bei einer großen Anzahl von → Zufallsstichproben aus derselben Grundgesamtheit.

standardisiertes Interview, → Fragebogen, der die Fragen und ihre Reihenfolge für den → Interviewer exakt vorgibt. Die Vorteile dieser Standardisierung liegen in der Vergleichbarkeit und leichteren Auswertung der Befragungsergebnisse. Die Standardisierung bzw. das → strukturierte Interview weist aber andererseits gegenüber den nichtstandardisierten oder teilstandardisierten bzw. teilstrukturierten oder auch → unstrukturierten Interviews den Nachteil auf, dass die Antworten z.T. pauschal sind und die eigentliche Meinung der Befragten nicht umfassend wiedergeben.

Standardisierung, im Bereich der → Produktpolitik eine Vereinheitlichung der Leistungsangebote, die individuelle Kundenwünsche nur noch bedingt berücksichtigt. Die S. ist im Wesentlichen auf Kostengründe (→ Kostenführerschaft) zurückzuführen. Die Gefahr liegt in der weitgehenden Homogenisierung des Angebots, die zu einer Erhöhung der Wettbewerbsintensität und vor allem zu einem verstärkten → Preiswettbewerb führt. Durch → Postponement, → Customized Marketing und durch Einbezug des Konsumenten in die → Produktion wird versucht, einen Mittelweg zwischen reiner S. und Individualisierung zu finden. Der Begriff wird erweitert durch das → Global Marketing im → internationalen Marketing. Auch hier gelingt es vielfach, durch Modulsysteme einen Konsens herzustellen zwischen S. und einer Differenzierung. – Vgl. auch abgeschwächtes → polyzentrisches Marketing.

Standardregelungen für ein einheitliches Datenträgeraustausch System (SEDAS), → Datenträgeraustausch, der von der → Centrale für Coorganisation (CCG) für den Liefer- und Bestelldatenaustausch zwischen Handel und Industrie entwickelt wurde.

Standort, geografischer Ort, an dem ein Unternehmen im Hinblick auf eine bestmögliche Erreichung der → Unternehmensziele → Produktionsfaktoren kombiniert.

Standortagglomeration, räumliche Konzentration (→ Agglomeration) von → Unternehmen an einem → Standort auf einem engen Raum. Diese Konzentration findet sich vor allem im → Einzelhandel und ist entweder gewachsen (z.B. City-Zentren) oder geplant (z.B. → Einkaufscenter). Branchengleiche und -ungleiche S. erhöhen die Marktattraktivität von Standorten und den → Leistungswettbewerb.

Standortanalyse, Prüfung geografischer Orte, an denen ein → Unternehmen → Produktionsfaktoren einsetzt, um möglichst optimale Leistungen erstellen bzw. vermarkten zu können. Eine systematische S. und damit Standortpolitik ist vor allem für den → Einzelhandel von besonderer Bedeutung. Die wichtigsten Bestimmungsfaktoren bzw. → Standortfaktoren sind das Nachfragerpotential, die → Kaufkraft, Konsum- und Einkaufsgewohnheiten der → Zielgruppen, die Konkurrenzsituation, Kostensituation und nicht zuletzt die rechtlichen Rahmenbedingungen bzw. gesetzlichen Auflagen.

Standortfaktor, von A. Weber (1868-1959) eingeführter Begriff, der die Standortwahl von Unternehmen lediglich auf die mit dem → Standort verbundenen Kosten bezieht. Die marktbezogene Betrachtung (→ Beschaffungs- und → Absatzmärkte) bleibt bei der industriegeprägten Definition unberücksichtigt. Die neueren Standorttheorien umfassen hingegen neben den standortabhängigen Kosten und den logistischen Objektgegebenheiten vor allem die Marktkomponenten wie z.B.:

- wirtschaftliche Faktoren (Kaufkraft, Einkommen, Zugang zu Bezugsquellen),
- soziodemografische Kriterien,
- psychografische Kriterien,
- Nachfragerstruktur (Käuferverhalten und Konsumentenverhalten),
- örtliche Infrastruktur,
- Konkurrenzsituation und
- standortgegebene rechtliche Restriktionen.

Die Beispiele der wichtigsten S. belegen insb. ihre Bedeutung für den → Einzelhandel, für den die Standortwahl mehr als für die Industrie und sonstige Dienstleistungsunternehmen einen herausragenden strategischen Stellenwert einnimmt.

Standort-Marketing, vor allem → Imagewerbung für eine Ansammlung von gewerblichen Standorten unter Anwendung der Erkenntnisse und Methoden des Marketings.

Standortpolitik, markt- und kostenorientierte Wahl eines geografischen Ortes (→ Standort) an dem ein → Unternehmen die zur Erreichung seiner → Unternehmensziele günstigsten → Standortfaktoren vorfindet. Die S. hat besonders für den → Einzelhandel eine extrem große Marktbedeutung.

Starch-Test, nach D. Starch (1966) benanntes Wiedererkennungsverfahren (→ Recognition-Verfahren). Den Befragten werden → Anzeigen oder redaktionelle Beiträge aus Zeitungen oder Zeitschriften vorgelegt, um zu ermitteln, welche Anzeigen sie schon einmal gesehen haben bzw. welche Beiträge sie gelesen haben. Ziel ist die Ermittlung des → Werbeerfolgs bzw. der → Werbewirkung. Die deutsche Version des S.-T. ist der → Anzeigenkompass.

Stärken-/Schwächenanalyse, Ermittlung und Bewertung von → Erfolgspotentialen und → Risiken eines Unternehmens (→ Schwachstellenanalyse, → SWOT-Analyse). Im Rahmen einer detaillierten → Potentialanalyse werden alle Ressourcen einer kritischen Prüfung unterzogen und verglichen mit den Marktanforderungen einerseits und den Potentialen der wichtigsten → Wettbewerber andererseits. In die Analyse werden vielfach auch die Umwelteinflüsse und ihre möglichen Wirkungen auf das Unternehmen einbezogen. Die S./S. ist ein wichtiges Instrument, um → Wettbewerbsvorteile zu erkennen, die die Basis für die Entwicklung von erfolgreichen → Wettbewerbsstrategien bilden.

Starprodukt, Bezeichnung einer Produktkategorie in der → Portfolioanalyse bzw. im → Portfoliomanagement. Charakteristikum der Stars ist, dass sie sich in einem Geschäftsfeld mit hohem → Marktwachstum befinden und dabei gleichzeitig einen hohen → Marktanteil besitzen. Um Marktanteil und Wachstum zu halten, sind Verteidigungsstrategien gegenüber dem → Wettbewerb notwendig, die z.B. mit erheblichen → Marketingbudgets verbunden sind und die vielfach nicht durch das Produkt selbst gedeckt werden können. Für die notwendigen Investitionen müssen die Finanzmittelüberschüsse der Cashcows eingesetzt werden. – Vgl. auch → Fragezeichenprodukt, → Cash-Kühe, → Problemprodukt.

Stars, → Starprodukt, → Portfoliomanagement.

Start-up, neues → Dienstleistungsunternehmen, dass in der Regel ausgestattet mit → Venture Capital, innovative Geschäftsideen im → World Wide Web umsetzt.

stationärer Einzelhandel, → Betriebsform des → Einzelhandels, die im Vergleich zum → ambulanten Handel den Verkauf des Waren- und Dienstleistungsangebots in Verkaufsstellen bzw. an festen Standorten durchführt. Der s.E. wird im Sprachgebrauch mit Einzelhandel gleichgesetzt.

statische Investitionsrechnung, → Investitionsrechnung.

Statistical Product and Service Solutions (SPSS), ein Software-Programmpaket zur → Datenanalyse in der → Markt- und → Sozialforschung, das vor allem in der Wissenschaft eingesetzt wird. Ursprünglich war SPSS die Abkürzung für Statistical Package for Social Sciences.

Statistik, allgemein die Erfassung und Aufbereitung von Dateninformationen; die S. wird in die → induktive und → deduktive Statistik unterschieden.

Status, *Sozialstatus,* Bewertung einer → sozialen Rolle in der → Öffentlichkeit. Es treten wiederholt Unterschiede bis hin zu Diskrepanzen zwischen der sozialen Rolle als Funktion und dem S. als sozialer Position auf. Die Differenzierung der → Verbraucher nach ihrem sozialen S. ist für die → Marktsegmentierung von großer Bedeutung. Hierbei geht man davon aus, dass Personen mit gleichem sozialen S. zu einer sozialen Schicht gehören, deren Konsumentenverhalten als ähnlich bis gleich angenommen wird. Als Statuscharakteristika werden üblicherweise die → soziodemografischen Kriterien herangezogen.

Statussymbol, Symbol, das einen bestimmten gesellschaftlichen → Status repräsentiert, z.B. Einzelbüro, Dienstwagen, Kleidung, Schmuck, eigenes Haus etc. Der Drang nach dem Besitz von S. ist vielfach ein Ersatz für die echte Befriedigung von → Sekundärbedürfnissen und ein Charakteristikum für die moderne → Konsumgesellschaft mit ihrer starken Dominanz des → Prestigekonsums.

Steam-Modell, *Stochastic Evolutionary Adoption Model,* Simulationsmodell zur frühzeitigen und langfristigen → Prognose des → Marktanteils neu eingeführter → Produkte, wie → Konsumgüter mit hoher → Kauffrequenz, auf der Basis von Paneldaten, → Panelerhebung, → Haushaltspanel. Aus Erstkäufen und Wiederkäufen werden nachfrager-individuelle → Wahrscheinlichkeiten für Nachkäufe errechnet. Sie werden zusammengefasst zu Wahrscheinlichkeitsfunktionen des → Kaufverhaltens. Die grundlegenden Parameter des Modells sind die Anzahl bisheriger Käufe, der Zeitpunkt des letzten Kaufs und die Zeitdauer seit dem letzten Kauf.

Stellenbeschreibung, Beschreibung der mit einem Arbeitsplatz verbundenen Tätigkeiten inklusive der Über- und Unterstellungen und der Regelung der Stellvertretung. – Vgl. auch → Job Description.

Stellgröße, → Regelkreis, → Kybernetik.

Stereotyp, verallgemeinertes und starres → Vorurteil bzw. → Klischee, das vielfach sozial geprägt ist. Der S. kann konsumbeeinflussend wirken, wenn bei bestimmten Verbrauchergruppen spezifische Leistungsangebote mit negativen, aber auch positiven Vorurteilen besetzt sind. – Vgl. auch → Image.

Stern-Modell, von M. E. Stern (1968) entwickeltes Simulationsmodell zur Bestimmung des → Marketing-Mix. Es handelt sich um eine Form der → Submix-Optimierung, bei der die Subsysteme des → Marketinginstrumentariums additiv zu einem Gesamt-Wirkungsoptimum zusammengefügt werden. Hierbei werden die Wechselwirkungen zwischen den Marketinginstrumenten nicht berücksichtigt, sodass auch die synergetischen (→ Synergie) Verbundwirkungen der Instrumente nicht erfasst werden können. – Damit bleibt das eigentliche Problem der Erklärung der komplexen Zusammenhänge der Marketing-Instrumentalstruktur ungelöst.

Steuerung, → Kybernetik.

Stichprobe, Auswahl von n Elementen aus der Gesamtheit aller N Elemente, die die → Grundgesamtheit im Kleinen abbilden. Verlangt ist eine → Repräsentanz der S. im Hinblick auf die Grundgesamtheit, um aus den Untersuchungsergebnissen Generalisierungen vornehmen zu können. Die Stichprobenbildung erfolgt durch die Anwendung von → Auswahlverfahren oder → Stichprobenverfahren.

Stichprobenausfall, Verminderung des → Stichprobenumfangs, die auf zwei Ursachen zurückgeführt werden kann.

1. Teile der Stichprobe gehören nicht zur definierten Grundgesamtheit (stichproben-neutrale Ausfälle), die zu einer wünschenswerten Stichprobenbereinigung führen.
2. Die „echten“ Ausfälle hingegen beruhen auf Antwortverweigerungen, dem Non-Response-Problem, und führen zu Ergebnisverzerrungen, wenn sich die Verweigerer von den Antwortenden unterscheiden.

Das Problem tritt auch dann auf, wenn der → Interviewer auf andere Auskunftspersonen zurückgreift, um den Stichprobenumfang sicherzustellen. Besonders häufig sind in der Praxis Teilausfälle durch die Nichtbeantwortung einzelner Fragen.

Stichprobenfehler, Zufallsfehler, der sich aus der zufälligen Schwankung von Stichprobenergebnissen um den wahren Wert der → Grundgesamtheit ergibt. Zu unterscheiden sind die echten Zufallsfehler, die durch die Vergrößerung des Erhebungsumfangs (des → Stichprobenumfangs) verringert werden können und die → systematischen Fehler, die auf Unzulänglichkeiten bei der Erhebung, z.B. bei der Bildung der → Stichprobe, zurückzuführen sind.

Stichprobenumfang, die Stichprobengröße wird bestimmt durch den geforderten → Sicherheitsgrad des Stichprobenergebnisses, von der → Fehlerspanne bzw. der Schätzsicherheit und von der → Varianz (d.h. der durchschnittlichen quadratischen Abweichung der Einzelwerte von ihrem Mittelwert). Die → Stichprobe muss umso größer sein, je höher der geforderte Sicherheitsgrad ist, je kleiner die Fehlerspanne angesetzt wird und je größer die Varianz bereits in den Ursprungswerten ist.

Stichprobenverfahren, die Verfahren unterscheiden sich nach zufälligen und nichtzufälligen → Auswahlverfahren. Die Zufallsverfahren sind die:

- einfache Zufallsauswahl: Jedes Element der Grundgesamtheit hat die gleiche Wahrscheinlichkeit, in die Stichprobe zu kommen;
- geschichtete Auswahl: Schichtung nach Merkmalen (z.B. Geschlecht),
- Klumpenauswahl: Einteilung der Grundgesamtheit in Klumpen,
- mehrstufige Auswahl: Ziehung der Sekundär-Stichprobe aus der Primär-Stichprobe und
- sequentielle Auswahl: schrittweise Vergrößerung des Stichprobenumfangs, wenn erforderlich.

Die nicht-zufälligen Auswahlverfahren sind:

- die Quotenauswahl: Vorgabe von Eigenschaftsmerkmalen entsprechend der Struktur der Grundgesamtheit,
- das Konzentrationsverfahren: Konzentration auf einen Teil der Grundgesamtheit,
- die Auswahl aufs Geratewohl: willkürliche Auswahl.

Vgl. Abbildung „Stichprobenverfahren – Methoden der Stichprobenbildung“.

Stichprobenverteilung, Wahrscheinlichkeitsverteilung von → Parametern in verschiedenen und gleichgroßen → Stichproben der gleichen → Grundgesamtheit. Bei einem hohen → Stichprobenumfang nähert sich die S. einer → Normalverteilung.

Stiftung Verbraucherinstitut, Verbraucherinstitution, die der Förderung der verschiedenen → Verbraucherorgani-

Stichprobenverfahren – Methoden der Stichprobenbildung

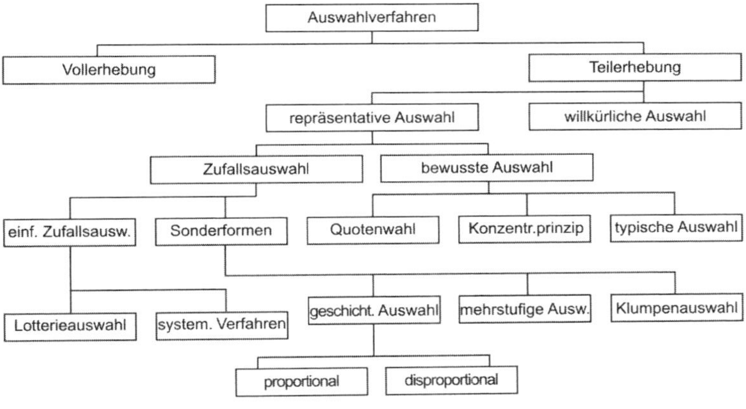

sationen dient. Das Institut wurde 1978 von der Arbeitsgemeinschaft der Verbraucherverbände (AgV) und der → Stiftung Warentest gegründet.

Stiftung Warentest, bedeutendste Institution des vergleichenden → Warentests in Deutschland. Die Stiftung wurde 1964 von der Bundesregierung gegründet. Ihr Ziel ist, durch die erhöhte → Markttransparenz für den → Verbraucher, den → Leistungswettbewerb im Konsumgüter- und Gebrauchsgüterbereich zu fördern. Im Vordergrund der unabhängigen → Tests steht die Funktionsfähigkeit der angebotenen → Produkte und → Dienstleistungen. – *Weitere Informationen unter* www.stiftung-warentest.de.

Stimmfrequenzanalyse, Form der → apparativen Verfahren, die durch die Analyse der Stimmfrequenz (Lautstärke und Tonhöhe des Stimmklangs) das Maß der → Aktivierung zu bestimmen versucht. Wichtig ist hierbei vor allem, den Grundton zu definieren. Lautstärke und Tonhöhe sind abhängig von Atemfrequenz, Muskelspannung und Tremor, dem Muskelzittern. Bez. der Aussagekraft der Ergebnisse von S. gelten verstärkt die Einschränkungen aller apparativen Verfahren.

Stimmung, momentane, subjektiv erfahrene Befindlichkeit eines Menschen, die zielungerichtet ist. Stimmungen bzw. → Emotionen werden bestimmt durch Wertigkeit (skaliert von Hochstimmung bis hin zur schlechten Laune und Depression), Intensität (Stärke des Erlebens), Dynamik (zeitlicher Stimmungsverlauf). S. spielen eine wichtige Rolle bei der Aufnahme, Verarbeitung und Speicherung von → Stimuli und damit auch für dadurch bedingte Verhaltensänderungen (→ Konsumentenverhalten).

Stimulus, → Reiz zur → Aktivierung des → Verhaltens. Die S.- bzw. Reizarten lassen sich [nach W. Kroeber-Riel (1990)] unterscheiden in:

- emotionale Stimuli (gefühlsbetont),
- kognitive Stimuli (gedanklich betont),
- physische Stimuli (wahrnehmungsbetont, z.B. bezogen auf Größe, Farbe, Typografie und Platzierung von Anzeigen).

Stochastik, Teil der → Wahrscheinlichkeitstheorie, der sich mit der Analyse und Interpretation zufallsgesteuerter Ereignisse und Vorgänge beschäftigt. Die im Marketing eingesetzten stochastischen Verfahren sind vor allem die → Markoff-Ketten und die → Monte-Carlo-Simulation.

Store Check, Überprüfung der → Warenpräsentation bzw. Angebotsbedingungen für die → Artikel eines Herstellers in bestimmten → Outlets von → Einzelhandelsunternehmen.

Store Erosion, *Ladenverschleiß,* der in seinem Phasenverlauf dem → Produkt-Lebenszyklus ähnelt. In der → Reifephase wird die Erosionswirkung immer deutlicher. Der → Handelsbetriebstyp leidet zunehmend stärker unter Ertragsverfall. Die S.E. wird verursacht durch die Assimilation konkurrierender → Handelsbetriebe, die zu einer Vermischung und Verwischung der Einzelimages führt. Die S.E. ist überdies eine zwangsläufige Begleiterscheinung der Dynamik im → Handel.

Store-in-the-Store, Anmietung eines Teils der → Verkaufsfläche im → Einzelhandel durch externe → Anbieter. In der Regel sind diese Flächen von den übrigen Verkaufsräumen abgetrennt oder befinden sich außerhalb der Hauptverkaufszonen, z.B. Bäckerei im → Warenhaus bzw. → SB-Warenhaus. – *Anders:* → Shop-in-the-Shop.

Store-Test, → Produkttest vor der → Produkteinführung in Form einer → Beobachtung in ausgewählten Einzelhandelsbetrieben. Es handelt sich um einen → Mini-Markttest, der gegenüber dem klassischen → Testmarkt erhebliche

Kostenvorteile aufweist, jedoch nicht die Grundbedingung der → Repräsentanz erfüllt, da meist nur größere Einzelhandelsgeschäfte ausgewählt werden.

Störvariable, nichtbeeinflussbare → Variable, die zur erheblichen Verzerrung von Untersuchungsergebnissen führen kann. Beispiele für S. sind unkontrollierte Veränderungen des → Marketing-Mix, Konkurrenzmaßnahmen, die Dynamik im → Konsumentenverhalten etc. Soweit die Testgruppen in Bezug auf die S. strukturgleich sind oder eine zufällige Gleichverteilung besteht, sind die Störgrößen für die Genauigkeit der Untersuchungsergebnisse unerheblich.

Storyboard, bebildertes Drehbuch für Werbespots (→ Spot).

Straßenhandel, Form des → ambulanten Handels, der im Vergleich zum → Hausierhandel oder auch Haustürverkauf auf den Straßen mit hoher Fußgängerfrequenz stattfindet, z.B. in den Konsumbereichen Lebensmittel, Blumen etc. Eine enge Verwandtschaft besteht mit dem → Markthandel.

Strategie, verbindliche Festlegung eines langfristigen, strategischen → Planung und Bestimmung der nachvollziehbaren und kontrollierbaren → Ziele bzw. → Unternehmensziele. Dazu ist es notwendig, Strategiealternativen zu entwickeln und festzulegen, um den optimalen Lösungsweg zu identifizieren. – Vgl. auch → Taktik.

strategische Allianz, → Kooperation bzw. → horizontale Kooperation von selbstständigen → Unternehmen, die komplexe Aufgaben zu erfüllen haben, die aber von den einzelnen Unternehmen nicht bewältigt werden können. Beispiele sind Allianzen oder → Joint Ventures in Forschung und Entwicklung, → Logistik etc. S.A. sind wettbewerbsrechtlich zugelassen, soweit sie nicht wettbewerbsbehindernd wirken.

strategische Bilanz, Ermittlung der unternehmensindividuellen künftigen strategischen → Erfolgsfaktoren, Feststellung des konkreten Handlungsbedarfs und des existenten Handlungsspielraums.

strategische Erfolgsposition, → Wettbewerbsvorteil, der aus Kundensicht einen bedürfnisrelevanten, wahrnehmbaren und dauerhaften Leistungsvorsprung gegenüber den → Wettbewerbern darstellt. Die diesbezüglichen Erfolgsdimensionen beziehen sich vor allem auf die → Qualität des Leistungsangebots, das → Preis-Leistungs-Verhältnis, → Image, den → Service, → Kundendienst, → Lieferservice und insgesamt auf die Kundenorientierung des → Anbieters.

strategische Frühaufklärung, → Frühwarnsystem, → Monitoring, → strategische Marktforschung.

strategische Geschäftseinheit, Geschäftsbereich/-feld in einem → Unternehmen. In einer s.G. werden jeweils für ein bestimmtes Produkt-Marktsegment die Funktionen → Marketing inklusive → Vertrieb, Forschung und Entwicklung, → Produktion und Verwaltung zusammengefasst und von einer Person mit General-Managementverantwortung geführt. Im üblicherweise interdisziplinären Team existieren keine hierarchischen Unterschiede. Der s.G.-Leiter ist Primus inter Pares. Das duale Organisationsprinzip (funktionaler Linienbereich in Verbindung mit dezentraler Geschäftseinheit) stellt an die Teammitglieder hohe Anforderungen, aber auch an die Unternehmensleitung im Sinne eines kooperativen bzw. partizipativen → Führungsstils. Ähnlichkeiten des Organisationskonzepts bestehen zum → Projekt-Management und zur → Matrix-Organisation, aber auch zum → Profit-Center. – Vgl. auch → Portfolioanalyse und → Portfoliomanagement.

strategische Gruppe, Zusammenfassung von → Unternehmen der gleichen → Branche zum Zweck brancheninterner Strukturanalysen (→ Branchenstrukturanalysen). Dadurch ist es dem einzelnen Unternehmen möglich mittels einer → Stärken-/Schwächenanalyse, seine Stellung im relevanten und direkten Wettbewerbsumfeld zu bestimmen und zu analysieren hinsichtlich der Entwicklung von → Wettbewerbsstrategien und der damit verbundenen Schaffung von → Wettbewerbsvorteilen.

strategische Intention, langfristige Zielorientierung bez. der angestrebten Marktposition bei Berücksichtigung der operativen Vorgehensweise. Die s.I. reflektiert die Zukunft auf die Gegenwart.

strategische Kooperation, vertraglich geregelte Zusammenarbeit und → Kooperation rechtlich und wirtschaftlich selbstständiger → Unternehmen, die langfristig angelegt ist. Beispiele für s.K. sind → strategische Allianzen und → Joint Ventures, die der Erreichung langfristiger → Unternehmensziele dienen.

strategische Lücke, → Gap-Analyse.

strategische Marketingplanung, Orientierung aller Planungsaktivitäten am → strategischen Marketing. Daraus ergibt sich eine weitgehende Identität von s.M. und strategischer Unternehmensplanung. In der Praxis hingegen wird der Begriff enger gefasst. Er meint die langfristige Planung der Marketingaktivitäten, die in die langfristige, funktionsübergreifende und umfassende strategische Unternehmensplanung integrativ eingebunden ist. Bei dieser engeren Betrachtung umfasst die s.M. die langfristige → Marktforschung bzw. → strategische Marktforschung und die Planung des Einsatzes der → Marketinginstrumente. Sie bilden auch die Grundlage für die → operative Marketingplanung, sowohl kurz- als auch mittelfristig. Hinsichtlich des Phasenablaufs gelten die Prozessstufen der Planung:

- Marktanalyse,
- Marktdiagnose,
- Prognose,
- Stärken- und Schwächen-Analyse,
- Zielplanung,
- Entwicklung der Marktarealstrategien und Marktfeldstrategien,
- Festlegung der Marketingstrategie inklusive des Marketing-Mix,
- Budgetierung,
- Controlling bzw. Marketing-Audit.

strategische Marktforschung, Gewinnung von zukunftsgerichteten → Informationen als Entscheidungshilfe für das → strategische Marketing. Methodisch werden dazu meist in Kombination quantitative und qualitative Prognoseverfahren eingesetzt.

strategisches Netzwerk, → vertikale Kooperation, bei dem die Kooperationspartner verschiedene Aktivitäten in die gemeinsame Wertschöpfungskette einbringen. S.N. reduzieren die → Wertschöpfungstiefe und geben damit den kooperativ verbundenen Unternehmen die Möglichkeit, sich jeweils auf ihre → Kernkompetenzen zu konzentrieren. – Vgl. auch → Wertschöpfungsnetz.

strategische Option, realisierbare Strategiealternative, die umgesetzt werden kann. Die s.O. zeigt die Möglichkeit zur Nutzung von Chancenpotentialen auf und ist damit die wesentliche Basis der → strategischen Planung. Der Einsatz der → strategischen Marktforschung ist die wichtigste Voraussetzung der systematischen Entwicklung und unternehmensbezogenen Bewertung s.O.

strategische Planung, → Planung, die als langfristige → Zielplanung das Unternehmen in seiner Gesamtheit umfasst und nicht auf unternehmensbezogene Teilbereiche oder auch auf → Teilmärkte beschränkt ist. Grundlage der s.P. sind Analyse und Bewertung der langfristigen Chancen und Risiken für das Unternehmen auf der Basis detaillierter → Stärken-/Schwächenanalysen. Damit verbunden sind zudem vor allem → Markt- und

→ Konkurrenzanalysen, um → strategische Optionen wahrnehmen zu können.

strategischer Erfolgsfaktor, → Erfolgsfaktor, der langfristig → Wettbewerbsvorteile aufweist.

strategischer Wettbewerbsvorteil, → Wettbewerbsvorteil, → strategische Erfolgsposition.

strategisches Dreieck, Beziehungszusammenhang zwischen → Kunden, → Wettbewerbern und eigenem → Unternehmen. Das s.D. macht die eigenen → Wettbewerbsvorteile oder auch -nachteile in Bezug auf die → Konkurrenz deutlich. Hierbei stehen die Kundenbedürfnisse im Mittelpunkt der Betrachtung.

strategisches Geschäftsfeld, für ein → Unternehmen strategisch bedeutsames Marktfeld, das nicht unbedingt identisch sein muss mit der → strategischen Geschäftseinheit. Eine organisatorische Geschäftseinheit kann mehrere Geschäftsfelder umfassen. In Theorie und Praxis werden jedoch die beiden Begriffe meist synonym verwendet.

strategisches Kommunikationsmanagement, wesentlicher Teil der → Kommunikationsstrategie, deren Fokus auf die verschiedenen → Kommunikationsformen gerichtet ist, um diese zu einem optimalen synergetischen Verbund zu verknüpfen. Ziel ist die Vermeidung von inhaltlichen Divergenzen zwischen den Kommunikationsformen, d.h. eine Konsistenz sicherzustellen in den Inhalten von z.B. → Produktwerbung, → Verkaufsförderung und → Imagewerbung in Verbindung mit den → Public Relations (PR).

strategisches Kostenmanagement, Kombination von Methoden und Instrumenten zur optimalen Gestaltung der Kostenstruktur. Das s.K. ist langfristig und auf die Optimierung der → Wertkette bzw. Wertschöpfungskette ausgerichtet im Sinne einer Markt- und Konkurrenzorientierung. – Vgl. auch → Target Costing, → Prozesskostenrechnung, → Transaktionskosten, → Cost-Benchmarking. – *Gegensatz:* → operatives Kostenmanagement.

strategisches Management, Aufbau, Erhaltung und Erhöhung von → Erfolgspotentialen. Dazu gehören zielgerichtete → Strategien und die → Positionierung gegenüber dem → Wettbewerb.

strategisches Marketing, langfristig orientierte → Marketingkonzeption, deren Kern die → strategische Marketingplanung ist. Diese muss unerlässlich in die strategische Unternehmensplanung eingebunden sein, um die langfristige Marktorientierung des → Unternehmens sicherzustellen.

strategisches Spielbrett, von der Unternehmensberatung McKinsey entwickelte dreidimensionale Darstellung von → Wettbewerbsstrategien. Basis des Spielbretts sind die Differenzierung in Gesamtmarkt und → Marktnischen einerseits und in die Formen des Konkurrierens, nach bekannten oder neuen Regeln, andererseits. Aus der Kombination dieser Basisvariablen ergeben sich unterschiedliche → Marketingstrategien.

strategische Unternehmensplanung, → strategische Planung.

Stratified Sampling, → geschichtetes Auswahlverfahren.

Streckenbelieferung, direkte Belieferung der → Verkaufsstellen des → Einzelhandels durch den Hersteller. – Vgl. auch → Streckengeschäft. – *Gegensatz:* → Zentralbelieferung.

Streckengeschäft, Direktbelieferung des → Einzelhandels durch den Hersteller. Der → Großhandel als Zwischenstufe übernimmt lediglich die Rechnungsstellung und das → Delkredere und erhält dafür eine → Provision. Das S. ist für den Hersteller mit hohen Kosten verbunden, sodass in einigen → Branchen die Tendenz zum Lagergeschäft über den Großhandel besteht. Durch die Ausschaltung von wesentlichen → Handelsfunktionen läuft der Großhandel längerfristig Gefahr, aus der → Handelskette ausgeschlossen zu werden, und zwar durch Direktkontrakte zwischen Herstellern und den Großbetriebsformen des Einzelhandels, wie sie bereits heute z.B. im Nahrungsmittelbereich bestehen. Die zunehmende → Handelskonzentration im Einzelhandel verstärkt diesen Trend. – Gegensatz: → Lagergeschäft.

Streckengroßhandel, → Betriebstyp des → Großhandels, der im Vergleich zum → Lagergroßhandel keine Lagerhaltungsfunktion übernimmt. Sie verbleibt beim Hersteller. Die → Handelsfunktionen beschränken sich auf → Akquisition und Disposition.

Streetteam, *Streetpromotion,* Marketinginstrument vor allem im → Musikmarketing. Fans einer Band oder eines Künstlers gruppieren sich zu S., um mit Promotion-Aktivitäten (z.B. Verteilen von → Flyern, Aufklebern, Promo-CDs) in ihrer Stadt oder Region den → Bekanntheitsgrad der Band zu steigern. Sie arbeiten unentgeltlich; alle Promotion-Artikel werden ihnen kostenlos von der Plattenfirma der Künstler bereitgestellt.

Strength-Weakness-Opportunities-Threats-Analyse (SWOT-Analyse), eine Positionierungsanalyse der eigenen Aktivitäten gegenüber dem → Wettbewerb. Als differenzierte → Stärken-/Schwächenanalyse bzw. Chancen-/Risikenanalyse weist die SWOT-Analyse eine große Ähnlichkeit mit der → Portfolioanalyse auf. – Vgl. Abbildung „SWOT-Matrix".

Streuplanung, Festlegung des Medieneinsatzes im Rahmen der → Mediaplanung.

Streuungsmaß, Maßzahlen für die Bestimmung der Abweichungen von Einzelwerten einer Häufigkeitsverteilung um den Mittelwert. – Vgl. auch → Spannweite.

Streuverlust, zusätzliche Kosten bei der Streuung von → Werbemitteln (→ Streuplan), die durch Überstreuung und/oder unnötige Überschneidungen entstehen. Sie werden verursacht durch diejenigen Kontakte, die außerhalb der definierten → Zielgruppe aufgebaut werden, d.h. bei Personen, die als Nachfrager für das umworbene Leistungsangebot von vornherein nicht in Frage kommen.

Streuwerbung, → Werbeform, bei der die → Werbemittel breit an namentlich unbekannte → Zielgruppen gestreut werden. Die S. als → Massenkommunikation mithilfe von → Massenmedien ist im Vergleich zur → persönlichen Kommunikation bzw. → Individualkommunikation und zum → Direktmarketing bzw. zur → Direktwerbung, die nach wie vor dominante Form der → Werbung bzw. → Produktwerbung.

Strichcode, → Artikelnummerierung.

strukturiertes Interview, → Fragebogen, der die Fragen und ihre Reihenfolge für den → Interviewer wohl vorgibt (→ standardisiertes Interview), dem Interviewer aber die Möglichkeit lässt, in der konkreten Befragungssituation von der straffen Vorgehensweise je nach Notwendigkeit abzuweichen. Dadurch wird zwar die Vergleichbarkeit der Befragungsergebnisse gemindert, doch kann auf die spezifischen Meinungen der Befragten eingegangen werden. Die noch offeneren teilstrukturierten bzw. teilstandardisierten Interviews greifen diesen Vorteil auf. – Vgl. auch → unstrukturiertes Interview.

Strukturorganisation, → Aufbauorganisation.

Stück-Deckungsbeitrag, Differenz zwischen Stückerlös und stückvariablen Kosten.

Stückerlös, → Durchschnittserlös.

Stückkosten, → Durchschnittskosten.

Studiotest, → Laborexperiment.

Stufenmodelle der Werbewirkung, hierarchische Formen der → Werbewirkungsmodelle, die davon ausgehen, dass der → Kommunikant verschiedene Stufen der werblichen Beeinflussung durchläuft, bevor er eine → Kaufentscheidung trifft. Die bekanntesten Stufenmodelle sind die → AIDA-Formel, → DAGMAR-Formel, das → Howard-Sheth-Modell und die → Adoptionsmodelle. – Die Kritik an den Modellen bezieht sich vor allem auf ihre hierarchischen Wirkungsstufen, die als voneinander abhängig angesehen werden.

Stufenrabatt, → Funktionsrabatt, der sich auf die Funktionserfüllung des → Handels bez. der → Distribution der Leistungsangebote der Lieferanten bezieht.

Subcontracting, temporäre Verlagerung bestimmter Einzelfertigungen auf fremde Unternehmen. – Vgl. auch → Outsourcing.

subjektive Wahrscheinlichkeit, → Wahrscheinlichkeit.

Subkultur, soziale → Gruppe von Individuen, deren → Normen, → Einstellungen und Verhaltensweisen von der jeweiligen Mehrheitskultur, der dominanten → Kultur, erheblich und z.T. konfliktär abweichen. Gleiche soziodemografische Merkmale bzw. die Zugehörigkeit zur gleichen → sozialen Schicht fördern die Bildung von S. Sie bieten dem Individuum die Möglichkeit zur Identifikation durch Ab- bzw. Ausgrenzung von der dominanten Kultur und auch Verhaltenssicherheit. Das konforme → Verhalten in S. und die Akzeptanz von → Sanktionen sind stark ausgeprägt und bestimmen auch entscheidend das → Kaufverhalten und Konsumverhalten. Eine typische Form von S. sind die sog. → Peer Groups. Aus S. können sich auch Gegenkulturen, z.B. Alternativbewegungen, herausbilden, die den sozialen Wandel und → Wertewandel entscheidend prägen.

Subline, Zwischenüberschrift, die der Strukturierung langer Texte dient. Mithilfe von S. können bestimmte Teile in

SWOT-Matrix

Umfeld / Unternehmen	Chancen (Opportunities)	Risiken (Threats)
Stärken (Strengths)	Ausbauen zur Ausschöpfung der Chancen	Absichern vor Gefährdungen
Schwächen (Weaknesses)	Aufholen zur Nutzung der Chancen	Meiden wegen doppelter Gefährdung

Werbetexten für den Leser besonders akzentuiert sowie in mehrere Abschnitte untergliedert werden. – Vgl. auch → Headline, → Baseline.

Submission, → Ausschreibung.

Submissionskartell, wettbewerbsrechtlich, nach dem → Gesetz gegen Wettbewerbsbeschränkungen (GWB), grundsätzlich verbotene Absprachen von → Anbietern bei → Ausschreibungen.

Submix-Optimierung, *Submix-Programmierung,* additive Optimierung der Wirkung von Elementen bzw. Instrumenten, meist mithilfe von EDV-Programmen. Die S.-O. wird vielfach eingesetzt bei der Gestaltung des → Marketing-Mix. Nach den bisherigen praktischen Erfahrungen ist die Effizienz der Methode aber sehr beschränkt, im Hinblick auf die Optimierung von komplexen Prozessen. Bei klar definierten Teilproblemen, z.B. Programm- bzw. Sortimentsoptimierung, Lager- und Transportoptimierung kann die schrittweise S.-O. jedoch eine brauchbare Methode sein im Sinne einer Entscheidungshilfe.

Submix-Programmierung, → Submix-Optimierung.

Subskriptionspreis, besonders günstiger → Einführungspreis eines neuen → Produkts, der den → Abnehmern bis zu einem terminlich festgelegten Zeitpunkt nach Verkaufsbeginn gewährt wird. Die Subskription wird vor allem bei Verlagserzeugnissen wie Fortsetzungs- und Sammelwerken sowie Lexika als Instrument der → Absatzförderung eingesetzt.

Substitut, Bezeichnung für eine Hierarchieebene in der → Verkaufsorganisation des → Einzelhandels, vor allem im → Warenhaus. Der S. hat eine Mittelstellung zwischen Verkäufer und Abteilungsleiter. Die Substitutsausbildung führt hin zur Funktion des Abteilungsleiters im Einzelhandel bzw. Betriebsleiters im → Abholgroßhandel und im → Cash & Carry.

Substitution, Austauschbarkeit von → Angeboten. Je höher die → Homogenität der Angebote ist, umso stärker sind die substitutionalen Beziehungen, die auch als → Substitutionseffekte bezeichnet werden. Der Substitutionseffekt ist ein Maß für die Stärke der → Substitutionskonkurrenz. In der → Preistheorie wird die S. von Angeboten überwiegend auf die Preisunterschiede bezogen, z.B. die → Kreuzpreiselastizität und der → Triffin`sche Koeffizient. Hierbei wird unterstellt, dass keine anderen → Präferenzen entwickelt werden können, um die Angebote zu heterogenisieren. In der → Produktionstheorie spricht man dann von substitutionalen → Produktionsfaktoren, wenn diese untereinander ausgetauscht werden können.

Substitutionalität, die → Produktionsfaktoren stehen in einem Austauschverhältnis zueinander bez. der Ausbringungsmenge, und ihr Einsatzverhältnis ist nicht bindend wie bei der → Limitationalität. Es gelten die Bedingungen der → Produktionsfunktion vom Typ A (→ Ertragsgesetz).

Substitutionseffekt, Maß für die Stärke der → Substitutionskonkurrenz. Dieser negative Absatz- und/oder Umsatzeffekt wird vielfach im eigenen Unternehmen erzeugt durch eine extensive → Produktdifferenzierung. – Vgl. auch → Kannibalisierungseffekt.

Substitutionselastizität, Maß für die Austauschbarkeit von → Angeboten oder → Produktionsfaktoren. In der → Preistheorie ist die wichtigste S. die → Kreuzpreiselastizität. Sie gibt an, wie sich die Nachfrage bei homogenen Angeboten aufgrund von Preisänderungen verlagert.

Substitutionskoeffizient, Maß für die Stärke der Konkurrenzbeziehungen zwischen → Anbietern (→ Triffin`scher Koeffizient).

Substitutionskonkurrenz, Austauschbeziehungen zwischen verschiedenen → Angeboten. Die Stärke der S. wird ausgedrückt durch die → Substitutionselastizität bzw. durch die → Kreuzpreiselastizität.

Substitutionslücke, ein von J. V. Robinson (1933) entwickeltes Konzept zur → Marktabgrenzung, das sich an der → Substitutionskonkurrenz orientiert. Alle Angebote bilden Ketten. Die verschiedenen → Produktketten weisen eine unterschiedliche substitutionale Nähe zueinander auf. Hierbei besteht zwischen den verschiedenen Produkten einer → Produktgruppe eine stärkere → Substitution als zwischen verschiedenen Produktgruppen. Es existieren substitutionale Lücken in den Produktketten, die zur Vermeidung bzw. Minderung der Substitutionskonkurrenz genutzt werden können.

Substitutionsprodukt, → Produkte bzw. → Angebote, die in einer substitutionalen Beziehung zueinander stehen (→ Substitutionselastizität). – *Anders:* → Komplementärprodukt.

Substitutionsverhältnis, Grad der Austauschbarkeit von Produkten bzw. Dienstleistungen. Das S. wird ausgedrückt durch die → Kreuzpreiselastizität bzw. den → Triffin`schen Koeffizient.

Subvention, staatliche Zuwendung an private Haushalte und private → Unternehmen, die in der Regel nicht an ökonomische Gegenleistungen gebunden sind. Von Kultursubventionen abgesehen, stören bzw. behindern S. (in erster Linie die ökonomisch nicht begründbaren Erhaltungssubventionen) den marktwirtschaftlichen → Leistungswettbewerb und sind ein Relikt planwirtschaftlicher Staatslenkung.

Subzeption, unbewusster Abwehrmechanismus unterhalb des bewussten Erkennens. – Vgl. auch → Dissonanztheorie.

Suchfeldanalyse, Identifizierung von neuen, Erfolg versprechenden Produkt- und Marktfeldern und Prüfung von diesbezüglichen Kombinationsmöglichkeiten (→ Produkt-Markt-Matrix). Mit der S. sollten eine → Stärken- / Schwächenanalyse und eine → Potentialanalyse verknüpft werden, um mögliche → Risiken zu vermeiden, die vor allem mit der → Diversifikation verbunden sind.

Suchmaschine, Programm zur Recherche von Dokumenten und Internetseiten in Computern oder Netzwerken. Es wird eine Stichwort- oder Volltextsuche ermöglicht, die nach passenden, hinterlegten Angeboten auf den vernetzten Computern und Servern sucht. Die Suchergebnisse werden in einer Liste mit Verweisen (→ Links) auf mögliche Angebote angezeigt. Die bedeutendsten S. sind: Google, Yahoo, MSN Search, Alta Vista, Fireball, Lycos, Excite, Hotbot.

Suchmaschinenmarketing, *Search Engine Marketing,* Gewinnung von Besuchern für eine Internetpräsenz über → Suchmaschinen. Ziel des S. ist es, eine Webseite bei der Suchanfrage gut zu finden; dabei behilflich sind Instrumente wie die Suchmaschinenoptimierung und die Suchmaschinenwerbung.

Suggestivfrage, Frage in einem → Interview (→ mündliche Befragung), die so gestellt wird, dass eine gewollte Antwort erfolgt.

Suggestivwerbung, → Werbung bzw. → Produktwerbung, die ausschließlich an die → Emotionen der Umworbenen appelliert und bewusst auf die Vermittlung von sachlichen → Informationen verzichtet. Eine solche Werbung ist rechtlich, nach dem → Gesetz gegen den unlauteren Wettbewerb (UWG), grundsätzlich zulässig, soweit damit kein → Kundenfang oder eine → Irreführung verbunden sind. Für die rechtliche Beurteilung konkreter Fälle ist wichtig, ob die werbliche Gefühlsbetonung bzw. die Gefühlsausnutzung in einem sachlichen Zusammenhang mit dem umworbenen Leistungsangebot steht.

Sündenregister, ein vom Bundeswirtschaftsministerium und der Wirtschaft 1974 aufgestellter Beispielkatalog von Praktiken im → vertikalen Marketing, die als wettbewerbswidrig gelten und sich primär auf das → Anzapfen beziehen. Genannt werden z.B. → Eintrittsgelder für Erstaufträge, Listungsgebühren, Einrichtungszuschüsse, → Regalmieten, Zuwendungen zu Jubiläen, überhöhte → Werbekostenzuschüsse etc. Aufgrund der Rechtsunverbindlichkeit der gemeinsamen Erklärung, des zunehmenden Wettbewerbsdrucks und der → asymmetrischen Machtverteilung zwischen Industrie und Handel hat das Sündenregister bislang in der Praxis keine nachhaltigen Wirkungen gezeigt.

superiores Gut, → inferiores Gut.

Supermarkt, → Betriebsform des → Einzelhandels, die ähnlich dem → Verbrauchermarkt und dem → SB-Markt ein → Vollsortiment an Nahrungs- und Genussmitteln in mittlerer Qualitäts- und Preislage auf einer → Verkaufsfläche von ca. 400 bis 1.000 qm führt sowie ergänzend Non Food-Artikel. Als → Bedienungssystem dominiert die → Selbstbedienung.

Supplement, thematisch bestimmte → Beilage in → Zeitungen und → Zeitschriften, welche in regelmäßiger Folge erscheint. S. ist an die Trägermedien gebunden. Die wichtigsten Formen sind Programm-S., in Konkurrenz zu Programmzeitschriften, unterhaltende bzw. meinungsbildende S., Magazine in Zeitungen und Fachzeitschriften-S., branchenübergreifende und auch branchenvertiefende Informationen, die z.T. auch integrativer Bestandteil des Trägermediums sind. Hauptziel der S. ist die Stärkung der Leserbindung, die → Leser-Blatt-Bindung, an das Trägermedium. Damit verbunden ist auch eine gewisse Konkurrenz zu den → Spezialzeitschriften.

Supply Chain Management, *Lieferketten-Management,* Form einer vertikalen → strategischen Allianz, die idealtypisch die gesamte → Lieferkette vom Rohstofflieferanten über den Hersteller bis zum → Kunden inklusive zwischengeschalteter Transport- und Lagerunternehmen und Zwischenhändler umfasst. Das S.C.M. setzt jedoch voraus, dass sich Hersteller und → Handel als ein logistisches Gesamtsystem verstehen, bei dem der Handel möglichst schnell Informationen online bez. Bestände, Aktionen und Abverkäufe liefert und der Hersteller eine kontinuierliche und nachfrageorientierte Warennachlieferung sicherstellt. – Vgl. auch → SCOR-Modell.

Supply Chain Operation Reference Modell (SCOR-Modell), ein branchenunabhängiges Standard-Referenz-Modell für den Informationsaustausch zwischen Unternehmen in einer Supply Chain (→ Supply Chain Management). Das Modell dient dazu, unternehmensübergreifende Liefer-Prozessketten mit dem Ziel einer Transaktionskostenoptimierung zu standardisieren.

Sustainable Development, *nachhaltige Entwicklung,* Entwicklung, die so zukunftsfähig zu machen ist, dass die gegenwärtige Generation ihre Bedürfnisse befriedigt, ohne die Voraussetzungen der zukünftigen Generation zu gefährden, ihre eigenen Bedürfnisse befriedigen zu können. Die wichtigsten Prinzipien sind das Kreislauf-, Verantwortungs- und Kooperationsprinzip. Das Kreislaufprinzip erfasst die komplexen Beziehungen zwischen ökonomischen und ökologischen Systemen. Das Verantwortungsprinzip bezieht sich einmal auf das Wohlstandsgefälle zwischen Industrie- und Entwicklungsländern und zum anderen auf die zukünftigen Generationen und ihre Umweltbedingungen. Das Kooperationsprinzip betrifft das abgestimmte Verhalten aller Beteiligten.

SWOT-Analyse, → Strength-Weakness-Opportunities-Threats-Analyse.

symbolischer Meinungsführer, Person, die aufgrund ihres → Status als → Meinungsführer glaubwürdig und kompetent wirkt, um in einer scheinbar → persönlichen Kommunikation, im Fernsehen oder Radio, den → Kommunikanten produktbezogene Ratschläge zu erteilen. Nachgestellte Szenen aus dem Alltagsleben (→ Slice-of-Life-Werbung) verringern die → soziale Distanz und erhöhen die Glaubwürdigkeit der → Werbebotschaft. – *Gegensatz:* → virtueller Meinungsführer.

symmetrische Machtverteilung, Machtgleichgewicht zwischen den → Marktpartnern. Das Machtgleichgewicht fördert den → Leistungswettbewerb und verhindert die z.T. für die marktwirtschaftliche Ordnung schädlichen → Verdrängungswettbewerbe, die nicht zuletzt aufgrund der wachsenden → Konzentration zunehmen. – *Gegensatz:* → asymmetrische Machtverteilung.

Synektik, eine der erfolgreichsten → Kreativitätstechniken auf der Suche nach neuen Ideen, insb. Produktideen. Die Methode, entwickelt von W. J. J. Gordon (1961), geht davon aus, dass die Bildung von Analogien die beste Methode ist, um sich von der Denkroutine zu befreien. Der Ablauf basiert auf folgenden Schritten:

1. Das zu lösende Problem wird der Kreativgruppe von einem Experten detailliert erklärt.
2. In einem kurzen → Brainstorming werden spontan direkte Problemlösungen entwickelt.
3. Von diesen direkten Problemlösungen gilt es sich zu lösen durch die Bildung von Analogien aus anderen Bereichen, z.B. aus Natur oder Technik. Das konkrete Problem wird so weit wie möglich durch die Analogie verfremdet. Dazu gehört auch die persönliche Analogie, d.h. die persönliche Identifikation mit den gefundenen Analogien.
4. Weitere Analogien aus anderen Bereichen werden gebildet, um das eingangs formulierte konkrete Problem noch mehr zu verfremden.
5. Die von der Kreativgruppe am besten bewertete Analogie wird jetzt auf das konkrete Problem projiziert. Ergibt sich daraus eine Lösung des Problems, ist der Prozess abgeschlossen. Anderenfalls beginnt der Problemlösungsprozess erneut durch die Bildung weiterer Analogien, die immer wieder mit dem konkreten Problem konfrontiert werden.

Synergie, Effekt, der sich aus dem Zusammenwirken einzelner Elemente bzw. Instrumente ergibt. Die Gesamtwirkung ist größer bzw. kleiner als die additive Summe der Einzelwirkungen. Es können also positive wie auch negative Synergismen auftreten. Der Effekt spielt eine besondere Rolle bei der Gestaltung des → Marketing-Mix und belegt, dass eine reine → Submix-Optimierung nur im praktischen Ausnahmefall bzw. spezifischen Einzelfall zum Erfolg führt. Unternehmensstrategisch bezieht sich die S. auf die Fähigkeit von zwei oder mehr Geschäftsbereichen durch diverse Formen der Zusammenarbeit eine größere → Wertschöpfung zu realisieren, als dies bei getrenntem Vorgehen der Fall wäre.

Syntaktik, Lehre von den Zeichen und Symbolen (Syntax). Entscheidend ist, dass der Zeichenvorrat (z.B. Sprache) des Empfängers gleich ist dem des Senders. Anderenfalls treten Verständnisprobleme auf. – Vgl. auch → Semantik.

System, Ganzheit, aufgebaut aus Elementen, die miteinander in Beziehung stehen. Das Beziehungsgefüge der Elemente bildet die Struktur des S. Elemente, die ihrerseits Systemeigenschaft besitzen, werden als Teil- oder Subsysteme bezeichnet. Übergeordnete S. sind sog. Supersysteme. Ein S. ist gekennzeichnet durch eine Vielzahl von → Variablen, die durch ein Netzwerk kausaler Abhängigkeiten miteinander verbunden sind. Die Beziehungen der einzelnen Variablen zueinander und in ihrer Bedeutung zum Gesamtsystem werden vielfach erst deutlich, wenn man sie in ihre Bestandteile zerlegt.

systematische Auswahl, → Auswahlverfahren bei der → Zufallsauswahl zur Bildung von → Stichproben. Schlussziffern (→ Schlussziffernauswahl), Zufallszahlen, Anfangsbuchstaben etc. bilden dabei die Auswahlgrundlage. Das Verfahren findet vor allem Anwendung, wenn Telefon- oder Adressbücher für die Stichprobenbildung genutzt werden.

systematischer Fehler, Messfehler, der vor allem bei → mündlichen Befragungen auftreten kann und der kein → Zufallsfehler ist. Die häufigsten s.F. sind:

- der Ausfall von Befragten (Stichprobenausfälle),
- Fragebogenfehler,
- Interviewereinflüsse,
- Eingabe- und Codierungsfehler,
- Interpretationsfehler.

Hinzu kommen mögliche Fehler bei der Bestimmung der → Grundgesamtheit und Erhebung der → Stichprobe.

Systembindungseffekt, systembedingter Kaufverbund, der dadurch entsteht, dass sich der → Käufer in seinen Folgekäufen durch seinen getroffenen Erstkaufentscheid an ein bestimmtes System bindet. Der S. tritt insb. beim → Kauf von → Investitionsgütern auf, die durch Systemkomponenten gekennzeichnet sind, z.B. Betriebssysteme in der EDV oder auch die Zulieferung im → Systemgeschäft. Die Systembindung stellt hohe Anforderungen an den → Anbieter in Bezug auf sein → Qualitätsmanagement und → Servicemarketing. Wenn sich hier dauerhafte und gravierende Mängel zeigen, werden die Kunden, in der Regel fast endgültig, zu Wettbewerbern abwandern, sofern diese vergleichbare und vielleicht sogar mit dem bisher eingesetzten System kompatible Angebote offerieren können.

Systemgeschäft, komplettes → Angebot für die Erfüllung der ganzheitlichen Aufgabenstellung durch den → Kunden, unabhängig von der eigenen Leistungstiefe. Der Systemanbieter übernimmt die Verantwortung für die Abwicklung des Kundenauftrages. – Vgl. auch → System-Marketing.

System-Marketing, je nach Blickrichtung wird der Begriff sehr unterschiedlich definiert. Im → Investitionsgütermarketing verbindet man damit das Marketing für → Systemgeschäfte. Ausgehend von der → Systemtheorie werden hingegen Synergieeffekte in den Vordergrund gerückt. Der dritte definitorische Ansatz bezieht sich auf ein ganzheitliches Marketing, das instrumental und/oder kundenorientiert ist. Hierbei kann die systemische Ganzheitlichkeit auch Lieferanten und Anspruchsgruppen, die → Stakeholder, einbeziehen. In diesem Falle umfasst das S.-M. alle Glieder der → Wertschöpfungskette unter Einschluss der eigenen Organisation und Mitarbeiter.

Systemtheorie, Ansatz der modernen → Marketingtheorie, der von einer integrativen Verknüpfung von Systemen wie Menschen, Unternehmen und Umwelt ausgeht. Unterschieden werden Makro-Marketingsysteme wie Lieferant, Hersteller, Absatzmittler sowie Kunden und Mikro-Marketingsysteme wie die → Interaktionen zwischen den marktrelevanten Subsystemen im → Unternehmen.

System überlappender Gruppen, → Teamorganisation, → Colleague-Modell.

Systemvergleich, Form der → vergleichenden Werbung, die wettbewerbsrechtlich zulässig ist, wenn sie sich auf die Darstellung von Systemvorteilen des eigenen Leistungsangebots im Vergleich zu den Wettbewerbsangeboten beschränkt. Wie beim → Fortschrittsvergleich gilt auch beim S., dass die → Konkurrenz nicht herabgesetzt werden darf.

Szenario, Strukturierung von Ungewissheiten durch die Entwicklung in sich konsistenter Alternativen. Im Wesentlichen handelt es sich um Quasiprognosen auf der Basis der Annahme verschiedener Welten und nicht von möglichen Entwicklungen in derselben Welt. Ergebnis ist eine Optionsplanung im Sinne von in sich schlüssigen verschiedenen Alternativplänen, die Wandel, Komplexität und Ungewissheit berücksichtigen.

Szenario-Technik, systematisches und mehrstufiges Verfahren zur Entwicklung alternativer, möglicher Zukunftsbilder auf der Basis der → Analyse der gegenwärtigen Situation. Ziel ist, auf der Grundlage verschiedener → Szenarien Empfehlungen für künftige → Planungen und Maßnahmen abzuleiten. Die Szenarien sind vornehmlich gerichtet auf weltwirtschaftliche, ökologische, technologische, gesellschaftspolitische → Trends und werden projiziert auf die Möglichkeiten der Unternehmensentwicklung. Die S.-T. kann zur Methodengruppe der analytisch systematischen → Kreativitätstechniken gezählt werden.

Szenen-Marketing, *Szene-Marketing,* Kundenorientierung an Konsumszenen, die eine Kombination von sozialen → Bezugsgruppen und → Lebensstilen darstellen. Hintergrund ist die zunehmende Individualisierung des → Konsumentenverhaltens durch Abnahme der Homogenität der → Zielgruppen. Das S.-M. erfordert ein sehr detailliertes Wissen bez. individueller Konsumstrukturen, (→ Database-Marketing), die bei Gleichartigkeit, vor allem bei Freizeitaktivitäten, zu zielgruppenkonformen Szenen zusammengefasst werden können.

Szenen-Sponsoring, finanziell geförderte Aktivitäten von Einzelpersonen oder Gruppen, die neue → Lebensstile begründen oder aufgreifen und in sog. Events (→ Event Marketing) kommunikativ umsetzen. Die gemeinsamen Identifikationssymbole stehen im Einklang mit den Zielen und Leistungsangeboten der Sponsoren. – Vgl. auch → Szenen-Marketing.

T

Tachistoskop, Projektionsinstrument, mit dem es möglich ist, Produkte, → Packungen, → Anzeigen, → Spots etc. nur Bruchteile von Sekunden auf einer Leinwand oder einem Bildschirm sichtbar zu machen. Die Darbietungszeiten können verlängert bzw. verkürzt werden. Durch die zeitliche Steuerung des Wahrnehmungsprozesses kann man die unbewusste und eindeutige → Wahrnehmung feststellen. Abzugrenzen ist die → Augenkamera mit der der Blickverlauf, die Verweildauer auf Bild- bzw. Textelementen und Blicksprünge, festgestellt wird, um daraus Schlussfolgerungen für die → Werbewirkung abzuleiten.

Tagebuchverfahren, standardisierte → schriftliche Befragung, die u.a. im → Haushaltspanel eingesetzt wird. Probleme sind die Vollständigkeit, Regelmäßigkeit und Kontinuität der Eintragungen in das Haushaltsbuch. Im Laufe der Zeit treten in der Regel bei den → Probanden Ermüdungserscheinungen auf. – Vgl. auch → Paneleffekt.

Tageszeitung, → Zeitung.

Taktik, verbindliche und konkrete Festlegung einzelner, operativer Maßnahmen im Rahmen der festgelegten → Strategie.

Tamlog, *Television Audience Measurement Log,* ein → Tagebuchverfahren, das durch die Erhebung personenbezogener → Informationen zum Fernsehverhalten die Messungen mithilfe des → Tammeters ergänzt.

Tammeter, *Television Audience Measurement-Meter,* ein elektromechanisches Gerät zur Ermittlung von Fernsehzuschauerzahlen (→ Zuschauerforschung). Die Messung erfolgt ähnlich wie beim → Audimeter. – Vgl. auch → Teleskopie.

Tandem-Spot, → Fernsehspot, der aus zwei Teilspots besteht und durch Musik unterbrochen wird.

Tanimoto-Koeffizient, → Distanzmaß zur Bestimmung der Ähnlichkeit zweier Objekte bei der → multivariaten Analyse, insb. bei der → Clusteranalyse.

Tankstellenmarkt, → Betriebsform des → stationären Einzelhandels, dessen → Sortiment mittlerweile weit über das auto- und diesbezügliche, zubehörbezogene Angebot hinausgeht. Vielfach haben T. bereits den Charakter von → Supermärkten und übernehmen in Form von → Convenience Stores als Nachbarschaftsläden für die → Nachfrager eine Nahversorgungsfunktion, die vormals von den → Tante-Emma-Läden wahrgenommen wurde.

Tante-Emma-Laden, Nachbarschaftsladen (→ Convenience Store).

Targetable TV, TV-Kabelnetz, das die kommunikative Direktansprache der Zielkunden ermöglicht. Das Verfahren kann auch eingesetzt werden zur Erprobung von → Spots und Produkten in → Testmärkten.

Target Costing, → Zielkostenmanagement, wobei die Kalkulation nach der Formel Preis – Gewinn = Kosten erfolgt.

– Vgl. auch → Deckungsbeitragsrechnung und → Prozesskostenrechnung. – *Gegensatz:* → Vollkostenrechnung.

Target Design, am Ziel (Target) der Kundenwunscherfüllung ausgerichtete Gestaltung der Leistungsangebote. Die Umsetzung erfolgt üblicherweise zusammen mit ausgewählten → Kunden in z.B. → Kundenparlamenten, Kundenbeiräten und → Verbraucherbeiräten.

Target Marketing, Zielgruppenausrichtung aller marktbezogenen Aktivitäten auf der Basis des → Database-Marketings. Hierin eingeschlossen sind die → Marktsegmentierung, → Produktpositionierung, die Zielgruppen-Kommunikation und die zielgruppenbezogene → Marketingorganisation (→ Key-Account-Management). Das T.M. ist ein Gesamtkonzept der differenzierten Marktauswahl und der darauf basierenden konzentrierten → Marktbearbeitung. – Gegensatz → Massenmarketing.

Target Pricing, Zielpreisfindung, bei der derjenige → Preis gesucht wird, der bei einer geschätzten → Absatzmenge und geschätzten → Kosten zu einem → Erlös führt, der gleich den → Gesamtkosten plus dem gewünschten → Gewinn ist. T.P. ist eine Form der → Vollkostenrechnung, die in der Regel aufgrund der Vernachlässigung der Nachfrage- und Konkurrenzsituation zu Fehlschätzungen der Absatzmenge und des diesbezüglichen realisierbaren → Marktpreises führt. – Vgl. auch → Teilkostenrechnung.

Tarif, staatlich festgelegter → Preis, der einem marktwirtschaftlichen Preisbildungsprozess entzogen ist. Typische Beispiele für diese reglementierte Form der → Preisbildung sind Energiepreise und Postgebühren. T. sind eng verknüpft mit Staatsmonopolen. Sobald privatwirtschaftlichen → Anbietern der → Markteintritt gestattet wird, meist aufgrund des massiven Drucks konsumtiver und investiver → Nachfrager, entwickeln sich T. in relativ kurzer Zeit zu → Marktpreisen.

Task-and-Objective-Methode, Form der Werbebudgetierung nach operational nachvollziehbar und messbar klar definierten → Zielen. – Vgl. auch → Werbebudgetierung.

Task Force, auf Zeit begrenzte Arbeitsgruppe zur Lösung definierter und komplexer Aufgaben. Die Mitglieder kommen in der Regel aus unterschiedlichen, interdisziplinären Funktionsbereichen und vielfach auch von unterschiedlichen hierarchischen Ebenen. Nach Beendigung ihrer Aufgabe kehren die Mitglieder wieder in ihre bisherigen Aufgabenfelder zurück oder erhalten eine neue Aufgabe. Dieser Teamgedanke (→ Teamorganisation) ist vor allem im → Projekt-Management realisiert.

TAT, → thematischer Apperzeptions-Test.

Tauschhandel, Form des → Kompensationsgeschäfts als Realgütertausch (→ Bartering) bei dem die → Marktpartner wechselseitig → Güter bzw. → Dienstleistungen ohne zusätzliche Zahlungen austauschen.

Tausenderpreis, → Kontaktzahl für die → Mediaplanung, die sich aus dem Verhältnis der Werbeträgerkosten zu den erzielten Werbeträgerkontakten ergibt, z.B. Werbeträgerkosten je 1.000 Zielpersonen. Weitere Bezugsgrößen sind z.B. die Auflagenhöhe des → Printmediums und die → Reichweite. Da die → Werbeträger in ihrer Qualität jedoch nicht gleichgewichtig sind, muss die → Kontaktgewichtung in die Bewertung einbezogen werden.

Taylorismus, nach F. W. Taylor (1881) benannte Methode der → wissenschaftlichen Betriebsführung. Sie hat zum Ziel, die → Produktivität der menschlichen Arbeit dadurch zu erhöhen, dass die Abläufe in den Arbeitsprozessen systematisch analysiert werden, um sie dann mit Zeitgewinn besser ordnen zu können. Hauptkritiker ist E. Mayo (1880-1949), Begründer der Bewegung der → Human Relations. Auf seinen umfangreichen Analysen in den Hawthorne-Werken basiert der sog. → Hawthorne-Effekt, der die sozialen Faktoren in den Vordergrund stellt.

Team-Organisation, *System überlappender Gruppen,* Erweiterung der → Linienorganisation durch eine interdisziplinär und vielfach auch interhierarchisch orientierte Zusammenarbeit von Organisationsmitgliedern in einem oder auch in mehreren Teams [nach R. Likert (1963)]. Die mögliche Gefahr einer Störung der üblichen Organisationsabläufe wird mehr als ausgeglichen durch das flexible und integrative Grundkonzept der → Organisationsform. – Vgl. auch → Matrixorganisation und → Projekt-Management. – Vgl. auch Abbildung „Team-Organisation".

Teaser, Hinweis auf den Umschlägen von → Werbebriefen, der neugierig auf den Inhalt machen soll. Die gleiche Funktion haben auch T. im TV-Bereich. Sie geben stimulierende Hinweise auf nachfolgende Sendungen durch „Gleich-" oder „Jetzt-"Ankündigungen.

Teaser-Anzeige, kleinformatige Vorschaltanzeige (→ Anzeige) in → Printmedien, die auf die Hauptanzeige aufmerksam machen soll.

technischer Fortschritt, Weiterentwicklung der Technik und der technischen Verfahren. Der t.F. hat erhebliche Konsequenzen für die → Innovationspolitik und Kostenentwicklung (→ Kostenführerschaft). Damit ist seine Nutzung ein wesentliches strategisches Wettbewerbsinstrument (→ Wettbewerbsstrategie). Die Dynamik des t.F. bewirkt aber auch eine Verkürzung der → Produkt-Lebenszyklen und verursacht dadurch negative Nebenwirkungen, wie z.B. die Ausuferung der → Produktdifferenzierung, das Auftreten von → Kannibalisierungseffekten oder Nichterreichen der Amortisation von Investitionen in Anlagen.

Technologie, komplexes System von technischen → Problemlösungen. Unterschieden werden die Basistechnologien, bekannte und auf breiter Basis angewandte Grundlagentechnologien, Schlüsseltechnologien, patentrechtlich abgesicherte Technikentwicklung mit Wettbewerbsvorsprung und Innovationstechnologien, d.h. zukunftsorientierte technische Neuentwicklungen. Insb. technolo-

Team-Organisation

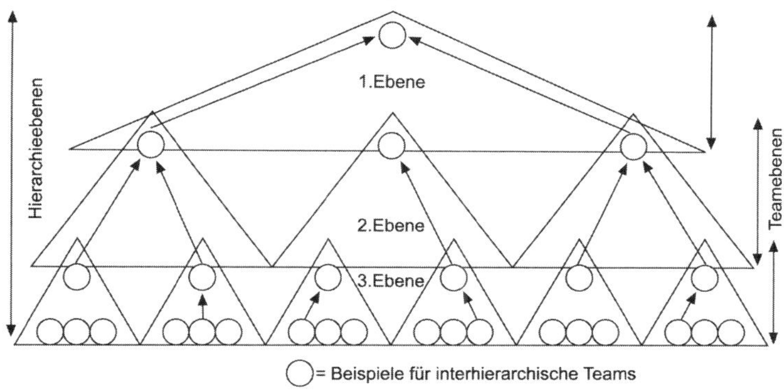

gieinduzierte → Innovationen führen zu langfristigen → Wettbewerbsvorteilen und → Wettbewerbsstrategien.

Technologie-Management, Erkennen und Umsetzung von Technologiepotentialen in unternehmensbezogene → Erfolgspotentiale, um → Wettbewerbsvorteile zur Erhaltung der → Wettbewerbsfähigkeit zu schaffen.

Technologie-Portfolio, zweidimensionale Matrix zur Bewertung von Technologiefeldern. Die Bewertungskriterien sind die Attraktivität und die relative Stärke der Technologie- bzw. Innovationsfelder gegenüber den wichtigsten → Wettbewerbern. – Vgl. auch → Portfoliomanagement.

TEDIS, *Trade Electronic Data Interchange Systems,* ein internationales DV-Informations- und → Kommunikationsnetz.

Teilerhebung, mithilfe von → Stichprobenverfahren werden nur Teile der → Grundgesamtheit zur Datenerfassung herangezogen. Die T. ist die übliche Form in der → empirischen Sozialforschung. – Vgl. auch → Auswahlverfahren und – *Gegensatz:* → Vollerhebung.

Teilkostenrechnung, nur ein Teil der → Kosten (→ variable Kosten) wird den → Kostenträgern verursachungsgerecht zugeordnet. – Vgl. auch → Deckungsbeitragsrechnung. – *Gegensatz:* → Vollkostenrechnung.

Teilmarkt, *Segment,* Ausschnitt aus einem Gesamtmarkt.

Teilsortiment, *Fachsortiment, Spezialsortiment,* Ausschnitt aus einem Branchensortiment oder → Vollsortiment. Beispiele für T. sind Bekleidungs- oder Möbel- → Fachgeschäfte in Abgrenzung zu z.B. → Warenhäusern.

teilstandardisiertes Interview, → standardisiertes Interview, → strukturiertes Interview.

teilstrukturiertes Interview, → strukturiertes Interview, → standardisiertes Interview.

Teilzahlungskredit,
→ Konsumentenkredit.

Telebanking, *Homebanking, Onlinebanking,* elektronische Form der Abwicklung von Bankgeschäften. Technische Voraussetzung ist die Zwei-Wege-Kommunikation wie auch für → Electronic Marketing, → Teleshopping, Onlineshopping, → Homeshopping.

Telefaxwerbung, Form der → Direktwerbung, die wettbewerbsrechtlich nach dem → Gesetz gegen den unlauteren Wettbewerb (UWG) grundsätzlich untersagt ist.

telefonische Befragung, Form der semipersönlichen → Befragung, die in den letzten Jahren deutlich an Bedeutung gewonnen hat. Die Durchführung erfolgt meist mithilfe eines standardisierten → Fragebogens, wenngleich auch nichtstandardisierte bzw. teilstrukturierte Formen möglich sind, z.B. bei → Expertenbefragungen. Die Fragebogen in Schriftform werden vielfach bereits ersetzt durch computergestützte Systeme. Die Vorteile der t.B. liegen in der schnellen Abwicklung und im Vergleich zur persönlichen, mündlichen Befragung bei den geringeren Kosten. Zudem können schwer erreichbare Auskunftspersonen problemloser gefunden und angesprochen werden. Nachteilig ist, dass die Befragung nicht in die Tiefe gehen kann und je nach Themenkomplexität wichtige Problemfelder unerkannt bleiben.

Telefonmarketing, semipersönlicher Verkauf mittels Telefon. Zu unterscheiden ist das passive („Inbound“) Telefonmarketing (Bestellannahmen, Servicetelefon etc.) von dem aktiven („Outbound“) Telefonmarketing (Kontaktaufnahme, Informationserhebung etc.). Soweit der Kundendialog im Mittelpunkt steht, spricht man mittlerweile auch von einem → Call-Center. – Vgl. auch → Direktmarketing.

Telefonverkauf, Einsatz des Telefons als Verkaufsinstrument (→ Direktmarketing, → Telefonmarketing). Der T. ist im Vergleich zum → persönlichen Verkauf auf die verbale Kommunikation beschränkt. Das mindert seinen Wert bei beratungsintensiven → Produkten bzw. → Dienstleistungen. Die Verkaufsform hat auch wettbewerbsrechtliche Relevanz nach dem → Gesetz gegen den unlauteren Wettbewerb (UWG). So ist der T. bei Privatpersonen nicht gestattet, soweit kein ausdrückliches Einverständnis, z.B. durch die Rücksendung einer → Coupon-Anzeige, vorliegt. Umstritten ist auch die Ansprache von Gewerbetreibenden, wenn der gewerbliche sachliche Bezug fehlt oder die Zusendung unverlangter Faxmitteilungen mit Werbe- bzw. Verkaufscharakter.

Telefonwerbung, Form der → Direktwerbung, für die die gleichen wettbewerbsrechtlichen Restriktionen nach dem → Gesetz gegen den unlauteren Wettbewerb (UWG) gelten wie für den → Telefonverkauf.

Tele-Insuring, Einsatz neuer Kommunikations- und Informationstechniken und → Telekommunikationstechniken im Versicherungsbereich. Das T-I. ist im Wesentlichen durch die → Selbstbedienung geprägt. Grundsätzlich lassen sich zwei Varianten unterscheiden:

1. T.-I.-Center: multimediale Selbstbedienungsterminals an Orten mit relativ hoher Kundenfrequenz oder in den Geschäftsstellen von Versicherungsunternehmen und
2. das Home-Insuring.

Telekommunikation, direkte kommunikative Vernetzung unterschiedlicher Institutionen. Für die → Marketingkommunikation ist hierbei der Aufbau von → Kommunikationsnetzen von besonderem Interesse.

Telekommunikationstechnik, → Kommunikationstechnologien, die in ihrer Entwicklung unterschieden werden können nach den Informationskategorien Sprache, Text, Daten, Grafiken und Bilder.

Telemarketing, → Telefonmarketing.

Telematik, Verbindung von Telekommunikation und Informatik. Anwendungsbeispiele sind Verkehrsführungssysteme, logistische Verknüpfungen für Passagiere und Fracht, Fahr- und Flugplänen etc.

Telemeter, → Audimeter.

Telerim, *Television Electronic Research for Insights into Marketing,* ein elektronisches Mikro-Testmarktverfahren (→ Mini-Markttest) zur Analyse und Bewertung der Marketingmaßnahmen unter realen Marktbedingungen. Primäres Ziel ist die Ermittlung der Marktchancen von Neuprodukten bzw. Produktveränderungen und der Wirkung von Kommunikationsmaßnahmen. Das Mikro-Testmarktverfahren kann ergänzt werden durch die sog. TV-cut-in-Technik. Durch sie ist es möglich, TV-Spots auf die Teststädte zu begrenzen. Hinsichtlich der → Repräsentanz der Untersuchungsergebnisse sind diese wie beim Mini-Markttest nur beschränkt aussagefähig.

Teleshopping, Form des → Homeshopping. Es erfolgen Produktangebote im Fernsehen mit der Aufforderung zur telefonischen Bestellung (→ Direct-Response-TV). Vielfach sind T.-Sendungen nach → Produktgruppen segmentiert und mit Unterhaltungselementen wie z.B. Studiogästen oder Gewinnspielen kombiniert. – Vgl. auch → Electronic Shopping und → Onlineshopping.

Teleskomat, → Teleskopie.

Teleskopie, kontinuierliche Beobachtung des Einschalt- und Fernsehverhaltens (→ Zuschauerforschung). Die elektronische Messung erfolgt mithilfe des Teleskomats. Die → Einschaltquoten werden in der Praxis für die Wirkung von Werbesendungen als besonders wichtig angesehen und sind daher, besonders für private Fernsehanstalten, ein Maßstab für die Programmpolitik. – Vgl. auch → Audimeter, → Tammeter.

Teletext, → Videotext.

Tempoführerschaft,
→ Zeitwettbewerb.

Tensor-Organisation, *Hybridorganisation,* Weiterentwicklung der → Matrix-Organisation. Es werden mindestens drei oder mehr Integrationsbelange gleichwertig miteinander verknüpft. Beispiel ist die Verbindung von Betriebsfunktionen wie Beschaffung, Fertigung, Marketing, Verwaltung oder Märkten und Verkaufsregionen sowie Leistungsangeboten, Produkten bzw. Produktgruppen in einer dreidimensionalen Organisations-Matrix. – Vgl. Abbildung „Tensor-Organisation".

Termingeschäft, Form des Börsenhandels und insb. bei → Warenbörsen, um die künftige → Beschaffung von vor allem → Rohstoffen zu aktuellen → Preisen zu sichern. Darüber hinaus können T. auch einen finanzwirtschaftlich spekulativen Charakter haben. *Anders:* → Effektivgeschäft.

Terms of Trade, englische Bezeichnung für → allgemeine Geschäftsbedingungen (AGB).

Tertiärbedürfnis, → Bedürfnis, das auf das Ich bezogen ist und der Selbstverwirklichung bzw. Selbstentfaltung dient. – Vgl. auch → Sekundärbedürfnis und → Maslow`sche Bedürfnispyramide.

tertiärer Wirtschaftsbereich, Bezeichnung für den Wirtschaftsektor → Service und → Dienstleitung. In höher entwickelten → Volkswirtschaften verschiebt sich die Zusammensetzung des → Bruttoinlandsprodukts von dem primären und sekundären in den tertiären Bereich. Mit wachsender Bedeutung des t.W. wandelt sich die moderne → Industriegesellschaft zur → Dienstleistungsgesellschaft.

TESI, Abk. für → Testmarktsimulation.

Test, im Allgemeinen ein Prüfverfahren. Der Begriff wird im Folgenden eingegrenzt auf die wichtigsten Testverfahren

Tensor-Organisation

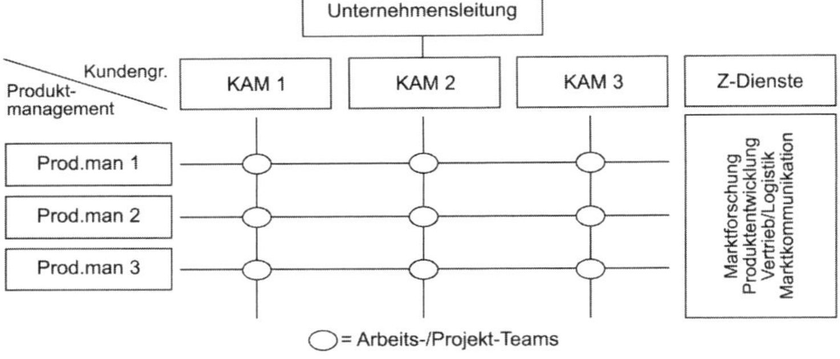

in der → Marktforschung. Hierbei ist zu unterscheiden in die experimentellen T. zur Überprüfung der Wirkungen von Marketingmaßnahmen, z.B. → Produkttest, → Preistest, → Markttest, → Store-Test, → Werbetest und in die Messverfahren der psychologischen Marktforschung, z.B. → Assoziationstest oder → projektive Verfahren und ihre verschiedenen Formen.

Testeffekt, Ergebnisverzerrung bei → Experimenten bzw. → Tests, die dadurch entsteht, dass eine Messung vor dem eigentlichen Versuch durchgeführt wird (→ Halo-Effekt). Der negative Effekt tritt vor allem bei der Messung von → Bekanntheitsgrad, → Markenpräferenzen, Wiedererkennung etc. auf. Um die Gefahr einer solchen ungewollten → Konditionierung zu vermeiden, sollte in diesen Fällen auf eine vorherige Messung verzichtet werden.

Testimonial, werbliches Auftreten von Persönlichkeiten des öffentlichen Lebens, sog. → virtuellen Meinungsführern in den → Massenmedien. Die Personen präsentieren nicht nur ein Leistungsangebot, sondern geben auch vor, es zu benutzen. Entscheidend für einen positiven → Imagetransfer sind die Übereinstimmung des → Produktimage mit den gegebenen oder auch vermeintlichen Eigenschaften des Prominenten und die → Glaubwürdigkeit der → Werbebotschaft, die durch eine → zweiseitige Argumentation erhöht werden kann.

Testkauf, Durchführung von Einkäufen durch Testkunden (→ Mystery Shopper), vor allem im → stationären Einzelhandel. Das Ziel von T. ist in erster Linie die Ermittlung der Qualität des Verkaufspersonals, z.B. in Bezug auf Information und Beratung, um Mängel möglichst frühzeitig beheben zu können. Weiter dienen T. zur Überprüfung von → Warenpräsentation, → Verkaufsförderung, → Ladengestaltung, → Ladenlayout, → Interior Design, → Visual Merchandising, → Regalflächenoptimierung, → Schaufenstergestaltung, → Schaufensterwerbung bis hin zur Kontrolle der Einhaltung der → Ladenschlusszeiten und der Diebstahlsicherung. Auch wenn T. als Instrument zur Informationsgewinnung, mit Ausnahme des problematischen Einsatzes in der → forensischen Marktforschung, grundsätzlich methodisch akzeptabel sind, so haben sie dennoch den Mangel, dass sie im Vergleich zu → biotischen Tests nur quasibiotischen Charakter haben und damit nur bedingt eine echte Einkaufssituation widerspiegeln. Die Testkäufer sind zudem durch Zielvorgaben vielfach konditioniert, sodass ihre Urteile oft nur verzerrt die Einkaufsrealität reflektieren.

Testladen, → Store-Test.

Testmarketing, Überprüfung des gesamten → Marketingkonzepts, bevor das neue Produkt (→ Produktinnovation) im Gesamtmarkt eingeführt wird. Aus den Testergebnissen können sich Hinweise ergeben für notwendige Veränderungen bzw. Verbesserungen. Entscheidend ist die repräsentative Gültigkeit des → Testmarktes für den Gesamtmarkt. – Vgl. auch → Markttest.

Testmarkt, → Teilmarkt, der der Bedingung genügen muss, dass er den Gesamtmarkt repräsentativ abbildet. Diese notwendige Voraussetzung ist nie vollständig erfüllt. Die → Repräsentanz bezieht sich nicht nur auf die soziodemografische Bevölkerungsstruktur und das → Konsumverhalten, sondern auch auf die Handels-, Kommunikations- und Wettbewerbsstruktur. Insb. die unterschiedliche Medienstruktur erschwert die Erfüllung der Repräsentanzbedingung. Für die repräsentative Testmarktgröße gibt es keine verbindliche Regel, ca. 2 bis 5% der Gesamtbevölkerung. Für die Erhebung werden → Einzelhandelspanel oder → Verbraucherpanel eingesetzt. – Vgl. auch → Mini-Testmarkt, → Store-Test, → Verkaufstest.

Testmarktsimulation, Nachahmung von → Testmärkten unter Laborbedingungen. T. finden nicht unter realen Markt- und Kaufbedingungen statt, sondern sind quasibiotisch. Sie werden in der Regel als kombinierter Labor-/Home-Test durchgeführt und weisen die gleichen Vor- und Nachteile wie Laborexperimente auf. Die Ergebnisse können mit denen aus → Verbraucherpanels verbunden werden. Die Vorteile des Verfahrens im Vergleich zu Testmärkten und Mini-Markttests liegen bei den geringeren Kosten, der schnellen Abwicklung und vor allem in der Geheimhaltung vor den → Wettbewerbern. Der letztere Vorteil ist bedeutsam für → Markttests von → Produktinnovationen, die relativ schnell adaptiert werden können. – Vgl. auch → Mini-Markttest.

thematischer Apperzeptions-Test (TAT), → projektives Verfahren, das in erster Linie ein Persönlichkeitstest ist. Den Testpersonen werden verschiedene Bilder mit typischen Lebens-, Konsum- und Kaufsituationen vorgelegt. Die → Probanden schildern dann, was sich auf den Bildern abspielt, wie es zu der Situation kam und wie es weitergehen könnte. Analysiert werden vor allem die Verhaltensweisen und die Beweggründe, die sich aus den Bildgeschichten ergeben.

Themenhaus, Betriebstyp des Einzelhandels, dessen → Sortimente und → Dienstleistungen nach spezifischen Zielgruppenbedarfen gegliedert sind. Besonders geeignet ist der Betriebstyp für Einzelhandelsgeschäfte mit einer großen → Sortimentsbreite und → Sortimentstiefe, z.B. → Waren- und → Kaufhäuser. Beispiele für an Lebensbereichen orientierte Konsumfelder sind Wohnbedarf, Essen und Trinken, Sport, Textilien, persönliche Accessoires, Multimedia, modische Produkte etc.

theoretisches Konstrukt, → hypothetisches Konstrukt.

Theorie des autonomen Verfalls, Konstrukt der → Gedächtnistheorien, nach dem das → Vergessen zeitabhängig ist. Das bedeutet, dass die → Erinnerung an einen → Stimulus abhängig ist vom Zeitabstand zwischen der → Wahrnehmung und dem Abruf gelernter Inhalte. Im Gegensatz dazu steht die → Interferenztheorie, nach der Informationen nicht ausgelöscht, sondern durch andere, z.B. neuere, Informationen überlagert werden, sodass die Erinnerung an zeitlich länger zurückliegende Informationen erschwert oder auch unmöglich wird. Aus beiden Theorien lässt sich aber ableiten, dass es z.B. für die → Marketingkommunikation von großer Bedeutung ist, eine möglichst hohe → Penetration von → Werbebotschaften zu erreichen. Diese kann etwa durch eine → pulsierende Werbung hergestellt werden.

Thermographie, Form der → apparativen Verfahren, die durch die Analyse der Reaktion der Körperoberflächentemperatur der → Probanden auf wechselnde → Stimuli, z.B. → Anzeigen, das Maß der → Aktivierung der Versuchspersonen zu bestimmen versucht.

Thurstone-Skala, nach L.L. Thurstone benanntes → Skalierungsverfahren. Zunächst werden möglichst viele Statements zum Einstellungsobjekt gesammelt und einer Expertengruppe zur Bewertung vorgelegt. Die Zielpersonen wählen dann diejenigen Statements aus, die ihrer Meinung am besten entsprechen. Die Werteskala ist hierbei den → Probanden unbekannt. Aus dem anschließend berechneten Mittelwert der zugestimmten → Items ergibt sich die Meinung der Befragten.

Tiefeninterview, *Intensivinterview,* Form der nicht-standardisierten bzw. teilstrukturierten → mündlichen Befragung, die vor allem in der → Motivforschung eingesetzt wird. Die relativ große Freiheit der → Interviewer bez. Inhalt und Gestaltung der → Interviews stellen an die Durchführenden hohe Anforderungen. Mit dem völlig freien Gespräch ist auch die Gefahr von Interviewereinflüssen, den → Interviewer-Bias, verbunden. Andererseits ist durch die erhöhte Auskunftsbereitschaft und die Spontaneität der Befragten die Chance höher, wahre Aussagen zu erhalten, z.B. in Bezug auf → Motive, → Einstellungen, → Erwartungen, → Kaufverhalten oder → Konsumentenverhalten.

Time Based Management, Management-Konzept, das die Zeit, d.h. die Schnelligkeit der Reaktion auf Kundenwünsche, als wesentlichen → Wettbewerbsvorteil herausstellt. Das betrifft in erster Linie die → Produktentwicklung. Das Management-Konzept kann sich dann als problematisch erweisen, wenn damit eine Reduzierung von notwendigen → Produkttests verbunden ist. – Vgl. auch → Qualität und → Qualitätsmanagement.

TIME-Branche, Branchengruppe, die die Bereiche → Telekommunikation, → Informationstechnologie, → Medien und Entertainment umfasst.

Time-Management, systematische Nutzung der Zeit im Sinne einer ökonomischen Optimierung und/oder der Gewinnung eines Zeitvorsprungs gegenüber den → Wettbewerbern, um dadurch einen → Wettbewerbsvorteil zu erzielen.

Time Pacing, Form der Tempoführerschaft, die z.B. → Produktentwicklungen weit im Voraus unternehmensautonom festlegt. Wesentlich dabei ist die regelmäßige, in vorbestimmten Zeitrhythmen proaktive Vorgehensweise, z.B. die Zielvorgabe, 30% des Jahresumsatzes durch → Produktinnovationen zu erwirtschaften. T.P. schafft damit einen zielorientierten Rhythmus für Veränderungen im Unternehmen und dementsprechend einen permanenten Wettbewerbsvorsprung oder → Wettbewerbsvorteil durch die innovative Taktvorgabe in den relevanten → Absatzmärkten. – Vgl. auch → Event Pacing.

Tonality, Grundton der → Werbebotschaft. Die T. ist ein wesentlicher Bestandteil der → Copystrategie und bestimmt, in welcher Art und Weise der → Customer Value den definierten → Werbesubjekten wie → Kommunikanten oder → Zielgruppen vermittelt werden soll.

Tonbildschau, Kombination von Bildprojektion und Tonuntermalung. T. werden vor allem in der Schulung und → Verkaufsförderung als kommunikatives Instrument eingesetzt.

Top-down-Budgetierung, → Budgetierung, die vom Topmanagement ausgeht und die Budgets für die nachgelagerten Organisationsebenen bzw. Organisationseinheiten absolut verbindlich festlegt. Die Budgetierungsform basiert auf der → Top-down-Planung und erweist sich dann als zunehmend problematisch, wenn die → Planung aufgrund unterschiedlicher und sich dynamisch verändernden Umfeldbedingungen keine zentralistische Allgemeinverbindlichkeit zulässt und eine → Bottom-up-Planung erforderlich macht. In diesen und zunehmend relevanteren Fällen ist eine → Bottom-up-Budgetierung notwendig. Damit stellt sich aber auch die Frage nach mehr Zentralisation oder Dezentralisation der Unternehmungsorganisation.

Top-down-Planung, Planungsprinzip vor allem im → internationalen Marketing. Die in der Zentrale entwickelte → Planung wird den ausländischen Tochtergesellschaften verbindlich vorgegeben. – *Gegensatz:* → Bottom-up-Planung, → Gegenstromverfahren.

Totalerhebung, → Vollerhebung.

Total Productive Maintenance (TPM), Konzept zur Maximierung der Betriebsmitteleffizienz. Im Wesentlichen geht es um die vorbeugende Instandhaltung der → Betriebsmittel. In diesen

Optimierungsprozess sind alle Mitarbeiter interdisziplinär und interhierarchisch eingebunden.

Total Quality Management (TQM), integriertes Führungskonzept, das auf der Mitwirkung aller Mitglieder einer Organisation beruht, die Qualität in den Mittelpunkt stellt und durch Zufriedenstellung der Kunden auf den langfristigen Geschäftserfolg sowie auf den Nutzen für die Mitglieder der Organisation und für die Gesellschaft zielt (nach DIN ISO 8402). Die wichtigsten Prinzipien sind:

- Ausrichtung aller Aktivitäten auf die Zufriedenstellung der Kunden,
- Behandlung jeder Aktivität als eine Summe von Prozessen,
- Streben nach anhaltender, kontinuierlicher Verbesserung der Qualität in allen betrieblichen Abläufen (→ Qualitätsmanagement).

In diesem Kontext umfasst Qualität den gesamten unternehmensbezogenen Wertschöpfungsprozess, die Qualität der Arbeitsbedingungen und die der Beziehungen zur Unternehmensumwelt, insb. zu Kunden und Zulieferern. TQM ist demzufolge kein derivatives, sondern ein eigenständiges → Unternehmensziel mit der Qualität einer → Unternehmensphilosophie bzw. → Unternehmenskultur, „die in ihrem Kern eine Reihe von Werten trägt, die vor allem Dienstleistungsorientierung auf hohem Niveau repräsentieren" [A. B. Weinert (1998)].

Tourenplanung, Besuchsplanung des → Außendienstes, die von der Besuchshäufigkeit der → Kunden und den Entfernungen abhängt. Die T. ist ein wichtiges Instrument der → Außendienststeuerung. Im logistischen Bereich bezieht sich die T. auf die Transportplanung. – Vgl. auch → Routenplanung.

Tourismus, Reiseverkehr, der sich vor allem in der Freizeit bzw. im Urlaub, aber auch beruflich vollzieht. Der Tourismusmarkt ist nach wie vor ein starker Wachstumsmarkt und beeinflusst in erheblichem Umfang das → Konsumentenverhalten. Deutliche Ausprägungen dieses Einflusses sind die → Migration und die → kulturelle Diffusion.

Tourismusmarketing, Form des → Dienstleistungsmarketings von → Anbietern auf dem Touristikmarkt. Aufgrund der Vielfalt der touristischen Marktleistungen ist der Gesamtmarkt charakterisiert durch eine Reihe von Teilmärkten, wie Beherbergungs-, Transport-, Reisebüro-, Reiseveranstaltermarkt etc. Überdies ist das T. eng verknüpft mit dem → kommunalen Marketing und dem → Stadtmarketing.

TPM, Abk. für → Total Productive Maintenance.

TQM, Abk. für → Total Quality Management.

Tracking-Studie, kontinuierliche → Befragung von wechselnden Personen in regelmäßigen Abständen. Die Befragungsmethode wird vor allem als → Posttest für die → Werbewirkungskontrolle eingesetzt. – Vgl. auch → Werbetracking. – *Anders:* → Panel.

Trade-Marketing, alle auf die Anforderungen des → Handels ausgerichteten Aktivitäten der Lieferanten, wie z.B. → vertikales Marketing und → Handelsmarketing. Die Leistungsziele werden durch den → Markt bzw. die → Kunden bestimmt.

Trade Mart, → Großhandelszentrum.

Trade-off-Analyse, gleichzeitiges Abwägen mehrerer Faktoren, die die → Kaufentscheidung bestimmen; z.B. die Verbindung von Preisunterschieden mit differenzierten → Produkteigenschaften. Für die verschiedenen Preis-Leistungs-Kombinationen ergibt sich eine Rangfolge der Nutzenbeiträge auf der Basis subjektiver → Präferenzen. – Vgl. auch → Conjoint Analyse.

Trading Down, Konzept des → Einzelhandels, insb. des → Fachhandels, sich durch einen Abbau des Leistungsniveaus und Einschränkung des Leistungsprogramms vor allem gegenüber den → SB-Warenhäusern und → Discountern zu profilieren. Damit verbunden ist auch eine stringente und nicht nur temporäre Kostensenkungsstrategie. – *Gegensatz:* → Trading Up. – *Anders:* → Side Trading.

Trading Up, Konzept des → Einzelhandels, insb. von → Warenhäusern, sich durch eine Erweiterung des Leistungsprogramms mit ertragsstarken und in aller Regel höherpreisigen Waren- und Dienstleistungsangeboten zu profilieren. Diese Strategie ist in erster Linie gegen den → Fachhandel gerichtet. – *Gegensatz:* → Trading Down. – *Anders:* → Side Trading.

Tradition, Gesamtheit der von den Vorfahren an nachfolgende Generationen überlieferten → Werte, der Verhaltens- und Sprachgewohnheiten und des technisch-sachlichen Wissens. Die Bedeutung der T. ergibt sich aus der Identifikation einer → Gesellschaft mit ihrer Geschichte und der Weitergabe traditioneller Werte durch die → Sozialisation. Gesellschaften wie auch soziale → Gruppen lassen sich danach unterscheiden, inwieweit sie der T. verhaftet sind bzw. sich aus ihr gelöst haben. Die Wertorientierungen: traditionsbewusst, angepasst oder nonkonformistisch als Hedonisten (→ Hedonismus) oder Individualisten bestimmen → Lebensstil und ästhetische Grundbedürfnisse des Erlebens und Verhaltens und steuern das → Konsumentenverhalten.

traditionsgeleiteter Mensch, eine auf D. Riesman (1958) zurückgehende Personenkategorie, deren → Verhalten sich an der gemeinsamen → Tradition als Form der überlieferten → Sozialisation orientiert. – Vgl. auch → integrierter Mensch. – *Gegensatz:* → innen- und → außengeleiteter Mensch.

Tragfähigkeitsprinzip, Prinzip, nach dem die → Kosten nach der Tragfähigkeit der → Kostenträger, wie → Produkte bzw. → Dienstleistungen, aufgeteilt werden. Tragfähigkeitsmaßstäbe können z.B. der → Umsatz, → Deckungsbeitrag oder der → Gewinn sein.

Trailer, → Spot im Fernsehen, Kino oder Internet, der eine künftige Sendung in wichtigen Szenen präsentiert. Die Inhalte bzw. Themen werden durch Schlüsselszenen und eine grobe Darstellung der Handlung vorgestellt. Ergänzt wird die Vorstellung durch Titel und Sendetermin sowie vielfach durch eine Erkennungsmelodie.

Transaktion, Austauschbeziehung zwischen den → Marktpartnern, wobei die T. den Tausch von → Waren und/oder → Dienstleistungen gegen andere → Güter oder üblicherweise gegen Geld umfassen. – Vgl. auch → Interaktionstheorie.

Transaktionsepisode, Ablaufprozesse, die eine → Transaktion herbeiführen. Insb. im → Investitionsgütermarketing hat die T. aufgrund der langen Dauer eine große Bedeutung.

Transaktionskosten, alle → Kosten, die mit → Transaktionen und ihren prozessualen Abläufen verbunden sind (→ Interaktionstheorie). Zu den wichtigsten T. zählen die Informations-, Kommunikations- und Kontraktkosten, die im Rahmen der Anbahnung, Vorbereitung, Durchführung, Anpassung und Nachbereitung einer Transaktion für die Transaktionspartner entstehen und durch eine langfristige Zusammenarbeit erheblich gesenkt werden können als Ergebnis der Verringerung von vor allem Wissens- und Informationsdifferenzen. Unterschieden werden die externen, marktbedingten und internen, unternehmensbedingten T.

Transaktionskostentheorie, die Theorie geht davon aus, dass die Produktionskosten bei vergleichbaren Unternehmen in etwa gleich sind. Die Ursache für Kostendifferenzen liegt in den unterschiedlichen Koordinationskosten, z.B. zwischen → Beschaffung, → Produktion und → Distributionslogistik. Im Wesentlichen leistet die Theorie einen Kostenvergleich alternativer institutioneller Arrangements der Abwicklung und Organisation von → Transaktionen. Zu den → Transaktionskosten zählen die Informations-, Verhandlungs- und Vertragskosten sowie die Kosten der Absicherung, Durchsetzung und evtl. Anpassung vertraglicher Vereinbarungen. Mit dem Instrumentarium der T. lässt sich z.B. die für das Marketing bedeutsame → Make-or-Buy-Entscheidung fundieren.

Transaktionsmarketing, gezielte Förderung der Austauschbeziehungen (→ Transaktionen) zwischen den verschiedenen → Marktpartnern. Das → Beziehungsmarketing und vor allem das → Relationship Marketing als eine Partnerschaft mit allen externen und internen Anspruchsgruppen (den → Stakeholdern) sind eine Weiterentwicklung des Transaktionsansatzes. Das T. ist fokussiert auf die Beeinflussung, das Relationship Marketing hingegen auf das Vertrauen. Die instrumentellen Ansätze dazu bietet u.a. das → interne Marketing.

Transferpreis, → Verrechnungspreis von Lieferungen und Leistungen zwischen verschiedenen Einheiten eines Unternehmens oder Konzerns. T. haben vor allem in stark diversifizierten Unternehmen, die im Ausland durch eigene Tochtergesellschaften vertreten sind, eine große Bedeutung. Die Gestaltung der T., entweder mehr kosten- oder marktpreisorientiert, führt wiederholt zu Auseinandersetzungen zwischen dem Mutter- und den Tochterunternehmen.

Transithandel, Durchfuhrhandel im → Außenhandel, bei dem → Güter aus einem Ursprungsland von einem Transithändler in ein Drittland gebracht und von dort an den → Käufer im Einfuhrland geliefert werden. Sonderformen des T. sind der Reexport, d.h. die Nutzung von zollfreien Gebieten oder Preisunterschieden und Dreiecksgeschäfte, d.h. Exportstreckengeschäfte.

Transplants, Tochterunternehmen, die im Ausland aufgebaut werden und im Vergleich zum Mutterland unterschiedliche wirtschaftliche, politische und soziale Systeme vorfinden. Die Schwierigkeit besteht darin, die wesentlichen Erfolgsmerkmale eines Konzepts im Mutterland auf die Tochterunternehmen im Ausland zu übertragen. – Vgl. auch → Kaizen, → Quality Circle oder → Lean Management.

Transport, Funktion der → Logistik, deren Planung und Gestaltung im Wesentlichen abhängt von den Eigenschaften der Transportgüter, dem Lieferort und der jeweiligen Verkehrsinfrastruktur. Zu unterscheiden sind der innerbetriebliche bzw. außerbetriebliche T. und der Werksverkehr (→ Fuhrpark) bzw. der Fremdbetrieb (→ Spedition). Die Auswahl der Transportmittel erfolgt nach ihren spezifischen Eigenschaftsprofilen wie z.B. Schnelligkeit, Sicherheit, Flexibilität, Massenleistungsfähigkeit und Kosten. Durch die Bildung von Transportmittelketten werden die Vorteile der verschiedenen Transportmittel kombinatorisch genutzt.

Transportverpackung, besondere Form der → Verpackung, die dazu dient, → Güter auf dem Weg vom Erzeuger bis zum Vertreiber oder beim → Direktvertrieb bis zum → Verwender vor Schäden zu bewahren oder die aus Gründen des → Transports oder der Verteilung der Ware erforderlich ist.

Trend, Entwicklung, die in der Gegenwart bereits erkennbar ist und mittel- bis langfristig wirksam wird. Die Trendforschung ist ein wichtiges Instrument zur Entwicklung von → Prognosen und geht weit über die Ermittlung rein statistischer T. hinaus. Sie beinhaltet die futurologische Bestimmung von gesellschaftlichen Entwicklungen (→ Futurologie) bzw. von psychologischen und sozialpsychologischen Entwicklungstendenzen und Strukturen. – Vgl. auch → Megatrend, → Wertetrend, → Konsumtrend.

Trendextrapolation, Fortschreibung des → Trends einer → Zeitreihe. Die T. wird mithilfe der sog. → Kleinste-Quadrate-Methode durchgeführt. – Vgl. auch → gleitender Durchschnitt, → exponentielle Glättung.

Trendscouting, Form der Zukunftsforschung (→ Futurologie), die langfristige → Trends von Branchenstrukturen zu bestimmen versucht. Dazu bedient man sich Personen, die über die örtlichen „Szenen" berichten und Entwicklungen in bestimmten Konsumbereichen wie Kleidung, Musik, Sport, Freizeit, Ernährung, Gesundheit im Frühstadium mittels → Monitoring oder → Frühwarnsysteme erkennen. Als Trendscouts eignen sich u.a. Journalisten, Gastronomen, aber auch Branchenspezialisten.

Treuerabatt, Form des → Rabatts, durch den die Lieferanten die Bezugstreue des → Handels mit einer → Lieferantentreue honorieren. Wettbewerbsrechtlich, wie → im Gesetz gegen Wettbewerbsbeschränkungen (GWB) und → Gesetz gegen den unlauteren Wettbewerb (UWG) beschrieben, erweisen sich T. dann als problematisch, wenn sie mit → Mengenrabatten und → Boni verknüpft werden und letztere im Voraus zur Auszahlung kommen. In diesen Fällen handelt es sich in der Regel um eine Form des unzulässigen → Behinderungswettbewerbs.

Triade, von K. Ohmae (1985) entwickeltes Konzept, das für die Bildung von → Internationalisierungsstrategien und ihre Umsetzung durch das → internationale Marketing von Bedeutung ist. Grundüberlegung ist, dass Europa, Japan und USA die drei weltweit wichtigsten Wirtschaftszentren sind, die von Unternehmen bearbeitet werden müssen, um dauerhaft im internationalen Wettbewerb bestehen zu können. Hierbei wird eine weitere → Globalisierung der → Märkte bzw. Vereinheitlichung der → Nachfrage unterstellt (→ Global Marketing). Die internationale Konsumentwicklung zeigt die grundsätzliche Richtigkeit der Annahme, wenngleich sich längerfristig die Bestimmung der wichtigsten Wirtschaftszentren verändern wird durch z.B. die Wirtschaftsräume Südamerika, China, Indien und Afrika.

Tribalität, Erkenntnis, dass Menschen mit ähnlichen Profilen dazu neigen, Gemeinschaften (Tribalitäten) zu bilden. Mitglieder des gleichen „Stammes" neigen zu gleichen oder ähnlichen Verhaltensweisen, z.B. Berufsgruppen wie Vorstände, Ärzte, Angestellte auf den verschiedenen Hierarchieebenen etc. Daraus können aus Marketingsicht Konsequenzen für die Zielgruppenorientierung (→ Marktsegmentierung) abgeleitet werden. Hierbei ist der entscheidende Marketingansatz die → Homogenität der → Bedürfnisse in den Gemeinschaften, die in aller Regel sehr stabil sind und einer → Fraktalisierung entgegenwirken. Dies gilt jedoch nur unter der Voraussetzung, dass die Leistungsangebote „stammesorientiert" sind und nicht mit „Unterstämmen" vermischt werden. T. verteidigen ihr Territorium und verändern auch ihr bisheriges → Konsumentenverhalten, wenn sie sich in ihrer T. gestört bzw. verletzt fühlen.

Triffin`scher Koeffizient, → Substitutionskoeffizient [nach R. Triffin (1971)], der die Stärke der Konkurrenzbeziehungen zwischen → Anbietern misst. Ermittelt werden die Preis-Mengen-Beziehung bzw. → Kreuzpreiselastizität.

Trommsdorff-Modell, nach V. Trommsdorff eine Variante des → Fishbein-Modells (→ Skalierungsverfahren). Die kognitive Komponente wird direkt über die wahrgenommenen Eigenschaftsausprägungen gemessen, die affektive Komponente indirekt über die für ideal erachteten Merkmalsausprägungen. Der Einstellungswert ergibt sich durch die Addition aller relevanten Eigenschaften. Danach wird der Wert für die Idealausprägung vom Wert der wahrgenommenen Ausprägung subtrahiert. Es ergibt sich der Eindruckswert der Befragungsperson. Je kleiner die Differenz einer wahrgenommenen realen Merkmalsausprägung zur idealen Ausprägung ist, umso höher wird das wahrgenommene Produktmerkmal eingeschätzt.

Trust Shopper, Käufer, die sich nicht an → Sonderangeboten orientieren, sondern an den → Anbietern, die sie insgesamt (aus eigenen Erfahrungen) als preisgünstig einstufen. Das gilt insb. dann, wenn es sich um periodisch anfallende → Käufe handelt. – *Gegensatz:* → Smart Shopper.

Tür-zu-Tür-Verkauf, *Haustürverkauf,* → Hausverkauf.

Turbo-Marketing, Nutzung der Zeit, die als strategischer → Erfolgsfaktor zunehmend an Bedeutung gewinnt. Dadurch kann eine Tempoführerschaft erreicht werden, die neben der → Marktführerschaft und → Kostenführerschaft einen wesentlichen → Wettbewerbsvorteil darstellt. Ein entscheidendes Element des T.-M. ist die Beschleunigung der Entwicklungs- und Fertigungszeiten. Sie darf jedoch nicht in Konflikt geraten mit der → Qualität und insgesamt mit dem → Total Quality Management (TQM). Das Konzept geht auf den amerikanischen Marketingwissenschaftler P. Kotler zurück.

t-Verteilung, von W. S. Gosset (1908) unter dem Pseudonym Student entwickelte und auch als t-Test oder Studentverteilung bezeichnete → Wahrscheinlichkeitsverteilung für die → Mittelwerte aus normalverteilten → Grundgesamtheiten. Die t-V. gilt für kleine → Stichprobenumfänge (< 30). Bei größeren → Stichproben kann die Differenz zwischen der t-V. und der → Normalverteilung vernachlässigt werden.

TV-Werbung, → Fernsehwerbung.

Two-Step-Flow-Kommunikation, → zweistufige Kommunikation.

typische Auswahl, → Stichprobenverfahren der → bewussten Auswahl. Es werden diejenigen Elemente aus der → Grundgesamtheit ausgewählt und in die → Stichprobe aufgenommen, die für „typisch" gehalten werden. Das Verfahren ähnelt stark der → willkürlichen Auswahl und entspricht nicht den Bedingungen der → Repräsentanz.

Typographie, Gestaltung von Texten, z.B. Schriftart, Schriftgröße, Umbruch, Block- und Abschnittsbildung in → Printmedien.

Typologie, → Käufertypologie.

Typologie der Wirtschaftsgüter, → Gütertypologie, → Konsumgütertypologie.

Typologie sozialer Milieus, → soziales Milieu.

Typologisierung, systematische Gliederung von verschiedenen Betrachtungsobjekten in möglichst homogene Gruppen. Diese können sehr vielfältig sein. Die für das Marketing wichtigsten Typologien sind die → Gütertypologien, → Markttypologien und → Käufertypologien. Bei der T. handelt es sich nicht um eine formalistische Klassifikation, sondern um eine Gliederung nach charakteristischen Merkmalen, die zu in sich homogenen Gruppen zusammengefasst werden können.

U

UAP, Abk. für → Unique Advertising Proposition.

Überflussgesellschaft, Bezeichnung von J. K. Galbraith (1958) für eine hochentwickelte → Industriegesellschaft, die aufgrund ihrer Massenproduktion und eines ausgebauten Dienstleistungs-, Handels- und Verkehrssystems einen hohen Versorgungsstand der Bevölkerung erreicht hat. Das wirtschaftliche Problem in der Ü. besteht nicht in der Bedarfsdeckung, sondern in der Entwicklung von → Bedürfnissen zur Auslastung der Produktionskapazitäten und Erhaltung des → Wirtschaftswachstums.

überlappende Planung,
→ rollende Planung.

Übertragungseffekt,
→ Carry-over-Effekt.

Ubiquität, Erhältlichkeit eines → Produktes bzw. einer Dienstleistung in einem größeren Absatzraum. Der → Distributionsgrad bestimmt das Maß der U.

Ultrakurzzeitgedächtnis, → sensorischer Speicher, → Mehrspeichermodell, → Drei-Speicher-Modell.

Umbrella-Marke, → Dachmarke.

Umfeldanalyse, → Umweltanalyse.

Umfrageforschung, Form der Marktforschung, die mit der → Demoskopie gleichgesetzt wird.

Umsatz, Summe aller Verkaufserlöse für Leistungen, die in einer Rechnungsperiode (Monat oder Jahr) erzielt wurden. Man unterscheidet den Brutto-U. vom Netto-U. Der Netto-U. ist der um die Umsatzsteuer und → Erlösschmälerungen bereinigte Brutto-U.

Umsatzanalyse, kontinuierliche Überprüfung der → Wirtschaftlichkeit und → Rentabilität des → Umsatzes durch → Umsatzkennziffern und deren Vergleich mit früheren Perioden und anderen Unternehmen (→ Betriebsvergleich).

Umsatzanteil, wertmäßiger Anteilswert, den der → Umsatz des → Unternehmens mit den einzelnen Leistungsangeboten, gemessen am wertmäßigen → Marktvolumen, hat. Diese Betrachtung bezieht sich auf die Marktstellung des Unternehmens. Die zweite Betrachtungsebene ist der Grad der Konzentration des Umsatzes auf Teile des gesamten Leistungsangebots des Unternehmens (→ A-B-C-Analyse). Diese Form der → Umsatzanalyse gibt wichtige Hinweise für die evtl. notwendige Umgestaltung der → Programmpolitik.

umsatzbezogene Budgetierung, am → Umsatz orientierte → Werbebudgetierung (→ Kommunikationsbudget). Die Budgetierungsmethode unterstellt einen funktionalen Zusammenhang zwischen Umsatz und → Werbung, der nur umgekehrt gegeben sein kann. Überdies führt das Verfahren zu einer → prozyklischen Werbung mit der Folge, dass sich bei sinkenden Umsätzen und damit sinkenden Werbeausgaben die negative Entwicklung, evtl. sogar überproportional, weiter fortsetzt. Bei steigenden Umsätzen ist der Werbeetat hingegen vielfach überhöht.

Umsatzbindung, auf den → Umsatz bezogene vertragliche Verpflichtung, die selbstständige Unternehmen untereinander eingehen. Unterschieden werden horizontale und vertikale Bindungen (→ Vertriebsbindung), die die wirtschaftliche Unabhängigkeit des Vertragspartners unterschiedlich stark einschränken. Das gilt insb. für vertikale Bindungen. – Vgl. auch → Absatzbindung.

Umsatzkennziffer,
→ Absatzkennziffer.

Umsatzplanung, Teil der periodenbezogenen Gesamtplanung des → Unternehmens, der von der realisierbaren → Absatzmenge bzw. → Absatzplanung ausgeht. Die Absatzplanung wird verbunden mit der Kostenplanung (Plankostenrechnung) und mit der Schätzung der künftigen → Erlösfunktionen (→ Nachfragefunktionen). Hierbei erweist sich in der Praxis die Bestimmung der Erlösfunktionen als das größte Problem, und zwar aufgrund vieler und nur schwer planbarer Einflussgrößen, z.B. → Preisakzeptanz, Konkurrenzverhalten, Branchenentwicklung, Konjunktur etc.

Umsatzprovision, → Provision, → Vergütungssystem.

Umsatzrentabilität, betriebswirtschaftliche Kennzahl, die sich aus dem Quotienten aus → Gewinn und → Umsatz multipliziert mit 100 ergibt.

Umsatzvolumen, Gesamtheit der → Umsätze, die in einem bestimmten Zeitraum mit den verschiedenen Leistungsangeboten getätigt wurden. Das realisierte U. wird in Beziehung gesetzt zu dem Gesamtumsatz im → relevanten Markt. Daraus ergibt sich der wertmäßige → Marktanteil, der etwas über die Marktstellung des Unternehmens aussagt.

Umsatzvorgabe, Soll-Umsatz oder → Verkaufsquote, die dem → Außendienst als verbindliche Zielgröße vorgegeben wird. Die Vorgaben werden vielfach verbunden mit → Incentives oder → Verkaufswettbewerben, um die notwendige Motivationsbasis zu schaffen. Ungeachtet der Tatsache, dass der → Umsatz nicht die alleinige Zielgröße für die → Außendienststeuerung sein kann, sind auch grundsätzliche Zweifel an der Wirksamkeit dieses autoritären → Führungsstils angebracht. Wenn man von der zunehmenden Bedeutung der → Bottom-up-Planung ausgeht, so ist eine Zielvereinbarung in Verbindung mit einer Mitarbeitermotivation weitaus erfolgversprechender als eine Zielvorgabe.

Umsatzzielabkommen, wesentlicher Bestandteil der → Jahresgespräche zwischen Hersteller und → Handel, der einen entscheidenden Einfluss auf die Festlegung der → Konditionen ausübt, so z.B. auf → Rabatte, → Boni, → Werbekostenzuschüsse.

Umschlagsfrequenz,
→ Umschlagsgeschwindigkeit.

Umschlagsgeschwindigkeit, betriebswirtschaftliche → Kennzahl, die Leistungen in Beziehung setzt zu Beständen und auch als Umschlagshäufigkeit bzw. Umschlagfrequenz bezeichnet wird. Wichtige Umschlagskennziffern sind der → Lagerumschlag bzw. → Warenumschlag (Lagerabgang zu → Lagerbestand), der → Kapitalumschlag, (→ Umsatz zum eingesetzten → Gesamtkapital) oder auch der Verschuldungsgrad (→ Cash-Flow zum Fremdkapital).

Umschlagshäufigkeit,
→ Umschlagsgeschwindigkeit.

Umschlagslager, Zwischenlager, in dem → Güter vorübergehend eingelagert werden.

UMTS, Abk. für → Universal Mobile Telecommunications System.

Umverpackung, zusätzliche → Verpackung von → Verkaufsverpackungen. Die U. dient primär dem Abverkauf von → Waren in → Selbstbedienungssystemen. Sie hat zudem die Aufgabe der Diebstahlerschwerung, aber auch der → Produktwerbung.

Umwelt, Umgebung des Menschen bzw. der Einzelwirtschaften. Zu unterscheiden ist zwischen einer natürlichen und einer künstlichen U. Die natürliche U. sind die Bereiche der unbelebten und belebten Natur und ihre Wechselbeziehungen, die das → ökologische System oder auch Ökosystem bilden. Die künstliche U. ist der gesamte von Menschen geschaffene Lebensraum mit allen Einzelwirtschaften, Gebäuden, → Logistiksystemen etc. Die natürliche U. wird wirtschaftlich als Entnahmemedium für Ressourcen und als Aufnahmemedium für Abfälle und Emissionen genutzt. Mit dieser wirtschaftlichen Nutzung sind mittlerweile erhebliche Probleme verbunden.

Umweltanalyse, Teil der → strategischen Marketingplanung, im Sinne einer Umfeldanalyse, der gegliedert ist in die Analyse der globalen Umwelt und die der Wettbewerbsumwelt. Die globale Umwelt lässt sich weiter unterteilen in die makroökonomische, technologische, politisch-rechtliche und sozio-kulturelle Umwelt. Die Wettbewerbsumwelt bezieht sich auf die unmittelbar relevanten Wettbewerbskräfte. Aufgabe der U. ist die systematische Erkundung von Risiko- und Chancenpotentialen. Methodisch werden dazu die verschiedenen Formen der → Frühwarnsysteme (→ Cross Impact-Analyse, → Szenario-Technik, → Delphi-Methode, → Branchenanalyse) eingesetzt. – Vgl. auch → Unternehmensanalyse.

Umwelt-Audit, Feststellung und Prüfung des aktuellen ökologischen Status quo des → Unternehmens. Der Status wird ermittelt durch ein Bestands-Audit (Materialien, Substanzen, Rohstoffe), ein Input-Audit (Zugänge) und ein Output-Audit (Ausgänge). Die Audit-Schwerpunkte können erweitert werden durch Produkt-, Verbrauchs- und Prozess-Audits. Das U.-A. wird in einem Umweltbericht dokumentiert. – Vgl. auch → Umweltschutz-Audit.

Umweltbewusstsein, *Ökologiebewusstsein*, die Einsicht in die Gefährdung der natürlichen Lebensgrundlagen des Menschen durch diesen selbst, verbunden mit der Bereitschaft zur Abhilfe. Das U. besteht aus einer affektiven, gefühlsmäßigen Dimension, einer kognitiven Dimension und einer intentionalen, konativen Komponente, d.h. einer aktiven Bereitschaft zur Abhilfe, wobei zwischen Bewusstsein und → Verhalten immer noch eine erhebliche Diskrepanz besteht. Diese Lücke zu schließen, ist ein wesentliches Ziel der → Umweltpolitik.

Umwelt-Bilanz, → Öko-Bilanz.

Umwelt-Controlling, → Öko-Controlling.

Umweltengel, → Blauer Engel.

Umwelthaftung, Verursachungshaftung des Schädigers für Umweltschäden nach dem Umwelthaftungsgesetz von 1991.

Umwelt-Management, → Managementprozess, bestehend aus:

1. Formulierung einer Unternehmenspolitik zum Umweltschutz,
2. Entwicklung zielentsprechender Programme bzw. Politiken,
3. Etablierung eines geeigneten Managementsystems zur Durchsetzung und Kontrolle,
4. Durchführung einer periodischen, systematischen und objektiven Kontrolle durch unabhängige Dritte,
5. Veröffentlichung in einem Umweltbericht oder auch Environmental Statement genannt.

Vgl. auch → Umwelt-Audit.

Umweltökonomie, wirtschaftswissenschaftliche Disziplin, die sich mit Umweltproblemen beschäftigt. Es werden Lösungen gesucht, die ein Gleichgewicht zwischen Ökonomie und → Ökologie herstellen, und zwar durch die Erstellung gesamtwirtschaftlicher → Öko-Bilanzen und die Entwicklung eines umweltpolitischen Instrumentariums, z.B. in Form von

Monetarisierungsstrategien durch Umwelt-Lizenzen, Öko-Steuern etc.

Umweltpolitik, Vermeidung schädlicher Einwirkungen auf die → Umwelt bzw. Beseitigung von Schäden und deren Folgen durch staatliche Maßnahmen. Es gelten drei grundlegende Prinzipien: das Vorsorgeprinzip, Verursacherprinzip und das Kooperationsprinzip (Beteiligung aller Marktteilnehmer).

Umweltpsychologie, psychologisches Forschungsgebiet, das sich mit dem Einfluss der physischen Umwelt, im Sinne des Umfeldes, z.B. Gebäude, Einrichtungen etc., auf das menschliche → Verhalten beschäftigt. Die diesbezüglichen empirischen Erkenntnisse zeigen, dass das psychologische Umfeld, z.B. im → Einzelhandel die → Ladengestaltung, das → Ladenlayout und insb. das → Interior Design, für den → Kunden eine sehr wichtige Bedeutung hat. Hierbei ist das jeweilige Vorstellungsbild des Kunden entscheidend. So verbindet man mit dem → Discounter eine andere Vorstellung als mit einem → Fachgeschäft und erwartet ein jeweils stimmiges Umfeld.

Umweltschutz, alle Maßnahmen, vor allem Auflagen durch den Gesetzgeber, die dazu dienen, die Umweltverschmutzung und die Ressourcenverschwendung zu reduzieren. Entsprechend der Definition ist der U. eine passive Reaktion und erfüllt nicht seine eigentliche Funktion der Prophylaxe, d.h. Vorbeugung im Sinne der Verhütung.

Umweltschutz-Audit, Darstellung und Überprüfung der Umweltschutzaktivitäten von → Unternehmen. Das U.-A. wird der → Öffentlichkeit zugänglich gemacht und dient auch kommunikativen Zwecken. – Vgl. auch → Umwelt-Audit.

Umwelt-Sponsoring,
→ Öko-Sponsoring.

Umweltzeichen, → Warenkennzeichnung für → Produkte, die im Vergleich zu Substitutionsprodukten die → Umwelt weniger stark belasten.

unabhängige Variable, *bestimmende Variable,* in der → empirischen Sozial- und → Wirtschaftsforschung und → Datenanalyse diejenige Größe (z.B. → Einkommen), die einen bestimmenden Einfluss, auf eine oder mehrere → abhängigen Variablen (z.B. → Konsum) ausübt.

Unawareness Set, alle dem → Konsumenten unbekannten → Produkte bzw. → Marken, die als Kaufalternative nicht infrage kommen können. – *Gegensatz:* → Awareness Set.

unbedingter Reiz, der einen angeborenen Reflex darstellt und eine „unbedingte“ Reaktion auslöst. Durch die wiederholte Verknüpfung von unbedingten Reizen mit → neutralen Reizen kann das Individuum in der Weise konditioniert (→ Konditionierung) werden, dass der ursprünglich neutrale Reiz zu einer Reaktion führt (→ Pawlow`scher Hund). Wichtig ist hierbei die räumliche und zeitliche Nähe der beiden Reize (→ Kontiguitätsprinzip).

unbewusste Wahrnehmung, → Wahrnehmung von → Reizen, deren sich der → Kommunikant nicht bewusst ist (→ unterschwellige Werbung). Emotionale Elemente eines Gesamtbildes, z.B. ein Kind, Text oder Sprache, können insgesamt die Wahrnehmung verstärken, ohne selbst bewusst wahrgenommen zu werden (→ emotionale Konditionierung). Reize unterhalb der Wahrnehmungsschwelle können → Bedürfnisse aktivieren und modifizieren, ohne jedoch produktspezifische Verhaltensweisen auszulösen. Aufgrund fehlender kognitiver Verarbeitung werden unbewusst aufgenommene Informationen eher wiedererkannt (→ Recognition-Verfahren) als erinnert (→ Recall-Verfahren).

Underreporting, besondere Form des → Paneleffekts. Es werden Produktkäufe nicht genannt, die stattgefunden haben.

Die Gründe für die Nichtnennung von Produktkäufen sind, dass sie vergessen wurden oder als sozial nicht wünschenswert angesehen werden, z.B. Alkoholika, Tabakwaren. – *Gegensatz:* → Overreporting.

undifferenzierte Marktsegmentation, es wird keine bewusste Aufteilung des Gesamtmarktes vorgenommen. Insofern handelt es sich um keine echte → Marktsegmentierung im Sinne einer sich an spezifischen Bedürfniskomplexen verschiedener → Zielgruppen orientierenden Marketingstrategie. Diese Form der → Segmentation ist vielmehr eine Unifizierungsstrategie, die es dem Gesamtmarkt selber überlässt, sich durch das konkrete → Käuferverhalten in → Teilmärkte aufzuspalten, die dann mit unterschiedlichen Leistungsangeboten bedient werden können. – *Gegensatz:* → differenzierte Marktsegmentierung.

Unifizierungsstrategie, → Marktunifizierung.

Unique Advertising Proposition (UAP), kommunikativer einzigartiger → Wettbewerbsvorteil. In der Praxis werden UAP und → Unique Selling Proposition (USP) synonym verwendet bzw. inhaltlich zusammengefasst.

Unique Selling Proposition (USP), einzigartiges Verkaufsargument, das ein → Angebot besitzt. Der USP [von R. Reeves (1961)] ist eine bestimmte Form des → akquisitorischen Potentials, das zur Schaffung eines → monopolistischen Spielraums führt. Dadurch werden die Bedingungen des → vollkommenen Marktes ganz oder teilweise aufgehoben. Der USP kann nicht mono-instrumental, sondern nur multi-instrumental geschaffen werden. Insofern handelt es sich inhaltlich präziser um eine „Unique Marketing Proposition". Die kommunikative Alleinstellung wird durch den → Unique Advertising Proposition (UPA) dargestellt. Dieser hat vielfach den Charakter eines konstruierten → künstlichen USP, der aus dem Leistungsangebot und seinen Eigenschaften selbst nicht abgeleitet werden kann, sondern lediglich durch die → Marketingkommunikation in erster Linie durch die → Produktwerbung generiert wird.

Unit Pricing, Grundpreisauszeichnung (→ Preisangaben-Verordnung), die → Preise für Einheitsmengen festsetzt. Mit der Grundpreisauszeichnung soll die → Preistransparenz für den → Verbraucher erhöht und damit auch eine → Irreführung, z.B. durch → Mogelpackungen, vermieden werden.

univariates Analyseverfahren, Analyse einer → Variablen und deren Ausprägungen. – Vgl. auch → bivariates und → multivariates Analyseverfahren.

Universal Mobile Telecommunications System (UMTS), eine elektronische Übertragungstechnologie der dritten Generation, die sich durch eine sehr hohe Übertragungsrate auszeichnet. – Vgl. auch → ISDN.

Universalversandhandel, → Sortimentsversandhandel.

universelle Unternehmenskultur, Hineinsozialisation von Auslandsgesellschaften (→ internationales Marketing) in die bestehende und im Stammhaus entwickelte → Unternehmenskultur. Die Auslandsgesellschaften werden zu integralen Teilen der Gesamtkultur. Diese Vorgehensweise ist eng verknüpft mit → Dachmarken-Konzeptionen und hat den Vorteil einer auch organisatorischen Systemeinheit. Als Nachteil muss hingegen die mangelhafte Flexibilität angesehen werden.

Uniform Resource Locator (URL), die weltweit gültige Adresse einer → Website im → Internet.

unlauterer Wettbewerb, → Gesetz gegen den unlauteren Wettbewerb (UWG).

unstrukturiertes Interview, Beschränkung des → Fragebogens auf einen groben → Interviewerleitfaden, der dem → Interviewer die Möglichkeit gibt, Formulierung und Reihenfolge der Fragen selbst zu bestimmen, Fragen wegzulassen oder auch hinzuzufügen. Der Vorteil des Verfahrens ist, dass eine natürliche Gesprächssituation hergestellt wird und die Befragten ihre eigentliche Meinung äußern. Als Nachteile gelten der mögliche → Interviewer-Bias, die mangelhafte Vergleichbarkeit der Aussagen der Befragten und die damit verbundenen Auswertungsprobleme. – *Gegensatz:* → strukturiertes bzw. → standardisiertes Interview.

Unterbrecherwerbung, Unterbrechung von Spielfilmen im Fernsehen durch → Produktwerbung. Unterbrecherwerbeblock und Programm müssen rechtlich durch Werbetrenner deutlich voneinander abgegrenzt werden.

Untereinstandspreispolitik, Verkauf von → Waren unter dem → Einstandspreis im → Einzelhandel. Diese vor allem bei → Sonderangeboten und → Preisaktionen durchgeführte preispolitische Maßnahme ist grundsätzlich nach dem → Gesetz gegen den unlauteren Wettbewerb (UWG) nicht wettbewerbswidrig. Unzulässig ist die langfristige U. hingegen dann, wenn damit ein → Verdrängungswettbewerb im Sinne eines Vernichtungswettbewerbs verbunden ist.

Unternehmen, *Unternehmung,* selbstständige → Wirtschaftseinheit, die als rechtliche, organisatorische und wirtschaftlich finanzielle Einheit auf eine erfolgsorientierte oder auch gemeinnützige Leistungserstellung und Leistungsverwertung abzielt. Zum U. gehören nicht unerlässlich fertigungstechnische → Betriebe.

Unternehmensanalyse, eine umfassende Überprüfung der unternehmensinternen Ressourcen inklusive der → Erfolgspotentiale und → Risiken. Als wichtigstes Instrument der U. gilt die → Stärken-/Schwächenanalyse in Verbindung mit → Konkurrenzanalysen. – *Gegensatz:* → Umweltanalyse.

Unternehmensbewertung, Bestimmung des Gesamtwertes eines → Unternehmens. Der Gesamtwert ist wichtig beim Kauf oder Verkauf eines Unternehmens. Die wichtigsten Wertansätze sind der Substanzwert, der Reproduktionswert des Unternehmens und der → Ertragswert, der Barwert aller künftig zu erwartenden → Einnahmen. Die Differenz zwischen dem Gesamtwert und dem Substanzwert wird auch als → Goodwill oder Geschäftswert bezeichnet. – Vgl. auch → Firmenwert.

Unternehmensdesign,
→ Corporate Design.

Unternehmenserfolg,
→ Unternehmensergebnis.

Unternehmensergebnis, Summe von → Betriebsergebnis und neutralem Ergebnis.

Unternehmensethik, Normenkatalog, um das ansonsten gültige Gewinnprinzip (→ Gewinnmaximierung) zu begrenzen. Der weitergehende Ansatz ist, dass U. nicht nur als Normenkatalog für Ausnahmefälle zu sehen ist, sondern ein grundsätzlich verändertes Prinzip ökonomischen Handelns darstellt. – Vgl. auch → Unternehmensphilosophie, → Unternehmenskultur.

Unternehmensforschung,
→ Operations Research.

Unternehmensführung, umfassende Gestaltung und Lenkung der Unternehmung [von H. Ulrich (1968)], wobei die Unternehmung als komplexes, vieldimensionales, offenes und dynamisches → System verstanden wird. Damit ist → Führung deutlich mehr als lediglich das zielorientierte Einwirken auf Menschen.

Unternehmensidentität,
→ Corporate Identity.

Unternehmensimage, *Firmenimage,* Vorstellung von einem → Unternehmen bzw. einer Institution, die durch seine bzw. ihre Tätigkeit im Bewusstsein der Menschen individuell und in der → Öffentlichkeit besteht. Das U. ist weitestgehend das Fremdbild (→ Fremdimage) des Unternehmens, die → Corporate Identity, das Selbstbild oder → Eigenimage. Anzustreben ist eine weitestgehende Übereinstimmung von Fremdimage und Eigenimage. Das U. kann als Ergebnis der Corporate Identity-Politik angesehen werden, die sich auf den Außen- und Innenbereich beziehen muss.

Unternehmenskommunikation, organisierte → Kommunikation von → Unternehmen mit der → Öffentlichkeit. Sie ist sowohl nach innen als auch nach außen gerichtet. Nach innen hat sie die Funktion eines → Frühwarnsystems, nach außen die der Vermittlung von strategischen → Informationen. – Vgl. auch → Corporate Communications und → Public Relations.

Unternehmenskultur, komplexes Gefüge von Verhaltens- oder Handlungsanweisungen und Wertvorstellungen eines → Unternehmens, das einen spezifischen, unverwechselbaren Charakter zum Ausdruck bringt. Die U. ist ein „sichtbar gelebtes Wertesystem“ [T. Peters und R. Waterman (1983)]. Die U. umfasst sowohl die gesamten sozio-kulturellen Gestaltungen wie auch die entsprechenden → Werte, → Normen und Regeln, die für die Organisationsmitglieder als gemeinsame Orientierungen gelten und akzeptiert werden. – Vgl. Abbildung „Unternehmenskultur als Führungsbasis“.

Unternehmensphilosophie, formulierte unternehmenspolitische Leitsätze und → Normen, die für alle Handlungen verbindlichen Charakter haben und die Ausgangsbasis darstellen für die Entwicklung einer → Corporate Identity. Die U. basiert auf der Gesamtheit von Grundannahmen, Prinzipien, → Werten und Überzeugungen, die in einem → Unternehmen gelten sollen. Die U. geht in aller Regel auf jene Persönlichkeiten zurück, die das Unternehmen in seinen Anfängen geformt und geprägt haben. Die Unternehmensmission zieht klare Ziellinien wie → Sachziele, → Formalziele und → Sozialziele und einen festen zeitlichen Rahmen zu ihrer Realisation. Missionen benötigen aber vor allem nachfolgende → Macht-, → Fach-, → Prozess- bzw. → Beziehungspromotoren, um die → Unternehmensstra-

Unternehmenskultur als Führungsbasis

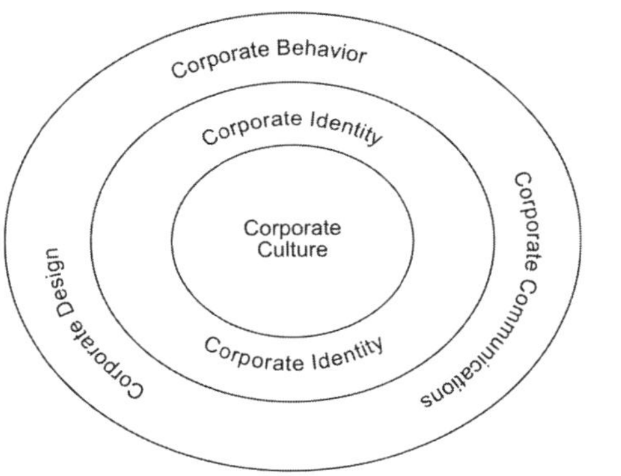

tegie zu verwirklichen.

Unternehmensplanung, → Planung.

Unternehmenspolitik, Gesamtheit von Problemen bzw. Aufgaben, die gelöst bzw. erfüllt werden müssen, wenn das Verhalten der Gesamtunternehmung bestimmt wird (→ Unternehmensstrategie). Vielfach wird auch der Begriff U. gewählt, um den weiterführenden Ansatz deutlich zu machen. Hierin sind die Wertvorstellungen und Interessen aller internen und externen → Gruppen (→ Stakeholder) eingeschlossen. Die U. umfasst die Gesamtheit der politischen Leitsätze der Unternehmung, die durch die → Unternehmensplanung operationalisiert werden.

Unternehmensstrategie, langfristige → Unternehmenspolitik, die vor allem auf der → Prognose von künftigen Chancen und Risiken beruht. Hierzu werden die vielfältigsten Analyseinstrumente eingesetzt.

Unternehmensverhalten, → Corporate Behaviour.

Unternehmensziel, → Ziel des → Unternehmens im Sinne der Realisation eines → Zielsystems. Die → Operationalisierung der U. erfolgt über die drei Dimensionen: Inhalt, angestrebtes Ausmaß und zeitlicher Bezug.

Unternehmung, → Unternehmen.

unterschwelliger Reiz, → Reiz, der keine Empfindung auslöst, da er unterhalb der absoluten → Reizschwelle liegt. Im Rahmen der immer wieder auflebenden Diskussionen zur Existenz der → unterschwelligen Werbung wird auch in gleicher Intensität die mögliche Wirkung der → unbewussten Wahrnehmung erörtert.

unterschwellige Wahrnehmung. → unbewusste Wahrnehmung.

unterschwellige Werbung, nicht bewusst wahrgenommene → Werbung, die unter der Wahrnehmungsschwelle liegt. Die immer wieder auflebenden Diskussionen zur Existenz der u.W. und ihrer möglichen Wirkung wurden begründet durch V. Packard (1957). Das Experiment sah wie folgt aus: In einen Spielfilm im Kino wurden für wenige Bruchteile von Sekunden Werbespots für Coca Cola oder Popcorn eingeblendet. Im Vergleich zur Kontrollgruppe, ohne Werbeeinblendung, wies die Experimentalgruppe im Vergleich zur Kontrollgruppe bez. der Nachfrage nach den „beworbenen" Produkten in der Pause deutliche Unterschiede auf. Die Experimentalgruppe fragte die Produkte mehr nach als die Kontrollgruppe. Bislang konnten diese Ergebnisse durch methodisch einwandfreie empirische Untersuchungen nicht bestätigt werden. K.-F. Koeppler (1972) und S. C. Dudley (1986) kommen jedoch in ihren Zusammenstellungen der diesbezüglich relevanten Experimente zu dem Ergebnis, dass unterschwellige Reize zur Bedürfnisaktivierung führen können.

Untersuchungsdesign, *Forschungsdesign,* verbindliche Festlegung des Untersuchungsrahmens in der → Marktforschung bzw. → Befragung. Im ersten Schritt sind Untersuchungsziel und → Zielgruppe festzulegen. Es müssen dann die Messverfahren ausgewählt werden, mit deren Hilfe die → Daten erhoben werden sollen. Daran schließt sich die Entwicklung des → Fragebogens an, der vielfach durch eine → Probebefragung überprüft und nötigenfalls auch überarbeitet wird. Es muss dann im nächsten Schritt das geeignete → Stichprobenverfahren ausgewählt werden, soweit es sich nicht um eine → Vollerhebung handelt. Abschließend wird die Form der → Datenanalyse definiert.

unverbindlicher Richtpreis, → Preisempfehlung.

unvollkommene Konkurrenz, → monopolistische Konkurrenz, bei der die einzelnen Marktteilnehmer Einfluss auf die Preisgestaltung nehmen können. Das ist dadurch möglich, dass die Bedingungen des → vollkommenen Marktes ganz oder teilweise aufgehoben sind und/oder die Anzahl der Marktteilnehmer beschränkt ist. – *Gegensatz:* → vollkommene Konkurrenz, → atomistische Konkurrenz.

unvollkommener Markt, → Marktform, die dadurch charakterisiert ist, dass z.B. die → Angebote nicht homogen sind und aus der Sicht der → Nachfrager → Präferenzen existieren. – Vgl. auch → unvollkommene Konkurrenz. – *Gegensatz:* → vollkommener Markt.

UPC-Code, *Universal Product Code,* amerikanisch/kanadisches System zur → Artikelnummerierung, das in seiner Normalversion aus zwölf Stellen und in einer Kurzversion aus sieben Stellen besteht. – Vgl. auch → EAN-Code.

Updating, Aktualisierung eines Softwareprogramms auf die neueste Version.

Upgrading, Ausweitung des Leistungsangebots durch den Verkäufer im → persönlichen Verkauf, nachdem sich der → Kunde für den → Kauf entschieden hat. Dies geschieht etwa durch das → Angebot komplementärer Leistungen oder durch Aufwertung (Angebot eines größeren Leistungsumfangs, z.B. zusätzlicher → Service).

Urbanisierung, Ausbreitung städtischer Lebens- und Siedlungsformen in ländlichen Gebieten, die lange Zeit z.B. für den → Einzelhandel ein entscheidendes Kriterium für seine Standortwahl war. Diese Entwicklung ist aber weitgehend abgeschlossen, sodass Unter- und Kleinzentren bereits Probleme der Erhaltung ihrer Anziehungskraft haben. Der → Trend geht wieder in Richtung der Oberzentren, der aber für den großflächigen Einzelhandel gebremst wird durch ordnungspolitische Maßnahmen. – Vgl. auch → Baunutzungsverordnung.

Urheberrecht, gewerbliches → Schutzrecht in Bezug auf persönliche geistige Schöpfungen in den Bereichen Literatur, Wissenschaft und Kunst. Das U. erlischt 70 Jahre nach dem Tod des Urhebers.

URL, Abk. für → Uniform Resource Locator.

Urnenmodell, mathematisch-statistisches Verfahren, das bei der → Zufallsauswahl zur Anwendung kommt. Nach dem → Gesetz der großen Zahl ergibt sich mit wachsendem → Stichprobenumfang eine → Normalverteilung der Stichprobenwerte.

User Groups, Zusammenschlüsse der Anwender von Systemtechnologien. Die Nutzung von U.G. durch Hersteller stellt eine Sonderform des → Beziehungsmarketings dar. – Vgl. auch → Kontraktmarketing, → Relationship-Marketing.

USP, Abk. für → Unique Selling Proposition.

V

Valenz, nach der → Feldtheorie von K. Lewin (1951) die Fähigkeit eines Objekts (→ Produkt oder → Packung), eine Person durch Auslösung einer bestimmten Bedürfnisdisposition zum Handeln zu aktivieren. Hierbei kann es sich um eine positive V. (Anziehung) oder negative V. (Abstoßung) handeln. Bei einer Nicht-Eindeutigkeit der → Anmutung besteht eine → Ambivalenz, und es kann ein → Ambivalenzkonflikt auftreten. Üblicherweise wird begrifflich mit der V. eine positive Anziehung verbunden.

Validität, Gültigkeit eines Tests oder Messverfahrens im Hinblick auf seine inhaltliche Genauigkeit. Die grundsätzliche Frage ist, ob das Verfahren misst, was es messen soll. V. liegt dann vor, wenn die Messwerte das Untersuchungsziel inhaltlich genau abbilden. Im Vergleich zur → Reliabilität als formale Konstanz von Messverfahren und damit Messwerten ist die V. in erster Linie ein Problem der operationalen Definition des zu messenden Inhalts und der Auswahl des entsprechenden Verfahrens, das als logisch gültig gelten kann. Bei der V. wird unterschieden in eine → externe und → interne V.

Validität, externe, → externe Validität.

Validität, interne, → interne Validität.

VALS-System, Abk. für → Values and Lifestyles System.

Value Added Marketing, Schaffung eines für den → Kunden nachvollziehbaren und akzeptierten Mehrwerts, der über die originären → Produkteigenschaften hinausgeht. Ziel ist vor allem bei homogenen → Angeboten, dadurch einen → Wettbewerbsvorteil zu erreichen. Als wichtigstes Instrument dazu dient der → Value Added Service. – Vgl. auch → Value Marketing und → Unique Selling Proposition (USP).

Value Added Service, → Dienstleistung, die die Kernleistung des → Angebots wertsteigernd anreichert. Ziel ist, der zunehmenden Homogenisierung von Kernleistungen zu begegnen. Die Grundidee ist alt, siehe z.B. Wartungsverträge, Kauffinanzierung etc. Mit dem V.A.S. soll nicht zuletzt eine dauerhafte → Kundenbindung erreicht werden.

Value Analysis, → Wertanalyse.

Value Based Management, Instrument der strategischen → Unternehmensführung. Es handelt sich um eine bestimmte Form des Wertsteigerungs-Managements, d.h. der Steigerung der Wertbeiträge einzelner Geschäftsbereiche (→ Portfoliomanagement). Die einzelnen Wertbeiträge ergeben sich aus den Differenzen der jeweiligen Eigenkapital-Kostenanteile (z.B. → Opportunitätskosten) und den Rentabilitäten pro Untersuchungseinheit. Mit diesem Analyseinstrument soll ermittelt werden, wer die Werterzeuger und wer die Wertvernichter im → Portfolio sind.

Value Marketing, Schaffung von Kundenwerten im Sinne von Kundennutzen bzw. Kundenvorteilen, um im Vergleich zur Konkurrenz → Wettbewerbsvorteile zu erzielen. V.M. ist strategisch und operativ angelegt. Ausgangspunkt ist die Analyse des erkennbaren Kundennutzens, des → Customer Value und seiner wichtigsten Einflussfaktoren. V.M. hat eine besondere Bedeutung im → Investitionsgütermarketing. Hier ist der wichtigste Faktor die Anwenderwirtschaftlichkeit. Weitere Kundenwerte können Zusatzleistungen (→ Value Added Service) des → Anbieters sein, Komplettangebote, → Systemgeschäft, → System-Marketing, → Service, Logistikleistungen etc., die letztlich alle am ökonomisch nachvollziehbaren Kundennutzen orientiert sind.

Values and Lifestyles System (VALS-System), *System der Wertvorstellungen und Lebensstilen,* → Typologisierung der → Konsumenten (→ Käufertypologie) zur Zielgruppenbestimmung, die auf dem von D. Riesman (1958) entwickelten Kategoriensystem beruht, das die Konsumenten in die vier Grundtypen einteilt:

- außengeleitete Menschen,
- innengeleitete Menschen,
- integrierte Menschen und
- traditionsgeleitete Menschen.

Die Kategorien werden in dem VALS-S. in insgesamt neun Typen untergruppiert.

Value Webs, → internetbasierte Beziehungen zu einem Netzwerk von Unternehmen um das eigene Unternehmen herum. Die im V.W. zusammengeschlossenen Unternehmen können wechselseitig auf die für sie relevanten → Daten zugreifen (→ Extranet). In der Regel basiert der Datenaustausch auf integrierten Informations- und Kommunikationssystemen (→ Informations- und → Kommunikationstechnologien).

Vampireffekt, negativer Effekt der Ablenkung von der eigentlichen → Werbebotschaft durch eine besonders auffällige → Werbemittelgestaltung oder durch die Vermittlung von → Schlüsselreizen, die zu stark in den optischen Mittelpunkt gerückt werden. – Vgl. auch → ablenkende Kommunikation.

Variable, Merkmal von Untersuchungsobjekten. Unterschieden werden die oder auch mehrere → unabhängige V. als bestimmende V., die die Entwicklung der → abhängigen V. beeinflussen.

variable Kosten, veränderliche → Kosten. Sie verändern sich mit dem Beschäftigungsgrad des Unternehmens. Zu unterscheiden sind eine proportionale, unterproportionale, überproportionale, progressive, degressive und regressive Entwicklung. Eine regressive Entwicklung ist dann gegeben, wenn bei zunehmendem Beschäftigungsgrad die → Gesamtkosten absolut abnehmen und umgekehrt. – *Gegensatz:* → fixe Kosten.

Varianz, Maß für die → Streuung von metrischen → Variablen. Die V. bestimmt die Verteilung der einzelnen Merkmalswerte um den → Mittelwert. Hierbei werden die mittleren quadratischen Abweichungen vom arithmetischen Mittel gemessen. Klassisches Marketingbeispiel ist die Verteilung der → Adoptergruppen im → Adoptionsprozess.

Varianzanalyse, Untersuchung der Abhängigkeit zwischen einem oder mehreren Faktoren und einer oder mehrerer → abhängigen Variablen. Mit dem Verfahren können Kausalhypothesen überprüft werden; etwa die Frage, ob das Geschlecht (eine unabhängige Variable) auf bestimmte → Kaufentscheide (eine abhängige Variable) einen prägenden Einfluss ausübt bzw. geschlechtsspezifisch im → Kaufverhalten Unterschiede bestehen.

Varietät, Anzahl der möglichen Zustände, die ein → System bzw. ein Instrumentarium annehmen kann. V. ist das Maß für die → Komplexität. Ein System mit n Elementen, die k Zustände annehmen können, besitzt eine Varietät von k^n.

Variety Seeking Behavior, Markenwechselverhalten (→ Markenwechsel), das dem → Bedürfnis der → Konsumenten nach Abwechslung entspricht und nicht auf positive bzw. negative Kauf- und Konsumerlebnisse zurückzuführen ist. – *Gegensatz:* → Markentreue.

Veblen-Effekt, nach Th. B. Veblen (1857-1929) wird der → Preis als ein Qualitätsmerkmal eines → Gutes angesehen. Es besteht eine enge Verbindung mit dem → Bandwagon-Effekt und insb. den → Sekundärbedürfnissen, → Zusatznutzen und dem → Prestigekonsum bzw. → Demonstrativkonsum. – *Anders:* → Giffen-Effekt und → Snob-Effekt.

Veiling, Form der Absteigerung „auf Abstrich" bei → Auktionen von Frischwaren, z.B. Blumen, Fischen etc. Die Versteigerungsuhr, die ständig sinkende Preise anzeigt, wird durch das erste Käufergebot zum Stillstand gebracht. Zu dem zuletzt angezeigten → Preis gilt das → Angebot als angenommen.

Vending, professioneller Automatenverkauf mit hohem Organisationsgrad und vor allem ausgeprägter marktorientierter Fokussierung auf den → Konsumenten. Angebotsschwerpunkte des V. sind Getränke und → Fastfood und deutlich weniger der Non-Food-Bereich.

Vendor Managed Inventory, Disposition der Warenbestände im Handelslager durch den Hersteller in eigener Verantwortung, ohne dass das Handelsunternehmen planend und/oder steuernd eingreift. Üblicherweise ist das Verfahren verknüpft mit → Cross Docking und → Replenishment. Vielfach erfolgt die Berechnung des Kundenbedarfs durch den Lieferanten bereits internetgestützt auf der Basis von Echt- und Prognosedaten sowie des aktuellen → Lagerbestands und der gewünschten Zielreichweite des Bestands.

Venture Capital, Risiko-(Wagnis-)kapital, das von Venture-Kapitalgebern meist jungen Unternehmen zur Verfügung gestellt wird. Die Kapitalgeber gehen, im Vergleich zu den Banken, in Erwartung einer hohen → Rentabilität ein höheres → Risiko ein, zumal weder Zinsen noch Tilgung anfallen. Bei einem Konkurs tragen die Venture-Kapitalgeber den vollen Verlust.

Venture Teams, Teams, die innovative Projekte bearbeiten, die in der bestehenden Organisation nicht aufgegriffen werden können. – Vgl. auch → Spin Out.

Veralterung, → Obsoleszenz.

Veranstaltungsmarketing, Form des → Dienstleistungsmarketings für Veranstaltungen vielfältiger Art. Es besteht eine enge Verbindung mit → Event-Marketing und → Sponsoring.

Veranstaltungsverkauf, Form des → ambulanten Handels. Der Verkauf von Produkten erfolgt im Rahmen von Veranstaltungen, z.B. auf Busfahrten, Schiffsreisen, Modeschauen, Partyverkäufen.

Verbrauch, → privater Verbrauch.

Verbraucher, → Konsument, der am → Markt als Letztverbraucher (→ Käufer, → Verwender) auftritt.

Verbraucherabteilung, unternehmensbezogene Institutionalisierung zur Wahrung der Verbraucherinteressen, um einen permanenten Dialog mit den → Verbrauchern herzustellen. Die V. erfüllt sehr wichtige Funktionen im Rahmen des → Beschwerdemanagements, der → Verbraucherpolitik und des → Verbraucherschutzes. Die V. fest im → Unternehmen verankert. Eine weiterentwickelte Form ist der → Verbraucherbeirat. – *Anders:* → Ombudsmann, → Verbraucherorganisation.

Verbraucheranalyse, Untersuchung des → Kaufverhaltens in Verbindung mit dem → Mediennutzungsverhalten.

Verbraucheraufklärung, wichtiger Teil der → Verbraucherinformation. Die Aufklärungskampagnen sind primär auf das → Käuferverhalten gerichtet bez. der

Vermeidung von Umwelt- und Gesundheitsschädigungen (→ Öko-Marketing, → Social Marketing).

Verbraucherbeirat, weiterentwickelte Form der → Verbraucherabteilung, deren Vorteil darin besteht, dass neben Unternehmensangehörigen vor allem unternehmensexterne → Verbraucher den Beirat im Sinne eines Verbraucherforums bilden. Damit ist eine unabhängige neutrale Urteilsbildung sichergestellt, die in der Verbraucherabteilung in der Regel nicht gegeben ist. Problem bleibt dennoch grundsätzlich die Verbraucherrepräsentanz der Mitglieder.

Verbraucherberatung, Form der → Verbraucherinformation, die im Vergleich zur → Verbraucheraufklärung darauf abzielt, den → Verbrauchern in konkreten Problemsituationen zu helfen. Beispiele für die Beratungsfelder sind die Rechtsberatung, Kredit-, Produkt-, Energie-, Ernährungs-, Mieterberatung etc. Die Beratungsfunktion übernehmen nicht nur die verschiedenen → Verbraucherorganisationen, sondern auch Unternehmen und Verbände.

Verbraucherboykott, Form des → Konsumerismus, bei der die Nachfrage nach bestimmten Produkten boykottiert wird. Ausgangspunkt der Boykotts sind Missstände, wie z.B. Umwelt- und Gesundheitsschädlichkeit. In jüngster Zeit zeigen V. nachhaltigere Wirkungen als in der Vergangenheit. Wichtig ist hierbei vor allem der Organisationsgrad der Boykottmaßnahmen. Träger der V. sind in erster Linie selbstorganisierte → Verbraucherorganisationen.

Verbrauchererziehung, Einwirkung auf das Verbraucherverhalten oder → Konsumentenverhalten im Sinne eines gesellschaftsverträglichen → Konsums (→ Öko-Marketing, → Social Marketing). Die Instrumentarien sind die schulische Ausbildung, Erwachsenenbildung, die → Massenmedien und alle Formen der → Verbraucherinformation, → Verbraucheraufklärung und → Verbraucherberatung. Die bisherigen Erfolge der V. sind im Hinblick auf das z.T. diffuse Konsumentenverhalten als sehr kritisch einzuschätzen.

Verbraucherinformation, → Informationen, die der Sicherung der → Konsumfreiheit dienen. Dazu zählen vor allem verbraucherzentrierte Informationen über → Angebote, → Preise und → Qualitäten, die die → Kaufentscheidungen erheblich beeinflussen. Damit erweisen sich die V. als ein sehr wichtiges Instrument der → Verbraucherpolitik und des → Verbraucherschutzes. → Warenkennzeichnung und die Ergebnisse vergleichender → Warentests sind Beispiele für konsumrelevante V.

Verbraucherinstitut,
→ Stiftung Verbraucherinstitut.

Verbraucherinteresse,
→ Involvement.

Verbrauchermarkt, → Betriebsform des Einzelhandels, die in günstigen Verkehrs- und Stadtlagen vor allem ein → Vollsortiment an Nahrungs- und Genussmitteln auf ca. 800qm bis 1.500 qm → Verkaufsfläche führt. Die Non-Food-Artikel beschränken sich auf den kurzfristigen Bedarf. Als → Bedienungssystem dominiert die → Selbstbedienung, als Preispolitik das → Discount-Konzept. Die Betriebsform weist z.T. hinsichtlich des → Sortiments und insb. der → Sortimentsdimension eine Ähnlichkeit mit dem → SB-Warenhaus auf, nicht hingegen mit der durchschnittlichen Verkaufsfläche, die bei SB-Warenhäusern deutlich höher liegt.

Verbraucherorganisation, Zusammenschluss von → Verbrauchern, der dem → Verbraucherschutz dient und damit verbraucherpolitische Aufgaben (→ Verbraucherpolitik) übernimmt. Sie wird unterstützt durch Fremdorganisationen, Initiativen des Staates oder von Verbänden. Die wichtigsten Fremdorganisationen sind die Arbeitsgemeinschaft der Verbraucherverbände, die → Verbraucherzentralen, die → Stiftung Verbraucherinstitut und die → Stiftung Warentest. Insb. die Selbstorganisationen sind die Träger von → Verbraucherboykotts.

Verbraucherpanel, → Panelart, bei der die Panelteilnehmer entweder Einzelpersonen oder → Haushalte (→ Haushaltspanel) sind. In Bezug auf die zu untersuchenden → Warengruppen ist zu unterscheiden in Gebrauchsgüter- und Verbrauchsgüterpanel. Die Einzelpersonenpanels werden auch Individualpanel genannt. Sie erheben den individuellen, persönlichen → Konsum der → Verbraucher. – Vgl. auch → Handelspanel.

Verbraucherpolitik, alle Maßnahmen staatlicher Organe und → Verbraucherorganisationen, um die → Verbraucher in erster Linie vor unerlaubten Praktiken der → Anbieter zu schützen (→ Verbraucherschutz). Der zweite Inhalt der V. ist die Aufrechterhaltung der → Konsumfreiheit bzw. der → Konsumentensouveränität, die vielfach durch die Informations- und Machtdefizite der Verbraucher gefährdet sind.

Verbraucherpräferenz, → Präferenz.

Verbraucherpreisempfehlung, an die → Verbraucher gerichtete → Preisempfehlung, z.B. durch Aufdruck auf der → Packung.

Verbraucherpromotion, Maßnahmen zur → Verkaufsförderung, um durch Anreize den → Konsumenten an das Leistungsangebot heranzuführen und ihn zum → Kauf zu veranlassen, ohne einen wie immer auch gearteten → Kaufzwang auszuüben. Die wesentlichen Ziele der V.-P. sind die Gewinnung neuer → Kunden, die Erhöhung der → Markentreue, die Verbrauchsintensivierung und die Förderung von → Impulskäufen. – Vgl. auch → Handelspromotion.

Verbraucherrabatt, → Konsumentenrabatt.

Verbraucherschutz, Teil der → Verbraucherpolitik, der sich der gültigen Rechtsnormen bedient, um die → Verbraucher vor unerlaubten Praktiken der → Anbieter zu schützen. Typische Bereiche sind der Rechtsschutz bei → Kaufverträgen, die → Warenkennzeichnung und die → Preisauszeichnung.

Verbrauchersozialisation, Lernprozesse und Lerneffekte bei → Verbrauchern, die bewirkt werden durch → soziale Einflüsse, → Sozialisatoren und durch → Meinungsführer.

Verbrauchertypologie, → Typologisierung der → Verbraucher bzw. → Verwender nach Einstellungs- und Verhaltensmerkmalen unter Berücksichtigung von → soziodemografischen Kriterien.

Verbraucherverband, → Verbraucherorganisation.

Verbraucherverhalten, → Konsumentenverhalten.

Verbraucherzentrale, → Verbraucherorganisation bzw. Fremdorganisation, die jeweils in den einzelnen Bundesländern tätig ist. Ihre Tätigkeitsfelder sind der rechtliche → Verbraucherschutz und vor allem die → Verbraucherinformation. – *Weitere Informationen unter* www.vzbv.de.

Verbraucherzufriedenheit, über die → Kundenzufriedenheit hinausgehender Begriff, der auf die generelle Zufriedenheit der → Verbraucher mit den Leistungsangeboten der → Anbieter abhebt. Die Differenzierung in V. und Kundenzufriedenheit hat insofern ihre Berechtigung, als im Hinblick z.B. auf die Neukundengewinnung insb. die potentiellen Kunden von Interesse sind hinsichtlich ihrer Zufriedenheit mit den bisher von ihnen präferierten Anbietern. Die Analyse der V. ist somit sehr wertvoll für die Entwicklung von → Wettbewerbsstrategien.

Verbrauchsfunktion, Beziehung zwischen dem Verbrauch von → Produktionsfaktoren und den technischen Eigenschaften des jeweiligen → Betriebsmittels. Die Funktion ist zudem abhängig von der Intensität des Betriebsmitteleinsatzes. – Vgl. auch → Produktionsfunktion.

Verbrauchsgüter, → Konsumgüter, die nur einmal verwendet werden.

Verbrauchsgütermarketing, → Konsumgütermarketing.

Verbrauchsgüterpanel, → Panel.

Verbund, im weitesten Sinne alle Formen von → Kooperationen horizontaler und vertikaler Art. Zu den modernen Verbundsystemen zählen vor allem → Joint Ventures und → strategische Allianzen. Der Begriff wird in der Praxis vielfach in Verbindung gebracht mit → Verbundaktionen von Herstellern und Handelsunternehmen (→ Händlerpromotion und → Handelspromotion).

Verbundaktion, *Partneraktion,* über → Verbundplatzierung und → Verbundpräsentation hinausgehende Maßnahmen insb. der → Verkaufsförderung, die der kooperativen Produktvermarktung dienen. Diese gemeinsamen Konzepte können von verschiedenen Herstellern entwickelt werden, sind vor allem aber die gängige Form der sog. → Händlerpromotion und auch → Handelspromotion im vertikalen Distributionssystem und damit ein wichtiges Instrument im → vertikalen Marketing und → Handelsmarketing.

Verbundanalyse, → Conjoint-Analyse.

Verbundangebot, Angebotsverbund oder Komplementärverbund von → Artikeln im → Einzelhandel, die sich aus Verbrauchersicht ergänzen, z.B. Kaffee und Filtertüten, Schuhe und Socken. Grundidee der V. ist die Förderung des → Verbundkaufs durch bestimmte Formen der → Verkaufsförderung, → Verbundplatzierung, → Verbundpräsentation.

Verbundeffekt, resultiert im Wesentlichen aus → Verbundangeboten im → Sortiment des Einzelhandels. Der Verbund ergibt sich aus einem Bedarfsverbund. Durch die → Verbundpräsentation von → Artikeln, z.B. Getränken und Gebäck, Fleisch und Gemüse, werden Bedarfskomplexe des → Konsumenten angesprochen, die zu Bedarfserweiterungseffekten führen sollen. Die Erreichung von V. durch Verbundangebote ist auch das wesentliche Ziel von → Verbundaktionen von Industrie und Handel. Hierbei ist die vertikale kommunikative Kooperation (→ Gemeinschaftswerbung) von nicht unerheblicher Bedeutung. – Vgl. auch → Spill-over-Effekt, → Ausstrahlungseffekt.

Verbundgruppe, kooperativer Zusammenschluss von selbstständigen Unternehmen, um Einkaufsvorteile und → Synergien im Marketing zu nutzen. Die Bildung von V. empfiehlt sich primär für mittelständisch geprägte → Branchen. Beispiele handelsbezogener → Kooperationen sind u.a. → Einkaufsgemeinschaften und → freiwillige Ketten. Die V. betreiben z.T. ein aktives → Gruppenmarketing oder auch → Gemeinschaftsmarketing.

Verbundkauf, Ergebnis eines positiven → Sortimentsverbunds und ein Nachfrageverbund im Sinne der Bedarfsdeckung des → Verbrauchers in einer Einkaufsstätte (→ One-Stop-Shopping).

Verbundmarketing, → Gemeinschaftsmarketing, → Gruppenmarketing.

Verbundpackung, → Combipack.

Verbundplatzierung, Form der → Zweitplatzierung von → Waren im →

Einzelhandel, um → Verbundeffekte von → Artikeln zu nutzen (z.B. Getränke und Gebäck, Fleisch und Gemüse, Käse und Wurstwaren, Dosenmilch und Kaffee). Weitergehende Möglichkeiten der V. sind → Verbundaktionen, die sich auf bedarfsverwandte Produkte beziehen und für die eine gemeinsame Vermarktungskonzeption entwickelt wird. Hierbei kann es sich um Partneraktionen von Herstellern handeln, aber auch um Aktionen im vertikalen Distributionsverbund von Herstellern und Handelsunternehmen.

Verbundpräsentation, Zusammenführung von → Artikeln, die für den → Konsumenten in einem engen Verwendungs- bzw. Bedarfszusammenhang stehen. Die V. hat zum Ziel, Bedarfserweiterungseffekte auszulösen. – Vgl. auch → Ladengestaltung.

Verbundwerbung,
→ Gemeinschaftswerbung.

Verdingung, → Ausschreibung, → öffentliches Vergabeverfahren.

Verdingungsordnung für Bauleistungen (VOB), Vorschriften zur Auftragsvergabe und Auftragsabwicklung von öffentlichen Bauaufträgen.

Verdingungsordnung für Leistungen (VOL), Vorschriften für die Vergabe von öffentlichen Aufträgen.

Verdrängungsstrategie,
→ Verdrängungswettbewerb.

Verdrängungswettbewerb, extreme Form des → Wettbewerbs, die darauf gerichtet ist, Wettbewerber zum Ausscheiden aus dem → Markt zu zwingen. Soweit damit ein Vernichtungswettbewerb, kein → Leistungswettbewerb, verbunden ist, wird das marktwirtschaftliche Ordnungssystem gestört. – Vgl. auch → Wettbewerbsrecht, → Wettbewerbsregel.

Verfahren der gleitenden Durchschnitte, → gleitender Durchschnitt.

Vergabeverfahren,
→ öffentliche Vergabeverfahren.

Vergessen, ein dem → Lernen entgegengesetzter Prozess. V. bedeutet, dass bestimmte abgespeicherte → Informationen aus dem Gedächtnis nicht mehr abrufbar sind. Nach der → Theorie des autonomen Verfalls ist das V. zeitabhängig, nach der → Interferenztheorie hingegen das Ergebnis von Informationsüberlagerungen (z.B. bedingt durch Konkurrenzkommunikation). Die neuere Theorie geht davon aus, dass sowohl der zeitlich bedingte autonome Verfall als auch Überlagerungseffekte zum V. von Informationen führen.

vergleichender Warentest,
→ Warentest.

vergleichende Werbung, eine auf → Wettbewerber bezugnehmende → Werbung, die nach dem → Gesetz gegen den unlauteren Wettbewerb (UWG) grundsätzlich nicht verboten ist. So sind rechtlich zulässig:

- Abwehrvergleiche: Verteidigung im Falle rechtswidriger Angriffe durch Mitbewerber,
- Fortschrittsvergleiche: Darstellung des technischen Fortschritts,
- Systemvergleiche: Darstellung von Vor- bzw. Nachteilen verschiedener Systeme,
- Auskunftsvergleiche: Beantwortung durch Kundenanfragen.

Herabsetzungen der Konkurrenzangebote oder eine Anlehnung (→ anlehnende Werbung, → Schmarotzen) an diese sind unzulässig wie auch die Anpreisung von → Nachahmungen oder Imitationen fremder Leistungsangebote. Kritische Vergleiche sind unbedenklich, wenn sie unter die Fallgruppe der zulässigen Vergleiche fallen. – Nach einer EU-Richtlinie von 1997 ist v.W. zulässig, wenn sie nicht eine objektive → Irreführung ist, sich auf → Güter des gleichen →

Bedarfs bezieht, objektiv relevante, nachprüfbare und typische Eigenschaften von → Waren oder → Dienstleistungen vergleicht und den/die Wettbewerber nicht herabsetzt oder verunglimpft. Unter diesen Voraussetzungen sind auch die namentliche Nennung der Wettbewerber und → Preisvergleiche möglich.

Vergütungssystem, die Formen der Leistungsvergütung sind grundsätzlich zu unterscheiden nach Festgehaltssystemen (Fixum), Provisionssystemen, Prämiensystemen und vielfältigen Arten von damit verbundenen Kombinationssystemen. Sinn aller V. sind die leistungsgerechte Entlohnung und die Leistungssteigerung. Die Entwicklung geht in Richtung → Provision, → Prämie und Kombinationsformen davon. Damit wird die noch gültige Dominanz der Festgehaltssysteme auf allen Hierarchieebenen schrittweise gebrochen. Vorteil der modernen V. ist vor allem ihre Flexibilität.

Verhalten, alle Formen des Agierens und Reagierens von Organismen und Individuen nach außen wie nach innen. Insofern unterscheidet man das offene, d.h. wahrnehmbare und das verdeckte, d.h. nicht-sichtbare mentale V. Menschliches V. ist komplex, individuell unterschiedlich und geprägt durch Wechselwirkungen von ererbten Anlagen und Umwelteinflüssen. Verhaltensweisen werden durch äußere Anreize und innere, mentale Antriebe (→ Antriebskräfte) ausgelöst. Mangelzustände aktivieren das Individuum zur Bedürfnisbefriedigung, äußere Reize stimulieren zur Bedürfnisweckung. Je geringer der innere Antrieb aufgrund des Sättigungsniveaus in einer → Überflussgesellschaft ist, desto größer muss der äußere Reiz sein und umgekehrt, um V. auszulösen. Lernvorgänge wirken auf das V. ein. → Aktivierende Prozesse beeinflussen die → Wahrnehmung und steuern direkt/indirekt das V.

Verhaltensforschung, Erforschung der Aktivitäten von Organismen. Im Marketing hat die V. eine zunehmende Bedeutung gewonnen, und zwar durch die Weiterentwicklung des → Behaviorismus und → Neobehaviorismus. Untersucht werden insb. das ökonomische → Konsumentenverhalten und das → Kaufverhalten. Dazu werden die Erkenntnisse aus der → Psychologie, → Soziologie und → Sozialpsychologie genutzt.

Verhaltenstheorie, der verhaltenstheoretische Ansatz der → Marketingtheorie untersucht allgemein die Kausalitäten von Handlungen. Aus diesen Erkenntnissen (z.B. dem → Konsumentenverhalten) werden Konsequenzen gezogen in Bezug auf die mögliche Steuerung der Marketingsubjekte. Die V. als marketingtheoretischer Ansatz hat demzufolge besonders Eingang gefunden in die → Marketingkommunikation [W. Kroeber-Riel (1972)]. Die Verhaltenshypothese ist, dass → Stimuli, z.B. Werbeimpulse, auf den sog. Organismus einwirken und zu einem signifikanten → Verhalten führen. – Vgl. auch → S-O-R-Modell. – Vgl. Abbildung „Verhaltensmodell“.

Verifikation, Überprüfung einer → Hypothese auf deren Richtigkeit. Hypothesen können nach dem Wissenschaftstheoretiker K. R. Popper (1902-1994) nur durch wiederholte → Falsifikationen auf ihre Richtigkeit hin überprüft werden und gelten nie als endgültig verifiziert.

Verkauf, wichtige Funktion in der → Distributionspolitik (→ Verkaufsorgan, → Absatzform). Im Hinblick auf den → persönlichen V. bestehen jedoch auch Berührungspunkte mit der → Kommunikationspolitik. Sie ergeben sich aus der Akquisitions- und Kommunikationsfunktion des V. Die Funktionen des V. lassen sich gliedern in:

- Akquisitionsfunktion,
- Kommunikationsfunktion, d.h. persönlicher Kundenkontakt,
- Verkaufsabschlussfunktion,
- Servicefunktion,
- Informationsfunktion,

■ Koordinationsfunktion, d.h. Verkaufsabwicklung.

Verkäufermarkt, der Verkäufer bestimmt den → Absatzmarkt. Auf dem V. besteht ein Nachfrageüberhang und ein Angebotsdefizit. Die damit verbundene Marktstärke der Anbieter nimmt jedoch seit Anfang der 1970er-Jahre immer mehr ab aufgrund der internationalen Verflechtungen der → Märkte und der globalen → Konkurrenz, die auch zur Verminderung von → Monopolstellungen führen. – *Gegensatz:* → Käufermarkt.

Verkäuferschulung,
→ Verkaufstraining.

Verkäufertraining, → Verkaufstraining.

Verkaufsabschluss, durch den Verkäufer gezielte Hinführung des → Kunden zur finalen Kaufhandlung, die insb. beim → persönlichen Verkauf höherwertiger und langlebiger Produkte bzw. Dienstleistungen von Bedeutung ist. Nach A. Bänsch (1990) können folgende alternative Abschlusstechniken unterschieden werden:

■ Herbeiführung nebensächlicher Teilentscheidungen des Kunden: Herstellen einer Zustimmungsabfolge,
■ Alternativtechnik: Stärkung der vermeintlichen Kundensouveränität durch Alternativangebote,
■ Taktik der falschen Wahl: Provokation des Kunden durch kundenirrelevante Alternativangebote,
■ Taktik der Übertreibung: abgewandelte Taktik der falschen Wahl,
■ Taktik der verscherzten Gelegenheit: Dramatisierung der Nachteile eines Kaufverzichts,
■ Taktik der vollzogenen Tatsachen: psychologischer Druck hinsichtlich einer schnellen Kaufhandlung (→ Hard Selling).

Verkaufsabteilung, unternehmenseigenes → Distributionsorgan, dessen Aufgabe es ist, die Verkaufsaktivitäten des → Außendienstes zu planen, zu steuern und zu kontrollieren. Hinzu kommen die Durchführung von → Verkaufsanalysen, die Planung und Steuerung von → Verkaufsaktionen und die Aufstellung des → Verkaufsbudgets.

Verkaufsaktion, außerhalb der normalen Verkaufstätigkeit durchgeführte Sonderaktion, die der besonderen → Absatzförderung dient. Diese Form der → Verkaufsförderung ist vor allem notwendig bei der → Produkteinführung, zum Ausgleich saisonaler Absatzschwankungen und zur Sicherung bzw. Steigerung des → Marktanteils. Im → vertikalen Marketing sind V. eine der wichtigsten Formen der operativen → vertikalen Kooperation, z.B. im Zusam-

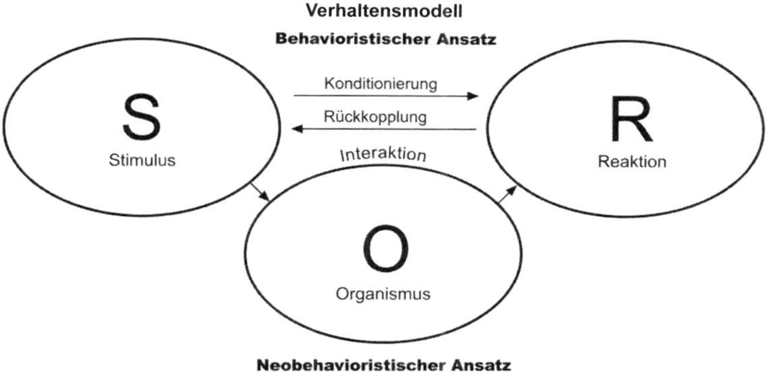

menwirken von → Handelspromotion und → Händlerpromotion.

Verkaufsanalyse, Bewertung der Verkaufsergebnisse des → Außendienstes, die mithilfe von Leistungskennziffern durchgeführt werden kann. Leistungskennziffern sind z.B. der Kundenumsatz bzw. -deckungsbeitrag; die Kundenbesuche pro Tag, Woche, Monat; die Zahl der gewonnenen Neukunden bzw. des Verlustes von Altkunden; Ergebnisse von → Verkaufsaktionen bzw. → Verkaufswettbewerben etc. Die primären Leistungskennziffern sind → Umsätze und Deckungsbeiträge. Kontinuierlich durchgeführte V. sind ein gut funktionierendes Kontrollinstrument zur Feststellung von Soll-Ist-Abweichungen, die wiederum nach einer detaillierten Ursachenanalyse zur → Außendienststeuerung herangezogen werden können (→ Vertriebscontrolling).

Verkaufsargumentation, wesentlicher Teil der → Verkaufstechniken im → Verkaufsgespräch (→ persönlicher Verkauf). Die V. umfasst die überzeugende Auslobung der → Qualität des Leistungsangebots und seiner Preisattraktivität mit dem Ziel der → Preisdurchsetzung. Eine weitere und bez. des erfolgreichen Verkaufsabschlusses sehr wichtige Aufgabe der V. ist die für den → Kunden zufriedenstellende Behandlung von Kundeneinwänden, die vom Verkäufer ungeachtet ihres objektiven Werts immer ernst genommen werden müssen. Das gilt insb. für berechtigte Einwände, mit denen sich der Verkäufer argumentativ auseinandersetzen muss. – Vgl. auch → Beschwerdemanagement.

Verkaufsaußendienst, → Außendienst.

Verkaufsautomat, → Vending.

Verkaufsbericht, → Außendienstberichtssystem.

Verkaufsbezirk, geografisch abgegrenztes Gebiet als Verkaufsgebiet für → Reisende, → Handelsvertreter, → Fahrverkäufer. Mit der Abgrenzung des V. kann auch ein → Gebietsschutz verbunden sein.

Verkaufsbezirkseinteilung, Zuordnung der Kunden auf die Mitarbeiter im → Außendienst. Die V. ist ein wesentlicher Bestandteil der → Verkaufsorganisation und dient vor allem der intensiven Kundenpflege und -akquisition und zudem der → Außendienststeuerung und dem → Vertriebscontrolling. Wesentliche Kriterien für die V. sind u.a. das Kunden- und Umsatzpotential, die räumliche Verteilung der Kunden und die Konkurrenzstruktur.

Verkaufsbudget, Erfassung der zu erwartenden → Absatzmengen und → Umsätze und der diesen Ergebnissen zurechenbaren → Kosten. Die Festlegung des Verkaufsetats weist die gleichen Formen und auch Schwierigkeiten wie das → Kommunikationsbudget auf. Üblicherweise wird die Budgetierung gekoppelt an den → Absatz, → Umsatz, → Gewinn, → Deckungsbeitrag, → Marktanteil, an das Konkurrenzbudget, Verkaufseinheiten oder einfach an die vorhandenen finanziellen Mittel. Die einzig sinnvolle Budgetierungsform ist auch hier die Mittelfestlegung und Mittelverteilung nach möglichst konkreten → Verkaufszielen.

Verkaufsdemonstration, gezielter Einsatz von Demonstrationsmaterial im → persönlichen Verkauf, um den → Kaufentscheidungsprozess gezielt in Richtung des Leistungsangebots zu lenken. Mithilfe der V. ist es überdies möglich, Kundeneinwände objektiv auszuräumen und als unfreundlich empfundene Belehrungen zu vermeiden.

Verkaufseinheits-Budgetierung, an der Produkt- bzw. Verkaufseinheit orientierte → Werbebudgetierung. Das Verfahren weist eine große Ähnlichkeit mit der

→ umsatzbezogenen Budgetierungsmethode auf und ist in gleicher Weise zu bewerten.

Verkaufsfahrt, Verkaufsveranstaltung für → Konsumgüter. Eine Variante der V. waren die „Butter- und Kaffeefahrten". Allerdings sind sie wegen ihres möglichen → psychologischen Kaufzwangs wettbewerbsrechtlich, nach dem → Gesetz gegen den unlauteren Wettbewerb (UWG), nicht erlaubt. – Vgl. auch → Duty-Free-Shop.

Verkaufsfläche, Teil der Gesamtfläche eines Handelsunternehmens, auf dem der → Verkauf erfolgt. Die amtliche Statistik schließt Treppen-, Schaufenster- und Freiflächen, nicht aber Parkplatzflächen in die V. ein.

Verkaufsförderung, *Sales Promotion,* absatzstimulierende Maßnahmen am → Point of Purchase. Begriffliche Definition und Abgrenzung zu → Absatzförderung und → Merchandising sind in Theorie und Praxis sehr unterschiedlich. Die V. ist die dritte wesentliche → Kommunikationsform neben der klassischen → Produktwerbung und der → Imagewerbung, wobei letztere eine deutliche Nähe zu den → Public Relations aufweist. Die V. umfasst alle Maßnahmen im → Marketing-Mix zur zielorientierten Unterstützung des → Verkaufs. Ihre Aktivitäten sind fokussiert auf die kommunikativen und distributiven Maßnahmen am Verkaufspunkt. Daraus kann aber nicht nur eine taktisch-operative Bedeutung abgeleitet werden. Die V. hat auch eine strategische Bedeutung im Marketing. – Vgl. auch → Below the line-Kommunikation.

Verkaufsgebiet, → Verkaufsbezirk.

Verkaufsgebietseinteilung, → Verkaufsbezirkseinteilung.

Verkaufsgespräch, wichtigste Form der → Transaktion zwischen Verkäufer und → Käufer im → persönlichen Verkauf. Das V. sollte nach den folgenden Stufen verlaufen:

- Begrüßung (Gesprächseröffnung),
- Stellen von Fragen (Bedürfnisermittlung),
- Demonstration des Angebots (Merkmale, Vorteile und Nutzen),
- Einwandwiderlegung,
- Verkaufsabschluss,
- Verabschiedung und
- Empfehlung.

Vgl. auch → neurolinguistische Programmierung (NLP).

Verkaufsgremium, → Selling Center.

Verkaufsleitung, → dispositiver Faktor zur Planung, Steuerung und Kontrolle des → Außendienstes. Einige → Verkaufsorganisationen fassen den Außendienst und → Innendienst unter der V. zusammen. In anderen Fällen werden die Leitungen Außendienst und Innendienst einer übergeordneten Vertriebsleitung unterstellt.

Verkaufsmanagement, → Verkaufsleitung.

Verkaufsmethode, Teil der → Absatzmethode, durch den die diversen Verkaufsformen bestimmt werden. Der Begriff ist nicht exakt definierbar, da er auf alle Formen des → Verkaufs ausgedehnt werden kann. Die klassische V. der Industrie und des → institutionellen Handels ist der → persönliche Verkauf durch unternehmenseigene (→ Reisende) und/oder unternehmensfremde (→ Handelsvertreter) → Verkaufsorgane oder → Absatzformen. Neben den üblicherweise stationären Formen des institutionellen Handels haben in den letzten Jahren der nichtstationäre → Versandhandel und der → Telefonverkauf als eine spezifische Ausprägung des → Direktmarketings erheblich an Bedeutung gewonnen. Weitere V. sind das → Onlineshopping und die diversen Formen des → Homeshoppings, die vom klassischen → Heimdienst bis hin zum → Homebanking reichen.

Verkaufsmobil, → Verkaufswagen.

Verkaufsniederlassung, unternehmenseigene Verkaufsfiliale, die Aufgaben des → Verkaufs, aber auch des → Service übernimmt (→ Lieferservice oder → Kundenservice). Vielfach sind an der V. auch → Außenlager angeschlossen. Die V. dient in erster Linie einer möglichst dichten Kundennähe.

Verkaufsorgan, → Absatzform entweder in unternehmenseigener oder auch unternehmensfremder Form. Mischformen sind in der Praxis üblich. Die V. stehen in einer engen Beziehung zu dem → Vertriebssystem und den → Absatzwegen. V. sind definitorisch abzugrenzen von den → Absatzmittlern.

Verkaufsorganisation, organisatorische Strukturierung des → Außendienstes in Verbindung mit dem → Innendienst. Die wichtigsten Organisationsformen sind die regionale Gliederung nach Verkaufsgebieten und/oder die kundenorientierte Ausrichtung. Trend ist eine duale Organisation, eine regionale Gliederung in Verbindung mit einem → Key-Account-Management. Damit sind jedoch in der Praxis vielfach auch erhebliche Koordinationsprobleme wie Produkt- vs. Kundenorientierung verbunden.

Verkaufsprämie, leistungsorientierte Zusatzvergütung für Außendienstmitarbeiter. → Prämien sind an Vorgaben gekoppelt, z.B. → Umsatz, Neukundengewinnung, Ergebnisse bei → Verkaufswettbewerben. Eine Variante der V. sind die → Incentives als temporäre Leistungsanreize. – *Gegensatz:* → Verkaufsprovision.

Verkaufspreis, *Verkaufsrechnungspreis,* → Preis, der dem → Abnehmer in Rechnung gestellt wird.

Verkaufsprovision, variable Leistungsvergütung, die im → Verkauf zur Leistungssteigerung eingesetzt wird. Die üblichen Formen sind Provisionen für → Umsätze und/oder für erzielte → Deckungsbeiträge. – *Gegensatz:* → Verkaufsprämie.

Verkaufspsychologie, Teil der angewandten → Psychologie, dessen Untersuchungsgegenstand die → Interaktionsprozesse in den Verkäufer-Käufer-Beziehungen sind. Ein wesentlicher Kern der V. ist die → Interaktionstheorie. Die Erkenntnisse der V. dienen der Gestaltung des → Transaktions- und → Interaktionsmarketings und vor allem der Entwicklung und des Einsatzes der → Verkaufstechniken im → persönlichen Verkauf.

Verkaufsquote, periodenbezogene Sollvorgabe hinsichtlich der zu erzielenden Absatzergebnisse für den → Außendienst oder auch für → Absatzmittler. Die V. ist abgeleitet aus den → Verkaufszielen. → Umsatzvorgaben sind in der Praxis die häufigste Form. Sie werden auf die einzelnen → Absatzorgane bzw. → Verkaufsorgane bezogen, vielfach differenziert nach → Verkaufsbezirken.

Verkaufsrichtlinie, präzise Vorgabe für den → Außendienst, die neben den allgemeinen Informationen z.B. zum → Produktprogramm, einer detaillierten Aufgabenbeschreibung (vor allem → Verkaufsquoten), die → Vertriebspolitik und das geltende → Konditionensystem umfasst. Die V. ist vielfach auch in einem Verkäuferhandbuch niedergelegt, das für alle → Verkaufsorgane verbindlich ist. Festlegung und kontinuierliche Überprüfung der Einhaltung der V. bzw. Vertriebsrichtlinien sind ein fester Bestandteil der Vertriebspolitik bzw. des → Vertriebscontrollings.

Verkaufsstelle, üblicherweise das → Outlet von Handelsunternehmen, in denen der Warenverkauf erfolgt. Weniger ausgeprägt sind herstellereigene V., wenn man von → Factory Outlets absieht. Weitere Berührungspunkte ergeben sich durch die werksgebundenen → Vertriebssysteme. Sie treten im → Markt wie eigenständige → Filialunternehmen auf.

Verkaufssteuerung, → Außendienststeuerung.

Verkaufsstil, Art und Weise des operativen → Verkaufs. Im Wesentlichen wird unterschieden in → Hard Selling und → Soft Selling. Bei → Marktsättigung und einem zunehmenden → Verdrängungswettbewerb tendieren die → Anbieter immer mehr zu einem „harten" Verkaufen. Dies ist jedoch eine kurzsichtige Betrachtungsweise. Langfristig ist nur ein „weiches" Verkaufen erfolgreich als eine auf die dauerhafte → Kundenzufriedenheit und damit auf → Kundenbindung fokussierte → Verkaufstechnik.

Verkaufstechnik, Maßnahmen und Mittel zur Optimierung des → Verkaufs. Das → Verkaufsgespräch ist eine der wichtigsten Formen.

Verkaufstest, → Store-Test.

Verkaufstraining, Schulungsmaßnahmen, um die fachliche, methodische und soziale → Kompetenz der Verkäufer zu verbessern. Die Lehrmethoden sind vielfältig und reichen vom Lehrvortrag mit Diskussion, Gruppenarbeiten, → Rollenspielen, Fallbehandlungen, → Planspielen bis hin zu Workshops und Training-on-the-Job. Ebenso vielfältig sind die eingesetzten Trainingsmedien. Durch Vergleiche vor/nach Training bzw. Vergleich der Gruppen mit/ohne Training kann der Trainingserfolg gemessen werden. Wichtig ist vor allem ein permanentes V., um den dauerhaften Erfolg sicherzustellen.

Verkaufsveranstaltung, → Verkaufsaktion, die der → Absatzförderung dient und mit den → Marktveranstaltungen eine gewisse Verwandtschaft aufweist. Beispiele für V. sind → Auktionen, → Einschreibungen, → Wochenmärkte etc. Diese sind wettbewerbsrechtlich, nach dem → Gesetz gegen den unlauteren Wettbewerb (UWG), unbedenklich.

Verkaufsverpackung, → Verpackung, die vom → Verbraucher zum → Transport und/oder bis zum Verbrauch oder Gebrauch der Ware verwendet wird.

Verkaufswagen, → Betriebsform des → ambulanten Handels, die große Ähnlichkeiten mit dem → Heimdienst aufweist. Die mobilen Verkaufsstellen führen ein Voll- oder Spezialsortiment an Nahrungs- und Genussmitteln (z.B. Brot- und Backwaren, Obst und Gemüse) und bieten ihre → Waren zu festgelegten Zeiten an wohnortnahen Halteplätzen an. Die bevorzugten Verkaufspunkte sind ländliche Gebiete und Stadtrandsiedlungen, in denen der → stationäre Einzelhandel unterrepräsentiert ist. – *Anders:* → Straßenhandel, → Wochenmarkt, → Markthandel und → Hausierhandel.

Verkaufswettbewerb, Leistungsanreiz für Außendienstmitarbeiter, die sich in Wettbewerben untereinander messen. Die typischen Anreize sind Geld- bzw. Sachprämien und die vielfältigen Formen von → Incentives. Die Wirkung von V. konnte bislang empirisch nicht nachgewiesen werden und ist kritisch einzuschätzen im Hinblick auf den wünschenswerten Teamgeist im Außendienst (→ Corporate Behavior) und damit auch auf die optimale Erreichung des Gesamtziels.

Verkaufsziel, aus dem → Unternehmensziel und daraus abgeleiteten → Marketingziel entwickeltes Sub-Zielsystem, das sich auf den → Verkauf bezieht. V. haben im Vergleich zu den Unternehmens- und Marketingzielen eher einen kurzfristigen Charakter und sind meist am → Absatz und → Umsatz orientiert. Durch z.B. Erhöhung der Verkaufsleistungen wird aber auch Einfluss genommen auf die Realisierung der Oberziele (z.B. → Gewinn). Insofern sind Abstimmungen zwischen den Ober-, Bereichs- und Unterzielen notwendig, um → Zielkonflikte und Zielinkonsistenzen zu vermeiden. Die Abstimmung erfolgt durch die → Top-down-Planung in Verbindung mit der → Bottom-up-Planung.

Verkauf unter Einstandspreis, → Untereinstandspreispolitik.

Verkehrsauffassung, nach → Wettbewerbsrecht die Auffassung der interessierten und beteiligten Verkehrskreise. Die V. ist nicht identisch mit der Meinung der → Verbraucher. In der Rechtsprechung gilt die V. des entscheidenden Richters, soweit er den beteiligten Verkehrskreisen angehört. Anderenfalls werden Sachverständigengutachten herangezogen.

Verkehrsgeltung, *Marktgeltung,* Begriff des → Wettbewerbsrechts. Die V. eines Produkts wird am → Bekanntheitsgrad gemessen, der juristisch weder nach seiner Form (passiv-gestützt, aktiv-ungestützt) noch in seiner Mindesthöhe eindeutig definiert ist. Vielfach werden als Mindesthöhe unspezifisch 10% bis 15% angenommen. Hat ein Produkt nach dieser Definition V., genießt es → Markenschutz. Die V. ist eines der konstituierenden Merkmale des → Markenartikels.

Verkehrsmittelwerbung, → Werbung an den Außen- und Innenflächen von öffentlichen und privaten Verkehrsmitteln.

Verkostung, *Degustation,* Kostprobe von meist Nahrungs- und Genussmitteln, die dem → Verbraucher meist im → stationären Einzelhandel und vielfach auch im → ambulanten Handel zum kostenlosen Probieren angeboten wird, um den → Kaufentscheidungsprozess ohne Ausübung eines → psychologischen Kaufzwangs gezielt in Richtung des Leistungsangebots zu lenken. Die V. ist eine Form der → Verbraucherpromotion und wird in der Regel von → Propagandisten durchgeführt.

Verlagsmarketing, absatzmarktbezogene Aktivitäten der Verlagswirtschaft. Differenziert wird in Vertriebs- und Anzeigenmarketing. Das V. ist somit auf zwei völlig unterschiedliche → Absatzmärkte gerichtet, nämlich einerseits auf den Käufer- bzw. Lesermarkt und andererseits auf den Anzeigenmarkt mit auch jeweils unterschiedlichen → Zielgruppen. Die Verbindung zwischen den beiden Märkten ergibt sich daraus, dass → Werbungtreibende durch → Anzeigen in Verlagserzeugnissen möglichst ohne → Streuverluste ihre Zielgruppen erreichen wollen. Daher müssen Vertriebs- und Anzeigenmarketing eng miteinander verkoppelt werden, ohne ihre notwendige Autonomie zu gefährden.

Verlagstypologie, → Käufertypologie, die zu Werbezwecken für → Medien vor allem von Verlagen entwickelt wird. Die Typologien basieren meist auf → Lifestyle-Konzepten. Ohne produktbezogene Variablen sind allgemeine Typologien für die Praxis unbrauchbar. V. bietet z.T. interessante Informationen zum → Konsumentenverhalten, sollten aber z.B. für die Entwicklung einer konkreten → Werbeplanung nur mit großer Vorsicht als Entscheidungshilfe herangezogen werden.

Vermittlungsvertreter, → Handelsvertreter, der nur berechtigt ist, als → Einfirmen- oder → Mehrfirmenvertreter Geschäfte zu vermitteln, nicht aber abzuschließen. – *Gegensatz:* → Abschlussvertreter.

Vernetzung, → Datenverbundsysteme als elektronischer → Datenträgeraustausch in einem → Unternehmen und/ oder zwischen verschiedenen Unternehmen. Unternehmensintern sind Datenverbundsysteme die Basis für → Vertriebs-, → Marketing- und → Management-Informationssysteme.

Verpackung, Umhüllung von → Gütern und Objekten zum Zweck des Inhalt- und → Umweltschutzes, der Lagerungs-,

Transport-, Verkaufs- und der Nutzungserleichterung sowie -ermöglichung. Nach der → Verpackungsverordnung wird unterschieden in → Transport-, → Um- und → Verkaufsverpackungen. Die V. besteht nach der Norm DIN 55405 aus dem Packstoff, dem Packmittel und dem Packungshilfsmittel. Packstoff ist der Werkstoff, z.B. Holz, Papier, Pappe, Kunststoff, Glas, aus dem die Verpackung hergestellt wird. Packmittel ist das Erzeugnis, z.B. Kiste, Karton, aus dem Packstoff, das dazu dient, das Packgut zu umhüllen. Packhilfsmittel dienen zusammen mit dem Packmittel dazu, ein Gut zu verpacken, z.B. Leim, Nägel, Folien, Klebebänder.

Verpackungsgestaltung, über die eigentlichen Funktionen der → Verpackung hinausgehende Gestaltung, die kommunikativen Charakter hat. Die Gestaltungsmittel sind Material, Form, Farbe, Zeichen und Beschriftung. Die V. soll sich einfügen in die Einheit aus → Produkt- und → Packungsdesign, ohne dabei ihre logistischen Hauptfunktionen zu vernachlässigen oder sogar zu verletzen.

Verpackungsverordnung, Verordnung zur Vermeidung von Verpackungsabfällen, die ein stufenweises Inkrafttreten festlegt. Danach sind Hersteller und Händler nach dem Verursacherprinzip zur Rücknahme und Wiederverwertung von → Verpackungen verpflichtet. Es gelten verbindliche Erfassungs-, Sortier- und Verwertungsquoten. Die Verordnung unterscheidet nach → Transport-, → Um- und → Verkaufsverpackungen. Transportverpackungen (B. Kisten, Kartonagen) dienen dem Schutz der → Waren auf dem Weg vom Hersteller zum Händler, Umverpackungen (z.B. Folien) der Selbstverkäuflichkeit und dem Diebstahlschutz wie auch die Verkaufsverpackungen (z.B. Blister). Für Umverpackungen und Verkaufsverpackungen gelten die Rücknahmepflicht des → institutionellen Handels in oder bei der Verkaufsstelle und die Sortierpflicht.

Verpflegungsbetrieb, gastronomischer Betrieb, der z.T. auch mit → Beherbergungsbetrieben verbunden ist. Die vielfältigen Formen der selbstständigen und unabhängigen oder als System des → Franchising institutionalisierten V. (→ Fastfood) sind zu unterscheiden von der betrieblichen Zwischenverpflegung, die von den Unternehmen selbst oder von Fremdunternehmen (→ Catering) durchgeführt wird.

Verrechnungspreis, monetäre Bewertung von Lieferungen und Leistungen zwischen verschiedenen Einheiten eines → Unternehmens oder Konzerns. Zu unterscheiden sind kostenorientierte und marktpreisorientierte V. Insb. in stark diversifizierten Unternehmen haben V. eine große Bedeutung. – Vgl. auch → Transferpreis.

Verrichtungsorganisation, → Funktionengliederung.

Verrichtungsprinzip, → Funktionengliederung.

Versand, Auslieferung der Aufträge aus dem → Lager.

Versandhandel, → Betriebstyp des → Einzel- und → Großhandels, der nichtstationär und charakterisiert ist durch die physische Distanz von → Käufer und Verkäufer sowie durch die physische Distanz von → Käufer und → Ware. Die typische Form des Absatzkontaktes ist der → Katalog. Er kann ergänzt werden durch → elektronische Medien oder auch durch → Sammelbestellersysteme. Der V. ist eine spezifische Form des → Direktvertriebs und lässt sich grob unterscheiden nach → Sortimentsversandhandel und → Spezialversandhandel.

Versandverpackung, → Verpackung, die in ihren spezifischen Ausprägungen im → Versandhandel eine besondere Bedeutung hat.

Verschlüsselung, → Codierung.

Versicherungsmarketing, absatzmarktbezogene Aktivitäten der Individualversicherungen. Der Einsatz der → Marketinginstrumente konzentriert sich aufgrund der aufsichtsrechtlichen Bestimmungen auf die → Kommunikationspolitik und → Distributionspolitik. Besonders wichtig ist bei Versicherungen das → Nachkaufmarketing bzw. der → After-Sales-Service, z.B. bei Schadensregulierungen, die häufig zur Kundenunzufriedenheit führen.

Versorgungshandel, im Vergleich zum → Erlebnishandel steht die reine Versorgung der → Konsumenten mit Waren oder Dienstleistungen im Vordergrund. Die → Preispolitik hat die höchste Priorität. Die Handelsunternehmen streben, vor allem für Nahrungs- und Genussmittel, ein für den Konsumenten optimales → Preis-Leistungs-Verhältnis an.

Versorgungszentrum, Form des → Einkaufscenters, in dem durch ein breites Angebot von Produkten und → Dienstleistungen dem → Verbraucher die Möglichkeit einer umfassenden Vollversorgung offeriert wird. – Vgl. auch → One-Stop-Shopping, → Verbundkauf.

Verstärkerprinzip, Grundlage der kognitiven → Lerntheorie, die vom → Lernen durch Versuch und Irrtum oder Lernen am Erfolg, z.B. im Sinne einer sozialen Anerkennung, ausgeht. Das → Verhalten wird entscheidend geprägt durch Erfahrungen wie Belohnungen und Bestrafungen. Belohnungen wirken verhaltensverstärkend, Bestrafungen verhaltensmindernd bzw. -verändernd.

Versteigerung, → Auktion.

Versteinerungsphase, sechste und letzte Phase im → Produkt-Lebenszyklus, in der die Umsatzfunktion parallel zur Zeitabszisse verläuft. Die Umsatzbasis wird auf Höhe des Endpunktes der → Degenerationsphase plafondiert und keine → Produktelimination vorgenommen. Hauptgrund für diese Entscheidung ist, die → Produkttreue der → Nachzügler zu erhalten, soweit dadurch keine zusätzlichen → Marketingbudgets notwendig werden. Überdies ist mit jeder Produktelimination auch die Gefahr eines negativen → Imagetransfers auf das übrige → Produktprogramm und auf das → Unternehmensimage verbunden. Das gilt insb. für die → Markenpolitik unter einem Firmendach (→ Umbrella-Marke).

vertikale Diversifikation, Form der → Diversifikation, durch die das → Unternehmen auf vor- und/oder nachgelagerten → Absatzmärkten bzw. Wirtschaftsstufen tätig wird. Diese Form der Diversifikation wird auch → Rückwärts- bzw. → Vorwärtsintegration genannt. Die v.D. weist eine Reihe von Gefahrenpunkten auf. So wird durch die Rückwärtsintegration die Abhängigkeit von Zulieferern wohl verringert, aber das Risiko bei einer möglichen Branchenstrukturkrise auf dem Absatzmarkt erhöht. Durch die Vorwärtsintegration werden wohl neue Kunden gewonnen, doch die bisherigen Kunden werden zu → Wettbewerbern. Dies ist insb. ein Problem für Hersteller, die in den → Handel diversifizieren. – Vgl. auch → horizontale und → laterale Diversifikation.

vertikale Kooperation, Zusammenarbeit von wirtschaftlich selbstständigen Unternehmen auf unterschiedlichen Wirtschaftsstufen. V.K. bilden häufig die Form der Zusammenarbeit von Herstellern und Händlern (→ Kontraktmarketing) aber auch von Groß- und Einzelhandelsunternehmen (→ Verbundgruppe). Weitere Formen der v.K. sind die → Vertriebsbindungen, das → Depotsystem, und das → Franchising. – *Anders:* → horizontale Kooperation.

vertikale Marketingstrategie, eine langfristig orientierte Optimierung des → vertikalen Marketings zur Reduzierung der Spannungen zwischen Industrie und → Handel auf die konstitutiv bedingten

Unterschiede. Dazu zählen [nach W. Irrgang (1989)] aus Hersteller- wie Handelssicht die Selektionsstrategie in Verbindung mit dem Ausbau des → Beziehungsmanagements, die Stimulierungsstrategie und vor allem die Kontraktstrategie.

vertikale Preisbindung,
→ Preisbindung der zweiten Hand.

vertikale Preisempfehlung,
→ Preisempfehlung.

vertikale Produktdifferenzierung, Veränderung der → Produkteigenschaften in der stofflich-technischen Grundstruktur. – Vgl. auch → horizontale Produktdifferenzierung.

vertikales Denken, logisch-analytisches → Denken. – *Gegensatz:* → laterales Denken.

vertikales Marketing, Problematik, die auf verschiedenen → Distributionsstufen entwickelten → Marketingstrategien zu koordinieren. Die Problemursachen sind: Machtkonflikte und die damit verbundenen Rollenkonflikte, Zielkonflikte, unterschiedliche → Formalziele von Herstellern und Händlern, Informationsvorsprünge vor allem des → Einzelhandels durch z.B. → Scanning. Zu den Instrumenten einer vertikalen Koordination zählen u.a. die verschiedenen Formen der → vertikalen Marketingstrategien und → vertikalen Kooperationen.

Vertragsfertigung, Form der → Kooperation rechtlich und wirtschaftlich selbstständiger → Unternehmen, bei der im Vergleich zur Vergabe einer → Lizenz der Auftragnehmer bei der Fertigung nach genauen Anweisungen des Auftraggebers vorzugehen hat. Der Auftraggeber übernimmt in der Regel eine Abnahmegarantie und den → Vertrieb der hergestellten Erzeugnisse. Die Fertigungsvergabe empfiehlt sich bei einer kostengünstigeren → Produktion durch den oder die Partner. – Vgl. auch → Outsourcing.

Vertragshändlersystem, strenge Form der → Vertriebsbindung als Typ der → vertikalen Kooperation, bei der die → Absatzmittler fest in das → Vertriebssystem des Lieferanten eingebunden sind. Vielfach bezieht sich die Bindung im Sinne einer Einflussnahme auf das gesamte → Sortiment, die → Logistik, → Werbung, → Verkaufsaktionen, Schulung der Verkäufer etc. Die eigentliche Bindung betrifft aber die Verpflichtung des Vertragshändlers, das Herstellersortiment exklusiv zu führen und die Preis-, Rabatt- und Lieferbedingungen zu erfüllen. Weiter werden zu erbringende Serviceleistungen und Mindestumsätze, Mindestabnahmemengen etc. vereinbart. Als Gegenleistung wird den Vertragshändlern → Gebietsschutz gewährt und sie erhalten Marketingunterstützung. Mit dem V. ist als Hauptziel die Renditesicherung für die Vertriebspartner verbunden.

Vertrauen, Verlässlichkeit von → Informationen und Verhaltensweisen, deren Wahrheitsgehalt nur schwer oder gar nicht überprüfbar ist. Das V. steht damit in einer engen Beziehung zur → Glaubwürdigkeit und spielt daher z.B. für → Kundenzufriedenheit, → Kundenbindung und → Kundentreue eine entscheidende Rolle. Vertrauensenttäuschungen bei den Interaktionspartnern und → Interaktionsprozesse können zu erheblichen Imageverlusten des Verursachers führen.

Vertrauensbereich,
→ Konfidenzintervall.

Vertreter, → Handelsvertreter.

Vertrieb, Vermittlungs- und Kontraktfunktion zwischen → Produktion und Konsumtion, wobei die Konsumtionsfunktion auch die Eigenschaften einer Gebrauchsfunktion haben kann und die Produktion im wirtschaftlichen Sinne auch die verschiedenen Formen von → Dienstleistungen einbezieht.

Vertrieb, exklusiver, → exklusiver Vertrieb.

Vertriebsbindung, vertikale → Absatzbindung, die dem → Handel durch den Hersteller Beschränkungen auferlegt oder umgekehrt dem Hersteller durch den Handel. V. sind konzeptioneller Bestandteil der → Absatzwegepolitik und unerlässlich für die Durchsetzung und Aufrechterhaltung der → selektiven Absatz- und → selektiven Vertriebspolitik. Sie unterliegen nach → Gesetz gegen Wettbewerbsbeschränkungen (GWB) der Missbrauchsaufsicht der Kartellbehörde. Die z.T. umfangreichen vertraglichen Regelungen konstituieren die → vertikale Kooperation. Soweit sich Hersteller gegenseitig verpflichten, nur bestimmte → Handels- bzw. → Distributionskanäle zu beliefern, handelt es sich um eine horizontale V. Ihre Bedeutung hat jedoch erheblich abgenommen aufgrund der Vermischung der Handelsbetriebstypen und der → Handelskonzentration.

Vertriebscontrolling, Teilsystem des → Marketingcontrollings, das sowohl einen strategischen als auch operativen Inhalt hat. Das strategische V. umfasst die systematische Prüfung und Bewertung der Vertriebs- und → Absatzplanung. Dadurch soll die Möglichkeit zur frühzeitigen Korrektur strategischer Entscheidungen gegeben werden. Im Vergleich dazu hat das operative V. die Aufgabe, die ergriffenen Vertriebs- und Absatzmaßnahmen dahingehend zu überprüfen, ob sie sich als geeignet und zufriedenstellend erwiesen haben, die operational formulierte → Vertriebspolitik umzusetzen. Einbezogen in das Aufgabenfeld sind die → Abweichungsanalyse und konkrete Maßnahmenempfehlungen zur Beseitigung der → Abweichung und Strategierealisation.

Vertriebsforschung, Untersuchung der → Absatzwege in Bezug auf ihre Bedeutung für die eigenen → Angebote und die der → Wettbewerber. Damit verbunden ist auch die Untersuchung von Absatzkanal-Präferenzen bei bestimmten Verbrauchergruppen, die z.B. wichtig sind für die → Marktsegmentierung und die Gestaltung der → Vertriebskonzeption.

Vertriebsgebiet, → Absatzgebiet.

Vertriebsgemeinschaft, → Vertriebskooperation.

Vertriebsgesellschaft, rechtlich selbstständige Gesellschaft, die für das Produktionsunternehmen den → Vertrieb übernimmt. Hierbei ist das Produktionsunternehmen Eigner der V. oder an dieser wesentlich beteiligt. Weiter ist möglich, dass die V. als Gemeinschaftsunternehmen von mehreren Herstellern betrieben wird (→ horizontale Kooperation).

Vertriebs-Informationssystem, Teilsystem des → Marketing-Informationssystems, das in weitere Module zerlegt werden kann. Dazu zählen die:

- Kunden-Datenbank,
- A-B-C-Analyse,
- Verkaufsstatistik,
- Vertriebserfolgsrechnung,
- Außendienstberichte,
- Absatzplanung etc.

Im Hinblick auf die notwendigerweise zunehmende Markt- und Kundenorientierung erweist sich das V-I. in Verbindung mit Konkurrenzanalysen und Markt-Informationssystemen immer mehr als das Herzstück des Marketing-Informationssystems.

Vertriebskooperation, vor allem → horizontale Kooperation von Herstellern, die den gemeinsamen → Vertrieb von bestimmten Leistungsangeboten zum Inhalt hat. V. von → Wettbewerbern sind wettbewerbsrechtlich, nach dem → Gesetz gegen Wettbewerbsbeschränkungen (GWB), nicht unbedenklich.

Vertriebskosten, alle → Kosten, die im → Vertrieb und seinen Teilfunktionen entstehen. Die Erfassung der V. weist zwei Hauptprobleme auf. Zunächst ist es in vielen → Unternehmen sehr schwierig, den Vertriebsbereich von anderen Unternehmensbereichen abzugrenzen. Damit ist auch die Inhaltsabgrenzung des Vertriebs verbunden. Das zweite Problem betrifft die Differenzierung in → Einzelkosten und → Gemeinkosten. Ein typisches Beispiel für diese Problematik sind wesentliche Teile der Personalkosten, die sich wohl über eine Vertriebskostenstellenrechnung zurechnen lassen, jedoch aufgrund ihres Gemeinkostencharakters nicht auf die → Kostenträger verrechnet werden können.

Vertriebsleitung, → Verkaufsleitung.

Vertriebslinien-Mix, → Vertriebs-Mix.

Vertriebslizenz, Übertragung des Rechts an einen Lizenznehmer, den → Vertrieb eines Produkts oder einer Dienstleistung in einem definierten → Absatzgebiet durchzuführen.

Vertriebsmanagement, → dispositiver Faktor für die Gestaltung der strategischen wie auch operativen → Vertriebspolitik. Die wichtigsten Aufgaben des V. liegen in den operativen Bereichen der → Außendienststeuerung, d.h. der → Absatz- und → Umsatzplanung. Damit verbunden sind → Abweichungsanalysen und die Beseitigung von → Abweichungen.

Vertriebs-Mix, *Vertriebslinien-Mix,* Untergruppe des → Distributions-Mix, die sich primär auf die → Absatzmethode bezieht. Hierbei wird unter Mix neben der Optimierung vor allem die Verknüpfung mehrerer Distributionsformen verstanden. So können bei den → Vertriebssystemen z.B. selbstständige → Absatzmittler als → Verkaufsorgane kombiniert werden mit herstellereigenen → Factory Outlets. Bei den Absatzformen wird von vielen Unternehmen der duale Einsatz von → Reisenden und → Handelsvertretern seit Jahren mit Erfolg praktiziert. Auch hinsichtlich der Wahl der → Absatzwege sind Kombinationen von → Direktvertrieb und → indirektem Vertrieb möglich. Diese Verbindung spielt insb. im → Handel eine wichtige Rolle. So lassen sich z.B. → Direktmarketing und → Versandhandel, → Fachhandel und → Fachmärkte, → Warenhäuser und → Einkaufscenter, → Fachgeschäfte und → Discounter sehr gut miteinander kombinieren. Diese Entwicklung ist im Rahmen der → Diversifikation bei Herstellern und Handelsunternehmen bei weitem noch nicht abgeschlossen.

Vertriebsorganisation, → Verkaufsorganisation.

Vertriebsplanung, → Absatzplanung.

Vertriebspolitik, Form der → Absatzpolitik, die sich primär auf die → Absatzwegepolitik bezieht. Hierbei ist aus Herstellersicht eine der wichtigsten strategischen Entscheidungen die Wahl der → Absatzmittler. Hinzu kommen die Entscheidungen bez. Der → Absatzmethode und der → Marketing-Logistik. Die V. hat grundsätzlich einen konstitutiven und damit langfristigen Charakter.

Vertriebssteuerung, → Außendienststeuerung.

Vertriebssystem, elementarer Bestandteil der → Absatzmethode. Zu unterscheiden sind werkseigene, werksgebundene und werksfremde V. Das → Franchising hat sich in den letzten Jahrzehnten als eine wichtige Form der werksgebundenen V. herauskristallisiert.

Vertriebsweg, → Absatzweg.

Vertriebswegepolitik, → Absatzwegepolitik.

Verursachungsprinzip, Prinzip, nach dem die → Kosten verursachungsgemäß den → Kostenstellen und → Kostenträgern zugerechnet werden müssen.

Verwechslungsgefahr, → Irreführung der → Verbraucher durch z.B. → Nachahmung fremder → Produkte oder Leistungen. Dadurch werden in aller Regel auch gewerbliche → Schutzrechte verletzt. Entscheidend für den Tatbestand einer V. ist der nach → Verkehrsauffassung bestehende Gesamteindruck einer sehr großen Ähnlichkeit zwischen der nachgeahmten und der nachahmenden Leistung. Die V. ist umso größer, je bekannter die Kennzeichnung und/oder je enger die Waren- und Branchennähe sind.

Verweigerungsquote, → Ausfallquote bei → Befragungen, die zum Problem der → Repräsentanz bezogen auf die → Grundgesamtheit der → Stichprobe führt.

Verwender, Anwender von → Produkten, kein → Konsument. Der Verwenderbegriff bezieht sich in der Regel auf → Konsumtivgüter. Bei → Produktivgütern erfolgt die Abgrenzung zu den → Käufern. Die begriffliche Unterscheidung ist wichtig bei der Analyse von → Kaufentscheidungen, die sich auf die Käufer beziehen. Diese sind nicht unbedingt identisch mit Konsumenten bzw. Verwendern, und zwar sowohl im Konsumtiv- als auch Produktivgüterbereich.

Video, → Kommunikationsmedium, das bisher für die → Werbung noch keine wesentliche Bedeutung hat.

Videokonferenz, Informationsaustausch zwischen mehreren, räumlich getrennten Gesprächspartnern mithilfe der Videotechnik.

Video-Mall, *Video-Einkaufszentrum,* ein → Einkaufscenter, das eine besondere Form des → Teleshoppings darstellt. Hierbei betreiben die → Anbieter eigene Teleshopping-Kanäle.

Video-on-Demand, *Video auf Anfrage,* kostenpflichtige Bestellung und Abruf von Videofilmen, die vom Nutzer jederzeit abgespielt werden können. Der Videofilm kann entweder über eine Internetverbindung oder einen Breitbandanschluss empfangen werden.

Videotext, Vermittlung von Informationen mithilfe der Videotechnik auf Fernsehgeräten.

virales Marketing, *Viral Marketing,* Form des → Direktmarketings, die als Weiterentwicklung der → Mundwerbung gilt. Ziel der → Kommunikationsform ist, → Informationen „viral“ zu verbreiten. Geeignete Medien sind diejenigen, die besonders schnell Botschaften übermitteln, z.B. das → Internet. Die neuen → Informations- und → Kommunikationstechnologien begünstigen die Entwicklung des v.M.

Virtual Community, Gemeinschaften im → Internet, die nach selbst definierten Verhaltensregeln regelmäßig miteinander kommunizieren. V.C. dienen der Informationsbeschaffung, Unterhaltung und gegenseitigen Hilfeleistung. Communities ermöglichen die → Kommunikation zwischen ihren Mitgliedern wie auch zwischen Unternehmen und Kunden Da in Communities auch persönliche → Daten preisgegeben werden, gelten sie als Basis für den Aufbau eines → Beziehungsmarketings. – Vgl. auch → Community Marketing und → Online Chat.

virtuelle Realität, künstliche Welt, die mithilfe der Informations- und Kommunikations-Technologien geschaffen wird und in die der Nutzer interaktiv eingebunden ist, z.B. Auto- und Flugzeugsimulatoren. Es können auch virtuelle Produkte durch den → Konsumenten als Co-Produzent geschaffen werden.

virtueller Markt, künstlicher durch Informations- und Kommunikations-Technologien geschaffener → Markt. – Vgl. auch → virtuelles Shopping, → Electronic Commerce, → elektronischer Marktplatz, → Electronic Business.

virtueller Meinungsführer, *fiktiver Meinungsführer,* Persönlichkeit des öffentlichen Lebens, der ungeachtet ihres speziellen Einflussgebietes eine umfassende Kompetenz zugeschrieben wird. – *Gegensatz:* → symbolischer Meinungsführer.

virtuelles Shopping, Simulation eines typischen → SB-Marktes mit seinen Regalfronten und Einkaufsstraßen im Computer. Der → Konsument kann sich am Bildschirm frei in dem Einzelhandelsgeschäft „bewegen", Produkte aus dem Regal nehmen und in seinen Einkaufswagen legen. Mithilfe des Simulationssystems können unterschiedliche Testbedingungen für die Ladenpräsentation wie → Ladengestaltung, → Ladenlayout, Regalplatzierung, → Regalflächenoptimierung und Produktpositionierung im Shopping-Labor konstruiert sowie optimale Kombinationen gefunden werden.

Vision Management, Entwicklung einer unternehmensspezifischen Vision, die Basis für die → Unternehmens- und → Marketingstrategie ist. Grundlage des V.M. ist die systematische Analyse der künftigen Entwicklungen des generellen Gesellschafts-, Markt- und Wettbewerbsumfeldes. V.M. soll notwendige Wandlungsprozesse fördern und die Ressourcenallokation zukunftsorientiert gestalten. – Vgl. auch → Szenariotechnik, → Portfoliomanagement.

Visualisierung, Form der bildhaften → Kommunikation von → Informationen. Die V. ist kein Ersatz für die → persönliche Kommunikation, sondern hat Verstärkerfunktion im Sinne einer Erhöhung der Gedächtniswirkung (→ Gedächtnistheorie).

Visual Merchandising, Form der → Warenpräsentation im → Einzelhandel, bei der die → Ware dem → Kunden so dargeboten wird, dass sie sich selbst ohne Unterstützung durch Verkäufer anbietet. Visuelle → Stimuli haben die Aufgabe, den gesamten → Nutzen, den das Angebot dem Käufer bietet, visuell darzustellen bzw. zu dramatisieren. Dies hat Konsequenzen für → Ladengestaltung, → Ladenlayout und → Interior Design. Die wichtigsten Gestaltungselemente sind Form, Farbe und Material der Ladengestaltung, Licht im Verkaufsraum, Flächengliederung und Kundenführung, Möblierung und Warenpräsentation, Decke und Boden des Verkaufsraums und insgesamt die Ladenatmosphäre, inklusive olfaktorischer und akustischer Reize. Das V.M. hat für alle → Bedienungssysteme eine zunehmend größere Bedeutung, vor allem aber für die → Selbstbedienung, bei der der Käufer im Wesentlichen auf sich selbst gestellt ist.

visuelle Kommunikation, → Bildkommunikation.

visueller Reiz, → Reiz, der etwa durch Form- und Farbgebung des → Angebots oder auch der → Werbemittelgestaltung eine → Kaufentscheidung des potentiellen oder aktuellen → Nachfragers herbeiführt.

VOB, Abk. für → Verdingungsordnung für Bauleistungen.

VOL, Abk. für → Verdingungsordnung für Leistungen.

Volatilität, Flüchtigkeit, die das gegenwärtige Verhältnis des → Konsumenten zu → Produkten, Menschen und Unternehmen kennzeichnet und sich in sinkender → Markentreue und auch Handelstreue und abnehmender Loyalität in persönlichen und beruflichen Beziehungen ausdrückt. Die Ursache der V. wird in der zunehmenden Wahlmöglichkeit von diversen Lebens- und Handlungsalternativen (→ Multioptionsgesellschaft) und der wachsenden Autonomie des Individuums gesehen.

Volkseinkommen, → Nettosozialprodukt zu Marktpreisen – indirekte Steuern

+ Subventionen. Das V. ist das Nettosozialprodukt zu → Faktorkosten.

volkswirtschaftliche Gesamtrechnung, quantitative Darstellung der wirtschaftlichen Zusammenhänge in einer Volkswirtschaft. Dazu wird eine sektorale Einteilung vorgenommen in → Unternehmen, private → Haushalte, Staat und Ausland, deren → Transaktionen als Ströme dargestellt werden. Die v.G. ist gegliedert in Entstehung, Verwendung und Verteilung, inklusive Umverteilung des → Sozialprodukts bzw. des → Volkseinkommens.

Vollerhebung, *Totalerhebung*, Erhebung, bei der im Vergleich zur → Teilerhebung alle Elemente der → Grundgesamtheit in die Untersuchung eingehen. Die V. spielt nur noch bei der amtlichen Statistik (→ Zensus) eine Rolle. In der → Marktforschung beschränkt man sich auf → Stichproben.

vollkommene Konkurrenz, *vollständige Konkurrenz,* → atomistische Konkurrenz, bei der einer Vielzahl von → Anbietern eine Vielzahl von → Nachfragern gegenübersteht. Die einzelnen → Marktanteile sind so gering, dass die Marktteilnehmer den → Marktpreis nicht beeinflussen können. Der Marktpreis ist ein Datum. Anbieter und Nachfrager sind reine Mengenanpasser. – Vgl. auch → vollkommener Markt. – *Gegensatz:* → unvollkommene Konkurrenz, → monopolistische Konkurrenz.

vollkommener Markt, → Marktform, bei der das → Gesetz der Unterschiedslosigkeit gilt. Es sind folgende Bedingungen erfüllt: → Homogenität der → Angebote, keine → Präferenzen aller Marktteilnehmer, unendlich schnelle Anpassungs- bzw. Reaktionsgeschwindigkeit aller Marktteilnehmer, absolute → Markttransparenz, Gültigkeit des → erwerbswirtschaftlichen Prinzips, freier Marktzugang. – *Gegensatz:* → unvollkommener Markt.

Vollkostenrechnung, bei diesem Verfahren der → Preiskalkulation werden alle → Kosten, sowohl → Einzel- als auch → Gemeinkosten den → Kostenträgern zugerechnet. Das übliche Kalkulationsverfahren ist die → Zuschlagskalkulation. Sie geht in der Weise vor, dass die Materialeinzelkosten und Materialgemeinkosten zu Materialkosten zusammengefasst werden. Materialkosten plus Lohneinzelkosten und Lohngemeinkosten (Fertigungskosten) bilden die Herstellkosten. Durch Hinzufügung der Verwaltungs- und Vertriebsgemeinkosten und der Sondereinzelkosten der Fertigung und des Vertriebs erhält man die → Selbstkosten. Der Gewinnaufschlag auf die Selbstkosten führt zum Angebotspreis. Die V. weist eine Reihe von schwerwiegenden Problemen auf. Das erste Hauptproblem betrifft die willkürliche Gemeinkostenschlüsselung. Dadurch wird dem → Verursachungsprinzip nicht entsprochen. Das zweite Problem liegt in der Konstruktion eines Angebotspreises, dem → Kostenpreis, der in der Regel nicht mit dem realisierbaren → Marktpreis übereinstimmt. Eine modernere Variante der V. ist das → Target Pricing, das aber bereits Ähnlichkeiten mit der → Deckungsbeitragsrechnung und → Prozesskostenrechnung aufweist. – *Gegensatz:* → Teilkostenrechnung.

Vollsortiment, Abdeckung des Gesamtbedarfs der → Verbraucher. Im Allgemeinen umfasst das V. Nahrungs- und Genussmittel, Bekleidung, Haushaltsausstattung und Einrichtung und ist mehr breit als tief. – Vgl. auch → Teilsortiment.

Vorbild, soziales, → Bezugsgruppe oder → Sozialisator, die/der einen → sozialen Einfluss auf andere Personen ausübt. Zur Einflussnahme werden vielfältige soziale Machtmittel eingesetzt.

Vorhersage, → Prognose.

Vorkalkulation, Ermittlung der → Selbstkosten auf der Basis von → Plankosten für die → Preiskalkulation. – Vgl. auch → Nachkalkulation.

Vorratspolitik, Teilbereich der → Marketing-Logistik, der einen entscheidenden Einfluss auf den → Lieferservice ausübt. Die Vorratshaltung muss sich am künftigen Bedarf orientieren. Daraus ergibt sich die Notwendigkeit einer möglichst genauen → Absatzplanung, die wiederum die → Beschaffung beeinflusst.

Vorspannangebot, besondere Form des → Koppelungsgeschäfts, bei der der Kauf einer extrem preisgünstigen Ware oder Leistung vom Erwerb einer anderen Ware oder Leistung zum regulären Preis abhängig gemacht wird. Ziel von V. ist, das Interesse des Käufers auf die Nebenware zu lenken und von der Prüfung der Hauptware hinsichtlich → Qualität und → Preis-Leistungs-Verhältnis abzulenken. V. sind grundsätzlich als wettbewerbsrechtlich, nach dem → Gesetz gegen den unlauteren Wettbewerb (UWG), bedenklich bzw. unzulässig einzustufen. – Vgl. auch → Self Liquidating Offer.

Vorurteil, vorgeprägtes Urteil, das auf → Klischees beruht (→ Stereotyp). V. können aus eigenen Erfahrungen resultieren, sind jedoch in den meisten Fällen sozial geprägt. Sie wirken verhaltens- und damit auch konsumbeeinflussend, sind sowohl positiv als auch negativ, aber überwiegend negativ.

Vorverkauf, akquisitorische, primär kommunikative Maßnahme in der Vorkaufphase. Das klassische Instrument zum V. ist die → Produktwerbung (→ Pull-Strategie) um einen Nachfragesog im → Einzelhandel zu erzeugen und auch einen Druck auf den Handel auszuüben, das beworbene → Produkt zu listen bzw. nachzubestellen.

Vorwahl, → Selbstauswahl.

Vorwärtsintegration, Tätigkeit auf nachgelagerten → Märkten, um sich von den → Abnehmern unabhängiger zu machen (→ vertikale Diversifikation). So wird z.B. der Rohstoffproduzent auch Verarbeiter oder der Markenartikelhersteller auch Händler. Die Gefahr der V. ist der Verlust von Kunden durch die neugeschaffene vertikale Wettbewerbssituation. – *Anders:* → Rückwärtsintegration.

W

Wachstum, gesamtwirtschaftlich die prozentuale → Veränderung des Sozialproduktes während eines Zeitraums. Einzelwirtschaftlich ist es der zeitraumbezogene Zuwachs operationaler Zielgrößen wie → Absatz, → Umsatz, mengen- und wertmäßiger → Marktanteil, → Gewinn, → Deckungsbeitrag. Das W. bezieht sich auf das gesamte Unternehmen und/oder auf → Produkte, → Produktgruppen und → strategische Geschäftseinheiten.

Wachstumsfunktion, Prognosefunktion für langfristige → Prognosen in Form von → Sättigungsfunktionen. Die wichtigsten W. sind die Exponentialfunktion, die → logistische Funktion und die → Gompertz-Funktion.

Wachstumsphase, zweite Phase im → Produkt-Lebenszyklus, die durch einen steilen Anstieg der → Umsätze und → Deckungsbeiträge charakterisiert ist. Die → Gewinnschwelle ist überschritten und das → Produkt befindet sich in der Phase der → Marktdurchdringung. In der W. erreicht die Grenzumsatzkurve ihr Maximum. Das Grenzerlösmaximum ist gekennzeichnet durch den Wendepunkt der Umsatzfunktion und ist damit ein Signal für die → Innovationspolitik. Da in dieser Phase der Konkurrenzdruck zunimmt, sind erhöhte Investitionen in die → Distributionspolitik notwendig.

Wachstumsstrategie, langfristige Orientierung am → Wachstum des Unternehmens. Die wesentlichen Ausprägungsformen sind die → Marktdurchdringung, → Marktentwicklung, → Produktentwicklung und die → Diversifikation.

Wachstumstheorie, Teil der Wirtschaftstheorie, der die Untersuchung der Bedingungen bzw. Wachstumsfaktoren für das → Wirtschaftswachstum zum Inhalt hat. Die W. ist eng verbunden mit der → Konjunkturtheorie.

Wahrnehmung, bewusster kognitiver Vorgang, der in der Verknüpfung mit → aktivierenden Prozessen und den → kognitiven Prozessen die Informationsaufnahme, → Informationsverarbeitung und Informationsspeicherung bewirkt. Für den Wahrnehmungsprozess kennzeichnend sind seine Informationsauswahl, die → selektive Wahrnehmung, individuelle Interpretation und die Aktivität in der Erfassung von Sinneseindrücken. Die → Anmutung entscheidet über die Stärke der → Aktivierung. – Vgl. auch → unbewusste Wahrnehmung, → Wahrnehmungsabwehr.

Wahrnehmungsabwehr, Herabsetzung der Wahrnehmungsschwelle, bei der die Aufnahme emotional störender oder tabuisierter → Informationen unterdrückt, verzögert oder verfälscht wird. Die Ursache wird in den bei der → Wahrnehmung äußerer → Reize mitwirkenden motivationalen Faktoren wie → Bedürfnis, → Einstellung und → Erwartung gesehen.

Wahrnehmungsfeld,
→ Awareness Set.

Wahrnehmungspsychologie, Teilgebiet der allgemeinen → Psychologie, das die Prozesse und Ergebnisse der Verarbeitung von → Reizen in Organismen erforscht. – Vgl. auch → Gestaltpsychologie, → Ganzheitspsychologie.

Wahrnehmungsschwelle, unterschwellige Wahrnehmung (→ unbewusste Wahrnehmung).

Wahrscheinlichkeit, Quantifizierung des Grades der Sicherheit des Eintretens eines Ereignisses. Unterschieden werden die objektive und subjektive W. Während die objektive W. logisch mathematisch begründet ist, handelt es sich bei der subjektiven W. um eine personenbezogene Glaubwürdigkeitsschätzung in Bezug auf das Eintreten bestimmter Ereignisse.

Wahrscheinlichkeitstheorie, zusammenfassende Bezeichnung für mathematisch-statistische Schätz- und Testverfahren. Ein Beispiel für die Anwendung der W. sind die → Stichprobenverfahren.

Wahrscheinlichkeitsverteilung, statistische Verteilung der → Wahrscheinlichkeiten für das Eintreten von sich gegenseitig ausschließenden Ereignissen.

WAP, Abk. für → Wireless Application Protocol.

WAPOR, Abk. für → World Association for Public Opinion Research.

Ware, bewegliche → Sachgüter, wobei sich der Begriff vor allem bei der Strukturierung der Sortimentshierarchie im → Handel durchgesetzt hat. Hierbei wird in der hierarchischen Gliederung unterschieden in Warenart, → Warengruppe, Warenbereich, Artikelgruppe, → Artikel und → Sorte. Ähnlich der → Gütertypologie kann auch differenziert werden nach Gebrauchs- und Verbrauchswaren. Ein weiteres Einteilungskriterium ist die Periodizität des → Bedarfs nach W. des täglichen, periodischen und aperiodischen Bedarfs. Eine für die → Markenpolitik sehr wichtige Unterscheidung ist die Gliederung nach dem Markierungscharakter in → Markenartikel, → Handelsmarken, → Eigenmarken, → Gattungsmarken.

Warehouse Club, Betriebstyp des Handels, der insb. ein Wettbewerber für → Warenhäuser, → SB-Warenhäuser, → Verbrauchermärkte, → Supermärkte, → Discounter und → Cash & Carry ist. Grundidee ist die Clubmitgliedschaft, die zum Einkauf berechtigt. Das Angebot ist breit und flach mit 4.000 bis 5.000 Artikeln. Die Märkte sind großflächig, mit über 10.000 qm, haben eine einfache Ausstattung, verzichten weitgehend auf Service und sind äußerst preisaggressiv.

Warenausstattung, → Ausstattung.

Warenautomat, → Vending.

Warenbörse, *Produktenbörse,* besondere Form der → Marktveranstaltung, auf der fungible → Güter gehandelt werden, z.B. Rohstoffe, landwirtschaftliche Produkte. Voraussetzung für die Börsenfähigkeit der → Waren sind ihre einheitlichen Qualitätseigenschaften (in Klassen festgelegt). Die Kontrakte werden in Form von → Termingeschäften abgewickelt oder aber auch als → Effektivgeschäft.

Warengruppe, Kombination verschiedener → Artikel bzw. Artikelgruppen und unterschiedlicher Warenbereiche, z.B. Lebensmittel, Non Food etc. zu → Sortimenten im → Handel.

Warengruppen-Management, → Category Management.

Warenhaus, → Betriebsform des → Einzelhandels, die stark in die → Sortimentstiefe geht. Im Vergleich zum → Kaufhaus herrscht die Branchenheterogenität vor und es wird die Funktion eines → Vollsortimenters auf einer → Verkaufsfläche von ca. 20.000 qm bis 40.000 qm angestrebt. Diese klassische Definition verliert jedoch insofern an Bedeutung, als einige W. in den letzten Jahren Sortimente aufgegeben haben, z.B. Nahrungsmittel, Möbel, Leuchten, Großelektrogeräte etc. Diese Lücken sind z.B. von den → Fachmärkten geschlossen worden. Die W. stehen schon seit den 1970er-Jahren in einem scharfen Wettbewerb mit den → SB-Warenhäusern, die auf gleicher oder noch größerer Verkaufsfläche mit gleichen → Sortimenten operieren. Insb. → Einkaufscenter verstärken den Wettbewerbsdruck und erweisen sich zunehmend als sog. „Category Killer".

Warenkennzeichnung, Informationen über bestimmte Produktmerkmale. Zu unterscheiden sind handels- und verbraucherbezogene W. Die wichtigste handelsbezogene W. sind → Artikelnummerierungssysteme. Die käuferbezogene W. hingegen umfasst im Wesentlichen Gebrauchs- und Güteinformationen, die der → Markttransparenz dienen sollen. Ein wichtiges Element der W. ist aus Verbrauchersicht die → Preisauszeichnung.

Warenkorb, Preisindex für die Lebenshaltung (→ Lebenshaltungskostenindex). Um einen Periodenvergleich durchführen zu können, muss der W. art- und mengenmäßig gleich zusammengesetzt sein. Da Veränderungen von Konsumgewohnheiten kurz- und mittelfristig methodisch bewusst nicht erfasst werden, hat der W. keinen Erklärungswert für das → Konsumentenverhalten, welches einer erheblichen Dynamik unterliegt. Eine wiederholte Anpassung des W. an die Konsumrealität führt hingegen zu Problemen bei langfristigen Vergleichen, da keine einheitliche Basis mehr existiert.

Warenpräsentation, Art und Weise der kundenorientierten Angebotsdarbietung im Einzelhandel. Die W. ist eng verbunden mit der → Ladengestaltung, dem → Ladenlayout und dem → Interior Design und damit auch entscheidend abhängig vom → Visual Merchandising und den damit verbundenen Zielen. Ein weiteres wichtiges Kriterium für die Präsentation der Ware im Sinne der Platzierung sind die → Regalflächenoptimierung, das → Space-Management und die Rahmenbedingungen der → Space Utilisation. Sie wiederum sind entscheidend abhängig vom jeweiligen → Betriebstyp der entsprechenden → Betriebsform.

Warenprobe, unentgeltliche Abgabe von → Waren, die dem Ausprobieren durch den potentiellen → Käufer dienen soll. Es handelt sich hierbei um eine besondere Form der → Verbraucherpromotion. – *Anders:* → Werbegeschenk.

Warentest, nach DIN 66052 „die Prüfung und Bewertung der für die Gebrauchstauglichkeit maßgebenden Eigenschaften von ihrer Herkunft nach bestimmbaren → Waren. Sein Ziel ist es, dem → Käufer die als Grundlage für den Kaufentschluss notwendigen sachlichen → Informationen in allgemein verständlicher Form zugänglich zu machen." Der W. orientiert sich nur an den funktionsbezogenen → Produkteigenschaften und ist damit deutlich eingeschränkter als der → Produkttest, der überdies eine Vielzahl marketingrelevanter Faktoren berücksichtigt. Der W. als Qualitätsprüfung erfolgt durch neutrale Institutionen. Die werbliche Nutzung seiner Ergebnisse ist wettbewerbsrechtlich nach dem → Gesetz gegen den unlauteren Wettbewerb (UWG) zulässig und keine Form der → vergleichenden Werbung.

Warenumschlag, Kennzahl von → Umsatz bzw. Lagerabgang zum durchschnittlichen → Lagerbestand. Die als „Drehzahl" bezeichnete Warenumschlagsgeschwindigkeit (→ Lagerumschlag) hat insb. im → Handel eine große Bedeutung, und zwar vornehmlich für die → Sortimentskontrolle.

Warenwirtschaft, Planung, Steuerung und Kontrolle des Warenflusses vom Lieferanten bis zum Kunden. Dies bezieht sich einmal auf den Informationsfluss und zum anderen auf den physischen Warenfluss. Ziel der W. ist es, einen bestmöglichen → Lieferservice zu geringstmöglichen → Logistikkosten zu realisieren bzw. sicherzustellen und für lieferbezogene Marketing- und Vertriebsentscheidungen die notwendige Informationsbasis zu schaffen. – Vgl. auch → Warenwirtschaftssystem.

Warenwirtschaftssystem (WWS), Kernstück der → Logistik in Handelsunternehmen, das sich im Wesentlichen zusammensetzt aus den Teilsystemen Disposition bzw. Bestellwesen, Wareneingang und Warenausgang, die zu einem geschlossenen Informationssystem verdichtet werden können. → Artikelnummerierungssystem und → Scanning als Datenerfassungssysteme haben entscheidend zur Entwicklung des W. beigetragen. Im Mittelpunkt stehen daher auch die artikelgenaue Wareneingangs- und Warenausgangs-Erfassung. Die hier gewonnenen Daten sind eine wichtige Grundlage für die → Sortimentspolitik. Sie können auch dazu dienen, mögliche → Verbundeffekte in den einzelnen Sortimentsbereichen zu erkennen und näher zu analysieren. Insofern ist das W. sehr hilfreich bei der kundenorientierten → Sortimentsoptimierung.

Warenzeichen, gewerbliches → Schutzrecht von → Wort- und/oder → Bildzeichen, die in die → Zeichenrolle des Deutschen Patentamtes eingetragen sind. Der Warenzeichenschutz beträgt zehn Jahre und kann um jeweils weitere zehn Jahre verlängert werden. – Vgl. auch → Markenzeichen.

Warenzeichengesetz (WZG), Regelung des gesetzlichen Schutzes von eingetragenen → Warenzeichen. Nach dem W. wird dem Inhaber des Warenzeichens das Recht gewährt, Dritten die Verwendung des geschützten Zeichens zu untersagen. Bei Verletzung des Schutzrechts stehen dem Verletzten Unterlassungs- und Schadensersatzansprüche zu.

Warteschlangentheorie, Verfahren zur Behebung von Warteschlangenproblemen bei → Bedienungssystemen. Eine der bekanntesten Methoden ist die → Monte-Carlo-Simulation, die aus Verteilungsfunktionen aufgebaute mathematische Ausdrücke mithilfe von Zufallsmechanismen auf der Grundlage der → Wahrscheinlichkeitstheorie simuliert und numerisch bestimmt. Daraus wird die optimale Anzahl der Bedienungseinheiten abgeleitet in Bezug auf das Verhältnis von Bedienungsanforderungen und Bedienungserfüllung.

Wasserfall-Strategie, *Konzentrationsstrategie, Cascading, Trickle-down-Prinzip,* Strategieform im → internationalen Marketing. Die Auslandsmärkte werden schrittweise in zentrischen Kreisen erschlossen. Die stufenweise Erschließung des Weltmarktes weist ein geringeres Risiko auf als die → Sprinkler-Strategie. Andererseits ist sie in Bezug auf die Konkurrenz adaptionsanfälliger.

WAT, Abk. für → Wortassoziationstest.

Wear-in-Effekt, unterproportionale Steigerung der → Werbewirkung bei zunehmendem Werbedruck. Erhöhung der → Kontaktdosierung bzw. → Kontaktzahl. – *Gegensatz:* → Wear-out-Effekt.

Wear-out-Effekt, → Abnutzungseffekt, der eine Abnahme der Lernwirkungen bei wiederholtem → Werbekontakt unterstellt. Der empirische Nachweis und die theoretische Begründung des Abnutzungseffektes sind umstritten. Einige → Experimente registrierten bei Werbewiederholungen erhöhte Erinnerungswerte als zunehmende Lernleistung. Ein weiterer Abnutzungseffekt ergibt sich aus Habituationswirkungen, die zu einer abnehmenden → Aktivierung des Werbeempfängers infolge einer Gewöhnung, einer → Habituation, führen. Häufige Wiederholungen in knappen Abständen können überdies einen Bedeutungsverlust an Informationsgehalt und Unterhaltungswert (→ semantische Sättigung) bewirken. – Vgl. auch → Wear-in-Effect.

Web-Auktion, → Auktion, die über das → Internet erfolgt. Vorteile dieser virtuellen → Marktveranstaltungen für die → Nachfrager sind die Vielzahl der → Anbieter und die hohe → Markttransparenz. Für die Anbieter hingegen verschärfen sich die Wettbewerbsbedingungen.

Web-Browser, → Browser.

Weber-Fechner`sches Gesetz, das nach E. H. Weber (1834) und G. T. Fechner (1850) benannte Gesetz basiert auf der → Psychophysik und besagt, dass der Reizzuwachs, der eine eben merkliche Verstärkung der Empfindung bewirkt, in einem konstanten Verhältnis zu dem schon vorhandenen Reizbetrag steht, die relativen Unterschiedsschwellen also konstant bleiben (Weber`sches Gesetz). Fechner greift diese Gesetzmäßigkeit auf und entwickelt daraus ein Verhältnis von → Reiz und Empfindung (Fechner`sches Gesetz). Demnach entspricht die Intensität der Empfindung dem Logarithmus des Reizes bzw. das Anwachsen der Reizstärke in geometrischer Reihe bewirkt einen Anstieg der Empfindung in arithmetischer Reihe.

Website, sinnvoll miteinander verknüpfte einzelne Webseiten im → Internet. Die wichtigste dieser W. ist die → Homepage, die als Einstiegs- und Übersichtsseite fungiert.

Webvertising, Einsatz der globalen → Kommunikationsnetze als → Kommunikationsmedien. – Vgl. auch → World Wide Web.

Wechselverhalten, Wechsel des → Anbieters durch den → Nachfrager. Das W. der Nachfrager betrifft alle Wirtschaftszweige wie → Investitionsgüter, → Dienstleistungen, → Konsumgüter, vor allem aber den → Markenwechsel im Konsumgüterbereich.

Wechselversand, von → Fachzeitschriften praktizierte Form des → Vertriebs, bei der die Gesamt- oder auch Teilauflage einer, mehrerer oder aller Ausgaben der Zeitschrift an bestimmte → Zielgruppen versendet werden. Der W. erfolgt zielgruppenspezifisch entweder nach Themenplan, festem Versandintervall oder nach Rotation der Empfängergruppen. – Vgl. auch → CC-Zeitschrift, → Kennzifferzeitschrift.

Weinberg-Modell, von R. S. Weinberg (1960) entwickelte → Budgetierungsmethode zur Optimierung des Werbemittelbudgets (→ Kommunikationsbudget, → Werbebudget). Das Modell geht vom Ziel der Erhöhung des → Marktanteils mithilfe der → Werbung aus unter Berücksichtigung der Werbeaktivitäten der → Wettbewerber. Der Ansatz ist eine Modellform der diversen → Competitive-Parity-Methoden. – Vgl. auch → Wettbewerbs-Paritäts-Methode.

weiße Produkte, → No Names, die ihren Namen durch die weiße, namenlose → Packung erhalten haben. Die Anonymität wird zum → Markenzeichen.

weitester Leserkreis, Anteil der Befragten, der einen Titel zumindest einmal in den letzten zwölf Erscheinungsintervallen gelesen hat. – Vgl. auch → Reichweite.

Welfare Economics, *Wohlfahrtsökonomie,* bezeichnete Maximierung der ökonomischen und allgemeinen sozialen Wohlfahrt einer → Volkswirtschaft.

Wellenerhebung, → Tracking-Studie.

Weltmarke, globalisierte → Marke oder → Megabrand, als Form des → Global Marketing im Rahmen des → geozentrischen Marketings. Die Marken sind zentral und einheitlich auf den Weltmarkt ausgerichtet. Die regionalen bzw. örtlichen Marktgegebenheiten bleiben unberücksichtigt. Es gilt die Grundannahme einer zunehmenden Homogenisierung der → Bedürfnisse bestimmter → Zielgruppen. Die damit verbundene Standardisierung von → Produktion und → Marketinginstrumentarium führt zu Kostendegressionen und zur Nutzung der → Economies of Scale. – Vgl. auch → Erfahrungskurveneffekt.

Werbeabteilung, organisatorische Einheit im → Unternehmen, deren Aufgaben die Planung, Gestaltung und Durchführung der → Marketingkommunikation sind. In der Regel wird die interne W. durch eine externe → Werbeagentur unterstützt.

Werbeagentur, Dienstleistungsunternehmen, das als → Full Service-Agentur auf allen Gebieten der → Marketingkommunikation tätig ist. Die wesentlichen Hauptfunktionen sind die Beratung des → Werbung Treibenden bei der Konzepterstellung, die Mittlung bei der Herstellung von → Werbemitteln und beim Medieneinkauf sowie die Planung, Gestaltung und Durchführung der kommunikativen Aktivitäten. Innerhalb dieser Funktionsfelder ist die wichtigste Aufgabe die kreative Umsetzung der → Werbestrategie. Die → Agenturvergütung erfolgt in der Regel nach dem → Provisionssystem, ca. 15% vom Netto-Einschaltvolumen oder nach dem → Service Fee-System, einer Pauschalvergütung der erbrachten Leistung. Mischformen und Sonderregelungen sind in der Praxis üblich, wie z.B. die erfolgsbezogene Honorierung auf der Grundlage Basishonorar plus Umsatzzuwachs. Weitere Bezugsgrößen sind u.a. die Erhöhung der → Markenbekanntheit bzw. Verbesserung des → Markenimages.

Werbeakzeptanz, Grad der Annahme der → Werbung, vor allem der → Produktwerbung, durch die → Verbraucher bzw. durch die → Öffentlichkeit. Empirische Studien zeigen, dass die Einstellung zur Werbung mehrheitlich positiv bis neutral ist. Informationsüberlastung (→ Information Overload), zunehmende ökologische Probleme etc. verstärken jedoch erkennbar die Kritik an der Werbung und die Forderung nach weiteren Maßnahmen zur Werberegulierung, da die → selbstbeschränkende Werbung als nicht ausreichend angesehen wird.

Werbeanalyse, Ausgangspunkt der → Werbeplanung und wesentlicher Bestandteil der → Werbestrategie. Die Analyse bezieht sich in erster Linie auf die → Werbeobjekte, → Werbesubjekte, → Werbeträger und → Werbemittel. Hierin eingeschlossen sind die relevanten Marktentwicklungen und die → Konkurrenzanalyse.

Werbeanteil-Marktanteil-Budgetierungsmethode, am vorwiegend wertmäßigen → Marktanteil orientierte → Werbebudgetierung. Das Verfahren ist eine Variante der → Wettbewerbs-Paritäts-Methode und in gleicher Weise zu bewerten. Durch die Priorität des Werbeanteils ist die Methode stärker auf die Hauptwettbewerber fokussiert. Mit dem im Vergleich zur Konkurrenz höheren Werbeanteil sollen Marktanteile gewonnen werden. Dies unterstellt eine hohe → Werbeelastizität bei ansonsten homogenen Wettbewerbsbedingungen bez. der eingesetzten → Marketinginstrumente. Diese Voraussetzungen sind meist nicht gegeben, es sei denn bei völlig homogenen Produkten, deren Marktanteil nur durch Werbung erhöht werden kann, wie z.B. Zigaretten, Waschmittel etc.

Werbeanzeige, → Anzeige.

Werbeaufwand, → Werbekosten.

Werbeawareness, Maß für den → Bekanntheitsgrad konkreter Werbekampagnen bzw. beworbener Leistungsangebote. Die W. wird unterschieden in eine allgemeine und medienspezifische Bekanntheit und gilt als Indikator für den → Impact (Stärke und Intensität des Werbeeindrucks) bei den → Werbeempfängern, welche die → Werbewirkung beeinflussen. Durch die wiederholte Messung der W. können → Abnutzungseffekte von Kampagnen frühzeitig erkannt und auch Konsequenzen für die künftige Medienauswahl gezogen werden.

Werbebanner, → Banner.

Werbebartering, *Programm-Bartering,* Form des → Bartering, das bei Filmprogrammen gegen Werbezeit getauscht wird. → Werbung Treibende bzw. → Werbeagenturen produzieren Unterhaltungsfilme, die sie privaten Fernsehanstalten gegen Überlassung von Werbezeit zur

Verfügung stellen. – *Gegensatz:* → Programm-Sponsoring, → Product Placement.

Werbebeilage, → Beilage.

Werbeblock, blockweise Zusammenfassung der Werbesendungen in der → Fernsehwerbung.

Werbebotschaft, kommunikative → Nachricht, die an → Zielgruppen gerichtet ist. Aufgabe der Werbebotschaft ist es, in Bezug auf das → Werbeobjekt bei den → Werbesubjekten Aufmerksamkeit und Sympathie zu erzeugen und ihm ein unverwechselbares Profil zu geben.

Werbebrief, → Werbemittel der → Direktwerbung. Es handelt sich um adressierte oder unadressierte, standardisierte oder individualisierte Briefe, die kommunikativen Charakter haben und per Post oder durch Verteilerorganisationen, an die Zielpersonen verteilt werden.

Werbebriefing, → Briefing.

Werbebudget, *Werbebudgetierung,* Bestimmung der Ausgaben für → Werbung. Orientierungsgrößen sind → Umsatz, → Gewinn, verfügbare Mittel, die Werbeintensität der → Wettbewerber und/oder die anvisierten → Werbeziele. Klar definierte → Ziele, die mit dem W. erreicht werden sollen, sind der einzig sinnvolle Maßstab für die Budgetbestimmung. Die übrigen Maßstäbe sind prozyklisch. Es besteht bei ihnen kein sachlogischer Zusammenhang zwischen → Budget und dem damit beabsichtigten Erfolg. – Vgl. auch → Budgetierungsmethode, → Kommunikationsbudget.

Werbedruck, → Share of Advertising.

Werbeelastizität, Verhältnis zwischen der relativen Nachfrageänderung und der relativen Veränderung der Werbeausgaben. – Vgl. auch → Werbebudget.

Werbeempfänger, → Kommunikant.

Werbeerfolg, Grad der Zielerreichung, den eine Werbemaßnahme nach definiertem → Werbeziel realisiert. Zu unterscheiden ist nach dem ökonomischen und außerökonomischen W. Maßstäbe für den ökonomischen W. sind → Absatzmenge, → Umsatz, der entsprechende → Marktanteil, → Deckungsbeitrag und → Gewinn. Die Kritik an den Messgrößen, z.B. Wirkung des → Marketing-Mix, ist gleicherweise richtig wie müßig. Die → Werbung muss sich an den gleichen Aufwands- und Ertragsbeziehungen orientieren wie jede andere Aktivität, die an konkreten → Zielen wie → Unternehmenszielen oder → Marketingzielen ausgerichtet ist. Insofern ist auch der außerökonomische W. letztlich an der Ökonomie zu messen. Seine wichtigsten Messgrößen sind die → Erinnerung (→ Recall-Verfahren) und die Wiedererkennung (→ Recognition-Verfahren).

Werbeerfolgskontrolle, Kontrolle des Zielerreichungsgrades der → Werbung. Hierbei wird unterschieden zwischen dem ökonomischen und außer-ökonomischen → Werbeerfolg. Die Messung ist primär auf ökonomische Dimensionen begrenzt. – *Anders:* → Werbewirkungskontrolle.

Werbeetat, → Werbebudget.

Werbefernsehen, → Fernsehwerbung.

Werbefilm, ein in der → Kinowerbung eingesetztes → Werbemittel. Der W. muss aufgrund seines spezifischen Umfelds noch stärker als die → Fernsehwerbung einen unterhaltenden Charakter haben.

Werbeform, Einsatz von → Werbemitteln, → Werbebotschaften und → Werbeträgern entsprechend den verschiedenen → Zielgruppen. Die Wahl der W. hängt im Wesentlichen vom Typ der verschiedenen Adressaten, den → Kommunikanten, ab. Sind diese für den → Kommunikator anonym, kommen → Massenmedien zum Einsatz, bei namentlich bekannten Werbeadressaten vornehmlich alle Formen des → Direktmarketings.

Werbeforschung, Analyse und Bewertung der eigenen → Werbekonzeption und die der → Wettbewerber in Bezug auf die → Werbewirkung und den → Werbeerfolg. Im Mittelpunkt der praktischen W. steht die Überprüfung der → Werbemittel. Die Untersuchung der → Medien ist Aufgabe der → Mediaforschung.

Werbefunk, → Hörfunkwerbung.

Werbegemeinschaft, → Gemeinschaftswerbung.

Werbegeschenk, unentgeltliche → Ware bzw. → Dienstleistung, die von einem entgeltlichen Geschäft unabhängig ist. Der Unterschied zur → Warenprobe ergibt sich aus dem nicht existenten Erprobungszweck. Wettbewerbsrechtlich, nach dem → Gesetz gegen den unlauteren Wettbewerb (UWG), sind W. grundsätzlich zulässig und unbedenklich. – Vgl. auch → Zugabe.

Werbegestaltung, → Werbemittelgestaltung.

Werbehilfe, besondere Form der → Werbemittel, die neben ihrer Hauptfunktion auch Werbeaufgaben erfüllen, z.B. Tragetaschen mit Werbeaufdruck, Bierdeckel, Zündholzschachteln etc., und als Verkaufshilfen dem → Einzelhandel vom Lieferanten kostenlos oder zu Selbstkosten zur Verfügung gestellt werden. Je nach Ausgestaltung haben W. den Charakter einer → Wertwerbung.

Werbeindikator, → Werbemonitoring, → Werbetracking.

Werbeinhalt, Codierung der Produktaussage, d.h. Nutzenversprechen, → Produktnutzen und → Produktpositionierung in verbale, visuelle und emotionale Zeichen. Die Wirksamkeit einer → Werbebotschaft beruht auf der Identität von W. und Produktkompetenz. Entscheidend für die → Decodierung ist eine bedürfnisadäquate Ansprache der → Zielgruppen entsprechend ihrer → sozialen Schicht. Das bedeutet differenzierte Werbeappelle für unterschiedliche Verbrauchergruppen in ausgewählten → Medien mit entsprechend gestalteten → Werbemitteln, um die → Streuverluste zu minimieren.

Werbekampagne, → Kampagne.

Werbekodex, generelle Verhaltensregeln des → Deutschen Werberats für die → Werbung Treibenden und → Werbungschaffenden.

Werbekontakt, → Werbeträgerkontakt, → Werbemittelkontakt.

Werbekontrolle, instrumental werden darunter die → Werbewirkungskontrolle und die → Werbeerfolgskontrolle subsumiert. Institutionell handelt es sich um die Kontrolle der freiwilligen Selbstbeschränkung der → Werbewirtschaft, d.h. die Vereinbarung von → Werbung Treibenden und → Werbungschaffenden, die vom → Deutschen Werberat durchgeführt wird.

Werbekonzeption, der → Werbestrategie vorgelagerte Grundüberlegung, wie die → Werbung gestaltet werden soll, um die definierten → Werbe- und → Kommunikationsziele zu erreichen. Insofern geht die Werbegestaltung weit über die → Werbemittelgestaltung hinaus und definiert primär den instrumentellen Beitrag der Werbung im → Marketing-Mix zur Zielrealisation.

Werbekooperation, → Gemeinschaftswerbung.

Werbekosten, die im → Werbebudget festgelegten Aufwendungen für Planung, Durchführung und Kontrolle aller geplanten bzw. durchgeführten werblichen Maßnahmen. Nach dem → Verursachungsprinzip lassen sich die Werbekosten gliedern in → Einzelkosten und → Gemeinkosten. Hinsichtlich der → Kostenplanung und → Kostenkontrolle empfiehlt sich eine Differenzierung der → Einzelkosten in → fixe Kosten und → variable Kosten.

Werbekostenzuschuss (WKZ), finanzielle Zuwendungen der Lieferanten an Handelsunternehmen. Das eigentliche Ziel von W. ist, die → Absatzmittler zu einer verstärkten → Werbung für bestimmte → Produkte zu bewegen. Diese Grundidee hat in der Praxis aufgrund der → Marktmacht von filialisierten Handelskonzernen kaum noch eine Bedeutung. Der W. ist zu einem festen Bestandteil der → Konditionenpolitik geworden und in seinen Ausprägungen z.T. rechtlich bedenklich. – Vgl. auch → Gesetz gegen Wettbewerbsbeschränkungen (GWB) und → Gesetz gegen den unlauteren Wettbewerb (UWG).

Werbemedien, → Kommunikationsmedien, → Werbeträger.

Werbemittel, alle konkreten, d.h. sinnlich wahrnehmbaren Erscheinungsformen der → Werbebotschaft. Die wichtigsten W. sind → Anzeigen, → Spots, → Werbefilme. Produkt, Zielgruppe und Werbebotschaft entscheiden in Abhängigkeit von den → Werbezielen über die Wahl des W. und den Einsatz des geeigneten Werbeträgers. Den einzelnen Werbemittelkategorien kommen unterschiedliche Grundfunktionen zu wie Informieren, Aktivieren oder Erinnern. Der gleichzeitige Einsatz mehrerer W. erhöht die → Kontaktwahrscheinlichkeit. Die Vielfalt der Gestaltungselemente führt zu Kontakten unterschiedlicher Qualität und Intensität, die nicht nur die → Werbewirkung erhöhen, sondern auch einem vorzeitigen Abnutzungseffekt (→ Wear-out-Effekt) entgegenwirken können.

Werbemittelforschung, Wirkungsmessung der → Werbemittel einzeln und im Vergleich zueinander. Die Werbemittelbewertung kann als → Pretest oder → Posttest durchgeführt werden. Der Pretest liefert Entscheidungshilfen bei der Auswahl, Gestaltung bzw. Korrektur von Werbemitteln vor ihrem Einsatz, während der Posttest die Wirkung bereits durchgeführter Werbemaßnahmen misst (→ Werbewirkungsforschung). Dazu werden als wichtigste → apparative Verfahren die → Blickregistrierung, das → Tachistoskop, die → elektrodermale Reaktion, das → Elektroenzephalogramm und der → Programmanalysator eingesetzt.

Werbemittelgestaltung, kreative Umsetzung der → Werbebotschaft, d.h. Gestaltung von → Anzeigen, → Prospekten, → Werbebriefen und → Plakaten, Entwicklung von → Spots und → Werbefilmen. Auswahlkriterien bei der Gestaltung von → Werbemitteln bzw. Bestimmung ihrer Wirkungselemente bilden die zu umwerbende → Zielgruppe, die Art des → Werbeobjektes und die zu vermittelnde Botschaft. Die emotionale und innovative Gestaltung des Werbemittels und der Einsatz von Aktivierungstechniken sind neben den optischen Wirkungen entscheidend für die Erzielung von Aufmerksamkeitswirkungen und Abhebung im Konkurrenzumfeld. – Vgl. auch → Mediengestaltung.

Werbemittelkontakt, Kontakt, den Personen mit einem → Werbemittel haben (→ Kontaktzahl). In der → Werbemittelforschung bilden die → Werbeträgerkontakte die Grundlage für die W. Die Messung der Kontakte mit Werbemitteln in → Printmedien erfolgt mithilfe der → Leserschaftsforschung, die Kontaktmessung von → Fernsehspots durch die → Zuschauerforschung. Bei der Zuschauerforschung bilden die → Einschaltquoten die Messgrundlage.

Werbemitteltest, Verfahren zur Wirkungsmessung von → Werbemitteln. Die Werbemittelbewertung kann als → Pre- oder → Posttest vorgenommen werden. Entsprechend der Zielsetzung werden die Verfahren ausgewählt. Als relevante Prüfkriterien für den W. gelten die Prägnanz und Durchsetzungsfähigkeit, Anmutungsqualität, das Verständnis der → Werbebotschaft, ihre Akzeptanz und → Erinnerung, die Bildung oder Veränderung von → Produktimages sowie die → Kaufabsicht.

Werbemittler, → Mediaagentur, die auf die Planung und Durchführung der Werbemittelstreuung spezialisiert ist. Die konzeptionellen und kreativen Gestaltungsleistungen werden entweder durch die eigene → Werbeabteilung der → Werbung Treibenden oder durch → Werbeagenturen erbracht.

Werbemonitor, Form des → Werbetests, bei der die Wirkungen einer Werbekampagne während der Schaltung ermittelt und analysiert werden. Methodisch erfolgt diese Art der → Werbekontrolle mithilfe von → mündlichen Befragungen der Zielpersonen.

Werbeobjekt, Leistungsangebot, für das geworben wird. W. können aber auch Unternehmen und Institutionen kommerzieller oder nicht-kommerzieller Art sein oder gesellschaftliche Anliegen.

Werbeplanung, systematische und schrittweise Planung der Werbemaßnahmen für eine Planperiode auf der Grundlage der → Werbekonzeption. Die W. vollzieht sich in folgenden Phasen:

- Werbeanalyse,
- Bestimmung der Werbeziele,
- Entwicklung der Werbestrategie,
- Definition der Werbeobjekte und Werbesubjekte,
- Auswahl der Werbeträger und Werbemittel,
- Festlegung des Werbebudgets,
- Werbemittelgestaltung,
- Formulieren der Werbebotschaft,
- Werbedurchführung und
- Werbekontrolle.

Werbepositionierung, → Positionierung von Leistungsangeboten, → Unternehmen oder Institutionen mithilfe der → Werbung. Durch die W. als Einordnung des → Werbeobjekts in einen mehrdimensionalen Wahrnehmungs- bzw. Anmutungsraum (→ Produktmarktraum) soll eine Abhebung vom Konkurrenzumfeld erreicht werden.

Werbeprospekt, → Prospekt.

Werbepsychologie, Teilgebiet der → Marktpsychologie, das sich auf die Erforschung des → Konsumentenverhaltens in Abhängigkeit von den kommunikativen Beeinflussungsmaßnahmen konzentriert. Bei den vornehmlich empirischen Untersuchungen werden alle Verfahren der psychologischen Marktforschung eingesetzt. Die wichtigsten Hilfs- bzw. Nachbardisziplinen sind die → Elementarpsychologie, → Ganzheitspsychologie und → Gestaltpsychologie.

Werberat, → Deutscher Werberat als ein vom → Zentralausschuss der Werbewirtschaft (ZAW) eingesetztes Organ der freiwilligen Werbeselbstkontrolle und → Werbekontrolle. Durch das Kontrollorgan sollen Missstände in der Werbepraxis beseitigt bzw. vermieden werden.

Werberecht, Gesamtheit der Rechtsnormen, die sich auf die → Werbung beziehen. Die vielfältigen Vorschriften sind in Deutschland nicht in einem geschlossenen W. zusammengefasst, sondern in spezifischen Gesetzen verankert. Dazu zählen vor allem das → Gesetz gegen den unlauteren Wettbewerb (UWG), das → Rabattgesetz, die → Zugabeverordnung und die gewerblichen → Schutzrechte zum Schutz vor werblicher → Nachahmung.

Werbe-Response-Funktion, → Werbewirkungsfunktion.

Werberichtlinie, → Werbekodex.

Werbeselbstkontrolle, → Deutscher Werberat.

Werbeslogan, knappe und prägnante Zusammenfassung der Werbeaussage. Wichtig ist vor allem, dass der Slogan eingängig, treffend, verständlich und unverwechselbar ist. In Verbindung mit einem → Jingle mit Ohrwurmcharakter ist der W. besonders einprägsam.

Werbespot, → Spot.

Werbestil, der über einen längeren Zeitraum hinweg gültige und einheitliche Werbeauftritt eines Unternehmens bzw. einer Institution inklusive der Leistungsangebote in der → Öffentlichkeit. Ein „stabiler" W. hat positive Auswirkungen auf das → Unternehmens- und → Markenimage, soweit er nicht in konservativer Routine erstarrt (→ Abnutzungseffekt). Dem konstanten W. steht also nicht eine Aktualisierung und Anpassung der → Werbung an den Zeitgeist entgegen. Wichtig sind nach R. Bergler (1989) zur Identitätserhaltung und -stärkung u.a. primär die Eindeutigkeit, Unverwechselbarkeit, Prägnanz, Geschlossenheit und Ganzheit des W. Die Bestimmung des W. ist elementarer Bestandteil der → Werbekonzeption.

Werbestrategie, langfristig orientierte → Werbeplanung. Sie wird vielfach auch definitorisch gleichgesetzt mit der → Werbekonzeption. Ausgangspunkt sind die → Werbeanalyse und die Formulierung der → Werbeziele. Daran schließen sich die Auswahl der → Werbeobjekte, → Werbesubjekte, → Werbeträger und → Werbemittel und die Festlegung des → Werbebudgets an. Die → Werbekontrolle hat sowohl einen strategischen als auch operativen Planungscharakter. Die W. ist ein wichtiger Teil der → Kommunikationsstrategie und wird, meist auf die einzelnen Werbekampagnen bezogen, in der sog. → Copystrategie dokumentiert.

Werbestreuplanung, → Streuplanung, → Mediaplanung.

Werbesubjekt, Personenkreis, an den sich die → Werbung wendet, um die → Werbeziele zu erreichen.

Werbetest, Untersuchung zur Messung der Wirkung von werblichen Maßnahmen. Zu unterscheiden nach dem Testzeitpunkt sind die → Pretests und → Posttests. Gemessen werden üblicherweise die außerökonomischen → Werbewirkungen (z.B. durch Recall-Tests) oder mithilfe → apparativer Verfahren und daraus abgeleiteter Methoden.

Werbetext, *Copy,* Textteil von → Werbemitteln. Der W. besteht aus einer Headline, dem Haupttext und der Baseline. Er sollte verständlich, bildhaft, erlebbar und glaubwürdig sein.

Werbetiming, Bestimmung des zeitlichen Einsatzes der → Werbung. Die wichtigsten Formen sind die sich an der Konjunkturentwicklung orientierende → prozyklische und → antizyklische Werbung, die die → Werbebudgetierung entscheidend beeinflussen. Durch die immer noch vorherrschende Umsatzbezogenheit der Werbebudgetierung dominiert in der Praxis die prozyklische Werbung. Die sinnvollerweise an den → Werbezielen orientierte Budgetierung führt in der Regel zu einem antizyklischen Werbeeinsatz. Eine Sonderform des jährlichen W. sind die geringeren Werbebudgets in den Monaten Juli und August.

Werbetracking, Form des → Werbemonitoring, bei der die → Werbewirkungen kontinuierlich den Werbeaufwendungen gegenübergestellt werden. Aus diesen Vergleichen können Erkenntnisse für die künftige → Werbebudgetierung gewonnen werden. – Vgl. auch → Tracking-Studie.

Werbeträger, → Medien, die grob typologisiert werden können in → Printmedien, → elektronische Medien, → neue Medien, Medien der → Außenwerbung und der → Direktwerbung.

Werbeträgeranalyse, → Mediaanalyse.

Werbeträgerauswahl, → Mediaselektion.

Werbeträgerforschung, → Mediaforschung.

Werbeträgergewichtung, Bewertung der verschiedenen → Werbeträger hinsichtlich ihrer Eignung als → Medien zur Übermittlung von → Werbebotschaften an → Zielgruppen in Form von → Werbemitteln. Die W. wird bestimmt durch die Werbemittelkontaktwahrscheinlichkeit und die Werbemittelkontaktqualität.

Werbeträgerkontakt, Kontakt, den Personen mit einem → Werbeträger haben. Die Kontaktmessung bei den → Printmedien erfolgt mithilfe der → Leserschaftsforschung, bei den → elektronischen Medien durch die → Zuschauerforschung. Bei der Zuschauerforschung bilden die → Einschaltquoten die Messgrundlage.

Werbeträgerplanung, → Mediaplanung.

Werbeveranstaltung, Werbeaktion, die der → Absatzförderung dient und vielfach den Charakter von → Verkaufsveranstaltungen hat. Insofern gelten auch für W. z.T. wettbewerbsrechtliche Restriktionen nach dem → Gesetz gegen den unlauteren Wettbewerb (UWG). Das gilt insb. dann, wenn mit der W. unentgeltliche Zuwendungen an die Besucher verbunden sind.

Werbevergleich, → vergleichende Werbung.

Werbewiderstand, → Reaktanz.

Werbewirkung, bezieht sich auf den Beziehungszusammenhang zwischen Werbestimuli und der Reaktion der → Kommunikanten. Die → Stufenmodelle der W. versuchen, diese Wirkungskette zu analysieren und zu interpretieren. Es wird wie beim Werbeerfolg zwischen ökonomischen und außerökonomischen Wirkungen unterschieden. Aus dieser Differenzierung resultiert eine nur sehr ungenügende Trennschärfe zwischen W. und Werbeerfolg.

Werbewirkungsforschung, Untersuchung → kognitiver, → aktivierender und → konativer Prozesse im Hinblick auf die → Werbewirkung. Dir W. beschäftigt sich mit den Wirkungen bestimmter Werbemaßnahmen. Das bedeutet die Erhebung von Erinnerungs-, Bekanntheits- und Einstellungswerten sowie der Kaufintention. Die wichtigsten Testverfahren sind die → Posttests, Verfahren zur → Einstellungsmessung, → explorative und → projektive Verfahren.

Werbewirkungsfunktion, Zusammenhang zwischen Werbeaktivitäten und den damit verbundenen Wirkungen. Eine klassische Relation ist die Beziehung zwischen der Anzahl der Werbekontakte (→ Kontaktzahl) und der → Erinnerung an die → Werbebotschaft. Die Herstellung ökonomischer Zusammenhänge, z.B. von Werbeaufwand und → Umsatz und/oder → Marktanteil, ist nicht unproblematisch in Bezug auf die → Validität. Als typische Form der W. hat sich die s-förmige Kurve erwiesen. Andere Untersuchungen belegen einen degressiven Wirkungsverlauf. – Vgl. auch → Kontaktbewertungskurve. – Vgl. Abbildung „Werbewirkungsfunktionen".

Werbewirkungskontrolle, Messung der Wirkung von → Werbemitteln vor oder nach ihrem Einsatz. Daraus ergibt sich die Unterscheidung der → Werbetests nach → Pretests und → Posttests. Methodisch kann das gesamte Instrumentarium der → Marktforschung eingesetzt werden. Hinsichtlich der Werbewirkungsstufen werden als Meßverfahren u.a. → apparative Verfahren, die → Blickregistrierung, → Erinnerungsverfahren, → Wiedererkennungsverfahren und → Einstellungsmessungen eingesetzt. – Vgl. auch → Werbeerfolgskontrolle.

Werbewirkungsmodell, theoretische Annahme zur Messung der → Werbewirkung. Die bekanntesten Formen sind die → Stufenmodelle der Werbewirkung, das → S-R-Modell und das → S-O-R-Modell. Die jüngeren Ansätze zur Bestimmung der Werbewirkung sind die kommunikationstheoretischen Modelle, z.B. die →

mehrstufige Kommunikation, und die Weiterentwicklung der → Verhaltensforschung und → Imageforschung.

Werbewirtschaft, alle Dienstleistungsbereiche, die mit der Herstellung und Durchführung von → Werbung befasst sind. Hierzu zählen vor allem die → Werbeagenturen, die unternehmenseigenen → Werbeabteilungen der → Werbung Treibenden, spezifische Teile der Verlage, Rundfunk- und Fernsehanstalten, Druckereien und sonstige technische Zulieferer.

Werbeziel, strategisch definierter Beitrag der → Werbung zur Erreichung der → Marketing- und → Unternehmensziele. Die W. haben damit keinen originären, sondern einen derivativen Charakter. Sie befinden sich in der Zielhierarchie auf der vierten Ebene, da sie aus den umfassenderen → Kommunikationszielen abgeleitet sind. Nach den Zielinhalten lassen sich außerökonomische und ökonomische W. unterscheiden. – Vgl. auch → Kommunikationsziel.

Werbezugabe, → Zugabe.

Werbung, wesentlicher Bestandteil des → Kommunikations-Mix als Teil des → Marketing-Mix neben den weiteren → Kommunikationsformen → Verkaufsförderung, → Public Relations, → Imagewerbung und neueren Formen, wie z.B. → Direktmarketing, → Sponsoring, → Event Marketing, → Product Placement. In der allgemeinen Definition umfasst Werbung alle kommunikativen Aktivitäten zur intensiven Meinungsbeinflussung der → Werbesubjekte in Bezug auf bestimmte → Werbeobjekte.

Werbungdurchführende, alle Personen bzw. Unternehmen, die den → Werbung Treibenden gegen Vergütung → Werbeträger und/oder → Werbemittel zur Realisierung ihrer → Werbeziele zur Verfügung stellen.

Werbungschaffende, Gesamtheit der Personen, die an der Werbevorbereitung, z.B. Markt- und Mediaforscher, in der → Werbeplanung, z.B. Mitarbeiter in → Werbeagenturen, in der → Werbeabteilung, z.B. Grafiker, Texter, Layouter, Fotografen und in der → Werbekontrolle, z.B. Markt- und Mediaforscher, beteiligt sind.

Werbungskosten, → Aufwendungen, die zum Erwerb, zur Sicherung und Erhaltung der → Einnahmen eines Einkommensteuerpflichtigen gemacht werden und steuerlich absetzbar sind. – *Anders:* → Werbekosten.

Werbewirkungsfunktionen

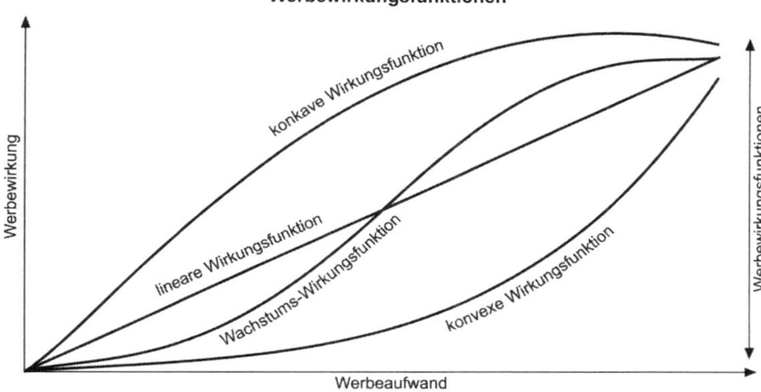

Werbung Treibende, → Unternehmen oder Institutionen, die mithilfe der → Werbung ihr Leistungsangebot kommunikativ anbieten und vermarkten.

Werkshandelsunternehmen, → institutioneller Handel, der überwiegend → Waren von einem oder mehreren Herstellern führt, die gemeinsam zu mehr als 50 Prozent Kapitaleigner des Handelsunternehmens sind. W. haben den Charakter von → Fachgeschäften und sind ein Konzept der → vertikalen Diversifikation von Herstellern, um dem → Handelsmarketing wirkungsvoll zu begegnen.

Wertanalyse, Rationalisierungsmethode, die sowohl bei Produkten als auch Dienstleistungen angewendet werden kann. Die Methode beruht auf einer systematischen Funktionen- und Kostenanalyse. Zu unterscheiden sind die → Produkt-W. bei bestehenden Produkten und die → Konzept-W. bei geplanten Produkten. Ziel ist, bei klarer Funktionendefinition des Untersuchungsobjektes kostengünstigere Lösungen zu entwickeln. Das schließt die Elimination unnötiger Funktionen ein, aber auch bei zu erwartender Gewinnerhöhung die Erweiterung der Funktionspalette.

Werte, soziokulturell geprägte Orientierungen, die historisch entstanden sind. Sie bilden die entscheidenden Elemente einer → Kultur, sind wandelbar und durch die jeweilige Kultur gestaltbar. Als Vorstellungen des Wünschenswerten wirken W. verhaltensprägend für das Individuum, setzen Maßstäbe für gruppenkonformes → Verhalten und stellen grundlegende Ordnungsfaktoren für das gesellschaftliche Zusammenleben dar. Wertorientierungen steuern Lebensstrategien und beeinflussen damit Lebens- und Konsumstile wie → Konsumentenverhalten, → Lebensstil, → Lebenswelt. W. haben eine stringente Orientierungsfunktion für → Konsumenten wie auch → Unternehmen.

Wertedynamik, Schnelligkeit, mit der sich der → Wertewandel vollzieht. Die Beschleunigung wird wesentlich bestimmt durch die Modernisierung bzw. Fortschrittsorientierung einer → Gesellschaft. Die Anpassungsgeschwindigkeit an veränderte Werthaltungen und der daraus resultierende Wandel der → Bedürfnisse, → Einstellungen und Verhaltensweisen variieren entsprechend der → sozialen Schicht und dem Lebenszyklus des Individuums. Wechselwirkungen zwischen dem → Verhalten der Konsumenten und dem Wertewandel wirken als Rückkoppelungsmechanismus. Dieser wird zudem beeinflusst durch die Dynamik der → Produktinnovationen, die zu einer permanenten Instabilität von → Werten führen.

Werteforschung, Untersuchung der sich wandelnden Werteorientierungen und Bestimmung der daraus resultierenden → Wertetrends. Ein weiteres Untersuchungsfeld sind die Konsequenzen der Werteveränderungen bez. des → Verhaltens und hierbei insb. des → Konsumentenverhaltens. Dadurch erweist sich die W. als ein wichtiges Prognoseinstrument und → Frühwarnsystem, deren Erkenntnisse insb. für die → Innovationspolitik, wegen ihres notwendigen zeitlichen Vorlaufs, von erheblicher Bedeutung sind.

Wertetrend, veränderte Wertorientierungen, die eng mit dem → Postmaterialismus verbunden sind. Als wichtigste → Trends, die das → Konsumentenverhalten erheblich beeinflussen, gelten gegenwärtig u.a. der → Hedonismus, die Befriedigung von → Selbstverwirklichungsbedürfnissen, der z.T. dazu im Widerspruch stehende Spiritismus, Wellness, die Erlebnisorientierung, das → Umweltbewusstsein, → Konsumerismus und die Qualitätsorientierung durch ein erhöhtes → Qualitätsbewusstsein.

Wertewandel, Veränderung von Werten und Handlungsmustern, die aufgrund der Verflechtung mit → Bedürfnissen und → Einstellungen Verhaltensweisen und → Lebensstile prägen. Die Ursachen werden u.a. in soziostrukturellen Veränderungen, wie neuen Technologien, Veränderung von Arbeits- und Lebensbedingungen und im soziokulturellen Wandel wie → Migration oder → kulturelle Diffusion gesehen. Es bestehen unterschiedliche Theorien zur Erklärung des W. Von R. Inglehart (1977) stammt die These der Wertsubstitution, nach der materialistische Wertvorstellungen insb. bei jüngeren Menschen, die im Wohlstand aufgewachsen sind, von postmaterialistischen Werten abgelöst werden. Die These von einem mehrdimensionalen W. [H. Klages (1984), P. Pawlowsky (1986)] geht davon aus, dass Verschiebungen von akquisitiv-extrinsischen Werten wie Einkommen oder Karriere zu intrinsischen Werten wie Lebenslust oder Selbstentfaltung stattgefunden haben. Der signifikante Rückgang von Pflicht- und Gehorsamswerten zugunsten einer zunehmenden Autonomie des Individuums charakterisiert das veränderte Verhältnis des Individuums zu den Anforderungen der gesellschaftlichen Umwelt. – Vgl. Abbildung „Wertewandel – Entwicklung im Zeitvergleich".

Wertkette, *Wertschöpfungskette,* → Wettbewerbsvorteile, die definiert sind als eine günstigere Kosten-Nutzen-Relation des Angebots für den Abnehmer im Vergleich zu den → Wettbewerbern. Diese Kosten-Nutzen-Relation ist der „Wert". Der „Wert" wird durch das Unternehmen mit all seinen betrieblichen Funktionen geschaffen. Daraus ergibt sich die W. [nach M. E. Porter (1985)]. Sie liefert wichtige Hinweise für die Entwicklung von → Wettbewerbsstrategien. Sie wird gebildet durch primäre Aktivitäten wie Logistik, Herstellung, Marketing, Kundendienst und durch unterstützende Aktivitäten wie Unternehmens-Infrastruktur, Personalwirtschaft, Technologieentwicklung, Beschaffung. Durch die Analyse der W. werden die Ansatzpunkte zur Schaffung von strategischen Wettbewerbsvorteilen deutlich. Durch die Verbindung der W. verschiedener Unternehmen im kooperativen Verbund entstehen → Wertschöpfungsnetze.

Wertreklame, → Wertwerbung.

Wertschöpfung, Differenz aus Umsatzerlösen plus evtl. Lagerzugang abzüglich Dienste- und Materialzukauf sowie Sollzinsen. Die W. deckt den eigenen Faktoreinsatz und den → Gewinn ab. Die Wertschöpfungsspanne ist die Differenz aus allen vom → Markt honorierten Unternehmensaktivitäten und den zugekauften Vorleistungen. – Vgl. auch → Wertschöpfungstiefe.

Wertewandel – Entwicklung im Zeitvergleich

Ausprägungen	40/50er-Jahre	60/70er-Jahre	70/80er-Jahre	90/2000er-Jahre
Arbeitswelt	pflichtbewusst	aufstiegs-orientiert	karrierebewusst	hedonistisch
Einstellungen	loyal	emanzipiert	einzel-kämpferisch	flexibel / hybrid
Lebensstil	traditionell / konservativ	nonkon-formistisch	narzistisch	pluralistisch

Inhaltsbereiche

Entwicklungsrichtung

Wertschöpfungskette, → Wertkette.

Wertschöpfungskreislauf, Kosten-Nutzen-Relation, die sich auf die Phasen → Produktion, z.B. Einsatz von Rohstoffen und Energie, die Verwendung, z.B. Umwelt- und Gesundheitsverträglichkeit, und die Entsorgung, z.B. Abfallvolumen und Recyclingfähigkeit, bezieht. Die diesbezügliche Kreislaufoptimierung wird sich in Zukunft für Unternehmen zunehmend als strategischer → Wettbewerbsvorteil erweisen (→ ökologisches Benchmarking, → Umwelt-Audit).

Wertschöpfungsnetz, bildet sich durch die Wertaktivitäten verschiedener → Unternehmen, die in einem Netzwerk miteinander verbunden sind. Das Netzwerk verschiedener Unternehmen realisiert Effizienz- und damit → Wettbewerbsvorteile. – *Anders:* → Wertkette.

Wertschöpfungsrechnung, Ermittlung der → Wertschöpfung eines Unternehmens. Die W. gliedert sich in eine Entstehungsrechnung und Verteilungsrechnung. Die Wertschöpfung entsteht durch die Umsatzerlöse, vermehrt um Eigenleistungen und Erträge aus Finanzanlagevermögen und vermindert um Vorleistungen und Abschreibungen. Die Verteilung der Wertschöpfung wird nach den Partizipantengruppen Mitarbeiter (Löhne und Gehälter), Staat (Steuern), Kapitalgeber (Dividende) und Unternehmen (Rücklagen) vorgenommen. Die W. dient primär als Publizitätsinstrument, kann aber auch als Instrument der internen Unternehmenssteuerung eingesetzt werden.

Wertschöpfungsring, Form des → Wertschöpfungsnetzes, bei der ringförmig vertikale Verknüpfungen der → Wertketten des Unternehmens mit seinen Lieferanten und → Distributionskanälen hergestellt werden. Grundlage der vertikalen Verknüpfung sollten die horizontalen W. der beteiligten Distributionspartner sein. Der geschlossene W. ergibt sich letztlich aus der integrativen Verbindung der unternehmensinternen und -externen W., z.B. Systemverknüpfungen von → Logistik und → Vertrieb auf allen vertikalen Distributionsebenen.

Wertschöpfungstiefe, Verhältnis der Differenz von Umsatz und Einkaufsleistung zum Umsatz. Montageorientierte Betriebe weisen aufgrund ihrer hohen wertmäßigen Einkaufsvolumina in der Regel eine geringere W. auf als materialorientierte Betriebe. In Verbindung mit dem → Outsourcing erweist sich in vielen Industriebereichen eine Verminderung der W. im Vergleich zum → Insourcing als ein strategischer → Wettbewerbsvorteil. Dieser resultiert aus der Erhöhung der → Produktivität durch Beschränkung auf die → Kernkompetenzen. – Vgl. auch → Fertigungstiefe.

Wertskalaverfahren,
→ Produktbewertung.

Wertwerbung, *Wertreklame*, Werbung mit Produkten und/oder Dienstleistungen, die dem → Abnehmer kostenlos oder zu besonders günstigen → Preisen zur Verfügung gestellt werden. Die am häufigsten anzutreffenden Formen der W. sind → Zugaben, → Warenproben, → Werbegeschenke und → Werbehilfen, die je nach ihrer Ausgestaltung entweder unbedenklich sind oder aber auch wettbewerbsrechtliche Relevanz haben. – Vgl. auch → Gesetz gegen den unlauteren Wettbewerb (UWG).

Wettbewerb, marktwirtschaftliches Ordnungs- und Steuerungsprinzip, das die → Konkurrenz unter den → Anbietern fördert. Die Wettbewerber stehen in einem leistungsorientierten Rivalitätsverhältnis zueinander. Zu unterscheiden sind der Individual- und Gruppenwettbewerb. Der W. wird geregelt durch das → Wettbewerbsrecht und ist dort definiert als „jede Art wirtschaftlichen Handelns, die darauf gerichtet ist, sich im Wirtschaftskampf auf Kosten eines Wettbewerbers einen Vorteil zu verschaffen".

Wettbewerbsanalyse,
→ Konkurrenzanalyse.

Wettbewerbsdynamik, zeitliche Wettbewerbsentwicklung, die geprägt ist durch das veränderte → Konsumentenverhalten, den → Markteintritt neuer → Wettbewerber, die Internationalisierung des → Wettbewerbs, Innovations- und Kostendynamik, staatliche Maßnahmen etc. Die W. hängt eng mit der → Marktdynamik zusammen.

Wettbewerbsfähigkeit, Fähigkeit, auf der Basis des → Preis-Leistungs-Verhältnisses mit den → Wettbewerbern zu konkurrieren. Hierbei geht es nicht nur um die Leistungsfähigkeit der → Angebote, sondern auch um die Fähigkeit, z.B. → Innovationen umzusetzen, schnell zu agieren und zu reagieren und sich flexibel auf sich ändernde Marktbedingungen einzustellen, um bestehende → Wettbewerbsvorteile zu sichern oder zu schaffen.

Wettbewerbs-Paritäts-Methode, konkurrenzbezogene → Werbebudgetierung, bei der sich der eigene Kommunikationsetat an dem der → Wettbewerber orientiert. Die Budgetierungsmethode führt in der Regel zur Aufblähung der → Werbekosten, da die Werbebudgets von den einzelnen → Anbietern permanent höher angesetzt werden. Als Reaktionsform gegenüber den Hauptwettbewerbern kann sich das Verfahren temporär aber als sinnvoll erweisen. – Vgl. auch → Competitive-Parity-Methode.

Wettbewerbsrecht, Recht zum Schutz des → Wettbewerbs als eine → Konkurrenz zwischen → Anbietern. Das → Gesetz gegen Wettbewerbsbeschränkungen (GWB) dient der Förderung und Sicherung des Wettbewerbs. Ein weiterer wesentlicher Bestandteil des W. ist das → Gesetz gegen den unlauteren Wettbewerb (UWG), das unlauteres Verhalten verhindern will.

Wettbewerbsregeln, nach dem → Gesetz gegen Wettbewerbsbeschränkungen (GWB) handelt es sich um „... Bestimmungen, die das Verhalten von → Unternehmen im → Wettbewerb regeln zu dem Zweck, einem den Grundsätzen des lauteren oder der Wirksamkeit eines leistungsgerechten Wettbewerbs zuwiderlaufenden Verhaltens im Wettbewerb entgegenzuwirken und ein diesen Grundsätzen entsprechendes Verhalten im Wettbewerb anzuregen.“ Zahlreiche Branchen, Verbände und auch Berufsgruppen haben über den Rahmen des gesetzlichen Regelwerks hinaus Pflichtenkataloge festgelegt, z.B. → selbstbeschränkende Werbung, die z.T. auch ethische Grundsätze beinhalten und für die Mitglieder einen verbindlichen, aber keinen rechtsverpflichtenden Charakter haben. – Vgl. auch → Sündenregister.

Wettbewerbsstrategie, → Strategie, sich innerhalb der → Branche im Vergleich zu den → Wettbewerbern möglichst günstig zu platzieren. Die Grundtypen nach M. E. Porter (1990) sind die Strategien der → Kostenführerschaft, der → Differenzierung und der Konzentration. Bei der Kostenführerschaft geht es darum, alle potentiellen Kostenvorteile zu nutzen. Die Differenzierung strebt eine erkennbare Unterscheidung von den Wettbewerbern an. Die Marktsegmentierung führt zur Bearbeitung mehrerer → Teilmärkte. Differenzierung und Marktsegmentierung begünstigen individuelle Spielräume, die Kostenführerschaft schränkt diese ein. Die Analyse von → Wertketten schafft die Voraussetzungen für die Entwicklung von W. Die wichtigsten strategischen Verhaltensweisen im Wettbewerb sind: defensives bzw. offensives Strategieverhalten und/oder imitatives bzw. innovatives Strategieverhalten. Durch Kombination ergeben sich die zwei typischen Muster von W., nämlich „das des defensiven, auf Sicherheit durch Imitation der Leistungen des Marktleaders bauenden Konformisten und das des offensiven, auf → Wettbewerbsvorteile durch Marktinnovationen zielenden Pioniers“ [nach K. Bleicher (1991)]. – Vgl. Abbildung „Wettbewerbsstrategien – Grundformen und ihre Verknüpfung".

Wettbewerbsvorteil, eine überlegene Leistung, die ein wichtiges Leistungsmerkmal betrifft, vom → Kunden wahrgenommen und auch honoriert wird und eine gewisse Dauerhaftigkeit im Hinblick auf Konkurrenzreaktionen aufweist. W. sind eine wesentliche Voraussetzung für die Entwicklung von → Wettbewerbsstrategien und zur Schaffung einer → Unique Selling Proposition (USP).

Wettbewerbszentrale, Kurzform der Zentrale zur Bekämpfung unlauteren Wettbewerbs e.V., Frankfurt, gegründet 1912. Neben ihrer eigentlichen Aufgabe beteiligt sich die W. auch an der wettbewerbsrelevanten Rechtsforschung. – *Weitere Informationen unter* www.wettbewerbszentrale.de.

Wholesale Club, Form der → Warehouse Clubs auf Großhandelsebene, wobei die exakte Trennschärfe zwischen → Einzelhandel und → Großhandel als Folge der zunehmenden Vermischung der Handelsbetriebsformen immer mehr abnimmt. – Vgl. auch → Betriebsformendynamik.

Wiedererkennung, Identifikation gelernter Inhalte. Die W. unterscheidet sich dadurch von der → Erinnerung, dass sie lediglich eine passive Gedächtnisleistung darstellt. – Vgl. auch → Recognition-Verfahren. – *Anders:* → Recall-Verfahren.

Wiedererkennungsverfahren, → Recognition-Verfahren.

Wiederkaufsrate, Anteil der → Erstkäufer, die innerhalb eines definierten Zeitraums ein → Produkt bzw. eine → Dienstleistung nachkaufen. – Vgl. auch → Parfitt-Collins-Modell.

Wiederverkäufermarkt, *W-Markt,* nach der → Markttypologie von P. Kotler (1974), im Sinne der Klassifikation in → O-Märkte, der sog. W-Markt. Der W. bezieht sich auf Unternehmen, die → Produkte oder → Dienstleistungen nachfragen, um sie wiederzuverkaufen. Der → Handel bildet primär den W. Der W. ist abzugrenzen von dem → Konsumentenmarkt, → Produzentenmarkt und dem → Markt der öffentlichen Betriebe.

willkürliche Auswahl, *Auswahl aufs Geradewohl,* eine aus der → Grundgesamtheit willkürlich gezogene → Stichprobe. Das Verfahren ist zu unterscheiden

Wettbewerbsstrategien – Grundformen und ihre Verknüpfung

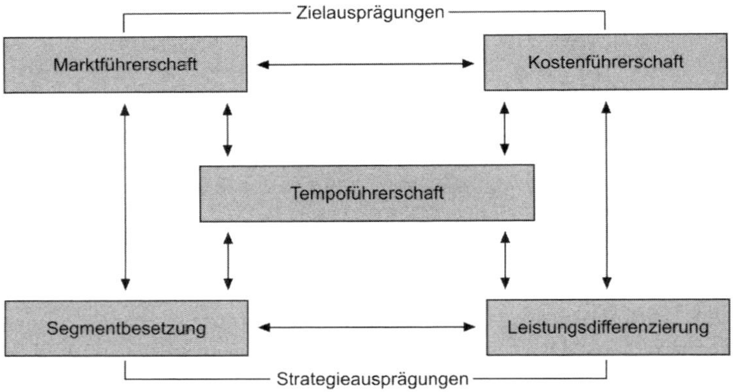

von der → bewussten Auswahl, die methodisch vorgenommen wird. – Vgl. auch → Randomauswahl, → Zufallsstichprobe.

Win-Win-Strategie, → Delphinstrategie, → Spieltheorie.

WIPO, Abk. für → World Intellectual Property Organization.

Wireless Application Protocol (WAP), eine Sammlung von Technologien und Protokollen, deren Ziel es ist, Internetinhalte für die langsamere Übertragungsrate und die längeren Antwortzeiten im Mobilfunk sowie für die kleinen Displays der Mobiltelefone verfügbar zu machen. Mit einem WAP-fähigen Mobiltelefon kann der Nutzer auf spezielle WAP-Seiten im → Internet zugreifen.

Wir-Gefühl, ein Gefühl des Einsseins mit anderen zu erleben, wurzelt in den Existenzbedingungen des Menschen und ist eines seiner stärksten Antriebskräfte. Das Verlangen, mit anderen eins zu sein, manifestiert sich sowohl in den niedrigsten als auch höchsten Verhaltensweisen. Es ist auch die Hauptantriebsfeder des Bedürfnisses, sich anzupassen. Entscheidend für jede → Gesellschaft ist die Art von Einheitserlebnis und Solidarität, die sie fördert bzw. unter den gegebenen Bedingungen ihrer sozioökonomischen Struktur fördern kann [nach E. Fromm (1976)]. – Vgl. auch → Corporate Culture, → Corporate Identity.

Wirkungsforschung, Untersuchung der Folgen gesellschaftlicher, politischer, technologischer, wirtschaftlicher, ökologischer etc. Veränderungen. Im Marketing bezieht sich die W. vor allem auf die Wirkung des unterschiedlichen Einsatzes von → Marketinginstrumenten.

Wirkungskontrolle, Messung der Wirkung des Einsatzes der verschiedenen → Marketinginstrumente in Bezug auf den Erreichungsgrad definierter Ziel- und Sollgrößen. Abzugrenzen von der W. ist die Wirkungsanalyse, bei der die reine Wirkung des Instrumentaleinsatzes gemessen wird ohne Berücksichtigung der Zielfunktionen. Die W. ist entweder monetär, z.B. die → Werbeerfolgskontrolle, oder nichtmonetär, z.B. die → Werbewirkungskontrolle, und bezieht sich entweder auf die Wirkung eines Marketinginstruments oder auf den gesamten → Marketing-Mix. Aufgrund der synergetischen Wechselwirkungen zwischen den Instrumenten hat die auf den Instrumentalverbund bezogene W. eine wesentlich größere Aussagekraft als die instrumentellen Einzelbetrachtungen, auch wenn diese einfacher und präziser durchgeführt werden können. Sie weisen aber den gravierenden Nachteil einer rein rechnerischen Isolation der einzelnen Instrumentalwirkungen auf, die nicht der Realität entspricht. Mit dieser Vorgehensweise sind möglicherweise auch krasse Fehlentscheidungen verbunden, z.B. für die künftige → Budgetierung.

Wirtschaftlichkeit, eine Erfolgsmeßzahl aus dem Verhältnis von mit → Marktpreisen bewerteten Leistungen zu den → Kosten für die verbrauchten Faktoreinsatzmengen. Die W. zeigt also, inwieweit nach dem → Wirtschaftlichkeitsprinzip gehandelt wurde, d.h. ob der größtmögliche ökonomische Wirkungsgrad erreicht wurde. In Abgrenzung zur → Rentabilität wird die erbrachte Leistung nicht mit dem eingesetzten Kapital verglichen. – *Anders:* → Produktivität.

Wirtschaftlichkeitsanalyse, Untersuchung der → Wirtschaftlichkeit von ökonomischen Aktivitäten. Hierbei beziehen sich die Aktivitäten auf Investitionen, Produktionsverfahren, → Produktentwicklung etc. und auf den Einsatz des gesamten → Marketinginstrumentariums. – Vgl. auch → Kosten-Nutzen-Analyse.

Wirtschaftlichkeitsprinzip, das Prinzip als Ziel besagt, mit geringstmöglichen Mitteln einen bestimmten Erfolg oder mit bestimmten Mitteln einen größtmöglichen Erfolg zu erzielen. – Vgl. auch → Wirtschaftlichkeit, → ökonomisches Prinzip.

Wirtschaftlichkeitsrechnung, Verfahren zur Bestimmung der → Wirtschaftlichkeit von Investitionen. Die für ökonomische Entscheidungen wichtigsten Verfahren sind die verschiedenen Arten der → Investitionsrechnung.

Wirtschaftsbereich, Gliederung der Wirtschaft in Sektoren entsprechend ihrem Entwicklungsstand, wobei jeder Wachstumsphase vom → primären zum → sekundären, → tertiären und → quartiären W. eine veränderte soziale → Infrastruktur entspricht. Die einzelnen Stufen

- Agrargesellschaft,
- Industriegesellschaft,
- Dienstleistungsgesellschaft,
- Informations- bzw. Kommunikationsgesellschaft bis hin zur künftigen und bereits jetzt erkennbaren
- Wissensgesellschaft

liefern in ihren verschiedenen Ausprägungen wesentliche Erkenntnisse bez. gesellschaftlicher Veränderungen und des → Konsumentenverhaltens.

Wirtschaftseinheit, private, öffentliche Haushalte und → Unternehmen bzw. → Betriebe, inklusive → öffentlicher Betriebe, als Träger von wirtschaftlichen → Entscheidungen.

Wirtschaftsforschung,
→ empirische Wirtschaftsforschung.

Wirtschaftsgüter, → Güter.

Wirtschaftskreislauf, Darstellung und Analyse der Güter- und Geldströme in einer Volkswirtschaft. Im einfachsten Falle bestehen nur zwischen zwei → Marktpartnern, z.B. → Unternehmen und → Haushalte, Austauschbeziehungen. Der erweiterte W. umfasst alle Güter- und Geldströme zwischen den Wirtschaftssektoren Unternehmen, private Haushalte, Staat, Banken und Ausland. Das Kreislauftableau geht auf F. Quesnay (1758) zurück.

Wirtschaftsordnung, staatlicher Ordnungsrahmen, der die Abläufe von Wirtschaftsprozessen regelt. Die Ordnungsstrukturen sind generell zu unterscheiden in marktwirtschaftliche und planwirtschaftliche Systeme. Die → Marktwirtschaft stellt → Leistungswettbewerb, → Konsumfreiheit und das realisierte Marktgleichgewicht von → Angebot und → Nachfrage in den Mittelpunkt der W. und der damit verbundenen wirtschaftspolitischen Ordnungspolitik. Diese hat primär in Bezug auf den Ablauf der verschiedenen Wirtschaftsprozesse die Aufgabe, den → Wettbewerb sicherzustellen und mit rechtlichen Mitteln Wettbewerbsmissbräuche zu verhindern. Die planwirtschaftlichen Systeme hingegen regulieren Produktion und Konsum und die damit verbundenen Detailprozesse. Die Tendenz in → Industriegesellschaften ist eine gelenkte Marktwirtschaft mit z.T. exzessiver Globalsteuerung, Investitionslenkung, Einkommensumverteilung etc. zur Realisierung einer allgemeinen → Wohlfahrtsökonomie.

Wirtschaftspsychologie, Teilgebiet der angewandten → Psychologie, das sich mit der Analyse psychologischer Vorgänge in wirtschaftlichen Prozessen beschäftigt. Das Untersuchungsgebiet der W. umfasst u.a. gesamtwirtschaftliche Entwicklungen und ihre Auswirkungen auf den → Konsum, die Betriebspsychologie mit der Analyse des menschlichen → Verhaltens am Arbeitsplatz, die → Organisationspsychologie mit der Untersuchung psychologischer Prozesse in sozialen Systemen sowie die → Marktpsychologie mit der Analyse konsumtiver Entscheidungs- und Verhaltensabläufe. – Vgl. auch → Konsumentenverhalten, → Werbepsychologie.

Wirtschaftssoziologie, spezielle → Soziologie, die sich mit wirtschaftlichen Vorgängen und Strukturen als Teil allgemeiner gesellschaftlicher Prozesse befasst und die Wechselwirkungen zwischen wirtschaftlichen, politischen, kulturellen und sozialen Vorgängen im Zeitvergleich untersucht.

Wirtschaftsunternehmen, → Unternehmen.

Wirtschaftswachstum, Steigerung der wirtschaftlichen Leistungskraft einer Volkswirtschaft, die sich in der gesamtwirtschaftlichen Produktion und im gesamtwirtschaftlichen Einkommen ausdrückt. Indikatoren für das W. sind das → Bruttonationaleinkommen, das → Bruttoinlandsprodukt und das → Volkseinkommen. W. ist seit 1967 als wirtschaftspolitisches Ziel der BRD im Stabilitäts- und Wachstumsgesetz (StWG) verankert und gehört neben der Preisniveaustabilität, dem außenwirtschaftlichen Gleichgewicht und einem hohen Beschäftigungsgrad zum Magischen Viereck der Wirtschaftspolitik. Die Probleme des wirtschaftlichen Wachstums angesichts zunehmender Umweltbelastungen wurden erstmals 1972 am Massachusetts Institute of Technologie (MIT) von D. Meadows für den Club of Rome analysiert. Seitdem wird über eine Begrenzung des quantitativen Wachstums (dem gesellschaftlichen Wohlstand) zugunsten eines qualitativen Wachstums (der Steigerung der → Lebensqualität) durch z.B. Verbesserung der Umweltbedingungen diskutiert. – Vgl. auch → Überflussgesellschaft.

Wirtschaftswerbung, wirtschaftlichen Zwecken dienende → Werbung. Die Definition sollte nicht zu eng gefasst werden, um eine Ausgrenzung gemeinwirtschaftlicher → Unternehmen bzw. Institutionen zu vermeiden, die z.B. im Bereich des → Umweltschutzes und/oder zur Bewältigung von → Sozioaufgaben tätig sind. Insofern hat sich der Begriff der W. mittlerweile überlebt und ist mit Werbung gleichzusetzen.

Wissen, vernetzte → Informationen, die Individuen in die Lage versetzen, Probleme zu lösen. „Wissen entsteht als Ergebnis der Verarbeitung von Informationen durch das Bewusstsein. Informationen sind der Rohstoff, aus dem Wissen generiert wird und die Form, in der Wissen kommuniziert und gespeichert wird" [nach K. North (1998)].

wissenschaftliche Betriebsführung, *Scientific Management,* Begriff, der auf F. W. Taylor (1881) zurückgeht und als → Taylorismus bekannt ist. Die w.B. ist auf die möglichst effiziente Gestaltung von Produktionsprozessen gerichtet. Sie hat zum Ziel, die → Produktivität der menschlichen Arbeit dadurch zu erhöhen, dass Abläufe in den Arbeitsprozessen systematisch analysiert werden, um sie dann mit Zeitgewinn besser ordnen zu können. Hauptkritiker ist E. Mayo (1880-1949), Begründer der Bewegung der → Human Relations.

Wissensgesellschaft, in Erweiterung der → Informations- und → Kommunikationsgesellschaft, die in wesentlichen Teilen die technologische Seite des gesellschaftlichen Wandels umfassen, das menschliche Wissen als neuer → Produktionsfaktor. Er ergänzt die klassischen Produktionsfaktoren Boden, Arbeit und Kapital, erneuert und vermehrt sich hingegen im Gegensatz zu ihnen immer wieder selbst. Das vorhandene Wissen veraltet immer schneller, und das notwendige neue Wissen nimmt zu. Daraus folgt, dass verstärkte und insb. qualifizierte Aus- und Weiterbildungssysteme die Grundlage einer dynamischen W. bilden.

Wissensmanagement, Erfassung, Systematisierung und Verknüpfung des in einem Unternehmen vorhandenen Wissens, das sich im Zeichen der dynamischen → Wissensgesellschaft zu einem entscheidenden → Wettbewerbsvorteil entwickelt. Wichtig ist hierbei die Wissensdiffusion in alle relevanten Unternehmensbereiche, um die Wertschöpfungsketten zu optimieren. Als geeignete Organisationsform für die Implementierung des W. bietet sich das → Projekt-Management an.

Wissenstreue, Orientierung der Erstellung von → Leistungsprogrammen am vorhandenen Know-how bez. Verfahrenstechnologien, Materialeinsatz etc. Ein Wissensvorsprung vor den → Wettbewerbern ist ein erheblicher → Wettbewerbsvorteil. Eine zu stringente Ausrichtung der Unternehmensaktivitäten an der W. ist jedoch mit der deutlichen Gefahr verbunden, dass an den Marktbedürfnissen vorbei produziert wird und es dadurch zu einer Abnahme der → Problemtreue und → Kundentreue kommt.

WKZ, → Werbekostenzuschuss.

Wochenmarkt, Form des → ambulanten Handels, der regelmäßig, örtlich und zeitlich fixiert auf Marktplätzen stattfindet. Die → Angebote umfassen vor allem → Güter des täglichen Bedarfs und Frischeerzeugnisse von landwirtschaftlichen Erzeugern.

Wohlfahrtsökonomie, → Welfare Economics.

Wohlstandsgesellschaft, → Überflussgesellschaft.

Workflow Management, DV-gestütztes System, das arbeitsteilige Prozesse steuert. Dazu werden die verschiedenen → Geschäftsprozesse analysiert und jeweils in die einzelnen Arbeitsschritte zerlegt. Ziel ist die Steuerung der Arbeitsflüsse zwischen den verschiedenen Organisationseinheiten und damit die Optimierung der Prozessabläufe. Bei unternehmensübergreifenden Workflows kann sich die relative Starrheit des Systems in bestimmten Situationen als Nachteil erweisen. – Vgl. auch → Geschäftsprozessoptimierung und → Geschäftsprozessorganisation.

World Association for Public Opinion Research (WAPOR), internationale wissenschaftliche Fachgesellschaft für Meinungsforscher und Kommunikationswissenschaftler. Der Schwerpunkt der Verbandstätigkeit liegt in der → Meinungsforschung. Vierteljährlich wird das International Journal of Public Opinion Research (IJPOR) herausgegeben.

World Intellectual Property Organization (WIPO), Sonderorganisation der Vereinten Nationen, die sich mit Fragen des internationalen gewerblichen Rechtsschutzes beschäftigt. In diesem Zusammenhang hat der internationale → Markenschutz eine besondere Bedeutung. – Vgl. auch → Madrider Abkommen, → Pariser Verbandsübereinkunft. – *Weitere Informationen unter* www.wipo.int.

World Trade Organisation (WTO), internationale Organisation mit Sitz in Genf/Schweiz, die am 1.1.1995 gegründet wurde. Ziel der WTO ist der Abbau von Handelshemmnissen und somit die Liberalisierung des internationalen Handels mit dem weiterführenden Ziel des internationalen Freihandels. – *Weitere Informationen unter* www.wto.org.

World Wide Web (WWW), weltweites Informations-Netzwerk. Um WWW-Seiten einzurichten, vermittelt ein Provider die Anbindung an das → Internet und registriert auch die weltweit gültige Adresse, die Domäne, unter der das Informationsangebot erreicht werden kann. Die Domänennamen werden durch das INTERNIC in den USA verwaltet, für Deutschland von der DENIC in Karlsruhe.

Wortassoziationstest (WAT), → projektives Verfahren, bei dem der Befragte aufgefordert wird, zu vorgegebenen Reizworten Begriffe zu nennen, die ihm spontan einfallen. Bei den Wörtern handelt es sich sowohl um neutrale Begriffe, z.B. Haus, Garten, Wetter etc., als auch um kritische, z.B. → Markennamen, → Anbieter. Die Vorgaben weisen keine für den → Probanden erkennbare Reihenfolge auf. Aus den assoziierten Begriffen lassen sich Schlüsse ziehen, z.B. hinsichtlich des → Markenimage, → Unternehmensimage, der → Kundenzufriedenheit etc. Durch → indirekte Fragen wird die bei → Befragungen üblicherweise unerwünschte kognitive Kontrolle der Befragte vermindert. Eine Sonderform ist der → Satzergänzungstest (SET).

Wortzeichen, → Warenzeichen, das im Vergleich zum → Bildzeichen und zum → Zahlenzeichen aus einem Wort oder aus mehreren Wörtern besteht. Eine Form des W. ist das → Namenszeichen.

WTO, Abk. für → World Trade Organization.

Wurfsendung, → Haushaltswerbung, bei der gedruckte → Werbeträger (→ Prospekte, Handzettel, Kundenzeitschriften, Kataloge) durch Zustellerdienste an private → Haushalte verteilt werden.

WWS, Abk. für → Warenwirtschaftssystem.

WWW, Abk. für → World Wide Web.

XYZ

XHTML, Abk. für → Extensible Hypertext Markup Language.

XML, Abk. für → Extensible Markup Language.

XSL, Abk. für → Extensible Stylesheet Language.

Yellow Press, *Regenbogenpresse,* wöchentlich erscheinende → Zeitschriften, die vornehmlich aus dem Privatleben von Prominenten berichten.

Yield Management, Optimierung des Preis-/Nachfrageverhaltens zu unterschiedlichen Bedingungen, z.B. Zeiten und Preisen. Das Optimierungsverfahren wird hauptsächlich im Tourismus, in der Luftfahrt und im Hotelgewerbe mithilfe computergestützter Buchungssysteme eingesetzt (→ Revenue Management). Leistungsfähige Buchungs-Datenbanken, Vertriebs- und Prognosesysteme sind die Voraussetzung und auch die wichtigsten Bausteine zur Optimierung der Ertragssteuerung. Die Ertragssteuerung orientiert sich ausschließlich an der Steuerung der Kapazitäten, die mit der → Preisakzeptanz der → Kunden verbunden werden muss.

Zahlenzeichen, → Warenzeichen oder → Markenzeichen, das im Vergleich zum → Bildzeichen und zum → Wortzeichen aus Zahlen bzw. -kombinationen besteht.

Zahlungsbedingung, Vereinbarung über den Zahlungsort und die Zahlungsfrist. Die Z. sind in der Regel verbunden mit den → Lieferbedingungen und festgelegt in den → allgemeinen Geschäftsbedingungen (AGB).

Zapping, Kontaktvermeidung mit → Werbung im Fernsehen durch Umschalten des Programms bei Werbeeinblendungen mithilfe der Fernbedienung auf einen anderen Fernsehkanal, wenn Werbespots gesendet werden. Eine Sonderform des Z. ist das Zipping bei Einsatz von Videorecordern. Durch das zeitversetzte Abspielen der aufgezeichneten Programme können TV-Spots durch Vorspulen übergangen werden. Bei simultanem Sehen und Aufnehmen eines Programms können mithilfe der Pause-Taste TV-Spots herausgeschnitten werden. – Vgl. auch → Flipping.

ZAW, Abk. für → Zentralausschuss der deutschen Werbewirtschaft.

Zeichenrolle, Eintragung von → Warenzeichen in ein Register beim Deutschen Patentamt. Die Eintragung dient dem Warenzeichenschutz. Die Schutzdauer des eingetragenen Zeichens beträgt zehn Jahre mit Beginn der Anmeldung und kann jeweils um weitere zehn Jahre verlängert werden. Die Anmeldungsvoraussetzungen wie auch die Schutzdauer sind im → Warenzeichengesetz geregelt.

Zeichentheorie, → Semiotik.

Zeitgeist, Bezeichnung für Werthaltungen, → Einstellungen, Denkrichtungen und → Lebensstile einer Zeitepoche. Der Z. unterliegt einem steten Wandel. Soziostrukturelle und soziokulturelle Veränderungen beeinflussen → Bedürfnisse und Verhaltensweisen und bestimmen durch die → Wertedynamik auch den Z. einer Gesellschaft. Die Vielfalt an Lebens-, Handlungs- und Genussmöglichkeiten der Wohlstandsgesellschaft führt durch ein Überangebot zu einem Problem der individuellen Zeitökonomie. Die fortschreitende Individualisierung mit dem Ziel einer autonomen Lebensgestaltung ist bestimmendes Element des Z. in der modernen Gesellschaft.

Zeitrabatt, → Rabatt, der auf den Zeitpunkt der Bestellung oder der Abnahme von Produkten und/oder Dienstleistungen bezogen ist.

Zeitreihe, Anzahl zeitlich geordneter → Daten über einen längeren Zeitraum hinweg zum gleichen Untersuchungsgegenstand (→ Zeitreihenanalyse).

Zeitreihenanalyse, Analyse und Interpretation von → Zeitreihen zwecks Ermittlung von → Trends und Erstellung von → Prognosen. Die Analyse erfolgt mithilfe der → Trendextrapolation. Problem hierbei ist die Annahme, dass sich die Entwicklungen in der Vergangenheit auch in Zukunft fortsetzen werden. Deshalb ist die Z. nur für eine kurzfristige Prognose geeignet. Eine für diesen Zweck in der Praxis weit verbreitete Methode ist die → exponentielle Glättung.

Zeitschrift, wichtiges → Kommunikationsmedium in der Gruppe der → Printmedien. Die Wesensmerkmale des Mediums sind die Periodizität, Publizität, Aktualität und die Universalität. Die Hauptformen sind die → Publikums- und → Fachzeitschriften. Weitere Formen sind die → Zielgruppenzeitschriften, → Kundenzeitschriften und die → Spezialzeitschriften. – *Anders:* → Zeitung.

Zeitung, wichtiges → Kommunikationsmedium in der Gruppe der → Printmedien. Die wesentlichen Wesensmerkmale des Mediums sind seine Periodizität und vor allem die Aktualität in Verbindung mit einer Universalität. Die Hauptformen sind die Tageszeitung, Wochenzeitung und Sonntagszeitung. Der Hauptunterschied der Z. zur → Zeitschrift liegt in der tagesaktuellen Berichterstattung, wobei dies eigentlich nur für die Tageszeitung gilt. Die diesbezügliche Grenzziehung wird schwierig bei dem Vergleich einer Wochenzeitung mit einer → Publikumszeitschrift, z.B. Wochenmagazin.

Zeitwettbewerb, Wettbewerbsvorsprung durch Zeitvorsprung oder Innovationsschnelligkeit, z.B. bei der → Produktentwicklung und → Produkteinführung. Die sog. Tempoführerschaft bietet einen erheblichen → Wettbewerbsvorteil und kann eine erfolgreiche → Wettbewerbsstrategie sein, wenn sie sich nicht zu einer undifferenzierten Produktvielfalt ausweitet und überdies nicht die Kriterien bzw. Anforderungen an → Qualität, → Qualitätsprüfung und → Qualitätssicherung verletzt werden.

Zensus, statistische amtliche Totalerfassung von Bestandsmassen, z.B. Personen, Familien, → Haushalte, → Unternehmen bzw. → Betriebe, in einem abgegrenzten geografischen Gebiet mithilfe der → Vollerhebung. Davon abzugrenzen ist der → Mikrozensus als eine repräsentative Stichprobenerhebung.

Zentralausschuss der deutschen Werbewirtschaft (ZAW), Dachorganisation der deutschen → Werbewirtschaft. Im ZAW ist auch der → Deutsche Werberat integriert. Der ZAW ist der Sprecher des gesamten Wirtschaftszweiges gegenüber dem Gesetzgeber, den Regierungs- und Verwaltungsstellen und anderen Organisationen. – *Weitere Informationen unter* www.zaw.de.

Zentralbelieferung, Belieferung der → Distributionszentren des → Einzelhandels durch den Hersteller. Vom jeweiligen Distributionszentrum aus werden dann die einzelnen → Verkaufsstellen in Handelsregie beliefert. – *Gegensatz:* → Streckenbelieferung.

Zentrale zur Bekämpfung unlauteren Wettbewerbs, → Wettbewerbszentrale.

Zentralität, → Zentrenhierarchie.

Zentrallager, überregionales → Lager für Halb- und Fertigerzeugnisse, aber auch für Ersatzteile. Z. werden sowohl von Herstellern als auch Handelsunternehmen unterhalten. Industrieunternehmen gliedern vielfach die Z. an die Fertigungsstätte an.

Zentralregulierung, zentrale Rechnungsregulierung durch → Einkaufsgemeinschaften, → Einkaufsgenossenschaften, → Einkaufskontore und → Einkaufszentralen für ihre Mitglieder. Der Einkaufsverband übernimmt auch das → Delkredere und erhält für seine Leistungen eine → Provision.

Zentralverwaltungswirtschaft, → Wirtschaftsordnung.

Zentralwert, → Median.

Zentrenhierarchie, Klassifizierung von Regionen oder auch Orten nach der Bedeutung ihrer Versorgungsfunktion für die Bevölkerung. In der Z. wird unterschieden nach Ober-, Mittel-, Unter- und Kleinzentren. Die Typologisierung der Regionen bzw. Orte erfolgt nach der Vielfalt des Güterangebots, aber auch nach der vorhandenen → Infrastruktur. Die Anziehungskraft von Zentren bestimmt im Wesentlichen ihr → Einzugsgebiet und ist damit ein entscheidender Faktor für die Standortwahl im → Einzelhandel. – Vgl. auch → Agglomeration, → Standortagglomeration, → Gravitationsmodell.

Zero Base Budgeting, auf Basis Null werden alle → Kosten auf ihre Notwendigkeit hin, d.h. Budgethöhe in Verbindung mit der erbrachten Leistung, analysiert. Bei dem Analyseverfahren geht es im Wesentlichen um die optimale Ressourcenverteilung in Bezug auf die gesetzten → Ziele. – Vgl. auch → Budgetierung, → Budgetierungsmethode.

Zertifizierung, Prüfung des → Anbieters und seiner Leistungserstellung durch einen unabhängigen Auditor (→ Auditing), um ein Qualitätszertifikat, z.B. nach → ISO 9000, zu erhalten.

Ziel, konkrete, d.h. operational nachvollziehbare Vorstellung über angestrebte Zustände. Notwendig ist die Konkretisierung von Z., um aus ihnen Entscheidungskriterien und Handlungsalternativen zur Zielerreichung zu entwickeln. Z. müssen vor allem folgenden Bedingungen genügen:

- Operationalität (präzise Zielformulierung),
- Konsistenz (Widerspruchsfreiheit),
- Aktualität (Präsenz mit Zukunftsbezogenheit),
- Vollständigkeit (nach Wichtigkeit),
- Transparenz (Bekanntheit),
- Überprüfbarkeit (Kontrollfähigkeit).

Die Z. sind einzuordnen in ein → Zielsystem. – Vgl. auch → Unternehmensziel.

Ziel-Aufgaben-Budgetierungsmethode, an den definierten → Zielen und den daraus abgeleiteten Aufgaben der → Werbung orientierte → Werbebudgetierung. Die Budgetierungsmethode beruht auf der → Managementtechnik der Zielvereinbarung. Im Mittelpunkt des Verfahrens steht die → Ziel-Mittel-Hierarchie. Die Werbebudgetierung ist integraler Bestandteil der → Werbeplanung. Das Werbebudget selbst ist definiert als der notwendige Etat, um die operational definierten Ziele zu erreichen. Damit erweist sich die Budgetierungsmethode als die einzig sinnvolle Form, um die Werbeaufwendungen möglichst effizient im Sinne der Markterfolgsorientierung einzusetzen.

Zieldimension, Definition der → Ziele nach Zielinhalt, Zielbereich, Zielausmaß und Zeitmaß.

Zielfunktion, Orientierung der → Entscheidungen an den gesetzten → Zielen.

Zielgruppe, Gesamtheit der spezifisch definierten → Verbraucher bzw. → Verwender, die mit einem differenzierten → Marketingmitteleinsatz bearbeitet werden. Die Zielgruppenbildung erfolgt nach → geografischen, → mikrografischen, → demografischen, → soziodemografischen und → psychografischen Kriterien. In diesem Zusammenhang ist besonders die → Typologisierung zu erwähnen. Ziel ist, weitestgehend in sich bedürfnishomogene Kundengruppen zu bilden, die mit einer bestimmten → Marketingstrategie bearbeitet werden können. Werden unterschiedliche Z. angesprochen, so ist deren Trennschärfe bzw. Heterogenität besonders wichtig, um nicht gewünschte Überlappungseffekte zu vermeiden. Als notwendig erweist sich dann aber auch die Entwicklung zielgruppenspezifischer Marketingstrategien. Entscheidend für die Zielgruppenorientierung sind die Anbieterkompetenz und insb. die notwendige → Programm- bzw. → Sortimentstiefe.

Zielgruppenbestimmung, Festlegung der zu bearbeitenden → Zielgruppen. Die Zielgruppenbildung erfolgt nach den verschiedenen → Segmentationskriterien.

Zielgruppendifferenzierung, systematische Aufspaltung einer diffusen bzw. zu heterogenen → Zielgruppe in homogenere Teilgruppen, um deren → Bedürfnisse besser befriedigen zu können.

Zielgruppengewichtung, vor allem für die → Mediaplanung notwendige → Kontaktgewichtung der → Zielgruppe. Es handelt sich um eine Personengewichtung in Bezug auf die zielgruppenspezifische Medienaffinität.

Zielgruppenmarketing, Zielgruppenausrichtung aller marktbezogenen Aktivitäten. Der Ausgangspunkt des Z. ist die zunehmende Differenzierung der Konsumentenwünsche, z.B. → Szenen-Marketing, die zu hybriden Konsumstrukturen führen. Dadurch gewinnen z.B. → Database-Marketing, → Direktmarketing und → Marktsegmentierung zunehmend an Bedeutung.

Zielgruppenzeitschrift, im Vergleich zu den → Publikumszeitschriften und → Spezialzeitschriften wird ein bestimmtes Bevölkerungssegment mit zielgruppenspezifischen Themen angesprochen, z.B. Frauen, Männer, Eltern, Jugendliche etc. Zu den Z. zählen auch die → Kundenzeitschriften.

Zielhierarchie,
→ Ziel-Mittel-Hierarchie.

Zielkonflikt, Beziehung zwischen verschiedenen → Zielen, die nicht gleichzeitig in dem gewünschten Maß erreicht werden können. Ein klassischer makroökonomischer Z. ist das → magische Dreieck bzw. Viereck. Mikroökonomisch tritt vielfach ein Z. auf bei dem Versuch, eine Ausgeglichenheit von → Rentabilität, → Liquidität und finanzwirtschaftlicher Sicherheit herzustellen.

Zielkostenmanagement, *Target Costing,* Orientierung an den Zielkosten und nicht primär an den kostenverursachenden Tätigkeiten (→ Kostenpreis). Die Methode besteht aus folgenden Einzelschritten:

1. Ermittlung des realisierbaren Marktpreises unter Berücksichtigung der entsprechenden Stückzahlen,
2. Umsatzprognose abzüglich des angezielten Gewinns,
3. Differenzierung der gesamten Produktkosten durch Kostenspaltung und
4. Prüfung von Kostensenkungsmöglichkeiten.

Entscheidend für das Z. ist die Sicherheit der Umsatzprognose. – Vgl. auch → Deckungsbeitragsrechnung und → Prozesskostenrechnung.

Zielkunde, Verdichtung der → Zielgruppe durch → Selektionsverfahren zur → Segmentation der → Absatzmärkte (→ Marktsegmentierung).

Ziellücke, → Gap-Analyse.

Ziel-Mittel-Hierarchie, System, bei dem die konkreten → Ziele einer Entscheidungsebene (Unterziele) die Mittel auf der nächsthöheren Entscheidungsebene (Oberziele) bestimmen. Die Bildung einer Zielhierarchie ist die Grundlage der → Marketingplanung.

Zielplanung, prozessualer Ablauf: Zielsuche, Zielanalyse, Zielstrukturierung, Operationalisierung, Prüfung auf Realisierbarkeit, Zielentscheidung, Zielanordnung bzw. -vereinbarung, Zielkontrolle, Zielanpassung.

Zielpreisfindung, → Target Pricing.

Zielsystem, Strukturierung der → Ziele nach → Sachzielen, → Formalzielen und zunehmend auch nach → Sozialzielen. Weiter wird differenziert nach:
1. Oberzielen bzw. Basiszielen (Existenzsicherung),
2. strategischen Zielen (Langfristziele) und
3. nach operativen Zielen (Konkretisierung der Ausführungshandlungen).

Die letztgenannte Zielartenstrukturierung hat auch einen Fristigkeitscharakter nach lang-, mittel- und kurzfristig. – Z. und damit Zielpluralismus verlangen eine → Zielplanung und Zielkoordination. – Vgl. Abbildung „Finanzwirtschaftliches Zielsystem und Zielsysteme der Unternehmung".

Zieltrajektorie, Planfortschrittskontrolle, die sicherstellt, dass Zielabweichungen möglichst früh erkannt werden, um unmittelbar Gegenmaßnahmen einleiten zu können. Die wesentliche Voraussetzung für die Anwendung des Verfahrens ist, dass die Einflussfaktoren auf den Zielerreichungsgrad und ihre Interdependenzen bekannt sind. Nur dadurch ist es möglich, zu erwartende Planabweichungen rechtzeitig zu erkennen und durch geeignete operative Maßnahmen abzuschwächen oder auch zu verhindern. Bei der Z. handelt es sich um eine Form des → Monitoring.

Zipping, → Zapping.

zirkuläre Organisation, → Organisationsform, die die Hierarchieorientierung abschwächt durch dezentrale organisatorische Teilsysteme, z.B. durch Komitees, die horizontal und vertikal vernetzt sind. Das → Projekt-Management hat sich diesbezüglich als praktikable Organisationsform erwiesen. – Vgl. auch → Teamorganisation.

Finanzwirtschaftliches Zielsystem und Zielsysteme der Unternehmung

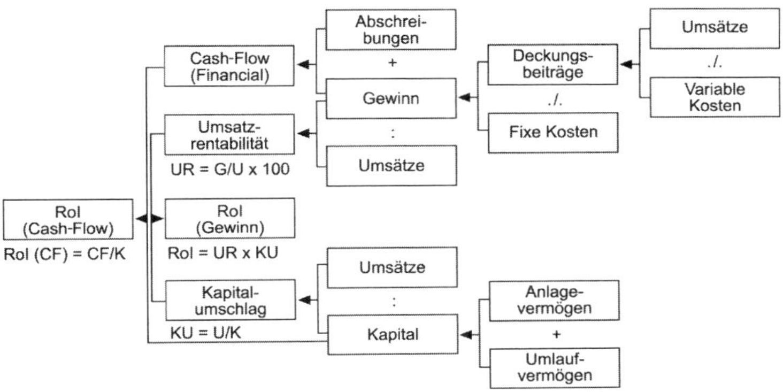

Zoll, Abgaben, die bei der Ein-, Aus- und Durchfuhr von → Sachgütern erhoben werden.

Zufallsauswahl, → Randomauswahl und → Zufallsstichprobe.

Zufallsfehler, quantifizierbarer Fehler, der dadurch entsteht, dass statt der → Grundgesamtheit nur eine → Stichprobe erhoben wird. Die → Standardabweichung weist den Z. aus. – Vgl. auch → Stichprobenfehler. – *Anders:* → systematischer Fehler.

Zufallsstichprobe, uneingeschränktes → Stichprobenverfahren bzw. → Auswahlverfahren, bei dem jede Teilmenge die gleiche → Wahrscheinlichkeit hat, in die → Stichprobe zu kommen. Grundmodell für die Z. ist das sog. → Urnenmodell. – Vgl. auch → Randomauswahl. – *Gegensatz:* → bewusste Auswahl.

Zufallszahlen, Tabelle zufällig aufeinanderfolgender Zahlen, die per EDV generiert wird. Zufallszahlentabellen dienen in der → Marktforschung zur Bildung von → Stichproben bei der Zufallsauswahl. – Vgl. auch → Randomauswahl, → Zufallsstichprobe.

Zufriedenheitsforschung, Analyse der Differenz zwischen erwarteter und erlebter Leistung. Der Zufriedenheitsgrad wird anhand einer → Skala (sehr zufrieden bis sehr unzufrieden) abgefragt. – Vgl. auch → Kundenzufriedenheit.

Zugabe, kostenlose Mitlieferung von → Produkten beim → Kauf, um der → Ware selbst, an die sie gebunden ist, einen größeren Kaufanreiz zu geben. Nach der Zugabeverordnung waren solche Z. bis zum 25.07.2001 verboten. Zulässig als Z. waren nach der Zugabeverordnung und nach der Rechtsprechung lediglich „geringwertige Kleinigkeiten", „handelsübliches Zubehör", „handelsübliche Nebenleistungen" und „Sammelzugaben von geringem Wert". Das Zugabeverbot bezog sich auch auf die Tarnung höherwertiger Z. durch ein Scheinentgelt.

Zugartikel, → Lockvogelangebot.

Zukunftsforschung, → Futurologie.

Zuliefergeschäft, typisch für das → Industriegütermarketing. Hierbei handelt es sich um Produktion und Lieferung kundenindividuell entwickelter Komponenten. Zu unterscheiden sind die Standardkomponenten-Lieferanten, die Systemlieferanten, die Komponentenlieferanten und die Modullieferanten.

Zusatzbedarf, → Bedarf, der über den → Grundbedarf hinausgeht und einen „zusätzlichen" Charakter hat. Begrifflich ist der Z. vom → Zusatznutzen zu trennen, der primär dem → Geltungsnutzen entspricht. Durch die in Theorie wie Praxis vorherrschende Vermischung von Bedarf und → Nutzen ist die von W. Vershofen (1878-1960) vorgenommene Klassifikation in einen Grundbedarf und Z. bzw. Zusatznutzen nicht mehr sinnvoll.

Zusatznutzen, *Added Value,* nach W. Vershofen (1878-1960) handelt es sich im Wesentlichen um den → Geltungsnutzen und Erbauungsnutzen. Im Weiteren zählen zum Z. zusätzliche Produktnutzenaspekte, wie z.B.:

- Service,
- Kundendienst,
- Garantieleistung,
- Markenimage.

Vgl. auch → Sekundärbedürfnis, → Maslow`sche Bedürfnispyramide, → Grundnutzen.

Zusatzsortiment, Teil des → Sortiments eines Handelsunternehmens, der sich an das → Kernsortiment anschließt. Der Unterschied zum → Randsortiment ergibt sich daraus, dass Zusatzartikel das Kernsortiment preislich nach oben und/oder unten komplettieren oder das Sortiment in der Breite ausdehnen.

Zuschauerforschung, Teil der → Rezipientenforschung, dessen Untersuchungsgegenstand die Struktur und Gewohnheiten der Fernsehzuschauer sind. Als entscheidend für die → Mediaplanung werden in der Werbepraxis die → Einschaltquoten angesehen. – Vgl. auch → Teleskopie.

Zuschlagskalkulation, Erfassung und Zurechnung der → Einzelkosten auf die verschiedenen → Kostenträger. Die übrigen Kosten werden als sog. → Gemeinkosten den Einzelkosten zugeschlagen. – Vgl. auch → Vollkostenrechnung. – Vgl. Abbildung „Zuschlagskalkulation – Das Preisbindungs-Schema".

Zustellgroßhandel, eine besondere Form des → Bedienungsgroßhandels. Die → Ware wird dem → Kunden durch einen internen oder externen Zustelldienst angeliefert. – *Gegensatz:* → Abholgroßhandel.

Zwei-Hemisphären-Theorie, → Hemisphärentheorie.

zweiseitige Argumentation, kommunikative Darstellung von positiven und auch negativen Aspekten eines Leistungsangebots, z.B. einen im Vergleich zum Konkurrenzangebot höheren → Preis. Die z.A. erhöht die → Glaubwürdigkeit der → Massenkommunikation. Sie kommt dennoch in der Praxis nur selten zur Anwendung, da die → Werbungtreibenden vielfach dadurch eine Kaufzurückhaltung befürchten.

Zwei-Stufen-Fluss der Kommunikation, der Fluss der → Massenkommunikation vollzieht sich nach P. F. Lazarsfeld, B. Berelson, H. Gaudet (1940) in der Weise, dass die medialen → Informationen zunächst von den → Meinungsführern aufgenommen und verbreitet werden. Die zwei Stufen beziehen sich auf den Fluss von der massenmedialen zur → persönlichen Kommunikation. Die Weiterentwicklung ist die Zwei-Zyklen-Theorie von V. C. Troldahl (1966). Hier werden Experten in den → Kommunikationsprozess als → Kommunikanten und weitere Meinungsführer zwischengeschaltet. Der Kommunikationsablauf vollzieht sich demnach in einem mehrstufigen Netzwerk von Meinungsbeeinflussern (→ mehrstufige Kommunikation), die in einem → Interaktionsprozess miteinander verbunden sind, wobei zu den diversen Meinungsbeeinflussern auch die Mitläufer, auch Follower genannt, gehören.

Zuschlagskalkulation – Das Preisbindungs-Schema

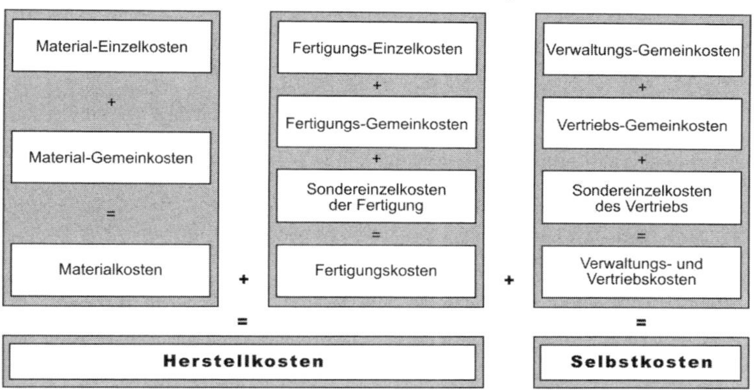

zweistufige Kommunikation, Zwischenschaltung von → Meinungsführern in den → Kommunikationsprozess. Die Meinungsführer haben nach P. F. Lazarsfeld, B. Berelson, H. Gaudet (1940) eine Selektions-, Transformations- und Verstärkerfunktion im Sinne der Beeinflussung. – *Anders:* → einstufige Kommunikation, → mehrstufige Kommunikation.

Zweitmarke, im Rahmen der → Produktdifferenzierung und vor allem → Marktsegmentierung das Schaffen von zweiten → Marken, die neben den → Erstmarken angeboten werden und vielfach den Charakter von Billigmarken haben. Ziel der Zweitmarkenstrategie ist es, neue und primär preisreagible Käuferschichten als Kunden zu gewinnen. Zur Vermeidung eines negativen → Imagetransfers besteht in der Regel keine Verbindung zwischen der Z. und Erstmarke, z.B. durch einen Herstellerhinweis. Insofern weist die Z. eine Ähnlichkeit mit der → Handelsmarke auf, die von einem Markenartikelhersteller produziert und neben dem → Markenartikel z.T. in den gleichen → Absatzkanälen distribuiert wird. Diese Form der Doppelstrategie kann zu unerwünschten → Kannibalisierungseffekten führen und in der Konsequenz zu einer Verstärkung des ruinösen → Preiswettbewerbs.

Zweitplatzierung, Präsentation zusätzlich zu der Stammplatzierung von → Waren bzw. → Warengruppen in den Regalen des → Einzelhandels. In vielen Fällen sind die Z. mit Aktionen, z.B. → Preisaktionen, verbunden. Um → Verbundeffekte zu nutzen, wählt man → Verbundplatzierungen.

Zweiwegkommunikation, Dachbegriff für alle Formen der eigentlichen → Kommunikation, bei der nicht nur eine Vermittlung von → Botschaften vom Sender an den Empfänger erfolgt, sondern vielmehr ein Informationsaustausch (→ Interaktion) zwischen den Kommunikationspartnern stattfindet. Der Empfänger wird durch Rückkoppelung zum Sender, der Sender zum Empfänger. Nach dieser Definition erfüllt die → Massenkommunikation nicht die basale Kommunikationsfunktion und ist demnach mehr oder weniger eine → Einwegkommunikation.

Zwei-Zyklen-Theorie, → zweistufige Kommunikation, → mehrstufige Kommunikation.

zyklische Werbung, → prozyklische Werbung. – *Gegensatz:* → antizyklische Werbung.